# Introdução à FILOSOFIA

João Mattar

# Introdução à FILOSOFIA

João Mattar

© 2010 by João Mattar

Todos os direitos reservados. Nenhuma parte desta publicação poderá ser reproduzida ou transmitida de qualquer modo ou por qualquer outro meio, eletrônico ou mecânico, incluindo fotocópia, gravação ou qualquer outro tipo de sistema de armazenamento e transmissão de informação, sem prévia autorização, por escrito, da Pearson Education do Brasil.

*Diretor editorial:* Roger Trimer
*Gerente editorial:* Sabrina Cairo
*Supervisor de produção editorial:* Marcelo Françozo
*Editora plena:* Thelma Babaoka
*Editor de texto:* Yuri Bileski
*Preparação:* Mônica Rodrigues dos Santos
*Revisão:* Norma Gusukuma
*Capa:* Alexandre Mieda
*Projeto gráfico e diagramação:* Figurativa Arte Projeto Editorial Ltda.

**Dados Internacionais de Catalogação na Publicação (CIP)**
**(Câmara Brasileira do Livro, SP, Brasil)**

Mattar, João
 Introdução à filosofia / João Mattar. --
São Paulo : Pearson Prentice Hall, 2010.

 Bibliografia
 ISBN 978-85-7605-697-3

 1. Filosofia - Introdução 2. Filosofia e
ciência I. Título.

10-06846          CDD-101

**Índice para catálogo sistemático:**

1. Filosofia ; Introdução    101

Direitos exclusivos para a língua portuguesa cedidos à
Pearson Education do Brasil Ltda.,
uma empresa do grupo Pearson Education
Avenida Santa Marina, 1193
CEP 05036-001 - São Paulo - SP - Brasil
Fone: 11 3821-3542
vendas@pearson.com

# Sumário

Apresentação .................................................................................................................... xi

**Parte I** Filosofia geral ................................................................................................ 1

Capítulo 1  O que é filosofia? .................................................................................. 3
    1.1  Filosofia em 140 caracteres ............................................................................ 3
    1.2  Filosofia ........................................................................................................ 4
    1.3  Filosofia e outros níveis de conhecimento ....................................................... 5
    1.4  O exercício de filosofar no dia a dia ............................................................... 9

Capítulo 2  Filosofando sobre a morte .................................................................... 11
    2.1  A morte ....................................................................................................... 11
    2.2  Alguns pontos controversos a respeito da morte ............................................ 12
    2.3  O adeus ...................................................................................................... 14
    2.4  Morte e Deus .............................................................................................. 15
    2.5  Luto e tabu .................................................................................................. 15
    2.6  O nada e a não existência ............................................................................ 17
    2.7  Vida após a morte ....................................................................................... 17
    2.8  O medo da morte ........................................................................................ 18
    2.9  Começo e fim .............................................................................................. 23

**Parte II** História da filosofia ................................................................................... 31

Capítulo 3  Filosofia antiga ..................................................................................... 33
    3.1  Filosofia antes dos gregos ............................................................................ 33
    3.2  Mýthos e lógos ............................................................................................ 35
    3.3  Pré-socráticos .............................................................................................. 42
    3.4  Sofistas ........................................................................................................ 46
    3.5  Sócrates ...................................................................................................... 47
    3.6  Platão ......................................................................................................... 49
    3.7  Aristóteles ................................................................................................... 55
    3.8  Período helenístico e romano ....................................................................... 59

### Capítulo 4 Filosofia medieval ............................................................................. 63
- 4.1 Filosofia e cultura durante a Idade Média ............................................. 63
- 4.2 Filosofia e fé ........................................................................................... 66
- 4.3 Aristóteles e o século XIII ...................................................................... 67
- 4.4 Tomás de Aquino, o santo filósofo ........................................................ 67
- 4.5 A querela dos universais ....................................................................... 68
- 4.6 Fim da Idade Média ............................................................................... 70

### Capítulo 5 Filosofia moderna ............................................................................. 73
- 5.1 Filosofia da Renascença (século XIV–XVI) .......................................... 73
- 5.2 Filosofia moderna .................................................................................. 75
- 5.3 Empirismo ............................................................................................... 79
- 5.4 Iluminismo .............................................................................................. 80
- 5.5 Idealismo ................................................................................................ 82

### Capítulo 6 Filosofia contemporânea .................................................................. 85
- 6.1 Schopenhauer ........................................................................................ 86
- 6.2 Bergson ................................................................................................... 86
- 6.3 Filosofia da linguagem .......................................................................... 87
- 6.4 Hermenêutica ......................................................................................... 90
- 6.5 Pragmatismo .......................................................................................... 91
- 6.6 Estruturalismo ........................................................................................ 92
- 6.7 Fenomenologia existencial .................................................................... 92
- 6.8 Marxismo ................................................................................................ 94
- 6.9 Escola de Frankfurt ................................................................................ 94
- 6.10 Nietzsche ................................................................................................ 95
- 6.11 Outros nomes ......................................................................................... 96

## Parte III Principais correntes filosóficas ............................................................. 99

### Capítulo 7 Metafísica e filosofia da religião ...................................................... 101
- 7.1 Questões metafísicas ............................................................................. 101
- 7.2 Sonho × realidade .................................................................................. 103
- 7.3 Metafísica da realidade virtual .............................................................. 105
- 7.4 Filosofia da religião e Deus ................................................................... 111
- 7.5 Provas da existência de Deus ............................................................... 112
- 7.6 Ateísmo ................................................................................................... 115

### Capítulo 8 Lógica ................................................................................................. 119
- 8.1 Lógica aristotélica .................................................................................. 119
- 8.2 Lógica simbólica .................................................................................... 123
- 8.3 Verdade versus validade ....................................................................... 127
- 8.4 Silogismos .............................................................................................. 128
- 8.5 Falácias ................................................................................................... 130
- 8.6 Dedução, indução e hipótese ................................................................ 136

## Capítulo 9    Teoria do conhecimento...............................................................................141
- 9.1    Epistemologia: um breve percurso pela história do conhecimento............................ 141
- 9.2    René Descartes..................................................................................................... 143
- 9.3    Empirismo............................................................................................................. 146
- 9.4    Idealismo.............................................................................................................. 149
- 9.5    Sartre................................................................................................................... 154
- 9.6    Memória............................................................................................................... 156
- 9.7    Inconsciente......................................................................................................... 157
- 9.8    Objetos................................................................................................................. 159
- 9.9    Filosofia da mente................................................................................................ 160
- 9.10   Filosofia da computação e da informação............................................................ 166

## Capítulo 10    Filosofia da linguagem.................................................................................171
- 10.1    Linguagem e realidade........................................................................................ 171
- 10.2    O signo................................................................................................................ 172
- 10.3    Semântica........................................................................................................... 174

## Capítulo 11    Filosofia das ciências...................................................................................187
- 11.1    O objeto de estudo da filosofia das ciências....................................................... 187
- 11.2    Filosofia das ciências naturais ou empíricas....................................................... 188
- 11.3    Filosofia das ciências humanas........................................................................... 196
- 11.4    Filosofia da psicologia......................................................................................... 204

## Capítulo 12    Ética e filosofia política...............................................................................217
- 12.1    O estudo filosófico da moralidade e seus desdobramentos................................. 217
- 12.2    Ética, filosofia política e filosofia do direito........................................................ 218
- 12.3    Ética profissional................................................................................................. 240
- 12.4    Ética empresarial................................................................................................ 242

## Capítulo 13    Estética........................................................................................................249
- 13.1    O que é a estética e quais são suas variantes..................................................... 249
- 13.2    Conceitos............................................................................................................ 250
- 13.3    Clássicos............................................................................................................. 251
- 13.4    Idealismo alemão................................................................................................ 252
- 13.5    Estética contemporânea..................................................................................... 253
- 13.6    Filosofia da arte.................................................................................................. 264
- 13.7    Arte e tecnologia................................................................................................. 265

## Parte IV    Filosofias alternativas...................................................................................... 271

## Capítulo 14    Filosofias orientais......................................................................................273
- 14.1    Breve apresentação das filosofias alternativas................................................... 273
- 14.2    O que é a filosofia oriental.................................................................................. 274
- 14.3    Budismo.............................................................................................................. 275
- 14.4    Confucionismo.................................................................................................... 276

|  |  |  |
|---|---|---|
| 14.5 | Taoismo | 277 |
| 14.6 | Filosofia iraniana ou persa | 279 |
| 14.7 | Filosofia coreana | 280 |
| 14.8 | Filosofia japonesa | 281 |
| 14.9 | Filosofia indiana | 286 |
| 14.10 | Filosofia chinesa | 289 |

## Capítulo 15   Filosofia no Brasil ............................................. 297

|  |  |  |
|---|---|---|
| 15.1 | Existe filosofia no Brasil? | 297 |
| 15.2 | Período colonial | 299 |
| 15.3 | Período imperial | 303 |
| 15.4 | Período republicano | 305 |
| 15.5 | Filosofia brasileira contemporânea | 309 |
| 15.6 | Outros nomes | 314 |

# Parte V   Filosofia hoje ................................................. 315

## Capítulo 16   Panorama geral ............................................. 317

|  |  |  |
|---|---|---|
| 16.1 | O percurso da filosofia | 317 |
| 16.2 | A filosofia e a prática | 318 |
| 16.3 | Filosofia para crianças | 319 |
| 16.4 | Filosofia para adultos | 323 |
| 16.5 | Qual é o sentido da vida? | 326 |
| 16.6 | Considerações finais | 326 |

Referências ............................................................................. 329

Índice remissivo ..................................................................... 337

# Apresentação

O objetivo principal deste livro é conduzi-lo ao maravilhoso universo da filosofia. Faremos juntos uma viagem por autores, obras e ideias fascinantes que marcaram a nossa civilização.

Há inúmeros livros de introdução à filosofia com excelente qualidade, tanto em português quanto em outras línguas, alguns deles considerados clássicos. Uma das crenças deste livro é que é possível estudar filosofia e filosofar não somente lendo textos escritos por filósofos, mas de várias outras maneiras, como por exemplo: apreciando obras de arte e literatura, ouvindo música, assistindo a um filme, surfando na Web e jogando games. Livros como *Philosophy through film*, *Philosophy goes to the movies: an introduction to philosophy*, *Movies and the meaning of life: philosophers take on Hollywood* e *Philosophy through video games*, que serão utilizados neste texto e estão indicados nas referências, têm essa mesma crença.

Portanto, durante nossa viagem serão feitas referências não somente a textos de filosofia, mas também a vários artigos de jornal, quadros, poemas, romances, músicas, filmes, sites, blogs, comunidades no Orkut, vídeos no YouTube, redes sociais e games. No caso de filmes, por exemplo, procurei privilegiar aqueles que estão disponíveis em grandes redes de locação, para que você possa assisti-los se desejar.

Sem dúvida, deixei de mencionar ou explorar com profundidade vários pensadores importantes na história da filosofia: tive que fazer escolhas, e espero corrigir os erros e as injustiças nas próximas edições.

O livro está dividido em cinco partes:

- Parte I: discute o significado da filosofia e apresenta uma experiência de filosofar sobre a morte, seguida de uma entrevista com o psiquiatra e filósofo Adalberto Tripicchio. O objetivo é introduzi-lo livremente ao exercício da filosofia.
- Parte II: faz um percurso pela história da filosofia ocidental, desde antes da Grécia Antiga até a filosofia contemporânea. Aqui você terá contato com vários filósofos e conhecerá diversos movimentos.
- Parte III: apresenta as principais divisões da filosofia, como metafísica, teoria do conhecimento, lógica e ética.
- Parte IV: explora filosofias 'alternativas', como as orientais, incluindo um capítulo especial sobre a filosofia no Brasil.
- Parte V: funciona como o fechamento do livro.

Há ainda uma longa lista de referências bibliográficas, que inclui não apenas as fontes que são citadas durante o livro, mas também aquelas que, mesmo sem aparecer no texto, foram essenciais para sua elaboração. Um índice remissivo encerra o livro.

O livro conta também com um site exclusivo, a Sala Virtual, em que você poderá acessar materiais adicionais que exploram com mais detalhes e profundidade alguns temas em alguns filósofos. Lá você encontrará, por exemplo, um capítulo completo sobre a filosofia latinoamericana, entrevistas com filósofos e análises de Diálogos de Platão, dentre outros materiais. Além disso, apresentações em PowerPoint estão disponíveis para os professores.

Pronto para a viagem?

# PARTE I

# Filosofia geral

**CAPÍTULO 1**   O QUE É FILOSOFIA?

**CAPÍTULO 2**   FILOSOFANDO SOBRE A MORTE

# CAPÍTULO 1
# O que é filosofia?

## APRESENTAÇÃO

Este capítulo apresenta algumas questões introdutórias sobre a filosofia. Nele, vamos explorar principalmente o significado da palavra *filosofia* e conhecer outros níveis de conhecimento.

## TÓPICOS PRINCIPAIS

1.1 Filosofia em 140 caracteres
1.2 Filosofia
1.3 Filosofia e outros níveis de conhecimento
1.4 O exercício de filosofar no dia a dia

### OBJETIVOS DE APRENDIZAGEM

Durante a leitura deste capítulo, será possível:

- explorar o significado da palavra filosofia;
- conhecer os níveis de conhecimento;
- introduzir o leitor à filosofia;
- aplicar a filosofia no dia a dia.

## 1.1 Filosofia em 140 caracteres

Enquanto escrevia este livro, lancei a seguinte pergunta nos meus Twitter, Facebook e blog: "O que é a filosofia para você? Em 140 caracteres. As melhores respostas saem no meu livro, com indicação de autoria, é claro".

Agora, antes de prosseguir com a leitura deste livro, procure redigir a sua resposta a essa pergunta, em 140 caracteres. Dessa forma, no final deste capítulo, você terá a oportunidade de retornar a ela e revisá-la, caso ache conveniente, além de compará-la com as respostas que lerá a seguir.

Eis algumas das respostas:

> @holanda74: É o exercício de criatividade e de terapêutica sobre as eternas dúvidas da condição humana.

> @educacaoonline: Filosofia é a oportunidade de pensar sobre o que realmente existe, na esperança de saber quem se é. (Fernando Pimentel)

*@pgentil: É descobrir a realidade através de questionamentos importantes da nossa existência utilizando a razão.*

*@retorta: É a capacidade de construir raciocínios lógicos e sustentáveis.*

*Philipe Gerling: Filosofia é a lanterna que deixo no criado-mudo. Sempre que acordo com sonhos confusos, ela me ajuda a chegar à cozinha para tomar um copo de água. O sentido implícito é que ela me acalma/esfria, mas a lógica racional não é o suficiente para eu mergulhar nas profundezas do meu Eu.*

*@DNeubern: Filosofia é poder saber que grandes nomes da ciência não foram ensinados aquilo que contribuiriam para a humanidade.*

*@Breno Trautwein Jr.: Estava elucubrando, talvez seja como a força da gravidade, nos mantendo conectados ao sermos seres humanos, mas está perdendo a força, não?*

*@Luciano Gamez: Se apoiando na história do pensamento ocidental, a filosofia nasce na Grécia (séc. VI a.C.) e promove a passagem do saber mítico ao racional.*

*@André Mattos: Filosofia em 140 caracteres? É menos que um SMS! \o/ Vou pensar nisso =)*

*@Daiana Trein: É parte de um todo imaterial que apenas posso sentir. Sophia. É pergunta sem resposta, é curiosidade e conhecimento, é devaneio de ideias.*

*@Daniel: Filosofia é a vida do ponto de vista teórico! Só que, às vezes, na prática a teoria é diferente!*

*@RenataKordeiro: Filosofia é a arte de pensar quando tudo parece ser vão e encontrar uma finalidade para tudo o que ocorre.*

*Marise Diniz: Filosofia não é ciência. Os conhecimentos filosóficos constituem a base de todas as ciências. A filosofia discute a essência do pensamento realizando perguntas que levam o ser humano a entender as coisas do mundo e a si próprio. É o saber que não se aquieta, que se indigna, que admira os fenômenos da natureza e da cultura. É um saber permanentemente em expansão, pois é aberto à evolução constante do ser humano, às suas criações. O saber filosófico não aceita o imposto, não é simplista, busca a totalidade de cada fenômeno, as relações que se tecem para compô-lo, entendendo-o na sua complexidade. Usa a reflexão para provocar o sair de si e ter uma visão do todo sem perder o entendimento de cada parte. É o que faz o pensamento humano evoluir.*

*@Andrezildo: Filosofia é o tesão que temos e sentimos pelo saber de todo o mundo a nossa volta.*

Alguns claramente passaram dos 140 caracteres, outros responderam com perguntas ou foram irônicos, mas essa brincadeira serve para mostrar como a filosofia pode ser entendida de maneira bastante distinta.

## 1.2 Filosofia

A palavra *filosofia* tem origem na língua grega antiga. Repare nos significados de algumas palavras:

- *philía*: amor, amizade;
- *phílos*: amigo;
- *sophía*: sabedoria, conhecimento, saber;
- *sophós*: sábio.

Na Grécia Antiga, o filósofo era o amigo ou amante da sabedoria; a filosofia significava amor ao saber. Para os gregos antigos, o espanto e a admiração em relação à vida e à realidade levavam os homens a filosofar.

Entretanto, o que chamamos hoje de filosofia mudou durante o desenvolvimento da história da humanidade. Na Antiguidade, por exemplo, as diferenças entre ciências e filosofia não eram muito claras, e os primeiros filósofos foram também os primeiros cientistas. Pode-se dizer que a filosofia é a 'ciência mãe', da qual pouco a pouco foram se separando formas de pensar e métodos que mais tarde se especializaram e se tornaram independentes, que hoje chamamos de ciências. Como afirma Lindberg (1983, p. 511):

> *Não existia nada na antiguidade correspondendo à ciência moderna como um todo, ou a ramificações da ciência moderna tais como a física, a química, a geologia, a zoologia e a psicologia. Os temas destas disciplinas modernas pertenciam todos à filosofia natural e, portanto, a um projeto filosófico mais amplo. Mesmo estas distinções, quando existiam (por exemplo, entre a filosofia natural e a matemática), podiam ser facilmente ignoradas, já que estas 'diferentes' disciplinas não representavam papéis sociais claramente definidos ou profissões. O filósofo natural e o matemático eram em geral a mesma pessoa, e profissionalmente ele não se identificaria nem como filósofo natural nem como matemático, mas simplesmente como um professor; e seus ensinamentos provavelmente se estenderiam para além das matemáticas e da filosofia natural, em direção a outras questões filosóficas. É verdade que sempre houve médicos profissionais, mas mesmo aqui as linhas de demarcação não eram claras, já que muitos médicos eram também filósofos. O mundo do intelecto possuía uma unidade na antiguidade que não possui hoje.*

Nesse sentido, um dos maiores patrimônios da filosofia é sua própria história: iniciando-se com os filósofos pré-socráticos na Grécia Antiga, a filosofia ocidental nasceu como um tipo de saber que procura diferenciar-se dos mitos, da retórica, dos sofistas, das tragédias e dos poetas, estabelecendo-se até hoje como um espaço de exercício de reflexão. Assim, uma das maneiras de compreender o que é filosofia é estudar sua história, o que faremos com mais profundidade na Parte II deste livro.

## 1.3 Filosofia e outros níveis de conhecimento

A filosofia faz parte das ciências humanas, e hoje a diferenciamos de outros níveis de conhecimento, como senso comum, teologia, conhecimento espiritual, artes e ciências. A integração entre esses níveis de conhecimento faz-se necessária, mas mesmo assim é possível um exercício teórico para diferenciá-los.

O conhecimento popular ou empírico, também denominado bom senso ou *senso comum*, é aquele que todo ser humano desenvolve no contato direto e diário com a realidade. Ele se estrutura como um conjunto de crenças e opiniões, utilizadas em geral para objetivos práticos. É basicamente desenvolvido por meio dos sentidos e não tem intenção de ser profundo, sistemático ou infalível.

Já o que funda a *teologia* ou o conhecimento religioso é a fé. Não é preciso ver para crer, e alguns creem mesmo que as evidências apontem para o contrário do que a religião ensina. As verdades religiosas estão registradas em livros sagrados ou são reveladas pelos deuses (ou outros seres espirituais) por meio de seres humanos iluminados, santos ou profetas. Essas verdades são em geral tidas como definitivas, não permitindo revisão consequente de reflexão ou experiência. Nesse sentido, é possível diferenciar o conhecimento divino do conhecimento humano.

Paralelamente ao conhecimento teológico, é possível falar de um conhecimento *espiritual*, que não está necessariamente ligado à ideia de Deus, mas de autoconhecimento e de uma percepção holística do universo. É o que Philipe Gerling quer

> *As verdades religiosas são em geral tidas como definitivas, não permitindo revisão consequente de reflexão ou experiência. Nesse sentido, é possível diferenciar o conhecimento divino do conhecimento humano.*

A arte também pode ser entendida como um tipo de conhecimento. (Eugène Delacroix — *A Liberdade guiando o povo*, 1830. Museu do Louvre)

dizer no seu *scrap* quando afirma que "a lógica racional não é o suficiente para eu mergulhar nas profundezas do meu Eu". Mesmo sem se fixar em verdades religiosas que não admitam revisão, podemos considerar que existe um nível de conhecimento que nos permite ir além da razão, enxergar as coisas por um ângulo além da lógica e da filosofia. Exploraremos algumas dessas ideias na Parte IV, quando abordarmos as filosofias alternativas e orientais.

As *artes* podem também ser consideradas um tipo de conhecimento. Afinal, não aprendemos quando lemos um grande romance, quando assistimos a um bom filme ou mesmo quando contemplamos um belo quadro? Refletir sobre nossas produções culturais é também função de um ramo da filosofia, a estética. Entretanto, ao contrário da filosofia e da ciência, a arte não pretende ser sistemática nem racional.

A *ciência*, diferente do senso comum e das artes, é racional e sistemática. As noções de experiência e verificação são essenciais nas ciências, e o conhecimento científico deve ser justificado, sendo sempre passível de revisão, desde que se possa provar sua inexatidão. O ciclo do conhecimento científico (especialmente o das ciências empíricas) inclui a observação, a produção de teorias para explicar essa observação, o teste dessas teorias e seu aperfeiçoamento. Há nas ciências um movimento ondular, que parte da observação da realidade para a abstração teórica, retorna à realidade e direciona-se novamente à abstração, num constante fluxo entre a experiência e a teoria, como mostra a Figura 1.1.

No Quadro 1.1, vemos um breve resumo dos níveis de conhecimento apresentados até agora.

Algumas divisões são consideradas tradicionais em filosofia, como ética, estética, teoria do conhecimento, metafísica e lógica. Todas serão estudadas na Parte III deste livro, juntamente com outras divisões que se tornaram essenciais na filosofia contemporânea, como filosofia da linguagem e filosofia das ciências. Essas divisões não são obviamente estanques, tanto que questões essenciais de política, cidadania e direitos humanos, por exemplo, são tratadas tanto em ética quanto em filosofia política e filosofia do direito.

Uma definição interessante de filosofia é proposta por Deleuze e Guattari (1992, p. 11, 13, 34): a arte de formar, inventar, criar e fabricar conceitos, além de remanejar e modificá-los. Grandes filósofos produzem novos conceitos. Assim, alguns conceitos estão intimamente associados a determinados filósofos: o mundo

**Figura 1.1**     Movimento ondular das ciências

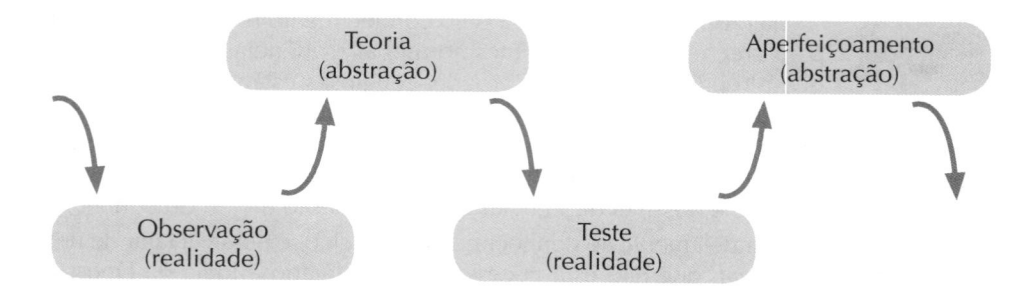

Observação (realidade) → Teoria (abstração) → Teste (realidade) → Aperfeiçoamento (abstração)

das ideias de Platão, o cógito de Descartes, as mônadas de Leibniz, as categorias da primeiridade/segundidade/terceiridade de Peirce, "a existência precede a essência" de Sartre, a morte de Deus de Nietzsche etc.

Estudaremos como os conceitos são construídos no Capítulo 10, já que uma das funções da filosofia é discutir conceitos. Assim, o exercício de responder à pergunta "O que é filosofia?" já é um exercício filosófico, já é filosofar. Refletir sobre conceitos problematizados e investigados pela tradição filosófica, relacionando-os com seu mundo e sua realidade, é também um exercício de filosofia que você desenvolverá durante a leitura deste livro.

A atitude filosófica implica, portanto, uma postura crítica permanente, uma consciência crítica sobre o conhecimento, a razão e a realidade, levando em consideração fatores sociais, históricos e políticos. Espera-se que o filosofar desenvolva nosso senso crítico. Mas o que significa *senso crítico*?

David Carraher (1993) define que a pessoa dotada de senso crítico é aquela que possui a capacidade de analisar e discutir problemas de forma inteligente e racional, sem aceitar automaticamente suas próprias opiniões ou opiniões alheias. O senso crítico envolve, assim, uma postura receptiva e crítica sempre predisposta a questionar.

O indivíduo dotado de senso crítico caracteriza-se, portanto, como um espírito continuamente indagador, convencido de que é sempre possível dar um passo para trás, recuar para questionar os fundamentos, a veracidade e a logicidade das informações com que lidamos. Tal movimento é descrito, de forma belíssima, pelo filósofo alemão Nietzsche (1983b, p. 150) em seu aforismo *Quando é preciso despedir-se*:

> *Daquilo que sabes conhecer e medir, é preciso que te despeças, pelo menos por um tempo. Somente depois de teres deixado a cidade verás a que altura suas torres se elevam acima das casas.*

O pensar crítico compreende a *autorregulação* e a *autocorreção* do processo do pensamento. Não o reconhecemos em um indivíduo, por exemplo, quando outra pessoa orienta o processo, passo a passo. Portanto, há necessariamente um elemento de autonomia envolvido no ato de filosofar. Nesse sentido, pode-se dizer que a filosofia não ensina verdades, mas métodos de raciocínio; não ensina os resultados ou as soluções dos problemas, mas as formas de explorá-los, investigá-los e procurar suas soluções. Não ensinamos filosofia: ensinamos o filosofar.

A filosofia pode ser compreendida como o conhecimento sobre o conhecimento, o conhecimento que toma o próprio conhecimento como seu objeto. Nessa

---

**QUADRO 1.1**     Os níveis de conhecimento e sua aplicação no dia a dia

**Empírico (senso comum):** é o conhecimento que usamos para orientar nossas ações no dia a dia. É o que nos leva, por exemplo, a não tirar algo do forno quente sem nos protegermos.

**Teológico:** é o conhecimento religioso, que em geral não aceita ser questionado. É o que guia as crenças religiosas.

**Espiritual:** é o conhecimento que algumas pessoas utilizam com mais habilidade que outras, nas decisões intuitivas e que não se baseiam em lógica, mas em elementos pouco tangíveis. O que possibilita, por exemplo, que uma pessoa tenha pressentimentos em relação a situações, pessoas etc., guiando assim suas ações.

**Artístico:** é o conhecimento relacionado à produção e apreciação de obras de artes. O que possibilita, por exemplo, que artistas como Tom Jobim componham músicas lindas e que críticos de arte possam produzir leituras tão instigantes de obras de arte.

**Científico:** é o conhecimento que normalmente os cientistas utilizam em suas descobertas e teorias. O que possibilitou, por exemplo, que Einstein produzisse sua teoria da relatividade.

**Filosófico:** é o conhecimento que vamos explorar juntos neste livro! O que inspirou brilhantes pensadores como Nietzsche, Sartre, Platão e outros.

> A filosofia não ensina verdades, mas métodos de raciocínio; não ensina os resultados ou as soluções dos problemas, mas as formas de explorá-los, investigá-los e procurar suas soluções. Não ensinamos filosofia: ensinamos o filosofar.

direção, Charbonneau (1986, p. 15-16) aponta a diferença entre as ciências e a filosofia:

> *A diferença entre o cientista e o filósofo é, portanto, fácil de perceber. O cientista se fixa sobre o objeto sem olhar a maneira com que o atinge. A maiêutica lhe é, pois, estranha e dispensável. O filósofo centraliza sua atenção sobre o sujeito que conhece e sobre as atividades do espírito, acionadas para apreender seu objeto. Do cientista ao filósofo é completamente diferente a atitude do espírito. A filosofia é uma reflexão do espírito sobre o trabalho do espírito. A ciência é uma flexão sobre o objeto sobre o qual ele se debruça.*

Assim, o seu conhecimento pode (e deve) ser objeto de seu filosofar. Filosofar envolve seu pensamento investigador voltando-se reflexivamente sobre si próprio e seu conteúdo de conhecimentos elaborados e conceituados, ou em via de elaboração, a fim de aferi-los, compreender o processo de sua elaboração e conceder-lhe segurança e orientação adequada para a utilização prática a que se destinam.[1]

Ou seja, o que importa efetivamente na postura crítica é o caminho intelectual a ser percorrido, não a propriedade das ideias e das afirmações. Ao filosofar, deve-se ser continuamente crítico, estando sempre pronto a realizar o movimento do passo para trás em relação a todo tipo de conhecimento, inclusive o próprio conhecimento. Daí a imagem de um pensamento circular, que parece não avançar, frequentemente associada à filosofia.

Há necessidade de esforço e de conflito no exercício da filosofia, um trabalho mental considerável envolvido nos tipos de elaborações e julgamentos necessários ao pensar crítico. De acordo com Carraher (1993), o pensador crítico precisa ter uma tolerância e mesmo uma predileção por estados cognitivos de conflito, em que o problema ainda não esteja totalmente compreendido. Se ele ficar ansioso quando não souber 'a resposta correta', essa ansiedade poderá impedir a exploração mais completa do problema.

O senso crítico envolve a tolerância a 'estados cognitivos de conflito', ou seja, a capacidade de permanecermos em dúvida enquanto exploramos os conceitos. A luz não aparece de imediato, ela pode demorar, obrigando-nos a permanecer na penumbra por um bom tempo, em seguida se mostrar sorrateiramente, fugir mais uma vez, mostrar-se com mais intensidade, e assim continuar brincando conosco. No entanto, segundo Carraher, não se exige apenas 'tolerância' a essas situações, mas também 'predileção': o pensar crítico caracteriza-se, então, como uma tendência, uma opção, uma escolha, uma perspectiva adotada. Como já vimos, a filosofia envolve o amor ao saber; o filósofo é um amante da sabedoria.

É necessário praticar a dúvida, tomar distância em relação aos objetos e aos conceitos analisados, e até mesmo em relação à própria linguagem, para o exercício da filosofia. O filósofo francês René Descartes é um exemplo clássico dessa postura levada às últimas consequências, chegando até a duvidar da existência de seu próprio corpo, e será estudado posteriormente, nos capítulos 5 e 9.

O exercício sistemático da dúvida força-nos a encarar os problemas por vários ângulos. O trabalho intelectual amadurece com a descoberta da necessidade das múltiplas perspectivas: é sempre necessário deslocar o pensamento e torná-o multiperspectivo, evitando fixá-lo em apenas um ponto de vista. Muitos problemas exigem que se adote mais de um ponto de vista e que se estabeleça um diálogo entre eles, de onde surgiria uma possível solução. Richard Paul (apud LIPMAN, 1995, p.372) chama isso de pensar dialógico ou multilógico e Bachelard (1996, p. 51) o aponta como a capacidade de revirar os problemas, variá-los, ligá-los uns aos outros, fazê-los proliferar e inseri-los num jogo de razões múltiplas. Essa é a maneira especificamente filosófica de encarar e propor problemas e formular soluções, daí

---

[1] Aproveitamos aqui as palavras de Caio Prado Jr. (1995, p. 30): "A filosofia tem suas origens e ponto de partida quando o pensamento investigador do homem se volta reflexivamente sobre si próprio e seu conteúdo de conhecimentos já elaborados e conceituados, ou em vias de elaboração, a fim de aferi-los, compreender o processo de sua elaboração, conceder-lhe segurança e orientação adequada para a utilização prática a que se destinam".

a sensação de que um texto de filosofia nos joga para um lado, depois para outro, e assim infinitamente. A obra de Nietzsche é exemplar nesse sentido e será abordada nos capítulos 6, 7 e 11.

O filme *Rashomon* (*Rashomon*, 1950) dirigido pelo mestre japonês Akira Kurosawa, é um exemplo interessante de como a realidade pode ser enxergada por múltiplas perspectivas. A história do estupro de uma mulher é recontada de maneira distinta por diferentes testemunhas. O espectador, então, precisa reconstruir a história como se fosse um detetive, escolhendo as partes das versões que considera mais verossímeis.

Essas múltiplas perspectivas em geral exigem a aplicação de múltiplos critérios e fornecem múltiplas soluções, em vez de soluções únicas. O filosofar não é, pois, necessariamente algorítmico, ou seja, o caminho da ação não é sempre especificado em sua totalidade de antemão; ele compreende frequentemente a incerteza: nem tudo relativo ao problema é conhecido. A ignorância e o vazio criativos (não sabemos tudo) são forças que nos estimulam ainda mais a descobrir e inventar, a filosofar — "Só sei que nada sei" era o bordão de Sócrates.

O pensar crítico tende também a ser *complexo*, já que todo o caminho não é 'visível' (mentalmente falando) de nenhum ponto de observação isolado. Essa complexidade, entretanto, não se caracteriza necessariamente por um pensamento demasiado complexo, mas pelo fato de que a realidade só pode ser apreendida se observada por diversos pontos de vista. Com este livro você perceberá que os filósofos em geral discordam, têm pensamentos diferentes; no entanto, mais do que adotar a visão de um deles, desqualificando os demais, seu desafio criativo será conseguir enxergar o mundo pelos olhos de muitos deles, observar o mundo com vários olhos simultâneos, por perspectivas diferentes, enxergar vários mundos, ampliando assim sua capacidade de análise.

> *Seu desafio criativo, com a leitura deste livro, será conseguir enxergar o mundo pelos olhos de muitos dos filósofos aqui estudados, observar o mundo com vários olhos simultâneos, por perspectivas diferentes, enxergar vários mundos, ampliando assim sua capacidade de análise.*

## 1.4 O exercício de filosofar no dia a dia

Para que serve então a filosofia? De um lado, justamente para ampliar nossa compreensão sobre a realidade, nos permitindo observar coisas que não enxergávamos antes. Filosofar é um exercício de abrir fissuras na tessitura do real, que inicialmente parecia compacta, sem nada de novo a nos informar; é um exercício de iluminar parcelas escusas da realidade, de enxergar o mundo de uma maneira mais complexa. Entretanto, embora possa parecer paradoxal, a filosofia também serve para nos acalmar, para colocar um pouco de ordem no mundo, para organizar a bagunça do real, para nos ajudar a compreender melhor o sentido e o significado da própria existência. Assim, em alguns casos ela serve para embaralhar as coisas, mas em outros para ordená-las. Em alguns casos ela é a lanterna de que nos fala Philipe Gerling em seu *scrap*, em outros é um exercício de justamente permanecer mais tempo no escuro, de tateá-lo e explorá-lo de diferentes maneiras, multiplicando os sentidos do escuro. É, assim, um exercício e uma ferramenta múltipla.

Por tudo o que foi dito até agora, percebe-se que não há limites para o filosofar. Praticamente qualquer problema, qualquer situação, qualquer conceito, qualquer porção da vida e da realidade podem ser tomados como objetos da filosofia. O português Manuel Sérgio Vieira e Cunha, por exemplo, lançou o livro *Filosofia do futebol*.

Nessa obra, o autor procura responder à pergunta "Para que serve a filosofia?". Assim, você poderá ver como, além de destacar a importância da reflexão,

> O livro *Filosofia do futebol*, de autoria do português Manuel Sérgio Vieira e Cunha, é um dos exemplos de como qualquer tema pode ser tomado como objeto da filosofia.

Capítulo 1 — O que é filosofia? **9**

ele relaciona o futebol com questões como racionalismo, intencionalidade, complexidade, caos, criatividade, pluralismo, ciência, cultura e pós-modernidade. Tudo isso sob um enfoque que leva o leitor a fazer algumas importantes reflexões filosóficas sobre o futebol.

Para começar, no capítulo seguinte você terá a oportunidade de acompanhar a filosofia sendo exercida sobre um tema que toca a todos: a morte.

## Resumo

Neste capítulo vimos que a palavra *filosofia* pode ser compreendida de maneira muito diferente, dependendo de cada indivíduo. Ela é original da língua grega antiga e significa 'amor ao saber', abrangendo todas as ciências da época. Contudo, com o passar do tempo, ela ganhou novos significados. Em seguida diferenciamos a filosofia de outros níveis de conhecimento, como senso comum, teologia, conhecimento espiritual, artes e ciências. Por fim, ressaltamos que filosofar é um exercício que desenvolve nosso senso crítico e mostramos como ele pode ser aplicado a qualquer assunto de nossas vidas.

## Atividades

1. Redija uma nova resposta (em 140 caracteres) à pergunta "O que é filosofia", baseada na leitura deste capítulo. Depois, compare com a sua resposta inicial. Quais as diferenças? Como a leitura e a reflexão sobre este capítulo alteraram a sua concepção da filosofia?

2. Procure outras palavras em grego antigo, ligadas à filosofia, e reflita sobre os seus significados.

3. Pesquise exemplos de figuras da Antiguidade que eram ao mesmo tempo filósofos e cientistas. Repare como as duas atividades não eram geralmente consideradas distintas, mas uma coisa só, como afirma Lindberg.

4. Invente um conceito, no espírito proposto por Deleuze e Guattari, de que a filosofia é a arte de formar, criar e fabricar conceitos. Explique o conceito para seus colegas e avalie se ele foi compreendido e considerado original e interessante.

5. Você já teve a oportunidade de enxergar um problema ou uma situação por múltiplas perspectivas? Isso o ajudou a entender melhor o que estava acontecendo e a tomar uma decisão mais apropriada?

# Filosofando sobre a morte

## CAPÍTULO 2

## APRESENTAÇÃO

Neste capítulo, realizaremos um exercício filosófico livre, até mesmo poético, mais próximo de um ensaio do que de um texto acadêmico de filosofia. Você terá a oportunidade de viajar um pouco, libertando seu espírito filosófico ao refletir sobre o fenômeno da morte.

## TÓPICOS PRINCIPAIS

2.1 A morte
2.2 Alguns pontos controversos a respeito da morte
2.3 O adeus
2.4 Morte e Deus
2.5 Luto e tabu
2.6 O nada e a não existência
2.7 Vida após a morte
2.8 O medo da morte
2.9 Começo e fim

### OBJETIVOS DE APRENDIZAGEM

Durante a leitura deste capítulo, será possível:

- refletir sobre o fenômeno da morte;
- abordar temas polêmicos relacionados à morte, como suicídio, aborto e eutanásia;
- questionar o temor da morte;
- pensar sobre a maneira como a morte determina nossa formação e nossa condição humana;
- refletir sobre a não existência e o pós-morte.

## 2.1 A morte

A morte é, paradoxalmente, uma das fontes vitais mais expressivas de emoções, sentimentos e pensamentos. De um lado, acompanhar uma pessoa em sua viagem à morte, por exemplo, no caso de pacientes terminais, é uma experiência única e transformadora, que em geral nos força a reescrever nossas vidas em busca de crescimento, renovação e uma nova identidade; de outro lado, ter consciência de que está chegando o instante da própria morte talvez seja o momento mais desafiador da vida de uma pessoa, de que nem todos têm o privilégio de desfrutar.

Tudo que envolve o final da vida do outro é precioso e transformador: a experiência da extrema proximidade com a morte; a consciência de que alguém querido está prestes a morrer; a experiência de testemunhar alguém desenvolver a autoconsciência de seu estado; a convivência com a morte nos últimos dias, horas, minutos e segundos, os derradeiros movimentos; e aquele sorriso mágico, desafiador... A morte, por si só, gera respeito; a morte de um suposto inimigo muitas vezes acaba mostrando o quanto aquela pessoa era, na verdade, um parceiro, uma parte essencial de nossa personalidade, nosso *alter ego*.

Cena de *O sétimo selo*, de Ingmar Bergman. Um homem jogando xadrez com a Morte — não será a vida um jogo com seu tabuleiro, suas peças e suas regras?

A morte é um desafio, um enigma, tanto que tem sido incessantemente personalizada pelas artes. Quem assistiu a *O sétimo selo* (*Det sjunde inseglet*, 1956), do gênio sueco Ingmar Bergman, nunca conseguirá afastar da memória a cena do jogo de xadrez com a Morte.

Nossa concepção da vida está impregnada, mesmo que inconscientemente, pela convivência com a morte. Um romance de José Saramago, *As intermitências da morte*, aborda o tema. A partir da meia-noite do dia 31 de dezembro, as pessoas param de morrer em determinado país. Diversos setores da sociedade, como as funerárias, os hospitais, as casas de repouso e as seguradoras, são diretamente afetados pela nova situação, além, é claro, da população em geral. Inicia-se também um grande debate envolvendo a Igreja, os políticos, os economistas e os filósofos, entre outros.

## 2.2 Alguns pontos controversos a respeito da morte

São inúmeros os temas, quase sempre polêmicos, que estão intimamente associados à noção de morte. Vejamos alguns deles.

**Doação de órgãos**, por exemplo. Por que enclausurar um corpo morto, quando ele poderia servir de fonte de vida para outras pessoas? A respeito desse assunto, não podemos esquecer-nos da máfia do tráfico de órgãos, que, não raro, chega a matar para negociar partes de corpos humanos. *Coisas belas e sujas* (*Dirty pretty things*, 2002), dirigido por Stephen Frears, aborda o tema. Imediatamente surge a questão: enterrar ou cremar? Quanto (e por que) é importante para os seres humanos preservar os vestígios da morte em um lugar fechado? Qual é a função simbólica dos cemitérios e das tumbas?

Um livro muito interessante, nesse sentido, é *História da morte no Ocidente*, de Philippe Ariès, em que ele apresenta as atitudes do homem ocidental perante a morte, desde a morte familiar, domesticada (na Idade Média) até a morte repelida, maldita, interdita de hoje.

Outro exemplo: **pena de morte**. Ela se justificaria para alguns crimes? Mas como garantir que inocentes não sejam condenados e executados?

Veja no Quadro 2.1 um artigo que aborda o tema.

E o **aborto**? Em que casos ele seria eticamente aceitável? Outra pessoa tem o direito de encerrar uma vida que praticamente ainda nem começou? O Quadro 2.2 também traz uma matéria sobre o assunto.

## QUADRO 2.1 — Cai apoio à pena de morte, e país fica dividido

Uma pesquisa Datafolha sobre a pena de morte revela o quanto o apoio a esse tipo de medida extrema pode ser circunstancial e emotivo. No ano passado, logo após o assassinato do garoto João Hélio, 6, no Rio, 55% dos brasileiros apoiavam a adoção da pena de morte no país. Era a maior taxa desde 1993, quando um índice idêntico ao de 2007 foi apurado. Levantamento realizado entre 25 e 27 de março mostra que esse índice tinha algo de volátil: 47% dos brasileiros votariam agora a favor de uma lei para restabelecer a pena de morte no país. A última vez que o Brasil aplicou legalmente esse tipo de pena foi em 1855. Os 47% representam uma queda de oito pontos percentuais em relação ao ano passado. Declararam-se contra esse tipo de medida 46% dos entrevistados. Em março de 2007, 40% se diziam contrários.

O Datafolha entrevistou 4.044 brasileiros com 16 anos ou mais em 159 municípios. A margem de erro do levantamento é de dois pontos percentuais, para mais ou para menos. A pesquisa de março último mostra o quanto o tema divide os brasileiros: a diferença entre os que apóiam e os que são contrários à pena de morte é de um ponto percentual — ou seja, está dentro da margem de erro, o que indica uma situação de empate. No ano passado, quando o garoto João Hélio foi arrastado por um carro nas ruas do Rio, essa diferença era de 15 pontos. Essa divisão sobre a pena de morte não era registrada em pesquisas do Datafolha desde 2003. Naquele ano, 49% se declararam a favor e 47% contra. Nas quatro pesquisas seguintes, a parcela de brasileiros a favor sempre superou os que eram contra a pena de morte.

Uma das maiores quedas do apoio à pena de morte ocorreu no segmento mais rico da sociedade — os que têm renda familiar mensal acima de dez salários mínimos. Nesse segmento, o apoio caiu de 64% em 2007 para 47% agora. Os que recusam esse tipo de medida cresceram na mesma proporção, de 34% para 51%.

Entre os mais pobres, cuja renda familiar mensal não passa de dois salários mínimos, a aprovação à pena de morte recuou oito pontos percentuais — foi de 52% para 44%. Os mais pobres estão entre os que mais rejeitam a medida. O índice de 44% é o segundo mais baixo de apoio à pena. Só entre as mulheres ele é menor — 43%.

O maior repúdio à adoção da pena de morte ocorre entre os que têm curso superior. É um dos poucos segmentos em que a taxa de reprovação ultrapassa os 50% — é de 51%. Outra queda expressiva de apoio à pena capital foi registrada entre os moradores da região Sul do país. Foi de 16 pontos percentuais — de 66% no ano passado para 50% hoje.

A pesquisa flagra a diferença de mentalidades entre os moradores das cidades do Rio e de São Paulo. Entre os paulistanos, 52% dizem apoiar a pena de morte. Já entre os cariocas, esse índice é nove pontos percentuais inferior, 43%.

**Mais racionalidade**

Dois pesquisadores de violência ouvidos pela Folha, o sociólogo Claudio Beato e a antropóloga Paula Miraglia, afirmam que o resultado da pesquisa aponta uma volta da racionalidade no debate da pena de morte. Ambos são contrários a essa medida. Beato, professor da UFMG (Universidade Federal de Minas Gerais), diz que chamou sua atenção a baixa adesão dos mais pobres à pena de morte. "A população mais pobre parece perceber que já existe a pena de morte informal no Brasil, praticada pela polícia e por grupos de extermínio, e que isso não funciona", afirma.

Isso pode explicar, segundo Beato, porque os que têm renda familiar de até dois salários mínimos apóiam menos (44%) a pena de morte do que aqueles que ganham mais de dez salários mínimos (47%). Os mais pobres, de acordo com ele, convivem mais intimamente com a violência e sabem, empiricamente, que não há "soluções simplistas" para combatê-la. Miraglia, diretora-executiva do Ilanud (Instituto Latino-Americano das Nações Unidas para a Prevenção do Delito e Tratamento do Delinqüente), afirma que o resultado da pesquisa acompanha uma percepção que ela tem sobre o debate na área de segurança: "As pessoas já não acreditam em soluções mágicas", diz. Para ela, isso pode ajudar a entender por que os mais pobres e as mulheres estão entre os que mais rejeitam a pena de morte.

Sobre os mais pobres, ela tem uma hipótese para a rejeição da pena de morte: "Eles sabem que a Justiça se distribui de maneira desigual e os pobres iriam pagar o pato."

Já as mulheres, diz ela, rejeitam a medida porque historicamente são as maiores vítimas de violência e conhecem a ineficácia desse tipo de resposta.

**Fonte:** CARVALHO, Mario Cesar. Cai apoio à pena de morte, e país fica dividido. **Folha de S. Paulo**, São Paulo, 6 abr. 2008. Cotidiano p. 1

E quanto à **eutanásia**: temos o direito de optar pela morte? Outra pessoa tem esse direito sobre a nossa vida? Mas, afinal de contas, onde estão os limites entre a vida e a morte?

Quais são as diferenças sutis entre os conceitos de sedação, distanásia e eutanásia? Podemos considerar a **sedação** um procedimento para evitar a dor e o sofrimento de um paciente terminal. Mas o quanto ela também abrevia a vida e apressa a chegada da morte, aproximando-se assim da eutanásia, já que interfere na respiração e leva o paciente a relaxar os músculos? Qual é a função dos aparelhos que prolongam uma vida sem esperanças, caracterizando a **distanásia**? Como caracterizar o estado de sedação sem aparelhos, em que o paciente continua sendo tratado normalmente? Qualquer tipo de resistência a tratar o paciente seria uma barganha com a morte e, portanto, eutanásia? Devemos lutar até o úl-

| QUADRO 2.2 | Duas notícias sobre aborto no Barsil |

**Juiz autoriza aborto de jovem estuprada pelo padrasto em Pelotas (RS)[1]**

15/06/2010

O juiz Paulo Ivan Alves Medeiros, substituto da 1ª Vara Criminal de Pelotas (261 km de Porto Alegre), autorizou nesta segunda-feira (14) uma jovem que foi estuprada pelo padrasto a realizar aborto.

De acordo com o Tribunal de Justiça do Rio Grande do Sul, o padrasto está preso preventivamente e responde a dois processos na 3ª Vara Criminal da cidade — um por estupro e outro por violência doméstica. Existe a suspeita de que os outros dois filhos da jovem também sejam do homem, conforme laudo psicológico elaborado pelo Núcleo de Atenção à Criança e Adolescente.

O pedido para a realização do aborto foi ajuizado pela Defensoria Pública e teve parecer favorável do Ministério Público. A ação tramita em segredo de Justiça.

**Justiça de Minas nega pedido de aborto a pais de feto anencéfalo[2]**

15/06/2010

A Justiça de Minas indeferiu o pedido de um casal para que fosse autorizado o aborto do feto que esperam e que os médicos constataram ter má-formação. A decisão foi tomada pelo juiz auxiliar Marco Antônio Feital Leite, da 1ª Vara Cível de Belo Horizonte na semana passada, e o casal já recorreu da decisão.

Os pais entraram com a ação na Justiça no fim do mês de maio após serem informados por médicos que o bebê que esperam possuía anencefalia. O Ministério Público deu parecer favorável ao deferimento do pedido do casal, mas o juiz julgou que apesar dos laudos apontarem inviabilidade de sobrevida do feto, a gravidez e o parto não correspondem a "perigo iminente de morte da mãe".

A advogada do casal Ana Paula de Morais afirmou que sua cliente está muito abalada. "Minha cliente está passando por um momento muito difícil. Ela já tem pressão alta e está retendo líquido", afirmou a representante, que pediu para que o nome do casal não fosse divulgado. A mãe já possui outro filho de cerca de cinco anos e está grávida de 18 semanas.

O recurso da defesa, que é composta ainda pelas advogadas Camila Elizabeth Rodrigues e Carmem Luz das Graças Freitas, está agora com a Procuradoria Geral da Justiça que deve dar seu parecer sobre o caso, informou a advogada. Segundo ela, ainda não há uma previsão para o julgamento do recurso.

**Fontes:**

1. JUIZ AUTORIZA aborto de jovem estuprada pelo padrasto em Pelotas (RS). *Folha de S. Paulo*, São Paulo, 15 jun. 2010. Disponível em: <http://www1.folha.uol.com.br/cotidiano/751672-juiz-autoriza-aborto-de-jovem-estuprada-pelo-padrasto-em-pelotas-rs.shtml >.
2. NEVES, Fernanda Pereira. Justiça de Minas nega pedido de aborto a pais de feto anencéfalo. *Folha de S. Paulo*, São Paulo, 15 jun. 2010. Disponível em: <http://www1.folha.uol.com.br/cotidiano/751301-justica-de-minas-nega-pedido-de-aborto-a-pais-de-feto-anencefalo.shtml>.

timo momento pela vida perdida? Quanto estaríamos tratando o paciente, muitas vezes já inconsciente, e quanto estaríamos na verdade tratando dos familiares e amigos que ainda não conseguem se desvincular, que não estão preparados para enfrentar a morte?

Quanto ao **suicídio**, temos a liberdade de tirar a própria vida? O suicida é um corajoso ou um covarde? Uma pessoa em um estado de desequilíbrio mental, que se arrependeria da tentativa em seu estado normal de consciência, ou um existencialista, usando legitimamente de suas opções existenciais? Ou ainda um egoísta, pois no fundo quem sofre sempre são os outros, que ficam?

Algumas dessas questões envolvendo suicídio e eutanásia são abordadas de maneiras tocantes e belíssimas em filmes como *Mar adentro* (2004) e *Menina de ouro* (*Million dollar baby*, 2004). Além disso, todos esses temas que acabamos de levantar são aprofundados na entrevista com o psiquiatra e filósofo Adalberto Tripicchio sobre bioética, disponível no final deste capítulo.

## 2.3 O adeus

No romance de José Saramago, as pessoas passam a ser avisadas de que morrerão. Os avisos chegam em cartas pelo correio, na cor violeta, com os seguintes dizeres: "Caro senhor, lamento comunicar-lhe que a sua vida terminará no prazo irrevogável e improrrogável de uma semana, aproveite o melhor que puder o tempo que lhe resta, sua atenta servidora, morte." (2005, p. 125).

A partir de então, passa a valer o aviso prévio de uma semana, e essa nova situação provoca, é claro, mais uma sequência de reações da população e dos diversos setores já citados. As reações das pessoas que recebem as cartas são as mais diferentes possíveis: algumas partem para as orgias, outras tentam o suicídio e outras preparam seus testamentos, mas parece que uma dificuldade comum é dizer adeus aos queridos. Em alguns casos,

> (...) as pessoas condenadas a desaparecer não resolvem os seus assuntos, não fazem testamento, não pagam impostos em dívida, e, quanto às despedidas da família e dos amigos mais chegados, deixam-nas para o último minuto, o que, como é evidente, não vai dar nem para o mais melancólico dos adeuses. (SARAMAGO, 2005, p. 126)

Dizer adeus quando se está perto da morte é difícil tanto para a pessoa que vai morrer quanto para os familiares. Parece que temos uma tendência de adiar esse adeus até os últimos momentos, ou mesmo de evitá-lo. Talvez porque dizer adeus soe como a aceitação da eutanásia, talvez porque aceitar a morte esteja associado a um sentimento de culpa.

## 2.4 Morte e Deus

O próprio Saramago (2001) escreveu um artigo sobre o tema, "O fator Deus", dias após os atentados de 11 de setembro nos Estados Unidos, provocando várias reações e um grande debate. "Por causa e em nome de Deus é que se tem permitido e justificado tudo, principalmente o mais horrendo e cruel" é o início do texto. Nossa civilização tem matado em nome de Deus:

> Já foi dito que as religiões, todas elas, sem exceção, nunca serviram para aproximar e congraçar os homens, que, pelo contrário, foram e continuam a ser causa de sofrimentos inenarráveis, de morticínios, de monstruosas violências físicas e espirituais que constituem um dos mais tenebrosos capítulos da miserável história humana.

Logo no começo de *As intermitências da morte*, há uma discussão em que um dos personagens defende que as religiões sobrevivem graças à morte. Seguindo esse ponto de vista, Deus teria sentido apenas porque existe a morte, porque somos mortais. Parece natural estabelecermos uma relação entre Deus e a vida após a morte, que logo abordaremos. Mas também é possível, no sentido inverso, fazer um exercício para separar os dois conceitos. É possível pensar em Deus mesmo que não exista vida após a morte, e é também possível pensar em vida após a morte mesmo sem admitir a existência de um Deus criador. Como veremos, filosofias orientais concebem uma vida pós-morte sem estarem baseadas no conceito de monoteísmo, ou seja, imaginam uma vida após a morte sem pressupor a existência de um Deus individual, criador do mundo, que tivesse produzido a vida e o poder de legislar sobre a morte. As questões seriam então as seguintes: uma pessoa pode acreditar em Deus, mas não em vida após a morte? E alguém pode acreditar em vida após a morte sem acreditar em Deus? Em geral misturamos as duas coisas, parece ser impossível pensá-las separadamente.

## 2.5 Luto e tabu

Apesar de tantos temas interessantes e polêmicos associados à questão da morte, nossa cultura parece não admitir que falemos muito dela. Os rituais de luto são cada vez mais rápidos, a ponto de já existirem os funerais *drive-thru*, nos quais é possível jogar flores pela janela e prestar uma rápida homenagem ao morto sem sair do carro. As pessoas parecem não poder viver seus lutos em paz, explorar esses momentos tão pessoais e intensos e compreendê-los, pois a realidade imediata-

> Nossa cultura parece não admitir que falemos muito da morte. Os rituais de luto, por exemplo, são cada vez mais rápidos.

mente nos chama para as obrigações do dia a dia e logo surgem os 'tapinhas nas costas' acompanhados de frases como "você precisa superar isso", "a vida continua" etc. Quem fica de luto por muito tempo passa a ser segregado e pode ser tachado de louco. Nos momentos de perda, muitas vezes não há com quem conversar, pois o diálogo passa a ser socialmente censurado.

A própria filosofia fala muito pouco da morte, apesar de esses assuntos relacionados serem abordados pela bioética. Talvez possamos reduzir as contribuições filosóficas mais interessantes a alguns autores existencialistas, como Heidegger, Sartre e Camus. Platão, por exemplo, assim como outros pensadores, aborda a questão da imortalidade da alma, mas não contribui para a discussão sobre a morte, da maneira como ela está colocada até aqui, como um momento para o qual a vida nos encaminha, inexoravelmente; não toma verdadeiramente a morte como um tema filosófico, não concebe o homem como um ser-para-a-morte. Se essa premissa está correta, como explicar o motivo pelo qual a filosofia aborda tão pouco o tema? Como explicar por qual razão, na história da filosofia, os autores mais importantes não dedicam livros ao assunto? Por que não existem movimentos filosóficos centrados na morte?

Sabemos que a morte se tornou um tabu em nossa civilização ocidental contemporânea, centrada na vida material em vez da espiritual. Mas estamos falando aqui da filosofia, que por sua natureza encara e subverte os tabus.

Há uma natural desestruturação diante de uma experiência da perda de uma pessoa importante, ou mesmo do contato mais íntimo com a morte. Com essa desestruturação, uma enorme quantidade de energia é mobilizada, a qual pode nos levar a lugares que, antes, não teríamos condições de prever nem de imaginar. A reconstrução de significados em resposta a uma perda é o processo central no luto. Mas, como vimos, não é justamente o apoio à reconstrução de significados uma das funções nobres da filosofia?

> Na obra *Metafísica*, Aristóteles afirma que os homens chegam ao filosofar pelo *espanto* e pela *admiração*.

Para Attig (In: NEIMYER, 2003, p. 45), com a morte e o luto, enquanto reaprendemos o mundo, alcançamos novas acomodações aos grandes mistérios da vida na condição humana. A morte nos leva à meditação sobre o grande esquema das coisas, a finitude, a mudança, a imperfeição, a incerteza e a vulnerabilidade, mistérios que nos provocam. Há uma surpresa, um espanto gerado pelo encontro com a morte, que em geral é trabalhado como um fenômeno psicológico. Mas o espanto não é um dos motores da filosofia? Aristóteles, na *Metafísica*, afirma que os homens chegam ao filosofar pelo espanto e pela admiração. A morte das pessoas queridas desestabiliza totalmente nossas vidas, e é estranho que a filosofia explore tão pouco esse assunto.

Como afirma a epígrafe de Wittgenstein, no romance de Saramago: "Pensa por ex. mais na morte, — & seria estranho em verdade que não tivesse de conhecer por esse facto novas representações, novos âmbitos da linguagem". Novas representações e novos âmbitos da linguagem não são o terreno próprio da filosofia?

As preocupações envolvendo a morte não são nada racionais, e talvez justamente por isso a reflexão sobre a morte não esteja presente, de forma marcante, na história da filosofia. O significado da morte e o que existe depois dela seriam lições para a teologia, não para a investigação racional.

A filosofia teria medo da morte? Do desconhecido? Talvez a morte seja inimiga da razão, que em última instância guia a filosofia ocidental. Talvez a filosofia, como discurso racional, tenha se estabelecido em detrimento da mitologia, da literatura e de tudo o que não é explicável, como a morte.

## 2.6 O nada e a não existência

O homem é um 'entre-nadas'. Há um nada anterior ao nosso nascimento e um nada posterior à nossa morte; esses 'nadas' são diferentes para Peirce (1992a). O nada pós-morte de uma pessoa é um segundo, uma negação de um primeiro, enquanto o nada antes da vida é anterior a qualquer primeiro:

> *Nós começamos, portanto, com nada, zero puro. Mas esse não é o nada da negação. Pois não significa outro que, e outro é apenas um sinônimo do numeral ordinal segundo. Como tal, implica um primeiro; enquanto o puro zero presente é anterior a todo primeiro. O nada da negação é o nada da morte, quem vem em segundo em relação a (ou após) tudo. Mas esse zero puro é o zero de não ter nascido. Não há nenhuma coisa individual, nenhuma compulsão, externa nem interna, nenhuma lei. É o nada germinal, pelo qual todo o universo é envolvido ou precedido. Como tal, é possibilidade absolutamente indefinida e ilimitada — possibilidade sem fronteiras. Não há compulsão nem lei. É a liberdade sem limites.*

Uma pessoa é lançada na existência, vive e se esvai, e todo esse fluxo é um milagre, desde o não existir, a passagem para a existência e o crescimento, até a morte, lançando o ser novamente na não existência. Mas essa é uma não existência bem diferente da primeira. Antes de existir há um vácuo, no máximo um projeto na cabeça de alguém. O nada depois da existência é repleto de rastros. Uma pessoa deixa para trás muitos traços, um viver, que é pessoal, uma influência viva, cuja vitalidade e intensidade são proporcionais à espiritualidade daquela pessoa.

## 2.7 Vida após a morte

Talvez a questão da vida após a morte não seja explorada pela filosofia porque, sobre ela, não podemos fazer nenhuma afirmação consistente, já que não é possível a observação científica do fenômeno.

Existe vida após a morte?

Se pensarmos numa vida futura como uma proposição de que, após a morte, devemos manter ou recuperar intactos nossa consciência, nosso sentimento, nossa volição e nossa memória individuais, em resumo, todos os nossos poderes mentais, não há nenhuma indicação, científica nem mesmo espiritual, de que exista alguma coisa como uma vida após a morte. Ninguém até agora voltou de outra vida para conversar conosco.

Parede da Capela dos Ossos em Évora, Portugal. Na entrada encontramos o aviso "Nós ossos que aqui estamos pelos vossos esperamos".

No entanto, existe sem dúvida algum tipo de vida após a morte. Os mortos sobrevivem geneticamente e trazem influências psicológicas, em seus filhos, netos, bisnetos e assim por diante. Deixamos nossa marca e herança genética em nossos descendentes.

Após a morte, nossos átomos misturam-se também à natureza. Nosso corpo se funde a ela, sendo comido pelos vermes, e continua então a fazer parte desse panteão. "Nós ossos que aqui estamos pelos vossos esperamos" é o aviso na entrada da Capela dos Ossos, em Évora (Portugal), decorada com ossos e caveiras.

Os mortos vivem, ainda, nas obras que deixam — uma organização, um livro, uma música etc. Deixamos também registros como cartas, fotos e audiovisuais. Além disso, as pessoas sobrevivem também enquanto falamos delas, quando nos lembramos delas. Essas são nossas marcas concretas no livro da existência.

Por isso nossas consciências continuam vivas. Peirce (1992b) fala, além da consciência carnal, de uma 'consciência social' mais ampla, pela qual o espírito de um homem é incorporado a outros, e que continua a viver e respirar, assim como de uma 'consciência espiritual', que nunca pode se extinguir. Com a morte da consciência carnal, passaríamos a perceber uma consciência espiritual, que teria, na verdade, sempre existido conosco. A morte poderia servir para mostrar-nos que já tínhamos essa consciência espiritual, que antes se confundiria com nossas outras percepções — isso explicaria o derradeiro sorriso mágico...

Fora isso, não existe vida pós-morte? Seria racional querer se ver livre da angústia existencial, evitar a emoção, construindo um mundo pós-morte. De qualquer maneira, a questão da vida após a morte independe da questão da existência de Deus — é falacioso conectar tão intimamente assim as duas questões. A vida que enxergamos é terrena, é a vida física, e alguma coisa que se possa chamar de vida após a morte deve se dar em outro canal de percepção, em outro campo de conexões, que talvez não seja visível, agora, para nós, seres humanos.

Peirce (1992b) apresenta o exemplo de um amigo que, em consequência de uma febre, perdeu completamente a audição. Ele era muito aficionado por música antes disso, mas mesmo depois adorava ficar ao lado do piano quando um bom músico tocava. Então, Peirce disse para ele: "Apesar de tudo, você pode ouvir um pouco". "De maneira alguma", ele respondeu, "mas eu posso sentir a música por todo meu corpo". "Ora", Peirce exclamou, "como é possível um novo sentido se desenvolver em poucos meses!" "Não é um novo sentido", ele respondeu. "Agora que minha audição se foi, eu posso reconhecer que sempre possuí esse modo de consciência, que eu antes, assim como outras pessoas, tomei equivocadamente como audição". Da mesma maneira, quando a consciência carnal desaparece na morte, poderíamos subitamente perceber que tivemos o tempo todo uma consciência espiritual viva, que estávamos confundindo com algo diferente. O amigo de Peirce, depois de um tempo, passa a 'ouvir' outras coisas, de outro jeito, de outra maneira, o que pode nos levar a concluir que a audição 'oficial' impedia que ele tivesse consciência de outras maneiras com que interagia com o mundo e com a realidade.

Ora, isso é possível, inclusive no campo dos cenários científicos, totalmente independente da existência de Deus. O ser humano pode estar submetido a diferentes graus de consciência, diferentes camadas de existência, diferentes texturas existenciais, das quais a maioria não tem consciência até o momento da morte, sem que tenha existido um criador, um começo, uma força maior que governe tudo. Deus e vida após a morte são questões que devem ser tratadas de forma independente, ainda que nossa cultura as tenha unido de uma maneira tão impressionante que nos pareça estranho separá-las.

## 2.8 O medo da morte

Pensar sobre a morte certamente aterroriza muitas pessoas, por conta de suas diversas facetas. Se algo próximo a um Deus (ou aos deuses que a humanidade produziu até hoje) efetivamente não existe (e seria preciso discutir o que se entende por existência), uma boa tese para explicar a força de tal fenômeno, como teria se manifestado em praticamente todas as culturas, como teria canalizado tamanha energia e emoção, como ainda, enfim, uma quimera teria tido o poder de enganar tanta gente por tanto tempo, uma boa tese para explicar tudo isso seria a de que o temor da morte, ou a força avassaladora do encontro com ela, teria sido um dos motores essenciais desse movimento. Temor da morte não no sentido de simplesmente termos medo de morrer, mas temor em explorar os possíveis cenários da morte. Não é difícil imaginar que qualquer movimento na direção de penetrar nesse território nebuloso, qualquer tentativa de exploração desse cenário, poderia por si só já funcionar como um impulso para o desenvolvimento da fábula das religiões. Como se a região da morte assustasse tanto que a energia canalizada em sua direção (no sentido de pensá-la, imaginá-la, concebê-la etc.) desviasse, fosse refletida como que por um prisma e se direcionasse então para reforçar a construção do universo da vida após a morte. Ou mesmo a energia da dor da perda, relacionada à morte, canalizada para a edificação dessa maravilha que é a história das religiões.

Um desses cenários é dos mais aterrorizadores. Meu filho de três anos e meio um dia estava conversando comigo e disse (contrariado por alguma coisa, provavelmente) que iria morrer, que não iria mais voltar para conversar comigo e ficaria apenas conversando com o avô dele (já falecido), o Ayrton Senna etc. Então, um temor (forte, mas passageiro) se apoderou de mim ao imaginar que ele estava equivocado (entre outras coisas) quanto à expectativa da comunicação com os mortos. Isto é, considere que seja qual for o estado da alma (ou algo parecido) após a morte, ou mesmo que não haja alma após a morte, não haja nenhum tipo de comunicação e/ou consciência após a pessoa morrer. Ou seja, eu morto não terei consciência nenhuma do que está ocorrendo entre os vivos, nem mesmo do que ocorreu na minha vida, e, além disso, também não terei nenhum tipo de consciência do que ocorre entre os mortos, pois nada ocorre, então não haverá nenhuma condição de possibilidade de comunicação entre mortos. Imaginar isso, apesar de uma consequência natural e óbvia da crença na inexistência de vida após a morte, significa provavelmente para muitos imaginar um cenário aterrorizador, mesmo que se trate de um medo breve e passageiro, não muito bem identificável e descritível.

A morte sem dúvida aterroriza, sob as mais diversas perspectivas. Quando se trata da morte do outro que nos amava, que nos viu nascer, que acompanhou nosso desenvolvimento, do outro que sob muitos aspectos nos conhece mais do que nós mesmos, a morte nos assusta como se um dos holofotes existenciais que nos iluminavam se apagasse. Vai-se uma parte de nossa autoestima, porque deixa de existir uma das pilastras de amor e carinho que de alguma forma sustentavam nossa personalidade, a imagem que temos de nós mesmos, nosso ego.

A morte exige (ou dispara) um sentimento de respeito. Pela pessoa que se foi, de uma maneira mais imediata, mas para a morte como entidade, num sentido mais amplo. Esse sentimento de respeito é amedrontador. Há um abismo enorme entre qualquer segurança que o ser humano possa sentir, qualquer personalidade bem estruturada, de um lado, e a categoria morte de outro. Esse abismo gera um silêncio de respeito que exprime o medo de tamanha distância.

Se eu não posso mais pegar o telefone (como sempre fazia) para ligar para o outro, nem que seja para bater um papo furado, essa impossibilidade indica que há uma parte de mim que se foi com a morte do outro. Essa falta nunca é apenas exterior, mas se mostra imediatamente uma falta interior. A metáfora de que algo foi arrancado de nós, de que uma parte do nosso coração se foi, explica melhor a falta exterior causada pela morte — a falta interior pode ser mais bem descrita como a súbita descoberta de um vazio, de algo faltando, mas de algo que eu não sabia que existia dentro de mim — e que de uma maneira espiritual se comunicava de alguma forma com aquele outro exterior que se foi. A morte mostra-nos, portanto, canais de comunicação antes inconscientes, escusos — mas que agora se foram. Ilumina-nos o que perdemos!

Vai-se demonstrando cada vez mais impossível trazer o outro de volta, mas a emoção da perda não é tão facilmente estagnada. Abre-se então o caminho para a construção fantasiosa de que nós iremos ao encontro do outro que se foi, quando falecermos também. A morte é a criadora da vida pós-morte.

Se, para Freud, o momento em que o bebê chora e o seio da mãe não vem é o primeiro momento de alteridade para o bebê — que começará a ter consciência de que ele não tem controle sobre tudo, determinando então a formação do ego como algo distinto do mundo exterior — a morte seria o momento máximo (não

> A morte anuncia-nos, numa sentença sem chances de recurso, que existe uma ampla região da realidade que escapa de nossa vontade, que não se submete a nossos desejos, que os contradiz de forma dolorosa e decidida.

do ponto de vista cronológico, mas em intensidade) dessa alteridade. A morte anuncia-nos, numa sentença sem chances de recurso, que existe uma ampla região da realidade que escapa de nossa vontade, que não se submete a nossos desejos, que os contradiz de forma dolorosa e decidida. A morte é a experiência mais intensa de alteridade pela qual passa o ser humano. Se, como crê Freud, a alteridade é formadora de personalidade, a morte teria então papel primordial na construção de nosso ego.

A partir da consciência da morte, descortinam-se novas e inexploradas regiões da existência; na tessitura do real, no tapete existencial abrem-se buracos a serem explorados. Podemos representar a dialética da vida e da morte da seguinte maneira: a vida seria então como uma enorme montanha na qual nos encontramos em um ponto alto o bastante para que as nuvens nos impeçam de enxergar onde ela começa, mas não o suficiente para que consigamos ver seu cume. Ela surgiria do nada e desembocaria novamente no nada, como as igrejas em Ouro Preto, que parecem flutuar entre a serra e a neblina.

> A imagem das igrejas de Ouro Preto pode sintetizar a ideia de continuação entre vida e morte.

A imagem da montanha talvez seja mais clara que a da igreja. O 'nascimento' e a 'morte' das igrejas, em Ouro Preto, não são momentos de descontinuidade, mas, ao contrário, não sabemos com muita clareza onde começa a igreja e termina a neblina ou a serra; e, no fundo, sabemos que as igrejas não terminam lá, que dissipada a neblina há uma 'continuação' real da igreja, e até mesmo que, por seu porte espiritual, a igreja não acaba exatamente em seu primeiro tijolo, em sua primeira pedra, em suas fundações de engenharia — ela transcende tudo aquilo, toda a matéria. A morte é um fenômeno intenso demais para que possamos enquadrá-la, indicando que aqui termina a vida e ali começa a vida após a morte. E, além disso, a morte é um fenômeno que nos ensina que a vida supera a matéria. Isso não quer dizer que precisemos pensar que exista uma vida após a morte, assim como a crença na existência ou não de Deus não determina, de imediato, a crença na vida após a morte (nem de que não exista vida após a morte). Existe, como já dissemos, vida após a morte em certo nível (biológico, cósmico, psicológico, obras deixadas etc.); mas, mesmo que essas sejam as únicas formas de vida após a morte, que não exista nada como uma vida após a morte cristã (que implique a ressurreição) ou espírita (em que a alma reencarne em outros corpos), isso não significa que devamos acreditar que a vida de um ser humano se resuma à matéria, ou para ser ainda mais radical, como Peirce (1992a), que a memória se resuma à atividade cerebral, e que, com a morte do corpo material, ela cessaria, não havendo portanto interesse na vida após a morte para o ser humano.

Podemos pensar que um ser humano é mais do que seu corpo, seus neurônios, suas células, sua genética; que uma 'alma' seja pouco a pouco construída por ele; ou que ele até já nasça com certa alma (pela influência genética ou até mesmo espiritual). Uma maneira de definir o ser humano seria, então, justamente esta: um ser que nasce como um corpo, mas que se desenvolve como um corpo e também como uma alma, independente do corpo. E, no final, no momento da morte do corpo, essa alma de alguma forma também se desmonta, deixa de existir, mas, de outro lado, como já dito, ela sobrevive à morte do corpo, enquanto somos motivo de discurso, do pensamento e das emoções dos outros, enquanto a herança genética (e da personalidade do morto) continua a habitar a existência, com exemplos e obras que sobreviverão por gerações etc. Portanto, assim como a questão da existência de Deus pode ser pensada independentemente da questão da existência da vida após a morte, a questão da existência da vida após a morte pode ser pensada independentemente da questão da existência de uma alma nos seres humanos. Pode existir alma sem vida após a morte, assim como se pode admitir a vida sem alma após a morte.

Uma das coisas que assustam muito na morte é que toda aquela construção cognitiva e emocional, toda experiência que um ser humano adquire durante a vida, a duras penas, tudo isso se vai em uma breve parcela de um segundo. Há uma brutal descontinuidade no momento da morte, que desafia toda a continuidade da vida, desde o nascimento, o desenvolvimento, as relações (mais ou menos intensas e atribuladas) etc. Com a morte, perderíamos a consciência? A memória? Nossos sentimentos? Nossa volição? Nossos poderes mentais? Todos esses fatores não dependeriam diretamente do nosso corpo? A vida após a morte implicaria algum tipo de ressurreição carnal, ou seria apenas uma vida espiritual? Nosso corpo morre ou retorna, posteriormente, de alguma forma (ou seja, ressuscita)? Como afirma Peirce (1992a), formas de beleza, sentimento e inteligência parecem ser os mais evanescentes dos fenômenos. E, mesmo que existam os espíritos, com quem muitos dizem ter conversado, eles parecem ser uma imagem muito degradada das pessoas carnais e corporais:

> *Considerando-se todas as histórias de fantasmas que já foram contadas, e a realidade de todas as manifestações espirituais, o que elas provariam? Esses fantasmas e espíritos exibem apenas um retalho da mente. Sua estupidez é impressionante. Eles se parecem com os animais inferiores. Se eu acreditasse neles, deveria concluir que, se a alma não foi para sempre extirpada de uma vez com a morte do corpo, ainda assim foi reduzida a uma sombra deplorável, um mero fantasma, como nós dizemos, do seu self anterior. E esses espíritos e essas aparições são tão sofrivelmente solenes. Eu imagino que, se eu estivesse repentinamente liberado de todas as preocupações e responsabilidades desta vida, a minha provação terminada, e meu destino colocado além de casar ou fazer alguma coisa, eu deveria me sentir como me sinto quando me encontro em um navio a vapor, e sei que por dez dias nenhum afazer poderá surgir, e nada poderá acontecer. Deveria encarar a situação como um grande divertimento, deveria estar no limite da alegria e deveria, inclusive, sentir-me muito contente por ter deixado o vale de lágrimas para trás. Em vez disso, essas almas miseráveis vêm assombrar de volta seus lares anteriores, para chorar sobre leite derramado.*

A questão da vida após a morte está muito ligada à questão da sobrevivência de certo grau de consciência após a morte. Ou será possível pensar em um ser que continue existindo, após a morte do corpo de um ser humano, sem que tenha consciência de si próprio? Seria possível esse ser ainda ter algum sentido para nós, ou mesmo para os outros 'mortos'? Se não houver comunicação após a morte, como já simulamos, poderíamos ainda dizer que sobrevive alguma 'alma'? Nesse sentido, como suporte para essa discussão é possível imaginar um campo de estudos denominado 'semiótica da morte' (entenda um pouco melhor o que é a semiótica a partir do quadro *Eureka!*, "Signos, ícones, índices e símbolos"). A linguagem, a comunicação, a consciência e o outro são todos elementos essenciais na constituição e na definição de um ser humano, de uma vida, de uma 'alma' (no sentido como nós a pensamos). Portanto, se admitíssemos a aniquilação de todas essas ferramentas, de todos esses 'traços' existenciais, de todos esses 'rastros' na existência, seria ainda possível pensar em algum tipo de 'vida' após a morte? Por isso, talvez, as fantasias da vida após a morte incluem quase sempre a comunicação entre os mortos, ou entre os mortos e os vivos — pois se a comunicação cessar, o ser humano não consegue mais imaginar qualquer tipo de vida.

Na compreensão da morte, a maneira pela qual entendemos a individualidade do ser humano é também essencial. Quanto menos concebemos o ser humano como

## EUREKA! Signos, ícones, índices e símbolos

A semiótica tem como objeto de estudo os signos. O homem defronta-se não apenas com o mundo natural, mas principalmente com uma proliferação infinita de signos e de representações, que criam vida própria, um mundo próprio, com o qual lidamos diariamente.

Para Peirce, o signo é algo que representa alguma coisa para alguém. Na mente dessa pessoa, cria-se um signo equivalente, denominado *interpretante* desse primeiro signo. Todo signo possui um objeto, ao qual representa, e a ideia que ele carrega consigo desse objeto é denominada *fundamento*. Uma distinção importante entre os signos, estabelecida por Peirce, dá-se entre ícone, índice e símbolo.

O *ícone* apresenta semelhança natural, geométrica ou funcional entre o significante e o significado (a foto de uma pessoa e a própria pessoa, um mapa e o local que representa etc.). Pode ser subdividido em imagens (que representam diretamente o objeto), diagramas (que representam as relações do objeto, dos quais as equações algébricas fariam também parte) e metáforas (que representam seu objeto através do paralelismo). É importante notar que, nos ícones, a relação entre significado e significante não é arbitrária, mas apresenta elementos de motivação, ao contrário do que ocorre no caso dos signos linguísticos. Os ícones estabelecem uma relação de analogia entre o signo e o seu referente. Espera-se que um ícone, num ambiente como o do Windows, por exemplo, represente de imediato, para o usuário, a ação que um clique nele gerará — uma porta fechando indica que se vai sair do programa; o desenho de um disquete indica gravação; a figura de uma impressora indica que se vai imprimir etc. Um ícone bem construído, em computação, é aquele que consegue justamente captar a relação mais natural possível, que se possa estabelecer de imediato na mente do usuário, entre uma figura e uma ação a ser realizada por um programa. Ele não precisaria, então, de um texto (verbal), para explicar o que ele significa.

O *índice* apresenta uma relação natural de contiguidade entre o significante e o significado (o cruzeiro do sul é índice geográfico, a fumaça é índice do fogo, a febre é índice de uma doença, o relógio indica a hora, o cata-vento indica a direção do vento, os pronomes demonstrativos indicam para alguém ou algo, os pronomes relativos *o que* ou *quem* indicam para alguma expressão ou palavra que os antecede, uma arma pode ser índice de um crime, uma cicatriz pode ser índice de agressão, ruínas são índices de uma cidade etc.). Toda a medicina se constrói sob a ideia de sintomas — as dores são índices da doença. Vestígios ou indícios são formas de índices. Tudo o que atrai nossa atenção ou nos surpreende é um índice, pois relaciona dois aspectos da experiência. O índice é afetado pelo objeto que representa, e institui uma conexão dinâmica entre o objeto e a consciência que o percebe. Assim, não é a semelhança entre o índice e seu objeto que importa, como no caso do ícone, mas o fato de o objeto poder modificá-lo. No Paleolítico Superior, de 25.000 a.C. a 10.000 a.C., o homem criava índices por intermédio da magia simpática. Com seus desenhos de situações de caça nas cavernas, procurava de alguma forma influir sobre a natureza. Imitando um resultado, acreditava poder produzir o resultado. Se a magia simpática apresenta, a princípio, uma relação icônica com seu objeto (por meio do desenho), era a crença na contiguidade entre o ato de desenhar e o de caçar que movia o homem primitivo. Os desenhos eram pintados uns sobre os outros, em diferentes épocas, pois o processo da pintura tinha o poder de influir sobre a realidade — e não a pintura enquanto representação. Pintar podia influir sobre o caçar — a pintura podia modificar seu objeto.

George Berkeley, filósofo empirista inglês do século XVII, já pensava sobre a relação entre o objeto e seu índice (no caso dele, entre ideias, pois tanto o objeto quanto o índice devem ser compreendidos como ideias): "a conexão das ideias não implica a relação de causa e efeito, mas somente a de um *sinal* da coisa *significada*. O fogo que vejo não é a causa da dor sentida se me aproximar, mas o sinal para me acautelar dele. O ruído que ouço não é efeito de movimento ou colisão de corpos externos, mas o sinal disto" (1973, p. 32).

A relação básica, que caracteriza os índices, é a relação de implicação entre dois eventos: $A \supset B$. Se ocorre A (o sinal ou índice), então ocorreu, ocorre ou ocorrerá B, que está portanto representado por A.

Já o *símbolo* apresenta também relação de contiguidade entre o significante e o significado, mas essa relação é instituída, enquanto regra, e deve ser conhecida pelo emissor e pelo receptor da mensagem, para que o signo se concretize. O símbolo, ao contrário do ícone e do índice, é resultado de uma convenção social arbitrária. Palavras, frases e livros são todos símbolos, assim como bandeiras, sinais de trânsito etc.

A relação lógica que se estabelece entre o signo e o seu referente é de equivalência:

$$A \text{ (signo)} \equiv B \text{ (referente)}.$$

A semiótica não se restringe ao estudo da língua: aborda objetos e sistemas de signos como vestuário, moda, sinalização rodoviária, cinema, arquitetura urbana, mitos, quadros, cardápios etc., enfim, todo e qualquer conjunto de signos que se constitua como sistema. Sempre que o homem recria o mundo, de forma a espelhá-lo, representá-lo de alguma forma, cria sistemas sígnicos, que interessam, então, à semiótica. Os sistemas sígnicos podem ser estudados, assim como a linguagem em geral, sob diversos ângulos: semântico, sintático e pragmático, entre outros.

uma unidade e quanto mais o concebemos como uma multiplicidade, menos a morte se torna uma questão pessoal ou individual e mais ela se transforma em uma questão psicossocial, que transcende o indivíduo — sobretudo, se imaginamos que as fronteiras que delimitam esses muitos dentro do indivíduo não são tão definidas. Talvez, assim, tenhamos menos necessidade de construir uma fantasia em relação a uma vida após a morte de um indivíduo.

Se não somos únicos, mas sim múltiplos, com múltiplas personalidades, complexos, inconsciente, instintos etc., o que deveria sobreviver como espírito? Como uma pessoa com múltiplas personalidades existiria após a morte? Manteria qual personalidade? Segundo Jung, o ego desenvolve-se com a função de administrar nossos diversos complexos, e no fundo somos o imenso do inconsciente, o administrador submetido a estresse constante, e nossos complexos todos plenos de energia. Afinal de contas, o que é uma pessoa morta?

Cabe ainda falar mais um pouco sobre o medo da morte. O progresso tecnológico trouxe cada vez mais poder para o homem. É possível que em breve sejamos tecnicamente capazes de clonar outros seres humanos. Já podemos criar robôs com inteligências muito similares às nossas, prolongamos acentuadamente a nossa expectativa de vida e assim por diante, mas todo esse progresso não foi capaz de aperfeiçoar o nosso controle sobre a morte. O ser humano é mortal, e a consciência dessa finitude é parte de nossa concepção do real. Não sabemos se existe vida após a morte ou se a nossa vida termina efetivamente quando morremos, não sabemos se algum tipo de consciência sobrevive à morte de nosso corpo, não sabemos exatamente com que idade e como vamos morrer, não temos direito ao aviso prévio, como os personagens de Saramago. E essa angústia existencial perpassa, mesmo que inconscientemente, nossa construção da realidade. Segundo Mark Kingwell (2005, p. 46), é desagradável e difícil pensar que morreremos, e por isso estamos sempre buscando maneiras de desviar nossa atenção da consciência de nossa própria mortalidade. A morte parece ter sido expulsa da reflexão ocidental. É possível pensar que a filosofia e a razão ocidental tenham nascido e se estabelecido sobre o túmulo da morte, na transição *mitos–logos* na Grécia Antiga, e isso é claro quando observamos que o tema está incrivelmente ausente da discussão filosófica desde Platão. Nesse sentido, o medo da morte é o ponto cego de nossa concepção da realidade. Nossa sociedade precisa reaprender a lidar com o luto, e a filosofia tem obrigação de ajudar-nos nesse processo e uma grande contribuição a dar.

## 2.9 Começo e fim

Peirce (1992c) sugere a comparação entre um nada germinal e um nada terminal:

> *O estado de coisas no passado infinito é caos,* tohu bohu, *o nada que consiste na total ausência de regularidade. O estado de coisas no futuro infinito é a morte, o nada que consiste no completo triunfo da lei e na ausência de toda espontaneidade.*

Sua cosmologia propõe um caminho entre os dois, da espontaneidade à morte. Podemos, assim, falar de uma pequena morte, a nossa, e de uma grande morte, a do Universo. Em função dessa sugestão, podemos perguntar: quanto não teríamos personificado a história do universo em função da história da nossa vida? A grande morte em função das pequenas?

As questões de Deus e da vida após a morte, entre outras que discutimos aqui, podem ser pensadas independentemente da questão da necessidade de um início. O ser humano tem dificuldade para pensar em um mundo sem começo, já que o começo é uma das marcas primordiais da nossa existência (a outra é a morte), mas é possível ignorar a questão da existência de Deus e pensar que o universo talvez tenha sempre existido. E mesmo, que jamais terminará.

## Resumo

A experiência da morte é assustadora e transformadora, e por isso mesmo um tema fecundo para a filosofia. Inúmeros temas que envolvem a morte fazem parte do campo da bioética.

Conceitos como os de eutanásia e distanásia são em geral confundidos, pois remetem à nossa dificuldade em lidar com a morte. A morte transformou-se, em nossa sociedade contemporânea, em um tabu sobre o qual não se pode falar.

## Atividade

Leia o primeiro artigo da Resolução 1805/2006 do Conselho Federal de Medicina (CFM), publicada em 28/11/2006, no *Diário Oficial da União*:

> *É permitido ao médico limitar ou suspender procedimentos e tratamentos que prolonguem a vida do doente em fase terminal, de enfermidade grave e incurável, respeitada a vontade da pessoa ou de seu representante legal.*
>
> *O CFM defende que não se trata de eutanásia, o que seria um crime no sentido de provocar a morte do doente. Para o CFM, a resolução trataria da ortotanásia (ou eutanásia passiva), o ato de não usar recursos que prolonguem artificialmente a vida.*
>
> *A decisão de suspender o tratamento deveria respeitar vontade do paciente, de seus familiares ou de seu representante legal, e estaria fundamentada nos princípios constitucionais da dignidade e de que ninguém pode ser submetido a tortura nem a tratamento desumano ou degradante.*

Como você pode imaginar, a resolução do CFM provocou e continua a provocar muita polêmica. A resolução foi elogiada por médicos e até por setores da Igreja Católica, mas foi também criticada principalmente por advogados, pois seria imoral e ilegal. Para muitos, a resolução seria a legalização do assassinato e possibilitaria que pessoas fossem mortas, por interesses diversos, em condições bastante diferentes das que o CFM teve em mente quando elaborou a resolução.

Após tudo o que foi proposto e discutido neste capítulo, e com base na entrevista concedida pelo professor Tripicchio, a seguir, discuta com seus colegas os tópicos indicados nos objetivos de aprendizagem no início do capítulo.

Para enriquecer sua reflexão, pesquise também outras posições sobre o tema, inclusive em outros países. Veja o exemplo que ocorreu na Espanha:

> *Morte de pentaplégico revive questão da eutanásia na Espanha.*
>
> *Através de um dispositivo acoplado que lhe permitia escrever no computador, Jorge já havia manifestado o desejo de morrer.*
>
> (*Estadao.com.br*, Ciência e Meio Ambiente, 9 de maio de 2006)

## Entrevista

A entrevista a seguir foi feita com o psiquiatra, biólogo, filósofo e professor Adalberto Tripicchio,[1] em que ele fala sobre eutanásia e suicídio, entre outros

---

1 Adalberto Tripicchio é neuropsiquiatra, logoterapeuta e pós-doutor em filosofia. Possui diversos títulos relacionados a medicina, filosofia e teologia em conceituadas instituições europeias e norte-americanas. É administrador do Portal RedePsi e do Portal Órion; fundador da Sociedade Szondiana Brasileira Schicksalsanalyse, da Associação Brasileira de Análise e Terapia Existencial Daseinsanalyse e do Centro de Estudos Avançados em Neurofilosofia Aplicada (Ceana). Escreveu diversos livros.

temas de bioética. Você perceberá que eu fiz um pouco o papel do filósofo, provocando o entrevistado, da mesma forma que Sócrates fazia na Grécia Antiga, conforme registrado nos diálogos de Platão.

**Adalberto, corrija-me se eu estiver errado, mas devemos diferenciar a eutanásia, ou seja, a pessoa tomar alguma coisa para morrer, da sedação, em que a pessoa é sedada para esperar a morte sem sofrer?**

Não tem diferença alguma. Sedar um doente terminal somente para mantê-lo artificialmente vivo, seja por meio de drogas seja por meio de aparelhos, é hoje chamado de distanásia. Ou seja, é um meio de prolongar a morte, e não a vida.

**Eu queria insistir um pouco mais, pois ou não me fiz entender, ou realmente eu tenho uma noção errada. Eu não estava me referindo necessariamente a sedar um doente terminal apenas para mantê-lo artificialmente vivo. Prolongar a vida quando não há mais esperanças, com o auxílio de aparelhos, é uma coisa. Mas sedar não está necessariamente associado a isso. Você pode, por exemplo, sedar um doente terminal no quarto, sem aparelhos, visando a um menor sofrimento do paciente. Pelo que entendo, essa sedação apenas apressa um pouco a morte porque interfere na respiração e faz o doente relaxar, mas nunca prolonga a vida mais do que o doente viveria. Mas isso seria bastante diferente de eutanásia, no sentido de dar um remédio para o doente morrer. Um doente terminal, sem aparelhos, que está para morrer, poderia então ter a morte antecipada (por eutanásia) ou ser sedado (para correr o ritmo normal até a morte, mas sem sofrimento). Sedar, para mim, não está associado a matar, está correto?**

Acho que entendi melhor a questão que você propôs. Deixar de tratar, sedado ou não, é uma forma de antecipar o óbito. Embora em paciente terminal, que pode morrer a qualquer momento, não lutar contra a patologia, desde que haja como fazê-lo, é abreviar a vida. Nada mais misericordioso do que deixar o paciente em paz e sedá-lo. Morrer dormindo, morrer bem. Porém, tecnicamente, antecipar a morte, seja de maneira imediata, seja pelo curso livre da doença, é eutanásia. Se uma traqueostomia pode dar mais uma ou duas horas de vida ao paciente, não fazê-la, apesar do sofrimento que causaria, é antecipar a morte em uma ou duas horas. O que eu acho muito digno.

**E sedar um paciente, mas continuar a tratá-lo, ou seja, continuar a ministrar as drogas que ele estava tomando, os remédios conforme as suas reações etc.?**

Embora eu seja assumidamente contra esta conduta em paciente terminal, tenho de admitir que isso é o correto do ponto de vista médico. Tratar enquanto puder fazê-lo na esperança de um milagre. Do ponto de vista do paciente tanto faz, pois ele está inconsciente. Do ponto de vista dos vinculados afetivamente com o paciente, é péssimo.

**Mas vamos lá, estou insistindo porque só aos poucos estou me fazendo entender. Sedação significa continuar tratando, mas sem esperanças de milagre. Ou seja, não se espera que o paciente vá ressuscitar, não é feita traqueostomia, não são ligados respiradores nem tubos, o paciente é sedado, mas continua recebendo algumas drogas. Isso também seria eutanásia, no seu entender? Aliás, você não pode nos brindar com uma definição de eutanásia, ou duas se quiser, uma mais médica, outra mais filosófica? Eu entendia que eutanásia era matar, dar uma droga para o paciente morrer, como no caso do filme *Invasões bárbaras*.**

Não, não... Eutanásia não é homicídio — ainda que alguns a chamem de 'homicídio misericordioso'. Eutanásia é somente isso: antecipar a morte de quem já está com ela irremediavelmente anunciada, e em permanente sofrimento, tendo em vista o ambiente médico-hospitalar disponível. Sedar o paciente, se não houver problemas metabólicos agravantes, é o mínimo que se deve fazer. Na primeira resposta que eu dei, fiz um pacote que incluía a sedação junto com o cessar de todos os recursos ainda existentes. Acho que aqui é que ficou o nó górdio da questão. Somente sedar, como se faz hoje, deixando os pacientes em coma barbitúrico, não tem nada a ver com eutanásia. Pelo contrário, coma barbitúrico associado à hipotermia tem livrado muitos pacientes de sequelas neurológicas ou mesmo do óbito. Em resumo, eutanásia é abreviar a vida; distanásia é prolongá-la.

**Adalberto, veja esta manchete: "Argentina autoriza que menino incurável tenha 'morte digna'. Médicos e juristas concordaram que não se trata de um caso de eutanásia e consideraram 'valente' a resolução". Agora não estou entendendo mais nada! Se não é eutanásia, não está batendo com o conceito que você definiu por aqui.**

Há vários tipos de eutanásia e distanásia. Acabei de ler a notícia. Não sei como está a legislação, neste momento, na Argentina para essa questão. O paciente já estava em distanásia, isto é, tendo sua vida prolongada artificialmente, por meio de procedimentos médicos — a notícia diz que estava sendo alimentado por uma fístula gástrica, que o paciente estava prostrado, imóvel e demenciado, em virtude de doença incurável e letal. Nesse caso, foi interrompida a distanásia (que, na verdade, nessa situação está só prolongando a morte), e, do ponto de vista médico-legal, foi-lhe aplicada a eutanásia passiva, ou indireta: deixar o paciente morrer pelo curso da própria doença, sem intervenção médica. Para o Código Penal Brasileiro, isso é homicídio. Talvez no argentino não o seja. Está tramitando em nosso Congresso um anteprojeto de lei para alterar nosso Código Penal nos dispositivos do artigo 121, sobre a eutanásia, onde, no seu quarto parágrafo, exclui a ilegalidade do procedimento descrito acima. É necessário que dois médicos atestem a situação de morte iminente. Se o paciente ainda estiver lúcido, é preciso que ele também autorize sua eutanásia; se estiver inconsciente, é necessária a autorização do parente mais próximo que estiver presente.

**Pelo jeito, a bioética lida apenas com temas polêmicos, como aborto, clonagem etc. Vamos mudar um pouco de assunto. Veja esta notícia maluca! "Chinês tenta suicídio pela 100ª vez e fracassa. Motivo das tentativas foi forte depressão provocada pelo divórcio."**

**Em sua opinião, o suicídio é um ato decorrente de um transtorno mental ou uma opção livre, uma escolha possível da condição humana? O suicida é um covarde ou um corajoso? O suicídio parece ser, à primeira vista, uma opção livre, já que o próprio suicida escolhe a hora e a maneira de morrer. Assim, podemos dizer que o suicídio é uma escolha existencial. Mas é provável que o suicida esteja passando por transtornos mentais, que ele precise de ajuda profissional, e nesse sentido ele não estaria exercendo uma opção, estaria fora de si. Assim, poderíamos dizer que ninguém escolhe o suicídio. Então, como você sai dessa?**

Não estávamos na pele daquele que fez uma verdadeira tentativa de suicídio. Digo verdadeira, pois a maioria das tentativas são falsas, são atuações para obter algum lucro secundário (entretanto, as estatísticas mostram que a maior parte dos suicídios concretizados foram acidentais, cometidos exatamente por este lote de atores inconscientes). Tive um professor nascido na Hungria chamado Szondi, que criou a psicologia do destino. Ele estudou e trabalhou por algum tempo em Budapeste como plantonista para atender às tentativas de suicídio daqueles que se jogavam da Grande Ponte no rio Danúbio. Olha, quem se joga no Danúbio é porque quer morrer mesmo. Alguns poucos eram salvos pelos barcos e imediatamente examinados por Szondi. Nunca houve um caso sequer em que o sobrevivente não viesse depois a se arrepender do ocorrido. Na minha experiência, nunca li ou vi esses sobreviventes, milagrosamente salvos, não se arrependerem do feito. O que, me parece, mostra que o gesto de autodestruição fatal seja fruto de um momento de estado alterado de consciência. Uma vez recuperada a consciência lúcida e crítica, vem o arrependimento.

A consciência pode ser alterada física, química e mentalmente. Um acidente grave, um traumatismo craniano, por exemplo, pode levar uma pessoa ao suicídio sem que haja nenhum motivo oculto para acabar com a vida. O suicídio a termo por ação de substâncias psicoativas é o mais comum, pois todas elas rebaixam o nível de consciência.

E mentalmente? Além de todos os transtornos conhecidos e divulgados pela mídia, acrescentemos o fenômeno da indução por condicionamento, como nos casos de alteração de estado de consciência por *brain wash* feita por ideologização maciça de seitas místico-esotéricas levando a suicídios coletivos, ou bélico-religiosos, como com os rapazes e moças-bomba, ou dos kamikazes do Japão. Há também o modismo por indução cultural. Quando Goethe escreveu *Werther*, o protagonista que se mata no livro, houve uma série de suicídios por pura imitação. Um transe hipnótico individual provoca uma indução sugestiva leve, um estado crepuscular da consciência. Um estreitamento do campo da consciência, como o dia caindo e a noite subindo: o crepúsculo. Onde não há riscos.

Mas, e se nenhuma dessas possibilidades estiver ocorrendo, e aparece um sujeito lúcido, com a crítica preservada, oficialmente sadio, biopsicossocialmente segundo a Organização Mundial da Saúde, e que começa a refletir o que ele está fazendo aqui neste planeta ao qual foi lançado, com a morte perseguindo-o a cada passo, dando-se conta do absurdo que esta nossa vida representa pela sua total inutilidade, como no mito de Sísifo? Nesse mito, Sísifo leva uma enorme pedra até o cume de um monte. Lá chegando, não há como posicionar a pedra, e ela rola de volta ao sopé do monte. E lá vai Sísifo buscá-la, repetindo indefinidamente essa ação sem finalidade alguma. Esse mito mostra ao nosso sujeito que a vida não tem sentido nem significado algum. Mas, que, pelo contrário, tem muita frustração, sofrimento e dor, e ele chega à conclusão racional e clara que é melhor não existir. E, com uma escolha amadurecida pela reflexão filosófica opta, no uso de seu livre-arbítrio, por matar-se. Assim, descrevo, sucintamente, o suicídio existencial.

Pergunto, para a apreciação de vocês: isso poderia sair da teoria para tornar-se realidade? Alguns autores defendem que certos suicídios foram existenciais, por exemplo: Getulio Vargas, o casal judeu Stefan Zweig, Hitler, Eva Braun, Paul Goebbels com a esposa e seus filhos... Mas esses últimos, por exemplo, perderam tudo, a começar pela Guerra, então como é que nós poderíamos ver alguma lucidez em seus atos?

Eu só acredito em morte anunciada, e a pedido, nos casos de doença sofrida e terminal, por eutanásia. É o tiro de misericórdia do bom soldado. Portanto, eu aceito o vazio existencial, a angústia, a depressão, o tédio. Mas suicídio, não. Acho que o instinto de conservação do indivíduo fala mais alto que a pulsão de morte da psicanálise.

**Muito interessantes os seus argumentos e as suas explicações, Adalberto! Mas eu continuo achando que o suicídio é uma opção existencial. Uma escolha que a pessoa pode fazer. Como você explica que boa parte dos suicídios ocorre em datas comemorativas, que deveriam ser alegres, como o Natal, por exemplo?**

João, não existe maior agressão do que alguém usar a própria vida para realizá-la. E se for em datas significativas, aumenta a dramaticidade do evento. Sartre dizia que quem morre é o outro. Veja: falecer = fale-ser, quem fala é o outro que ainda está vivo. Suicídio, para quem tem vínculos afetivos, especialmente familiares, é o supremo gesto de egoísmo de um ser humano.

**Vamos lá, Adalberto, vamos continuar a filosofar! Esses são assuntos que normalmente evitamos, ficamos constrangidos em debater com os colegas, é bom que eles tenham surgido na entrevista. O suicida é um egoísta? Para mim, é uma pessoa que sente que sua vida não tem importância para ele nem para os outros. E corajoso, porque vai enfrentar o desconhecido.**

Suicídio é egoísmo puro, seja por querer ter nas mãos a continuidade, ou não, de seu próprio ego, seja para livrar-se dos problemas da vida, deixando para que os outros o façam por ele. Mas o espetáculo tem de continuar.

**Mas você não acha que a decisão da pessoa tem de ser respeitada se ela decide abandonar o barco?**

Tenho observado que essa 'decisão de abandonar o barco' nunca é tomada por uma escolha, ou opção, livre. Isso fica claro quando se examinam os sobreviventes de tentativa de suicídio. Invariavelmente eles se arrependem do ato, e se dão conta de que estavam 'doentes'.

**Mas e o caso do chinês, que tentou o suicídio cem vezes? Alguns suicidas podem 'estar' doentes, mas outros não 'são' doentes?**

Legal essa lembrança do ser doente e do estar doente. Em ambos os casos há períodos de acalmia. É nesse momento intercrítico que está indicada a psicoterapia, que quando bem orientada pode contribuir em muito na estabilização emocional do cliente, e nessa fase ele definitivamente quer esquecer-se das tentativas de suicídio. Eu acredito que a gente só fica pensando na própria morte quando não se está bem.

**Mas continuo a não entender como a decisão não é uma livre escolha.**

Aparentemente pode ser, mas são tantas as possibilidades de determinantes inconscientes, por indução subliminar, por indução tóxica ou por transtorno mental não reconhecido pelo próprio paciente. Doenças e medicamentos que levam à depressão podem também gerar ideias suicidas. O paciente pode se matar, em um suicídio anunciado, achando que o faz por opção livre! Nos transtornos mentais, o mais comum é a própria depressão, que muitas vezes não é percebida pelo paciente. Os casos mais graves, tradicionalmente chamados de melancolia suicida, se não forem assistidos vão ao óbito.

Há casos em que se poderá dizer que houve fortes motivos externos para alguém se matar: uma falência de um empresário, uma perda de parente próximo e querido, a culpa de, intencionalmente ou não, ter magoado alguém com graves consequências e por aí vai. Mas será que esses fatos externos justificariam o suicídio do agente? Nem todos reagem dessa maneira. Somente aqueles que têm tendência à depressão, e que nesses casos desenvolvem uma depressão psicorreativa, chegando ao óbito.

Existem também razões culturais: no Japão e na China, de estrutura fortemente patriarcal, com rígida disciplina moral, por influência especialmente do budismo, pessoas cometem um suicídio ritual de honra, abrindo o próprio ventre com uma espada, o haraquiri. Será que, numa cultura repressora assim, alguém tem escolhas livres?

Os crimes passionais são cometidos por decisão livre, racional e consciente? Sabemos que nossa emoção pode ofuscar nossa razão, fenômeno chamado catatimia. A lei contempla estes casos, podendo até anular uma pena judicial.

Fala-se do suicídio existencial, que seria uma opção pelo livre-arbítrio, mas o tédio desenvolvido por essas pessoas permitiria uma escolha livre de outras interferências que não a liberdade?

Aliás, Kant dizia que a liberdade era algo incognoscível a nós. Nossa razão humana não tem condições de entendê-la com total clareza. Seríamos, em relação a ela, agnósticos.

Excetuando os psicopatas, que não têm sentimentos, os não psicopatas estarão sempre naquela condição do Raskólhnikov, de *Crime e castigo*, do Dostoiéviski, que foi um grande precursor da psiquiatria.

**Entendo, mas ainda assim vejo a decisão como uma escolha entre opções. Entendo que o doente possa não ver as coisas com clareza, mas as fronteiras entre doença e lucidez não são muito claras. E a opção, para um doente ou não, sempre está lá, ela existe.**

Acho que vivemos imersos num oceano de possibilidades. De acordo com as nossas limitações, elas vão se tornando insidiosamente menos prováveis, até chegarem à impossibilidade.

Somos muito civilizados, penso que deveríamos ser um pouco mais selvagens. Seríamos mais felizes. Já não bastassem as proibições do transtorno mental, ainda há um mundo de interdições culturais, e ficamos de antolhos.

Goethe, um sábio polimorfo, dizia que nunca vira crime algum que ele mesmo não pudesse cometê-lo! Só um gênio desse quilate pôde ter alcançado uma liberdade interior tão imensa a ponto de usar desta metáfora.

Nós temos tudo *zu hand* (como diz o alemão: à mão), porém, olhamos e não vemos.

Obcecar quer dizer isso mesmo: estar meio cego.

**E o que você acha dos casos de suicídio coletivo, em que líderes conseguem levar uma massa ao suicídio?**

As relações humanas são como qualquer relação biológica: há parasitismo, mutualismo, inquilinismo, comensalismo, a terrível simbiose (para nós humanos, não para os liquens) e por aí vai. Tem o mais forte, e tem o mais fraco. Tem o sádico psicopata, e o masoquista. Nesse sentido é perfeitamente possível a indução a condutas de auto e heterodestruição. Veja a lavagem cerebral bélico-religiosa que as organizações terroristas fazem com os jovens, que se tornam estopim de si mesmos! Porém, mais do que foi dito, que de tão macroscópico, são situações-limite, temos os casos silenciosos, que vão minando no dia a dia as relações interpessoais, especialmente quando uma delas for doente mental. O transtorno mental é como uma moléstia contagiosa. Faça um teste: conviva com um depressivo, que para poder sobreviver, vai sugando a sua vitalidade pela jugular, como um vampiro. Além de anêmico, você também se tornará um depressivo.

## Sugestões

- *Invasões bárbaras* (*Les invasions barbares*), 2003.

Com direção e roteiro de Denys Arcand, o filme canadense recebeu os prêmios de melhor roteiro e melhor atriz (Marie-Josée Croze) em Cannes. Relata os dias finais do professor universitário Rémy (Rémy Girard), mesmo personagem do filme *O declínio do império americano* (1986), que está com uma doença terminal. Na cena final, heroína é aplicada por uma enfermeira, com a conivência dos filhos, num exemplo de eutanásia.

- DIDION, Joan. *O ano do pensamento mágico*. Tradução de Paulo Andrade Lemos. Rio de Janeiro: Nova Fronteira, 2006.

Autobiografia de uma escritora norte-americana que perde o marido e acompanha a longa doença da filha. O livro, que se tornou um *best-seller* e foi inclusive adaptado para o teatro no Brasil, é uma sensível demonstração de como lidar com o luto e a perda.

- CASELLATO, Gabriela (Org.). *Dor silenciosa ou dor silenciada?* Perdas e lutos não reconhecidos por enlutados e sociedade. Campinas: Livro Pleno, 2005.

Discussão sobre a expressão da dor das perdas, envolvendo temas como luto não reconhecido e não autorizado, natimortos, abandono na infância, separações e amputações, entre outros.

- PINCUS, Lily. *A família e a morte*: como enfrentar o luto. Tradução de Fátima Murad. Rio de Janeiro: Paz e Terra, 1989.

Clássico da psicoterapeuta e professora britânica Lily Pincus, reflete sobre temas como o choque e a resposta inicial à perda de um ente querido e a incapacidade dos sobreviventes em aceitar a morte.

- PARKES, Colin Murray. *Luto*: estudos sobre a perda na vida adulta. Tradução de Maria Helena Franco Bromberg. São Paulo: Summus, 1998.

Escrito por uma autoridade mundial sobre o luto, ajuda a entender suas raízes e sugere formas de lidar com os sentimentos derivados da perda, indicando passos para que possamos crescer com a experiência e emergir renovados.

- VARELLA, Drauzio. *Por um fio*. São Paulo: Companhia das Letras, 2004.

Diversas histórias de perdas e lutos de seus pacientes, terminando com a história da perda do próprio irmão.

- ADAMS, Fred; LAUGHLIN, Greg. *Uma biografia do universo*. Rio de Janeiro: Jorge Zahar, 2001.

Nesse interessante livro, dois astrônomos norte-americanos traçam uma história do universo, desde seu início até seu previsto final. A biografia do universo está dividida em eras, que terminam com a morte do cosmos.

- Casulo — Associação Brasileira de Apoio ao Luto
  http://www.grupocasulo.org/
- Dor de Mãe (site de apoio para mães enlutadas)
  http://www.dordemae.com.br/
- 4Estações — Instituto de Psicologia (serviços de perda e luto)
  http://www.4estacoes.com/
- Adec — Association for Death Education and Counseling
  http://www.adec.org/

**PARTE II**

# História da filosofia

**CAPÍTULO 3**   FILOSOFIA ANTIGA

**CAPÍTULO 4**   FILOSOFIA MEDIEVAL

**CAPÍTULO 5**   FILOSOFIA MODERNA

**CAPÍTULO 6**   FILOSOFIA CONTEMPORÂNEA

# Filosofia antiga

## APRESENTAÇÃO

Filosofia antiga é o título utilizado quando nos referimos à filosofia do período greco-romano. Apesar de identificarmos o nascimento da filosofia ocidental na Grécia Antiga, isso não quer dizer que não se filosofava antes dos gregos. Neste capítulo, estudaremos a filosofia antes da Grécia, a passagem da mitologia à filosofia na Grécia Antiga, os filósofos pré-socráticos e sofistas, Sócrates, Platão, Aristóteles e as correntes do período helenístico e romano.

## TÓPICOS PRINCIPAIS

3.1 Filosofia antes dos gregos
3.2 Mýthos e lógos
3.3 Pré-socráticos
3.4 Sofistas
3.5 Sócrates
3.6 Platão
3.7 Aristóteles
3.8 Período helenístico e romano

### OBJETIVOS DE APRENDIZAGEM

Durante a leitura deste capítulo, será possível:

- estudar o surgimento e o desenvolvimento da filosofia ocidental;
- abordar os pontos de vista dos filósofos pré-socráticos, sofistas, epicuristas, estoicos e céticos;
- introduzir os grandes filósofos antigos, como Sócrates, Platão e Aristóteles, entre outros;
- conhecer as origens e o desenvolvimento do helenismo.

## 3.1 Filosofia antes dos gregos

José Nunes Carreira, em *Filosofia antes dos gregos* (1994), destaca a importância da poesia para os povos orientais, analisando as formas pelas quais se exprime a sabedoria no Oriente: listas, provérbios, enigmas e questões impossíveis, debates, fábulas, instrução, monólogos, diálogos, poemas didáticos e discursos didáticos. Além disso, o conteúdo da sabedoria oriental aparece também em gêneros já estabelecidos, como hinos, salmos, profecias e narrativas.

Carreira faz o estudo da filosofia no Egito, na Mesopotâmia e na Bíblia, explorando áreas como teoria do conhecimento, ontologia, filosofia natural, cosmologia, filosofia moral e política. Nesses povos orientais, a filosofia se encontra mais próxima do sagrado, da religião e da teologia do que para os ocidentais. Em muitos casos, os deuses são naturais e o cosmos é divinizado.

Além disso, o autor aborda o desenvolvimento da reflexão moral, ética e política no Egito, simultaneamente ao baixo desenvolvimento da lógica; o fato de o conhecimento humano sempre passar por Deus em Israel e o poder que o mito de Jó tem, até hoje, para inspirar não só filósofos, mas também escritores e artistas. O escritor brasileiro João Guimarães Rosa, por exemplo, é autor de um curto e lindo conto, chamado "Desenredo", cujo personagem principal se chama Jó Joaquim.

A concepção de um passado mítico normalmente tem influência decisiva na maneira de pensar dos povos antigos. As noções de tempo que eles utilizam, entretanto, não têm correspondência exata nas línguas modernas; vários conceitos são utilizados para se referir ao que entendemos por 'tempo'. No Egito, por exemplo, existem dois termos: *neheh* (mais próximo de nossa concepção de tempo) e *djet* (que tem o sentido de permanência, continuidade). Em Israel são quatro: *'êt* (momento ou trecho de tempo), *mô 'êd* (tempo combinado ou prazo), *'ôlam* (eternidade ou tempo mais distante, no passado ou no futuro) e *zeman* (tempo fixo). Em vez de conceber o passado atrás e o futuro na frente, os hebreus colocavam o passado diante do sujeito que o contempla, ficando o futuro atrás das suas costas, como se o sujeito histórico fosse um remador com o trajeto percorrido à frente dos olhos e a meta atrás, invisível e escondida (CARREIRA, 1994, p. 70).

Um conceito amplo e essencial para os egípcios é Maat — que também era uma deusa filha de Rá e esposa de Tot —, correspondendo mais ou menos ao que entendemos por realidade, também traduzido por verdade, justiça, equilíbrio, ordem, lei e moralidade. De acordo com a mitologia egípcia, ao morrer as pessoas passavam pelo tribunal de Osíris, onde seus corações eram colocados em uma balança tendo como contrapeso a pluma da cabeça de Maat. Se o coração do morto fosse mais leve que a pluma, ele estaria livre para seguir seu caminho na outra vida rumo à morada dos deuses; se não, ele seria condenado. A leveza de seu coração era decorrente de 42 confissões que o morto deveria fazer para 42 deuses distintos. O papiro de Ani (c. de 1.250 a.C.), uma cópia do Livro dos Mortos egípcio, apresenta as confissões, pelas quais é possível avaliar a amplitude do conceito: não fiz violência a homem algum, não roubei, não matei homem nem mulher, não falei mentiras, não cometi fornicação, não fiquei nervoso sem razão, não fiz amor com a mulher de outro homem, não causei terror, não perturbei a paz, não pequei nem causei miséria e não levantei a minha voz, entre outras. Maat não pode ser considerada um con-

> Maat representa o conceito de verdade para os antigos egípcios. A pluma que ela traz na cabeça é usada como contrapeso aos corações dos homens no tribunal de Osíris.

ceito puramente abstrato ou metafísico, mas tem o mesmo poder de conceitos que marcarão a história da filosofia, representando a visão holística do universo por parte dos egípcios.

Cabe lembrar, ainda, que na Parte IV deste livro estudaremos algumas filosofias orientais ainda mais antigas que não foram citadas aqui (como a chinesa), pois não influenciaram diretamente a filosofia ocidental.

## 3.2 Mýthos e lógos

Apesar desse passado filosófico, consideramos que a filosofia ocidental nasceu entre o final do século VII a.C. e o início do século VI a.C., na Grécia Antiga, substituindo pouco a pouco uma explicação religiosa e mitológica do mundo. Nesse momento, *mito* e *religião* cedem o lugar à *razão*.

> Na Antiguidade, objetos de cerâmica como vasos, ânforas e pratos foram suportes muito comuns, usados na transmissão de mitos.

Os mitos gregos distinguem-se das mitologias orientais, pois não foram propagados por sacerdotes. No início, eram transmitidos oralmente, sendo depois registrados em suportes como vasos e esculturas, além de escritos pelos poetas. Muitos desses registros foram perdidos, apesar de sabermos que existiram.

Pela comparação dos significados de duas palavras gregas, *mýthos* e *lógos*, percebe-se o sentido da transição da mitologia para a filosofia. Os mitos eram a explicação para a realidade que os gregos antigos possuíam. A palavra *mýthos* não tinha, originalmente, o significado de lenda ou fábula que tem hoje para nós. Aos poucos, na Grécia Antiga, a palavra *mýthos* vai perdendo seu sentido de explicação da realidade e outra palavra vem tomar o seu lugar: *lógos*. É quando *lógos* passa a assumir esse sentido de explicação da realidade que *mýthos* passa a significar fábula, marca dos velhos poetas. Assim, a oposição *mýthos/lógos* é também a oposição fantasia/razão. A filosofia e a história, que apontam para o verdadeiro, passam então a se opor ao mito.

Podemos assim observar que essa forma de pensar que nos parece única, natural, normal — a *razão*, o *pensamento racional* — surge em certo momento histórico como forma de explicar a realidade.

Já antes do início da filosofia na Grécia, as obras de Homero (*Ilíada* e *Odisseia*) e Hesíodo (*Teogonia* e *Os trabalhos e os dias*) aproximam os deuses dos homens, num movimento de racionalização do divino. Os deuses homéricos, que viviam no Monte Olimpo, possuíam uma série de características antropomórficas. Com Homero e Hesíodo, a mitologia grega torna-se registrada, podendo então ser estudada e criticada.

A voz desempenha um papel primordial nas sociedades orais, nas quais as palavras são dotadas de um poder mágico. Em nossa cultura é preciso ver para crer, enquanto as sociedades primitivas creem basicamente no que se fala e no que se ouve: "Nas épocas que antecediam a escrita, era mais comum pessoas inspiradas ouvirem vozes (Joana d'Arc era analfabeta) do que terem visões, já que o oral era um canal habitual da informação" (LÉVY, 1993, p. 77).

As sociedades orais em geral são nômades. Nelas, a linguagem sonora e a audição são essenciais, e a memória é a única maneira de registrar o conhecimento. A informação é transmitida pela voz de uma forma poética, por meio de repetições, fórmulas rítmicas, métricas, rimas etc. Os poemas homéricos, por exemplo, eram recitados e decorados de geração para geração. Nesse sentido, as sociedades orais implicam um envolvimento mais profundo das pessoas e uma consciência mais intensa do contexto em que ocorre a comunicação.

A invenção da escrita é um dos momentos mais importantes na história das civilizações. A escrita está vinculada a sociedades menos nômades e mais sedentárias. Além disso, a escrita teria fragmentado a simultaneidade verbal, vocal e visual que marcava as sociedades orais. Assim, com a escrita o homem realizou um movimento de privação e isolamento do ponto de vista da linguagem. Na comunicação verbal, teria privilegiado um de seus aspectos, o visual, quebrando a magia característica do mundo primitivo e alterando radicalmente sua própria sensibilidade.

As primeiras manifestações 'escritas' são os desenhos, geralmente em pedras, que procuravam copiar ou imitar objetos. O salto do desenho aos pictogramas é um momento essencial no desenvolvimento da escrita e do pensamento e o início de um longo caminho de distanciamento do sujeito em relação ao mundo.

Bottéro (1995, p. 33-34) analisa esse salto ao estudar a escrita na civilização mesopotâmica. Pintores, gravadores ou escultores, com o desenho *deste* vaso, *desta* casa, *deste* deus, procuravam designar *estas* próprias realidades. Quando esses desenhos passam a ser pictografados, ou seja, escolhidos, uniformizados e catalogados em um sistema que pretendia, por imagens, comunicar *todas as mensagens* e não mais *uma só*, eles deixam de representar um único objeto e passam a representar a *sua categoria*. Os pictogramas não remetem mais a um indivíduo, mas a um conjunto, uma espécie, um gênero, uma categoria à qual ele pertence.

Os mesopotâmios desenvolveram um sistema de escrita baseado em desenhos conhecidos como pictogramas.

Com a escrita ideográfica, objetos e ideias passam a ser representados por um sinal. Encontramos ideogramas na China e nas escritas cuneiformes e hieroglíficas. Por volta de 3.100 a.C., os sumérios desenvolveram a escrita cuneiforme, assim denominada pelo aspecto exterior dos sinais, que se apresentam em forma de cunhas. Na mesma época, os egípcios criaram os hieróglifos. Por volta de 2.500 a.C., desenvolveram também a técnica de fabricar folhas de papiro, considerado o precursor do papel.

A escrita apresenta desenvolvimentos e sistemas diversificados. Contudo, um dos momentos mais importantes da história é o surgimento da escrita alfabética e fonética. A partir desse momento, o homem abandona os ícones e passa a utilizar de símbolos para a comunicação. Poucos sinais, que podem gerar combinações infinitas, são agora capazes de dar conta da expressão de toda a realidade, ao contrário dos desenhos e pictogramas.

O alfabeto e a escrita fonética, em que se passa a representar não mais imagens, mas sons (fonemas), modificaram radicalmente a história do pensamento na Grécia. Os fenícios desenvolveram um alfabeto ao redor de 1.000 a.C., que foi adotado e modificado pelos gregos a partir de 730 a.C. e posteriormente transmitido aos etruscos e romanos. A linguagem escrita agora não representa mais objetos individuais, como os desenhos, nem conceitos gerais, como os pictogramas; ela se torna um sistema com pouco mais de duas dezenas de símbolos que, de acordo com a maneira como são combinados, permitem ao ser humano falar de toda a realidade. Desenhos e pictogramas limitavam a capacidade expressiva do ser humano, pois a introdução de um novo objeto ou conceito exigia a introdução de um novo símbolo. A escrita alfabética, por sua vez, permite que, por meio de infinitas combinações entre poucos símbolos determinados, as letras e os sons, novos aspectos da realidade possam ser abarcados pela linguagem.

Na Grécia, uma mentalidade mitopoética foi substituída por uma mentalidade teórica, científica e abstrata, excluindo o sobrenatural e rejeitando as explicações da mitologia (VERNANT, 1990, p. 358). A inteligência e o conhecimento eram talentos associados à memória e à audição e passaram então a ser apoiados também sobre a escrita.

A comunicação oral exige a presença dos interlocutores, e o discurso oral é, portanto, indissociável do momento da produção da fala. Ou seja: na comunicação oral, o *momento* em que ocorre a produção dos discursos é essencial e é parte integrante da própria situação. Praticamente não existe comunicação, a não ser naquele instante.

Assim como na comunicação oral, tanto a teoria quanto a escrita produzem discursos, que são a própria teoria e o texto escrito. Em ambos os casos, entretanto, esses discursos libertam-se da situação em que são produzidos e passam a ter existência autônoma. Eles não dependem mais do momento em que foram produzidos. Podem ser, inclusive, produzidos aos poucos, em momentos diversos. Ocorre comunicação na leitura de um texto escrito, por exemplo, sem que o escritor esteja presente. Pode-se estudar uma teoria sem que o autor dela esteja à nossa frente. Em uma sociedade oral e primitiva, por outro lado, não se pode dialogar sem que emissor e receptor estejam no mesmo local. A escrita e a teoria permitem e geram essa desvinculação entre o momento de sua produção e o discurso produzido. A situação de comunicação pode repetir-se indefinidamente, não sendo mais necessário que as pessoas estejam presentes, no mesmo espaço geográfico, para que a comunicação aconteça.

Pouco a pouco, a necessidade de *demonstração* por meio da teoria toma, na Grécia, o lugar do poder de *revelação* da poesia, da religião e dos mitos. A oposição mitos/logos, portanto, é também a oposição 'palavra que conta'/'palavra que demonstra'. Essa necessidade de demonstração e de linearidade pode ser associada à escrita, enquanto na cultura oral a noção de tempo circular e de eterno retorno é essencial, já que as proposições que não são periodicamente retomadas e repetidas em voz alta estão condenadas a desaparecer (LEVY, 1993, p. 83).

A questão da continuidade ou descontinuidade entre mito e filosofia gera ainda hoje polêmica. Percebe-se que surgiu na Grécia Antiga um espírito de observação e um poder de raciocínio inexistentes nas civilizações anteriores. As noções de *experiência* e *razão* teriam surgido com a civilização grega e, consequentemente, também os fundamentos de boa parte do pensamento ocidental, até hoje. Junto com a filosofia, nasceu e se desenvolveu espantosamente a ciência teórica. No entanto, não há concordância entre os estudiosos sobre o quanto de originalidade e o quanto de herança do Oriente a filosofia grega possui. Analisaremos a seguir as posições de três destacados estudiosos: Burnet, Cornford e Vernant.

Burnet é o defensor da tese do milagre grego. Para ele, não há origens mitológicas na ciência grega, o que se demonstra, por exemplo, na falta de conhecimentos do Oriente e da incapacidade de ler egípcio. Além disso, antes dos gregos só os indianos teriam tido filosofia. A matemática egípcia e a astronomia babilônica também teriam tido bem menos influência sobre os gregos do que acreditamos. Os gregos teriam tido a capacidade de transformar problemas em matemática e astrologia em astronomia. Burnet destaca a importância da observação e da experimentação para os gregos, apesar de provavelmente muitos registros terem se perdido. Os gregos teriam sido os primeiros a utilizar o método da ciência (BURNET, 1994).

Muitos afirmam, entretanto, que a filosofia grega formou-se pela mescla de ideias vindas do Oriente. As religiões e todos os mitos orientais anteriores aos gregos possuem uma beleza e uma riqueza indescritíveis,[1] e podemos observar inúmeros pontos de contato entre a filosofia grega e essas religiões e mitos orientais.

> **Burnet:** *a filosofia é um milagre grego.*
>
> **Cornford:** *a filosofia é uma continuidade da mitologia.*
>
> **Vernant:** *a filosofia surge determinada pelo estabelecimento da pólis.*

---

1 Confira a monumental obra *História das crenças e ideias religiosas*, de Mircea Eliade, publicada em português pela editora Zahar em vários volumes.

Afinal, seria a filosofia invenção grega ou herança bárbara? Milagre grego ou tradição oriental?

De outro lado, podemos questionar até que ponto essa ruptura *mýthos/lógos* representa, realmente, a passagem de um estado para outro. Não teríamos aqui uma simples gradação, uma mudança quase que imperceptível de perspectiva? A filosofia realmente supera a mitologia? Para Châtelet (1981), por exemplo, na época o pensamento passou do reinado do mito ao império da lógica filosófica, mas essa passagem significa que já havia, de um lado, uma lógica do mito e que, de outro lado, na filosofia ainda está incluído o poder do mito.

Não havia também ciência no Egito Antigo? Sabemos que a matemática, a astronomia, a engenharia e a medicina tiveram progressos consideráveis na civilização egípcia. Os egípcios desenvolveram também uma interessante filosofia ética e política. Podemos ainda identificar um *pensamento racional* em algumas civilizações mesopotâmicas. Os caldeus desenvolveram a astronomia. Na Pérsia surgiu uma religião denominada zoroastrismo. Os hebreus, por sua vez, também desenvolveram a filosofia.

Além disso, o próprio mito teria características racionais e um valor social de ordenação, em parte semelhante às funções da razão nascente. Como todo conhecimento, o mito pretende ser uma forma de controle sobre a realidade externa e interna (FRANCO, 1996, p. 40). A mitologia pode ser considerada, nesse sentido, uma pré-ciência psicológica. O mito está associado à parte irracional do pensamento humano e às artes; está no meio do caminho entre a razão e a religião. Somente a partir do século XIX, entretanto, a mitologia antiga começou a ser tratada com seriedade, como objeto de conhecimento e análise, por correntes como: (1) historicismo; (2) leituras linguísticas de F. Max Müller, que explora a mitologia comparada; (3) comparativismo de J. W. E. Mannhardt e teoria do mito-ritual em Cambridge (W. Robertson Smith, Sir J. G. Frazer, Jane Harrison, F. M. Cornford, A. B. Cook e Gilbert Murray), para quem os mitos gregos não seriam um milagre, mas as lendas teriam se formado em torno de ritos de passagem de uma classe para outra, como ritos de iniciação, ritos funerários, ritos de evocação da chuva, ritos de magia fecundantes etc.; (4) novo comparativismo ou método sociológico, representado na França por G. Dumézil; (5) psicologia contemporânea e psicanálise (Freud, Jung etc.); (6) estruturalismo (Claude Lévi-Strauss); (7) moderna relação mito-ritual; (8) Escola de Roma (Brelich) e (9) Escola de Paris (J.-P. Vernant, P. Vidal Naquet e M. Detienne).[2]

Sabe-se ainda que, paralelamente ao crescimento da filosofia e do processo de civilização na Grécia, sobrevive uma série de superstições que, aos olhos dos ocidentais de hoje, parecem totalmente primitivas. Na celebração do casamento de Dioniso com a rainha de Atenas, uma velha estátua de madeira do deus passava a noite no leito da rainha, para garantir a fertilidade dos campos. Durante a Festa das Flores, os gregos refugiavam-se em seus lares e fechavam os deuses em seus templos, pois *ouviam* os mortos correndo pelas ruas. Em caso de peste ou morte, praticava-se o ritual do bode expiatório, em que algumas pessoas eram sacrificadas. Acreditava-se que o sangue menstrual funcionava como fertilizante para os campos. Os filhos eram às vezes abandonados ou mesmo vendidos a traficantes de carne humana (BONNARD, 1980, p. 7-10).

Francis Macdonald Cornford defende a continuidade entre mitologia e filosofia. No seu último livro, inacabado, o estudioso da cultura grega demonstra que a ciência dos filósofos e a experimentação distinguem-se de ciência moderna, por ter se tratado mais de observação. Hipócrates, por exemplo, teria criticado a aplicação da filosofia natural, com postulados *a priori*, à medicina empírica. A medicina explorava a natureza do homem de baixo para cima, ao contrário da filosofia natural. A teoria empírica do conhecimento teria sido uma teoria médica, surgida da

---

2 Para se aprofundar nesse tema, confira o Capítulo VI de *A mitologia grega*, de Pierre Grimal (1989), e *Os usos da mitologia grega*, de Ken Dowden (1994).

reflexão sobre a maneira como o médico de fato procedia e visando libertar a medicina da magia. Enquanto o filósofo utilizava postulados abstratos sobre a origem das coisas, o médico, com a sua atenção fixada em casos individuais que precisava resolver na prática, seguiu o caminho oposto, partindo da observação do particular para a generalização (CORNFORD, 1989, p. 67).

Os primeiros filósofos não faziam experiências nem ciência como fazemos hoje. Suas teorias têm ligação com a imaginação do poeta e do vidente, mais do que como médico empirista. Há, portanto, uma natural aproximação entre poetas, videntes e sábios, e por isso as teorias dos filósofos não constituíram uma invenção, já que as três figuras que eles associam — o poeta, o profeta e o sábio — estavam originariamente reunidas em uma só figura (CORNFORD, 1989, p. 140). O xamã, no Oriente, reunia características de poeta, profeta e sábio, de cuja herança os filósofos teriam consciência, em que a religião e a moral estariam misturadas com matemática, astronomia e música. Os elementos míticos das cosmogonias não teriam sido, portanto, um raciocínio livre sobre a realidade. Cornford explora, por exemplo, o paralelismo entre Marduk e Zeus, além de mitos cananeus e rituais palestinos.

Para Cornford, em certo momento começam na Grécia um conflito e uma separação entre o vidente (que prevê o futuro) e o poeta (que canta o passado). De outro lado, as objeções dos racionalistas ao antropomorfismo dos mitos geram também a separação entre a filosofia e a poesia, com a conversão do sobrenatural em metafísica. Assim, os filósofos naturais gregos teriam construído suas teorias utilizando ainda elementos da mitologia, mas sem a inserção de deuses antropomórficos. E cabe também lembrar da tradição médica no pensamento científico grego, prática e experimental, que pouco a pouco constituiu um corpo de conhecimentos sistemáticos, baseados na observação repetida dos fatos, e que é hostil às afirmações mais dogmáticas dos filósofos (CORNFORD, 1989, p. 425).

Jean Pierre-Vernant, especialista francês sobre a Grécia Antiga, em seu clássico *As origens do pensamento grego* (1981), propõe ainda outra abordagem para a transição da mitologia para a filosofia, procurando relacionar o surgimento da filosofia com o surgimento da pólis grega. Vernant destaca a importância do desaparecimento do rei Micênico, que desempenhava uma multiplicidade de funções, e toda a estrutura social que o envolve, ao contrário do que ocorre no Oriente. Com a invasão dórica e o mundo homérico, não há mais traços do controle do rei. Surge um espaço social novo, não mais agrupado em torno de um palácio real cercado de fortificações; a cidade estava então centrada na *Ágora*, espaço comum e público em que são debatidos problemas de interesse geral:

> *É a própria cidade que se cerca de muralhas, protegendo e delimitando em sua totalidade o grupo humano que a constitui. No local em que se elevava a cidade real — residência privada, privilegiada —, ela edifica templos que abre a um culto público. Nas ruínas do palácio, nessa Acrópole que ela consagra doravante a seus deuses, é ainda a si mesma que a comunidade projeta sobre o plano do sagrado, assim como se realiza, no plano profano, no espaço da Ágora. Esse quadro urbano define efetivamente um espaço mental; descobre um novo horizonte espiritual. Desde que se centraliza na praça pública, a cidade já é, no sentido pleno do termo, uma polis.* (VERNANT, 1981, p. 33)

Vernant explora então o poder da palavra. *Peithó* significa persuasão, debate, discussão e argumentação. A política é associada ao *lógos*. Vernant lembra ainda da importância da escrita e da redação das leis na pólis, explorando também a ligação entre as sociedades secretas e a filosofia:

> *A filosofia vai encontrar-se, pois, ao nascer, em uma posição ambígua: em seus métodos, em sua inspiração aparentar-se-á ao mesmo tempo às iniciações dos mistérios e às controvérsias da ágora; flutuará entre o espírito do segredo próprio das seitas e a publicidade do debate contraditório que caracteriza a atividade política. Segundo os meios, os momentos, as tendências, ver-se-á que, como a seita pitagórica na Grande Grécia, no século VI, ela organiza-se em*

> *confraria fechada e recusa entregar à escrita uma doutrina puramente esotérica. Poderá também, como o fará o movimento dos sofistas, integrar-se inteiramente na vida pública, apresentar-se como uma preparação ao exercício do poder na cidade e oferecer-se livremente a cada cidadão, mediante lições pagas a dinheiro. Dessa ambiguidade que marca sua origem a filosofia grega talvez jamais se tenha libertado inteiramente. O filósofo não deixará de hesitar entre duas atitudes, de hesitar entre duas tentações contrárias. Ora afirmará ser o único qualificado para dirigir o Estado, e, tomando orgulhosamente a posição do rei-divino, pretenderá, em nome desse 'saber' que o eleva acima dos homens, reformar toda a vida social e ordenar soberanamente a cidade. Ora ele se retirará do mundo para recolher-se em uma sabedoria puramente privada; agrupando em torno de si alguns discípulos, desejará com eles instaurar, na cidade, uma cidade diferente, à margem da primeira e, renunciando à vida pública, buscará sua salvação no conhecimento e na contemplação.* (VERNANT, 1981, p. 41-42)

A pólis instaura também a igualdade. O herói homérico, combatente individual, transforma-se no soldado-cidadão, que ocupa um posto, pertence ao grupo e se submete à disciplina.

Com a crise da cidade, ocorrem a retomada e o desenvolvimento dos contatos com o Oriente por meio do comércio marítimo, o que gera mudanças sociais. Ocorrerá assim uma renovação social, política e religiosa da pólis. Diké, a deusa da justiça, desce dos céus e instaura-se na Terra. Desenvolvem-se também o pensamento moral e a reflexão política.

No início do século VI a.C., com os pré-socráticos, desenvolve-se o conceito de *physis*. Vernant opõe a interpretação de Burnet para a transição *mýthos/lógos*, que defende a tese do milagre grego, à leitura de Cornford, que ressalta os pontos de contato da mitologia com a filosofia. Para Vernant, apesar de analogias e reminiscências, não haveria continuidade nem repetição entre mito e filosofia, mas, ao contrário, uma nova atitude e um clima intelectual diferente. Os problemas eram então debatidos publicamente e deveriam ser resolvidos pela inteligência humana, e não pelos mitos e pela religião (VERNANT, 1981, p. 76-77).

Se de um lado a filosofia mantém, inicialmente, a forma dos mitos, de outro ela assume o conteúdo da pólis. Ocorre assim a dessacralização do saber, o advento de um pensamento exterior à religião. Mantendo as características dos mitos ligados ao rei e ao deus ordenador, a filosofia acompanha a racionalização da vida social.

Vernant explora a relação entre o espaço político e o cosmos (astronomia). A filosofia estaria, portanto, determinada pelo nascimento da pólis. A noção de experimentação, entretanto, era ainda estranha aos primeiros gregos. Assim Vernant encerra seu livro:

> *A razão grega não se formou tanto no comércio humano com as coisas quanto nas relações dos homens entre si. Desenvolveu-se menos através das técnicas que operam no mundo que por aquelas que dão meios para domínio de outrem e cujo instrumento comum é a linguagem: a arte do político, do retor, do professor. A razão grega é a que de maneira positiva, refletida, metódica, permite agir sobre os homens, não transformar a natureza. Dentro de seus limites como em suas inovações, é filha da cidade.* (VERNANT, 1981, p. 95)

A documentação irregular do período anterior à Grécia Clássica facilita a opção dos historiadores da filosofia de fixarem seu berço nela. Determinada conjuntura histórica possibilitou o surgimento do espírito filosófico na Grécia Antiga. É importante citar nesse processo, como o faz Vernant, a decadência da civilização dos aqueus, baseada em clãs, pela pólis, em que o poder da palavra escrita passa a ser essencial. O mar Jônico está localizado entre a Itália e a Grécia. Cidades como Mileto e Éfeso eram portos comerciais na Antiguidade, estabelecendo assim contato entre os gregos e o Oriente. Envolvidas por um pluralismo cultural, nelas conviviam

> **Teogonia:** relações sexuais entre deuses.
>
> **Cosmogonia:** relações sexuais entre forças vitais.
>
> **Cosmologia:** princípio original e racional.

diferentes línguas, tradições, cultos e mitos, o que pode explicar por que lá observamos com tanta vivacidade a passagem da mitologia para a filosofia.

Na Grécia Antiga, portanto, a uma explicação do mundo por intermédio da religião e dos mitos, é contraposta uma nova forma de explicação, de lidar com a admiração com as coisas. A observação da realidade e a estruturação do pensamento e da linguagem passam a ser mais importantes do que a genealogia dos deuses ou a história dos heróis.

Marilena Chauí (1994, p. 32-33) ilustra muito bem esses movimentos de transição e ruptura ao diferenciar os conceitos de teogonia, cosmogonia e cosmologia. Inicialmente, a *teogonia* narra, por meio das relações sexuais entre deuses, o nascimento de outros deuses, titãs, heróis, homens e coisas do mundo natural. Já a *cosmogonia* narra a geração da ordem do mundo pela ação e pelas relações sexuais entre forças vitais, entidades concretas e divinas. Por fim, a *cosmologia* é a explicação da ordem do mundo por um *princípio original e racional*, origem e causa das coisas e de sua ordenação. Aqui, a ordem ou o *cosmos* deixa de ser o resultado de relações sexuais entre entidades e forças vitais, deixa de ser uma genealogia, para tornar-se o desdobramento racional e inteligível de um princípio originário.

De *teós* (deus, divindade), passa-se ao *kósmos* (universo). Ou seja: não se fala mais dos deuses, mas sim do próprio universo, da natureza. Mas, se já se fala do universo, isso se dá ainda ao nível da *gonia*, do canto. *Gónos* significa 'órgãos genitais'. Canta-se o universo, mas ainda por meio da família dos deuses. Quando surge a *cosmologia*, os deuses já não são nem mais o objeto do canto, nem a forma de explicação do objeto. Explica-se o *kósmos*, mas agora com uma lógica própria; busca-se a explicação do *kósmos* não mais nos deuses, mas no próprio cosmos. Surge, para falar do *kósmos*, uma explicação científica (*logia*) para substituir a explicação divina (*gonia*).

Assim, os gregos assumiram os objetos como exteriores e o universo como natural. O politeísmo antropomórfico foi substituído pela objetividade, e a cosmogonia se desvinculou da teogonia, havendo em seguida um movimento da cosmogonia para a natureza das coisas. Os gregos passaram então a considerar que os deuses antropomórficos não existiam. Assim, a mitologia foi superada e a existência de um mundo espiritual, desacreditada. A filosofia e a ciência grega chegaram à conclusão de que o mundo espiritual não existia (CORNFORD, 2001, p. 26).

Várias críticas foram então feitas aos mitos, não apenas por parte da filosofia, mas também da história. Ocorreu uma racionalização dos mitos, e passou-se a considerar que eles não poderiam ser tomados como fontes confiáveis de informações sobre história, religião, geografia, rituais e sociedades.

> O mito de Édipo influenciou tanto a tragédia clássica da Antiguidade quanto a psicologia da modernidade.

É importante lembrar que, na Grécia, são encontradas várias versões dos mitos: mitos teogônicos (que narram a origem dos deuses e do mundo), ciclos divinos (que continuam a linhagem com os deuses olímpicos) e heroicos (épicos), novelas e lendas. Na pré-história dos mitos, encontramos lendas, elementos folclóricos, contos populares e cultos. Em seguida, é possível observar três grandes momentos: idade épica, idade trágica e idade filosófica, ou seja, um caminho das epopeias, passando pelas tragédias para chegar à filosofia. As tragédias não são mais narrativas, mas uma espécie de meditação sobre um episódio isolado, em que os mitos são questionados e modelados. Exemplos dessa fase intermediária são tragédias como *Édipo Rei* e *Medeia*. Os mitos foram, então, questionados e usados pelos sofistas e filósofos, com explicações mais racionalistas, até um movimento em que foram racionalizados e despojados de seu aparato maravilhoso.

## 3.3 Pré-socráticos

Os filósofos pré-socráticos, considerados os primeiros filósofos ocidentais, são assim denominados não apenas porque viveram e desenvolveram seu pensamento antes de Sócrates (isso não é o caso de todos eles), mas sobretudo porque possuem uma unidade temática: a *phýsis*. Em geral escrevem por aforismos ou máximas, de forma profética, e suas preocupações básicas não são mais os deuses ou heróis, mas a origem e o destino do universo e as transformações das substâncias. Eles procuram definir um elemento primordial (*arché*) para o cosmos, que agora pode ser compreendido pela razão humana. São observadores e estudiosos da natureza, e por isso em geral lembrados como *physiologoi*, 'filósofos da natureza'. Mas seus pensamentos ainda estavam mesclados com concepções metafísicas e mesmo místico-religiosas. Para alguns filósofos modernos, como Nietzsche e Heidegger, a riqueza maior de toda a história da filosofia está nos pré-socráticos.

Quase todos os filósofos pré-socráticos encontram-se ainda envolvidos por uma cultura pré-alfabetizada. Possuímos hoje apenas fragmentos de suas obras e poucas informações confiáveis sobre suas vidas, o que impossibilita uma compreensão mais profunda de seu pensamento. Os fragmentos são conhecidos indiretamente, por citações e paráfrases de autores que viveram muito tempo depois dos pré-socráticos, o que gera um problema de confiabilidade das fontes. Comentários e sínteses dos pré-socráticos fazem parte do que chamamos de doxografia, os quais incluem autores como Aristóteles (em obras como *Física* e *Metafísica*), Clemente de Alexandria (*Miscelâneas*), Diógenes Laércio (*Vida e doutrinas dos filósofos ilustres*), João Estobeu (*Antologia*), Simplício (comentários a Aristóteles) e Plutarco (ensaios).

Mencionaremos a seguir brevemente os filósofos pré-socráticos mais importantes e faremos alguns comentários gerais sobre suas ideias. Os complementos aos nomes dos filósofos referem-se às cidades em que nasceram.

### 3.3.1 Tales de Mileto (século VI a.C.)

Tales é em geral considerado o primeiro filósofo. Assim como Anaximandro e Anaxímenes, é considerado monista, ou seja, para ele a origem da realidade se reduz a apenas um elemento. Tales considerava que a água é o princípio absoluto de todas as coisas. Ele acreditava que todo ser provém do estado de umidade e que a própria Terra flutuava sobre a água.

### 3.3.2 Anaximandro de Mileto (século VI a.C.)

Para Anaximandro, discípulo de Tales, o elemento que determinaria a origem do universo é o *áperion*: o indeterminado, infinito, indefinido ou ilimitado. Aqui já se percebe uma diferença essencial na cosmologia: a origem do universo não é mais um elemento sensível, material, observável, mas um elemento intelectual. Anaximandro explorou também a biologia e a astronomia.

### 3.3.3 Anaxímenes de Mileto (século VI a.C.)

O elemento que determina a origem do universo para Anaxímenes é o ar (*pneuma*). As coisas nascem do ar e a ele retornam quando se corrompem, por diversos processos como a rarefação e a condensação. O ar seria um princípio ao mesmo tempo invisível e físico, intelectual e sensível. O sopro da respiração é identificado com a vida, em seu sentido mais amplo, e o cosmos seria criado e mantido por um movimento de respiração gigante.

### 3.3.4 Pitágoras de Samos (aproximadamente 550-500 a.C.)

Apesar de ser considerado um dos mais importantes filósofos pré-socráticos, sabe-se muito pouco a respeito da vida de Pitágoras, a ponto de alguns autores defenderem que ele não tenha existido, sendo apenas um personagem lendário. De qualquer maneira, se ele escreveu alguma coisa, não chegou até nós nenhum de seus escritos. Suas primeiras biografias foram registradas apenas oito séculos depois de sua existência, por Iamblichus e Porfírio. Apenas no século V a.C. seu discípulo Filolau começou a registrar por escrito seus ensinamentos, mas suas obras também se perderam. A influência de Pitágoras declinou a partir do século IV a.C., renascendo no século I a.C. com o que se costuma chamar de neopitagorismo, com vários escritores cujas obras sobreviveram. O pitagorismo foi, além de escola filosófica, também uma seita política, religiosa e moral que exerceu muita influência na Antiguidade. Pitágoras foi também retomado como um homem iluminado no Renascimento e, até hoje, é cultuado pelas seitas esotéricas.

Para os pitagóricos, o número serviria como explicação para o universo — e essa intuição nos marca até hoje. Tudo tem relação com os números — assim, a matemática e a geometria tornam-se elementos essenciais para a compreensão do mundo. Apesar de provavelmente ser conhecido muitos séculos antes, na Mesopotâmia, o teorema da soma dos ângulos do triângulo é até hoje denominado teorema de Pitágoras: num triângulo retângulo, o quadrado da hipotenusa é igual à soma dos quadrados dos catetos. Deve-se destacar o caráter formal e abstrato do número, em comparação com outros elementos concretos adotados como princípios da realidade pelos pré-socráticos (água, ar, terra etc.). Entretanto, é também importante lembrar que a concepção dos números e da unidade, para os pitagóricos, é distinta da nossa concepção hoje.

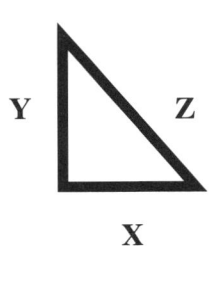

O teorema de Pitágoras

$$X^2 + Y^2 = Z^2$$

O curta-metragem da Disney *Donald no país da matemágica* (*Donald in mathmagic land*, 1959) explora essa importância dos números para os pitagóricos.

A música era também essencial para Pitágoras e seus seguidores, e as suas relações com a aritmética, a arquitetura e a astronomia foram bastante exploradas, sendo essencial a noção de harmonia nessas relações. Haveria harmonia entre as coisas, o universo, as notas musicais e os números. As cordas podem ser divididas em proporções matemáticas para gerar sons, em uma escala musical. A teoria da harmonia das esferas celestes afirma que o céu se move de acordo com números e produz música.

A crença na imortalidade e na reencarnação da alma (*metempsicose*) também marca o movimento, exercendo influência posteriormente na obra de Platão. O interesse de Platão pela matemática (por conceitos, não pela realidade empírica) tem origem pitagórica. Daí a importância da teoria da anamnese ou reminiscências: recordamos o que já sabíamos.

Três discípulos de Pitágoras merecem menção: Alcmeão de Crotona, que também era médico (século VI a.C.), Hípaso de Metaponto e Filolau de Crotona (século V a.C.).

### 3.3.5 Heráclito de Éfeso (século VI–V a.C.)

Era conhecido na Antiguidade como 'o Obscuro', pela dificuldade de interpretação de seus escritos. O fogo (*pyr*) é o elemento primordial para Heráclito. A tensão, o combate entre os opostos, a mudança e a dialética são os princípios do universo (ao contrário, por exemplo, da harmonia pitagórica), enquanto o *logos* (ou razão) governa o mundo e mantém sua ordem. A noção de devir, de vir-a-ser, é essencial em seu pensamento. Uma das frases atribuídas a ele é "tudo passa" (*panta rei*). Um pensamento de Heráclito que sobrevive até hoje é: não se pode banhar duas vezes no mesmo rio, porque tanto o rio como nós estamos em constante mutação, nunca somos os mesmos. O homem é também objeto de sua filosofia, mais do que em qualquer outro pré-socrático, a ponto de podermos considerá-lo o primeiro antropólogo. Como ilustração, eis dois fragmentos de Heráclito:

> *É difícil lutar contra o coração, pois o que ele quer paga-se com o custo da alma.*

> *O tempo é uma criança brincando, jogando; reinado de criança.*

Em *Espere o inesperado (ou você não o encontrará)*, Roger von Oech utiliza alguns fragmentos de Heráclito para incentivar a criatividade. A sabedoria ancestral de Heráclito pode servir de inspiração para administradores, estudantes e artistas resolverem problemas e inovarem.

### 3.3.6 Xenófanes de Cólofon (século VI–V a.C.)

Considerado o fundador da escola eleática, Xenófanes escreveu poemas, alguns com conteúdo filosófico, incluindo reflexões sobre o conhecimento e ataques à religião de Homero e Hesíodo. Para ele, o princípio de todas as coisas seria um deus único, eterno e incorpóreo.

### 3.3.7 Parmênides de Eleia (século V a.C.)

Sua obra foi escrita em versos, mas em um estilo diferente dos mitos. Afirmava a identidade entre o ser e o pensamento. Daí porque possamos falar, com Parmênides, de metafísica ou ontologia (lógica do ser). O ser para Parmênides é uno, inalterável, eterno, imóvel e indivisível, e por isso ele é classificado como monista. Tudo o que existe sempre existiu, e nada pode se transformar em algo diferente de si mesmo. A mudança e a diversidade seriam apenas ilusões dos sentidos. Parmênides opõe decisivamente a razão e a verdade (*alétheia*) à percepção e à opinião (*dóxa*). Para Aristóteles, ele teria sido o fundador da lógica, pois construiu seu pensamento sobre os princípios da identidade e da contradição.

Parmênides é considerado o principal representante da filosofia do ser, que se opõe à filosofia do devir de Heráclito. Talvez a oposição entre o pensamento de Parmênides (ou dos eleatas) e Heráclito seja a mais rica e importante entre os pré-socráticos, instauradora e definidora inclusive de diversas questões que marcariam posteriormente a filosofia ocidental. Enquanto o positivismo dos filósofos jônicos era mais intuitivo e experimental, e contrário aos mitos e às tradições religiosas, o racionalismo de Parmênides e Pitágoras, de outro lado, utilizava mais a razão do que a experiência e era mais aberto aos mitos.

Cabe lembrar que ele é o personagem central do diálogo *Parmênides*, de Platão.

Melisso de Samos (século V a.C.) produziu uma versão simplificada e em prosa do poema de Parmênides, de quem foi discípulo.

### 3.3.8 Zenão de Eleia (século V a.C.)

Discípulo de Parmênides, Zenão defende também o monismo e o imobilismo do ser. É conhecido por seus paradoxos, discutidos até hoje, que defendem as teses de Parmênides e criticam o pluralismo.

O *paradoxo de Aquiles* imagina uma corrida de 100 metros entre o herói e uma tartaruga. Como Aquiles é dez vezes mais veloz que a tartaruga, ela começa a corrida 80 metros na frente. Quando Aquiles percorrer os 80 metros iniciais que o separam da tartaruga, ela terá percorrido 8 metros e, portanto, continuará na frente. Quando Aquiles percorrer mais 8 metros, ela terá percorrido mais 0,8 metro. E assim por diante. Dessa maneira, seria impossível Aquiles ultrapassar a tartaruga, pois sempre que chegar perto dela, ela terá andado mais um pouco.

O *paradoxo do estádio* demonstra que é impossível atravessar um estádio, porque primeiro você precisa chegar à metade do percurso, depois você precisa chegar à metade do percurso que resta, e assim sucessivamente, ao infinito, nunca alcançando o ponto final.

Pelo método da redução ao absurdo das teses de seus adversários, os paradoxos de Zenão chegam a conclusões teóricas que contradizem o senso comum e a experiência. Zenão pode ser considerado o fundador da dialética, no sentido de confrontar teses opostas, de refutar as teses de um interlocutor, partindo dos princípios admitidos como verdadeiros pelo próprio interlocutor.

Segundo Zenão, tanto as noções de pluralidade quanto de movimento seriam contraditórias, portanto impensáveis, o que justificaria a unidade do Ser.

### 3.3.9 Empédocles de Agrigento (século V a.C.)

Empédocles é considerado pluralista, pois para ele a origem do universo seria determinada por quatro elementos ou raízes: água, ar, terra e fogo. As transformações da natureza seriam, na verdade, movimentos de combinação e separação entre esses elementos. Essa tese foi retomada por Platão e teve influência marcante na Antiguidade. Além dos elementos naturais, existiriam também forças naturais. O amor (*philia*) e o ódio (*neikos*) seriam as forças responsáveis pelos processos de união e separação entre as raízes. Freud, por exemplo, declara sua dívida para com a filosofia de Empédocles na estruturação de sua teoria dos instintos de vida (Eros) e de morte (Tânatos) como base da psique. A máxima de Lavoisier, "Na natureza nada se cria, nada se perde, tudo se transforma", tem origem clara em Empédocles. A teoria do conhecimento e a fisiologia têm também papel de destaque no pensamento de Empédocles.

### 3.3.10 Anaxágoras de Clazômena (500-428 a.C.)

A substância, para Anaxágoras, seria divisível ao infinito. Também pluralista, afirma que vários elementos são responsáveis pela origem do universo, utilizando-se da ideia de partículas minúsculas e invisíveis, as 'sementes' (*spérmata*). O *nous* (razão, espírito ou inteligência) regeria a combinação entre esses elementos. O *nous* seria ilimitado, eterno, governaria a si próprio e a nada se misturaria.

Arquelau, discípulo de Anaxágoras, foi também mestre de Sócrates e é considerado o primeiro filósofo de origem ateniense. Entretanto, nenhum fragmento de suas obras sobreviveu.

### 3.3.11 Leucipo e Demócrito de Abdera (século V a.C.)

Leucipo e Demócrito são considerados atomistas, pois admitem os átomos (partículas indivisíveis e invisíveis) como os elementos primordiais do universo. Os átomos estariam em constante movimento, entrando em colisão, às vezes se unindo, às vezes se separando. O funcionamento do universo seria puramente mecânico, sem qualquer força influindo sobre os átomos — por isso esses filósofos são chamados de materialistas.

É importante notar, entretanto, que o significado dos átomos para os gregos antigos e mesmo os pressupostos sobre os quais as ideias dos atomistas são desenvolvidas estão bastante distantes do sentido desse termo para a ciência moderna. A concepção dos gregos não está baseada na observação experimental, e sabemos hoje, por exemplo, que a fusão dos átomos é possível, assim como que existem partículas subatômicas.

As técnicas, as artes, a ética, a política e a teoria do conhecimento também foram preocupações dos atomistas.

### 3.3.12 Diógenes de Apolônia (século V a.C.)

É considerado o último dos pré-socráticos, apesar de termos poucas informações sobre sua vida.

## 3.4 Sofistas

No século V a.C., a Grécia passou por profundas transformações sociais, políticas, econômicas e culturais. Podemos lembrar, por exemplo, do grau de desenvolvimento artístico e jurídico alcançado pelos gregos na época. As tragédias de Sófocles (como *Édipo Rei*), Ésquilo (como *Prometeu Acorrentado*) e Eurípides (como *Medeia*) são até hoje encenadas por todo o mundo como clássicos de muito sucesso. Já na própria Grécia, a tragédia assumiu um caráter de cerimônia cívica, em comparação com suas características religiosas anteriores. A comédia, por sua vez, principalmente com Aristófanes, assume um papel de crítica social. Além disso, o direito torna-se essencial, enquanto princípio fundado na lei, num sentido universal e abstrato. E surge também nessa época a história científica em substituição ao saber mitológico, com as obras de Tucídides e Heródoto.

Todas essas transformações marcaram o estabelecimento da democracia na cidade de Atenas, em que as discussões práticas sobre as relações entre o homem e o Estado tornam-se centrais. Assim, a política, a ética e a teoria do conhecimento ganharam importância em filosofia, em contraposição à cosmologia e à ontologia que dominavam o interesse dos pré-socráticos.

Os sofistas surgem nesse cenário em que a arte da argumentação torna-se essencial. Mestres da oratória, eles ensinam a desenvolver argumentos a favor e contra uma mesma posição. Viajaram por toda a Grécia, fazendo conferências e fundando uma forma de ensino itinerante e remunerada. São os primeiros professores de que temos notícia na história, e prezavam a erudição. Essa nova forma de educação, que se inicia com os sofistas, deveria acompanhar o homem desde a infância até a idade adulta. A dialética, a poética, a linguagem, a retórica e a gramática ocupam lugar de destaque com os sofistas.

A partir dos sofistas, portanto, o homem substitui a natureza como objeto principal da reflexão filosófica. A filosofia torna-se antropológica, podemos dizer.

Dentre os sofistas mais conhecidos que viveram no século V a.C., podemos citar Protágoras, Górgias, Hípias, Pródico, Crítias, Antífon, Trasímaco e Licófron. Assim como no caso dos pré-socráticos, também possuímos apenas fragmentos de suas obras, em geral citados ou parafraseados por seus adversários, como Platão e Aristóteles, o que torna difícil uma abordagem profunda de seu pensamento.

Os sofistas, de qualquer maneira, não formaram uma escola, não tinham uma doutrina comum nem estavam organizados. Menos do que um movimento, eles representam a substituição do espírito racional e científico dos pré-socráticos por outros interesses, pedagógicos e sociais.

Eles são muitas vezes classificados como céticos, porque desprezavam as discussões filosóficas que achavam desnecessárias, para as quais não se poderiam encontrar respostas ou soluções. Para muitos, os sofistas fundam na filosofia um reino de relativismo filosófico e subjetivismo, pois o homem passa a ser a medida das coisas, da natureza e de todos os valores. É do sofista Protágoras a conhecida máxima: "O homem é a medida de todas as coisas". Daí surge a ideia, um tanto quanto antagônica, de que com os sofistas iniciou-se o verdadeiro humanismo ocidental. Historicamente, a interpretação da importância dos sofistas tem variado bastante, e em geral eles têm sido relegados a um plano secundário na história da filosofia. Podemos encontrar desde leituras extremamente negativas, que buscam desqualificar sua filosofia (como a do próprio Sócrates, que observaremos a seguir), até leituras bastante positivas (como a de Werner Jaeger, destacado estudioso dos clássicos).

Chamamos ainda hoje de sofista, em português, àquele que argumenta com sofismas, argumentos falsos ou inválidos que visam enganar os outros. Essa é uma visão que começou a se estabelecer com a tradição de Sócrates, Platão e Aristóteles.

Jaeger, por outro lado, defende que os sofistas abrem os horizontes da filosofia, que se constituía como uma seita intelectual fechada, já que a democracia grega exigia uma melhor preparação intelectual de seus governantes. Por causa e apesar desse objetivo inicial — a educação dos líderes políticos — não apenas os nobres, nem mesmo apenas os governantes, mas todos os cidadãos livres da *polis* passaram então a ter direito à educação. Para Jaeger, é com os sofistas que a *paideia*, no sentido de uma ideia e de uma teoria consciente da educação, entra no mundo e recebe um fundamento racional. Nesse sentido, por mais estranho que possa parecer, o desenvolvimento da medicina acaba participando decisivamente da construção do conceito de 'natureza humana' e, por consequência, da democratização do ensino, ajudando a destruir a ideia de nobreza sanguínea. Com a transposição do conceito *physis* da totalidade do universo para o ser humano, surge inicialmente o conceito médico de *physis* humana para substituir o de sangue divino. Convém lembrar da importância de Hipócrates de Cós, nos séculos V e IV a.C., no sentido de refutar as explicações sobrenaturais das doenças, creditando-as a causas naturais. Mas logo se passa a um conceito mais amplo de natureza humana, bastante utilizado nas teorias pedagógicas dos sofistas e de seus contemporâneos, que significa agora a totalidade do corpo e da alma e, em particular, os fenômenos internos do ser humano. Essa ideia de natureza humana, uma descoberta do espírito grego, torna possível uma teoria da educação (JAEGER, 1989, p. 241, 247-248).

## 3.5 Sócrates

Sócrates (469-399 a.C.), que nasceu e morreu em Atenas, é uma das figuras mais importantes da filosofia ocidental, talvez a mais polêmica e enigmática, apesar de nada ter escrito. Sua filosofia, seus ensinamentos e sua vida nos são transmitidos por seus discípulos, principalmente nos diálogos de Platão e alguns diálogos de Xenofonte. Já na comédia *As nuvens*, de Aristófanes, ele é satirizado como um sofista. Isso nos traz, novamente, dificuldade em precisar o sentido de sua filosofia, talvez mais ainda do que no caso dos pré-socráticos e sofistas, tanto que podemos falar de vários Sócrates: o Sócrates histórico, que teria realmente existido; o Sócrates platônico, personagem dos diálogos de Platão; o Sócrates personagem de Aristófanes etc.[3] Para Nietzsche, por exemplo, a decadência da filosofia ocidental teve início com Sócrates.

É incrível a semelhança histórica que o filósofo grego apresenta com a figura de Jesus Cristo. Ele é condenado à morte aos 70 anos, após julgamento em Atenas, por impiedade, por corromper a juventude com seu pensamento e por introduzir novas divindades e não venerar os deuses da cidade. Morre como um mártir após tomar um cálice de cicuta na frente de seus discípulos, defendendo a filosofia, assim como a morte de Cristo foi um símbolo primordial para o cristianismo.

A *Defesa de Sócrates*, um dos diálogos escritos por Platão, é um dos documentos jurídicos, sociológicos, psicológicos, filosóficos e poéticos mais belos e importantes de que temos registro em todos os tempos. Trata-se da reprodução de sua defesa diante da assembleia ateniense, que acabou por condená-lo à morte. A serenidade que Sócrates demonstra durante todo o processo é impressionante. Após a defesa e a análise da votação, Sócrates dirige suas palavras contra os que o acusaram:

> *Talvez imagineis, senhores, que me perdi por falta de discursos com que vos poderia convencer, se na minha opinião se devesse tudo fazer e dizer para escapar à justiça. Engano! Perdi-me por falta, não de discursos, mas de atrevimento e descaro, por me recusar a proferir o que mais gostais de ouvir, lamentos e gemidos, fazendo e dizendo uma multidão de coisas que declaro indignas de mim, tais como costumais ouvir dos outros. Ora, se antes achei que o perigo não justificava nenhuma indignidade, tampouco me pesa agora da maneira por que me defendi; ao contrário, muito mais folgo em morrer após a defesa que fiz, do que folgaria em viver após fazê-la daquele outro modo. Quer no tribunal, quer na guerra, não devo eu, não deve ninguém lançar mão de todo e qualquer recurso para escapar à morte. Com efeito, é evidente que, nas batalhas, muitas vezes se pode escapar à morte arrojando as armas e suplicando piedade aos perseguidores; em cada perigo, tem muitos outros meios de escapar à morte quem ousar tudo fazer e dizer. Não se tenha por difícil escapar à morte, porque muito mais difícil é escapar à maldade; ela corre mais ligeira que a morte. Neste momento, fomos apanhados, eu, que sou um velho vagaroso, pela mais lenta das duas, e os meus acusadores, ágeis e velozes, pela mais ligeira, a malvadez. Agora, vamos partir; eu, condenado por vós à morte; eles, condenados pela verdade a seu pecado e a seu crime. Eu aceito a pena imposta; eles igualmente. Por certo, tinha de ser assim e penso que não houve excessos.* (PLATÃO, In: PESSANHA, 1980, p. 25)

O filme *Sócrates* (*Socrate*, 1971), de Roberto Rossellini, foi baseado em diversos diálogos de Platão e mostra o final da vida do filósofo grego Sócrates, incluindo seu julgamento e sua condenação à morte.

O diálogo platônico *Críton* mostra Sócrates na prisão, após o julgamento, e o *Fédon* mostra os últimos momentos antes de sua morte. Você pode ver Sócrates nesses momentos no filme dirigido por Roberto Rossellini.

Sócrates posiciona-se contra os sofistas, seus contemporâneos, buscando valores absolutos por meio de uma forma de conhecimento científica. À equivalência das opiniões e aos pontos de vista contraditórios defendidos pelos sofistas, Sócrates

---

3 Para uma discussão completa do assunto, consulte: MAGALHÃES-VILHENA, Vasco de. *O problema de Sócrates*; o Sócrates histórico e o Sócrates de Platão. Lisboa: Fundação Calouste-Gulbenkian, 1984.

opõe o conceito. Ele questiona o senso comum, as crenças e as opiniões, opondo a *episteme* (conhecimento) à *doxa* (opinião).

O processo de questionamento a que expõe seus interlocutores nos debates, denominado *maiêutica*, talvez seja sua maior herança para a filosofia. Ao contrário dos sofistas, Sócrates utiliza-se de um método pelo qual não se propõe a ensinar, mas apenas a aprender, por meio de perguntas que levam seus interlocutores a reconhecer que não sabem o que achavam que sabiam. Assim, muitas vezes seus diálogos podem ser considerados aporéticos, pois geram apenas impasse, sem conclusão. Indicam um caminho, mas não a resposta. Por meio do *elenkhos*, seu método de exame e refutação, ele não procura produzir vitórias nos debates, como os sofistas, mas fazer o parto de conceitos (nos seus interlocutores) e chegar à verdade.

Podemos dizer que, com Sócrates, a linguagem torna-se fundamento do discurso filosófico, apesar da importância também da ética e da lógica em seu pensamento. A filosofia passa a ser encarada, em sua essência, como um método linguístico de construção conceitual. Os *diálogos* platônicos são exercícios de metalinguagem riquíssimos — as próprias ideias e as palavras são tomadas como objetos do filosofar. A linguagem passa a ser um dos assuntos centrais do discurso filosófico.

Sócrates, assim como os sofistas, contribuiu para o movimento da mudança de foco da filosofia, da natureza para o homem. Ele não reflete sobre a natureza, mas sobre o ser humano; não busca os princípios do universo, mas os fins para o homem. "Conhece-te a ti mesmo" é um dos ensinamentos que Sócrates deixou para a posteridade. A ele estão também associadas máximas como "Só sei que nada sei" e "A virtude é o conhecimento; ninguém erra ou pratica o mal intencionalmente, mas por ignorância".

Deve-se registrar que, paralelamente à importância de Sócrates, no mesmo período desenvolveram-se três outras escolas filosóficas na Grécia, em geral agrupadas sob o nome de escolas socráticas, que, no entanto, muitas vezes divergem da filosofia de Sócrates: a escola megárica (de Mégara, fundada por Euclides e que trouxe importantes contribuições para o desenvolvimento da lógica), a escola cínica e a escola cirenaica. Essas escolas terão vida longa, prolongando sua influência até o período posterior a Platão e Aristóteles.

## 3.6 Platão

Apesar de ter vivido há quase 2.500 anos, Platão e sua obra ainda hoje influenciam decisivamente a filosofia, a ponto de o filósofo britânico Alfred Whitehead ter afirmado que a tradição filosófica europeia consiste em uma série de notas de rodapé a Platão.

Platão (c. de 427-347 a.C.) nasceu em Atenas. Desiludido com a condenação e morte de Sócrates, quando tinha 28 anos, abandonou Atenas e fez várias viagens, durante as quais teve contato com a filosofia dos eleatas e foi influenciado pelos pitagóricos, a ponto de o pórtico da Academia indicar: "Aqui não entra quem não souber geometria".

De volta a Atenas, em 387 a.C. fundou sua famosa academia, que pode ser considerada a primeira universidade do mundo, cujo aluno mais ilustre foi Aristóteles, que lá permaneceu por mais de 20 anos.

Inicialmente as ideias de Platão eram muito próximas das de Sócrates, mas aos poucos ele se descolou de seu mestre e desenvolveu uma teoria própria, interessada não apenas na ética individual, mas também na política, na prática e em questões mais universais. De Pitágoras, Platão desenvolveu a teoria da reminiscência, que defende o conhecimento inato, latente em nossa alma, que relembramos e trazemos para a consciência. No *Fédon*, por exemplo, Platão expõe a teoria de que a alma é independente do seu suporte físico. Aproveitando-se também das ideias de Pitágoras, Platão aproxima os objetos matemáticos, que existem na inteligência, dos objetos do conhecimento buscados por Socrátes.

Contra a instabilidade da percepção e do mundo sensível, o discípulo de Sócrates opôs e privilegiou o mundo ideal e inteligível. Platão não se interessa pelo utilitarismo e relativismo dos sofistas, mas pelo mundo das ideias, das formas e dos conceitos. As formas seriam eternas, imutáveis, incorpóreas e imperceptíveis. 'Idealismo platônico', 'espiritualismo' ou 'realismo das essências': assim nos referimos muitas vezes à sua obra. Filosofia e dialética se identificam como processo e método de discussão para dissipar as contradições, superar o senso comum e alcançar as formas e os valores absolutos.

Assim como em Sócrates, Platão tinha como método filosófico a maiêutica. Ele seguia algumas etapas definidas: das *imagens* atinge-se uma *definição*, mesmo que provisória; procede-se então à *divisão* dialética, que busca a espécie e o gênero próprios do objeto procurado; e finalmente atinge-se a *ciência* (ou *epistéme*), ou seja, chegamos agora à definição mais perfeita do objeto. Isso fica claro na análise do diálogo *Hípias Maior*, disponível no Companion Website deste livro.

Sua obra consta basicamente de diálogos, além de 13 cartas, algumas das quais de autenticidade discutível. Na verdade, apesar da tradição sofística e de Sócrates, é com Platão que os diálogos tornam-se verdadeiramente gênero literário. Constituem-se como um drama, em que o local e a época onde se desenvolvem são indicados. A discussão ou dialética são a alma dos diálogos. Platão é o primeiro filósofo do qual possuímos, ainda hoje, uma obra substancial, o que nos possibilita analisar e estudar seu pensamento como um todo. Entretanto, pelo próprio caráter literário de sua filosofia, não é simples resgatar um sistema filosófico de todos os seus diálogos. Como afirma Bréhier (1977, p.94), "dessa extraordinária complexidade de formas, drama e comédia, dialética, discursos continuados e mitos, que, segundo as épocas, estão diferentemente dosados e, ademais, apresentam suas próprias modificações, é impossível fazer abstração para bem avaliar a filosofia platônica".

A interpretação de sua obra pela história da filosofia é, assim como no caso dos sofistas e do próprio Sócrates, também polêmica. Hauser, por exemplo, vê na filosofia de Platão um excessivo conservadorismo a favor de uma minoria política e uma rejeição à própria arte. Cabe lembrar que a poesia e a música são expulsas da cidade ideal para Platão. Entretanto, sua obra exercerá influência sobre inúmeros movimentos, inclusive artísticos. A filosofia platônica é, por exemplo, muito importante no simbolismo, movimento literário do final do século XIX.

Movimentos denominados neoplatônicos, que procuram ressuscitar a filosofia de Platão, surgem em diversos momentos da história do pensamento e são essenciais para a compreensão da filosofia medieval e mesmo do Renascimento. Após seu falecimento, seus discípulos Espeusipo e Xenócrates sucederam Platão na Academia, continuando seu trabalho em metafísica, lógica e matemática. Com Arcesilau e Carnéades, a 'Nova Academia' ou 'Academia Helenista' adotou o ceticismo, questionando os conceitos absolutos de verdade e mentira, baseando-se nos diálogos platônicos aporéticos, aqueles que terminam sem conclusão. Posteriormente, o neoplatonismo antigo ou platonismo médio abandona o ceticismo e procura combinar o pensamento de Platão com outras posturas, como estoicismo, aristotelismo e judaísmo. Um nome de destaque nesse período é Plotino, que junto com Proclus contribui para a entrada do neoplatonismo na Idade Média cristã. Al-Farabi e Avicena, entre outros, ajudaram a desenvolver o platonismo entre os árabes, mas a partir do século XIII a influência de Aristóteles suplantou a de Platão na Idade Média. No Renascimento, contudo, ressurge o interesse por Platão. Em 1459 foi fundada em Florença uma nova Academia (a original tinha sido fechada em 529 por Justiniano I), liderada por Marsilio Ficino, que traduz obras de Platão, Plotino e Hermes Trismegisto. Com Erasmo de Roterdã e Thomas More, o platonismo migrou para a Inglaterra, e no século XVII um grupo de filósofos platônicos estabeleceu-se na Universidade de Cambridge. A partir do período moderno, no entanto, há um movimento de rejeição ao neoplatonismo e de volta aos textos do próprio Platão. Apesar de o platonismo deixar de existir como doutrina, Platão influenciou inúmeros pensadores, como Kant, Schelling e Hegel, e muitos filósofos modernos e contemporâneos definem suas ideias em relação às de Platão.

Platão utiliza mitos em seus diálogos, mas em sentido distinto do que estudamos na mitologia grega: eles têm uma função alegórica, para ilustrar um conceito ou ideia. Segundo o próprio Platão, assuntos muito complexos só podem ser expressos por metáforas, símbolos ou imagens. Alguns mitos platônicos, como o Anel de Giges e Er (*República*), Cocheiro (*Fédon*), Eros (*Banquete*), Idades do Mundo (*Timeu*), Tot (*Fedro*), Atlântida (*Crítias*) e Origem das Leis (*Político*), possuem caráter universal, funcionando como símbolos coletivos e sendo lembrados em todos os períodos e por toda a filosofia e literatura mundiais.

Dois deles realçam, basicamente, a diferença entre o mundo sensível, das aparências e cópias, e o mundo inteligível, das ideias. No final do livro VI de *A república*, Platão propõe a construção de um quadro (conhecido como o *mito da linha dividida*) com duas linhas e duas colunas, que representa a separação entre o mundo visível e inteligível, e entre seus objetos e modos de conhecimento. Nos objetos do mundo visível, em que reina o Sol, teríamos na parte inferior as imagens, que representam as sombras ou os reflexos, e na parte superior aquilo que é verdadeiro: os seres vivos, as plantas, os artefatos etc. Já nos objetos do mundo inteligível, onde reina o Bem, teríamos na parte inferior os objetos da geometria e ciências afins, e na parte superior aquilo que é o princípio de tudo, atingido somente pela dialética. Com o acréscimo das operações da alma que se aplicam a cada um dos objetos: *noesis*, *dianoia*, *pistis* e *eikasia*, em função de seus graus de clareza e verdade, temos um esquema como o Quadro 3.1.

Em seguida, no livro VII da *República*, encontramos a linda exposição do mito da caverna, que complementa o mito da linha dividida e procura simbolizar que enxergamos apenas sombras, como se vivêssemos acorrentados no interior de uma caverna, enquanto a luz, a verdade e a realidade não estariam visíveis — seria necessário o exercício da filosofia para nos libertar da prisão e nos elevar até elas.

> — (...) Suponhamos uns homens em uma habitação subterrânea em forma de caverna, com uma entrada aberta para a luz, que se estende a todo o comprimento dessa gruta. Estão lá dentro desde a infância, algemados de pernas e pescoços, de tal maneira que só lhes é dado permanecer no mesmo lugar e olhar em frente; são incapazes de voltar a cabeça, por causa dos grilhões; serve-lhes de iluminação um fogo que se queima ao longe, em uma eminência, por detrás deles; entre a fogueira e os prisioneiros há um caminho ascendente, ao longo do qual se construiu um pequeno muro, no gênero dos tapumes que os homens colocam diante do público, para mostrarem as suas habilidades por cima deles.

**Quadro 3.1   Mito da linha dividida**

| | Objetos do conhecimento | Modos de conhecimento |
|---|---|---|
| Mundo inteligível | Ideias ou formas | Inteligência (*noesis*) |
| | Objetos da geometria, matemática e ciências afins | Entendimento (*dianoia*) |
| Mundo visível | Seres vivos e objetos visíveis | Crença (*pistis*) |
| | Imagens | Suposição (*eikasia*) |

*(...)*

— *Visiona também, ao longo deste muro, homens que transportam toda a espécie de objetos, que o ultrapassam: estatuetas de homens e de animais, de pedra e de madeira, de toda a espécie de lavor; como é natural, dos que os transportam, uns falam, outros seguem calados.*

— *Estranho quadro e estranhos prisioneiros são esses de que tu falas* — observou ele.

— *Semelhantes a nós* — continuei. *Em primeiro lugar, pensas que, nestas condições, eles tenham visto, de si mesmo e dos outros, algo mais que as sombras projetadas pelo fogo na parede oposta da caverna?*

— *Como não* —respondeu ele —, *se são forçados a manter a cabeça imóvel toda a vida?*

— *E os objetos transportados? Não se passa o mesmo com eles?*

— *Sem dúvida.*

— *Então, se eles fossem capazes de conversar uns com os outros, não te parece que eles julgariam estar a nomear objetos reais, quando designavam o que viam?*

— *É forçoso.*

— *E se a prisão tivesse também um eco na parede do fundo? Quando algum dos transeuntes falasse, não te parece que eles não julgariam outra coisa, senão que era a voz da sombra que passava?*

— *Por Zeus, que sim!*

— *De qualquer modo* — afirmei — *pessoas nessas condições não pensavam que a realidade fosse senão a sombra dos objetos.*

— *É absolutamente forçoso* — disse ele.

— *Considera pois* — continuei — *o que aconteceria se eles fossem soltos das cadeias e curados da sua ignorância, a ver se, regressados à sua natureza, as coisas se passavam deste modo. Logo que alguém soltasse um deles, e o forçasse a endireitar-se de repente, a voltar o pescoço, a andar e a olhar para a luz, ao fazer tudo isso, sentiria dor, e o deslumbramento impedi-lo-ia de fixar os objetos cujas sombras via outrora. Que julgas tu que ele diria, se alguém afirmasse que até então ele só vira coisas vãs, ao passo que agora estava mais perto da realidade e via de verdade, voltado para objetos mais reais? E se ainda, mostrando-lhe cada um desses objetos que passavam, o forçassem com perguntas a dizer o que era? Não te parece que ele se veria em dificuldades e suporia que os objetos vistos outrora eram mais reais do que os que agora lhe mostravam?*

— *Muito mais* — afirmou.

— *Portanto, se alguém o forçasse a olhar para a própria luz, doer-lhe-iam os olhos e voltar-se-ia, para buscar refúgio junto dos objetos para os quais podia olhar, e julgaria ainda que estes eram na verdade mais nítidos do que os que lhe mostravam?*

— *Seriam assim* — disse ele.

— *E se o arrancassem dali à força e o fizessem subir o caminho rude e íngreme, e não o deixassem fugir antes de o arrastarem até à luz do Sol, não seria natural que ele se doesse e agastasse, por ser assim arrastado, e, depois de chegar à luz, com os olhos deslumbrados, nem sequer pudesse ver nada daquilo que agora dizemos serem os verdadeiros objetos?*

— *Não poderia, de fato, pelo menos de repente.*

*(...)*

— *Imagina ainda o seguinte* — *prossegui eu. Se um homem nessas condições descesse de novo para seu antigo posto, não teria os olhos cheios de trevas, ao regressar subitamente da luz do Sol?*

— *Com certeza.*

— *E se lhe fosse necessário julgar daquelas sombras em competição com os que tinham estado sempre prisioneiros, no período em que ainda estava ofuscado, antes de adaptar a vista — e o tempo de se habituar não seria pouco — acaso não causaria o riso, e não diriam dele que, por ter subido ao mundo superior, estragara a vista, e que não valia a pena tentar a ascensão? E a quem tentasse soltá-los e conduzi-los até cima, se pudessem agarrá-lo e matá-lo, não o matariam?*

— *Matariam, sem dúvida* — *confirmou ele.*

— *Meu caro Gláucon, este quadro* — *prossegui eu* — *deve agora aplicar-se a tudo quanto dissemos anteriormente, comparando o mundo visível através dos olhos à caverna da prisão, e a luz da fogueira que lá existia à força do Sol. Quanto à subida ao mundo superior e à visão do que lá se encontra, se a tomares como a ascensão da alma ao mundo inteligível, não iludirás a minha expectativa, já que é teu desejo conhecê-la. O Deus sabe se ela é verdadeira. Pois, segundo entendo, no limite do cognoscível é que se avista, a custo, a ideia do Bem; e, uma vez avistada, compreende-se que ela é para todos a causa de quanto há de justo e belo; que, no mundo visível, foi ela que criou a luz, da qual é senhora; e que, no mundo inteligível, é ela a senhora da verdade e da inteligência, e que é preciso vê-la para se ser sensato na vida particular e pública.* (PLATÃO, 1983, p. 317-321)

Como se pode observar, no mito de Platão os prisioneiros estão amarrados e enxergam apenas as sombras dos objetos carregados pelas pessoas que estão fora e acima da caverna, projetadas no fundo dela pelos objetos iluminados pelo fogo. Os prisioneiros acreditam que as sombras projetadas e os ecos das vozes das pessoas que estão fora da caverna são a realidade. Cabe lembrar que os poetas são expulsos da República justamente porque fazem cópias do mundo sensível, ou seja, cópias das cópias. O prisioneiro que consegue escapar da caverna inicialmente não consegue enxergar nada, pela força da luz do Sol. Aos poucos consegue enxergar as sombras dos objetos, em seguida consegue distinguir as sombras dos objetos, e por fim consegue mirar o próprio Sol. Se ele voltasse à caverna, certamente não seria compreendido por seus companheiros e seria morto, como o foi Sócrates.

Este é um dos mitos mais belos, influentes e duradouros da humanidade. É possível perceber a aproximação que Platão realiza entre o conhecimento e a visão, como se conhecer implicasse adequar nosso olhar ao objeto — e, quando tratamos dos conceitos de verdade na história da filosofia, no Capítulo 8 sobre lógica, observaremos a ideia, que ainda marca a nossa sociedade, de verdade como adequação entre o que falamos (e por consequência enxergamos) e a realidade.

O prêmio Nobel de literatura José Saramago, por exemplo, explorou o tema em seus romances. *Ensaio sobre a cegueira* (1995), transformado em filme pelo diretor Fernando Meirelles (2008), apresenta um cenário em que as pessoas vão ficando cegas, umas após as outras, até que todos no mundo tornam-se cegos. A partir daí, estabelecem-se relações de exploração, humilhação, abuso e violência extremas, em uma crítica feroz de Saramago aos valores em nossa sociedade. Vivemos enganados pelas sombras e por isso não enxergamos nem os outros, nem a nós mesmos. Os personagens do romance, por exemplo, não têm nomes. Já em *A caverna* (2000), o escritor português mostra como o capitalismo cega as pessoas, que se transformam em sombras, construindo a metáfora dos shopping centers como cavernas.

Em *O conformista* (*Il conformista*, 1970), dirigido por Bernardo Bertolucci, a imagem da caverna de Platão é utilizada para denunciar os delírios aprisionadores do fascismo, em que as pessoas são cegadas pela propaganda na Itália de 1938, de Mussolini. Sombras são utilizadas durante o filme para representar formas de confinamento não apenas individuais, mas em um contexto mais amplo, social e político.

Listamos no Quadro 3.2 os diálogos de Platão e seus temas principais. Eles costumam ser agrupados em diálogos de mocidade (ainda bastante influenciados por Sócrates), maturidade (que chegam a uma conclusão, ao contrário dos anteriores) e velhice (que tendem a abandonar a forma do diálogo). Além de esses critérios não terem sido utilizados pelo próprio Platão, há discussões sobre como classificar alguns diálogos dessa maneira. A lista do quadro 3.2 é apenas alfabética, sem levar em conta essas classificações.

Há também diálogos cuja autenticidade é duvidosa, como *Alcibíades I e II*, *Anterestai*, *Clítofon*, *Hiparco*, *Mino*, *Teages* e *Filósofo*. Além disso, Platão teria escrito 13 cartas, sobre muitas das quais, entretanto, pairam dúvidas em relação à autenticidade. Henri Estienne publicou no século XVI uma edição bilíngue das obras de Platão, adotando números e letras para dividir o texto, critério empregando pelas traduções posteriores.

A leitura dos diálogos de Platão, mesmo hoje em dia, mostra-se crítica e reveladora diante dos problemas que enfrentamos. Na verdade, é com Platão que a racionalidade ocidental efetivamente se constitui. Após as religiões, os mitos, as epopeias, os aforismos dos pré-socráticos e inclusive os sofistas, tanto Sócrates quanto Platão e posteriormente Aristóteles fundaram o filosofar racional, praticamente como o conhecemos ainda em nosso tempo. Platão teria elaborado a *lógica da razão* enquanto a nossa civilização industrial teria organizado sua prática (CHÂTELET, 1977, p. 33). Assim, a leitura de seus diálogos constitui-se em uma experiência única e valiosa para qualquer ser humano de nosso tempo.

Em português, há uma tradução dos diálogos de Platão por Carlos Alberto Nunes, editada pela Universidade Federal do Pará em 14 volumes (1973-1980), a

### Quadro 3.2 — Diálogos de Platão e seus temas principais

| | |
|---|---|
| *Apologia de Sócrates:* | defesa de Sócrates perante tribunal em Atenas. |
| *Banquete (Simpósio):* | amor. |
| *Cármides:* | prudência. |
| *Crátilo:* | linguagem. |
| *Crítias (inacabado):* | mito da Atlântida. |
| *Críton:* | moral. |
| *Eutidemo:* | erística. |
| *Eutífron:* | piedade. |
| *Fédon:* | imortalidade da alma. |
| *Fedro:* | retórica; discute as relações entre o pensamento e a escrita. |
| *Filebo:* | ética. |
| *Górgias:* | retórica. |
| *Hípias Maior:* | beleza.* |
| *Hípias Menor:* | falsidade. |
| *Laques:* | coragem. |
| *Ion:* | *Ilíada*. |
| *Leis:* | novas ideias políticas em relação ao diálogo *República*. |
| *Lisis:* | amizade. |
| *Menexeno:* | oração fúnebre à esposa de Péricles, sátira contra a retórica. |
| *Mênon:* | virtude. |
| *Parmênides:* | ser. |
| *Político:* | política. |
| *Protágoras:* | sofistas. |
| *República:* | justiça. |
| *Sofista:* | sofista. |
| *Teeteto:* | conhecimento. |
| *Timeu (inacabado):* | física e cosmologia.* |

*Análise do texto disponível no Companion Website deste livro

qual se encontra esgotada. Alguns volumes foram reeditados posteriormente e a partir de 2000 começou uma reedição gradual, coordenada por Benedito Nunes, com novo projeto gráfico e produção editorial.[4] Devem ser ainda mencionadas traduções como a da coleção *Os Pensadores* (que inclui quatro diálogos: *O Banquete*, *Fédon*, *Sofista* e *Político*, além de introdução, comentários e notas) e a de *A República* por Maria Helena da Rocha Pereira, publicada pela Fundação Calouste Gulbenkian. Existem, é claro, várias outras traduções de diálogos avulsos.

Uma importante tradução para o inglês é *The collected dialogues of Plato*: including the Letters (1989), de Edith Hamilton e Huntington Cairns. Na Internet, é possível ler uma versão em inglês com análises e introduções de B. Jowett.[5]

## 3.7 Aristóteles

Aristóteles (384-322 a.C.), filho de um médico, nasceu em Estagira, no norte da Grécia. Com 17 anos, foi para Atenas estudar na Academia de Platão, aí permanecendo por quase 20 anos, onde se destacou a ponto de ser chamado por Platão de 'a inteligência da escola'. Depois de abandonar a cidade após a morte de Platão, retornou a Atenas aos 49 anos, quando fundou sua própria escola filosófica, o Liceu (335 a.C.). Seus ensinamentos eram transmitidos caminhando, por isso seu método é chamado de peripatético (*peripatos* significava caminho, local do passeio). No final da vida, acusado de impiedade, opta pelo autoexílio, falecendo em Cálcis.

Uma das curiosidades do pensamento de Aristóteles é sua paixão pelas classificações. Animais, vegetais, minerais, virtudes, paixões, faculdades psicológicas e intelectuais, nada escapa de sua vontade de classificar e, por consequência, descobrir leis entre os objetos classificados. Assistimos pela primeira vez na filosofia a uma ambição enciclopédica de agrupar a totalidade dos saberes e à construção de um sistema. Sua obra aborda todos os campos do conhecimento, catalogando sempre o máximo de informações e opiniões já existentes sobre os mais diversos assuntos. O objeto de sua filosofia não é apenas o homem, mas o universo, inclusive em seus processos naturais. Daí o porquê de uma física, uma geografia, uma astronomia, uma medicina e uma biologia aristotélicas. Com Aristóteles, filosofia e ciência natural se reencontraram.

Tamanha importância dedicada à observação e à descrição só encontra paralelo, no mundo grego, nos registros clínicos de Hipócrates. Como Aristóteles defende, mesmo no caso dos animais cuja contemplação é desagradável aos sentidos, há um prazer em observar a natureza e a beleza da criação que não poderia ser ofuscado pela repugnância (CORNFORD, 2001).

A psicologia, a metafísica, a lógica, a teoria do conhecimento, a linguagem, a teoria literária, a retórica, a ética e a política são também essenciais no pensamento de Aristóteles, e ele será retomado quando abordarmos tais temas.

Provavelmente perdemos muitas de suas obras, como seus diálogos e cartas no estilo de Platão, apesar de ainda hoje nos restarem dezenas de livros escritos pelo filósofo grego. Muitos desses livros são na verdade anotações para suas aulas, inclusive anotações de seus alunos. Estão agrupados sob o mesmo título textos escritos em datas bastante distantes. É incrível o destino que sua obra teve, desde a época em que seus discípulos esconderam seus textos mais profundos, em Atenas, guardados por quase três séculos em uma adega sem ser lidos por ninguém, passando pela compilação do *Corpus Aristotelicus* por Andrônico de Rodes em Roma, sua transferência para a biblioteca de Alexandria, as traduções dos árabes, principalmente Averróis, a censura da Igreja, a interpretação de São Tomás de Aquino, sua primeira edição crítica pela Academia de Berlim em 1831 (que usa páginas,

---

4  Confira em: <http://www.ufpa.br/editora/plata.php>.

5  Disponível em <http://oll.libertyfund.org/index.php?option=com_staticxt&staticfile=show.php%3Ftitle=166&Itemid=99999999>.

colunas e linhas para identificação), até as leituras mais recentes de Kant, Hegel, Heidegger e Jaeger. Em *O nome da rosa*, de Umberto Eco, adaptado para o cinema, um livro de Aristóteles sobre a 'Comédia' (que várias evidências indicariam ter sido realmente escrito, apesar de desaparecido) é encontrado num mosteiro, mas posteriormente queimado. A justificativa para a destruição do livro é que o riso acaba por tirar o temor do homem. Rindo, o homem deixaria de temer até mesmo a Deus, não havendo, a partir de então, mais necessidade da fé.

Assim, enquanto a dificuldade de interpretação da obra de Platão reside no fato de que seus ensinamentos mais secretos ou profundos, se é que realmente existiram, não foram escritos ou se perderam, restando apenas os diálogos escritos para um público mais amplo, no caso de Aristóteles o problema é o inverso: suas obras redigidas para um público mais amplo se perderam, restando principalmente notas para suas aulas ou anotações de seus alunos, fragmentadas e incompletas, além das constantes dúvidas em relação à autenticidade.

Para superar essas dificuldades, monumentais projetos de estudo têm se organizado sobre suas obras.

Cerca de 15 mil páginas de comentários a Aristóteles foram reunidas em 23 volumes em Berlim pela editora Reimer, entre 1882 e 1909, na *Commentaria in Aristotelem Grace*. Incluem comentários dos peripatéticos do século II ao IV, dos neoplatônicos até o século VI e de um grupo de estudiosos reunidos ao redor da princesa bizantina Ana Comnena, no século XII. Eles se mantiveram sem tradução para nenhuma língua moderna até que, em 1987, iniciou-se o *Ancient Commentators Project*, dirigido pelo professor Richard Sorabji do King's College London, que pretende traduzir os mais importantes comentários, junto com textos filosóficos relacionados da Antiguidade. Já foram publicados 78 volumes acompanhados de alguns com explicações, com mais ou menos 30 por vir.

O *Aristoteles Latinus project*, por sua vez, pretende produzir uma edição crítica de todas as traduções medievais para o latim de Aristóteles, entre outros objetivos. Essas versões foram a base dos estudos de ciências e filosofia da Idade Média e foi por meio delas que as obras de Aristóteles passaram a ser lidas no Ocidente. Já foram publicados 27 volumes nos últimos 50 anos.

A crítica de Aristóteles à teoria das ideias em Platão é essencial, sobretudo em *Metafísica*, na qual ele aborda questões relativas ao Ser — ou ontologia. Para o estagirita, as ideias, apesar de uma existência real (não sendo apenas produções da mente humana), não preexistiriam ao seu objeto. Dito de outra forma, as ideias não existiriam antes da experiência, como pensava Platão. Assim, os sentidos voltam a ser importantes, em comparação com o privilégio dado por Platão à razão. Para Aristóteles, as ideias teriam sua origem na própria experiência. Uma terceira faculdade, a imaginação, serviria de ponte entre a sensibilidade e a razão.

Aristóteles destaca também a importância de se pensar os seres constituídos de matéria e forma. As substâncias adquiririam diferentes formas, moldando os seres. O universal corresponderia à forma (*êidos*), e o individual e mutável, à matéria. Tanto a forma quanto a matéria estariam no próprio objeto, no próprio mundo sensível, e não em um outro mundo, como o das ideias de Platão. Separar forma de matéria seria, então, um exercício intelectual, daí a importância da lógica para Aristóteles, ao estudar as leis do pensamento.

Os conceitos de ato e potência, assim como os de causa, são essenciais para a melhor compreensão das ideias de forma e matéria. A forma é *enérgeia*, ato ou atualidade, a essência da coisa como ela é aqui e agora. A matéria é *dýnamis*, potência ou potencialidade, o que a coisa pode vir a ser. A matéria não recebe uma forma inteiramente pronta, acabada, atualizada, mas inacabada, como uma possibilidade, uma potencialidade que deve ser atualizada. A semente, por exemplo, é em potencial uma árvore. Quando macho e fêmea se unem, surge na matéria a forma do feto, que é o ser futuro *em potência*. Essa energia potencial será atualizada no tempo pela *dýnamis* da matéria até se tornar uma criança, depois um adolescente e, por fim, um adulto, realizando inteiramente a forma potencial. A criança

---

**Forma:** *ato ou atualidade, a essência da coisa como ela é aqui e agora.*

**Matéria:** *potência ou potencialidade, o que a coisa pode vir a ser.*

é ato e, em potência, é jovem; o jovem é ato e, em potência, é adulto. Cada ser surge, portanto, com a forma atual (o que é) e com a forma potencial (o que deverá ser), cabendo à causa eficiente — a *dýnamis* — atualizar a forma potencial. Um ser, portanto, não muda de forma: passa da forma menos perfeita para a mais perfeita ou acabada. A matéria é passiva: recebe a forma atual e potencial e é puxada pela causa final para atualizar a forma potencial (CHAUÍ, 1994, p. 284).

Por meio dessa diferenciação entre ato e potência, forma e matéria, o debate entre os filósofos pré-socráticos em relação ao movimento poderia ser esclarecido. As coisas realmente estão em movimento, mas elas mudam de maneira contingencial, não em sua essência. No sistema metafísico de Aristóteles, uma teleologia interna, um propósito que determina para onde as coisas caminham faz com que as coisas entrem em movimento, passando do que é potência para o que é ato.

Aristóteles desenvolve também uma *teoria das causas*. Haveria quatro tipos de causas: formais, materiais, eficientes e finais. A essência de um objeto, que tem uma forma, está relacionada à causa formal, seu modelo. É a forma de um objeto que orienta, por exemplo, um escultor a produzir uma estátua de uma deusa. A causa material, por sua vez, está relacionada à matéria utilizada, a matéria de que é constituído o objeto, por exemplo, bronze ou mármore. Já a causa eficiente relaciona-se à energia empregada durante o processo, a fonte para a mudança, o agente da transformação, aquilo que faz com que a estátua adquira sua forma; no caso, o trabalho do escultor com suas ferramentas. E a causa final representa a finalidade, o objetivo, o propósito do objeto; no caso da estátua, poderia ser o culto à deusa.

Podemos mesmo dizer que Aristóteles é o fundador da lógica formal como ciência, o que estudaremos no Capítulo 8. Alguns de seus escritos que tratavam do raciocínio foram reunidos por seus alunos após sua morte, com o nome de *Organon*, considerado o primeiro e um dos mais importantes tratados de lógica. Seu sucessor como diretor do Liceu e principal editor de sua obra, Teofrasto, contribuiu também para o desenvolvimento da lógica, apesar de suas obras não terem sobrevivido. Com Aristóteles, a dialética já não era mais o método primordial para a compreensão do real. Na verdade, para o estagirita a lógica não podia ser incluída em nenhuma ciência, pois não possuía objeto de investigação definido, caracterizando-se como um instrumental para todas as ciências. Por isso seria formal, já que não estudaria nenhum conteúdo específico, mas apenas as regras do raciocínio. O estudo das ciências deveria começar pela lógica.

Aristóteles realizou também extensos estudos sobre a proposição, o juízo e os silogismos, que serão essenciais em nossa abordagem da lógica e filosofia da linguagem.

Em suas obras *Ética a Nicômaco* e *Metafísica*, Aristóteles introduz outra interessante distinção: de um lado, a *poiesis*, arte ou técnica, como a agricultura, a navegação, a pintura, a escultura, a arquitetura, a tecelagem, o artesanato, a poesia e a retórica, ou seja, ações que têm como fim a produção de uma obra; de outro lado, a *práxis*, ações que têm um fim em si mesmas, como a economia, a ética e a política. A ciência ou *epistéme* não se caracterizaria como ação, mas como conhecimento. Mas ciência e filosofia não eram pensadas separadamente (Quadro 3.3).

A política seria, entre essas ações, a mais nobre. O indivíduo e o Estado são em Aristóteles, assim como em Platão, pensados como inseparáveis um do outro. Mas o Estado ideal em Aristóteles é a democracia, enquanto em Platão ele está representado por um sistema de castas. O interesse de Aristóteles voltou-se para as formas de governo existentes, que ele classifica em: monarquia, aristocracia e democracia constitucional (que admite a escravidão, portanto não era um governo de todos). A perversão dessas formas de governo levaria, respectivamente, à tirania, à oligarquia e à democracia (contra a qual Aristóteles tinha reservas, por considerar que não seria suportável por todas as cidades e não duraria se não fosse bem constituída em suas leis e costumes).

A finalidade de toda ação, o bem do homem, é a felicidade (*eudaimonia*): viver bem, alcançar uma vida boa. Essa atividade é associada em Aristóteles à razão e à

| Quadro 3.3 | Campos do conhecimento de acordo com Aristóteles |

| Conhecimento prático (*poiesis*) | Conhecimento produtivo (*práxis*) | Conhecimento teórico | |
|---|---|---|---|
| Agricultura<br>Navegação<br>Pintura<br>Escultura<br>Arquitetura<br>Tecelagem<br>Artesanato<br>Poesia<br>Retórica | Economia<br>Ética<br>Política | Metafísica ou ciências gerais | Ciências naturais |
| | | Matemática<br>Teologia<br>Filosofia | Física<br>Astronomia<br>Biologia<br>Psicologia |

virtude, envolvendo o controle das paixões para evitar que se transformem em vício. Para Aristóteles, o homem é um animal naturalmente político, e a finalidade do Estado é promover a felicidade de todos os seus indivíduos, o bem comum, de maneira que todos vivam bem. Nesse sentido, os governantes devem ser virtuosos, inclusive para servirem de exemplo aos cidadãos.

Duas outras obras importantes de Aristóteles são *Arte retórica*, que explora as regras da argumentação persuasiva, e *Arte poética*, que explora as regras dos gêneros literários, como tragédia, comédia, poesia lírica e epopeia. Aristóteles não aceita, como Platão, o rebaixamento da arte, destacando seu poder de catarse. A arte imita a natureza, pertencendo, portanto, ao campo da mimesis. Suas teorias exercem influência decisiva nos campos da estética e da teoria literária até hoje.

O aristotelismo teve importância essencial na Antiguidade, no período helenístico e na Idade Média. Após a morte de Aristóteles, o Liceu continuou sendo um centro de estudos de ciências e filosofia, liderado por Teofrasto e posteriormente Estrato. Entretanto, no século III a.C. a influência do aristotelismo diminuiu em função do surgimento de novas escolas como o epicurismo, o estoicismo e o ceticismo, mas o Liceu permaneceu ativo. Andrônico editou os manuscritos de Aristóteles no século I a.C., que passaram a ser ampla e intensamente estudados durante os séculos seguintes no primeiro renascimento do aristotelismo, que entretanto declinou novamente com o fechamento das escolas de filosofia em Atenas pelo imperador Justiniano I, em 529.

O segundo renascimento do aristotelismo iniciou-se na Europa ocidental no século XII com os filósofos e estudiosos sírios e árabes, dentre os quais se destacam Avicena e Averróis, 'o Comentador', que produziu comentários sobre todas as obras de Aristóteles que hoje conhecemos. Traduções latinas dos textos árabes e comentários começaram a atingir a Europa, provocando um amplo interesse. Mesmo com a censura do cristianismo, o estudo de Aristóteles foi estimulado com a descoberta de manuscritos em Constantinopla, na época das Cruzadas, as quais rapidamente foram traduzidos para o latim. Tomás de Aquino é um dos incentivadores do aristotelismo na época, integrando-o ao cristianismo.

No século XIII, o aristotelismo já era uma referência em filosofia, o que, entretanto, o levou a assumir o estatuto de resistência contra novas especulações e descobertas científicas. William de Ockham, Copérnico, Galileu, Francis Bacon e outros filósofos e cientistas acabam por criticar várias partes da obra do filósofo grego, e o aristotelismo passou a ser encarado como foco de resistência aos métodos e observações empíricos, sobretudo pela insistência em preservar todos os elementos de sua filosofia. Mais uma vez a influência do aristotelismo declinou.

*Escola de Atenas*, do pintor renascentista Rafael. No centro da pintura, vemos Platão andando ao lado de Aristóteles. Como uma forma de homenagem, Rafael usou os rostos de Leonardo da Vinci e Bastiano de Sangallo para representar os filósofos.

Nos dois últimos séculos observamos um sensível desenvolvimento nos estudos da obra de Aristóteles. Hoje, pode-se dizer que sua influência ainda se faz sentir em campos como ética, metafísica e poética.

Pode-se afirmar que a polaridade entre o pensamento de Platão e Aristóteles, bem como seus desdobramentos posteriores em platonismos e aristotelismos, marcaram decisivamente a história da filosofia. A *Escola de Atenas* (*Scuola di Atene*), famosa pintura do renascentista italiano Rafael, representa na Academia de Platão vários dos filósofos que estudamos até agora: Zenão de Eleia, Epicuro, Pitágoras, Parmênides, Sócrates e Heráclito. Bem no centro da pintura aparecem Platão e Aristóteles. Platão está segurando o *Timeu* e apontando para cima; Aristóteles está segurando a *Ética* e tem a mão na horizontal, indicando o mundo terreno. Nesses gestos Rafael consegue resumir essa polaridade que construiu o campo para as filosofias sucessoras dos dois grandes nomes da filosofia grega.

Não há tradução das obras completas de Aristóteles para o português, apenas de obras avulsas. A coleção *Os Pensadores*, por exemplo, apresenta as traduções de *Ética a Nicômaco* e *Arte Poética*. A tradução mais importante para o inglês é *The complete works of Aristotle* (1984), editada por J. Barnes. Há também um conjunto de traduções comentadas para o inglês publicadas pela Oxford University. Além disso, é possível ler on-line várias traduções das obras de Aristóteles para o inglês, como, por exemplo, a *Ética a Nicômaco* no Internet Classics Archive[6].

## 3.8 Período helenístico e romano

Quando a Grécia foi derrotada pela Macedônia, em 338 a.C., já enfraquecida pela Guerra do Peloponeso entre Atenas e Esparta (493 a 479 a.C.), dois fenômenos aparentemente contraditórios marcaram de forma decisiva o desenvolvimento da filosofia ocidental: de um lado, a pólis grega perdeu sua hegemonia; de outro, o pensamento grego expandiu-se para além de suas fronteiras. Nesse período, chamado de helenístico e que vai até o estabelecimento do Império Romano (30 a.C.), os ideais gregos mesclam-se a elementos orientais. Os movimentos filosóficos que surgiram nesse momento caracterizam-se basicamente por preocupações éticas com o ser humano enquanto ser individual, e não mais político. Além disso, a partir

---

6  Disponível em: <http://classics.mit.edu/Aristotle/nicomachaen.html>.

desse momento as ciências (principalmente a astronomia, a matemática, a medicina, a geografia e a física) passaram a ter um desenvolvimento autônomo em relação à reflexão filosófica. A lógica era também uma preocupação da filosofia no período. Ocorria ainda um grande desenvolvimento do comércio e do misticismo, e as religiões orientais exerceram grande influência nessa época.

O principal centro político do helenismo foi Alexandria, no Egito. Desde o século I a.C. integravam-se na cidade diversas línguas e culturas: egípcia, grega, romana e judaica. A famosa Biblioteca Real de Alexandria, que chegou a ter centenas de milhares de rolos de papiro, foi constituída com acervo trazido de Atenas. A biblioteca existiu por mais de 600 anos, sendo destruída por um incêndio na Idade Média. O museu, onde se localizava a biblioteca, era na verdade um centro cultural e científico, espaço de ensino e pesquisa, possuindo templo, anfiteatro, zoológico, observatório etc. Suas produções incluíram matemática e geometria, medicina, estudos da linguagem, astronomia e geografia.

Mais uma vez, poucos escritos do período helenístico restaram intactos, e dependemos principalmente da doxografia, como no caso dos pré-socráticos. De qualquer maneira, no período helenístico predominavam os comentários a textos dos gregos clássicos.

Para o *epicurismo*, escola fundada por Epicuro (cerca de 341-270 a.C.), a serenidade e o prazer, entendidos como ausência de perturbação e de dor, de sofrimento físico e de perturbação na alma, seriam as finalidades máximas do homem. A sensação é destacada como fonte para se obter o conhecimento. Cultuar o espírito e a virtude e buscar o autodomínio seriam os meios para viver com prazer. A *Carta sobre a felicidade* termina assim: "não se assemelha a um mortal o homem que vive entre bens imortais" (EPICURO, 1997, p. 53). O poema filosófico *Da natureza das coisas*, de Lucrécio, é um dos registros mais importantes do epicurismo romano.

Para o *estoicismo*, fundado por Zenão de Citium (334-262 a.C.), justiça e dever são os valores mais importantes para o ser humano. A moral é a preocupação maior do movimento. O estoicismo é também importante no desenvolvimento da lógica na Antiguidade, principalmente por trabalhar alguns aspectos não encontrados na lógica aristotélica. Epíteto (50-115 d.C.) é um dos principais representantes do estoicismo romano.

Para o *ceticismo*, não é possível para o homem chegar ao conhecimento. Costuma-se identificar dois movimentos distintos no período: um ceticismo mais acadêmico, representado pelo espírito eclético da nova Academia, fundada por Platão, cujo nome de mais prestígio foi Cícero (106-43 a.C.); e o pirronismo, baseado na filosofia de Pirro (cerca de 360-270 a.C.), fundado no século I e que sobreviveu graças aos escritos de Sexto Empírico, no século II d.C.

Esses movimentos filosóficos exerceram influência inclusive no Império Romano, mesclados às vezes às escolas socráticas menores e a movimentos de renascimento da filosofia de Pitágoras e Platão (principalmente por meio de Plotino, filósofo egípcio formado em Alexandria que lecionou em Roma entre 245 e 268), além da influência que a filosofia oriental exerceu durante esse período. O ecletismo é uma importante característica da filosofia da época. Paralelamente, desenvolveu-se o cristianismo, que será essencial para determinar o pensamento filosófico na Idade Média. Os romanos destacaram-se sobretudo nas artes, principalmente a escultura e a arquitetura, além do importante legado que nos deixaram no campo do direito.

Augusto (ou Otávio), imperador de 31 a.C. a 14 d.C. que realizou importantes reformas, e seus sucessores permitiram que alguns eminentes juristas (Gaio, Ulpiano, Papiniano, Paulo e outros) emitissem minuciosas opiniões (*responsa*) sobre os processos em julgamento nos tribunais. Essas *responsa* formaram uma ciência e uma filosofia do direito. O direito romano era dividido em três grandes ramos: (1) *jus civile*: lei de Roma e de seus cidadãos; (2) *jus gentium*: lei comum a todos os homens, sem considerar sua nacionalidade; autorizava a escravidão e a propriedade privada e definia os princípios da compra e venda, das sociedades e do contrato; aplicava-se especialmente aos habitantes estrangeiros do império; e (3) *jus naturale*: mais uma filosofia, com influências do estoicismo e sua concepção de uma ordem racional da natureza, que seria a corporificação da justiça e do direito; afirmava a igualdade dos homens por natureza, e de alguns direitos naturais que os governos não teriam autoridade para transgredir. Essas leis antecederiam ao próprio estado; surgiu, então, a concepção de uma *justiça abstrata como princípio legal*. Podemos destacar como seus representantes Marco Túlio Cícero, orador e escritor, que viveu no séc. I a.C., e Sêneca (3 a.C.-65 d.C.) (BURNS, 1966, vol.1, p. 240-242).

Grimal (1989) chama a atenção para a existência de uma mitologia romana original, que não se resumiria a uma nacionalização da mitologia grega, sendo que muitas semelhanças entre os deuses gregos e romanos explicar-se-iam pela origem indo-europeia comum. Uma obra clássica da mitologia romana é *Metamorfoses*, de Ovídio.

O período helenístico e romano marca a transição da Antiguidade Clássica para a Idade Média cristã. Em *Early Christianity and Greek Paideia*, Werner Jaeger analisa em detalhes o encontro do cristianismo com a cultura grega. É possível falar da cristianização do mundo que falava grego, no Império Romano, e simultaneamente da helenização da religião cristã. O grego era a língua inicial do cristianismo. Os primeiros cristãos tiveram de pregar para judeus helenizados e por isso usaram repertório grego para que o cristianismo parecesse uma continuação da *paideia* grega. Esse humanismo cristão teve importância no final da Idade Média e mesmo no Renascimento. Pode-se dizer que a combinação entre judaísmo/cristianismo e filosofia grega marcou nossa civilização ocidental.

## Resumo

Apesar de existir filosofia anteriormente, identificamos o nascimento da filosofia ocidental na Grécia Antiga, no final do século VII a.C. e início do século VI a.C. Assistimos aí à transição da mitologia para a filosofia.

Os filósofos pré-socráticos possuem uma unidade temática: a *phýsis*, envolvendo a origem e o destino do universo e as transformações das substâncias.

Os sofistas são professores itinerantes que ensinam basicamente a arte da retórica e da oratória.

Sócrates, apesar de nada ter escrito, é um símbolo na história da filosofia, por seu método conhecido como maiêutica e por ter morrido em defesa da filosofia.

Platão é considerado um dos filósofos mais importantes na história da filosofia, tendo escrito vários diálogos nos quais Sócrates é o personagem principal. Ele se utiliza de mitos para representar o mundo das ideias, que deveria ser alcançado pela razão e pela filosofia.

Aristóteles aborda diversos assuntos em suas obras, como ética e lógica. Ao contrário da teoria das ideias de Platão, defende que as formas existem na realidade, e não em outro mundo.

No período helenístico e romano, destacam-se correntes como epicurismo, estoicismo e ceticismo.

## Atividades

1 Este capítulo mencionou diversos filmes, como *Sócrates*, *O nome da rosa* e *O conformista*. Procure assistir e discuti-los com seus colegas, reparando como eles podem ilustrar o universo da filosofia antiga.

2 Foram também mencionadas algumas tragédias, como *Medeia* e *Édipo Rei*. Procure ler uma dessas tragédias e perceba como elas se colocam no meio caminho entre a mitologia e a filosofia.

3 Produza alguma representação do mito da caverna de Platão — um desenho, um vídeo, uma encenação etc. Repare no poder simbólico da narrativa.

## Sugestões

Segue uma pequena lista de textos importantes que comentam a obra de Aristóteles:
- ANAGNOSTOPOULOS, G. *The Blackwell guide to Aristotle*. Oxford: Blackwell, 2007.
- BARNES, J. *Aristotle*. Oxford: Oxford University Press, 1982.
- BARNES, J. *The Cambridge companion to Aristotle*. Cambridge: Cambridge University Press, 1995.
- JAEGER, W. *Aristotle*: fundamentals of the history of his development. Oxford: Oxford University Press, 1934.
- PORCHAT PEREIRA, O. *Ciência e dialética em Aristóteles*. São Paulo: Unesp, 2001.
- ROSS, W. D. *Aristotle*. Londres: Methuen and Co., 1923. (Há uma edição portuguesa das Publicações Dom Quixote.)
- SHIELDS, C. *The Oxford handbook on Aristotle*. Oxford: Oxford University Press, 2008.
- WOLFF, F. *Aristóteles e a política*. São Paulo: Discurso Editorial, 1999.

Algumas referências de comentários sobre a obra de Platão:
- CHÂTELET, François. *Platão*. Tradução de Sousa Dias. Porto: Rés, 1977.
- CORNFORD, F. M. *Plato's theory of knowledge*. Londres: Routledge & Kegan Paul, 1935.
- DODDS, E. R. *Os gregos e o irracional*. Tradução de Leonor Santos B. de Carvalho. Lisboa: Gradiva, 1988.
- GOLDSCHIMIDT, Victor. *Os diálogos de Platão*: estrutura e método dialético. Tradução de Dion Davi Macedo. São Paulo: Loyola, 2008.
- GOLDSCHMIDT, Victor. *A religião de Platão*. Tradução de Ieda e Oswaldo Porchat Pereira. 2. ed. São Paulo: Difel, 1970.
- KRAUT, R. H. (org.) *The Cambridge companion to Plato*. Cambridge: Cambridge University Press, 1992.
- ROSS, W. D. *Plato's theory of ideas*. Oxford: Claredon, 1951.
- WILLIAMS, Bernard. *Platão*: a invenção da filosofia. Tradução de Irley Fernandes Franco. São Paulo: Unesp, 2000.

# Filosofia medieval

## APRESENTAÇÃO

Neste capítulo, exploramos a filosofia na Idade Média, com destaque para alguns filósofos, como Santo Agostinho e São Tomás de Aquino, e os temas mais importantes discutidos pela filosofia medieval.

## TÓPICOS PRINCIPAIS

4.1 Filosofia e cultura durante a Idade Média
4.2 Filosofia e fé
4.3 Aristóteles e o século XIII
4.4 Tomás de Aquino, o santo filósofo
4.5 A querela dos universais
4.6 Fim da Idade Média

### OBJETIVOS DE APRENDIZAGEM

Durante a leitura deste capítulo, será possível:

- compreender a importância do cristianismo e da teologia para a filosofia medieval;
- conhecer as diversas divisões propostas para a Idade Média;
- estudar os principais filósofos da época: Santo Agostinho e São Tomás de Aquino;
- abordar a discussão entre realistas e nominalistas que marcou a filosofia da Idade Média.

## 4.1 Filosofia e cultura durante a Idade Média

A filosofia medieval é precedida pela filosofia patrística (século I ao século VII), que inclui a doutrina dos padres da Igreja, os apologetas, que fazem apologia do cristianismo. Estão aqui incluídos a escola neoplatônica cristã da Alexandria, São Clemente de Alexandria e Orígenes. Surge com eles a noção, desconhecida pelos gregos antigos, de verdades reveladas. De outro lado, houve no período também resistência ao uso da filosofia pagã grega, e esse conflito entre razão e fé marcou a filosofia medieval.

O pensamento medieval distingue-se radicalmente do pensamento da Grécia Antiga pela preponderância do cristianismo, que, como estrutura sociopolítica e religiosa, estabelece os parâmetros dentro dos quais a filosofia pode se desenvolver (GILES, 1995, p. 58).

A Idade Média foi por muito tempo entendida como a Idade das Trevas. A expressão indica que, durante esse período, não se produziu nada de muito importante, não apenas em filosofia, mas nas artes em geral, quando comparado com a Grécia e Roma antigas, de um lado, e a Idade Moderna, de outro. Esse conceito tem aos poucos mudado, e estudos têm mostrado que, na verdade, não se trata de um período tão pobre intelectual e artisticamente, além de que a própria continuidade do que se chama Idade Média pode ser questionada. Fala-se costumeiramente inclusive de movimentos de renascença (carolíngio, durante o reinado de Carlos Magno, e no século XII) em plena Idade Média.

Na verdade, a Idade Média ocidental inclui duas civilizações bastante distintas. A primeira vai de aproximadamente 400 (final da decadência de Roma) até 800. Em muitos aspectos ela representou uma volta ao barbarismo, com uma baixa sensível da atividade intelectual e econômica. A segunda civilização começa com a Renascença carolíngia do século IX e vai até o final do século XIII, com realizações consideráveis na literatura, na filosofia e na arte e um alto grau de prosperidade e liberdade (BURNS, 1966, p. 256).

Hauser (1982, p. 181), em *História social da literatura e da arte*, divide a Idade Média em três períodos: a economia natural da primitiva Idade Média, a cavalaria galante da alta Idade Média e a cultura burguesa urbana da última etapa.

Com a destruição do Império Romano e as invasões bárbaras, há uma alteração radical em nossa história, tanto na organização sociopolítica (veja no Quadro 4.1 alguns aspectos fundamentais do feudalismo) quanto intelectual. A cultura urbana transforma-se em cultura rural e as cidades são substituídas pelos castelos (depois as cortes e os mosteiros). A filosofia grega, já diluída no Império Romano, praticamente desaparece do cenário da Idade Média, pois pouquíssimas traduções dos gregos são legadas a esse período, embora ele tenha sido marcado pelo neoplatonismo.

Na Idade Média, as artes eram divididas em trívio (liberais): gramática, dialética e retórica; e quadrívio (matemáticas): aritmética, geometria, música e astronomia. Mas esses conhecimentos eram considerados profanos, já que a Idade Média foi dominada pela teologia. A Igreja tornou-se a instituição detentora do saber, e a fé estabeleceu-se como padrão de conhecimento.

De acordo com Nascimento (1992), para realizar uma divisão no espírito filosófico da época, podemos falar de uma teologia sob o regime da gramática (século IX), na qual a gramática era considerada importante para a melhor compreensão das escrituras; teologia sob o regime da dialética (século XI), principalmente no estilo de Pedro Abelardo; e teologia sob o regime da filosofia (século XIII). Mas a reflexão filosófica aparece na Idade Média quase sempre determinada em função da teologia, ligada ou subordinada a ela. O conhecimento na Idade Média era de natureza filológica, ou seja, todas as artes e técnicas serviam para auxiliar a leitura das escrituras, para desvendar a palavra de Deus por trás das palavras das escrituras. A própria realidade era reflexo da mente divina. A verdade estava escrita no mundo e deveria ser desvendada nas escrituras.

---

### Quadro 4.1 — Características do feudalismo

**Organização sociopolítica:** é baseada em relações servis; a sociedade é composta basicamente por três estamentos (a nobreza, o clero e os servos) que não permitem transição entre si.

**Forma de poder:** é descentralizada — o rei concede uma porção de terra para um nobre que se torna o senhor feudal, que exerce poder absoluto sobre seu feudo.

**Economia:** é baseada na agricultura de subsistência, desenvolvida pelo trabalho servil. Caracteriza-se também por ser amoretária, uma vez que, não havendo comércio, predominava a troca.

Precursores dos químicos modernos, os alquimistas da Idade Média buscavam uma maneira de transmutar chumbo em ouro. (Sir William Fettes Douglas — *O alquimista*, 1853)

Convém lembrar que paralelamente ao desenvolvimento do espírito medieval 'oficial', várias outras manifestações culturais sobreviveram ou afloraram na Idade Média: as civilizações sarracena (muçulmana) e bizantina (cristã) — em que os conhecimentos ditos 'profanos' encontram-se bem difundidos; uma cultura popular; superstições; ciências ocultas como a alquimia; uma música secular distinta do canto gregoriano, mais ritmada, representada no fim da Idade Média pelos trovadores.

A riqueza dessa cultura popular teria sido abafada pelo poder do cristianismo e hoje a redescobrimos em vários estudos, como se realizássemos um trabalho arqueológico de escavação e desenterrássemos toda uma forma de vida e de expressão que não nos tivessem sido contadas, que não era permitido registrar. Como se na Idade Média houvesse uma história subterrânea, reprimida em sua fala. O cantochão ou canto gregoriano, por exemplo, era registrado em partituras, mas o mesmo não ocorria com a música profana. O *Decamerão*, de Giovanni Boccaccio (1313–1375), registra um mundo de exuberância carnal e anticlerical, que não aparece no discurso oficial da Idade Média. Algumas dessas histórias foram adaptadas e filmadas por Pier Paolo Pasolini em *O Decameron* (*Il Decameron*, 1970), que mesmo para os padrões morais do século XXI mostra-se libertino.

Podemos falar de folclore e superstição na Idade Média, apenas porque temos um modelo ou padrão (o discurso do cristianismo) contra o qual podemos opô-los, os quais funcionavam como resistência cultural. Hilário Franco Júnior (1996, p. 22), por exemplo, divide os 'mitos' medievais (e aqui os mitos bíblicos são incluídos) em alguns tipos: etiológicos (que tratavam da origem do mundo, do homem, dos fenômenos naturais e sociais), hierofânicos (que narravam as manifestações de personagens divinas ou semidivinas, heróis e feiticeiros), messiânicos (que apresentavam personagens históricas ou imaginárias, como salvadoras da sociedade cristã), escatológicos (que criticavam o presente histórico, descrevendo fenômenos e/ou personagens ligadas ao fim dos tempos) e edênicos (que falavam do Éden perdido ou de um Paraíso a ser recuperado e/ou conquistado).

### 4.1.1 Cultura bizantina

Embora a civilização bizantina esteja localizada no período medieval, seu padrão cultural era bem diferente do que dominava a Europa Ocidental, pois possuía um caráter muito mais oriental. Constantinopla se ligava ao Oriente e muitos territórios do império estavam localizados fora da Europa, como Síria, Ásia Menor, Palestina e Egito. Além disso, elementos gregos e helenísticos participaram da formação da cultura bizantina muito mais intensamente do que na Europa Ocidental. A língua predominante era o grego, e as tradições literárias, artísticas e científicas eram helenísticas. Além disso, o cristianismo do Império Bizantino diferia do cristianismo da Europa Latina por ser mais místico, abstrato e pessimista, além de estar mais sujeito ao controle político (BURNS, 1966, p. 284).

Uma das contribuições mais importantes da civilização bizantina foi a codificação das leis romanas durante o reinado de Justiniano, por meio de uma comissão de juristas supervisionados por seu ministro Triboniano, a qual deu origem ao *Corpus Juris Civilis*, ou 'corpo do direito civil'. Embora conservasse grande parte da teoria antiga, foram introduzidas mudanças fundamentais. O *jus civile* alcançou uma completa desnacionalização, desconhecida nos tempos romanos, tornando-se aplicável aos cidadãos das mais diversas nacionalidades. O *jus naturale* passou a ser considerado divino e, portanto, superior a todos os decretos humanos, concepção que teve ampla aceitação na filosofia medieval posterior. Houve também uma tendência dos juristas de Justiniano para falar do imperador como o único legislador, para quem o povo teria entregue todo seu poder. Assim, o direito clássico romano foi revisado para atender às necessidades de um monarca oriental cuja soberania só era limitada pela lei de Deus (BURNS, 1966, p. 263). Foi o *Corpus Juris* de Justiniano que serviu como ponte entre o direito romano, a segunda metade da Idade Média e a Idade Moderna.

## 4.2 Filosofia e fé

Santo Agostinho (354–430) buscou uma conexão entre a filosofia clássica e o cristianismo. Influenciado por Plotino, foi propagador do neoplatonismo cristão na época medieval. Para ele, a mente humana possuiria uma centelha do intelecto divino. Ele desenvolveu a concepção do tempo histórico, com um destino e um objetivo: o juízo final. Suas ideias de que o homem é um pecador por natureza foram extremamente importantes na Reforma, influenciando Lutero e Calvino. Agostinho desenvolveu também a noção de interioridade, que prenuncia o conceito de subjetividade moderno. É dele a máxima: *"Noli foras ire, in teipsum redi: in interiore homine habitat veritas"* (Não procure fora. Entra em ti mesmo: no homem interior habita a verdade). O diálogo *De Magistro* se destaca pela discussão de questões de pedagogia, comunicação e linguagem. *Cidade de Deus* e *Confissões* são duas de suas obras-primas. Roberto Rossellini dirigiu o belo filme *Santo Agostinho*, lançado em 1972. O quadro *Eureka!*, "Santo Agostinho", traz mais detalhes sobre essa obra.

**EUREKA!** Santo Agostinho (1972)

**Atores:** Dary Berkani, Virgilio Gazzolo, Cesare Barbetti, Bruno Cattaneo, Leonardo Fioravanti, Dannunzio Papini, Beppe Mannaiuolo, Livio Galassi
**Direção:** Roberto Rossellini
**Ano de produção:** 1972
**País de produção:** Itália
**Duração:** 115 min.

O filme conta a vida de Agostinho de Hipona (354–430), um dos expoentes da filosofia medieval, a partir do momento em que se torna bispo da cidade de Hipona.

A fotografia é linda e os cenários procuram recriar os ambientes da Idade Média.

Mais de uma vez, um mercador tenta seduzir Agostinho para apoiá-lo em seus projetos, apoio sempre negado.

O filme explora intensamente o conflito dos cristãos com os donatistas, uma seita considerada herética pelo catolicismo.

Explora também a invasão de Roma pelos bárbaros, no início do século V, e como a culpa foi colocada sobre o cristianismo.

Na cena final, Agostinho faz um discurso em defesa da Cidade de Deus (um de seus principais livros), e não dos homens.

Boécio (cerca de 475–524) é o autor da conhecida *De consolatione philosophiae* (*A consolação da filosofia*), que explora o conceito de eternidade e procura relacionar a felicidade humana com a busca de Deus, ao mesmo tempo em que busca preservar a filosofia antiga. O texto foi escrito na prisão, enquanto ele aguardava a execução por motivação política.

John Scotus Erígena (cerca de 810–877), em *A divisão da natureza*, busca também a fusão do cristianismo com o espírito neoplatônico, assim como Santo Anselmo de Canterbury (1033–1109), conhecido pelo argumento ontológico para provar a existência de Deus (estudado no Capítulo 7, sobre metafísica), procura o equilíbrio entre fé e razão.

O nominalista Pedro Abelardo (1079–1142), autor de *Dialética*, estabelece um método de dúvida e questionamento de argumentos baseados na autoridade, fundamentado no trívio, que se tornará essencial na filosofia medieval. As 'questões' no estilo de Abelardo se tornarão essenciais nas universidades do século XIII; tudo será 'posto em questão' (NASCIMENTO, 1992, p. 36). O funcionamento da universidade medieval envolvia o combate e regras lúdicas, como as intermináveis querelas que correspondem hoje às discussões científicas e filosóficas em revistas, por exemplo. De outro lado, o místico São Bernardo (1091–1153), inimigo de Abelardo, criticava a dialética como forma de discussão das escrituras e acesso a Deus.

Em *Os quatro livros das sentenças*, Pedro Lombardo (cerca de 1100–1160) propõe um novo método de leitura das escrituras. Na catedral de Chartres estudam-se as escrituras a partir do quadrívio. A abadia de São Vítor também se destacou durante esse período, principalmente como movimento místico, merecendo menção o nome de Ricardo de São Vítor.

## 4.3 Aristóteles e o século XIII

Já vimos como a cultura grega se expandiu para o Oriente. A invasão da Europa pelos árabes proporcionou o contato entre as culturas pagã e cristã. Passam a circular traduções do árabe para o latim de Aristóteles, conhecido então como 'o Filósofo'. São figuras de destaque nesse processo Al-Farabi, Avicena e Averróis, tão influente por seus comentários a Aristóteles que era conhecido como 'o Comentador'. O filme *O destino* (*Al Massir*), dirigido por Youssef Chahine e lançado em 1997, está ambientado na cidade de Córdoba no século XII e conta parte da vida de Averróis. Por tudo isso, o século XIII é caracterizado pelo ecletismo, com múltiplas correntes estabelecidas. São figuras de destaque: Guilherme de Auvergne; Roberto Grosseteste (1168–1253); Alberto Magno (cerca de 1200–1280), importante comentador de Aristóteles; Roger Bacon (1214–1294); São Boaventura (1221–1274) e Siger de Brabante (cerca de 1235–1281), entre outros.

## 4.4 Tomás de Aquino, o santo filósofo

Quando se firma a escolástica, com São Tomás de Aquino (1225–1274), o mais importante filósofo-teólogo medieval, o cenário da Idade Média está modificado. Já se leem diversas traduções dos gregos, particularmente de Aristóteles; a liberdade de espírito e de pensamento surgiu nas universidades, no século XIII, representando o deslocamento dos centros de estudo das abadias para as catedrais e as cidades; começam a surgir as primeiras monarquias nacionais; ressurgem e desenvolvem-se as cidades; alguns movimentos realizam reformas no catolicismo, como a cluniacense e a cisterciense (Quadro 4.3); as ordens de frades — principalmente a dos franciscanos e a dos dominicanos — pregam a simplicidade e acabaram por influenciar o próprio ambiente universitário. Tudo isso colocou em xeque a doutrina cristã, não apenas na forma de sua interpretação (para a qual a gramática e a dia-

> **QUADRO 4.3** — Principais reformas católicas antes do século XIII
>
> **Cluniacense:** reforma promovida por São Juan de Perez Lloma no século X e proveniente da cidade francesa Cluny (daí o nome). Foi criada como resposta ao relaxamento da regra beneditina (baseada, em geral, nos preceitos de paz, reza e trabalho) e ficou famosa pela influência moralizante que exerceu sobre os próprios membros da ordem monástica. Após adquirir muito poder e influência em praticamente toda a Europa, entrou em decadência em meados do século XII.
>
> **Cisterciense:** reforma promovida no final do século XI por Roberto de Champagne e outros monges que deixaram a congregação de Cluny e, na região da Borgonha, na Abadia de Cister, fundaram uma nova ordem, visando ao retorno à antiga regra beneditina como reação ao relaxamento da Ordem de Cluny. Impondo sua organização e autoridade por todo o Ocidente a partir do século XII, a ordem estende sua influência para os planos social, intelectual, econômico e artístico até a Revolução Francesa.

lética serviam), mas inclusive em seu conteúdo. E nesse cenário, a obra de Aristóteles mostrou-se mais adequada que a de Platão.

Em sua magistral obra, a *Suma teológica*,[1] Tomás de Aquino busca unificar filosofia e teologia, o pensamento de Aristóteles e as Escrituras, valorizando o mundo sensível como fonte de conhecimento. Assim, ele propõe as conhecidas cinco vias para provar a existência de Deus (analisadas no Capítulo 7, sobre metafísica). É um dos principais representantes da escolástica, cujo nome se deve aos ensinamentos que são oferecidos nas escolas medievais, utilizando técnicas didáticas. Denomina-se neotomismo a retomada da filosofia de Tomás de Aquino na modernidade.

Para ter uma ideia da estrutura da *Suma*, veja no quadro *Eureka!*, "*Suma teológica*", um trecho do texto de Tomás de Aquino traduzido por Alexandre Correia.

## 4.5 A querela dos universais

A querela dos universais, talvez uma das questões mais relevantes na Idade Média, pode ser tomada como referência para boa parte da discussão filosófica moderna e contemporânea. Seu início remonta a Porfírio (234–305), neoplatônico que, numa introdução às *Categorias* de Aristóteles, faz as seguintes perguntas: (a) são os gêneros e as espécies realidades subsistentes em si mesmas ou simples concepções do espírito?; (b) admitindo que sejam realidades substanciais, são eles corporais ou incorporais?; (c) sendo incorporais, são eles separados das coisas sensíveis ou subsistem apenas nas coisas sensíveis e implicados nelas? Posteriormente, Pedro Abelardo acrescentou uma quarta questão: (d) é necessário que os gêneros e as espécies tenham alguma coisa que se lhes sujeite pela denominação ou, se essas coisas denominadas fossem destruídas, poderia, ainda, o universal consistir apenas na significação da intelecção? Por exemplo, a palavra 'rosa', quando não existisse mais nenhuma rosa à qual esse termo pudesse ser aplicado (apud NASCIMENTO, 1983). Ou seja, os *universais* — os conceitos que nos permitem utilizar, por exemplo, a palavra 'homem' para nos referirmos a todos os homens, e não apenas a um homem individual — teriam uma existência objetiva, para além da mente do sujeito que se utiliza da linguagem?

> *A corrente realista afirmava que os universais têm algum tipo de existência na realidade, além do próprio pensamento. Já os nominalistas afirmavam que os universais são apenas características da linguagem, do pensamento, e não possuem existência na própria realidade.*

A corrente realista respondia a essa questão afirmando que os universais têm algum tipo de existência na realidade, além do próprio pensamento. Já os nominalistas afirmavam que os universais são apenas características da linguagem, do pensamento, e não possuem existência na própria realidade. Para os nominalistas, só os indivíduos existem. Os conceitos teriam apenas existência mental, subjetiva, e não objetiva.

Essa discussão arrasta-se, desde então, por toda a reflexão ocidental. Ela será retomada no Capítulo 10, sobre filosofia da linguagem.

---

1 É possível ler a obra on-line, em inglês, no site: <http://www.ccel.org/ccel/aquinas/summa.html>.

### EUREKA! Início de *Suma teológica*, de Tomás de Aquino

**QUESTÃO I — DO QUE É E DO QUE ABRANGE A DOUTRINA SAGRADA**

Para que fique bem delimitado o nosso intento, cumpre investigar, primeiro, qual seja a doutrina sagrada, em si mesma, e a que objetos se estende. Sobre este assunto discutem-se dez artigos:

1. Da necessidade de tal doutrina;
2. Se é ciência;
3. Se é só uma ciência ou várias;
4. Se é especulativa ou prática;
5. Sua comparação com outras ciências;
6. Se é sabedoria;
7. Qual o seu objeto;
8. Se é argumentativa;
9. Se deve usar de metáforas ou locuções simbólicas;
10. Se a Escritura Sagrada, que dessa doutrina faz parte, deve ser exposta em mais de um sentido.

\*\*\*

**ART. 1 — SE, ALÉM DAS CIÊNCIAS FILOSÓFICAS, É NECESSÁRIA OUTRA DOUTRINA.**

(IIa IIae., q. 2, a. 3, 4; I Sent., prol., a. 1; I Cont. Gent., cap. IV, V; De Verit., q. 14, a. 10).

O primeiro discute-se assim — Parece desnecessária outra doutrina além das disciplinas filosóficas.

1. — Pois não se deve esforçar o homem por alcançar objetos que ultrapassem a razão, segundo a Escritura (Ecle. 3, 22): não procures saber coisas mais dificultosas do que as que cabem na tua capacidade. Ora, o que é da alçada racional ensina-se, com suficiência, nas disciplinas filosóficas; logo, parece escusada outra doutrina além das disciplinas filosóficas.

2. — Ademais, não há doutrina senão do ser, pois nada se sabe, senão o verdadeiro, que no ser se converte. Ora, de todas as partes do ser trata a filosofia, inclusive de Deus; por onde, um ramo filosófico se chama teologia ou ciência divina, como está no Filósofo. Logo, não é preciso que haja outra doutrina além das filosóficas.

Mas, em contrário, a Escritura (II Tm. 3, 16): toda a Escritura divinamente inspirada é útil para ensinar, para repreender, para corrigir, para instruir na justiça. Porém, a Escritura, divinamente revelada, não pertence às disciplinas filosóficas, adquiridas pela razão humana; por onde, é útil haver outra ciência, divinamente revelada, além das filosóficas.

SOLUÇÃO. — Para a salvação do homem, é necessária uma doutrina conforme à revelação divina, além das filosóficas, pesquisadas pela razão humana. Porque, primeiro, o homem é por Deus ordenado a um fim que lhe excede a compreensão racional, segundo a Escritura (Is 64, 4): o olho não viu, exceto tu, ó Deus, o que tens preparado para os que te esperam. Ora, o fim deve ser previamente conhecido pelos homens, que para ele têm de ordenar as intenções e atos. De sorte que, para a salvação do homem, foi preciso, por divina revelação, tornarem-se-lhe conhecidas certas verdades superiores à razão.

Mas também naquilo que de Deus pode ser investigado pela razão humana, foi necessário ser o homem instruído pela revelação divina. Porque a verdade sobre Deus, exarada pela razão, chegaria aos homens por meio de poucos, depois de longo tempo e de mistura com muitos erros; se bem do conhecer essa verdade depende toda a salvação humana, que em Deus consiste. Logo, para que mais conveniente e segura adviesse aos homens a salvação, cumpria fossem, por divina revelação, ensinados nas coisas divinas. Donde foi necessária uma doutrina sagrada e revelada, além das filosóficas, racionalmente adquiridas.

DONDE A RESPOSTA À PRIMEIRA OBJEÇÃO. — Embora se não possa inquirir pela razão o que sobrepuja a ciência humana, pode-se entretanto recebê-lo por fé divinamente revelada. Por isso, no lugar citado (Ecle. 3, 25), se acrescenta: muitas coisas te têm sido patenteadas que excedem o entendimento dos homens. E nisto consiste a sagrada doutrina.

RESPOSTA À SEGUNDA. — O meio de conhecer diverso induz a diversidade das ciências. Assim, o astrônomo e o físico demonstram a mesma conclusão, p. ex., que a terra é redonda; se bem o astrônomo, por meio matemático, abstrato da matéria; e o físico, considerando a mesma. Portanto, nada impede que os mesmos assuntos, tratados nas disciplinas filosóficas, enquanto cognoscíveis pela razão natural, também sejam objeto de outra ciência, enquanto conhecidos pela revelação divina. Donde a teologia, atinente à sagrada doutrina, difere genericamente daquela teologia que faz parte da filosofia.

(...)

Texto completo disponível em: <http://sumateologica.permanencia.org.br/suma.htm>

---

Contemporaneamente, Hauser oferece uma explicação social, mais ampla e radical, para a discussão sobre os universais. A transformação da filosofia medieval, do realismo para o nominalismo, e a querela dos universais não se resumiriam a uma questão filosófica, mas se explicariam em função de um importante pano de fundo social. O realismo era adequado a uma ordem social não democrática, a uma hierarquia na qual só contavam os grandes, as organizações absolutistas que transcendiam o individual e confinavam a vida dentro do âmbito da Igreja e do feudalismo, sem permitir qualquer liberdade de movimento, enquanto o nominalismo refletia a dissolução dessas formas sociais autoritárias. O realismo exprimia um conservadorismo estático, enquanto o nominalismo, um aspecto progressivo, dinâmico e liberal. O nominalismo corresponde a uma ordem social em que inclusive os elementos das camadas mais baixas têm possibilidade de acesso (HAUSER, 2000, p. 319-320).

## 4.6 Fim da Idade Média

Em 7 de março de 1277, o bispo de Paris, Estêvão Tempier, condenou 219 teses sobre os mais diversos assuntos que seriam contrárias à fé católica, o que se constitui num marco simbólico na Idade Média. Professores da Faculdade de Artes, influenciados pela filosofia de Aristóteles, e o próprio São Tomás de Aquino estão entre os atingidos. Os temas abordados pelas teses dividem-se em dois grupos: questões filosóficas (natureza da filosofia, conhecimento e natureza de Deus, ciência divina, vontade e poder de Deus, produção do mundo, natureza e ofício das inteligências, céu e geração das coisas inferiores, eternidade do mundo, necessidade e contingência das coisas, princípios das coisas materiais, homem e intelecto agente, operação do intelecto humano, vontade humana e ética) e questões teológicas (lei cristã, dogmas da Igreja, virtudes cristãs, morte e vida após a morte). Como curiosidade, uma das teses proibidas tinha o título "Não se deve rezar".

Duns Scott (1266–1308) e o nominalista Guilherme de Ockham (cerca de 1290–1349) são figuras de destaque a partir de então, exercitando a separação entre filosofia e teologia e lançando as bases para o progresso científico da Idade Moderna. Ockham propõe um nominalismo que considera não apenas as palavras que utilizamos para nos referirmos a objetos da realidade, mas também conceitos aos quais essas palavras correspondem, que por sua vez procuram representar a realidade. Seu princípio lógico conhecido como a navalha de Ockham, ou lei da parcimônia, defende que as entidades não devem ser multiplicadas além da necessidade, ou seja, se em tudo o mais forem idênticas às várias explicações de um fenômeno, a mais simples é a melhor. O princípio recomenda, assim, que se escolha uma teoria que implique o menor número de entidades e premissas. Afinal, a própria natureza é econômica, escolhendo a via mais simples. Ainda hoje, a navalha de Ockham é utilizada em ciência como princípio de economia e simplicidade para a escolha das teorias científicas, implicando a eliminação de conceitos supérfluos.[2]

Lógica, teoria do conhecimento e filosofia da linguagem tornaram-se domínios primordiais na reflexão filosófica a partir de então. Isso possibilitou o surgimento de estudos que resultaram na mecânica e na dinâmica, apresentando relações com a obra de Galileu. Isso ocorre paralelamente à decadência da teologia e à peste negra, o que aos poucos foi desestruturando o universo medieval e construindo os fundamentos para o Renascimento.

Embora não se constitua propriamente como obra filosófica, devemos

Gravura de Gustave Doré para a obra poética de Dante Alighieri, *A divina Comédia* — uma das mais completas representações das tensões da vida medieval.

---

2  Em português, é possível ler: GHISALBERTI, Alessandro. *Guilherme de Ockham*. Tradução de Luís A. de Boni. Porto Alegre: EDIPUCRS, 1997. Colégio Filosofia, n. 56.

destacar a importância da *Divina comédia*, de Dante Alighieri, como representação magnífica das tensões e contradições do espírito medieval.

É importante ainda lembrar que o romantismo resgatou, na modernidade, o interesse pela Idade Média, mas foi apenas no final do século XIX que se intensificaram os estudos sobre o período, incluindo a publicação de edições críticas.

## Resumo

O cristianismo e a teologia marcam a filosofia medieval, apesar da riqueza de suas atividades consideradas populares ou profanas. São propostas diversas divisões para a Idade Média, por se tratar de um período muito longo. As artes na Idade Média dividiam-se em trívio e quadrívio. Dois dos principais filósofos medievais são: Santo Agostinho, autor de *Cidade de Deus* e *Confissões*, e São Tomás de Aquino, autor de *Suma teológica*. A discussão entre os realistas, que defendem que os universais existem na realidade, e os nominalistas, que defendem que os universais são criações do pensamento e da linguagem, marcou a filosofia da Idade Média.

## Atividades

1 Visite o Mosteiro de São Bento, em São Paulo. Além da maravilhosa arquitetura, você poderá ouvir cantos gregorianos aos domingos pela manhã, o que o transportará para a Idade Média.

2 Assista ao filme *O nome da rosa* e discuta com seus colegas como ele retrata o período medieval.

3 Assista ao *Decameron* de Pasolini e perceba como ele é ainda forte, mesmo para os dias de hoje.

4 Pesquise sobre a civilização bizantina e perceba como ela difere em muitas características da Idade Média na Europa Ocidental.

5 Não deixe de assistir ao filme *Santo Agostinho* para conhecer um pouco da vida desse importante filósofo, assim como para observar algumas características da Idade Média.

6 Pesquise sobre a importância dos árabes na Europa, no final da Idade Média.

## Sugestões

A SIEPM (International Society for the Study of Medieval Philosophy), principal sociedade internacional de filosofia medieval, foi fundada em 1958 e possui hoje ao redor de 700 membros em 45 países diferentes. Ela organiza congressos internacionais e oferece o *Bulletin de Philosophie Médiévale* e a série *Rencontres de Philosophie Médiévale*. Pela internet é possível acessar o site dela em <http://www.siepm.uni-freiburg.de/>.

Segue uma breve bibliografia com textos essenciais em outras línguas e traduções ou textos originalmente produzidos em português:

- ARMSTRONG, A. H. (org.) *The Cambridge history of later greek and early medieval philosophy*. Cambridge: Cambridge University Press, 1967.
- BOEHNER, P.; GILSON, E. *História da filosofia cristã*: das origens a Nicolau de Cusa. Petrópolis: Vozes, 1970.
- BOSLEY, Richard N.; TWEEDALE, Martin M. (orgs.) *Basic issues in medieval philosophy*: selected readings presenting interactive discourse among the major figures.

2. ed. Peterborough: Broadview Press, 2006.
- DE BONI, Luis Alberto. *Filosofia medieval*: textos. Porto Alegre: Edipurs, 2000. Além de uma introdução, apresenta uma rápida bibliografia de diversos autores, seguida de passagens de seus textos traduzidas.
- GARDELI, H. D. *Iniciação à filosofia de S. Tomás de Aquino*. São Paulo: Duas Cidades, 1967. 4 v.
- GILSON, Étienne. *La philosophie au Moyen Age*: des origines patrietiques a la fin du XIVe siècle. Paris: Payot, 1947. (A tradução brasileira não manteve as importantíssimas notas ao texto.)
- INÁCIO, I. C.; DE LUCA, T. R. *O pensamento medieval*. São Paulo: Ática, 1988.
- JEAUNEAU, E. *A filosofia medieval*. Lisboa: Edições 70, 1980.
- KRETZMAN, N.; KENNY, A.; PINBORG, J. (orgs.) *The Cambridge history of later medieval philosophy*: from the rediscovery of aristotle to the disintegration of scholasticism. Cambridge: Cambridge University Press, 1988.
- LIBERA, A. de. *A filosofia medieval*. Tradução D. D. Machado e N. Campanário. São Paulo: Loyola, 1998. (Há outra obra com o mesmo título em português, do mesmo autor.)
- NASCIMENTO, Carlos Arthur Ribeiro do. *O que é filosofia medieval*. São Paulo: Brasiliense, 1992.
- VIGNAUX, Paul. *A filosofia na Idade Média*. Tradução Maria Jorge Vilar de Figueiredo. Lisboa: Presença, 1993.
- WEISHEIPL, James A. *Friar Thomas d'Aquino*: his life, thought, and works. Oxford: Basil Blackwell, 1976.

Há várias obras de Santo Agostinho e São Tomás de Aquino traduzidas para o português, em alguns casos apenas com extratos.

A comunidade no Orkut "Filosofia Medieval", disponível em <http://www.orkut.com.br/Main#Community?cmm=2002969>, é bem organizada e moderada.

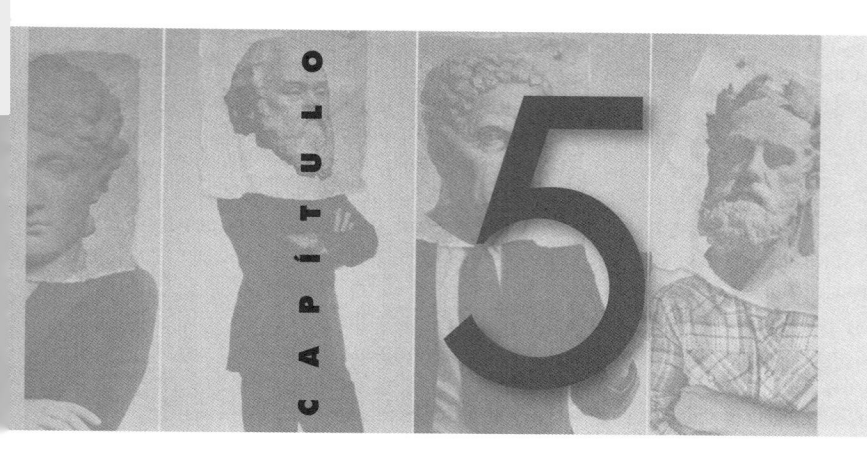

# CAPÍTULO 5

# Filosofia moderna

## APRESENTAÇÃO

Neste capítulo, serão apresentados os principais filósofos modernos, como Descartes, Pascal, Hobbes, Spinoza e Leibniz, assim como os movimentos que marcam a filosofia moderna, como empirismo, iluminismo e idealismo. Em muitos casos, os autores são apenas apresentados neste capítulo, já que suas ideias serão discutidas em outras partes do livro.

## TÓPICOS PRINCIPAIS

5.1 Filosofia da Renascença (século XIV–XVI)
5.2 Filosofia moderna
5.3 Empirismo
5.4 Iluminismo
5.5 Idealismo

### OBJETIVOS DE APRENDIZAGEM

Durante a leitura deste capítulo, será possível:

- conhecer as principais correntes filosóficas no final da Idade Média;
- explorar aspectos fundamentais da passagem da Idade Média para a Moderna;
- conhecer os principais nomes e correntes da filosofia moderna;
- verificar como essas correntes ainda hoje influenciam nossa cultura.

## 5.1 Filosofia da Renascença (século XIV–XVI)

O conceito de Renascimento, assim como o de Idade Média, vem sendo cada vez mais discutido e criticado. O nominalismo medieval, por exemplo, tem sido destacado como essencial para o espírito naturalista e científico do Renascimento. Vários fatos, em geral tidos como determinantes do espírito renascentista, anunciam-se na segunda parte da Idade Média, como: as civilizações sarracena e bizantina (cujos monges e sábios trazem seus manuscritos helênicos para o Ocidente após a tomada de Constantinopla pelos turcos, renovando assim o interesse pelos estudos clássicos nos mosteiros e nas catedrais), o desenvolvimento do comércio, o crescimento das cidades, as universidades e suas bibliotecas e o surgimento da impressão tipográfica.

O livro fácil e abundantemente reproduzido significava a possibilidade do livre exame, do espírito científico e objetivo, da discussão de todos os problemas, da vida individual agora possível para cada um. A utilização do papel como substituto do pergaminho pode ser destacada como uma das mais importantes inovações do Renascimento. A introdução e a vulgarização do papel na Europa determinaram os destinos da nossa civilização, pois ele atendia às necessidades de um material barato, praticamente inesgotável, capaz de substituir com infinitas vantagens o pergaminho. A democratização da cultura e o humanismo renascentista podem ser associados ao resultado dessa substituição.

Podemos afirmar que, com o Renascimento, o homem volta a ocupar o lugar central do pensamento, por isso é possível falar em humanismo renascentista. O homem prático, como o artista e o artesão, por exemplo, predomina sobre os homens meditativos. Os filósofos são menos importantes nesse período e, considerando a filosofia, talvez não seja possível afirmar, como em muitos outros campos, que houve progresso em relação à Idade Média.

Podem-se, apesar disso, distinguir algumas correntes filosóficas do período. São elas: neoplatonismo (principalmente com Marcílio Ficino), averroísmo (os averroístas liam Aristóteles como um filósofo naturalista), os sábios ou cientistas —, cujo modelo é o grego Arquimedes (287-212 a. C.), considerado o maior matemático da Antiguidade —, os moralistas e os políticos (cujo expoente é Maquiavel, que estudaremos mais à frente). Nicolau de Cusa (1401-1464) é outro nome importante da filosofia do Renascimento.

Dirigido por Giuliano Montaldo, o filme *Giordano Bruno* é baseado em parte da vida do filósofo, astrônomo e matemático italiano Giordano Bruno.

Giordano Bruno (1548-1600) é uma figura de destaque do neoplatonismo italiano, não apenas por sua filosofia, mas principalmente por sua história de vida, de constante confrontação com a Igreja. Bruno criticava tanto os reformadores quanto o catolicismo e o judaísmo. Assim, como precursor da ciência moderna, defendia a tese do heliocentrismo do astrônomo polonês Nicolau Copérnico, a ideia de mundos infinitos e da eternidade do universo, além de reviver o atomismo (corrente filosófica pré-socrática que propunha que toda matéria era formada por inúmeras e minúsculas partículas sólidas que seriam indivisíveis — os átomos). Passa oito anos preso, até ser condenado a morrer na fogueira.

O filme *Giordano Bruno* (1973), do diretor Giuliano Montaldo, com Gian Maria Volonté no papel do filósofo, mostra belissimamente não apenas os percalços de sua vida de perseguições e fugas constantes, mas toda uma estrutura religiosa em pleno desmoronamento e a tentativa de controlar e reprimir quaisquer ideias que viessem a questionar as regras e doutrinas da Igreja. É a filmagem da tentativa desesperada de resistência do que ainda resta da Idade Média, ante o espírito individualista e livre que começa a se formar com o Renascimento e que caracterizará a Idade Moderna.

Nenhuma das correntes filosóficas mencionadas anteriormente, entretanto, pode ser comparada à importância do progresso na anatomia e na medicina após a Idade Média; ao espírito geral panteísta do Renascimento; ao novo método científico e empírico de livre exame que se impõe a partir desse momento; à substituição da visão geocêntrica pela visão heliocêntrica (aperfeiçoada por Kepler); às obras de Isaac Newton; à Reforma protestante associada a interesses comerciais, com Lutero na Alemanha, Calvino na Suíça, Henrique VIII na Inglaterra e John Knox na Escócia — contribuindo para um clima de maior tolerância religiosa e maior individualismo; à Contrarreforma católica e ao Concílio de Trento; à importância dos jesuítas como propagadores da fé fora da Europa; às barbaridades da Inquisição e à resistência ao progresso da ciência e à própria razão; à Revolução Comercial, ao mercantilismo e aos descobrimentos marítimos; ao espírito nacionalista do Renascimento, precursor do absolutismo; ao surgimento das línguas nacionais em substituição ao latim; ao humanismo de Erasmo de Roterdã; à incrível personalidade de Leonardo da Vinci; às descobertas de Galileu Galilei; ao pensamento experimental e científico de Francis Bacon; ao desenvolvimento das artes (principalmente na pintura, escultura e música); aos franceses Rabelais e Montaigne; ao *Dom Quixote* de Cervantes; à *Utopia* de Thomas More; à extensa e maravilhosa obra de Shakespeare etc.

*D. Quixote*, de Cervantes (1), Martinho Lutero (2), Galileu Galilei (3), William Shakespeare (4), a obra de Leonardo da Vinci (5) e os estudos de Isaac Newton (6) — a Renascença é um período marcado pela profunda erupção cultural.

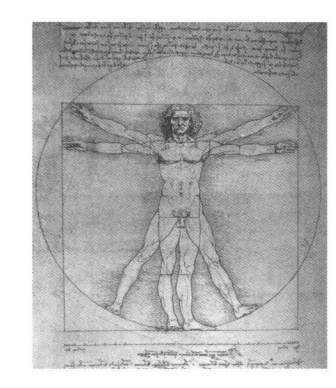

*O individualismo, que marcará toda nossa Idade Moderna e Contemporânea, já aparece nas mais diversas manifestações do Renascimento de forma decisiva.*

O Renascimento é um movimento essencial na história da razão ocidental, mas a filosofia, em seu sentido mais estrito, parece como que banida de seu desenrolar. E o individualismo, que começará a se delinear no discurso filosófico a partir de Descartes e que marcará toda nossa Idade Moderna e Contemporânea, já aparece nas mais diversas manifestações do Renascimento de forma decisiva.

## 5.2 Filosofia moderna

As discussões filosóficas a partir do que costumamos chamar de Idade Moderna (século XVI) encontram-se em geral bem mais próximas das necessidades e experiências do homem contemporâneo, em comparação com a filosofia antiga e medieval. Além de que, em grande parte temos conservadas todas as obras produzidas pelos filósofos.

Podemos dizer que a pergunta dos antigos "o que é o real?" é substituída na filosofia moderna pela pergunta: "como é possível o conhecimento do real?"

Segue apenas um breve panorama, destacando alguns filósofos e movimentos que serão, em sua maioria, estudados com mais detalhes em outros capítulos.

### 5.2.1 Descartes

O matemático e filósofo René Descartes (1596-1650), pai da geometria analítica, pode ser visto como o marco da filosofia moderna. Caberá a Descartes checar a fundação do conhecimento herdado da Idade Média e buscar para ele uma nova justificação, defendendo a razão como princípio do conhecimento. É dele a célebre frase "penso, logo existo". O filósofo francês utilizará a matemática e a geometria como modelos de raciocínio para edificar seu sistema.

Depois de estudar no colégio jesuíta La Flèche e direito na Universidade de Poitiers, aos 22 anos ele inicia uma série de viagens à Europa. Em 10 de novembro de 1619, na Alemanha, tem um sonho que indica que sua missão seria fundar um novo sistema científico e filosófico. Uma de suas obras mais importantes é *Discurso sobre o método* (1637), enquanto as *meditações* (1641) apresentam suas respostas às críticas feitas à obra anterior.

> O esquema baseado nos eixos *x* e *y* que aprendemos no ensino médio é chamado sistema de coordenadas no plano cartesiano ou espaço cartesiano por causa do seu criador, Descartes, o pai da geometria analítica.

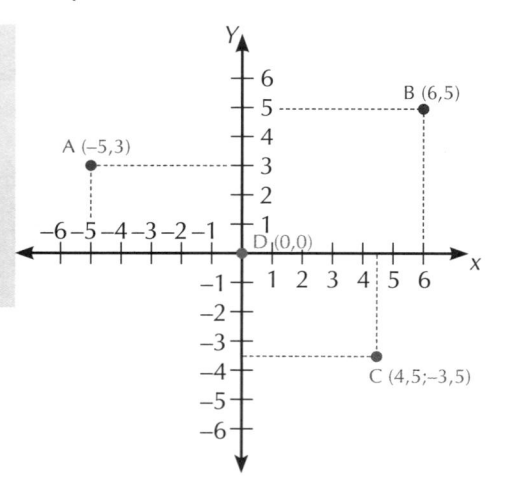

Sua ênfase na razão e no mundo sensível como fontes de conhecimento determinará o futuro da reflexão filosófica, tanto que sua teoria do conhecimento será estudada à parte.

São também importantes para Descartes a metafísica, as ciências físicas e a ética. O filósofo constrói uma metáfora do conhecimento, comparado a uma árvore da qual as raízes seriam a metafísica, o tronco a física e os galhos as diversas ciências, sendo as três principais: medicina, mecânica e moral.

O método cartesiano estabelece-se na recusa de qualquer fundamento, princípio ou verdade recebida da tradição e da experiência. O sujeito, segundo Descartes, deve fundar as bases e as condições para a construção do conhecimento. Assim, o 'edifício' das opiniões recebidas deve ser demolido para uma nova construção. Um dos princípios lógicos que Descartes adota em seu exercício é o de não admitir como verdade qualquer coisa que pudesse ser colocada em dúvida. Descartes (1973, p. 39) estende a dúvida à própria existência dos objetos e até mesmo de seu corpo, até que atinge uma certeza inquestionável:

> *De há muito observamos que, quanto aos costumes, é necessário às vezes seguir opiniões, que sabemos serem muito incertas, tal como se fossem indubitáveis [...]; mas, por desejar então ocupar-me somente com a pesquisa da verdade, pensei que era necessário agir exatamente ao contrário, e rejeitar como absolutamente falso tudo aquilo em que pudesse imaginar a menor dúvida, a fim de ver se, após isso, não restaria algo em meu crédito, que fosse inteiramente indubitável. Assim, porque nossos sentidos nos enganaram às vezes, quis supor que não havia coisa alguma que fosse tal como eles nos fazem imaginar. E, porque há homens que se equivocam no tocante às mais simples matérias de Geometria, e cometem aí paralogismos, rejeitei como falsas, julgando que estava sujeito a falhar como qualquer outro, todas as razões que eu tomara até então por demonstrações. E enfim, considerando que todos os mesmos pensamentos que temos quando despertos nos podem também ocorrer quando dormimos, sem que haja nenhum, nesse caso, que seja verdadeiro, resolvi fazer de conta que todas as coisas que até então haviam entrado no meu espírito não eram mais verdadeiras que as ilusões de meus sonhos. Mas, logo em seguida, adverti que, enquanto eu queria assim pensar*

*que tudo era falso, cumpria necessariamente que eu, que pensava, fosse alguma coisa. E, notando que esta verdade: eu penso, logo existo, era tão firme e tão certa que todas as mais extravagantes suposições dos céticos não seriam capazes de a abalar, julguei que podia aceitá-la, sem escrúpulo, como o primeiro princípio da Filosofia que procurava.*

Uma das heranças do pensamento de Descartes para a história da filosofia é o dualismo mente/corpo. A *res cogitans* ou substância pensante seria independente da *res extensa* ou matéria. Esse dualismo será retomado e criticado por vários pensadores e movimentos depois de Descartes, o que avaliaremos nos capítulos seguintes.

Dirigido por Roberto Rossellini, o filme *Descartes* (1974) é dividido em dois episódios e apresenta a biografia do filósofo, começando com sua educação no Colégio La Fléche.

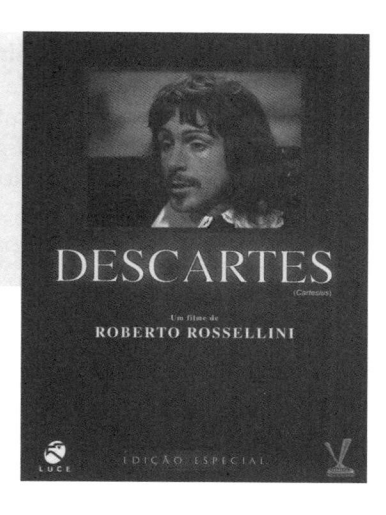

Descartes é também classificado como racionalista, juntamente com Spinoza e Leibniz, apresentados a seguir. O racionalismo é um movimento que destaca a importância da razão no ser humano.

O filme *Descartes* (1974) apresenta o contexto da elaboração e publicação das principais obras do filósofo. Os pontos altos do longa são aqueles em que o protagonista faz a leitura de passagens do *Discurso do método* e durante debates com figuras de destaque da época. Em uma de suas reflexões, chega à famosa frase "Penso, logo existo". O filme traz também sua atribulada vida privada, com viagens, estudos de geometria e diversas experiências. O DVD inclui o depoimento do professor Homero Santiago, relacionando cenas do filme à vida do filósofo.

### 5.2.2 Pascal

Blaise Pascal (1623-1662) foi outro importante filósofo moderno, que se dedicou também à teologia. Pascal desenvolveu ainda trabalhos inovadores em geometria, matemática e física, contribuindo para a criação de campos de estudo como geometria projetiva e teoria das probabilidades.

O Princípio de Pascal (ou Lei de Pascal) é representado pela fórmula:

$$\Delta P = \rho g(\Delta h)$$

onde:

$\Delta P$ = pressão hidrostática ou diferença de pressão entre dois pontos da coluna de fluido, devido ao peso do fluido;

$\rho$ = densidade do fluido;

$g$ = aceleração da gravidade da Terra ao nível do mar;

$\Delta h$ = altura do fluido ou diferença entre dois pontos da coluna de fluido.

Ele construiu também a primeira máquina de calcular mecânica, denominada Pascaline. A linguagem de programação Pascal, criada em 1970, faz uma homenagem em seu nome ao filósofo francês.

Ao se converter ao jansenismo, uma corrente religiosa católica inspirada no bispo Cornélio Jansen, Pascal se recolhe à Abadia de Port Royal, onde desenvolverá uma de suas principais obras, *Pensées*, uma apologia ao cristianismo.

Nessa obra, Pascal desenvolve seu conhecido argumento da aposta na existência de Deus. Se não podemos decidir racionalmente sobre a existência ou não de Deus, devemos apostar na sua existência. Afinal, se quem aposta na existência de

Deus estiver certo, ganhará a salvação e a vida eterna; já se estiver errado, não perderá nada com a aposta. De outro lado, se quem aposta na não existência de Deus estiver certo, não ganhará nada com a aposta; mas se estiver errado, será castigado após a morte.

O filme *Blaise Pascal* (1972) é dirigido por Roberto Rossellini e faz parte da série do diretor italiano sobre filósofos. *Blaise Pascal* mostra os conflitos entre ciência, filosofia e religião na vida do filósofo desde os seus 17 anos. O filme, além de trazer longos debates sobre a existência do vácuo, experiências com pressão atmosférica e fluidos, explora também a relação de Pascal com sua família. Uma das cenas marcantes mostra o encontro entre Pascal e Descartes. O DVD inclui um depoimento do professor Franklin Leopoldo e Silva (USP) relacionando o filme, a vida e as obras de Pascal.

Dirigido por Roberto Rossellini, o filme *Blaise Pascal* (1972) mostra os conflitos entre ciência, filosofia e religião na vida de Pascal.

### 5.2.3  Hobbes

O filósofo inglês Thomas Hobbes (1588-1679) também merece destaque, principalmente por suas obras *Leviatã* (1651) e *Do cidadão* (1651). Suas ideias serão estudadas separadamente no Capítulo 12.

### 5.2.4  Spinoza

O filósofo holandês Baruch Spinoza (1632-1677) é outro nome de destaque na história da filosofia moderna. A ética e a metafísica são os traços mais importantes de sua obra. *Ética*, publicada depois de sua morte, é um trabalho bastante influente na filosofia ocidental. Ela é apresentada como um sistema dedutivo, à maneira de Euclides, geômetra da Grécia Antiga que viveu no século III a.C.

Spinoza defende uma metafísica monista, baseada na noção de substância e tendo Deus como princípio, identificado com a Natureza (confira o conceito de substância em Spinoza no Companion Website). Por isso, seu sistema é denominado panteísta ou naturalista. Vários autores inclusive interpretam sua filosofia como mística. Por isso, ele exerceu influência não só na história da filosofia, mas também da literatura.

Em português, temos uma obra monumental dedicada à interpretação das ideias de Spinoza: *A nervura do real*, de Marilena Chauí. São 941 páginas, e somente o volume separado com notas, bibliografia e índice possui 291 páginas.

Por meio da Internet é possível acessar também os artigos da *Revista Conatus: Filosofia de Spinoza*, vinculada ao Centro de Humanidades da Universidade Estadual do Ceará, com periodicidade semestral, publicada desde 2007. A publicação está disponível em: <http://www.benedictusdespinoza.pro.br/539.html>

### 5.2.5  Leibniz

Gottfried Wilhelm Leibniz (1646-1716), filósofo e matemático alemão, é outro nome que deve também ser lembrado nesse período. Para ele, a mônada é a substância simples que compõe tanto o mundo do espírito quanto o material. O processo cognitivo, segundo Leibniz, dá-se por meio da memória, da razão e dos sentidos. Leibniz será essencial no desenvolvimento do cálculo e da lógica, principalmente da lógica simbólica.

Durante sua vida, pouco de seu trabalho foi publicado. Além da filosofia, Leibniz deixou contribuições importantes nos campos da geologia, linguística, historiografia e física.

Christian von Wolff (1679-1754), filósofo alemão, foi profundamente influenciado pela obra de Leibniz, desenvolvendo algumas de suas ideias.

### 5.2.6 Outros nomes

Vários outros nomes poderiam ser apontados na história da filosofia moderna, que em geral também se destacaram em outros ramos do conhecimento, como Galileu Galilei (1564-1642), Pierre Gassendi (1592-1655), Nicolas Malebranche (1638-1715) e Isaac Newton (1643-1727).

## 5.3 Empirismo

O empirismo afirma, de uma forma geral, que a única fonte de nossas ideias é a experiência sensível. Em geral, para os empiristas tudo o que está no intelecto passou antes pelos nossos sentidos, que são então valorizados. Assim, os empiristas ingleses destacam a importância da sensação e da experiência, discutindo temas como o uso de hipóteses, a estrutura do raciocínio indutivo e probabilidade.

> *O empirismo afirma que a única fonte de nossas ideias é a experiência sensível.*

O empirismo se coloca, portanto, contra o racionalismo de Descartes, Leibniz e Spinoza, chamando a atenção para o mundo empírico. Não interessa para os empiristas, como interessava para os racionalistas, o aspecto analítico e racional das proposições, mas sua relação com a realidade. A experiência (*empeiria*, em grego) deve ser o guia e o critério de validade para nossas afirmações.

Para esclarecer o conceito de empirismo, imaginemos uma cena simples, na qual temos uma mãe dizendo a seu filho que não se aproxime do fogão para que não se queime. A criança de nosso exemplo não segue a orientação e só acredita que o fogão é de fato quente quando 'testa' o que fora dito por sua mãe, colocando a mão na chama do fogão acesa. Assim, ela usa um dos sentidos — o tato — para adquirir, por meio da experiência, um conhecimento.

O método empírico e experimental caracterizará as ciências modernas e contemporâneas. Por meio da observação e da indução, formam-se hipóteses que devem ser então verificadas e testadas por experiências. Se o empirismo não determinou o desenvolvimento das ciências naturais ou empíricas, ajudou sem dúvida a construir uma atmosfera intelectual que se coaduna perfeitamente com os métodos dessas ciências.

O empirismo desenvolveu-se principalmente na Inglaterra, que alcançava um intenso crescimento econômico no final do século XVI, o qual dará origem à Revolução Industrial. Em 1660, por exemplo, foi fundada a Royal Society of London for the Improvement of Natural Knowledge, interessada na aplicação prática do conhecimento, com a qual muitos empiristas tiveram ligações estreitas.

Francis Bacon (1561-1626) pode ser considerado o introdutor do método experimental indutivo moderno. Entre suas obras principais, podem ser mencionadas: *Novum organum* (1620) e *De augmentis* (1623), versão ampliada de *The advancement of learning* (1605).

Outros nomes importantes do empirismo são: John Locke (1632-1704), que desenvolve interessantes discussões sobre filosofia da linguagem; George Berkeley (1685-1753), também considerado idealista; e David Hume (1711-1776). Por sua importância como modelo, o empirismo desses três autores será estudado separadamente no Capítulo 9, sobre teoria do conhecimento.

John Stuart Mill (1806-1873) é considerado por alguns como um representante tardio do empirismo. Ele desenvolve a teoria do liberalismo em economia e do utilitarismo em ética, que abordaremos no capítulo sobre ética e filosofia política.

## 5.4 Iluminismo

No século XVIII, estabelece-se uma forte crença no poder da razão como instrumento para o ser humano e a sociedade alcançarem a liberdade e a felicidade, assim como na noção de progresso da civilização. Há uma tentativa de conciliação entre o empirismo e o racionalismo, além de uma preocupação intensa com o Estado e com o desenvolvimento da filosofia política e social.

Esse movimento político, social, cultural e filosófico é conhecido como Século das Luzes ou iluminismo. Ciências, psicologia, teoria do conhecimento, religião, história, direito, Estado e estética são alguns dos temas explorados pelos filósofos iluministas.[1] Em *A invenção da liberdade*, Jean Starobinski analisa a filosofia, a história, a literatura e as artes visuais do período, com a leitura de muitas pinturas do Século das Luzes, reproduzidas em cores na tradução brasileira.

Entre os principais representantes do iluminismo, podem ser mencionados: Jean-Jacques Rousseau (1712-1778), Voltaire (1694-1778), Montesquieu (1689-1755), Diderot (1713-1784) e D'Alembert (1717-1783). São também considerados iluministas David Hume (já mencionado como empirista) e Kant (mencionado a seguir como idealista). A filosofia política e ética de Jean-Jacques Rousseau, escritor e pensador suíço de língua francesa, será estudada separadamente no Capítulo 12, assim como sua obra *Emílio* (1762) será estudada no Capítulo 11.

Capa da *Enciclopédia* editada por Diderot, obra que pretendia ser a síntese do saber da época.

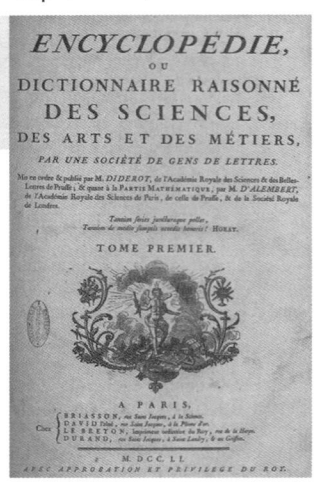

A *Enciclopédia*, talvez o projeto que melhor represente os ideais do iluminismo, foi publicada entre 1751 e 1772 e editada por Diderot, com verbetes de mais de 140 colaboradores, como o próprio Diderot, Voltaire, D'Alembert, Rousseau e Montesquieu. A *Encyclopédie*, ou *Dictionnaire raisonne des sciences, des arts et des métiers*, pretendia ser a síntese do saber da época e chegou a 28 volumes, mais de 70 mil artigos e quase 3 mil ilustrações, incluindo informações sobre filosofia, artes, ciências e tecnologia.

Existe uma versão digital da *Enciclopédia*, baseada na sua primeira edição, disponível on-line em inglês e francês, resultado de um lindo projeto colaborativo desenvolvido entre o governo francês e a Universidade de Chicago. Essas edições digitais estão disponíveis nos sites <http://encyclopedie.uchicago.edu/> (versão em inglês) e <http://encyclopedie.uchicago.edu/node/161> (versão em francês). Um sistema de busca possibilita que você pesquise o banco de dados por autor, palavras e outras entradas e assim leia os verbetes escritos pelos principais iluministas da época.

Os ideais do iluminismo tiveram influência na Declaração de Independência dos Estados Unidos (1776), na Revolução Francesa (1789) e na Declaração dos Direitos do Homem e do Cidadão (1789), entre vários outros movimentos.

---

1 Todos esses temas são analisados em: CASSIRER, E. *A filosofia do iluminismo*. Trad. Álvaro Cabral. Campinas: Editora da Unicamp, 1994.

Dirigido por Andrzej Wajda, o filme *Danton* foca basicamente o enfrentamento entre o jacobino Maximilien Robespierre, que está no poder, e o dissidente Georges Danton, que tem o apoio do povo.

A história do filme *Danton* (1982), em português *Danton: O processo da revolução*, começa em 1794 e mostra a Fase do Terror — que se instaurou na França após a revolução. O foco do longa é o enfrentamento entre o jacobino Maximilien Robespierre, que está no poder, e o dissidente Georges Danton, brilhantemente interpretado por Gérard Depardieu, que tem o apoio do povo. O filme traz cenas como a de um menino apanhando durante o banho para decorar a *Declaração dos Direitos do Homem e do Cidadão* e a invasão e destruição de um jornal dirigido por Camille Desmoulins, amigo de Danton. As cenas finais da guilhotina são fortes e Danton grita: "Robespierre, você me seguirá em três meses!", o que efetivamente ocorrerá, apesar de o filme não mostrar. Em julho de 1794, os jacobinos Robespierre e Saint-Just são presos, julgados e guilhotinados, o que marcará o retorno dos girondinos e da alta burguesia ao poder.

## EUREKA! A revolução em jogo

Um exemplo do uso de games em educação no Brasil, resultado de uma chamada pública do Finep em 2006, é o jogo Tríade — Liberdade, Igualdade e Fraternidade, desenvolvido pelo Grupo de Pesquisa Comunidades Virtuais da Uneb, sob a coordenação da professora Lynn Alves.[1]

Tríade possibilita a imersão no universo da Revolução Francesa do século XVIII, cobrindo os períodos de 1774 a 1793. Você se encontrará com filósofos iluministas como Rousseau e Voltaire!

O jogo apresenta a história fictícia de Jeanne de Valois, filha do conde revolucionário Henri de Valois. Seu pai é assassinado por causa de seus ideais políticos quando ela ainda era pequena e, quando seu irmão nasce, ela perde também a mãe, passando a morar por muitos anos em orfanatos. Jeanne cresce então com o desejo de recuperar seus títulos de nobreza e vingar a morte do pai.

Tríade é um game no estilo adventure com elementos de RPG, composto por uma narrativa que apresenta bifurcações. O jogador assumirá os papéis do conde Henri de Valois, às vezes de um revolucionário chamado Claude e principalmente de Jeanne de Valois, que terá de decidir entre o apoio aos jacobinos ou girondinos. O game intercala a exploração do ambiente e o cumprimento de missões com escolhas que determinarão o fluxo da história. Uma das características do game é que ele exige bastante leitura por parte do jogador. Além disso, os cenários, as roupas e os objetos procuram reproduzir o ambiente da época

A versão final do Tríade está disponível para download para Linux e Windows. No site há uma galeria de fotos e vídeos do jogo, que tem também um canal no YouTube.[2] É possível baixar ainda um manual com orientações pedagógicas, diagramado no mesmo formato dos livros que são utilizados no jogo, orientando o professor a como utilizar o jogo em sala de aula e como se posicionar para obter melhores resultados de aprendizagem. Há também um fórum para discutir o jogo, assim como os bugs encontrados.

Notas
1  Disponível em: <http://www.comunidadesvirtuais.pro.br/triade/index.htm>.
2  Disponível em: <http://www.youtube.com/triadeuneb>.

Sabemos que a Revolução Francesa e a Fase do Terror não se resumem ao confronto entre Robespierre e Danton. Outras forças estão envolvidas e completam o panorama desse período da história da Europa que refletiu no mundo inteiro. O jogo *Tríade — Liberdade, Igualdade e Fraternidade*, apresentado no quadro Eureka!, "A revolução em jogo", mostra outros aspectos da revolução.

## 5.5 Idealismo

O idealismo alemão, principalmente com o iluminista Immanuel Kant (1724-1804) e Georg Wilhelm Friedrich Hegel (1770-1831), este último classificado por alguns como contemporâneo, é um movimento essencial na história da teoria do conhecimento, ressaltando a importância do sujeito do conhecimento. A arquitetura da mente, mais do que a própria realidade, passa a ser tema central da filosofia com os idealistas. O idealismo será retomado no Capítulo 9 pela sua decisiva importância na discussão filosófica contemporânea, assim como no Capítulo 12. Outros nomes de destaque no idealismo são Johann Gottlieb Fichte (1762-1814) e Friedrich Wilhelm Schelling (1775-1854).

Kant pode ser considerado um marco na filosofia moderna, com sua tentativa de superar a dicotomia entre racionalismo e empirismo. Entre suas principais obras, podemos citar: *Fundamentação da metafísica dos costumes* (1785), *Crítica da razão pura* (1781), *Crítica da razão prática* (1788), *Crítica do juízo* (ou *Da faculdade de julgar*, 1790, que discute estética e teve grande influência sobre o romantismo alemão) e *Metafísica dos costumes* (1797, que aborda questões relacionadas à liberdade e à moralidade).

Enquanto a razão pura lida com a epistemologia e a razão prática com a moral, a razão possuiria ainda para Kant uma terceira faculdade, responsável pela produção de conceitos puros como: Deus, alma, mundo e liberdade. O filósofo desenvolveu também uma doutrina do direito, que será estudada no Capítulo 12, no qual falaremos sobre a ética.

O pensamento de Kant foi retomado no final do século XIX e início do século XX pelo movimento que ficou conhecido como neokantismo ou neocriticismo, principalmente como reação ao hegelianismo. Seu lema era *Zurück zu Kant!* ("Retorno a Kant!"). Formaram-se duas grandes escolas neokantianas, nas quais se destacaram Hermann Cohen e Paul Natorp (Escola de Marburgo), Windelband e Ricker (Escola de Baden) e Ernst Cassirer, autor de *Antropologia filosófica* e da importante *Filosofia das formas simbólicas* (1923), em que propõe uma interpretação do conhecimento e da cultura por processos históricos de simbolização. O neokantismo foi um movimento influente na história da filosofia contemporânea e se estendeu para além da Alemanha.

Podem ser destacadas duas organizações dedicadas ao estudo da obra de Kant, em língua portuguesa: Sociedade Kant Brasileira (disponível em: <http://www.sociedadekant.org/>) e Associação Kantiana Luso-Brasileira (disponível em: <http://www1.ci.uc.pt/kantiana/>).

Fichte desenvolve um pensamento específico, denominado idealismo transcendental ou *Wissenschaftslehre*, que exercerá profunda influência no romantismo. Ele se dedicou também à filosofia da religião, o que gerou a acusação de ateísmo. A edição crítica de suas obras está sendo publicada desde 1962, em um projeto que prevê 40 volumes.

Schelling desenvolve o idealismo absoluto, uma filosofia da natureza, mais holística, dedicando-se também à estética e filosofia da religião. Sua obra *Investigações filosóficas sobre a essência da liberdade humana* (1809) antecipa algumas discussões que aparecerão posteriormente no existencialismo, como a questão do mal e da liberdade. Suas obras finais, não publicadas em vida, dedicam-se à filosofia da revelação e à mitologia.

Hegel desenvolveu um pensamento sistemático, para muitos o último grande sistema da história da filosofia, com um vocabulário técnico e complexo. Seu sis-

> A história da filosofia é a história da realização da metafísica, ou seja, a história do espírito humano em desenvolvimento.

tema cobre inúmeras áreas, como ética, metafísica, filosofia da natureza, filosofia do direito, lógica, estética, filosofia da história, filosofia da religião e filosofia política. Suas principais obras são *Fenomenologia do espírito*, *Enciclopédia das ciências filosóficas* e *Ciência da lógica*. Anotações de seus alunos deram origem a várias outras obras, publicadas após sua morte.

A história da filosofia, para Hegel, é a história da realização da metafísica, ou seja, a história do espírito humano em desenvolvimento, superando o indivíduo. Esse desenvolvimento é marcado pela dialética, que move o universo. Nessa perspectiva, ele escreveu uma influente história da filosofia, desde Tales de Mileto.

Hegel também criticou a teoria do conhecimento de Kant, pois a teoria do conhecimento (epistemologia), segundo ele, funde-se com a teoria do ser (metafísica). Hegel destacou-se também pela interpretação dos eventos econômicos e políticos de sua época, como a Revolução Francesa.

No final do século XIX e início do século XX, assistimos a um ressurgimento do pensamento de Hegel, o neo-hegelianismo. Sua filosofia exerceu forte influência em diversos autores e movimentos, como Marx e o marxismo, Wilhelm Dilthey e as filosofias que enfatizam a natureza histórica e social da existência humana, existencialismo, hermenêutica e Escola de Frankfurt, a ponto de ter criado duas escolas, os hegelianos de direita e de esquerda.

Por fim, cabe lembrar que o idealismo exerceu profunda influência no romantismo e nos autores e pensadores românticos. Destaques da filosofia estética do romantismo são as *Cartas sobre a educação estética do homem* (1795) de Friedrich Schiller (1759-1805) e as obras filosóficas de Friedrich Schlegel (1772-1829).

## Resumo

A Idade Moderna é precedida pelo Renascimento, período no qual a filosofia não se destaca. À pergunta dos antigos: "o que é o real?", a filosofia moderna propõe uma nova pergunta: "como é possível o conhecimento do real?". Descartes é considerado o marco da filosofia moderna, com sua reflexão que chega à famosa frase: "penso, logo existo". Pascal destaca-se com experimentos científicos, trabalhos de matemática e defesa do cristianismo. Spinoza também se destaca com sua *Ética*. Leibniz defende que as mônadas são as substâncias mais simples que existem e desenvolve importantes trabalhos em matemática.

Dentre os movimentos modernos em filosofia, merecem destaque o empirismo, que defende que nossos conhecimentos começam com a experiência, e o idealismo, que defende que a razão é determinante na constituição dos conhecimentos.

## Atividades

1. Assista ao filme *Descartes*, no qual, além de conhecer uma parte da vida do filósofo francês, você também ouvirá partes de sua obra declamada.
2. Assista ao filme *Blaise Pascal* para conhecer um exemplo interessante de conflito entre a religião, a ciência e a filosofia.
3. O que você considera mais importante na construção de nossos conhecimentos: a razão ou a sensibilidade? Debata a questão com seus colegas.
4. Assista a *Danton: o processo da revolução* para conhecer um pouco da situação da França depois da Revolução Francesa.
5. Baixe da Internet e jogue o game *Tríade*. Há um fórum para a discussão do game, do qual participam os profissionais que desenvolveram o jogo. Será que você consegue chegar à fase final?

Capítulo 5 – Filosofia moderna

# Capítulo 6

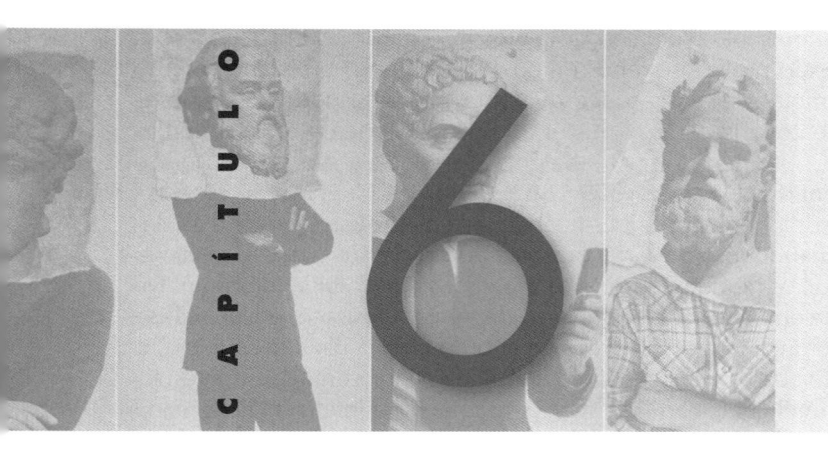

# Filosofia contemporânea

## APRESENTAÇÃO

Este capítulo apresenta os principais nomes da filosofia contemporânea e as correntes predominantes do período — tão difícil de ser determinado com precisão. Alguns filósofos citados aqui serão discutidos posteriormente com mais profundidade.

## TÓPICOS PRINCIPAIS

6.1 Schopenhauer
6.2 Bergson
6.3 Filosofia da linguagem
6.4 Hermenêutica
6.5 Pragmatismo
6.6 Estruturalismo
6.7 Fenomenologia existencial
6.8 Marxismo
6.9 Escola de Frankfurt
6.10 Nietzsche
6.11 Outros nomes

## OBJETIVOS DE APRENDIZAGEM

Durante a leitura deste capítulo, será possível:

- abordar os principais movimentos da filosofia contemporânea;
- conhecer os filósofos mais importantes do período;
- estudar algumas derivações dos movimentos filosóficos predominantes;
- analisar a influência que essa diversidade de pensamentos exerce no nosso dia a dia.

---

Definir onde termina a filosofia moderna e onde começa a filosofia contemporânea é uma tarefa que gera discordâncias entre os estudiosos. Classificamos aqui como contemporânea a filosofia posterior ao idealismo alemão, apesar de que, como será possível perceber, alguns nomes vivem praticamente na mesma época que os idealistas.

A filosofia contemporânea posiciona-se quase toda como uma reação ao idealismo, incluindo desde posições solitárias como a do espanhol George Santayana (1863-1952) até movimentos como o neotomismo.

É difícil categorizar ou separar em escolas a filosofia contemporânea, pois seus autores e suas obras estão muito próximos de nós, faltando-nos o distanciamento necessário para uma melhor avaliação. De qualquer maneira, podemos lembrar que vários acontecimentos marcaram a história contemporânea e, consequentemente, sua filosofia. Copérnico já havia abalado a crença de que a Terra era o centro do universo. Charles Darwin (1809-1882), autor de *Origem das espécies* (1859), com sua teoria da evolução, que defende que as espécies biológicas desenvolvem-se primordialmente por variações casuais e seleção natural, já havia abalado a crença de que os homens eram seres separados da evolução dos animais. A teoria da relatividade embaralhará nossa visão de tempo e espaço, a psicanálise colocará em xeque a crença de que atuamos de acordo com nossa consciência, o marxismo mostrará que nossas decisões são determinadas por condições materiais e relações de poder, a inteligência artificial virá questionar se a inteligência humana é a única forma de inteligência possível, e a engenharia genética nos apontará um mundo em que será possível clonar seres humanos, influindo decisivamente em seu futuro antes mesmo de seu nascimento. Além disso, é importante lembrar que no século passado vivemos duas grandes guerras mundiais, o que também refletiu na filosofia. E, por fim, o impressionante desenvolvimento das ciências naturais também marcará o pensamento contemporâneo.

## 6.1 Schopenhauer

Ímpar e extemporâneo na história da filosofia é o pensador alemão Arthur Schopenhauer (1788-1860). Sua filosofia pessimista influenciará sobremaneira, por exemplo, tanto o simbolismo francês quanto a literatura portuguesa. Para Schopenhauer, o pessimismo só poderia ser superado pela arte e pela experiência estética. Sua importância sobre o pensamento de Nietzsche é também decisiva. Escrito em 1818, *O mundo como vontade e representação* é sua obra-prima, na qual ele desenvolve o conceito de vontade em filosofia. Vejamos um trecho extraído do início dessa obra (SCHOPENHAUER, 2005, p. 46):

> *"O mundo é minha representação." Esta é uma verdade que vale em relação a cada ser que vive e conhece, embora apenas o homem possa trazê-la à consciência refletida e abstrata. E de fato o faz. Então nele aparece a clarividência filosófica. Torna-se-lhe claro e certo que não conhece sol algum e terra alguma. Que o mundo a cercá-lo existe apenas como representação, isto é, tão-somente em relação a outrem, aquele que representa, ou seja, ele mesmo. — Se alguma verdade pode ser expressa a priori, é essa, pois uma asserção da forma de toda experiência possível e imaginável, mais universal que qualquer outra, que tempo, espaço e causalidade, pois todas essas já a pressupõem; e, se cada uma dessas formas, conhecidas por todos nós como figuras particulares do princípio da razão, somente vale para uma classe específica de representações, a divisão em sujeito e objeto, ao contrário, é a forma comum de todas as classes, unicamente sob qual é em geral possível pensar qualquer tipo de representação, abstrata ou intuitiva, pura ou empírica.*

## 6.2 Bergson

Outro nome importante da filosofia contemporânea, que não se vincula diretamente a nenhum movimento, é o do filósofo francês Henri Louis Bergson (1859-1941). Sua obra é crítica do intelectualismo, da razão e das concepções puramente mecânicas do mundo. A realidade, segundo Bergson, não deveria ser apenas analisada (pela ciência), mas também intuída (pela arte ou pela filosofia). Bergson discute também os conceitos de memória e de tempo em filosofia, opondo o fluxo da duração à divisão do tempo em entidades numéricas discretas, como segundos, minutos etc. Suas ideias influenciaram diversos movimentos artísticos, literários, sociais e políticos. Em 1927, ele recebe o Prêmio Nobel de Literatura, "em reconhecimento às suas ideias ricas e vitalizantes e à brilhante habilidade com que elas foram apresentadas".

A seguir, um trecho em que o filósofo diferencia a ciência da metafísica (BERGSON, 1984, p. 119):

> ... a ciência positiva se dirige à observação sensível. Ela obtém assim materiais cuja elaboração confia à faculdade de abstrair e de generalizar, ao juízo e ao raciocínio, à inteligência. Tendo partido, no passado, das matemáticas puras, ela continuou através da mecânica, depois da física e da química; chegou tardiamente à biologia. Seu domínio primitivo, que permaneceu como o preferido, é o da matéria inerte. Ela está menos à vontade no mundo organizado, onde somente caminha com passo seguro apoiando-se na física e na química; ela prende-se ao que há de físico-químico nos fenômenos da vida mais do que ao que é propriamente vital no vivente. Mas seu embaraço é grande quando chega ao espírito. Isto não quer dizer que ela não possa obter aí algum conhecimento; mas este conhecimento torna-se tanto mais vago quanto mais ela se distancia da fronteira comum ao espírito e à matéria. Neste novo terreno não se avança, como no antigo, fiando-se unicamente na força de lógica. Sem cessar é preciso passar do 'esprit geométrique' ao 'esprit de finesse':[1] ainda resta algo de metafórico nas fórmulas, por mais abstratas que sejam, que utilizamos, como se a inteligência fosse obrigada a transpor o psíquico no físico para compreendê-lo e exprimi-lo.

## 6.3 Filosofia da linguagem

Na filosofia contemporânea, podemos destacar uma preocupação genérica com a linguagem, associada à lógica e à filosofia das ciências, mas que na verdade tem existência por toda a história da filosofia, desde os gregos até as teorias linguísticas contemporâneas, e que por isso será também estudada detalhadamente à parte, no Capítulo 10, quando tratarmos de filosofia da linguagem.

A virada linguística (*linguistic turn*), nome genérico que pode ser dado a esse movimento, foi utilizada numa antologia editada por Richard Roty, *The linguistic turn. essays in philosophical method* (1967).

Esse movimento genérico de filosofia da linguagem pode ser dividido em várias correntes.

### 6.3.1 Filosofia analítica

Surge inicialmente na Alemanha, estendendo-se posteriormente para a Inglaterra, um movimento fundamentado na lógica matemática que procura desenvolver uma filosofia analítica da linguagem, centrada na análise do significado de conceitos e de proposições.

O filósofo e matemático alemão Friedrich Ludwig Gottlob Frege (1848-1925) pode ser considerado o precursor da filosofia analítica. Ele foi essencial no desenvolvimento da lógica matemática, graças ao cálculo dos predicados, e criou um sistema de representação simbólica para a lógica. Dentre suas obras, destacam-se *Ideografia* (1879) e *Os fundamentos da aritmética* (1884).

---

1 O *esprit geométrique* (espírito geométrico), proposto por Galileu, Descartes e Hobbes, defendia a primazia da geometria como ciência. Já o *esprit de finesse* (espírito de finura), proposto por Pascal e que envolve, por exemplo, a intuição e a fé, opõe-se à matematização da natureza.

O filósofo e matemático britânico Bertrand Russell (1872-1970) é um dos expoentes da filosofia analítica. Ele descobre um paradoxo no sistema de Frege, que ficou conhecido como Paradoxo de Russell, para o qual propõe a teoria dos tipos, um dos pontos principais do seu logicismo, que defende que a matemática pura pode ser derivada de princípios lógicos. Russell contribuiu decisivamente para o desenvolvimento da lógica simbólica. Podemos destacar dentre suas obras: *Princípios da matemática* (1903) e *Principia mathematica* (1910-1913, com seu ex-professor Alfred North Whitehead, com segunda edição modificada em 1925), em que defende que a matemática pode ser reduzida à lógica. Russell se dedicou também à filosofia política e social, assim como à teoria do conhecimento. Em 1950, recebeu o Prêmio Nobel de Literatura "em reconhecimento aos seus escritos variados e significativos em que ele defende ideais humanitários e liberdade do pensamento". Confira o site da Bertrand Russell Society (<http://www.users.drew.edu/~jlenz/brs.html>).

O austríaco Ludwig Wittgenstein (1889-1951) é o outro grande nome da filosofia analítica, que explora a filosofia e lógica da linguagem. Wittgenstein tem estilo próprio, em geral com aforismos curtos e numerados. Duas de suas obras se destacam: *Tractatus logico-philosophicus* (1921) e *Investigações filosóficas* (1953). A seguir, um pequeno trecho de sua obra (WITTGENSTEIN, 1994):

> **5.6** *Os limites de minha linguagem significam os limites de meu mundo.*
>
> *(...)*
>
> **5.641** *Assim, há realmente um sentido em que se pode, em filosofia, falar não psicologicamente do eu.*
>
> *O eu entra na filosofia pela via de que 'o mundo é meu mundo'.*
>
> *O eu filosófico não é o homem, não é o corpo humano, ou a alma humana, de que trata a psicologia, mas o sujeito metafísico, o limite — não uma parte — do mundo.*

No filme *Wittgenstein* (1993), em que Terry Eagleton participa do roteiro, o diretor Derek Jarman apresenta uma dramatização muitas vezes irônica da vida e das ideias do filósofo. O filme foi montado com sketches, no estilo da escrita fragmentária de Wittgenstein, em que muitas vezes ele aparece recitando, em situações inusitadas, alguns de seus aforismos. O filme apresenta diálogos bastante estranhos com seu professor Bertrand Russell. Mas mesmo com a ironia em muitas passagens, é possível acompanhar inclusive o desenvolvimento das ideias de Wittgenstein.

Como diferenciação em relação à filosofia analítica, que se estabeleceu principalmente no mundo anglo-saxão, foi criado o termo *filosofia continental* para se referir a vários movimentos que se desenvolveram na Europa continental no século XX, como fenomenologia, existencialismo, estruturalismo, marxismo, Escola de Frankfurt etc., que estudaremos a seguir.

### 6.3.2 Círculo de Viena e neopositivismo

O positivismo do filósofo francês Auguste Comte (1798-1857) é importante na definição das diretrizes filosóficas do século XX, principalmente em suas relações com a Revolução Industrial e o início da sociologia enquanto ciência. Esse movimento exercerá enorme influência no Brasil, o qual ainda sobrevive no lema 'Ordem e Progresso', gravado em nossa bandeira, conforme estudaremos quando abordarmos a história da filosofia no Brasil, no Capítulo 15.

Ao positivismo associa-se o ideal de neutralidade das ciências. Para Comte, a ciência seria o conhecimento por excelência. Os conceitos e expressões possuem significado se, e apenas se, puderem ser relacionados a eventos reais por meio de operações de mensuração, ou seja, se forem operacionalizados.

"O Amor por princípio e a Ordem por base; o Progresso por fim": lema positivista de Auguste Comte que inspirou o lema nacional da República Federativa do Brasil.

Extensão do positivismo é o neopositivismo (positivismo lógico ou empirismo lógico), que também destaca a importância da operacionalização. O neopositivismo caracteriza-se pela combinação de ideias empiristas com a lógica moderna de Hilbert, Peano, Frege, Russell e Wittgenstein.

O movimento surgiu na Áustria como o 'Círculo de Viena', um grupo de filósofos e cientistas que se reuniam periodicamente para discussões, entre 1922 e 1938, estendendo-se para a Alemanha e a Polônia. Dentre seus pioneiros, podem ser destacados: o filósofo Moritz Schlick (1882-1945), o cientista social Otto Neurath (1882-1945), o matemático Hans Hann (1879-1934) e o físico Philipp Frank (1884-1966). Logo se junta ao grupo Karl Rudolf Carnap (1891-1970), autor de *A estrutura lógica do mundo* (1928) e *A sintaxe lógica da linguagem* (1934). Podem ainda ser mencionados Herbert Feigl (1902-1988) e Friedrich Waisman (1896-1959).

Em 1929 é publicado o manifesto e a primeira de uma série de monografias do grupo. Um dos promotores do movimento foi o filósofo inglês Alfred Jules Ayer (1910-1989). A partir de 1934 o Círculo de Viena começa a se desfazer, com a morte e dispersão de muitos membros do grupo, fugindo do nazismo, o que levou muitos de seus principais filósofos a emigrarem para os Estados Unidos ou a Inglaterra. Associado ao Círculo de Viena, Kurt Gödel (1906-1978), assim como Ernest Nagel (1901-1985) e Carnap, emigrou para os Estados Unidos, e assim o neopositivismo acabou influenciando a filosofia norte-americana, como na obra de Willard van Orman Quine (1908), que já tinha visitado o grupo.

O neopositivismo defende a fundamentação do conhecimento na lógica das teorias científicas. Para os neopositivistas, a verificabilidade seria o critério de significação de um enunciado. O sentido das proposições científicas dependeria, portanto, de sua verificabilidade empírica. Assim, a lógica, a matemática e as ciências empíricas esgotariam o conhecimento possível do real. O neopositivismo destaca-se também pelas investigações centradas num critério de demarcação, que separaria as proposições científicas das não científicas.

O austríaco Karl Popper (1902-1994), que será retomado no Capítulo 11, sobre filosofia das ciências, pode ser considerado um herdeiro do positivismo lógico.

### 6.3.3 Filosofia da linguagem ordinária

Uma variação da filosofia analítica da linguagem ficou conhecida como filosofia da linguagem ordinária ou filosofia linguística, que explora a linguagem que utilizamos no nosso dia a dia, em contraposição ao movimento anterior, às vezes chamado de filosofia da linguagem ideal. Para a filosofia da linguagem ordinária, o significado dos conceitos, incluindo aqueles centrais à filosofia tradicional, é fixado pela prática linguística, e a filosofia, portanto, tem de prestar atenção aos usos ordinários das palavras associadas a esses conceitos, em vez de estudar essas palavras e conceitos fora de seu contexto de uso. Para estudar filosoficamente conceitos como verdade e realidade, por exemplo, temos de avaliar como essas palavras são utilizadas na linguagem ordinária.

O movimento tem início em Oxford, nos anos 1940, com Gilbert Ryle (1900-1976), autor de *Concept of mind* (1949), e John Langshaw Austin (1911-1960), autor de *How to do things with words* (1962) e que contribuiu para os estudos da teoria dos atos da fala (*speech act theory*), desenvolvida depois por John Searle (1932-), autor de *Speech acts: an essay in the philosophy of language* (1969), entre várias outras obras importantes. Podem ainda ser citados Peter Frederick Strawson (1919-2006) e Herbert Lionel Adolphus Hart (1907-1992). Os últimos trabalhos de Wittgenstein podem também ser classificados aqui.

### 6.3.4 Hipótese Sapir-Whorf

Baseada nas obras de Edward Sapir (1884-1939) e seu aluno Benjamin Lee Whorf (1897-1941), há uma hipótese de que nossa percepção, pensamento e comportamento são influenciados pela língua que falamos. A realidade seria de alguma maneira construída pela linguagem.

As línguas possuem sistemas de representação distintos e, em alguns pontos, não-equivalentes, o que implicaria distinções na forma de ler o mundo entre as diferentes culturas. Assim, as maneiras como as pessoas percebem e classificam os objetos da realidade seriam determinadas pelas estruturas dos seus sistemas linguísticos. As categorias características das línguas influenciariam as categorias que construímos do mundo, nossa memória, percepção e cognição em geral.

No Capítulo 10, sobre filosofia da linguagem, desenvolveremos essa hipótese.

### 6.3.5 Gramática da linguagem natural

O linguista, filósofo e ativista político do MIT Noam Chomsky (1928-) é um dos representantes do interesse da filosofia pela linguagem. Em *Estruturas sintáticas* (1957), seguida de várias outras obras, ele apresenta sua teoria, que identifica universais linguísticos comuns a todas as línguas, assim como aos nossos processos cognitivos e representacionais. Haveria um conjunto inato de princípios linguísticos compartilhados por todos os seres humanos. O cérebro teria uma faculdade da linguagem gravada com uma gramática universal, que determinaria as línguas.

## 6.4 Hermenêutica

Além de significar arte ou teoria da interpretação, a hermenêutica é também um movimento filosófico que se inicia com o teólogo e filósofo Friedrich Schleiermacher (1768-1834) e se desenvolve com Heidegger (1889-1976) e Wilhelm Dilthey (1833-1911), que se destacou também em filosofia da história e crítica literária, tendo em H. G. Gadamer (1900-2002), autor de *Verdade e método* (1960), seu principal representante contemporâneo.

A hermenêutica destaca a importância da interpretação não apenas no caso de textos, mas em nossa relação com a realidade. O que ficou conhecido como círculo hermenêutico indica não apenas que a interpretação de cada parte depende da interpretação do todo, mas também que, como cada interpretação está ela mesma baseada em interpretação, não se pode escapar da circularidade da interpretação (Figura 6.1).

**FIGURA 6.1**     O círculo hermenêutico

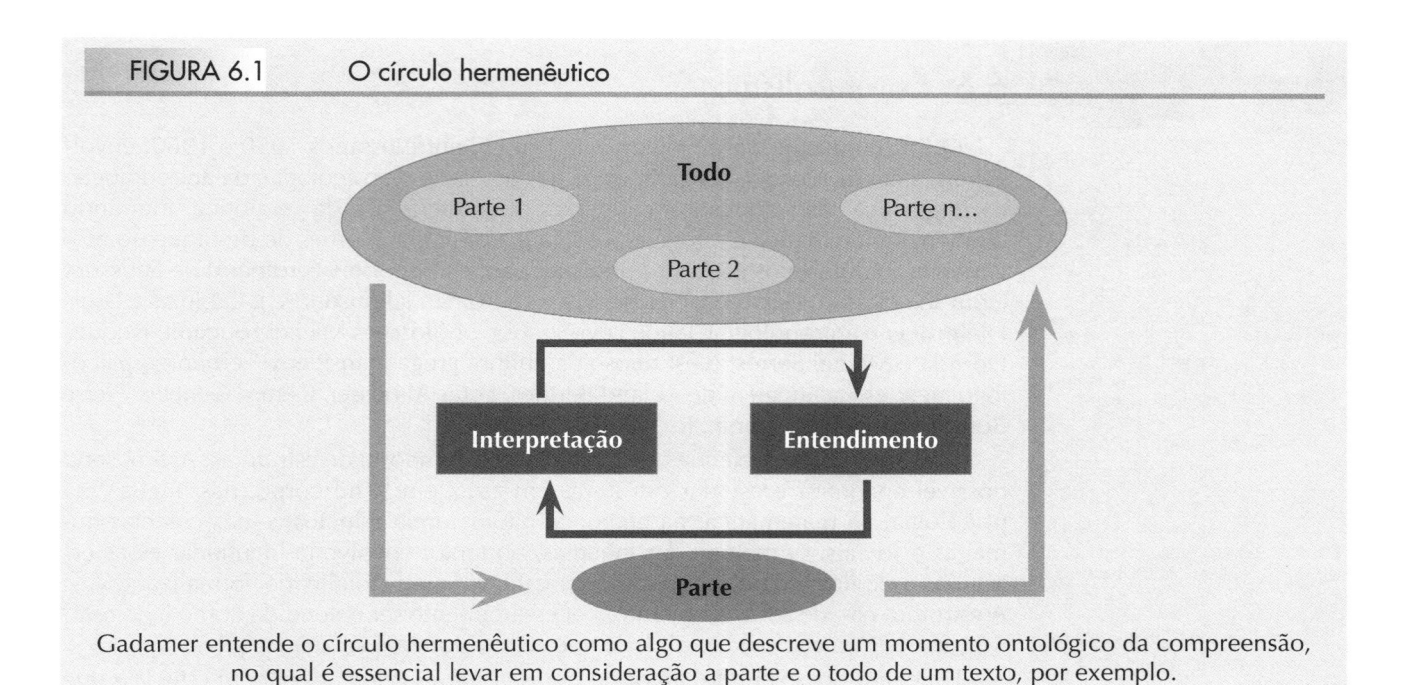

Gadamer entende o círculo hermenêutico como algo que descreve um momento ontológico da compreensão, no qual é essencial levar em consideração a parte e o todo de um texto, por exemplo.

## 6.5 Pragmatismo

O pragmatismo está associado com o filósofo, matemático, lógico e cientista norte-americano Charles Sanders Peirce (1839-1914), que desenvolveu uma teoria geral dos signos ou semiótica, que teve grande influência no século XX. Além de Peirce, há outros pragmatistas de destaque na história da filosofia, incluindo os clássicos William James (1842-1910), John Dewey (1859-1952) e George Herbert Mead (1863-1931).

Para os pragmatistas, a clareza de nossas ideias implica concebermos seus efeitos de tipo prático, ou seja, sensações e reações associadas com o objeto do pensamento. A máxima pragmática diz que, para clarificar, para desenvolver o significado de uma concepção, devemos determinar quais hábitos ela produz, pois o que uma coisa significa é simplesmente os hábitos que ela envolve. O pragmatismo busca os resultados, mais do que as origens, em nossa compreensão das ideias.

Além de movimento filosófico, o pragmatismo se difundirá para outras áreas, como política, educação e crítica literária.

Podemos falar em um ressurgimento do pragmatismo, a que muitos dão o nome de neopragmatismo, depois da importância que assumiram algumas escolas como o positivismo lógico, a filosofia analítica e a filosofia da linguagem. Dois dos filósofos neopragmatistas contemporâneos mais importantes são Hilary Putnam (1926) e Richard Rorty (1931-2007), que foi professor da Universidade de Stanford. Dois outros destacados herdeiros do pragmatismo que, entretanto, preferem não se denominar pragmatistas são Daniel Dennett (1942), nome essencial na discussão contemporânea da filosofia da mente, filosofia da ciência e filosofia da biologia, e o filósofo norte-americano Donald Davidson (1917-2003), que desenvolveu importantes trabalhos nas áreas de metafísica, filosofia da mente e da linguagem.

> *Para os pragmatistas, a clareza de nossas ideias implica concebermos seus efeitos de tipo prático, ou seja, sensações e reações associadas com o objeto do pensamento.*

## 6.6 Estruturalismo

O Estruturalismo desenvolve-se na França, entre os anos 1950 e 1960, envolvendo, além da filosofia, os campos da psicanálise e da psicologia, da antropologia, da linguística, das ciências sociais, da crítica literária e da semiótica, incluindo também a matemática e a lógica, a física e a biologia. Nomes de destaque no movimento, incluindo os pós-estruturalistas, são: os linguistas Ferdinand de Saussure (com seu clássico *Curso de linguística geral*), Roman Jakobson, A. J. Greimas e Louis Hjelmslev; o antropólogo Claude Lévi-Strauss; os filósofos Michel Foucault, Jacques Derrida e Michel Serres; o estudioso da cultura grega Jean-Pierre Vernant; o psicólogo Jacques Lacan; além de Roland Barthes, Louis Althusser, Gérard Genette, Pierre Bourdieu e George Dúmezil.

O estruturalismo defende que a realidade é composta de estruturas. Assim, seria possível encontrar e estudar estruturas em arquitetura, no corpo, nas línguas, na psicologia, na matemática, na geologia, na anatomia e inclusive nas ciências humanas e sociais. O método das ciências, portanto, envolveria identificar essas estruturas e explicar como suas partes se organizam numa totalidade, formalizando-as. A estrutura não deveria, entretanto, necessariamente ser entendida como algo estático, mas sim como uma totalidade que se transforma e se autorregula.

Foucault, por exemplo, autor de obras como *História da loucura* (1961) e que explora a constituição dos micropoderes na sociedade, exerceu grande influência no Brasil, e por isso será retomado em outros capítulos deste livro. Derrida, por sua vez, desenvolve um complexo projeto chamado de desconstrutivismo.

Dentre os considerados pós-estruturalistas, podemos ainda destacar Jean-François Lyotard (1924-1998), que desenvolveu o conceito de pós-modernismo, e Gilles Deleuze (1925-1995), que defende a revalorização do corpo e do desejo, por considerá-los excluídos da história da filosofia. Os dois serão retomados em outros capítulos.

Estão também associados ao estruturalismo, mesmo que indiretamente, nomes importantes como Jean Baudrillard, Judith Butler, Félix Guattari, Fredric Jameson e Julia Kristeva.

## 6.7 Fenomenologia existencial

A fenomenologia existencial, ou o existencialismo, destaca a *existência* do homem como um dos mais importantes fenômenos filosóficos, questionando o sentido e significado da vida. Muitos consideram o escritor russo Fiodor Dostoievski (1821-1881) o iniciador do existencialismo, com o pequeno romance *Notas do subsolo* (1864). No movimento da fenomenologia e do existencialismo podem ser classificados: o religioso dinamarquês Sören Aabye Kierkegaard (1813-1855), que escreve por pseudônimos num estilo poético; Edmund Husserl (1859-1938), que trabalha as noções de fenômenos e intencionalidade da consciência; Martin Heidegger (1889-1976), autor de *Ser e tempo* (1927); Jean-Paul Sartre (1905-1980), que se destaca também no romance e teatro, abraçando posteriormente o marxismo; o escritor e filósofo francês Albert Camus (1913-1960), autor do ensaio filosófico *O mito de Sísifo* (1942), que explora o absurdo da condição humana; Maurice Merleau-Ponty (1908-1961), autor de *Fenomenologia da percepção* (1945), cujo prefácio é analisado no Companion Website; o filósofo-dramaturgo e músico Gabriel Marcel (1889-1973); o filósofo e psicólogo alemão Karl Theodor Jaspers (1883-1969); entre outros.

Heidegger se destacou por retomar a ontologia e a discussão sobre o ser — o que somos e o ser-aí (*Dasein*) —, fazendo releituras de Heráclito e Parmênides. Segundo ele, nos acostumamos com o ser e então não nos lembramos mais de perguntar sobre o seu significado. Para o filósofo alemão, a noção de verdade seria anterior à relação linguagem/objetos, identificada com o *Dasein*. Heidegger realiza também uma interessante reflexão sobre a morte em sua obra. Ele exercerá influência sobre a filosofia contemporânea em várias correntes.

Camus recebeu o Prêmio Nobel de Literatura em 1957, "por sua importante produção literária, que, com seriedade clarividente, ilumina os problemas da consciência humana dos nossos tempos". Em seus textos, ele trabalha com a ideia de que a existência humana é um absurdo causado pelo conflito entre nossa necessidade de racionalidade e justiça e um universo indiferente a ela. Em seu romance mais famoso, *O estrangeiro*, o protagonista é um homem que aceita esse absurdo. O livro foi adaptado para o cinema em 1967 por Luciano Visconti, que utiliza poucos diálogos e imagens surreais.

Sartre, autor de *O ser e o nada* (1943), entre várias outras obras, foi um dos mais populares intelectuais do século XX. Seu pensamento é baseado em duas noções fundamentais: a liberdade e a responsabilidade pessoal. Ao contrário do *ser em-si* — coisas que não têm consciência —, o homem é um *ser para-si*; ou seja, somos conscientes e responsáveis pelo que fazemos de nós mesmos e, justamente por sermos livres, somos também responsáveis pelos nossos atos.

Em 1964, ele recebeu o Prêmio Nobel de Literatura, "por seu trabalho que, rico em ideias e preenchido com o espírito da liberdade e a busca pela verdade, exerceu uma ampla influência em nossa época". No entanto, ele recusou o prêmio, por não concordar com os sinais distintivos e as diferenças de talento que os prêmios implicam.

Retomaremos suas ideias no Capítulo 12, quando abordarmos a ética.

Os filmes dirigidos pelo cineasta sueco Ingmar Bergman (1918-2007) também podem ser classificados como existencialistas, pois abordam temas como a angústia do ser humano, a liberdade, as escolhas que fazemos e a morte (veja no quadro *Eureka!*, "O existencialismo no cinema de Bergman", alguns filmes que se destacam nesse aspecto).

Woody Allen, em seu filme *Crimes e pecados* (*Crimes and misdemeanors*, 1989), também se aproxima do existencialismo ao discutir as escolhas que fazemos do ponto de vista moral. Depois de assistirmos aos dramas (ou comédias) vividos pelos dois protagonistas, encontramos na última cena uma reflexão existencialista de que o homem é o conjunto das escolhas que faz, durante a sua vida:

> *Somos todos confrontados ao longo de nossas vidas com decisões agonizantes, escolhas morais. Algumas são em grande escala, a maioria é sobre pontos menores. Mas nós nos definimos pelas escolhas que fizemos. Somos, na verdade, a soma total de nossas escolhas. Acontecimentos se desdobram de maneira tão*

### EUREKA! O existencialismo no cinema de Bergman

*O sétimo selo* (*Det sjunde inseglet*, 1956). Na Europa medieval marcada pela peste, uma mulher arde na fogueira queimada por fanáticos religiosos, nos levando a refletir sobre o medo da morte. O filme lança também a questão: teria a vida sentido se não existe Deus?

*Morangos silvestres* (*Smultronstället*, 1957). A história de vida de um professor de medicina relembrada com muita delicadeza, misturada ao temor da morte que se aproxima.

*O rosto* (*Ansiktet*, 1958). Explora a angústia associada à humilhação, que torna o personagem principal mudo.

*Quando duas mulheres pecam* (*Persona*, 1966). Mostra a história de uma atriz que surta durante a apresentação de uma peça, para de falar, é internada e depois passa a viver com uma enfermeira. A relação entre as duas explora temas existencialistas como angústia e desespero.

*Fanny e Alexander* (*Fanny och Alexander*, 1982). Um filme longo, que narra a história de uma família que se reorganiza com a morte do pai e enfrenta muitos fantasmas.

*imprevisível, tão injusta. A felicidade humana parece não ter sido incluída no design da criação. Somos apenas nós, com nossa capacidade para amar, que damos sentido ao universo indiferente. E mesmo assim, a maioria dos seres humanos parece ter a habilidade de continuar tentando e inclusive encontrar alegria nas coisas simples, como suas famílias, seu trabalho, e na esperança de que gerações futuras possam compreender mais.*

Por sua importância, o existencialismo será estudado à parte, como modelo de teoria do conhecimento, no Capítulo 9.

## 6.8 Marxismo

O marxismo é um amplo movimento que inclui desde Ludwig Andreas Feuerbach (1804-1872), Friedrich Engels (1820-1895) e o próprio Karl Marx (1818-1883), até Lenin (1870-1924), Mao Tsé-Tung (1893-1976), o revisionista Antonio Gramsci (1891-1937), Georg Lukacs (1885-1971) e Louis Althusser (1918-1990), entre vários outros nomes que poderiam ser citados.

Para Marx, os filósofos se limitaram até então a interpretar o mundo, mas o importante seria transformá-lo. Nesse sentido, ele se propõe a inverter o homem do idealista Hegel. Seu materialismo dialético defende que o homem é um ser social e o conhecimento é socialmente determinado. O *capital* (1867, 1885 e 1894) foi uma obra que exerceu enorme influência no pensamento e na prática do século XX, explorando o universo do trabalho, da luta de classes e das relações de poder. Na antiga União Soviética, entre 1917 e 1990, por exemplo, imperou uma política baseada no marxismo-leninismo.

É importante, entretanto, distinguir o marxismo como corrente filosófica do marxismo como programa social.

Enquanto método, é necessário destacar pelo menos dois aspectos do marxismo. Em primeiro lugar, sua descrição do movimento da realidade e do próprio pensamento por meio de uma dialética tese/antítese/síntese. Nesse sentido, o marxismo defende a necessidade do trabalho com a negação e com a contradição: pela confrontação entre as ideias, seria possível gerar uma síntese, que por sua vez deveria ser submetida a uma nova contradição, e assim por diante.

Em segundo lugar, o marxismo é importante por defender que os níveis econômico, jurídico-político e ideológico devem ser estudados no processo de construção do conhecimento. Assim, o marxismo insiste que essas perspectivas devem ser levadas em conta, nas ciências humanas, para a análise e interpretação dos fenômenos relacionados ao ser humano e, em relação às ciências empíricas, introduz uma perspectiva de estudar a verdade científica em sua exterioridade, ou seja, não apenas pelo do desenvolvimento interno das ciências, de seus métodos e sua lógica, mas também das influências socioeconômicas que determinam seu progresso.

O marxismo será estudado também à parte, no Capítulo 12, devido à sua importância decisiva para a filosofia contemporânea.

## 6.9 Escola de Frankfurt

Em 1924, é fundado o Instituto de Pesquisas Sociais em Frankfurt, onde se formou o movimento que ficou conhecido como Escola de Frankfurt. O movimento logo se expandiu para outros países, como França e Suíça. Dentre seus membros, podemos destacar os filósofos alemães Herbert Marcuse (1898-1979), Max Horkheimer (1895-1973), Theodor W. Adorno (1903-1969) e Walter Benjamin (1892-1940).

Fundamentada no marxismo, a Escola de Frankfurt desenvolveu uma filosofia social ou sociologia crítica, sofrendo também influências da psicanálise. O psicanalista alemão Erich Fromm (1900-1980), por exemplo, aproxima-se, mas depois se afasta do movimento. Em *Eros e civilização* (1955), Marcuse acaba aproximando o marxismo das ideias de Freud. A produção da Escola de Frankfurt destacou-se também nas reflexões sobre a estética.

Jurgen Habermas (1929) pode ser considerado um herdeiro da postura crítica da Escola de Frankfurt, representando sua segunda geração.

## 6.10 Nietzsche

O filósofo alemão Friedrich Nietzsche (1844-1900) é um dos nomes mais importantes da filosofia contemporânea, principalmente por sua crítica à filosofia tradicional e ao cristianismo. Na passagem da mitologia para a filosofia na Grécia Antiga, segundo Nietzsche, teríamos abandonado o espírito dionisíaco em favor do espírito de retidão apolíneo. Escrevendo por aforismos e fragmentos, ele chama a atenção para a vida na Terra, em oposição ao mundo das ideias ou à vida cristã pós-morte.

No Quadro 6.1, você encontra alguns aforismos extraídos do livro *Além do bem e do mal* (ou *prelúdio de uma filosofia do futuro*), que demonstram bem o estilo livre e fragmentário dos escritos de Nietzsche.

O pensamento de Nietzsche opõe-se a concepção do mundo das ideias e da vida pós-morte cristã.

Uma boa indicação para conhecer a filosofia de Nietzsche é o filme *Dias de Nietzsche em Turim* (2001), de Júlio Bressane, que recebeu o prêmio Bastone Bianco no Festival de Veneza e o de melhor roteiro no Festival de Brasília. O filme se apresenta por meio de uma narrativa *in off* com textos de Nietzsche e lindas imagens que representam sua passagem por Turim, ocorrida entre abril de 1888 e janeiro de 1889, onde escreveu suas últimas obras. O filme termina com uma cena de Nietzsche — em sua crise de loucura — dançando com a máscara de Dionísio. Depois desse episódio, até sua morte em 1900, o filósofo fica sob a tutela da mãe e da irmã, que virá a falsificar alguns de seus textos, em favor do nazismo.

Por sua importância na filosofia contemporânea, suas ideias serão retomadas em vários capítulos deste livro.

### QUADRO 6.1 Trechos de *Além do bem e do mal* (1886)

75 — O grau e espécie de sexualidade de um indivíduo penetram até o mais alto grau em seu espírito.

80 — Uma coisa explicada deixa de interessar. — O que queria dizer o Deus que sugeriu: "conhece a ti mesmo"? Talvez quisesse dizer: "deixa de interessar-te por ti mesmo! torna-te objetivo"! — Sócrates? e o "homem científico"?

94 — A maturidade do homem consiste em ter reencontrado a seriedade que em criança se colocava nos jogos.

130 — O ser verdadeiro começa a mostrar-se quando o seu talento declina, quando deixa de mostrar o quanto *pode*. O talento também é um adorno e um adorno também serve para esconder.

139 — Na vingança e no amor a mulher é mais cruel que o homem.

146 — Quem deve enfrentar monstros deve permanecer atento para não se tornar também um monstro. Se olhares demasiado tempo dentro de um abismo, o abismo acabará por olhar dentro de ti.

169 — Falar muito de si mesmo pode ser também um modo de se esconder.

173 — Não se odeia àquele que se despreza, mas se odeia apenas àquele que acreditamos igual ou superior a nós.

**Fonte:** Nietzsche, F. W. *Além do bem e do mal*: ou prelúdio de uma filosofia do futuro. Tradução de Márcio Pugliesi. Curitiba: Hemus, 2001.

## 6.11 Outros nomes

Não foi possível, por questões óbvias, apresentar todos os nomes importantes na filosofia moderna e contemporânea. Além dos dois nomes a seguir, você pode encontrar alguns textos sobre outros filósofos contemporâneos no Companion Website.

O filósofo alemão Franz Brentano (1838-1917) desenvolveu trabalhos em diversas áreas, como ética, metafísica, teoria do conhecimento, lógica, filosofia da religião e psicologia, influenciando vários pensadores posteriores, como Husserl e Freud.

A teórica política alemã Hannah Arendt (1906-1975) desenvolveu uma filosofia social que critica o totalitarismo e chama a atenção para a ação política, como caminho para a liberdade. O totalitarismo envolveria, para Arendt, a manipulação das massas e a banalização do terror. Em uma sociedade burocrática, acabamos nos limitando a cumprir ordens sem fazer o exercício da ética. Assim, aos poucos, começamos a ser condescendentes com o sofrimento e a tortura alheios, tornando-nos por fim cúmplices da banalidade do mal. A ação política, ao contrário, implica o exercício da ética e coragem para tomar decisões, desenvolvendo um poder comunitário que nos ajuda a superar o egoísmo e alcançar a humanidade. Dentre suas principais obras, podem ser mencionadas: *As origens do totalitarismo* (1951), *A condição humana* (1958) e *Sobre a revolução* (1963).

Por fim, cabe uma observação importante: a filosofia moderna e contemporânea confunde-se em vários momentos com outros ramos do conhecimento, como psicologia, antropologia e sociologia, a ponto de, em muitos casos, tornar-se quase impossível separar o discurso filosófico do discurso das outras ciências. Freud, Jung e Saussure, para citar alguns nomes apenas, são pensadores que não pertencem tradicionalmente ao campo da história da filosofia, mas que aparecerão em diversos momentos deste livro daqui por diante.

## Resumo

Vários pensadores e movimentos são importantes na filosofia contemporânea. Schopenhauer destaca-se por sua filosofia pessimista. Bergson critica o intelectualismo. A virada linguística, uma das marcas da filosofia contemporânea, pode ser dividida em vários movimentos: filosofia analítica, Círculo de Viena e neopositivismo, filosofia da linguagem ordinária, hipótese Sapir-Whorf de que a linguagem molda a maneira como encaramos a realidade e gramática da linguagem natural de Chomsky. Outros movimentos de destaque são a hermenêutica, o pragmatismo, o estruturalismo e a fenomenologia. O existencialismo é importante não só em filosofia, mas também em literatura e teatro, com pensadores como Sartre, Camus e Heidegger. O marxismo terá influências decisivas na política do século XX, e a Escola de Frankfurt desenvolverá suas ideias. Nietzsche é um pensador essencial na filosofia contemporânea, crítico de boa parte da história da filosofia e do cristianismo, o qual será retomado em outros capítulos.

## Atividades

1 Pesquise outros filósofos contemporâneos que não aparecem neste capítulo. Envie-me sugestões pelo e-mail joaomattar@gmail.com que eu as considerarei para inclusão no Companion Website, assim como para atualizar o texto para as novas edições.

2 Assista ao filme *Wittgenstein* e procure perceber a semelhança entre a maneira como o filme foi estruturado e a forma com que o filósofo austríaco escrevia.

3 Pesquise a vida, as obras e as ideias de Noam Chomsky, linguista e filósofo do MIT. Ele está sempre escrevendo sobre assuntos polêmicos; tente descobrir qual foi o último grande debate em que ele se envolveu.

4 Leia a peça *Entre quatro paredes*, de Sartre. Procure discutir com seus colegas como ela representa, em literatura, as ideias do existencialismo.

5 Assista a algum dos filmes de Bergman citados neste capítulo e discuta com seus colegas quais aspectos do existencialismo podem ser identificados nele.

6 Pesquise como o marxismo influenciou a política no século XX. Procure estudar como, por exemplo, o partido comunista brasileiro baseia-se nas ideias marxistas para se organizar.

7 Pesquise sobre como ocorreu a falsificação dos textos de Nietzsche por sua irmã, e como eles foram usados em discursos nazistas.

# PARTE III

# Principais correntes filosóficas

**CAPÍTULO 7**     METAFÍSICA E FILOSOFIA DA RELIGIÃO

**CAPÍTULO 8**     LÓGICA

**CAPÍTULO 9**     TEORIA DO CONHECIMENTO

**CAPÍTULO 10**     FILOSOFIA DA LINGUAGEM

**CAPÍTULO 11**     FILOSOFIA DAS CIÊNCIAS

**CAPÍTULO 12**     ÉTICA

**CAPÍTULO 13**     ESTÉTICA

# Metafísica e filosofia da religião

## APRESENTAÇÃO

Este capítulo apresenta a divisão da filosofia conhecida como metafísica e enfatiza o que chamamos de metafísica da realidade virtual. Já que as discussões sobre metafísica englobam religião e existência de Deus, abordaremos também reflexões sobre a filosofia da religião e o ateísmo.

## OBJETIVOS DE APRENDIZAGEM

Durante a leitura deste capítulo, será possível:

- conhecer a divisão da filosofia chamada metafísica;
- estudar a metafísica da realidade virtual;
- refletir sobre a filosofia da religião;
- entender o ateísmo e ver provas da existência de Deus.

## TÓPICOS PRINCIPAIS

7.1 Questões metafísicas
7.2 Sonho × realidade
7.3 Metafísica da realidade virtual
7.4 Filosofia da religião e Deus
7.5 Provas da existência de Deus
7.6 Ateísmo

## 7.1 Questões metafísicas

A metafísica é a parte da filosofia que investiga a estrutura e a natureza dos seres e da realidade. Nesse sentido, é uma investigação mais ampla que a das ciências, pois explora questões como a existência de Deus, a imortalidade da alma e a liberdade da vontade. Além disso, faz também perguntas sobre o próprio fundamento das ciências, com o qual elas em geral não se preocupam, como: o que é a realidade? Existem objetos físicos?

Diferentes posturas metafísicas defendem que existem apenas entidades materiais (materialismo), mentais (idealismo) ou uma combinação das duas (dualismo). Questões mais específicas exploradas pela metafísica incluem a natureza das substâncias (desenvolvida, por exemplo, por Spinoza), do tempo e do espaço, a existência de mundos alternativos etc.

Como já vimos, reflexões metafísicas fazem parte integrante da filosofia dos pré-socráticos, ou seja, indagações sobre a natureza do ser marcam o início da filosofia. Quando se debruça sobre questões a respeito do ser, a metafísica é também chamada de ontologia (*ontos*, em grego, significa ser). A importante *Metafísica* de Aristóteles, cujo título, aliás, não foi escolhido por ele, mas por um de seus editores, desenvolve essas questões na Antiguidade.

A passagem do realismo para o nominalismo, no final da Idade Média, pode ser considerada uma importante transformação metafísica, já que modifica radicalmente a forma de enxergar a realidade. Descartes também realiza importantes reflexões metafísicas, questionando inclusive a existência da realidade externa e do próprio corpo. Kant chamará de metafísica à filosofia *a priori*, puramente racional. As reflexões metafísicas dos antigos são retomadas por filósofos modernos como Heidegger e Hegel.

Várias correntes filosóficas modernas, como o positivismo, rejeitam a metafísica, denunciando que suas afirmações não podem ser verificadas. Então, o conhecimento fornecido pelas ciências seria suficiente porque esgotaria o real.

Talvez a pergunta essencial da metafísica seja: o que é a realidade? Ou, como pergunta Morpheus em um dos filmes da trilogia *Matrix*: o que é o real? Como você define o real? Essa questão ressoa por toda a história da filosofia, desde os pré-socráticos até hoje.[1]

*Matrix* (*The Matrix*, 1999) é uma trilogia norte-americana que tem como discussão filosófica fundamental a pergunta: o que é o real? Cheio de efeitos especiais — justificáveis por conta do tema em questão — vemos em *Matrix* a luta do ser humano para se livrar do domínio das máquinas, que criaram uma realidade diferente da conhecida por nós. Além dos efeitos, o filme traz diversas mensagens sutis relacionadas à realidade e à chamada "ilusão do cotidiano".

Poderíamos definir realidade como aquilo que percebemos pelos nossos sentidos. Mas é o próprio Morpheus quem nos adverte da excessiva simplicidade dessa definição: se o real é o que você pode sentir, cheirar, provar e ver, então o real resume-se a sinais elétricos interpretados pelo seu cérebro, não?

Nosso cérebro gerencia sinais e informações, recebendo *inputs* e gerando *ouptus*. A realidade ou o real de alguma maneira constitui-se nesses fluxos e nesses processos desempenhados pelo nosso cérebro. Mas a realidade é mais ampla que isso; é preciso enriquecer um pouco mais a definição, como o próprio Morpheus sugere.

A relação entre nossa percepção e nossa razão é bastante complexa, assim como a relação entre a essência e a aparência dos objetos. Teríamos acesso à própria realidade ou somente ao que nossos sentidos (também falíveis) nos informam sobre ela? O que apreendemos imediatamente por nossos sentidos: a própria realidade ou sua aparência, que é muitas vezes enganadora? Qual é o papel da nossa mente na apreensão da realidade? Como interagem os nossos sentidos e a nossa razão no conhecimento dos objetos? Respostas diferentes a essas questões implicam, em geral, conceitos distintos de realidade.

> A realidade não se resume ao que é apreendido por nossos sentidos. Aquilo que não conseguimos enxergar não deixa de ser real, a menos que queiramos impregnar o conceito de realidade de um excessivo antropocentrismo.

Podemos dizer que a realidade não se resume ao que é apreendido por nossos sentidos. Aquilo que não conseguimos enxergar não deixa de ser real, a menos que queiramos impregnar o conceito de realidade de um excessivo antropocentrismo. Que a Terra gira em torno do Sol não deixou de ser realidade, mesmo enquanto achávamos o contrário.

Ao mesmo tempo, a realidade não é totalmente independente do observador. A cultura e a linguagem de alguma maneira também constroem parte de nossas realidades, funcionando como moldes de nossas visões de mundo. Quando nomea-

---

1 No meu livro *Filosofia da computação e da informação*, exploro a metafísica da realidade virtual. Este capítulo reproduz, resume e desenvolve algumas ideias desse livro.

mos um objeto, nós o destacamos da escuridão do desconhecido e o tornamos real, iluminando-o. Desenvolveremos essa discussão no Capítulo 10, sobre filosofia da linguagem.

A realidade possui uma força bruta que nos desafia, um caráter de alteridade, resistência e limitação como que impostas por outro ser. A realidade nem sempre se submete a nossas vontades e a nossos desejos e, por isso mesmo, muitas vezes nos machuca. Alguma coisa na realidade, criada por algum ser ou característica das próprias leis impessoais da natureza, estabelece limites para o ser humano. Mesmo sem imaginar que máquinas cruéis, como em *Matrix*, estejam tramando algo contra nós, temos consciência de que há muitas coisas que não podemos fazer, o que demonstra a força da alteridade do real. Uma consciência de fragilidade disseminada marca o nosso encontro com a realidade.

Nosso senso de realidade é costurado aos poucos, depende de como o corpo trabalha silenciosamente e é também constituído por componentes psicológicos. Formamos nossa ideia de realidade enquanto formamos a imagem de nosso ego, já que, segundo Freud, nascemos imbuídos de um sentimento 'oceânico', em que não existe separação nítida entre o eu e o real. É a força da realidade, o primeiro momento em que o bebê chora mas o seio da mãe não aparece, que começa a criar uma fissura na composição do real, passando a separar a ideia que fazemos de nós mesmos da ideia do mundo exterior (FREUD, 1978). E, lembrando ainda Freud, é no amor que o ser humano perde a noção de limites entre seu ego e o eu do outro, em que essas fronteiras se dissolvem, em que a realidade torna-se novamente mágica, em que um sentimento oceânico se instaura novamente. O mesmo ocorre nas experiências místicas e religiosas.

## 7.2 Sonho × realidade

É interessante ainda, em metafísica, explorar as distinções entre sonho e realidade. Nossos sonhos estão inseridos na realidade, tomada em um sentido amplo, e as fronteiras entre sonho e realidade não são tão nítidas como podemos imaginar. Como pergunta Morpheus: "Você já entrou em um sonho, Neo, que tivesse certeza de que fosse real? E se você fosse incapaz de acordar daquele sonho, Neo? Como você saberia a diferença entre o mundo dos sonhos e o mundo real?"

Uma meditação semelhante já tinha sido realizada por Descartes (1973, p. 258-259) muitos séculos antes de *Matrix*:

> *Quantas vezes ocorreu-me sonhar, durante a noite, que estava neste lugar, que estava vestido, que estava junto ao fogo, embora estivesse inteiramente nu dentro do meu leito? Parece-me agora que não é com olhos adormecidos que contemplo este papel; que esta cabeça que eu mexo não está dormente; que é com desígnio e propósito deliberado que estendo esta mão e que a sinto: o que ocorre no sono não parece ser tão claro nem tão distinto quanto tudo isso. Mas, pensando cuidadosamente nisso, lembro-me de ter sido muitas vezes enganado, quando dormia, por semelhantes ilusões. E, detendo-me neste pensamento, vejo tão manifestamente que não há quaisquer indícios conclusivos, nem marcas assaz certas por onde se possa distinguir nitidamente a vigília do sono, que me sinto inteiramente pasmado: e meu pasmo é tal que é quase capaz de me persuadir de que estou dormindo.*

Da perspectiva do sonhador, não há em geral consciência da diferença entre sonho e realidade. Além disso, quando estamos acordados as imagens de nossos sonhos desempenham papel importante em nossa percepção da realidade. Nosso inconsciente é estrutura essencial na constituição de nossa personalidade e de nossa concepção do real, além de desempenhar o papel de arquiteto e controlador de nossos sonhos. A nebulosa fronteira entre realidade e sonho espelha a falta de nitidez da distinção entre consciente e inconsciente.

Entretanto, quando estamos acordados nosso senso de realidade difere da sensação de que estávamos sonhando. Quando estamos sonhando, podemos não distinguir realidade de sonho, mas quando estamos acordados essa distinção é geralmente nítida. Cortar a mão dói quando estamos acordados, e muitas vezes não temos segunda chance para errar quando lidamos com a realidade nem podemos voltar no tempo para recomeçar. Não podemos interromper a realidade como interrompemos um sonho, temos de consertar o barco enquanto estamos navegando em alto-mar. A temporalidade é uma das características essenciais da realidade. A força da alteridade do real se dissolve nos sonhos porque perdemos a noção das fronteiras, mas quando temos consciência de que não estamos sonhando, temos uma noção bem mais clara da diferença entre sonho e realidade.

Além disso, em algumas situações conseguimos estabelecer um controle consciente sobre alguns sonhos, avaliando de dentro do sonho que estamos sonhando ou mesmo interrompendo-o, quando um pesadelo se torna muito intenso, por exemplo. Em casos ainda mais extremos, não apenas estamos conscientes de que estamos sonhando, mas conseguimos ainda determinar o curso do sonho. Trata-se de uma rara habilidade, embora para algumas pessoas ela se apresente de uma maneira mais regular e pronunciada. Elas seriam os Neos da Matrix humana — os 'escolhidos' que podem controlar seus sonhos independentemente do produtor inconsciente de sonhos. Os sonhadores lúcidos são os mestres de seus próprios mundos de sonhos, capitães de sua própria imaginação. Neo aspira a ser — e eventualmente se torna — o sonhador lúcido do mundo da Matrix. Ele pode ignorar os desígnios da Matrix em sua vida de sonhos e impor seu próprio desejo naquilo que experiencia (McGINN, 2005).

Como foi possível perceber, a relação entre sonho e realidade é bastante complexa. Cabe lembrar que casos de lavagem cerebral mostram que é possível mudar a noção de realidade em uma pessoa, inculcando nela ideias e concepções diferentes das que resultam de sua experiência vivencial direta. É possível criar em nossos cérebros e em nossas mentes novas realidades. Drogas e mesmo certas doenças psicológicas como a esquizofrenia geram sensações individuais muitas vezes alucinatórias, e em muitos desses casos a pessoa deixa de diferenciar o que é real e o que são as suas visões ou sua imaginação. Uma pessoa pode sonhar ou ter alucinações, individualmente, mas para algo ser aceito como real necessita da chancela do coletivo. O real aceito por um grupo tem mais força de realidade do que o mundo imaginário de uma pessoa isolada. Nesse sentido, podemos pensar em realidades compartilhadas por certas seitas, que acabam levando a alucinações grupais e mesmo a suicídios coletivos; em 1978, por exemplo, mais de 900 pessoas da seita Peoples Temple, fundada por Jim Jones, se suicidaram em massa bebendo veneno. A força da família e dos grupos que frequentamos, na construção da nossa concepção do real, deve ser sempre lembrada.

É importante também ressaltar o papel do medo na nossa concepção de realidade. Costumamos dizer que o medo paralisa, que ele nos imobiliza e impede de agir. Entretanto, o medo também torna os seres humanos mais atentos, trazendo um sentido de alerta a nossas vidas, e o enfrentamento do medo, ou daquilo que nos gera a sensação de medo, faz com que nos sintamos mais potentes. Não é difícil imaginar que a forma de lidar com o medo tenha sido essencial para destacar o ser humano do restante dos animais — buscamos abrigo, preparamos contra-ataques, tivemos de planejar melhor nossas ações, ficamos mais atentos ao ambiente em que estávamos inseridos. O medo desempenha um papel essencial na construção do real pela espécie humana.

Nesse sentido, cabe também falar sobre a morte, ou sobre o medo da morte. O progresso tecnológico, inclusive da informática, trouxe cada vez mais poder para o ser humano. Já somos tecnicamente capazes de clonar seres humanos; podemos hoje criar robôs com inteligência muito similar e mesmo superior à nossa; prolongamos acentuadamente a expectativa de vida de um ser humano; e assim por diante, mas todo esse progresso não foi capaz de aperfeiçoar o nosso controle sobre a morte. O ser humano é um *ser-feito-para-a-morte* e a consciência dessa finitude faz parte integrante de nossa concepção do real. Não sabemos com certeza se existe vida após a morte ou se a nossa vida termina efetivamente quando morremos, não sabemos se algum tipo de consciência sobrevive à morte de nosso corpo, não sabemos exatamente com que idade e como vamos morrer, e essa angústia existencial perpassa, mesmo que inconscientemente, nossa construção da realidade. Segundo Mark Kingwell, é desagradável e difícil pensar que morreremos, e por isso estamos sempre buscando maneiras de desviar nossa atenção da consciência de nossa própria mortalidade; a velocidade contemporânea, em função do estímulo sensorial que proporciona, seria uma estratégia de distração (apud HONORÉ, 2005, p. 46). Como já vimos na primeira parte deste livro, a morte parece ter sido expulsa da reflexão ocidental, tornando-se praticamente um tabu. É possível pensar que a filosofia e a razão ocidental tenham se estabelecido sobre o túmulo da morte, e isso é claro quando observamos que o tema está incrivelmente ausente da discussão filosófica, desde Platão. Nesse sentido, o medo da morte seria o ponto cego de nossa concepção da realidade.

## 7.3 Metafísica da realidade virtual

Pensando na influência da tecnologia em nossa concepção da realidade, podemos de imediato perguntar: a tecnologia não estaria nos afastando da realidade? Não estaria nos separando do real em direção ao artificial? Não estaria encobrindo aquilo que tem mais valor no real, sua espontaneidade, em troca da automatização de uma realidade virtual?

O desenvolvimento tecnológico de ambientes de realidade virtual trouxe novo fôlego para as discussões metafísicas. Em ambientes de realidade virtual, fazemos com que as simulações dos computadores realizem coisas e, ao contrário da pintura e televisão, somos capazes de interagir com objetos de maneiras que lembram as nossas interações com a realidade. Em exemplos extremos de vivacidade, ocorre uma imersão sensorial total do sujeito no objeto; portanto, podemos afirmar que, enquanto de um lado a mídia impressa e o rádio *dizem* e, de outro, o palco e a tela *mostram*, a realidade virtual, por sua vez, *incorpora*. Na realidade virtual, um usuário pode modificar a forma e o conteúdo do ambiente mediado em tempo real, além de poder compartilhar com outros a mesma interação.

Ao contrário do sonho, da imaginação e da fantasia, que são experiências privadas, a experiência da realidade virtual pode ser compartilhada e possibilita interação entre diversos participantes. Assim, a realidade virtual pode ser definida como uma *alucinação consensual gerada por computadores*. Quando duas pessoas se encontram em um ambiente de realidade virtual, duas consciências estão experienciando as mesmas coisas. Independentemente do nível de controle consciente que alguém possua em um sonho, ele, ao contrário da realidade virtual, é uma experiência privada de uma consciência.

O jogo *Tibia* é um exemplo de uma alucinação consensual gerada por computador.

Nesse sentido, podemos citar como exemplo o jogo Tibia, um dos mais antigos jogos de RPG via Internet. Foi criado em 1997 e funciona da seguinte forma: cada personagem inicia sua jornada em uma ilha onde aprende os fundamentos do jogo (lutar contra monstros, manipular objetos etc). À medida que lutam, ganham forças e, quando atingem certo número de pontos, avançam de nível. Quando atingem o nível 8, os personagens podem sair da ilha, escolher uma cidade natal e profissão. Dentro do jogo, os participantes têm acesso a chats divididos por assunto. (O site oficial do jogo é <http://www.tibia.com/mmorpg/free-multiplayer-online-role-playing-game.php>)

Mesmo o uso de drogas em grupo acaba gerando alucinações apenas individuais. A literatura tem, sem dúvida, o poder de gerar o compartilhamento de uma alucinação, mas sem a mesma força sensorial da realidade virtual. Quando tocamos em um espelho, percebemos rapidamente a ilusão de que a imagem refletida não corresponde à realidade, mas a realidade virtual não se limita a refletir, e podemos tocar objetos virtuais sem perceber de imediato sua diferença em relação aos objetos reais. Passamos a lidar, então, com o conceito de realidade aumentada.

> No jogo *Second Life*, além de ser possível conhecer uma reprodução virtual das Ilhas Galápagos, você pode refazer a viagem de Darwin.

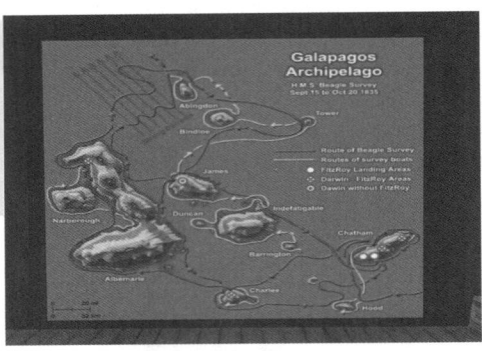

Mundos virtuais on-line 3D permitem experiências incríveis de imersão. A Universidade de Cincinnati, por exemplo, recriou no Second Life as ilhas Galápagos. Você pode refazer a viagem de Darwin a bordo do Beagle, com narração no chat de texto, além de explorar a ilha, que tem galeria e museu, num fantástico projeto coordenado por Chris M. Collins (2008).

Interessantes experiências têm sido realizadas com realidade cruzada (*cross-reality*), também denominada *realidade-x* ou *realidade dual*. Informações do mundo real são transmitidas por sensores para mundos virtuais, permitindo a interação mútua e integração entre os dois universos. No Responsive Environments Group do MIT Lab, por exemplo, sensores e redes ligam o espaço do laboratório real a um espaço de laboratório virtual no Second Life. Dessa convergência surge um mundo paralelo, tema de muitos livros de ficção científica, que tende a mudar a forma como as pessoas interagem entre si e com seus ambientes, influenciando diretamente as redes sociais (LIFTON, 2007 e COLEMAN, 2009).

O PEO STRI (Program Executive Office for Simulation, Training & Instrumentation) é um centro de aquisição de excelência do Departamento de Defesa norte-americano, o qual fornece soluções em simulações, treinamento e testes. Nos próximos anos, desenvolverá o Game After Ambush, que deve integrar dados do mundo real disponíveis nos sistemas de comando de batalha, permitindo que os treinadores modifiquem o jogo dinamicamente, editem o terreno, alterem os cenários e mexam em estradas, muros, clima e personagens coadjuvantes, preparando melhor os soldados para o combate.

Ambientes de realidade virtual e de realidade aumentada estariam começando a gerar novos estilos de aprendizagem. Experienciar um objeto de fora é diferente de experienciá-lo de dentro, o que possibilita o aprendizado situado. Se o ambiente é mais próximo da realidade, o grau de transferência do aprendizado tende também a ser maior.

Mas objetos virtuais são constituídos de *bits*, ao contrário dos objetos reais. Os objetos virtuais distinguem-se dos objetos reais, pois são compostos a partir de processos computacionais. Lábios vermelhos e carnudos virtuais não são lábios vermelhos e carnudos reais, mas sim lábios vermelhos e carnudos que existem apenas dentro de um computador.

Assim como no caso da imaginação e dos sonhos, falta o caráter de alteridade à realidade virtual. Podemos errar em um videogame, podemos voltar atrás, chances que nem sempre a realidade nos oferece.

Podemos também traçar diferenças entre a realidade virtual e a ficção. Histórias baseiam-se em nossa imaginação, à qual a realidade virtual oferece muito menos espaço, já que o espaço normalmente ocupado pela imaginação entre a experiência e a realidade encontra-se preenchido por dispositivos eletrônicos da mídia. Ler sobre encontros com tigres não se parece com encontrar tigres, enquanto uma experiência virtual de encontro com tigres parece-se bem mais com a experiência real. A experiência virtual de um objeto é mais próxima da experiência real de encontrar esse objeto do que ler ou assistir a um filme sobre ele. Talvez possamos pensar numa escala de vivacidade e intensidade na qual a realidade virtual estaria posicionada após a ficção e antes da realidade (GRAHMAN, 2001, p. 156-157). Veja no Quadro 7.1 um exemplo dessa escala de realidades. Mas, cabe lembrar, os encontros virtuais normalmente não oferecem os perigos dos encontros verdadeiros com a realidade. Na realidade virtual, perdemos o senso das consequências. Já vimos a importância do medo na constituição da nossa realidade; para viver, é necessário mais cuidado do que nas brincadeiras virtuais. Como gostava de repetir Riobaldo, o narrador-personagem de *Grande Sertão: Veredas*: "viver é muito perigoso".

Podemos então formular uma nova pergunta: a realidade virtual multiplica a realidade (abrindo espaços para realidades adicionais) ou a empobrece (já que a realidade como que desaparece nas telas)? A lógica binária, que está por trás das construções virtuais, seria um milagre ou uma limitação? Como afirma Borgmann, é incrível que a combinação de dois signos e uma ou duas operações seja poderosa o suficiente para realizar os cálculos mais complexos, conter e controlar música, capturar e manipular imagens, processar palavras, pilotar robôs e guiar mísseis (BORGMANN, 2000, p. 166).

A terapia virtual, por exemplo, tem se mostrado um importante apoio no tratamento de distúrbios psicológicos como o medo de altura, de avião ou de lugares fechados, assim como o estresse pós-traumático dos veteranos de guerra. Os pacientes imergem em um ambiente virtual que pode simular, por exemplo, a visão panorâmica de um prédio alto, uma viagem de avião, um passeio de elevador ou o cenário da guerra. Os psicólogos podem acompanhar as imagens observadas pelos pacientes, orientando-os e controlando suas funções vitais, entendendo melhor o que eles vivem ou viveram. A terapia virtual permite aos indivíduos vencer seus medos paulatinamente, já que vários sentidos são estimulados simultaneamente, muitas vezes de uma maneira mais efetiva do que a simples conversa com o terapeuta, pois o que caracteriza a terapia tradicional é basicamente a linguagem verbal.[2]

| Quadro 7.1 | Experiências real, virtual e fictícia de uma queda |
|---|---|

**Real:** no mundo real, você cai do 30º andar de um prédio. Durante a queda, seu corpo sofre o efeito da aceleração gravitacional até atingir uma velocidade máxima. A queda ocorre em um espaço determinado durante um tempo determinado.

**Virtual:** em um programa de computador, a maleabilidade da realidade virtual permite a criação de um avatar que reproduza suas características físicas, bem como as do meio em que ocorreu a queda. Assim, a queda ocorre seguindo as mesmas leis físicas do mundo real. Obviamente, você não tem acesso à completude da experiência real — a sensação do ar se deslocando no seu rosto, a dor dos traumatismos físicos e a própria morte, por exemplo — contudo, aspectos visuais e auditivos da experiência real podem ser reproduzidos com bastante fidelidade.

**Fictícia:** você lê um texto que narra a sua queda; você escuta a narrativa da sua queda; você assiste à encenação da sua queda. Seja como for, todas essas ações foram filtradas pela sua imaginação. Vamos prosseguir tomando a leitura como exemplo. Ela não vai seguir os mesmos parâmetros físicos de tempo e espaço da queda real. A experiência da queda de um personagem que represente você pode durar tanto uma linha quanto 30 páginas. Assim a queda não vai durar o tempo real da queda, mas o tempo da sua leitura.

---

2  Veja, por exemplo, o site Virtually Better. Disponível em: <http://www.virtuallybetter.com/>.

> *Cabe sempre lembrar: uma característica essencial da realidade virtual é a sua artificialidade.*

Mas podemos também pensar no ciberespaço como uma caverna infinita para seres finitos encarnados (GIBSON apud HEIM, 1999, p. 80). Experiências excessivamente retocadas, como os animais vistos por câmeras no *Animal Planet* ou os passeios pela Disney, tiram valor dos nossos encontros com a realidade. Cabe sempre lembrar: uma característica essencial da realidade virtual é a sua artificialidade. Nossa experiência direta com a realidade fica assim, de antemão, envenenada. Com a realidade virtual, tornamo-nos menos capazes de absorver informações naturais na velocidade da vida real (TURKLE, 1997, p. 238). A realidade virtual muitas vezes amplifica em excesso seus objetos, e no final os objetos reais podem parecer bem menos interessantes, inclusive porque são muitas vezes mais confusos. Nossas experiências da realidade são, em geral, muito menos organizadas que nossas experiências virtuais. Por isso, é possível defender este aparente paradoxo: a estabilidade do mundo depende de nosso constante senso de incerteza e instabilidade em relação ao nosso mundo (TODE apud DREYFUS, 2003, p. 56).

A metafísica é a parte da filosofia que estuda a estrutura da realidade, que pretende penetrar por trás das aparências e descobrir o funcionamento dos objetos. Como vimos, o mito da caverna de Platão procura ilustrar que a realidade pode se mostrar de uma maneira, em sua aparência, mas ter na verdade uma estrutura diferente e conflitante com essa aparência. Assim, muitas vezes temos de abandonar nossa perspectiva de observador para melhor compreender a realidade. Com a existência de realidades virtuais, como fica agora a relação entre aparência e realidade? Assim, é necessário rever as perguntas metafísicas da tradição filosófica ocidental.

Se as TVs mudaram a nossa forma de enxergar o mundo e se o meio é a mensagem, a realidade virtual tende também a influenciar nossa visão da realidade, administrando, alterando e ampliando nossos sentidos. Experiências virtuais determinam a maneira pela qual enxergamos a realidade.

Nosso percurso inicial parece ter gerado mais perguntas do que respostas. Seria a realidade virtual um imenso perigo para a humanidade ou uma terapia? Se, de um lado, riquezas sem precedentes podem resultar da aplicação inteligente da realidade virtual, como melhores remédios, novas ferramentas de pensamento, robôs mais inteligentes, prédios mais seguros, sistemas de comunicação aperfeiçoados, mídias extremamente eficientes para a educação, agilidade na economia e em finanças e novas e infinitas maneiras de o ser humano brincar, de outro, como sabemos, a realidade virtual tem gerado efeitos sociais negativos.

Descartes utiliza a ideia de um gênio maligno, um enganador, alguém que é extremamente poderoso, malicioso e ardiloso e que emprega todas as suas forças para nos enganar. A ideia de que nossa realidade não passa de algo controlado por outras mentes ou por máquinas, como em *Matrix*, é um tema filosófico. Nick Bostrom, filósofo da Universidade de Oxford, defende que vivemos uma simulação de computador (BOSTROM, 2005). O astrônomo Martin Rees e o matemático John Barrow, da Universidade de Cambridge, defendem a teoria do multiverso, afirmando que o mundo pode ser virtual e que podemos estar vivendo uma realidade simulada, apenas uma parte do multiverso. A vida, o universo e todas as coisas poderiam não ser mais do que uma simulação de um computador gigante, desenvolvido por alguma civilização bem mais avançada que a nossa, sendo os seres humanos simples pedaços de software.

O tema já tem sido explorado intensamente pelo cinema, além dos três episódios de *Matrix* (1999-2003), em filmes como: *Mundo em cabos* (1973), de Rainer Werner Fassbinder; *Dark city* (1998), de Alex Proyas; *eXistenZ* (1999), de David Cronenberg; *Vanilla sky* (2001), de Cameron Crowe, refilmagem de *Preso na escuridão* (1997), de Alejandro Amenábar etc. Dentre essa extensa lista cinematográfica podemos destacar ainda dois filmes: *13º andar* (*The thirteenth floor*, 1999, Josef Rusnak) e *O show de Truman — o show da vida* (*The Truman show*, 1998, Peter Weir).

No primeiro filme (adaptado do romance de ficção científica *Simulacrom 3*, do francês Daniel F. Galouye), uma máquina transporta as pessoas para um lugar no passado, mas em vários momentos perdemos a noção de quando os personagens estão na realidade e quando estão em uma realidade simulada. No segundo, o protagonista Truman (Jim Carrey) vive, sem saber, em um reality show que é televisionado para o mundo inteiro, considerando ser real o universo virtual em que habita.

Mesmo que não queiramos desconfiar de um gênio maligno ou de uma Matrix, quando pensamos na figura de um Deus criador torna-se necessária uma discussão similar. Se o mundo foi criado por Deus, não deixa de ser uma realidade virtual, algo que estaria passando em sua mente. Se algum ser criou o mundo, não deixamos de viver em uma Matrix. O Céu cristão é talvez um exemplo bastante nítido de realidade virtual ou mesmo de uma Matrix. Uma questão em que insiste o filósofo alemão Nietzsche, em boa parte de sua obra, é se queremos colocar o peso da realidade no aqui e agora ou em outra vida que não sabemos se existe. Conceber um mundo sem Deus não significa construir um conceito libertino de realidade, em que cada um faz o que quiser, mas, ao contrário, o fato de darmos mais valor à realidade que vivemos hoje pode tornar-nos seres humanos mais responsáveis. Religião, moralidade e senso social teriam nascido juntos, segundo Freud, mas a exclusão da religião não significa necessariamente o desmoronamento da moralidade e do senso social.

> Seria a nossa realidade uma virtualidade da mente de Deus?

Se, de um lado, temos a possibilidade de nos igualar a Deus e criar novas realidades, de outro, corremos também o mesmo risco do doutor Victor Frankenstein, que em certo momento perdeu o controle sobre sua criatura. O monstro pode fugir do controle do criador. Tendo essa referência, a hipótese da Matrix deve ser tomada seriamente, pois é possível que a tecnologia passe a criar simulações computacionais da realidade cada vez mais precisas e menos virtuais. Poderemos ter cada vez mais realidades de simulações computacionais competindo pelo estatuto de realidade com o que consideramos hoje nossos reais reais. Que importância restaria então para a realidade, para a originalidade do real?

Segundo Russell (apud BORGMANN, 2000, p. 218), dissolveu-se a diferença entre a área focal da proximidade das coisas e a área periférica da informação sobre as coisas, na cognição, na emoção, no trabalho e no lazer. Possuímos hoje mais informação sobre o mundo do que nunca, mas a própria realidade encontra-se mais profundamente enterrada sob toda essa informação. Experiências virtuais têm levado a realidade das pessoas e coisas a parecerem ofensivamente pesadas e cruéis. É possível que, cada vez mais, tenhamos a necessidade existencial de voltar a sentir a sensação da realidade.

Velha falha dos filósofos: quanto mais filosofamos, mais perguntas e mais longe das respostas. A realidade real seria mais ampla que a realidade virtual? Por que escolheríamos viver em um mundo miserável, perigoso e ameaçado de extinção, no lugar de um mundo de aparências estáveis e satisfatórias? A realidade seria melhor que a Matrix, ou a Matrix melhor do que a realidade?

O andar da carruagem tecnológica pode nos levar tanto a um pesadelo quanto ao aumento de nossa liberdade e de nosso poder. Segundo Howard Rheingold (1992), para que direção ela irá — *dystopia* [um lugar ou estado imaginário em que a condição de vida é extremamente ruim, por privação, opressão ou terror] ou *empowerment* [energização] — depende em parte de como as pessoas reagem ao desvelar da realidade como uma construção perceptivo-cognitiva. Veremos no Capítulo 10, sobre filosofia da linguagem, como a realidade é construída. Para onde estamos caminhando, para onde gostaríamos de caminhar e para onde não gostaríamos, isso cabe a nós discutir e decidir. Cabe ao ser humano se redefinir e refazer outra questão filosófica por excelência: qual é a natureza do ser humano? Como afirma Rheingold (1992, p. 389), "após um ano e meio me debatendo com questões levantadas pela emergência da tecnologia da realidade virtual, eu ainda me encontro fazendo perguntas que achei que tinha deixado para trás nas aulas de filosofia da faculdade".

No *Discurso do método*, Descartes afirma que, quando viajamos, nos tornamos estrangeiros em nossa própria terra (DESCARTES, 1996, p. 39-41). O fato de conhecermos diferentes culturas e diferentes costumes, de saltarmos constantemente para além dos nossos limites, acaba trazendo uma riqueza incomensurável de conhecimentos, aguçando nossa sensibilidade e ampliando nossa perspectiva. Mas, ao mesmo tempo, as viagens geram um sentimento de estranhamento em relação a nossa própria cultura, ao nosso meio e aos nossos costumes. Segundo Descartes, essa ameaça pode ser aproveitada positivamente:

> *De modo que o maior proveito que daí tirei foi que, vendo uma porção de coisas que, embora nos pareçam muito extravagantes e ridículas, não deixam de ser comumente acolhidas e aprovadas por outros grandes povos, aprendi a não crer demasiado firmemente em nada do que me fora inculcado só pelo exemplo e pelo costume; e assim, pouco a pouco, livrei-me de muitos erros que podem ofuscar a nossa luz natural e nos tornar menos capazes de ouvir a razão.*

Assim, a viagem seria uma forma de ultrapassarmos nossos limites, de superarmos as amarras do *aqui* e *agora*. O viajante é obrigado constantemente a se reformular, a procurar um novo caminho para superar a confusão e as dúvidas e para reorganizar o excesso de conhecimento. É nesse mesmo sentido que Sherry Turkle (1997, p. 263) propõe que encaremos as viagens virtuais:

> *A virtualidade não precisa ser uma prisão. Pode ser a jangada, a escada, o espaço de transição, a moratória que é descartada após alcançarmos maior liberdade. Não precisamos rejeitar a vida na tela, mas tampouco precisamos tratá-la como uma vida alternativa. Podemos utilizá-la como um espaço para crescimento. Tendo literalmente escrito nossas personas on-line na existência, estamos em uma posição de ser mais conscientes daquilo que projetamos em nossa vida diária. Como o antropólogo retornando ao lar de uma cultura estrangeira, o viajante na virtualidade pode retornar ao mundo real mais bem equipado para entender seus artifícios.*

Retornar da viagem à realidade virtual pode nos ajudar a compreender melhor a artificialidade do real, inclusive os aspectos em que a realidade é construída por nossa percepção, nosso pensamento, nossa linguagem e nossa cultura.

O existencialismo, por sua vez, defende que nossa liberdade para desbravar novos mundos é nossa essência e nossa natureza, que nos distinguem como seres humanos. Essa liberdade implica que não esteja dada uma opção preexistente de mundos possíveis. Cada realidade existe apenas quando é desvelada e construída. Nesse sentido, podemos perguntar se seria possível pensar em um computador programado com um modelo do mundo capaz de antecipar a criação de todos os mundos possíveis antes de eles serem desvelados e construídos pelos próprios seres humanos. Ser humano significa, para o existencialismo, ser transformador e construtor de realidades. Uma mudança na realidade dos seres humanos é uma mudança no nosso mundo compartilhado publicamente, e isso ocorre por meio das mudanças culturais, das influências difíceis de mensurar das línguas, da interação entre nossa consciência e nosso inconsciente, de nossas fantasias e de nossa imaginação, e assim por diante, o que até hoje não se demonstrou possível programar. O ser humano modifica constantemente a perspectiva pela qual observa seus objetos, cria novos objetos, estabelece fissuras em porções que antes pareciam contínuas e sólidas do real, de maneira que um código teria de ser constantemente reformulado para representar a forma como nos relacionamos com a realidade. Aliás, continuaríamos a ser humanos habitando mundos construídos por computadores?

## 7.4 Filosofia da religião e Deus

A filosofia da religião[3] estuda os fenômenos religiosos, concentrando-se em geral nas afirmações com pretensão de verdade das religiões, dentre as quais se destacam as afirmações a respeito da existência e natureza de Deus. Em muitos casos, a religião defende que parte dessas verdades não seria acessível pela razão, mas apenas pela revelação e pela fé. Nesse sentido, a experiência religiosa se localizaria no campo do sagrado, absoluto ou transcendente, não acessível nem mesmo à filosofia.

Pode-se detectar na filosofia da religião contemporânea uma preocupação em abandonar tais questões metafísicas e se fixar no estudo da religião comparada.

Diversas disciplinas ocupam-se de Deus, como filosofia da religião, metafísica, história das religiões, teologia dogmática e teologia filosófica (também denominada teologia natural, teodiceia ou filosofia de Deus).

As religiões muitas vezes defendem que Deus se encontra fora e acima do tempo, que é eterno, sem princípio nem fim. Além disso, Deus saberia tudo, estando presente em toda parte com seu pensamento.

Uma crítica que normalmente se coloca à noção de Deus é que ela limitaria ou mesmo inviabilizaria a liberdade humana. Na verdade, a definição de liberdade humana é bastante variável. Os defensores da religião afirmam que a liberdade divina cria novos horizontes e novos espaços para a liberdade humana. Nossa liberdade seria finita, incapaz de dominar tanto o mundo exterior como interior. Assim, a liberdade humana teria na divina sua origem primeira e seu fim último. Sem a liberdade divina, a liberdade humana tornar-se-ia dependente do destino ou do acaso. Ela seria, portanto, inconcebível sem a liberdade divina.

Deus é uma palavra que está, portanto, associada a um conceito, cuja construção é sem dúvida bastante complexa. Alguns quebra-cabeças interessantes podem nos ajudar a refletir sobre o conceito de Deus.

Por exemplo: Deus todo-poderoso pode fazer uma pedra tão pesada que mesmo Deus não consiga levantar? Independentemente da resposta que se dê a essa questão, sempre haverá pelo menos uma coisa que Deus não pode fazer (produzir a pedra ou levantá-la), parecendo então que Deus não pode ser todo-poderoso.

Outro exemplo: Deus é imutável e onisciente. Se Deus é onisciente, deve agora saber e acreditar que hoje é terça (e não segunda ou quarta), amanhã deverá saber e acreditar que é quarta e não terça, e assim por diante. Se isso é assim, as crenças de Deus se modificam, e como uma mudança de crença é uma mudança interior, Deus não seria imutável. Então, parece que Deus não pode ser imutável se for onisciente.

Outra crítica comum à noção de Deus é a de que, se Ele existisse, não permitiria que fizessem o que fazem com o seu nome. Em nome de Deus, se justificam as guerras. Saramago afirma que "precisamente por causa e em nome de Deus é que se tem permitido e justificado tudo, principalmente o pior, principalmente o mais horrendo e cruel".[4] Após os ataques ao World Trade Center, foi comum escutar a pergunta: onde estava Deus em 11 de setembro? O Deus do cristianismo norte-americano, é bom que se lembre. Afinal, não existem vários deuses, para

---

[3] O verbete *philosophy of religion* no *Cambridge Dictionary* é um primor pela concisão e quantidade de informações que consegue transmitir. Em algumas passagens no restante deste capítulo, aproveitaremos a curta apresentação sobre o tema feita por Philip L. Quinn. In: AUDI, R. (ed.). *The Cambridge Dictionary of Philosophy*. Cambridge: Cambridge University Press, 2009, p. 696-700.

[4] O artigo é muito interessante, por isso sugiro a leitura integral em <http://www1.folha.uol.com.br/folha/mundo/ult94u29519.shtml>.

diferentes religiões? Por que razão o nosso Deus seria o correto, por que somente nós teríamos acertado, e os outros deuses seriam ilusões?

O argumento do mal é também costumeiramente utilizado para questionar a existência de Deus. Se Deus é o criador do universo, é bom, onipotente e onisciente, como é possível existir tanto mal no mundo? Um ser bom e com poderes ilimitados não poderia ter criado um mundo sem mal? Ou não poderia, pelo menos, impedir que o mal acontecesse em algumas situações? Como é possível conciliar a existência de Deus com um mundo repleto de sofrimento?

Várias defesas são utilizadas contra o argumento do mal. Uma delas diz que o sofrimento é necessário para a existência de sentimentos mais nobres, como a compaixão, por exemplo. Poderíamos assim justificar a existência do mal com base em bens maiores, proporcionados justamente pelo mal. O mal teria sido colocado no mundo para permitir que as grandes ações de santos e heróis acontecessem.

Outra defesa contra o argumento diz que Deus criou seres livres e por isso com liberdade inclusive para cometer o mal. Assim, o mal e o sofrimento seriam o custo que teríamos de pagar por um bem novamente maior, o livre-arbítrio e a liberdade dos seres humanos. Mas é possível separar o mal em pelo menos dois tipos: morais (ou realizados pelos seres humanos) e naturais. Por que Deus permitiria também o mal natural? O que isso tem a ver com liberdade? Em função de que se justificam terremotos e outras catástrofes naturais? E no caso de exemplos de mal moral, como abuso de crianças, extermínios, guerras etc., seria possível justificá-los em função de um bem maior?

Uma defesa mais rebuscada contra o argumento do mal afirma que a existência de um mundo sem mal é impossível. O ser humano sempre considerará alguma coisa má, quando seus desejos e vontades não forem correspondidos. E um mundo sem desejos e vontades seria um mundo sem emoções e sem sentimentos, que automaticamente seria considerado mau. Além de que, o nível de sofrimento suportado pelas pessoas varia bastante. Portanto, como um mundo sem mal é inconcebível, um mundo considerado mau pelos seus habitantes não seria incompatível com a existência de Deus.[5]

Outra defesa, que você certamente já ouviu, é que o mal do mundo é causado por Satanás, com quem Deus desenvolve uma luta feroz no universo.

## 7.5 Provas da existência de Deus

Na história da filosofia, produziram-se várias provas da existência de Deus. Elas se tornam ainda mais interessantes porque se pode dizer que não há provas da não-existência de Deus — é muito mais fácil provar que uma coisa existe do que provar que ela não existe. Essas provas, que fazem parte da teologia natural, são em geral divididas em quatro grandes grupos: ontológicas, cosmológicas, teleológicas e morais, conforme Quadro 7.2.

Vejamos como os argumentos da existência de Deus se apresentam na história da filosofia.

Na Antiguidade, embora o conceito de Deus seja amplo e múltiplo, é possível encontrar diversos argumentos a favor da existência de Deus em Platão, alguns dos quais foram desenvolvidos com mais rigor lógico por Aristóteles e transformados em silogismos (veja Quadro 7.3). Outros filósofos antigos que merecem ser citados são Fílon de Alexandria e Plotino.

Na Idade Média, desenvolveu-se uma longa tradição no cristianismo, da qual podemos citar Santo Agostinho, Santo Anselmo, São Tomás de Aquino, entre outros.

Santo Agostinho propõe a via da verdade para chegar a Deus: como existem em nossa mente verdades imutáveis e eternas, elas não podem ser frutos de uma

---

5  Você pode ler um texto interessante escrito por Jaime Quintas sobre essa ideia em: <http://criticanarede.com/html/fil_mal.html>.

### Quadro 7.2 — Tipos de provas da existência de Deus

**Provas ontológicas:** estão baseadas na ideia de Deus, sendo sua existência deduzida diretamente da sua essência, ou seja, o conceito de Deus já implicaria a sua existência. Um exemplo clássico de prova ontológica é a de Santo Anselmo.

**Provas cosmológicas:** estão baseadas no cosmo, no princípio de causalidade e no fenômeno do devir. Se há coisas no mundo que estão passando por mudanças, teria de haver uma causa primeira para essas mudanças, que não é causada por mais nada. Outra versão do argumento é: se há seres contingentes, eles devem ter sido causados a existir por outros seres, e no início da cadeia deve existir um primeiro e necessário membro.

**Provas teleológicas (analógicas):** estão baseadas na ordem das coisas e no princípio de finalidade. O mundo se pareceria com uma máquina, que portanto teria de ter sido produzida por um designer inteligente. Um exemplo clássico de prova teleológica é proposto por São Tomás de Aquino, comentado a seguir. Uma variação das provas teleológicas são as provas antropológicas, que chegam a Deus partindo do homem, assim denominadas por Mondin (1997).

**Provas morais:** relacionam a moral com a vontade de Deus. Kant será estudado a seguir como um exemplo.

inteligência mutável e sujeita ao tempo. A verdade que se encontra em nós nos remeteria à Verdade transcendente, ou seja, no homem é possível observar indícios claros e significativos da realidade de Deus, como no dever, nos valores, na cultura, na autotranscendência, na pessoa, na linguagem e na dignidade.

Santo Anselmo apresenta uma prova ontológica para a existência de Deus: a ideia de Deus corresponde necessariamente a uma realidade efetiva, implica sua existência. Embora outros filósofos, como Descartes e Leibniz, apresentem argumentos ontológicos para a existência de Deus, o de Santo Anselmo tornou-se mais célebre. As provas aparecem em duas obras, *Monologium* e *Proslogium*. A ideia que temos de Deus é um ser sobre o qual não se possa pensar nada maior do que ele. Portanto, ele não pode existir apenas no intelecto, mas tem de existir também na realidade, senão seria possível pensar em algo maior do que ele, já que o que existe na realidade é maior e mais perfeito do que o que existe apenas no pensamento. Essa prova é *a priori*, pois parte da essência de Deus, sem envolver nada do mundo.

A filosofia do Ser em São Tomás de Aquino abriu uma nova via para ascender a Deus. A prova ontológica da existência de Deus de São Tomás de Aquino é diferente da de Santo Anselmo porque não se baseia na essência, mas no ser, e é *a posteriori* (ou indutiva, pois assume como ponto de partida algum fenômeno deste mundo), não *a priori* (que parte da ideia de Deus). Ela pressupõe uma ideia do ser, perfeição absoluta, mas parte das relações dos entes com o ser, relações de finitude, participação e gradualidade. O ser é a raiz de tudo, a mais perfeita de todas as coisas, a forma de todas as formas. Os entes, por sua vez, são finitos, participam do ser, que é então Deus, dos quais todas as coisas participam e se originam.

### Quadro 7.3 — Argumentos platônicos e aristotélicos a favor da existência de Deus

**Platão**

**Movimento:** há um princípio universal do movimento, que não é movido por nada, movendo-se a si mesmo, um motor supremo.

**Causalidade:** todas as coisas têm uma causa que também tem, por sua vez, uma causa, remontando assim a uma causa primeira, fonte das outras.

**Ordem:** a ideia de Ordem exige uma Mente organizadora suprema.

**Graus de perfeição:** a ideia de Perfeição exige um ser perfeito.

**Aristóteles**

**Movimento:** existe um Motor imóvel, pois tudo o que se move deve ser movido por outros, já que não é possível realizar a regressão *ad infinitum*.

**Graus de perfeição:** "Onde houver graus de bondade, haverá também algo de ótimo. Ora, entre as coisas existentes constatamos que algumas são melhores do que outras. Portanto, existe uma coisa ótima, que é necessariamente divina."

**Fonte:** Diálogos sobre filosofia III, frag. 16 apud MONDIN, Battista. *Quem é Deus?*: elementos de teologia filosófica. São Paulo: Paulus, 1997, p. 198.

Tomás de Aquino propõe cinco vias para provar a existência de Deus, que não são propriamente tomistas, pois no fundo já existiam, tendo ele apenas as aperfeiçoado. Elas estão baseadas no fluir, na causalidade segunda, na contingência, nos graus de perfeição e no finalismo. As cincos vias são definidas no Quadro 7.4.

Um dos argumentos para a existência de Deus é a metáfora de que o mundo é uma máquina, que, portanto, precisa de um artífice para operá-la e de uma inteligência por trás dela. Esse argumento teleológico é defendido por Aquino. Percebemos que as coisas com falta de inteligência atuam para um fim, de forma a atingir o melhor resultado. Isso sugere uma analogia entre a natureza e os artefatos humanos, que são produtos de um designer inteligente. Essa analogia sustenta a afirmação de que o mundo como um todo é como uma vasta máquina. Por consequência, o mundo e suas partes são provavelmente produtos do design de uma inteligência parecida com a humana, mas muito mais ampla.

Podemos ainda mencionar outros filósofos que abordaram o tema: Moisés Maimônides (1138-1204), médico, filósofo e teólogo judeu, introduziu a ideia da potencialidade, ou seja, a ideia de que deve existir uma causa primeira que intervenha na passagem da potência ao ato; Duns Scotus (1265-1308) propôs uma via especial para chegar a Deus; Descartes, que chega a provar a existência de Deus tanto *a priori* quanto *a posteriori*; Spinoza, que prova a existência de Deus *a priori*, relacionando-a com a substância; Leibniz, que vê Deus como possibilidade, singularíssima, que implica sua existência — se é possível, deve existir; e Gianbattista Vico, que faz uma demonstração baseada na história, que pressuporia um organizador.

Na Idade Moderna, Kant é importante tanto por apontar inconsistências nas três principais provas da existência de Deus — ontológica, cosmológica e teológica — quanto por propor um argumento moral, pelo qual a existência de Deus só poderia ser provada pela razão prática. Seu argumento moral propõe que a felicidade deve ser proporcional à virtude, o que justificaria a existência de um ser sobrenatural que garantisse isso.

Tanto na Idade Moderna quanto na Contemporânea, trabalham também na produção de provas da existência de Deus autores como Hegel, Rosmini, Maurice Blondel, Gustavo Bontadini e Jacques Maritain. Peirce, por exemplo, desenvolve o *Argumento negligenciado para a realidade de Deus* (1908), embora ele aborde muito mais a ciência do que Deus propriamente. Não foram certamente mencionados vários outros nomes que poderiam integrar a lista, como Boécio, Alberto Magno, Cusano, Malebranche, Gioberti e Teilhard de Chardin.

---

**Quadro 7.4    Cinco vias para a existência de Deus.**

**Fluir**: o que se move deve, em última instância, ser movido por um princípio que não seja movido por outros.
**Causalidade segunda**: as causas segundas devem ser causadas por uma causalidade primeira.
**Contingência**: o possível deve receber o ser de um ser per si necessário, que não tire dos outros sua própria necessidade.
**Graus de perfeição**: os graus devem receber a perfeição de um grau máximo, causa da perfeição de todos os seres.
**Finalismo**: exige a inteligência de um ser que ordene todas as coisas para um fim.
Deus é, portanto, o motor imóvel, a causa incausada, o ser necessário, o sumamente perfeito e a inteligência organizadora suprema.

**Fonte**: MONDIN, Battista. *Quem é Deus?*: elementos de teologia filosófica. Tradução de José Maria de Almeida. São Paulo: Paulus, 1997. p. 229-243.

## 7.6 Ateísmo

> O ateísmo defende que Deus não existe. Já o agnosticismo reconhece a impotência da razão em relação a Deus.

O ateísmo defende, em linhas gerais, que Deus não existe. É importante diferenciá-lo do agnosticismo, que reconhece a impotência da razão em relação a Deus, sobre o qual não podemos ter conhecimento seguro.

Partindo do princípio de que Deus não existe, seria preciso reformular praticamente toda a construção conceitual e filosófica da tradição ocidental. No mínimo, na maior parte dos casos identificaríamos um espaço vazio nos discursos da razão, o que exigiria uma reformulação da estrutura desses discursos.

Todavia, ao contrário do que muitos acreditam, o mundo não se torna necessariamente uma bagunça sem Deus, mas, como defende Sartre, tornamo-nos mais éticos e mais responsáveis. Temos de fazer as coisas aqui, durante a nossa vida, inclusive exercer a moral.

Vejamos como o ateísmo se desenvolve na história da filosofia.

Na transição mitos/logos, como vimos, é possível identificar um materialismo antigo: Tales identifica na água o princípio do universo, Anaxímenes no ar, Heráclito no fogo, Demócrito nos átomos (aprofundado por Epicuro e seu discípulo Lucrécio), Anaximandro no apeiron ou indeterminado etc. Se estes não são exatamente exemplos de ateísmo, são pelo menos tentativas de identificar princípios na matéria, e não nos deuses.

Dentre os libertinos franceses, que surgem após o Renascimento, no século XVII, destacam-se François de La Mothe Le Vayer (1588-1672), Pierre Gassendi (1592-1655) e Pierre Bayle (1647-1706). Essa corrente libertina francesa fundamenta-se no epicurismo para propagar um ceticismo em relação ao cristianismo e à tolerância religiosa.

É no materialismo inglês, entretanto, que encontramos talvez pela primeira vez fortes críticas contra a religião. Podem ser citados Thomas Hobbes, John Locke, John Toland, Anthony Collins, Conde de Shaftesbury e David Hume.

Analisemos a visão do empirista David Hume para entender melhor o materialismo inglês.

Hume critica a religião principalmente em obras como *Investigação acerca do entendimento* (1748), *História natural da religião* (1757) e *Diálogos sobre a religião natural* (1778). Para Hume, as evidências das leis da natureza em geral desautorizam os milagres, normalmente defendidos com arrogância e intolerância em relação àqueles que têm visões opostas.

> *Um milagre é uma violação das leis da natureza; e como uma experiência constante e inalterável estabeleceu estas leis, a prova contra o milagre, devido à própria natureza do fato, é tão completa como qualquer argumento da natureza que se possa imaginar.* (HUME, 2001)

Seguindo esse pensamento, Hume fez uma importante crítica ao argumento conhecido como *analogia do relojoeiro*. Nesse argumento, o universo é comparado a um relógio em que reconhecemos alguns sinais — a ordem, a complexidade, a estrutura da natureza — a partir dos quais seria possível inferir a existência de um relojoeiro supremo (Deus). Hume, ao contrário, afirma em linhas gerais que o universo é único e sua causa desconhecida, da qual não podemos ter nenhuma experiência.

Em *Diálogos sobre a religião natural*, a crítica ocorre por meio do interessante diálogo entre Cleantes, que defende o argumento do design, e Fílon, que o critica. Em primeiro lugar, a própria estrutura da analogia é criticada. Além disso, cabe lembrar que o mundo é um relógio com inúmeras imperfeições e irregularidades, o que torna questionável a capacidade do relojoeiro. Essa aproximação com os designers humanos também rebaixa a perfeição de Deus. Mas é em um ponto específico que a crítica de Hume se torna brilhante: o universo assemelha-se muito mais a corpos animais e vegetais do que a obras da arte humana, sendo então mais provável que sua causa se assemelhe à causa deles. A origem do universo, portanto, seria mais adequadamente atribuída à geração animal ou vegetal do que à razão ou ao desígnio:

> *O mundo assemelha-se mais claramente a um animal ou vegetal do que a um relógio ou tear. É mais provável, portanto, que a sua causa se assemelhe à causa dos primeiros. A causa dos primeiros é a geração animal ou vegetal. Podemos inferir, portanto, que a causa do mundo seja algo similar ou análogo à geração animal ou vegetal.* (HUME, 1826)

Oito décadas antes da teoria da evolução de Darwin, Hume sugere que a natureza possui capacidade de auto-organização, tendendo para a complexidade!

Em *História natural da religião*, Hume explora as origens e causas da religião, seus efeitos sociais e as relações entre monoteísmo e politeísmo. Hume defende que a ampla (mas não universal nem uniforme) crença num poder invisível e inteligente não resulta de um instinto original ou de uma impressão primária da natureza humana. O politeísmo e a idolatria foram a primeira e mais antiga religião da humanidade, e quanto mais recuamos no passado, mais encontramos a humanidade imersa no politeísmo. Os primitivos encontraram a natureza física não como um todo ordenado, produzido por um designer benevolente, mas arbitrária e amedrontadora, passando a entender essas atividades da natureza como o efeito de poderes triviais que, pela veneração, poderiam ser influenciadas para aperfeiçoar suas vidas. Consequentemente, esses mesmos medos e percepções transformaram o politeísmo em monoteísmo, a visão de que um ser único e onipotente criou e ainda controla o mundo. Para Hume, o monoteísmo seria moralmente retrógrado, tendendo naturalmente para a paixão e a intolerância, um perigo para a sociedade, fonte de violência e causa de imoralidade, enquanto o politeísmo seria tolerante à diversidade e encorajaria virtudes genuínas que aperfeiçoam a humanidade.

O materialismo francês também tem lugar na história do ateísmo, no início do século XVIII, com D'Holbach, La Mettrie, Helvétius, Denis Diderot, Voltaire, Jean Meslier e Sylvain Maréchal. Eles declararam guerra à religião ao mesmo tempo em que incorporaram elementos metafísicos a seu pensamento, concebendo dessa maneira a matéria e a Natureza como potências dinâmicas criadoras.

No início do século XIX, o materialismo alemão, com Karl Vogt, Jakob Moleschott, Ludwig Büchner e Ernst Haeckel, desenvolveu-se paralelamente ao progresso do positivismo e de ciências como química, física e biologia. Para esses filósofos, o homem deveria se ocupar apenas do universo objetivo e real, não se aventurando no universo transcendente. Assim, não havia espaço para falar de Deus.

Hegel, procurando conciliar religião e filosofia, e David Strauss e Bruno Bauer, criticando o cristianismo, devem ser destacados como precursores do ateísmo marxista. Os principais nomes dessa corrente são Ludwig Feuerbach, que defende que o homem inventou Deus, e não o contrário, e Karl Marx, que propõe um ateísmo sociopolítico, pretendendo negar a existência de Deus e acabar com a religião, considerada como um instrumento de alienação e opressão da classe dominante para subjugar as classes dominadas, não contribuindo, portanto, para a realização do ser humano. Seguem-se a eles Engels, Lenin e os estados soviético e chinês, que praticam um ateísmo militante.

Comte e o positivismo propõem um humanismo ateu ou ateísmo científico, com a superação dos estágios teológico e metafísico. O neopositivismo, por sua vez, propõe um ateísmo semântico, fundamentado na linguística e na semântica. Para o Círculo de Viena, incluindo Wittgenstein, a moral, a religião e a metafísica não têm valor objetivo porque não conseguem passar no exame da verificação experimental. Elas têm apenas valor emotivo, subjetivo. Outros nomes dignos de menção são Alfred Ayer e Antony Flew. O progresso das ciências e das teorias sobre a linguagem na época gera naturalmente várias questões: como seria possível falar de Deus, que é por definição inefável? Como seria possível exprimir com palavras uma realidade transcendente? Como seria possível utilizar a linguagem que usamos para explicar os fenômenos objetivos para tentar explicar os fenômenos relacionados à fé?

Schopenhauer e Max Stirner precedem Nietzsche, que decreta a morte de Deus, realizando em obras como *O Anticristo* uma pesada crítica à moral judaico-cristã, que tiraria o peso da vida para colocar no além. Voltaremos a Nietzsche neste e em outros pontos nos próximos capítulos, principalmente quando tratarmos da filosofia da psicologia, no Capítulo 11.

Freud merece também lugar de destaque na história do ateísmo, assim como o existencialismo ateu de Sartre e niilista de Camus, para quem o mal e o sofrimento dos inocentes seriam uma das principais provas contrárias à existência de Deus. Camus propõe uma revolta contra Deus, em favor do homem.

Bertrand Russell (1927) profere sua célebre palestra *Why am I not a christian*, na qual discute várias das provas da existência de Deus e críticas à religião apresentadas até aqui, criticando também duramente a Igreja: "Digo, com toda convicção, que a religião cristã, tal como organizada em suas igrejas, foi e ainda é a principal inimiga do progresso moral no mundo". A Igreja infligiria sofrimento desnecessário e não merecido às pessoas por ter escolhido definir moralidade como um conjunto estreito de regras de conduta que não têm nada a ver com a felicidade humana. Russell critica também os ensinamentos de Cristo — por exemplo, em relação à noção de inferno, sustentada pelo medo. Medo, aliás, que ele associa à religião:

> *A religião está baseada, penso eu, primitiva e principalmente sobre o medo. É parcialmente o terror do desconhecido e parcialmente, como já disse, o desejo de sentir que você tem um tipo de irmão mais velho que vai ficar do seu lado e assisti-lo em todos os seus problemas e litígios. O medo é a base da coisa toda — medo do misterioso, medo da derrota, medo da morte. O medo é o pai da crueldade e, portanto, não é de estranhar que a crueldade e a religião tenham andado de mãos dadas. É porque o medo está na base dessas duas coisas.*

O que devemos então fazer? Russell termina assim sua palestra, opondo a ciência à religião:

> *Queremos ficar em pé e olhar justa e ordenadamente para o mundo — as coisas boas, as coisas más, suas belezas e suas feiúras; enxergar o mundo como ele é e não ter medo dele. Conquistar o mundo pela inteligência e não apenas ser servilmente subjugados pelo terror que vem dele. Toda a concepção de Deus é uma concepção derivada dos antigos despotismos orientais. É uma concepção inteiramente indigna de homens livres. Quando você ouve as pessoas na igreja rebaixando-se e dizendo que são miseráveis pecadores e tudo o mais, parece desprezível e indigno de seres humanos que se autorrespeitem. Devemos nos levantar e olhar o mundo com franqueza na cara. Devemos tornar o mundo o melhor que pudermos, e se ele não for tão bom quanto desejamos, de qualquer maneira será ainda melhor do que esses outros fizeram dele em todas essas idades. Um mundo bom necessita de conhecimento, bondade e coragem; não precisa de nenhum anseio pesaroso pelo passado, nem do encarceramento da inteligência livre pelas palavras proferidas há muito tempo por homens ignorantes. Ele precisa de uma visão destemida e uma inteligência livre. Precisa de esperança para o futuro, não de olhar para trás o tempo todo em direção a um passado que está morto, que nós confiamos será superado em muito pelo futuro que a nossa inteligência pode criar.*

Representantes da Escola de Frankfurt, como Marcuse, Adorno e Horkheimer, também merecem ser lembrados na história do ateísmo.

Ernst Bloch, por sua vez, propõe um ateísmo utópico: Deus não existe, mas pode ser pensado e desejado. A religião seria o protesto contra a natureza fragmentária e incompleta da existência.

## Resumo

A metafísica nasce com a filosofia, com os pré-socráticos e suas questões a respeito do ser. A principal questão da metafísica é: o que é a realidade? Diferentes correntes respondem de maneira diferente a essa questão, caracterizando assim posições filosóficas distintas.

A realidade virtual renovou as discussões metafísicas, com a criação de novas realidades, ampliadas e cruzadas.

As discussões em filosofia da religião giram ao redor da existência e características de Deus. Assim, a história da filosofia produziu uma série de provas da existência de Deus, mas é também possível identificar uma história das posições ateístas.

## Atividades

1. Para um estudo mais aprofundado de metafísica antiga, procure refletir sobre alguns fragmentos dos pré-socráticos por meio das leituras de Heidegger e Hegel.
2. Assista a *Matrix* e procure refletir sobre as questões metafísicas que discutimos neste capítulo. O que é a realidade? O que é a realidade virtual?
3. Discuta com seus colegas como eles se relacionam com o sonho. Você ficará provavelmente muito surpreso com as diferenças como as pessoas se relacionam com o seu inconsciente e como constroem suas noções de realidade.
4. Procure outros exemplos de suicídio grupal além do Peoples Temple, citado neste capítulo. É possível acompanhar como a noção de realidade das pessoas vai sendo alterada pela força do grupo?
5. Você já entrou no Second Life (o site oficial é <http://secondlife.com>)? Baixe o software e aventure-se por um mundo virtual 3D on-line gratuitamente. Conheça lugares como a reprodução da Capela Sistina, o Coliseu em Roma, museus, universidades etc. Procure perceber como a participação em um mundo virtual pode alterar nossa noção de realidade.
6. Este capítulo apresentou vários filmes que exploram o tema da realidade virtual. Assista àqueles que você ainda não conhecia, para ilustrar a discussão.
7. O capítulo apresentou uma série de provas para a existência de Deus, assim como várias posições de pensadores considerados ateus. Como conciliar as duas posições? Escreva um curto artigo sobre o tema, sobre se (e como) é possível aproximar as visões teístas e ateístas em filosofia.

# Lógica

## APRESENTAÇÃO

Este capítulo apresenta uma visão geral da lógica e do percurso histórico de seus conceitos desde Aristóteles. Além disso, você conhecerá as diferenças entre verdade e validade, aprenderá o que são silogismos e será apresentado aos diversos tipos de falácias.

## TÓPICOS PRINCIPAIS

8.1 Lógica aristotélica
8.2 Lógica simbólica
8.3 Verdade *versus* validade
8.4 Silogismos
8.5 Falácias
8.6 Dedução, indução e hipótese

## OBJETIVOS DE APRENDIZAGEM

Durante a leitura deste capítulo, será possível:

- acompanhar o panorama histórico da lógica;
- diferenciar *verdade* de *validade*;
- entender o que são silogismos;
- conhecer os diversos tipos de falácias;
- estudar os processos de dedução, indução e hipótese.

## 8.1 Lógica aristotélica[1]

No Oriente (Egito, Mesopotâmia, China e Índia) a matemática firma-se inicialmente como aritmético-algébrica (os egípcios já se utilizavam da álgebra provavelmente no século XVII a.C.), ao contrário da Grécia, em que a matemática é basicamente geométrica. É curioso que, no Ocidente, a matemática, assim como a lógica e a ciência, nasce ao mesmo tempo que a filosofia, na transição *mitos* versus *logos* característica da civilização grega. O primeiro filósofo, o pré-socrático Tales de Mileto, é também considerado o primeiro matemático, cientista e lógico

---

[1] No Companion Website você encontrará um artigo intitulado 'Lógica aristotélica e lógica simbólica: alguns conceitos de *verdade*', no qual o conteúdo desse item é expandido e os problemas da lógica aristotélica são aprofundados.

do Ocidente. Durante suas viagens, ele teria conhecido vários matemáticos e astrônomos da época. Diz-se inclusive que Tales foi o primeiro a demonstrar um teorema de geometria, ao redor de 550 a.C.

A lógica surge na Grécia como *demonstração geométrica*, construída a partir de algumas proposições básicas e intuitivas, das quais se realiza uma derivação formal. Os pitagóricos desenvolveram provavelmente com maestria a matemática e a lógica (faltam documentos para uma afirmação mais categórica). Crê-se também que eles teriam descoberto os números irracionais.

Os orientais teriam desenvolvido uma geometria fundamentalmente empírica, que depende muito da intuição sensível. Já os gregos teriam superado os orientais com sua elevada capacidade de abstração, como afirmam William e Martha Kneale (1991, p. 6):

> *(...) a elaboração de uma teoria dedutiva envolve a relação de consequência lógica ou implicação. Historicamente a geometria foi o primeiro ramo do conhecimento a ser apresentado desta maneira (...)*

Associando a abstração e a demonstração, os gregos desenvolveram métodos formais para demonstrar seus teoremas, e podemos, portanto, considerá-los os pais da lógica. Entretanto, o termo *lógica* não existia ainda na língua grega e, ao menos no sentido em que o empregamos hoje, surge apenas ao redor do século III d.C. Em grego, as palavras que mais se aproximavam do sentido que *lógica* tem hoje para nós eram *dialética* e *lógos*. Mas elas representavam, na verdade, um imenso e difuso campo semântico. *Lógos* poderia significar *linguagem*, *pensamento* e até mesmo *realidade*.

*Dialética* era outro termo de significado bastante amplo para os gregos. Platão emprega a *dialética* como método essencial em seus diálogos, tendo em geral Sócrates como personagem principal.

O método da *reductio ad impossibile*, característico principalmente da obra do filósofo pré-socrático Zenão de Eleia, é também um tipo de demonstração dialética que marca a figura de Sócrates, enquanto personagem dos diálogos de Platão. E esse método se constrói em geral pela negação — *A implica B; demonstrando que não-B, por consequência demonstro também que não-A* — conhecido em lógica como *modus tolles* (do latim, modo que nega). Pela negação do consequente, pela prova de que as conclusões derivadas das premissas são *contraditórias* ou *falsas*, demonstra-se que as premissas são também falsas.

A diferença entre os métodos de demonstração e a dialética, ou entre a lógica e a metafísica, ainda não era clara para os gregos até o momento. Tanto que a interpretação histórica da função dos sofistas, por exemplo, gera ainda hoje acirradas polêmicas. Para alguns, eles teriam sido importantes no desenvolvimento não só da lógica, como da matemática. Para outros, teriam apenas contribuído para ensinar falácias, sofismas e raciocínios inválidos. Mesmo no caso de Platão, e justamente pela multiplicidade de sentidos do termo *lógos* em grego, a lógica não teria ainda posição de destaque. A teoria das ideias ou formas suplanta, em grau de importância, as discussões puramente lógicas — ou podemos dizer, pelo menos, que as discussões lógicas quase nunca se dão de uma forma claramente distinta das discussões metafísicas, em seus diálogos.

Apenas no *Organon* de Aristóteles temos pela primeira vez um tratado de lógica formal, apesar de a obra não ter sido planejada como tal; na verdade, ela é composta por textos escritos em datas diversas e agrupados pelos alunos de Aristóteles após a sua morte. Em uma de suas partes, encontramos a elaboração da conhecida teoria dos silogismos, que provavelmente foi influenciada pelas demonstrações matemáticas, já comuns naquele momento na Grécia Antiga.

Basicamente, a lógica aristotélica apresenta três princípios fundamentais para reger o raciocínio: o princípio da identidade (A = A); o da não-contradição (A ≠ não-A; se A é verdadeiro, não-A é falso, e vice-versa) e o do terceiro excluído (é

---

*Na Grécia Antiga, logos poderia significar linguagem, pensamento e até mesmo realidade.*

preciso ser A ou não-A, não existe uma terceira possibilidade). Além de levantar alguns aspectos da lógica modal e da lógica hipotética, Aristóteles desenvolve principalmente a lógica silogística.

Além disso, o primeiro livro do *Organon*, intitulado *Categorias*, expõe a conhecida (e debatida) concepção aristotélica das dez categorias nos seres: *substância, quantidade, qualidade, relação, lugar, tempo, posição, posse, ação* e *paixão*. As categorias seriam propriedades dos seres, que o pensamento também utilizaria para conhecê-los. São, portanto, ao mesmo tempo, características dos objetos e do pensamento, do mundo e da própria linguagem, enquanto predicados de um sujeito. Segue a exposição de Aristóteles (1985, p. 47) sobre essas categorias:

> *As palavras sem combinação umas com as outras significam por si mesmas uma das seguintes coisas: o que (a substância), o quanto (quantidade), o como (qualidade), com que se relaciona (relação), onde está (lugar), quando (tempo), como está (estado), em que circunstância (hábito), atividade (ação) e passividade (paixão). Dizendo de modo elementar, são exemplos de substância, homem, cavalo; de quantidade, de dois côvados de largura ou de três côvados de largura; de qualidade, branco, gramatical; de relação, dobro, metade, maior; de lugar, no Liceu, no Mercado; de tempo, ontem, o ano passado; de estado, deitado, sentado; de hábito, calçado, armado; de ação, corta, queima; de paixão, é cortado, é queimado.*
>
> *Nenhum destes nomes em si mesmo e por si mesmo é afirmativo ou assertivo. As afirmações e as negações só se produzem quando eles são combinados entre si. Toda asserção, afirmativa ou negativa, deve ser verdadeira ou falsa, enquanto as palavras não combinadas, por exemplo, homem, branco, corre, vence, não podem ser nem verdadeiras nem falsas.*

> *Os seres são, para Aristóteles, classificáveis em dez categorias: substância, quantidade, qualidade, relação, lugar, tempo, posição, posse, ação e paixão.*

As categorias teriam ainda duas propriedades lógicas: extensão (o conjunto de objetos designados pela categoria) e compreensão (o conjunto de propriedades que a categoria determina). Assim, elas podem ser classificadas em: gêneros (extensão maior e compreensão menor); espécies (extensão e compreensão médias) e indivíduos (extensão menor e compreensão maior). Veja um exemplo no Quadro 8.1.

Apesar de poderem ser classificadas com muito mais exatidão como metafísicas do que como lógicas, as categorias aristotélicas exerceram grande influência na história da lógica ocidental. Isso porque os contornos da lógica, como campo do conhecimento, foram moldados a partir do desmembramento do conceito de *lógos* e das categorias aristotélicas.

Dessa maneira, o interesse da lógica não é necessariamente *falar da realidade* ou das *coisas*, nem *reproduzir o pensamento*. Ela se constitui como uma *ciência da linguagem formal*, desprovida de conteúdo. No lento desmembramento do conceito de *logos* e nos distintos sentidos assumidos pelas línguas derivadas do latim, a lógica se fundamenta no espaço semântico da *linguagem* como campo de trabalho, realizando ainda mais uma restrição ao significado geral de *linguagem* — apenas os aspectos formais da linguagem interessam à lógica.

| QUADRO 8.1 | Propriedades e classes das categorias aristotélicas |

| | | PROPRIEDADES LÓGICAS | | | |
| --- | --- | --- | --- | --- | --- |
| | | Extensão | Compreensão | | |
| CLASSES | Gênero | maior | menor | Animal | EXEMPLO |
| | Espécie | média | média | Homem | |
| | Indivíduo | menor | maior | Sócrates | |

Na obra de Aristóteles, entretanto, não existe uma distinção clara entre lógica formal e material. A lógica aristotélica, momento em que a própria lógica, pela primeira vez, começa a ser pensada como pura forma, é também, ainda e ao mesmo tempo, lógica do ser, do mundo, das coisas, dos objetos, dos universais.

### 8.1.1 *Alétheia*: verdade desvelada

Um dos sentidos do termo *verdade*, para os antigos gregos, era o de *desvelamento*; a palavra *alétheia* usada por eles significava o *não-esquecido*, *não-oculto* ou *não-escondido*. Nesse sentido, a função dos oráculos na Grécia é essencial — ia-se aos oráculos para consultar os deuses, com a esperança de que a verdade fosse *re-velada*.

O destaque que ainda hoje a figura dos videntes possui em nossa sociedade pode ser entendido como resquício desse sentido da *verdade* que marca a cultura grega. Já na tragédia de Sófocles, *Édipo Rei*, podemos ver como o adivinho tinha uma função social importantíssima — quando Édipo e sua cidade estão desconfiados de que algo vai mal e querem saber quem realmente teria matado o rei Laios, chamam o adivinho Tirésias para que a *verdade* seja proferida.

Desse modo, ousaríamos dizer que, na Grécia Antiga, a verdade coloca-se do lado das coisas, do lado da realidade — ela tem existência, essência, forma e é uma ideia (para utilizar a nomenclatura de Platão) *real*. Em outras palavras, ela é manipulável como qualquer objeto, sendo até mesmo passível de ser escondida. Desse modo, sua presença é encarada sempre como um momento de revelação (ou seja, de encontro entre linguagem, realidade e pensamento). Considerando esse aspecto, o método do inquérito desenvolvido no *Édipo Rei* leva a um desvelamento trágico — Édipo se reconhece como assassino de seu pai e amante de sua mãe. Como um *objeto* que tivesse sido ocultado por muito tempo, a verdade surge; embora ela sempre tenha estado presente, em todas as partes por todos os cantos — o coro da peça já cantava a verdade bem antes da sua *re-velação*.

No sentido de *alétheia*, a verdade se coloca, como um quase-objeto, do lado da realidade. Mas não devemos nos esquecer de que dizer *do lado da realidade*, na época, significa também dizer *do lado da linguagem* e mesmo *do lado do pensamento*. É, paradoxalmente, dessa falta de distinção na língua grega que surge no *Organon* outro conceito de verdade. Surge timidamente, é claro, mas não é possível ignorá-lo. Tentemos desvendá-lo.

### 8.1.2 A verdade, as frases e as proposições

A distinção entre *frases* e *proposições*, essencial para a lógica moderna, não foi feita por Aristóteles, embora ele tenha distinguido as *frases* (ou a *linguagem*) dos *pensamentos* e das *coisas* (ou *realidade*) — e daqui já se podem visualizar a possibilidade e a formação de outro conceito de verdade, que logo abordaremos. Assim, por não diferenciar frases de proposições, o filósofo afirmava, em algumas passagens de sua obra, que as frases podem ser verdadeiras ou falsas.

Ora, as frases *dizem* alguma coisa, e aquilo que elas dizem é o que, efetivamente, pode ser predicado como verdadeiro ou falso. Assim, se *o que digo* corresponde à realidade ('Está chovendo', por exemplo), então falo a verdade. Se não está chovendo, então falsa é minha proposição, não minha frase. Nesse sentido, posso utilizar a mesma frase em momentos diferentes ('Está chovendo', por exemplo) e, num desses momentos (quando efetivamente chove), dizer a verdade, mas em outro, logo a seguir (quando não chove mais), estarei mentindo.

Nesse exemplo, temos duas proposições feitas com a mesma frase, pois as afirmações são feitas em momentos diferentes e referem-se, especificamente, ao

> As frases *dizem alguma coisa*, e aquilo que elas dizem — proposição — é que, efetivamente, pode ser predicado como verdadeiro ou falso.

momento de sua enunciação — *dizem*, portanto, *coisas diferentes*. Podem-se, também, utilizar frases diferentes para construir uma mesma proposição — ou, ao menos, duas proposições nas quais o grau de veracidade possa ser medido pelo mesmo evento —, por exemplo: 'Está chovendo' e 'Choveu'. A primeira, enunciada no momento em que efetivamente chove, e a segunda, depois desse evento, *dizem*, em última instância, *a mesma coisa*.

Mas isso não é claro na obra de Aristóteles; as próprias frases são predicadas como verdadeiras, quando revelam a verdade-objeto, conforme visto no item anterior. Ele acaba aplicando os predicados de verdadeiro e falso aos pensamentos, à linguagem, às proposições e às frases sem muitos critérios. Assim, associada ao amálgama semântico do termo grego *lógos*, a obra de Aristóteles apresenta também a indiferenciação conceitual entre frases e proposições. Para a lógica ocidental moderna, isso teria prejudicado muito de suas conclusões.

### 8.1.3 A verdade entre uma coisa e outra

Paralelamente a essa falta de distinção entre *frases* e *proposições*, as distinções esparsas entre *realidade*, *linguagem* e *pensamento* abrem espaço no *Organon* para o nascimento de um novo conceito de *verdade*, segundo o qual a verdade mede o grau de adequação entre o que falo e aquilo de que falo, entre meu discurso e o objeto do meu discurso.

Então, nessa concepção, a verdade está posicionada *entre* o discurso e a realidade, *entre* a linguagem e as coisas — sendo, dessa maneira, apenas um elemento formal de mediação e adequação entre uma coisa e outra. O que nos interessa é que a expressão *entre uma coisa e outra* indica que estamos começando a pensar o *um* (realidade) e o *outro* (linguagem) separados. Embora possamos encontrá-la também na obra de Platão, essa distinção apresenta-se com mais ênfase na obra de Aristóteles.

Outra contribuição importante de Aristóteles é o famoso quadrado da oposição, cuja figura na verdade não existe em sua obra (Figura 8.1). Para introduzi-lo, é necessário dizer que Aristóteles distingue três formas de frases declarativas: *singular* ('Sócrates é branco'), *particular* ('Algum homem é branco') e *universal* ('Todo homem é branco'). As frases declarativas particulares e universais poderiam ser classificadas como gerais, em oposição às singulares. Com a combinação entre as frases declarativas gerais, de um lado, e a afirmação e negação, de outro, podemos construir a figura do quadrado da oposição. As letras, para identificar cada frase, não são utilizadas por Aristóteles, mas se tornaram comuns a partir da Idade Média, assim como não são de Aristóteles as denominações *subalternas* e *subcontrárias*, que ajudam a exprimir sua intenção.

As relações entre as frases, duas a duas, são riquíssimas. As frases contraditórias (A × O e E × I) não poderiam ser ambas verdadeiras ou ambas falsas. As contrárias (A × E) não podem ser ambas verdadeiras, mas podem ser ambas falsas. As subcontrárias (I × O) não podem ser ambas falsas, mas podem ser ambas verdadeiras. No caso das subalternas (A × I e E × O), as frases universais implicariam sempre as suas correspondentes particulares.

## 8.2 Lógica simbólica

Como vimos, a lógica aristotélica esbarrava em diversos equívocos da linguagem, como a ambiguidade e a falta de clareza de alguns termos. O desenvolvimento dessa corrente ao longo da história levou à complicação desses equívocos. No final do século XIX, com o intuito de superar as limitações da lógica clássica e evitar os

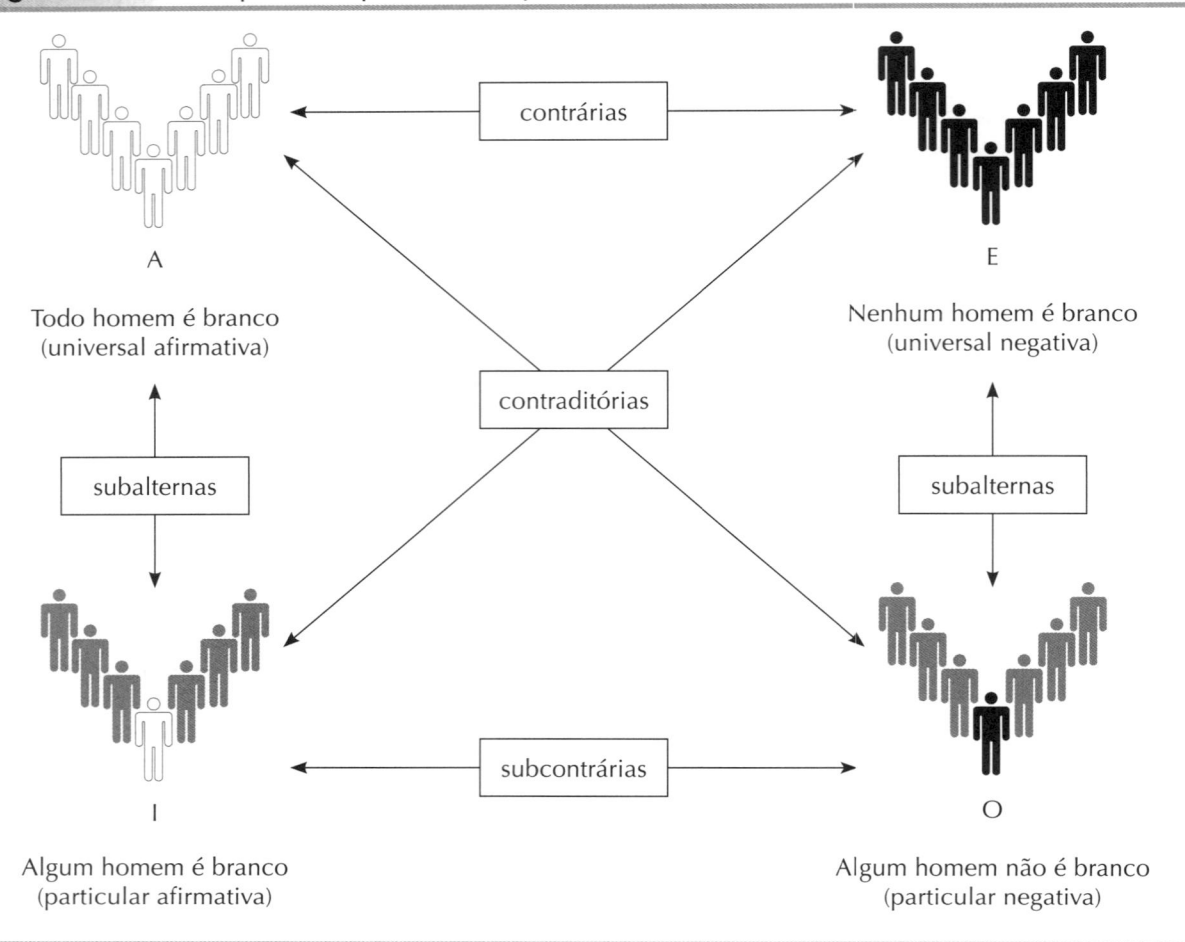

**Figura 8.1**     Esquema do quadrado da oposição de Aristóteles

A — Todo homem é branco (universal afirmativa)
E — Nenhum homem é branco (universal negativa)
I — Algum homem é branco (particular afirmativa)
O — Algum homem não é branco (particular negativa)

contrárias
contraditórias
subalternas
subalternas
subcontrárias

deslizes da linguagem verbal, a contaminação e imprecisão da linguagem vulgar, por meio de uma rigorosa formalização, surge a lógica simbólica ou matemática.

Sua essência não se distancia da lógica clássica; seu método, contudo, diferencia-se bastante já que a lógica simbólica utiliza uma linguagem artificial, especificamente técnica e rigorosa como instrumento de análise e dedução formal.

Deve-se destacar, nesse movimento da lógica simbólica, o *logicismo*, em que se busca a aritmetização da matemática e no qual se observa o surgimento das geometrias não-euclidianas, nas quais se estuda o espaço como estrutura lógica abstrata, o espaço curvo ou com múltiplas dimensões, superando assim a intuição sensível espacial. As geometrias não-euclidianas propõem a diversidade dos espaços possíveis, abstratos e independentes da experiência. Com a geometria projetiva, o espaço separou-se inteiramente das ideias métricas, até a criação dos espaços de mais de três dimensões.

O alemão Carl Friedrich Gauss, que demonstra o teorema fundamental da álgebra moderna ('cada equação algébrica terá tantas soluções quantas forem as unidades de seu grau'), além de criar a geometria diferencial (com os números complexos) e a análise vetorial, é também pioneiro da geometria não-euclidiana, com o postulado 'Por um ponto situado fora de uma linha é possível traçar mais de uma paralela a essa linha' — o que contradiz frontalmente o quinto postulado de Euclides (veja o Quadro 8.2). Para Gauss, o espaço não precisa necessariamente ser imaginado em linhas retas. Se uma linha pode ser definida apenas pela sua extensão, se uma superfície pode ser definida apenas pelas dimensões de comprimento e largura e se um espaço pode ser definido somente pelas dimensões de

> **Quadro 8.2 – A lógica euclidiana**
>
> Existiram tratados de geometria sob a forma dedutiva antes de Euclides (315 a.C.?-255 a.C.?), mas o primeiro que livro que chegou até nós são os 13 volumes de *Os Elementos*, que em Alexandria sintetizavam todo o conhecimento geométrico e aritmético da época, além de introduzir relações algébricas e a primeira teoria dos números. Com seus postulados e axiomas, fica estabelecida a geometria euclidiana, praticamente tão importante na história da matemática e da lógica quanto à obra de Aristóteles.
>
> São os seguintes os axiomas e postulados de Euclides:
>
> **Axiomas:**
> 1 - Coisas iguais a uma terceira são iguais entre si.
> 2 - Acrescentando-se quantidades iguais a coisas iguais entre si, obtêm-se somas iguais.
> 3 - Subtraindo-se quantidades iguais de coisas iguais entre si, os restos serão iguais.
> 4 - As coisas que coincidem uma com a outra são iguais entre si.
> 5 - O todo é maior do que a parte.
>
> **Postulados:**
> 1 - Pode-se traçar uma linha reta de qualquer ponto para qualquer ponto.
> 2 - Sobre uma linha reta pode-se traçar uma outra reta contínua e finita.
> 3 - Pode-se traçar um círculo tendo-se qualquer ponto como centro, com raio igual a qualquer reta traçada a partir do centro.
> 4 - Todos os ângulos retos são iguais entre si.
> 5 - Dados uma linha reta e qualquer ponto situado fora dela, pode-se traçar por este ponto uma reta, e apenas uma, paralela à primeira.

comprimento, altura e largura, tanto a linha quanto a superfície e o espaço podem ser curvos. Podemos agora imaginar formas com mais dimensões do que as conhecidas pela experiência sensível e, para conter essas formas, imaginar espaços com infinitas dimensões. A intuição sensível não é mais essencial, para a lógica, em seu processo de abstração.

George Boole (1815-1864), por exemplo, com sua álgebra de classes, propõe um simbolismo matemático para a lógica. Como a álgebra de Boole parecia suficiente inclusive para estudar e englobar a lógica tradicional, desenvolveu-se também uma teoria das relações, seguindo a álgebra booleana, que englobasse a lógica silogística como uma de suas partes. Charles Sanders Peirce (1839-1914), filósofo norte-americano, procura construir uma álgebra geral da lógica.

### 8.2.1 Axiomas

Newton Costa (1992, p. 49) apresenta assim a noção de axiomatização, essencial para a lógica e ciências modernas:

> *Para se estudar uma teoria pelo método axiomático, procede-se assim: escolhe-se certo número de noções e de proposições primitivas, suficientes para sobre elas edificar a teoria, aceitando-se outras ideias ou outras proposições só mediante, respectivamente, definições e demonstrações; obtém-se, dessa maneira, uma* axiomática material *de teoria dada; deixam-se de lado os significados intuitivos dos conceitos primitivos, considerando-os como termos caracterizados implicitamente pelas proposições primitivas. Procuram-se, então, as consequências do sistema obtido, sem preocupação com a natureza ou com o significado inicial desses termos ou das relações entre eles existentes. Estrutura-se, assim, o que se denomina uma* axiomática abstrata.

Os axiomas, postulados ou proposições primitivas, não precisariam de demonstração. A partir dessas proposições são logicamente derivadas as proposições *demonstradas*. No método axiomático, os símbolos ou sinais adquirem propriedades estruturais independentemente de suas significações. A axiomatização permite inclusive desenvolver uma *metamatemática*, em que a formalização e a demonstração de consistência da teoria estudada se seguiriam à axiomatização.

Interessa ao método axiomático apenas indicar uma estrutura (como as coisas se compõem) e alguns postulados. Para a construção de um sistema lógico, segundo o ponto de vista formalista, bastam os seguintes elementos: conjuntos básicos (sempre um número finito de conjuntos, em geral divididos em principais e auxiliares), um esquema construtivo (como as coisas são construídas a partir dos objetos iniciais) e alguns axiomas.

Com a axiomática abstrata, podemos abstrair inclusive os conceitos considerados primitivos (pontos, reta etc.), já que qualquer um desses conceitos primitivos pode, na verdade, basear-se nos axiomas. Surge, então, um novo conceito de verdade: um sistema axiomático abstrato, para ser verdadeiro, não precisa necessariamente representar o real, não precisa necessariamente corresponder, ontologicamente, à realidade. Desde que esse sistema siga as regras formais que ele mesmo estabelece e possa auxiliar o cientista a prever e/ou controlar os eventos da realidade, diremos que é um sistema verdadeiro.

Dessa maneira, o conceito de verdade assume aqui dois novos contornos: um abstrato (no nível do rigor e da consistência lógico-formal) e outro pragmático (no nível da utilidade para a relação com a realidade). Não se utiliza mais, portanto, o conceito de verdade para medir a correspondência ou a congruência entre a teoria e a realidade, entre o discurso e a ontologia (ou constituição mais profunda do ser). A verdade é pensada agora como uma estrutura mental, um modelo, *coerente* e *útil* — independentemente de a sua representação mais ou menos espelhar, mais ou menos adequada do real. Ou seja, a verdade não é mais *desvelamento* da realidade nem *correspondência* entre a linguagem e a realidade — e sim uma estrutura do pensamento, que utilizamos em nossa relação com a realidade.

Nesse sentido, a verdade não se posta mais do lado da *realidade*, como para os gregos, mas também não se encontra *entre* a *realidade* e a *linguagem*: a verdade se encontra agora do lado da *lógica*, uma construção mental do ser humano. Se a realidade corresponde ou não à forma como a representamos na estrutura, isso não importa para que um modelo possa ser considerado verdadeiro. Importa que ele seja coerente e capaz de auxiliar o cientista ao lidar com os eventos da realidade. Coerente, do ponto de vista formal, e útil, do ponto de vista pragmático.

Convém registrar a posição de Newton Costa (1993, p. 13) sobre o assunto:

> (...) *especialmente neste século, surgiram novas lógicas, como, v.g., as lógicas intuicionista, polivalente e paraconsistente. Em síntese, já possuímos sistemas de categorias e lógicas neles fundados que diferem da postura clássica. Tais lógicas chamam-se heterodoxas ou não-clássicas.*
>
> *Acreditamos que o nascimento e a proliferação das lógicas heterodoxas constituem uma das maiores revoluções de nosso tempo. Talvez ela seja semelhante à revolução provocada pelo surgimento das geometrias não-euclidianas. Entre outras coisas, as novas lógicas mostraram que logicidade e racionalidade não se identificam; nas sistematizações racionais, podemos utilizar lógicas distintas da clássica ou ortodoxa, caso isso nos seja conveniente. As concepções tradicionais da razão se evidenciaram impotentes para dar conta do novo estado de coisas, o que está originando, como não poderia deixar de ser, uma outra maneira de se encarar a indução.*

Como vimos, a lógica clássica ou aristotélica envolve três princípios fundamentais: identidade (A é A: todo objeto ou proposição é igual ou equivalente a si mesmo), não-contradição (A ou não-A: de duas proposições contraditórias, apenas uma pode ser verdadeira) e terceiro excluído (ou A ou não-A: não existe uma terceira opção; de duas proposições contraditórias, uma é verdadeira). Segundo Newton da Costa (1993, p. 16), um sistema lógico pode ser denominado heterodoxo ou não clássico quando sua linguagem diferir sensivelmente da linguagem da lógica clássica, ou quando nele não tiver valor algum dos princípios centrais da lógica clássica, como os princípios da identidade, não-contradição e terceiro excluído, por exemplo. Teriam nascido assim, a partir da modernidade, lógicas alternativas, complementares, heterodoxas ou rivais da clássica, que Newton da Costa divide em quatro classes, conforme Quadro 8.3.

| QUADRO 8.3 | Divisão das lógicas em classes segundo Newton Costa |
|---|---|

**Paraconsistente**: apresenta sistemas baseada em teoremas contraditórios, desafiando, assim, o princípio da não contradição.

**Paracompleta**: compõe-se basicamente por três segmentos:
- que desafia a validade universal da lei do terceiro excluído, como, por exemplo, a lógica intuicionista de Brouwer-Heyting;
- que desafia o princípio da bivalência ('toda proposição é verdadeira ou falsa'), como, por exemplo, as lógicas paracompletas de J. Lukasiewicz e E. L. Post;
- que tem valores de verdade difusos dependentes do campo de indagação que se considere; é conhecido como lógica fuzzy e situa-se entre as lógicas da vaguidade ou dos conceitos vagos.

**Não alética**: é simultaneamente paraconsistente e paracompleta, sendo aplicada à ética, ao direito e à informática.

**Não reflexiva**: constitui-se como infração à lei da identidade e é aplicada, por exemplo, à física quântica.

## 8.3 Verdade *versus* validade

Pode-se pensar em algum objeto sem necessariamente raciocinar — pense em uma cadeira, por exemplo. Esse ato mental não necessariamente envolverá raciocínio; assim, todo raciocínio é, portanto, um pensamento, mas nem todo pensamento implica o raciocínio. Nesse sentido, poderíamos definir o objeto da lógica como o raciocínio. Mas sobre esse objeto, a lógica se debruça com um método próprio, como afirma Irving Copi (1978, p. 21):

> (...) o lógico não está interessado, em absoluto, nos obscuros caminhos pelos quais a mente chega às suas conclusões durante os processos concretos de raciocínio. Ao lógico só interessa a correção do processo, uma vez completado.

Tomemos o conceito de verdade segundo a concepção aristotélica de relação entre discurso e realidade. A validade, ao contrário, não indica nenhum tipo de relação entre o discurso e a realidade; ela apenas mede o grau de correção do raciocínio.

Diremos então que 2 + 2 = 4 é um raciocínio válido, e não necessariamente verdadeiro. Não há realidade nem pensamento que possam alterar o resultado dessa igualdade, sua conclusão não depende de nosso humor nem de uma olhada pela janela, para sua confirmação. Assim, à lógica, em seu aspecto formal, não interessa investigar a veracidade ou não das proposições com as quais lida, a sua adequação ou não à realidade. O interesse da lógica concentra-se nas relações formais entre as proposições e a correção da conclusão, fundamentando-se para tal em alguns princípios básicos.

Desse interesse, advém a maior dificuldade encontrada no estudo da lógica: *a necessidade de abstração da realidade* material, à qual a linguagem se refere, mas também das condições psicossociais do sujeito. O estudo da lógica exige, pois, atenção e esforço intelectual redobrado. Como afirma Peirce (1972, p. 71):

> A capacidade de traçar inferências é a última das faculdades sobre que adquirimos amplo domínio; é menos um dom natural do que arte de aprendizado longo e difícil.

*No estudo da lógica, precisamos esquecer a referência da linguagem.*

A verdade ou falsidade de uma conclusão não determina, por si só, a validade ou invalidade de um raciocínio. Veremos exemplos em que um raciocínio pode ter premissas ou conclusões falsas, mas ser válido, formalmente. As matemáticas lidam com elementos abstratos por excelência, os números, portanto o grau de abstração fica já determinado, de imediato, em seu estudo. Mas a lógica pode ocupar-se de proposições verbais, e a linguagem verbal nos remete de imediato para seu referente, para os objetos, para a realidade. No estudo da lógica, precisamos esquecer a referência da linguagem para nos colocarmos na posição de observadores do nível formal do código verbal. Por isso a lógica contemporânea tornou-se totalmente formal e simbólica, aproximando-se da matemática. Assim, ela constrói sua própria linguagem, sem conteúdo, para evitar as armadilhas da linguagem verbal.

## 8.4 Silogismos

Nos silogismos, duas proposições ou premissas encadeiam-se e dão origem a uma conclusão universal e necessária, que nelas já se encontra implícita, mas que afirma algo diferente do afirmado nas premissas. Por meio de uma operação do raciocínio denominada *inferência*, parte-se de duas proposições para se chegar a uma terceira.

Nas proposições, para Aristóteles, predicados (ou categorias) são atribuídos a um sujeito (ou substância). A ligação entre o sujeito e o predicado se faz via verbo:

> *Toda a proposição depende necessariamente de um verbo ou da flexão de um verbo, e, com efeito, a noção de homem, à qual não acrescentamos, nem é, nem era, nem será, nem nada deste gênero, ainda não constitui uma proposição.* (ARISTÓTELES, 1985, p. 128)

As proposições estabeleceriam uma relação determinada entre dois ou mais termos (sujeito e predicado). Quando afirmo: 'Sócrates é homem', estou estabelecendo uma relação entre dois termos, 'Sócrates' e 'homem'.

As proposições, expressas linguisticamente, procurariam, portanto, representar os juízos ou o pensamento. Mas o raciocínio não se resume a isso, ele é uma operação lógica do pensamento que forma um silogismo.

Vejamos um exemplo clássico de silogismo:

Sócrates é homem.
Todo homem é mortal.
Portanto, Sócrates é mortal.

Deve-se ressaltar aqui o caráter de abstração que o silogismo encerra, se queremos atentar apenas ao seu aspecto lógico. Não interessa, para a validade da conclusão, se existe algum homem chamado Sócrates. Nem interessa que a primeira proposição esteja se referindo a um Sócrates específico, que seja real. *Sócrates* assume, no silogismo, uma função puramente formal — poderia ser substituído por um símbolo, a letra $x$, por exemplo. *Homem*, por sua vez, também não está presente no silogismo com seus significados sociológicos e psicológicos, mas tão somente como um substantivo que qualifica Sócrates, e que, por sua vez, na segunda proposição, é qualificado de *mortal*. Ora, para a conclusão, não é necessária mais nenhuma qualificação para *homem* — o adjetivo *mortal* já é suficiente para tirarmos uma conclusão válida das duas primeiras proposições. *Homem*, nesse sentido, assim como *mortal*, pode também ser tomado apenas em seu caráter formal ou simbólico: *homem* pode ser $y$, e *mortal*, $m$. Portanto, o silogismo nada mais nos diz, do ponto de vista lógico, do que:

$x$ pertence ao grupo dos $y$.
Todos os membros de $y$ possuem a qualidade (ou propriedade) $m$.
Portanto, $x$ também possui a qualidade $m$.

Devemos atentar para a universalidade dessa conclusão — ela é válida aqui, em qualquer outro país e idioma. Os problemas que o silogismo pode nos apresentar advêm justamente da tendência natural de abandonarmos a simples formalidade da relação entre as proposições e partirmos em direção à realidade. Então, $x$ passa a ser preenchido de todos os sentidos dos Sócrates que conhecemos: o filósofo grego, o ex-jogador da seleção brasileira, algum Sócrates nosso amigo ou familiar etc. O mesmo efeito pode acontecer com os demais elementos do silogismo. Portanto, quando procuramos uma conclusão válida, ou o próprio aspecto da validade da conclusão, mas não conseguimos realizar o movimento de abstração dos referentes da linguagem, o processo lógico fica comprometido.

Da mesma maneira, para medirmos a validade do raciocínio, não interessa se as proposições ou a conclusão são verdadeiras. Por exemplo, considere que o silogismo anterior seja alterado para:

Sócrates é um animal.
Todo animal é imortal.
Portanto, Sócrates é imortal.

Sócrates na verdade não é animal, os animais não são imortais e Sócrates não é imortal. Mas isto se dá na realidade, e a realidade não interessa à lógica formal. Para a validade do raciocínio, interessa que, dadas as duas proposições apresentadas acima, necessária e universalmente devemos concluir que Sócrates é imortal. Enquanto movimento formal do pensamento, *necessidade* e *universalidade* são as características do silogismo. Para que tenhamos um raciocínio válido, as conclusões devem ser, formalmente, necessárias e universais, não importando a verdade ou não das proposições nem da conclusão.

Para resolver silogismos, sugerimos duas técnicas. A primeira consiste em substituir os termos das proposições por símbolos ou letras, para auxiliar no processo de abstração — como você já viu. A segunda consiste em criar diagramas com círculos ou conjuntos, chamados às vezes de diagramas de Venn ou diagramas de Euler

Com a utilização desses diagramas, ficam mais claros o âmbito e o alcance de cada conceito, de cada termo utilizado, assim como as suas áreas de intersecção. Essa técnica foi desenvolvida por John Venn (1834-1923) a partir dos diagramas Euler (1707-1783). Veja os exemplos de diagramas na Figura 8.2.

Outro problema que enfrentamos no dia a dia, e que também tende a perturbar o caráter lógico de nosso raciocínio, ocorre porque os silogismos não aparecem quase nunca claramente definidos, com proposições distintas em orações distintas, separadas por pontos, como nos exemplos apresentados acima. Ao contrário, os raciocínios estão muitas vezes imbricados uns com os outros, partem já de conclusões inválidas para novas proposições, apresentam mais de uma premissa e mais de uma conclusão, ou seja, novamente a linguagem tende a obscurecer a validade dos raciocínios. A ordem das premissas e da conclusão também muitas vezes aparece invertida, não ficando claro em que momento de um período, por exemplo, a conclusão foi introduzida. Você vai encontrar na seção final deste capítulo alguns exercícios com silogismos, voltados para o desenvolvimento da capacidade de raciocínio e abstração.

**Figura 8.2**     Utilização de diagramas para resolução de silogismos

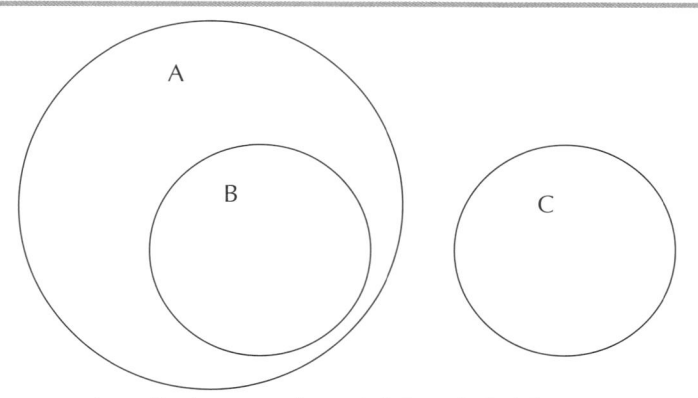

Este diagrama de Venn exibe o seguinte silogismo: nenhum A é C; todo B é A; portanto, nenhum B é C.

## 8.5 Falácias

Nem todos os raciocínios que construímos, ou aos quais estamos submetidos, são corretos e válidos. Muitos apresentam erros formais que os desqualificam, independentemente do maior ou menor grau de veracidade das suas proposições e conclusões. Classificamos como *falácias* esses erros de construção lógica, que acabam por contaminar os raciocínios e, por consequência, as argumentações.

> Falácias são erros de construção lógica que contaminam os raciocínios e, por consequência, as argumentações.

A maioria dos raciocínios inválidos mostra de imediato seus equívocos e ilogicidade. Entretanto, muitos raciocínios incorretos são de tal forma construídos que acabam por ludibriar as pessoas, como se não houvesse quaisquer falhas em sua construção. Nesse sentido, vale o esforço de nomear as mais importantes, catalogá-las, apresentá-las separadamente e estudar sua forma, para que evitemos construí-las, ou ser por elas enganados, no dia a dia. Afinal, reconhecendo a *forma* do erro, podemos evitá-lo.

Convém lembrar que estamos nos movendo no terreno da lógica formal, ou seja, nosso foco de observação é a forma do raciocínio, independente de seu conteúdo. Entretanto, no caso das falácias, estudaremos também alguns casos em que não é apenas a pura forma do raciocínio que se demonstra inconsistente. Em muitos exemplos, percebemos que a realidade, as emoções e o contexto acabam por influenciar o raciocínio, funcionando como elementos de persuasão e deixando a validade do raciocínio a um segundo plano. A seguir, veremos alguns casos de falácias.

### 8.5.1 Argumento dirigido contra o homem ou *argumentum ad hominem*

Ocorre quando um ponto de vista ou um argumento é rejeitado com base em características do proponente (ou de suas circunstâncias) que não são decisivamente relevantes para a correção do ponto de vista ou do argumento proposto. Ataca-se a pessoa que propõe o raciocínio (sua personalidade, as pessoas com quem ela se relaciona etc.), não o raciocínio.

O argumento contra o homem pode ser dividido em: ofensivo (quando se dirige contra a pessoa que propõe o argumento), culpa por associação ou envenenando o poço (contra as pessoas com quem o proponente se relaciona ou as pessoas com quem concorda), *tu quoque* (você mesmo, contra a qualificação do proponente para fazer a afirmação), interesse revestido (contra o interesse do proponente) e circunstancial (contra as circunstâncias do proponente).

Um exemplo comum da utilização da falácia *ad hominem* dá-se nos tribunais, com a tentativa de desqualificar o depoimento de alguma testemunha, atacando-se diretamente sua reputação e ao mesmo tempo fugindo da discussão, da importância e do mérito de suas afirmações e argumentações.

### 8.5.2 Apelo à ignorância ou *ad ignorantiam*

Consiste em justificar que se aceite uma determinada proposição, visto que nunca foi provada sua falsidade, ou justificar sua falsidade visto que sua verdade nunca tenha sido provada. O caso dos discos voadores, ou de extraterrestres, é bastante interessante: pode-se afirmar que existem seres habitantes de outros planetas, visto que nunca foi provado o contrário; ou se pode, por outro lado, justificar que não existam discos voadores, porque sua existência nunca foi provada.

### 8.5.3 Argumento circular, *petitio principii* ou petição de princípio

Ocorre quando o argumento já assume sua conclusão. Exemplo:
Sócrates é homem.
Todo homem é mortal.
Portanto, Sócrates é homem.

Ora, não é necessária a segunda premissa para se chegar à conclusão, inclusive porque não se trata aqui de conclusão, mas apenas de uma repetição do juízo já apresentado na primeira premissa.

Variações da falácia do argumento circular seriam a redundância (repetir pormenores já implícitos em declaração prévia) e a tautologia (dizer a mesma coisa com outras palavras, simulando um raciocínio).

### 8.5.4 Pergunta complexa

Ocorre quando a pergunta já assume, por conta do interlocutor, determinada posição ou resposta. Um exemplo dessa falácia é a pergunta que se faz nos boletins de ocorrência para determinar as informações sobre a vida pregressa do indiciado:

*Praticou o delito quando estava alcoolizado ou sob forte emoção?*

Ou seja, admite-se de antemão, com qualquer resposta à pergunta (sim ou não), que o indiciado é culpado, que tenha realmente cometido o crime.

### 8.5.5 Apelo popular ou *ad populum*

Procura-se, aqui, utilizar a sabedoria popular ou senso comum, como justificativa de uma argumentação fraca. Uma conclusão deve ser verdadeira simplesmente porque a maioria a aceita. Assim, por exemplo, a monogamia é a melhor forma de relação entre homens e mulheres, visto que a maioria das pessoas a pratica. Essa falácia pode ter também sentido inverso: se praticamente ninguém acredita em algum argumento, ele não deve ser aceito.

Caso a falácia do apelo popular tivesse guiado o progresso do conhecimento humano, muitas ideias científicas jamais teriam sido aceitas, e ainda acreditaríamos, por exemplo, que a Terra é o centro do universo. O que pensar então da filosofia do nazismo, que foi defendida e apoiada por tantos durante a Segunda Guerra Mundial?

### 8.5.6 Apelo à piedade ou *ad misericordiam*

Apela-se à compaixão para que o interlocutor admita determinada argumentação. Sem dúvida o apelo à piedade é legítimo em diversas situações. Caracteriza-se como falacioso quando é utilizado para convencer o interlocutor de um raciocínio falho ou fraco.

Um eterno gastador pode tentar nos seduzir a emprestar mais dinheiro, jogando com o nosso sentimento de piedade. Pode afirmar que está sem dinheiro, que precisa comprar leite para seus filhos, que precisa pagar seu aluguel etc. Mas sabemos que o destino do dinheiro será outro. A piedade é, nesse caso, utilizada de uma forma falaciosa.

### 8.5.7 Apelo à autoridade ou *ad verecundiam*

Ocorre quando determinada conclusão é associada à opinião de determinada autoridade. Quando a autoridade possui conhecimento e é respeitada no campo de conhecimento em questão, não ocorre falácia. Porém, em muitos casos a autoridade utilizada como referência não possui qualquer destaque no campo de conhecimento em questão e a argumentação é também falha, aí ocorre falácia.

Em marketing, essa falácia é um recurso poderoso. Muitos artistas são associados a alguns produtos para aumentarem suas vendas. O artista pode aparecer na televisão afirmando que usou o produto e o aprovou. No entanto, em muitos casos o artista não possui conhecimentos suficientes para emitir tal opinião — mas sua autoridade (em outro campo) é utilizada falaciosamente para suportar a venda do produto.

### 8.5.8 Falsa causa

Ocorre quando se toma como causa de um determinado efeito algo que na verdade não é sua causa, ou quando, pela sequência temporal de dois acontecimentos, assume-se que o primeiro é a causa do segundo. Um exemplo é o caso do homem que observa pelo buraco da fechadura e vê, sempre, um gato passando de um lado para o outro, deduzindo, de sua observação, que a cabeça do gato é a causa do rabo.

Ensinava-se ciência para as crianças (na minha época), particularmente o processo de evaporação da água e posteriormente o seu retorno em forma de chuva, da seguinte forma: quando a professora já devia ter certeza de que iria chover numa determinada tarde, nos levava à cozinha da escola e colocava uma panela de água para ferver. Depois de algum tempo a água evaporava, e então ela nos explicava que aquela água que estava subindo aos céus iria depois descer em forma de chuva. Quando começava a chover, mais tarde, ela nos chamava a atenção novamente para a natureza, relacionando a chuva com a água evaporada da panela. Naquele momento, a panela já não tinha mais água nenhuma. Apesar de toda a boa intenção da professora de demonstrar praticamente a matéria que estudávamos, temos aqui um exemplo claro de falsa causa, visto que, na mente das crianças, a água fervendo na panela ficava associada à causa da chuva. Estranhava um pouco o fato de que a chuva retornava muito mais água do que aquela da panela, mas as perguntas das crianças ficam muitas vezes sem resposta. Quando chegávamos em casa e tentávamos repetir a experiência, a frustração era muito grande, pois não conseguíamos causar a chuva daquela forma — a água daquela panela não era causa alguma do fenômeno que havíamos observado posteriormente.

### 8.5.9 Conclusão irrelevante ou *ignoratio elenchi*

Ocorre quando se discursa sobre uma determinada conclusão e se espera que ela sirva de substrato para a argumentação.

Quando um promotor público, por exemplo, afirma que o homicídio é um crime horrível e discursa longamente nesse sentido, mostrando inclusive os horrores cometidos no crime em questão, não prova que o réu cometeu assassinato, apesar de a argumentação ser utilizada nessa direção.

## 8.5.10 Apelo à força ou *ad baculum*

Utiliza-se a força para intimidar o interlocutor e obrigá-lo a aceitar a argumentação. A ameaça ou intimidação é utilizada para determinar a conclusão.

Em geral são as pessoas ou grupos dotados de autoridade e poder (a família, a Igreja, o governo etc.) que se utilizam do recurso à força.

## 8.5.11 Homem de palha

Procura-se confundir determinada proposição com uma proposição mais fraca, menos plausível, para então atacar a primeira. A origem do nome remonta à esgrima medieval, em que os lutadores aqueciam-se contra homens de palha.

Alguém pode nos perguntar, por exemplo, se as mulheres devem ter direito a se prostituírem, se é direito da mulher decidir querer ou não se prostituir e se pertence a ela o dinheiro que advém do prazer que alguém possa ter com seu corpo. Algumas das respostas que se costumam dar às questões levantadas anteriormente é que as prostitutas deixam de ser elas mesmas, ao venderem seu corpo; que elas se corrompem; que são *vagabundas*; que ganham dinheiro muito fácil; que transmitem aids; que tornam algumas ruas uma baderna; que não gostam do que fazem; que só o fazem por necessidade etc. E por todos esses motivos, que parecem suficientemente numerosos, devem ser punidas, devem ser impedidas de utilizar seus corpos como bem entenderem.

Ora, os pontos levantados, além de questionáveis e muito diferentes uns dos outros, geram discussões que não se assemelham com a pergunta formulada. Procura-se substituir a questão da invasão da privacidade e da liberdade individual, no que em última instância se constitui a criminalização da prostituição, por uma série de outras argumentações menores em relação à questão proposta. Na justificativa para a criminalização da prostituição, em geral tendemos a utilizar a falácia do *homem de palha*.

## 8.5.12 Impertinência

São utilizadas observações que não têm relação direta com o assunto tratado para desviar a atenção da argumentação principal. *Sair pela tangente* ou *fugir do assunto* são formas de desviar a atenção do assunto principal. Muitos políticos utilizam-se dessa falácia.

## 8.5.13 Ambiguidade

Ocorre quando uma palavra, expressão ou oração possuem mais de um significado, e o significado ao qual nos referimos não fica claro na argumentação. Essa falta de definição do sentido utilizado, ou mesmo a utilização de diferentes sentidos para o mesmo termo, durante a argumentação, gera a falácia da ambiguidade.

## 8.5.14 Vaguidade

Em alguns casos, uma palavra pode não indicar para sentido algum, deixando a argumentação vaga. Ao contrário da falácia da ambiguidade, em que um termo é utilizado durante a argumentação com mais de um significado, no caso da falácia da vaguidade, um termo utilizado não fica claramente associado a um significado.

A palavra *paradigma* é frequentemente utilizada, em administração, nesse sentido. Parece uma palavra mágica, que pode resolver todos os problemas dos administradores. Mas seu sentido, em muitas argumentações, permanece vago, não aparecendo associado a nenhum significado.

### 8.5.15 Anfibologia

Ocorre quando as proposições são ambíguas pelo fato de apresentarem falhas em sua construção gramatical. A falha aqui não é semântica, não é a verdade ou falsidade da premissa que deve se discutir, mas sim sua construção sintática.

Se a filha chega em casa e diz para a mãe: 'O cachorro do meu namorado me mordeu', a frase é ambigua não pelos diferentes sentidos que uma palavra ou um termo podem assumir, mas pela própria construção sintática da oração — o agressor pode ser 'o cachorro (animal) do namorado' ou 'o namorado que é um cachorro'.

### 8.5.16 Ênfase

Ocorre quando, por causa da acentuação ou ênfase dada a determinada palavra, expressão ou oração de uma proposição, acabamos por alterar seu significado, gerando conclusões equivocadas. Em geral encontramos diferenças de ênfase nas palavras ou sentenças nas diferentes línguas, o que gera muitas vezes problemas para um falante não nativo.

### 8.5.17 Generalização apressada ou acidente convertido

Trata-se dos casos em que se realiza indução por meio de exemplos ou casos atípicos, excepcionais, que não caracterizam a regra geral de determinados fenômenos, ou que não abrangem uma quantidade de fenômenos observada que seja significativa e justifique a indução. Estudaremos o método da indução mais adiante.

### 8.5.18 Analogia defeituosa

Concluímos que, como os objetos *a* e *b* têm certa semelhança, da mesma maneira que *a* tem a propriedade *x*, *b* também a tem. Se a similaridade entre *a* e *b* é baixa ou irrelevante para a propriedade em questão, o raciocínio tende à falácia da analogia defeituosa.

### 8.5.19 Jogador

Ocorre quando afirmamos que algo, por não ter ocorrido recentemente, tende a ocorrer logo. Assim, se passamos um ano sem amar ninguém, é mais provável que no ano seguinte amemos alguém. Na verdade, ambos os eventos são estatisticamente independentes.

## 8.5.20 Evidência suprimida ou indutiva

Ocorre quando realizamos uma indução sem levar em consideração determinada evidência, que serviria para desqualificar a conclusão.

## 8.5.21 Negação do antecedente

Formalmente, ocorre quando se afirma que determinado evento *a* implica o evento *b*. Infere-se erroneamente que, quando não ocorre o evento *a*, não ocorre por consequência o evento *b*.

A falácia da negação do antecedente pode ocorrer com cadeias de raciocínio — *A* implica *B*, *B* implica *C*, *C* implica *D*, ... então se *não-A*, também *não-D*.

## 8.5.22 Composição

Ocorre quando projetamos as propriedades da parte de um todo para as propriedades do próprio todo, ou as propriedades de indivíduos para as propriedades da coleção desses indivíduos. O que é verdade em relação às partes do todo ou aos indivíduos de uma coleção é, por extensão, considerado verdade em relação ao todo ou à coleção. Um conjunto de bons jogadores não corresponde necessariamente a um bom time. Sabemos, por experiência própria, que a força de um grupo de pessoas é muitas vezes extremamente inferior à somatória das forças dos indivíduos que compõem esse grupo.

Podemos nos referir a classes de duas maneiras distintas: distributivamente (tomando seus indivíduos de forma singular) e coletivamente (tomando seus indivíduos de forma coletiva). Assim, quando se afirma que nos acidentes de avião morrem mais pessoas que nos acidentes de carro, comete-se a falácia da composição, pois os termos *avião* e *carro* são tomados em seus sentidos distributivos; no sentido coletivo, entretanto, a conclusão é inversa. Portanto, devemos ficar atentos à falácia da composição em análises estatísticas que envolvam classes: é importante, nesse sentido, distinguir o uso distributivo e coletivo que fazemos das classes.

## 8.5.23 Divisão

É o inverso da falácia da composição, ou seja, projetam-se as propriedades do todo para as propriedades de suas partes, ou de um conjunto de elementos para os próprios elementos. Quando se afirma que um time de futebol é muito bom, a afirmação se refere ao time como um conjunto, e não aos jogadores individualmente — se infiro daí que todos os 11 jogadores são muito bons, cometo a falácia da divisão.

## 8.5.24 Falsa dicotomia

Ocorre quando definimos um leque de opções (ao pé da letra, apenas dois) que deveriam dar conta de toda a complexidade de eventos possíveis. Outra passagem também retirada dos boletins de ocorrência é um exemplo de falsa dicotomia, assim como de falácia da pergunta complexa:

> *Demonstra estar arrependido pela prática do crime por que responde agora, ou acha que a sua atitude foi premeditada e o fim alcançado estava na sua vontade?*

Também aqui se admite o crime de antemão com a pergunta, dando-se apenas duas opções restritas de resposta — o crime foi premeditado ou não (e no caso negativo, necessariamente o indiciado deve estar arrependido). Mas podemos imaginar várias outras possibilidades, mesmo que se admita o crime: ele foi premeditado, alcançou o fim que estava na vontade do criminoso, mas este está arrependido; o crime não foi premeditado, mas o criminoso também não está arrependido etc.

### 8.5.25 Acidente

Consiste em aplicar a um caso particular uma regra geral, sendo que na circunstância em questão a regra geral perde seu valor.

Mesmo as regras gerais não podem ser, sempre, aplicadas a todos os casos. *Toda regra tem exceção*, costumamos dizer. Alguns casos não permitem a aplicação de uma regra geral, e quando mesmo assim aplicamos essa regra, numa argumentação, cometemos a falácia do acidente. Vejamos um exemplo polêmico:

Nenhum homem tem o direito de matar seus semelhantes.
O aborto é uma forma de matar nosso semelhante.
Portanto, o homem não pode ter o direito de abortar.

Aqueles que defendem a legalização do aborto diriam que em muitos casos a regra geral expressa pela primeira premissa do silogismo anterior não poderia ser aplicada, como nos casos em que uma mulher é estuprada e engravida, por exemplo. Ou quando a futura mãe não tem condições financeiras nem psicológicas para cuidar de uma criança, e a própria sociedade não oferece condições para fazê-lo. Ou quando se pode garantir que a criança nascerá com sérios problemas de saúde. Em todos os exemplos, poderíamos dizer que na verdade não se estaria 'matando um semelhante', no sentido da regra que a primeira premissa procura exprimir. Esses casos seriam todos 'acidentes' ou exceções da regra, aos quais não se poderia aplicá-la.

## 8.6 Dedução, indução e hipótese

Os conceitos de *dedução* e *indução* são essenciais não apenas em lógica e filosofia, mas em todas as ciências, sejam elas exatas, biológicas ou humanas.

### 8.6.1 Dedução

Enquanto estudávamos os silogismos e falácias, estudávamos também as regras lógicas que governam o método dedutivo: de proposições ou premissas pode-se, utilizando-se leis válidas do raciocínio, chegar a conclusões necessárias e universais. Portanto, a dedução caracteriza-se como um método formal que permite chegar a um grau de certeza também formal. De um ponto de vista científico, garante que, se partimos de premissas verdadeiras, aplicando-se o método dedutivo, chegamos a conclusões também verdadeiras. Quando as proposições iniciais são verdadeiras, a dedução nos leva a conclusões necessária e universalmente verdadeiras, independentemente do confronto do sentido dessas conclusões com a realidade. A dedução é, nesse sentido, um método científico essencial, pois, apesar de se constituir em um método estritamente formal, garante conclusões verdadeiras. Devemos lembrar que *verdade*, aqui, é utilizada no sentido de adequação entre o discurso e a realidade.

Nesse sentido, a dedução possui caráter científico de prova, já que é suficiente para a aceitação de uma afirmação (a conclusão do raciocínio) como verdadeira, desde que a veracidade das premissas seja evidente. Portanto, ela substitui o retorno da ciência à realidade para provar a verdade de algumas proposições, ou seja, se as premissas são verdadeiras, a conclusão será, por dedução, também verdadeira, sem a necessidade de confrontá-la com a realidade.

### 8.6.2 Indução

A indução, por sua vez, é um método também essencial para as ciências, apesar de não fornecer o grau de validade formal da dedução, nem, por consequência, o grau de veracidade da conclusão obtida por dedução.

A indução, ao contrário da dedução, parte da realidade. Da semelhança de propriedades observadas nos objetos, ou da repetição de determinados eventos, o sujeito constrói um novo conceito (ou amplia seus limites semânticos), conceito que procura agora cobrir não apenas os objetos ou os eventos já observados, mas uma gama maior de eventos projetados pelo sujeito, que se espera sigam as mesmas regras dos até então observados. Eu vejo um cisne branco, vejo outro cisne branco, um terceiro cisne branco etc., então, por indução, afirmo que todos os cisnes são brancos.

> *Enquanto a dedução parte em geral do universal para o particular, a indução, por sua vez, em geral realiza o caminho contrário: do particular chega ao universal.*

Enquanto a dedução parte em geral do universal para o particular, a indução, por sua vez, em geral realiza o caminho contrário: do particular chega ao universal. A dedução implica a aplicação de uma regra geral a um caso particular. A indução, por sua vez, infere uma regra a partir do particular.

O raciocínio indutivo não tem a mesma pretensão de validade do dedutivo. As premissas apresentadas *sugerem* uma determinada conclusão, mas não no grau de certeza que ocorre no caso da dedução. Por isso chamamos também a indução de *método hipotético-dedutivo*, ou seja, tira-se uma conclusão de determinadas premissas, mas de forma hipotética, não universal e necessária. Assim, se consideramos as premissas como verdadeiras, nos dois casos, vemos que a indução fornece um menor grau de veracidade das suas conclusões, em comparação com a dedução. Daí porque o método indutivo exija um constante retorno à experiência, o que não ocorre com a dedução. *A dedução implica necessidade e universalidade; a indução, probabilidade.* Assim, a lógica indutiva encontra-se intimamente relacionada com a teoria da probabilidade. É provável que o sol nasça amanhã, para retomarmos um argumento do filósofo inglês David Hume, porque assim sempre o foi, porque o sol nasce todos os dias, então induzimos naturalmente que existe aqui uma lei — no entanto, na verdade essa lei não se constrói com a universalidade e a necessidade das conclusões dedutivas, mas com o grau de probabilidade da indução.

A *analogia* está na base da indução. Determinada situação levou a determinado resultado; então, supomos que situações semelhantes (análogas) levarão a resultados semelhantes. A semelhança que fundamenta a analogia pode se dar em diversos níveis: propriedades dos eventos ou objetos, relações, funções etc.

As hipóteses científicas têm, em geral, essa estrutura analógica. Para prová-las, retornamos inúmeras vezes à realidade. Portanto, a indução envolve um movimento do individual (objetos ou eventos observados) ao universal (conceito) e um retorno ao individual para sua concretização. O que justamente caracteriza a indução (e por extensão a ciência moderna), de forma mais profunda, é esse movimento contínuo de eterno retorno do conceito à realidade e sua consequente reformulação em um novo processo de abstração. A atividade científica determina, portanto, uma harmonia entre os aspectos racionais do ser humano (razão) e a força da realidade (experiência). Experiência e razão seriam, pois, autodependentes no mundo da ciência.

Devemos, portanto, tomar cuidado ao afirmarmos que nossa ciência moderna é empírica: a experiência sensível não é, na verdade, o polo central, único e isolado ao redor do qual se constroem a razão e a ciência. A prova de qualquer teoria científica, sem dúvida, dá-se pelo contato com a realidade, pela experimentação.

E o momento de abstração da ciência, ao contrário da filosofia, por exemplo, não tem sentido por si só, mas apenas em função de sua adequação à realidade. No entanto, o que a ciência busca na realidade, utilizando-se do método indutivo, é certa *regularidade* nos fenômenos, relações de *causalidade* que lhe permitam sistematizar o conhecimento, determinar regras, apontar comportamentos que tendam a se repetir com a experiência. Mas essa regularidade e causalidade seriam também características racionais. Não seriam apenas características do real, que utilizaria a razão como simples espelho ou receptáculo. Veremos como essa discussão se desenvolve na teoria do conhecimento a partir de Descartes.

É preciso ressaltar ainda que, a par do rigor conceitual e explicativo gerado pelo método dedutivo, é com a indução que realmente a ciência progride. A dedução não consegue gerar novos conhecimentos — na verdade acaba por explicitar um conhecimento já implícito em proposições básicas. A dedução é o método fundamental para que as ciências atinjam um estágio de sistematização rigorosa. Mas o novo conhecimento científico parte necessariamente do real, da experiência, e nesse sentido a indução é essencial. Como afirma Newton Costa (1980, p. 23):

> *A indução, pois, constitui-se sobretudo em método de descoberta, enquanto a dedução, em método de exposição e de sistematização.*

Ou seja, o universo da indução é bem mais amplo e complexo do que o exemplo dos cisnes brancos. Newton Costa (1993, p. 24-32) nos apresenta alguns tipos mais utilizados de inferência indutiva, o que demonstra que, sob o signo da *indução*, eles estão agrupados em uma série de procedimentos lógicos diversos. Veja-os no Quadro 8.4.

---

**QUADRO 8.4** — Procedimentos lógicos sob o signo da indução, segundo Newton Costa

**Indução por simples enumeração ou indução simples:** dada uma amostra da população A $\{a_1, a_2, ..., a_n\}$, em que todos os componentes sejam membros de B, e não se conheçam quaisquer elementos de A que não sejam B, conclui-se que toda população A compõe-se de membros de B (ou A está contido em B).

**Argumento por analogia:** todos os elementos $x_1, x_2, ..., x_k$, possuem a propriedade P e a propriedade Q; então, se $x_{k+1}$ possuir P, concluímos que ele possui Q.

**Inferência estatística:** uma de suas formas elementares é o silogismo estatístico: k% dos A são B; x é A; logo, x é B.

**Inferência probabilística:** qual a probabilidade de uma conclusão ser verdadeira, se uma premissa for verdadeira? Partindo dessa probabilidade, podemos extrair (ou não) a conclusão. Perceba-se que a inferência probabilística não se confunde com a estatística: nesta, a porcentagem é um recurso utilizado para tirarmos uma conclusão; no caso da inferência probabilística, a probabilidade de a conclusão ser verdadeira é o elemento levado em consideração.

**Métodos de eliminação (Bacon-Mill):**

- **método da concordância** (condições necessárias de um fenômeno): se dois ou mais casos do fenômeno que se investiga têm somente uma circunstância em comum, a circunstância em que todos os casos concordam é a causa (ou o efeito) do fenômeno dado;

- **método da diferença** (condições suficientes de um fenômeno): se um caso em que o fenômeno que se investiga ocorre e um caso em que ele não ocorre têm todas as circunstâncias em comum, exceto uma, a circunstância única em que os dois casos diferem é o efeito (ou a causa, ou uma parte indispensável da causa) do fenômeno;

- **método combinado da concordância e da diferença** (condições necessárias e suficientes de um fenômeno);

- **método dos resíduos:** suprimindo-se de um fenômeno a parte da qual se sabe, por prévias induções, que é o efeito de certos antecedentes, o resíduo do fenômeno será o efeito dos antecedentes restantes;

- **método da variação concomitante:** um fenômeno que varia de qualquer maneira, sempre que um outro fenômeno varia de uma determinada maneira, é uma causa ou um efeito desse fenômeno, ou está com ele relacionado, por meio de algum fato da causalidade.

**Método hipotético-dedutivo:** quando se tem vários fenômenos particulares, leis ou hipóteses que se quer explicar ou unificar, formulam-se uma ou mais hipóteses; a elaboração dessas hipóteses não poderia ser reduzida a regras, mas dependeria da intuição e do gênio. A teoria ou as hipóteses, assim produzidas, seriam então desenvolvidas, pelo do raciocínio dedutivo, testadas e substituídas, caso necessário. Em um sentido geral, todas as inferências indutivas reduzem-se ao método hipotético-dedutivo.

### 8.6.3 Hipótese

Por fim, é importante diferenciar o conceito de *hipótese* do de *indução*. Enquanto a dedução possui um caráter analítico, a hipótese, assim como a indução, possui caráter sintético, apesar de que muitas vezes as duas se confundem. Pierce (1972, p. 150), entretanto, realiza uma sutil distinção entre indução e hipótese:

> *A indução ocorre quando generalizamos a partir de certo número de casos em que algo é verdadeiro e inferimos que a mesma coisa será verdadeira do total da classe. Ou quando verificamos que certa coisa é verdadeira para certa proporção de casos e inferimos que é verdadeira, na mesma proporção, para o total da classe. Hipótese ocorre quando deparamos com uma circunstância curiosa, capaz de ser explicada pela suposição de que se trata de caso particular de certa regra geral, adotando-se, em função disso, a suposição. Ou quando verificamos que sob certos aspectos dois objetos mostram forte semelhança e inferimos que se assemelham fortemente um ao outro sob aspectos diversos.*

A indução a princípio infere que existam fenômenos semelhantes aos já observados, enquanto a hipótese, por sua vez, vai mais longe, sugerindo fenômenos não observados no campo da experiência — de cuja observação (mesmo que da observação de efeitos desses fenômenos sugeridos, e não deles mesmos) é possível constatar a verdade ou não da hipótese. A indução realiza uma inferência de um grupo de fenômenos para um grupo de fenômenos semelhantes, enquanto a hipótese trabalha na verdade com grupos de fenômenos distintos.

Poderíamos concluir afirmando que a dedução *prova* que algo deva *necessariamente* ser de determinada maneira; a indução *mostra* como algo deve *provavelmente* ser, repetidas as condições de sua experiência; e a hipótese, por sua vez, *sugere* que algo *deva ser* de determinada maneira. A combinação dos três métodos é comum nas ciências.

## Resumo

A história da lógica pode ser dividida em dois grandes momentos: a lógica aristotélica, que se estende na verdade até hoje, e a lógica matemática ou simbólica, que busca os mesmos objetivos da clássica, porém por meio de elementos profundamente abstratos.

A verdade mede o grau de adequação entre uma proposição e a realidade, enquanto a validade mede o grau de coerência de um raciocínio. Na Grécia, desenvolve-se um conceito de verdade como desvelamento, enquanto a Idade Média é marcada pelo conceito de verdade como revelação divina.

Aristóteles desenvolveu a teoria dos silogismos, em que duas premissas se encadeiam para gerar uma conclusão. Já as falácias são raciocínios inválidos utilizados para enganar as pessoas.

A dedução é um método que parte do geral para o particular, enquanto a indução, ao contrário, parte do particular para o geral.

## Atividades

1 Confirme se as conclusões dos silogismos abaixo são *válidas* ou *inválidas*:

a. João nasceu em 1914 ou em 1918. João não nasceu em 1914. Portanto, João nasceu em 1918.

b. Todo homem é um animal. Nenhuma pedra é um homem. Nenhuma pedra é um animal.

c. Nenhum sonegador é um bom empresário, e todo brasileiro é um bom empresário, portanto nenhum brasileiro é sonegador.

d. Nenhum homem é imortal e todo homem é animal, então nenhum animal é imortal.

e. Algum empresário é honesto, e todo empresário é ambicioso, portanto algum ambicioso é honesto.

f. Todo empresário é desonesto, e algum empresário é ambicioso, portanto algum ambicioso é desonesto.

g. Algum empresário não é desonesto e todo empresário é ambicioso, então algum ambicioso não é honesto.

2 Transforme os períodos abaixo na forma de silogismos (duas premissas e uma conclusão) e determine se suas conclusões são válidas ou inválidas.

a. Alguns torcedores do Ibis F.C. são fanáticos, assim como alguns brasileiros são fanáticos, visto que todos os torcedores do Ibis F.C. são brasileiros.

b. Todos os veículos que vão para o espaço são ônibus espaciais; portanto, nenhum ônibus espacial é carro de passeio, visto que os carros de passeio não vão para o espaço.

3 Tire uma conclusão universal e necessária de cada conjunto de proposições abaixo, se for possível:

a. Cláudia é mais velha do que Rachel. Rachel é mais velha do que Márcia. Portanto, ...

b. Todo homem é animal. Todo animal é racional. Portanto, ...

c. Quando a oferta é maior que a demanda, ocorre a inflação. Na década de 1980, a demanda foi maior que a oferta, no Brasil. Portanto, ...

d. Se todos os empresários são inquietos, e todos os empresários são persistentes, portanto...

e. Se chove, então eu me molho; se eu me molho, então fico resfriado; logo, se chove, então...

4 Avalie as proposições abaixo e o paradoxo que elas implicam:

a. Esta proposição é falsa.

b. É proibido proibir.

c. Fulano diz: ´Aquilo que ciclano diz é falso`. Beltrano diz: ´Aquilo que Fulano diz é verdadeiro.` Ninguém diz mais nada. Aquilo que Fulano diz é verdadeiro ou falso?

5 O capítulo apresenta alguns exemplos de falácias. Procure identificar na televisão, na Internet ou em textos escritos alguns dos exemplos de falácias conforme apresentados ao longo da Seção 8.5.

## Sugestões

No Companion WebSite, confira também o artigo *Pensamento, linguagem, lógica e realidade*.

Indicamos também o livro *Ensaio sobre os fundamentos da lógica*, de Newton Costa, no qual você encontrará, além de uma interessante discussão semântica sobre a lógica, a razão e o espírito científico, diversos modelos lógicos.

# Teoria do conhecimento

## APRESENTAÇÃO

Neste capítulo estudaremos alguns dos principais autores e movimentos na teoria do conhecimento, como Descartes, o empirismo, o idealismo e Sartre. Além disso, estudaremos alguns conceitos, como memória, inconsciente e objetos, e como eles são trabalhados na teoria do conhecimento. Por fim, exploraremos também os universos da filosofia da mente e da filosofia da computação e da informação.

## TÓPICOS PRINCIPAIS

9.1 Epistemologia: um breve percurso pela história do conhecimento
9.2 René Descartes
9.3 Empirismo
9.4 Idealismo
9.5 Sartre
9.6 Memória
9.7 Inconsciente
9.8 Objetos
9.9 Filosofia da mente
9.10 Filosofia da computação e da informação

## OBJETIVOS DE APRENDIZAGEM

Durante a leitura deste capítulo, será possível:

- estudar a origem e a história da teoria do conhecimento;
- conhecer os principais nomes que contribuíram para seu desenvolvimento;
- conhecer os diversos movimentos dessa vertente filosófica;
- estudar os conceitos de memória, inconsciente e objeto;
- explorar o universo da filosofia da mente;
- discutir a mente humana em face dos avanços da inteligência artificial;
- conhecer um pouco sobre a filosofia da computação e da informação.

## 9.1 Epistemologia: um breve percurso pela história do conhecimento

A teoria do conhecimento, ou epistemologia (derivada da palavra grega *episteme*, que significa conhecimento), é o ramo da filosofia que estuda a natureza do conhecimento, procurando responder às seguintes perguntas, dentre outras: como conhecemos? Como podemos ter certeza de que uma afirmação sobre a realidade é verdadeira? Como podemos diferenciar crença e conhecimento? Como (e até que ponto) é possível conhecer a realidade? Quais são os limites do nosso conhecimento? Estariam alguns aspectos da realidade além da nossa capacidade de compreensão? O que seria o conhecimento intuitivo? Existiria mesmo o conhecimento instintivo? Nasceríamos já com algum tipo de conhecimento ou simplesmente como uma tábula rasa, que começa a ser preenchida durante o nosso desenvolvimento e a nossa interação com a realidade?

A teoria do conhecimento tem uma longa história em filosofia. Diversos autores e movimentos, em diferentes épocas, propõem respostas distintas e muitas vezes opostas a essas e outras questões. Uma dessas respostas, que já estudamos no Capítulo 3, está registrada no mito da caverna de Platão, segundo o qual haveria necessidade de abandonarmos a prisão dos nossos sentidos (as sombras da caverna) para alcançar a verdade e o conhecimento no mundo das ideias (a essência).

Muitas vezes nos iludimos em nosso processo de conhecimento. Durante boa parte da história da humanidade, acreditamos, por exemplo, que o Sol girava em torno da Terra. Esse conhecimento demonstrou-se, posteriormente, totalmente equivocado. Como foi possível acreditar nessa concepção por tão longo período de tempo? Como podemos ter certeza de que não estamos, também, completamente enganados em relação a outros conhecimentos e crenças essenciais de nossa civilização?

Uma questão recorrente levantada pela teoria do conhecimento é se conhecemos efetivamente os objetos ou apenas imagens e representações mentais deles; ou seja, se o conhecimento dos objetos parece mais marcado pelas experiências sensíveis ou mais determinado por nossas estruturas mentais.

Como já vimos, na Idade Média, estabeleceu-se uma grande polaridade na teoria do conhecimento com a discussão sobre os *conceitos universais*. A palavra 'homem', por exemplo, é um termo universal porque se refere a todos os homens, ao contrário do termo 'João Mattar', que se refere especificamente a um homem, o autor deste texto. Seriam esses conceitos universais puramente mentais, desenvolvidos a partir do contato do ser humano com as coisas individuais, ou teriam as coisas individuais algumas características universais, inerentes a elas? Os *realistas* defendiam a existência de universais na realidade *em* e/ou *antes* das coisas particulares; nesse sentido, os universais seriam reais e existiriam na realidade independentemente de uma mente capaz de concebê-los. Os *conceitualistas* e os *nominalistas*, de outro lado, defendiam que os universais eram apenas, ou primordialmente, conceitos de nossa mente, ou seja, os universais existiriam apenas em nosso pensamento ou seriam simplesmente características da linguagem, meras palavras (KLIMA, 2004).

Outra disputa estabelece-se no início da Idade Moderna, entre *racionalistas* e *empiristas*, sobre o quanto dependemos de nossa experiência sensível para obter conhecimentos. De um lado, racionalistas como Descartes, Leibniz e Spinoza defendem que há diversas maneiras pelas quais obtemos conhecimento independente de nossa experiência sensível, em função da nossa estrutura racional, e ainda que, em muitos casos, esse tipo de conhecimento *a priori* seria superior ao conhecimento sensível. De outro lado, empiristas como Locke, Berkeley e Hume defendem que todo nosso conhecimento é *a posteriori*. Já Kant, em sua *Crítica da razão pura*, procurou conciliar a posição dos racionalistas e a dos empiristas.

Estudaremos aqui a teoria do conhecimento em alguns desses filósofos, como Descartes, os empiristas e Kant, completando o percurso com Hegel e Sartre. Além disso, dedicaremos particular atenção a alguns conceitos, como memória, inconsciente e objetos do conhecimento. Por fim, exploraremos divisões da filosofia que nem sempre estão subordinadas à teoria do conhecimento, mas que servem para concluir adequadamente nossa reflexão: a filosofia da mente e a filosofia da computação e da informação.

## 9.2 René Descartes

René Descartes (1596-1651), um dos nomes mais importantes do *racionalismo* e da história da filosofia, defende a tese do dualismo corpo/mente: enquanto o corpo seria caracterizado pelas propriedades espaçotemporais, a mente seria caracterizada pelas propriedades do pensamento.

Descartes explora a física, as matemáticas, as relações entre a alma e o corpo, a moral e a questão da existência de Deus. Mas o que nos interessa aqui é o método cartesiano, desenvolvido para conduzir a razão e procurar a verdade nas ciências. Frequentemente associamos a Descartes a expressão "penso, logo existo", mas essa expressão só tem seu sentido aclarado como parte essencial desse método. E o método cartesiano é novo, ou ao menos se propõe a ser, em relação a toda a herança filosófica que recebe (filosofia grega e medieval, basicamente). Propõe-se a direcionar um caminho para a razão, baseado apenas nela própria. É com Descartes que a razão, em sua concepção moderna, inicia seu percurso.

Em seu *Discurso do método*, Descartes propõe-se a descrever a genealogia de seu método. Afirma ter estudado gramática, história, poesia, retórica, línguas, matemática, lógica, teologia, filosofia, jurisprudência, medicina e outras ciências. Mas esse estudo acabará servindo apenas para aumentar suas dúvidas e seu sentimento de ignorância. Afirma também ter viajado bastante, ressaltando a importância de conhecer costumes diferentes dos nossos, e traça então uma interessante e curiosa relação entre as viagens e o estudo:

> *(...) quando empregamos demasiado tempo em viajar, acabamos tornando-nos estrangeiros em nossa própria terra; e quando somos demasiado curiosos das coisas que se praticavam nos séculos passados, ficamos ordinariamente muito ignorantes das que se praticam no presente.* (DESCARTES, 1973, p. 39)

Do ponto de vista cultural, sua observação sobre as viagens é precisa e valiosa, como já observamos. O fato de conhecermos diferentes culturas e costumes, de saltarmos constantemente para além dos nossos limites, acaba trazendo uma riqueza incomensurável de conhecimentos, aguçando nossa sensibilidade, ampliando nossa perspectiva. Mas ao mesmo tempo, como que por inversão e na razão contrária das viagens, gera-se um sentimento de estranhamento em relação à própria cultura, ao nosso meio e costumes. Se, de um lado, as viagens servem para nos mostrar que o nosso ponto de vista não é o único, de outro, acabam também por tornar-nos excessivamente críticos com esse *nosso* ponto de vista, que serve de guia para nossas ações. Como afirma Descartes (1973, p. 41):

> *De modo que o maior proveito que daí tirei foi que, vendo uma porção de coisas que, embora nos pareçam muito extravagantes e ridículas, não deixam de ser comumente acolhidas e aprovadas por outros grandes povos, aprendi a não crer demasiado firmemente em nada do que me fora inculcado só pelo exemplo e pelo costume; e assim, pouco a pouco, livrei-me de muitos erros que podem ofuscar a nossa luz natural e nos tornar menos capazes de ouvir a razão.*

Ou seja, perceber que nossa cultura não é *a* cultura, mas *uma* cultura, acaba nos tornando estranhos em relação a ela. Não nos reconhecemos mais como membros e não a reconhecemos mais como nossa. Somos agora obrigados a buscar novos rumos, valores e algo em que possamos nos apegar.

Assim, tanto a viagem quanto o estudo do passado seriam formas de ultrapassarmos nossos limites e superarmos as amarras do *aqui* e *agora*. Portanto, para o viajante e erudito, é necessário encontrar um novo caminho para superar a confusão e as dúvidas e reorganizar o excesso de conhecimento prático e teórico. Assim, a obra de Descartes tem, além de seu caráter filosófico ou científico, sentido existencial que cabe reconhecer, como fizemos no Capítulo 7.

Após as viagens e o estudo, o percurso do método sofre então uma inversão:

> *Mas, depois que empreguei alguns anos em estudar assim no livro do mundo, e em procurar adquirir alguma experiência, tomei um dia a resolução de estudar também a mim próprio e de empregar todas as forças do meu espírito na escolha dos caminhos que devia seguir. O que me deu muito mais resultado, parece-me, do que se jamais tivesse me afastado do meu país e de meus livros.* (DESCARTES, 1973, p. 41)

> Segundo Descartes, é o sujeito do conhecimento que deve construir o método de investigação da realidade.

Portanto, após a observação do mundo, Descartes volta-se para si mesmo. O movimento lógico aqui é significativo: para resgatar os fatos da realidade e lidar com a multiplicidade da experiência, é preciso *fundar* um método — e esse método não estaria na realidade em si, mas na razão. Dessa forma, é o sujeito do conhecimento que deve construir o método de investigação da realidade.

O método funda-se, então, sobre a recusa de quaisquer fundamento, princípio, ou verdade recebido da tradição e da experiência. Assim, é o sujeito, por si só, quem deve fundar as bases e as condições para a construção do conhecimento. Todo o edifício das opiniões recebidas deve ser demolido para reiniciarmos sua construção. Mas o exercício de demolição e reconstrução é individual:

> *Nunca o meu intento foi além de procurar reformar meus próprios pensamentos, e construir num terreno que é todo meu. De modo que, se, tendo minha obra me agradado bastante, eu vos mostro aqui o seu modelo, nem por isso quero aconselhar alguém a imitá-lo.* (DESCARTES, 1973, p. 44)

A noção do sujeito filosófico e da individualidade moderna funda-se em Descartes associada à ideia de posse, que é ligada à terra, à construção e à garantia da propriedade. Como na modernidade todos são submetidos a um número grande de informações e pontos de vista, mestres e ídolos, além de diversos costumes, o sujeito deve, então, buscar *seu* próprio caminho, *seu* próprio lugar, *seu* pensamento.

Descartes adota então alguns princípios lógicos básicos: não admitir como verdadeiro nada que pudesse ser colocado em dúvida; dividir as dificuldades ao máximo para examiná-las; ordenar sempre o pensamento a partir dos elementos mais simples aos mais complexos e enumerar ao infinito tudo o que estiver relacionado com o problema a ser discutido. O filósofo forma também uma moral provisória que o suporte (existencialmente, podemos dizer) durante o processo de desconstrução de suas crenças e opiniões: reger-se pelo senso comum, os costumes de seu país e a religião; manter firmeza nas ações, independentemente do grau de certeza a elas associado; procurar sempre antes modificar seus próprios desejos do que a ordem do mundo; manter-se fiel a sua ocupação de cultivar a razão.

Após a seleção de alguns princípios puramente lógicos e de uma conduta moral que garanta ao sujeito sua sobrevivência, o edifício começa a ser construído. O terreno está fundado, garantido e assegurado, e o direito de propriedade está formulado. Então, é preciso agora iniciar a obra e, nessa perspectiva, a seguinte passagem do *Discurso do método* (DESCARTES, 1973, p. 54) é relevante:

> *De há muito observara que, quanto aos costumes, é necessário às vezes seguir opiniões, que sabemos serem muito incertas, tal como se fossem indubitáveis, como já foi dito acima; mas, por desejar então ocupar-me somente com a pesquisa da verdade, pensei que era necessário agir exatamente ao contrário, e rejeitar como absolutamente falso tudo aquilo em que pudesse imaginar a menor dúvida, a fim de ver se, após isso, não restaria algo em meu crédito, que fosse inteiramente indubitável. Assim, porque os nossos sentidos nos enganaram às vezes, quis supor que não havia coisa alguma que fosse tal como eles nos fazem imaginar. E, porque há homens que se equivocam no tocante às mais*

*simples matérias de Geometria, e cometem aí paralogismos, rejeitei como falsas, julgando que estava sujeito a falhar como qualquer outro, todas as razões que eu tomara até então por demonstrações. E enfim, considerando que todos os mesmos pensamentos que temos quando despertos nos podem também ocorrer quando dormimos, sem que haja nenhum, nesse caso, que seja verdadeiro, resolvi fazer de conta que todas as coisas que até então haviam entrado no meu espírito não eram mais verdadeiras que as ilusões de meus sonhos. Mas, logo em seguida, adverti que, enquanto eu queria assim pensar que tudo era falso, cumpria necessariamente que eu, que pensava, fosse alguma coisa. E, notando que esta verdade:* eu penso, logo existo, *era tão firme e tão certa que todas as mais extravagantes suposições dos céticos não seriam capazes de a abalar, julguei que podia aceitá-la, sem escrúpulo, como o primeiro princípio da Filosofia que procurava.*

O exercício de Descartes continua para determinar a essência do eu pensante; distinguir o pensamento das outras faculdades; provar a existência de Deus; diferenciar alma e corpo; e assim por diante, numa cadeia de certezas. Esse momento de *insight* em seu processo de reconstrução do conhecimento é o que nos interessa. Por meio do método da dúvida radical, o sujeito acaba por reconhecer-se como um algo pensante. Se é possível duvidar de tudo, colocar todas as evidências em questão, torna-se claro (indubitável) que algo realiza ou comanda esse processo, ou seja, pensa.

Existem no *insight* de Descartes ("penso, logo existo") quatro passos gigantescos (Figura 9.1). Em primeiro lugar, o ato de duvidar é associado ao ato de pensar, já que, enquanto duvido, penso. Em segundo lugar, o pensamento é associado a uma substância ou espírito, não existe por si só, mas denota, enquanto puro ato, a existência de algo pensante. Em terceiro lugar, esse algo é igualado ao *eu*, ao sujeito individual, à individualidade. Se algo pensa, quem pensa sou eu. Dessa maneira, o pensamento, e apenas ele, não pode ser separado do sujeito. Por último, o sujeito, enquanto ser pensante, implica automaticamente sua existência. Ou seja, se eu penso, então eu existo. Se eu deixasse de pensar, deixaria de existir. Não posso, enfim, colocar em dúvida a afirmação "Penso, logo existo", pois colocá-la em dúvida seria na verdade reforçá-la, seria exercitar novamente a dúvida, que implica pensamento, que implica minha existência.

Portanto, a primeira certeza resultante do método de Descartes não é objetiva, mas subjetiva: funda e instala-se no polo do sujeito, sendo essencial no percurso da teoria do conhecimento. A certeza inicial deixa de ser divina (a existência de Deus, as sagradas escrituras), como na Idade Média, e passa a ser o próprio sujeito.

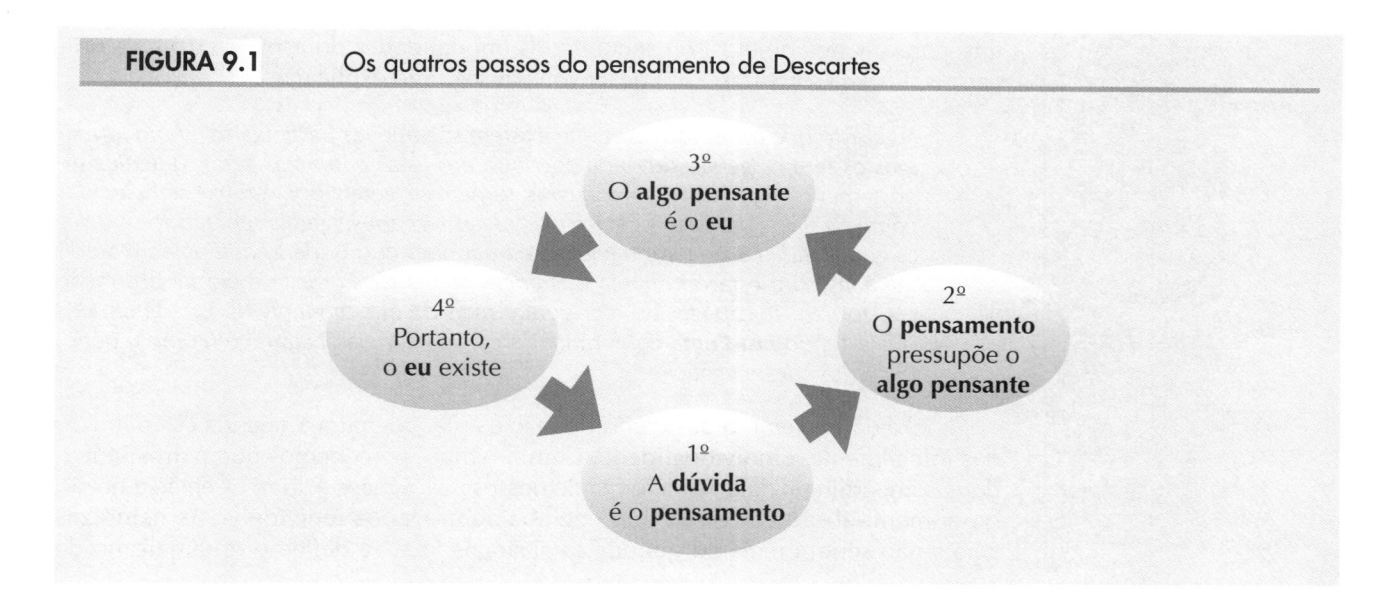

**FIGURA 9.1** Os quatros passos do pensamento de Descartes

3º O **algo pensante** é o **eu**

2º O **pensamento** pressupõe o **algo pensante**

1º A **dúvida** é o **pensamento**

4º Portanto, o **eu** existe

Na obra intitulada *Meditações*, Descartes repete com algumas variações o processo da dúvida metódica para chegar à primeira certeza de sua filosofia. Ele desenvolve a questão do problema do engano durante os sonhos e constrói a figura de um gênio maligno, cuja função seria a de sempre nos enganar, justificando assim sua decisão de duvidar de tudo, até mesmo das coisas materiais, de Deus e de seu próprio corpo. Finalizamos citando a passagem na qual Descartes chega ao cogito, nas *Meditações*:

> (...) há algum, não sei qual, enganador mui poderoso e mui ardiloso que emprega toda a sua indústria em enganar-me sempre. Não há, pois, dúvida alguma de que sou, se ele me engana; e, por mais que me engane, não poderá jamais fazer com que eu nada seja, enquanto eu pensar ser alguma coisa. De sorte que, após ter pensado bastante nisto e de ter examinado cuidadosamente todas as coisas, cumpre enfim concluir e ter por constante que esta proposição, *eu sou, eu existo*, é necessariamente verdadeira todas as vezes que a enuncio ou que a concebo em meu espírito. (DESCARTES, 1973, p. 100)

## 9.3 Empirismo

Ao contrário dos racionalistas, os *empiristas* defendem que a experiência sensível é a fonte primordial de todos os nossos conceitos e conhecimento. Não existiria, assim, outra fonte de conhecimento a não ser a experiência sensível. Portanto, o polo principal do conhecimento acaba se deslocando do sujeito para o objeto do conhecimento. John Locke (1632-1704), George Berkeley (1685-1753) e David Hume (1711-1776) são alguns dos nomes mais importantes do empirismo.

### 9.3.1 John Locke

John Locke (1632-1704) é o autor, entre outras obras, de *O ensaio sobre o entendimento humano*. Opõe-se à teoria, que vem desde Platão, de que existam ideias inatas. Para ele, não existiriam pensamento *a priori* nem princípios práticos inatos. As ideias, então, derivariam da sensação ou da reflexão (a mente observando seu próprio funcionamento) e todo nosso conhecimento estaria fundado na experiência. Nossa mente seria, dessa forma, no momento do nascimento, uma tábula rasa. As ideias podem ser simples ou complexas (resultado da comparação ou união das ideias simples), assim como as qualidades dos objetos podem ser primárias (inseparáveis dos objetos) ou secundárias (modalidades do espírito). Para os universais, Locke (1983a, p. 227) desenvolve a seguinte explicação:

> (...) *Visto que todas as coisas que existem são apenas particulares, como formamos os termos gerais, ou onde encontramos estas naturezas gerais que eles supostamente significam? As palavras tornam-se gerais por serem estabelecidas como os sinais das ideias gerais; e as ideias tornam-se gerais separando-se delas as circunstâncias de tempo e lugar, e quaisquer outras ideias que possam determiná-las para esta ou aquela existência particular. Por este meio de abstração elas tornam-se capazes de representar mais do que um indivíduo, cada um dos quais, tendo nisto uma conformidade com esta ideia abstrata, é (como o denominamos) desta espécie.*

Locke dá o exemplo das ideias de mãe e ama, que para a criança estão limitadas inicialmente à individualidade. Com o tempo, percebemos que outros indivíduos compartilham da mesma forma de nossos pais e mães e criamos então a noção de homem, abstrata e geral, que engloba agora vários indivíduos. As naturezas gerais não seriam mais do que ideias abstratas, e aí se define o nominalismo de

| QUADRO 9.1 | As quatro partes da razão segundo John Locke |
|---|---|
| **Capacidade de encontrar provas**: a sagacidade da razão permite que ela descubra provas, ampliando nosso conhecimento<br>**Ordenação**: disposição regular e metódica das provas, colocando-as numa ordem clara e adequada | **Percepção da conexão entre as provas**: ilação ou inferência, percepção da conexão que existe entre as ideias<br>**Capacidade de tirar conclusões**: tirar a conclusão correta, o que leva ao conhecimento |

Locke. Os universais seriam, então, criações do entendimento e não possuiriam existência real. As ideias gerais representariam universalmente, por meio de uma relação mental, a individualidade das coisas. O entendimento captaria a similitude entre os objetos da natureza e realizaria um trabalho de classificação.

Locke determina então alguns passos para o conhecimento, abordando a questão das ideias claras e distintas, das hipóteses, da probabilidade etc. Define então razão como a faculdade de abstração que diferencia o homem dos animais, destacando suas quatro partes: a capacidade de descobrir e encontrar provas, a ordenação, a percepção da conexão entre essas provas e a capacidade de tirar conclusões. Veja um pouco mais sobre essas partes no Quadro 9.1.

### 9.3.2 George Berkeley

A obra principal de George Berkeley (1685-1753), *Tratado sobre os princípios do conhecimento humano*, apresenta-se como crítica a Locke. As ideias gerais abstratas não se construiriam, segundo ele, por um processo de abstração, mas sim por um processo em que se incluem, na ideia geral, todas as ideias particulares possíveis. O processo de abstração, ao qual se refere Locke, não traria contribuição nem para a ampliação do conhecimento, nem para a comunicação entre os homens. Levando essa restrição em conta, Berkeley aborda a questão dos universais:

> *Universalidade, tanto quanto compreendo, não consiste na absoluta, positiva natureza ou concepção de alguma coisa, mas na relação que significa entre particulares; por isso coisas, nomes, noções, por natureza particulares, tornam-se universais.* (BERKELEY, 1973, p. 15)

As palavras ou termos gerais, para Berkeley, não representariam uma ideia geral abstrata:

> *(...) não há significação precisa e definida ligada ao nome geral, todos eles próprios para significar indiferentemente grande número de ideias particulares.* (BERKELEY, 1973, p. 16)

Muitas palavras não estariam associadas a ideias, e a comunicação de ideias por palavras não seria o fim principal da linguagem. O estudo das ideias sem a relação com a linguagem constituir-se-ia para Berkeley como solução para os problemas do entendimento e as palavras seriam um empecilho ao progresso do conhecimento; podemos enxergar aqui a ambição de uma lógica simbólica, apresentada no Capítulo 8.

As ideias se dividiriam, então, segundo Berkeley (1973, p. 19), em: atualmente impressas no sentido; percebidas considerando as paixões e operações do espírito; e formadas com auxílio da memória e da imaginação, por meio da composição, divisão ou representação das anteriores (Quadro 9.2). Mas o que existe no homem que permite conceber ideias?

> *(...) ao lado da infinita variedade de ideias ou objetos do conhecimento há alguma coisa que os conhece ou percebe, e realiza diversas operações como querer, imaginar, recordar, a respeito deles. Este percipiente, ser ativo, é o que*

> QUADRO 9.2     A divisão de ideias segundo Berkeley
>
> **Atualmente impressas no sentido:** visão, tato, olfato, paladares e audição.
> **Percebidas considerando as paixões e operações do espírito:** querer, imaginar, recordar, atividades desenvolvidas pela mente, alma ou eu.
> **Formadas com o auxílio da memória e da imaginação:** com o espírito (ou a mente) compondo, dividindo ou simplesmente representando ideias.

> *chamo mente, espírito, alma ou eu. Por estas palavras não designo alguma de minhas ideias mas alguma coisa distinta delas e onde elas existem, ou o que é o mesmo, por que são percebidas; porque a existência de uma ideia consiste em ser percebida.* (BERKELEY, 1973, p. 19)

Assim, para Berkeley as coisas só têm sentido enquanto percebidas pelo espírito (a única substância existente), o seu *esse* é *percipi* (isto é, o seu ser é serem percebidas). É impossível separar os objetos da sua percepção pelo sujeito, ou seja, não se pode conceber pelo pensamento um objeto distinto da sua percepção. O ser de um objeto sensível é inseparável do ser do objeto percebido. Dessa forma, a existência do objeto estaria condicionada à percepção do sujeito: não se pode conceder o caráter da existência a um objeto que não seja percebido.

As qualidades primárias dos objetos (extensão, forma, movimento, repouso, solidez e impenetrabilidade), que seriam imagens de coisas existentes fora do espírito, em uma substância impensante (a matéria), segundo essa concepção, não existiriam, visto que as qualidades só existem quando percebidas pelo sujeito. Existiriam, então, assim como as qualidades secundárias, apenas no espírito.

Dessa forma, o *entendimento* seria a capacidade do espírito de perceber ideias, enquanto a *vontade* seria a capacidade de produzi-las ou operar com elas. Os objetos reais seriam ideias impressas em nossos sentidos pelo Espírito soberano ou Autor da natureza, e as geradas pela imaginação seriam as ideias ou imagens das coisas que representam.

A obra de Berkeley pode ser entendida como uma crítica aos conceitos de matéria ou substância corpórea. As ideias não seriam cópias ou representações de uma realidade exterior, pois as ideias só podem ser comparadas com outras ideias e a diferença entre coisas e ideias seria uma das causas do ceticismo, já que não poderíamos jamais ter certeza da devida representação dos objetos por nossas ideias.

### 9.3.3 David Hume

David Hume (1711-1776) é o autor, entre outras obras, de *Investigação sobre o entendimento humano*. Para o filósofo inglês, as percepções da mente se dividiriam em impressões e ideias (ou pensamentos), que não seriam mais do que cópias das primeiras:

> *Pelo termo impressão entendo todas as nossas percepções mais vivazes, quando ouvimos, vemos, sentimos, amamos, odiamos, desejamos ou queremos. E as impressões distinguem-se das ideias, que são as impressões menos vivazes das quais temos consciência quando refletimos sobre qualquer dessas sensações ou movimentos acima mencionados.* (HUME, 1973, p. 134)

Já as sensações, ao contrário das ideias, seriam fortes e vívidas, claras e distintas. Portanto, para clarear o sentido de um termo abstrato, bastaria perguntar de que impressão tal ideia deriva. Um dos principais críticos das teorias das impressões e ideias em Hume é o filósofo escocês Thomas Reid (1710-1796), que defende o senso comum como garantia de que nossas ideias correspondem aos objetos.

Hume aponta três princípios de conexão entre as ideias: semelhança, contiguidade de tempo ou lugar e causa e efeito. Vejamos os exemplos que Hume fornece:

> *Uma pintura conduz naturalmente os nossos pensamentos para o original; a menção de um aposento numa casa desperta naturalmente uma pergunta ou um comentário a respeito dos outros; e, se pensamos num ferimento, dificilmente podemos furtar-nos à ideia da dor que o acompanha.* (HUME, 1973, p. 137)

Os objetos da razão ou do entendimento se dividiriam em relações de ideias e questões de fato. Álgebra, geometria e aritmética seriam ciências de relações de ideias, pois não dependem da realidade. Caracterizam-se por suas proposições intuitivas ou que possam ser demonstradas pelo próprio pensamento. Já os raciocínios sobre questões de fato fundar-se-iam nas relações de causa e efeito, que teriam sua origem na experiência, ou seja, na percepção de que objetos ou eventos encontram-se ligados uns aos outros.

Hume afirma que o que nos permite inferir, da experiência passada, previsões para a experiência futura ou mesmo para objetos semelhantes são meramente os hábitos ou costumes em nós gerados pelo efeito da repetição da experiência, e não regras ou princípios de nossa razão:

> *O hábito é, pois, o grande guia da vida humana. É aquele princípio único que faz com que nossa experiência nos seja útil e nos leve a esperar, no futuro, uma sequência de acontecimentos semelhante às que se verificaram no passado. Sem a ação do hábito, ignoraríamos completamente toda questão de fato além do que está imediatamente presente à memória ou aos sentidos. Jamais saberíamos como adequar os meios aos fins ou como utilizar os nossos poderes naturais na produção de um efeito qualquer. Seria o fim imediato de toda ação, assim como da maior parte da especulação.* (HUME, 1973, p. 146)

Hume busca, na verdade, fundamentos para o raciocínio indutivo e os encontrará na analogia, no hábito e na crença, que fortalecem a conexão imaginativa e levam o intelecto de uma ideia a outra:

> *Toda crença numa questão de fato ou de existência real deriva de algum objeto presente à memória ou aos sentidos, e de uma conjunção habitual entre esse objeto e algum outro. Ou, em outras palavras: após descobrir, pela observação de muitos exemplos, que duas espécies de objetos, como a chama e o calor, a neve e o frio, aparecem sempre ligadas, se a chama ou a neve se apresenta novamente aos sentidos, a mente é levada pelo hábito a esperar o calor ou o frio e a acreditar que tal qualidade realmente existe e se manifestará a quem lhe chegar mais perto.* (HUME, 1973, p. 147)

## 9.4 Idealismo

O idealismo reduz o ser ao pensamento, ao espírito, à consciência, às ideias, considerados estes a base de solução dos problemas filosóficos. Para os idealistas, o mundo material só pode ser compreendido plenamente a partir de sua verdade espiritual, mental ou subjetiva. Os principais nomes dessa corrente filosófica são Immanuel Kant e Georg Wilhelm Friedrich Hegel.

> *Para os idealistas, o mundo material só pode ser compreendido plenamente a partir de sua verdade espiritual, mental ou subjetiva.*

### 9.4.1 Immanuel Kant

Kant (1724-1804) é, junto com Hegel, um dos mais importantes filósofos da modernidade, aquele para o qual confluem várias questões da filosofia até seu tempo e de quem surgem as mais importantes correntes da filosofia contemporânea. A *Crítica da razão pura* é sua principal obra para a teoria do conhecimento, na qual ele procura conciliar as posições dos racionalistas e dos empiristas.

Kant inicia sua *Crítica da razão pura* fazendo uma distinção entre conhecimentos empíricos e conhecimentos *a priori*. De um ponto de vista cronológico, o conhecimento tem início com a experiência, fato que não é colocado em dúvida. O que não significa, porém, que todos os nossos conhecimentos se originem da experiência, pois como afirma Kant (1987, p. 25):

> *(...) poderia bem acontecer que mesmo o nosso conhecimento de experiência seja um composto daquilo que recebemos por meio de impressões e daquilo que a nossa própria faculdade de conhecimento (apenas provocada por impressões sensíveis) fornece de si mesmo, cujo aditamento não distinguimos daquela matéria-prima antes que um longo exercício nos tenha tornado atentos a ele e nos tenha tornado aptos à sua abstração.*

Temos aqui, portanto, uma primeira distinção: conhecimentos empíricos teriam a sua origem *a posteriori*, ou seja, a partir da experiência (derivados dos sentidos), enquanto os conhecimentos *a priori*, baseados em nosso poder de conhecimento, não dependeriam da experiência (conhecimentos da matemática e da física, por exemplo).

Dada essa distinção inicial, são necessários critérios para classificar os conhecimentos em seus respectivos grupos. Para Kant, esses critérios seriam a necessidade e a rigorosa universalidade. A experiência não traz em si mesma necessidade, ou seja, "a experiência nos ensina que algo é constituído deste ou daquele modo, mas não que não possa ser diferente" (KANT, 1987, p. 26). A experiência nunca nos indica que algo deva, *necessariamente*, ocorrer ou ser constituído de determinada maneira. Necessidade, enquanto lei, não pode ser retirada da experiência. Além disso, a experiência também não nos mostra universalidade rigorosa, ou seja, nada garante na própria experiência que aos juízos dela extraídos não se possa encontrar exceção. A universalidade empírica é apenas uma universalidade suposta por indução, mas não característica da própria experiência. Portanto, os juízos que possuíssem um dos critérios estabelecidos (necessidade e rigorosa universalidade) seriam juízos *a priori*, já que teriam características que não se poderiam retirar da experiência. Exemplos seriam as fórmulas matemáticas. Os juízos empíricos, por sua vez, não possuiriam nenhum desses dois critérios de distinção.

Kant procede ainda a outra diferenciação, entre juízos analíticos e sintéticos. Os *juízos analíticos* uniriam um predicado a um sujeito — sendo que esse predicado já é pensado, de maneira oculta ou mesmo confusa, no conceito do sujeito. Por exemplo, quando eu digo 'O cachorro late', a ideia que o predicado ('late') acrescenta ao conceito do sujeito ('cachorro') já faz parte do próprio conceito do sujeito, pois não adiciona nenhuma informação nova à ideia de 'cachorro'. Este seria, então, um exemplo de juízo analítico.

Já nos *juízos sintéticos*, o predicado, por mais que se desmembrasse o conceito de sujeito, não faria parte integrante do mesmo. O predicado efetivamente acrescentaria uma informação nova ao conceito do sujeito. 'O cachorro morreu' seria um exemplo de juízo sintético, pois a ideia de 'morrer', no passado, não faz parte do conceito de 'cachorro'. Sabemos que todo cachorro morrerá, mas o momento de sua morte, de qualquer forma, é uma informação que não está contida em seu conceito. Os juízos sintéticos seriam, pois, juízos de extensão, aos quais se acrescentaria um novo atributo, ao contrário dos juízos analíticos, nos quais esse atributo já constituiria, essencialmente, o conceito. Pode-se concluir, logicamente, que os juízos empíricos seriam todos sintéticos, já que não haveria necessidade de se utilizar a experiência para a fundamentação de um juízo analítico. Este já seria possível de modo *a priori*, por simples desdobramento de conceitos.

Após distinguir as intuições (sensíveis) dos conceitos (pensados), Kant parte para isolar a sensibilidade do entendimento e, na primeira, a forma de sua matéria. Restarão, para o filósofo alemão, apenas duas formas puras da intuição sensível: tempo e espaço. Elas seriam, pois, condições necessárias para todo e qualquer conhecimento e independentes de qualquer experiência sensível. As noções de *tempo* e *espaço* não decorrem da percepção dos fenômenos, mas subsistem aos mesmos, como condição de sua possibilidade. É porque o sujeito possui tempo e espaço como estruturas *a priori* de sua sensibilidade que ele pode perceber os objetos distribuídos pelo espaço e organizados no tempo. Assim, os próprios fenômenos poderiam deixar de ser percebidos, poderíamos abstrair sua existência, mas não se poderiam abstrair sua temporalidade nem sua espacialidade.

> *Para Kant, nós não percebemos senão os fenômenos, ou seja, as coisas enquanto objetos da intuição sensível.*

Cabe ainda lembrar que, para Kant, nós não percebemos senão os fenômenos, ou seja, as coisas enquanto objetos da intuição sensível. O *noumenon*, ou a *coisa em si* mesma, seria inacessível ao conhecimento.

### 9.4.2 Georg Wilhelm Friedrich Hegel

A obra de Hegel (1770-1831) é uma das mais complexas e difíceis da história da filosofia e, ao mesmo tempo, uma das mais influentes no pensamento contemporâneo. A filosofia hegeliana é sistemática e enciclopédica, e nela a noção de totalidade é essencial. Sua obra é em geral batizada de idealismo absoluto, pois identifica a realidade com a razão — "O que é racional é real e o que é real é racional", revolução mundial preparada por Platão, segundo Hegel (1999) — e as estuda por meio do desenvolvimento histórico da consciência como cultura (principalmente em sua obra *Fenomenologia do espírito*). Tanto seu espírito enciclopédico quanto a ideia de que uma consciência move o mundo são na verdade características da época — lembre-se, por exemplo, de *A riqueza das nações*, de Adam Smith, publicada em 1776, em que o mercado ou o mecanismo produtivo aparecem como a força latente que move a realidade.

O filósofo alemão retoma e dialoga constantemente com a obra de diversos filósofos, como Descartes, Spinoza, Kant, Fichte e Schelling, entre outros. Sua filosofia é um esforço de síntese das contradições do pensamento que o precede: o indivíduo e o universal, o real e o ideal, essência e aparência, interior e exterior, ideias e objetos, o *logos* grego e o cristianismo, idealismo e materialismo. De acordo com Garaudy (1983, p. 21):

> *Não se pode, pensa Hegel, partir da matéria para daí tirar a consciência, nem da pura consciência de si para daí tirar a matéria. Para além do materialismo mecanicista e do idealismo subjetivo, Hegel busca nas perspectivas do idealismo objetivo um método para dar conta da totalidade do real.*
>
> *A identidade do sujeito e do objeto deve ser estabelecida de tal maneira que cada um possa aí chegar: é necessário provar que está na natureza do subjetivo transformar-se em objetivo e que o objetivo deve se transformar em subjetivo.*

Sujeito e objeto são entendidos, portanto, como processos de transformação do absoluto, e a característica marcante do absoluto é justamente o movimento entre os dois primeiros. O conceito de *vir-a-ser* é essencial na obra de Hegel: a vida é desenvolvimento, devir, implica a contradição. O mundo é comparado a um ser vivo que é organismo em desenvolvimento circular. A bela passagem a seguir ilustra tal ideia:

> *O botão desaparece no desabrochar da flor, e poderia dizer-se que a flor o refuta; do mesmo modo que o fruto faz a flor parecer um falso ser-aí da planta, pondo-se como sua verdade em lugar da flor: essas formas não só se distinguem, mas também se repelem como incompatíveis entre si. Porém, ao mesmo tempo, sua natureza fluida faz delas momentos da unidade orgânica, na qual, longe de se contradizerem, todos são igualmente necessários. É essa igual necessidade que constitui unicamente a vida do todo.* (HEGEL, 1992, p. 22)

Pensamento e realidade identificam-se: o pensamento não é apenas reprodução da realidade, é a própria realidade em movimento, guiado por uma dialética ou lógica da relação, do conflito, da negação, do movimento e da vida. O desenvolvimento da lógica, desde os gregos até Kant, teria partido sempre de um pensamento exterior aos objetos. Com Hegel, o pensamento reconcilia-se com o objeto: o movimento de ambos torna-se único e o mesmo. Assim, objeto e conceito identificam-se.

> *O princípio motor do conceito — enquanto não é simplesmente análise mas também produção das particularidades do universal — é o que eu chamo dialética. Não se trata de uma dialética que dissolve, confunde, perturba um princípio ou um objeto apresentado ao sentimento ou à consciência imediata e apenas cuida em deduzir um contrário; em suma, não se trata de uma dialética negativa como quase sempre se encontra, até em Platão. Poderá ela considerar seu último fim o atingir o contrário de uma representação, que lhe aparece quer como sua contradição num cepticismo concludente, quer, de uma maneira mais amável, como aproximação da verdade, meio termo muito moderno.*
>
> *A dialética superior do conceito consiste em produzir a determinação, não como um puro limite e um contrário, mas tirando dela, e concebendo-o, o conteúdo positivo e o resultado; só assim a dialética é desenvolvimento e progresso imanente. Tal dialética não é, portanto, a ação extrínseca de um intelecto subjetivo, mas sim a alma própria de um conteúdo de pensamento de onde organicamente crescem os ramos e os frutos. Enquanto objetivo, o pensamento apenas assiste ao desenvolvimento da ideia como atividade própria da sua razão e nenhum complemento lhe acrescenta da sua parte. Considerar algo racionalmente não é vir trazer ao objeto uma razão e com isso transformá-lo, mas sim considerar que o objeto é para si mesmo racional. Assim é o espírito em sua liberdade, a mais alta afirmação da razão consciente de si, que a si mesma se dá a realidade e se produz como mundo existente. A ciência apenas se limita a trazer à consciência este trabalho que é próprio da razão da coisa.* (HEGEL, 1990, p. 50-51)

O sujeito inicia seu percurso já imerso no mundo, é sempre um ser social, cultural e histórico. O percurso se dá em direção ao saber absoluto. A seguinte passagem representa a interpenetração entre o pensamento e a realidade para Hegel:

> *Com efeito, o racional, que é sinônimo de Ideia, adquire, ao entrar com a sua realidade na existência exterior, uma riqueza infinita de formas, de aparências e de manifestações, envolve-se, como as sementes, num caroço onde a consciência primeiro se abriga mas que o conceito acaba por penetrar para surpreender a pulsação interna e senti-la bater debaixo da exterior aparência.* (HEGEL, 1990, p. 14)

Na filosofia hegeliana, o *conceito* realiza essa unificação entre pensamento e realidade:

> *O que há entre a razão como espírito consciente de si e a razão como realidade dada, o que separa a primeira da segunda e a impede de se realizar, é o estar ela enleada na abstração sem que se liberte para atingir o conceito.* (HEGEL, 1990, p. 15)

> Tese, antítese e síntese são os momentos pelos quais o método dialético é em geral conhecido em Hegel.

Podemos lembrar dos gregos, para quem a noção de *logos* implicava a identidade entre pensamento, lógica, linguagem e realidade (ou ser). A obra de Hegel *Ciência da lógica* divide-se em: lógica do ser, lógica da essência e lógica do conceito (Quadro 9.3). *Tese, antítese* e *síntese* são os momentos pelos quais o método dialético é em geral conhecido em Hegel.

A verdade para Hegel não é um fato, não mede o grau de pertinência entre o discurso, o pensamento e o objeto, nem se assemelha ao que consideramos a validade lógica de um raciocínio, mas é *resultado* que só se concretiza enquanto exibe o processo de seu desenvolvimento:

> *O dogmatismo — esse modo de pensar no saber e no estudo da filosofia — não é outra coisa senão a opinião de que o verdadeiro consiste numa proposição que é um resultado fixo, ou ainda, que é imediatamente conhecida. A questões como estas — Quando nasceu César? Que estádio era e quanto media? — deve-se dar uma resposta nítida. Do mesmo modo, é rigorosamente verdadeiro que no triângulo retângulo o quadrado da hipotenusa é igual à soma dos quadrados dos catetos. Mas a natureza de uma tal verdade (como a chamam) é diferente da natureza das verdades filosóficas.* (HEGEL, 1992, p. 42)

Esse processo é exatamente sua dialética e deve ser descrito dialeticamente. Não interessa à dialética fixar-se na proposição inicial, nem mesmo em sua negação, assim como não lhe interessa apenas o resultado, a síntese. A dialética hegeliana implica a exposição do processo todo:

> *Com efeito, a coisa não se consuma no seu fim mas na sua atuação, e o todo efetivo não é o resultado, a não ser juntamente com o seu devir. O fim para si é o universal sem vida, assim como a tendência é o puro impulso que ainda carece de sua realidade efetiva; e o resultado nu é o cadáver que a tendência deixou atrás de si. Do mesmo modo, a diversidade é sobretudo o limite da coisa. Ela começa onde a coisa termina e é o que a coisa não é. Esse atarefar-se com o fim e os resultados, assim como com as diversidades de um e de outro e os juízos a respeito deles, constitui, por conseguinte, um trabalho mais fácil do que talvez pareça. Com efeito, em lugar de se prender à coisa, esse modo de proceder sempre passa superficialmente sobre ela. Em lugar de nela demorar-se e de esquecer-se a si mesmo nela, esse saber se prende sempre a algo diverso e permanece de preferência em si mesmo, ao invés de estar na coisa e de se entregar a ela. O que há de mais fácil é julgar o que possui conteúdo e densidade. Mais difícil é apreendê-lo e o mais difícil é produzir a sua exposição, que unifica a ambos.* (HEGEL, 1980, p. 7)

Ainda sobre sua dialética, nos diz o filósofo:

> *A impaciência exige o impossível, ou seja, a obtenção do fim sem os meios. De um lado, há que suportar as longas distâncias desse caminho, porque cada momento é necessário. De outro lado, há que demorar-se em cada momento, pois cada um deles é uma figura individual completa, e assim cada momento só é considerado absolutamente enquanto sua determinidade for vista como todo ou concreto, ou o todo [for visto] na peculiaridade dessa determinação.* (HEGEL, 1992, p. 36)

---

**QUADRO 9.3**     Divisão da obra *Ciência da lógica*, de Hegel

**Lógica do ser**: em que se estuda as categorias que determinam a percepção imediata dos objetos isolados.
**Lógica da essência**: em que se procura o absoluto não mais na percepção sensível, mas em sua negação — as essências.
**Lógica do conceito**: momento de síntese, negação da essência que retorna ao ser, momento em que pensamento e ser se identificam, vida e unidade se reconciliam.

Hegel propõe-se a ambição de uma filosofia científica, de um saber que almeje uma sistematização nos moldes das ciências. Assim, a filosofia de Hegel estuda a religião, a história, o direito, a política, a arte etc., procurando resgatar e sistematizar todos os momentos do desenvolvimento do saber absoluto. Devemos nos lembrar de que sua filosofia é contemporânea da Revolução Francesa. Podemos notar como, na passagem seguinte, Hegel refere-se ao espírito tendo em vista sobretudo as grandes mudanças geradas pela revolução:

> *De resto, não é difícil ver que o nosso tempo é um tempo de nascimento e passagem para um novo período. O Espírito rompeu com o mundo de seu existir e do seu representar que até agora subsistia e, no trabalho da sua transformação, está para mergulhar esse existir e representar no passado. Na verdade, o Espírito nunca está em repouso, mas é concebido sempre num movimento progressivo. Mas, assim como na criança, depois de um longo e tranquilo tempo de nutrição, a primeira respiração — um salto qualitativo — quebra essa continuidade de um progresso apenas quantitativo e nasce então a criança, assim o Espírito que se cultiva cresce lenta e silenciosamente até a nova figura e desintegra pedaço por pedaço seu mundo precedente. Apenas sintomas isolados revelam seu abalo. A frivolidade e o tédio que tomam conta do que ainda subsiste, o pressentimento indeterminado de algo desconhecido, são os sinais precursores de que qualquer coisa diferente se aproxima. Esse lento desmoronar-se, que não alterava os traços fisionômicos do todo, é interrompido pela aurora que, num clarão, descobre de uma só vez a estrutura do novo mundo.* (HEGEL, 1980, p. 10)

Esse desenvolvimento do espírito, segundo Hegel, deve ser descrito de forma científica, isto é, deve ser exposto e deixar de ser saber esotérico (restrito, fechado, hermético), para se tornar saber exotérico (transmitido a um grande público, e não apenas a um grupo seleto).

## 9.5 Sartre

Acompanharemos aqui uma famosa conferência pronunciada pelo filósofo francês Jean-Paul Sartre (1905-1980): *O existencialismo é um humanismo*.

O que talvez tenha assustado e ainda hoje assuste aquele que compreende a noção de *homem* em Sartre, e no existencialismo em geral, é que ela implica a possibilidade de escolha. Isso se complica mais ainda para o leitor movido por uma moral maniqueísta, fundada na dualidade bem/mal. O mal não seria mais uma entidade em si, separada da consciência, um conceito ou uma ideia que representassem uma essência no sentido platônico, anterior à existência, mas um valor determinado pela própria escolha do ser humano. A partir daí, justificam-se os maus olhares para os existencialistas: afinal, são esses corrompedores de moral que dizem que o homem é capaz de criar o mal.

Essas objeções fundam-se num entendimento incorreto da noção sartriana de liberdade. Sem dúvida existe uma liberdade natural, que possibilitaria a cada um escolher o que bem entendesse. Mas é interessante observar os limites da liberdade e até que ponto esse conceito não passa de pura abstração. Quando se utiliza o conceito de liberdade, referimo-nos à existência humana, e toda existência é determinada por uma situação concreta, que é limitada pelo espaço e pelo tempo.

Segundo Sartre, a liberdade da escolha traz consigo o peso da responsabilidade

A existência sem esses limites seria um conceito tão vazio quanto a liberdade pensada sem a necessidade de escolha. Toda escolha implica uma responsabilidade (já que não existem, para Sartre, tábuas morais que possam decidir pelo indivíduo), e é a isso que Sartre se refere quando fala de liberdade. Mesmo a pretensão de uma atitude impassível, que se desinteressasse pelo mundo e que entendesse não mais ser necessária a ação, faz na verdade uso dessa liberdade de escolha e traz consigo toda a responsabilidade dessa opção. Em casos críticos, como quando alguém está sendo agredido covardemente à nossa frente, fica evidente que a impassibilidade (no sentido de não agirmos) é uma forma de escolha, até mais radical do que a ação.

O medo advém justamente dessa liberdade primordial da subjetividade, de podermos optar por um caminho ao nos defrontarmos com uma situação, limitada por todos os aspectos já citados. É o que se pode chamar de angústia da escolha, que todos já sentimos, e que Sartre explora bastante em seus textos. Nossa existência é um compromisso com nossa liberdade, nesse sentido. E mais: o homem é alguma coisa em que ser e nada se entrecruzam, e esse já é o primeiro conflito, mesmo que encarado apenas pelo seu aspecto ontológico, o qual o sujeito está fadado a enfrentar. É a consciência que instaura uma fissura no reino do ser e que ao mesmo tempo encontra no ser seu próprio limite. O homem se vê assim condenado a ser um foco de luz na escuridão, que tem de escolher sempre a direção a que lançar essa luz, sabendo que tal escolha implica deixar muitas coisas nas trevas. A angústia da escolha se dá também na consciência de que um caminho sempre implica a negação de vários outros.

É nesse sentido que o rigor de um ideal de sinceridade pode ser discutido. Hoje posso escolher ser isto, amanhã aquilo. Esses caminhos podem até ser contraditórios, mas não fazem uma pessoa insincera por ter escolhido ambos: o que conta aqui é que as escolhas são sempre determinadas, e o tempo pode fazer com que surjam novas possibilidades de desenvolvimento pessoal. A eterna possibilidade de renovar suas escolhas é o que caracteriza o homem. O homem se faz, é claro, por suas escolhas, mas o importante é que lhe é dada a possibilidade de sempre revê-las. Exigir que o homem escolhesse uma vez, e que a partir dessa escolha tivesse todo seu ser determinado, seria o mesmo que anular a distância de si mesmo, do para-si à densidade do compacto em-si. Estes são dois conceitos essenciais para o pensamento de Sartre. O homem seria um ser 'para-si', ou seja, ele consegue se colocar como objeto para si mesmo, tem consciência de si mesmo. Já os objetos materiais seriam 'em-si', ou seja, não conseguem se colocar como objetos para si próprios. "Esta forma inerte, que está aquém de todas as espontaneidades conscientes, que devemos observar, conhecer pouco a pouco, é o que chamamos uma *coisa*. Em hipótese alguma minha consciência seria capaz de ser uma coisa, porque seu modo de ser em si é precisamente um *ser para si*" (SARTRE, 1978, p. 36).

Tal divisão indica o caráter dinâmico da filosofia de Sartre, já que o homem está fadado a criar o mundo em vez de carregá-lo em suas costas. O sujeito, projetando-se sobre o mundo, é que dá o sentido às coisas, portanto os valores aos quais o homem deve submeter-se não estão todos criados.

A existência implica liberdade, esta implica responsabilidade, esta por sua vez implica compromisso, e o compromisso implica, por fim, conflito. O homem é assim um guerreiro que busca sempre a si mesmo e o mundo. Um caçador de si. O conflito é a decorrência de cada escolha, pois a escolha implica justamente recusar algumas posições em favor de outras. Nesse sentido, escolher é escolher pela humanidade e é também receber resistência dessa mesma humanidade, pois a liberdade caracteriza o homem. E, como já foi dito, furtar-se ao conflito seria cair numa suposta liberdade que anularia o próprio valor da existência. E o que o existencialismo prega é que justamente a vida tem um valor, que ela vale a pena ser vivida e que o conflito é seu motor: afinal, onde não há diferença de potencial não há energia e, por consequência, não há vida.

É do homem, que contém em si a polaridade do ser e do nada, que brota a vida. Ele é responsável por ela e no outro encontra a mesma responsabilidade. O pessimismo de Sartre com relação ao amor desmascara-se, na verdade, um otimismo: no outro eu encontro um limite à minha liberdade, uma subjetividade que se recusa a ser submissa, um olhar que me intimida. O outro é o inferno que me atormenta, é a essência do conflito. Mas, na verdade, encontro no outro meu espelho, já que meu ser contém em si mesmo o conflito, a luta dos opostos, um buraco, por assim dizer. Se o outro é o inferno que me espelha e não meu complemento, então o paraíso não existe, nem sua suposta harmonia. Ou melhor: o paraíso é a própria morte, já que, então, cessam os conflitos, olhares e corpos. Antes disso, o homem existe, no mundo, para si, para o outro, e não pode recusar essa existência.

A existência do homem é um impulso para a invenção do homem. Nesse sentido, o outro aparece como limite enquanto ser, mas como infinitude enquanto possuidor do mesmo poder nadificante que eu possuo. "A liberdade do outro amplia a minha ao infinito", eis uma frase de Bakunin pichada em 1968, na Sorbonne. Reconheço no outro os limites e as possibilidades de minha própria liberdade. Furtar-se a esse confronto é agir, literalmente, de má-fé: é negar a essência do homem, que é a sua existência. Assim se explica o lema do existencialismo: "a existência precede a essência". É existindo que o homem se afirma, se define, se determina, se constrói. Sua essência se constrói durante sua existência, ou seja, não está dada previamente.

É aqui que Sartre se aproxima de Freud, apesar de todas as divergências (Sartre recusa-se a aceitar, por exemplo, a noção de inconsciente freudiano, pois essa noção tiraria de alguma forma a responsabilidade de escolha do ser humano): a vida com o outro só é possível por meio de uma variação entre sadismo e masoquismo. Não existe o respeito à liberdade do outro de forma total. O homem, a mulher e toda a sociedade estão condenados a lidar com as diferenças. O homem precisa aprender a dançar sobre abismos, como já dizia Nietzsche.

## 9.6 Memória

Praticamente tudo o que sabemos e conhecemos reside em nossa *memória*. É ela que torna possível o conhecimento do passado, por meio de representações e imagens. Os sentidos fornecem informações sobre como as coisas são no presente, mas caso essas informações não fossem preservadas pela memória, desapareceriam instantaneamente. Sem a capacidade da memória, seríamos eternamente ignorantes.

Para Hume, as imagens da memória estariam localizadas entre a vivacidade das sensações e a abstração das ideias. Locke, por sua vez, distingue a memória da imaginação: as imagens mnemônicas, ao contrário das imagens da imaginação, seriam acompanhadas de um sentimento de crença de que já teriam ocorrido, de que já teriam sido observadas. A memória envolveria uma imagem e uma crença na sua existência passada, enquanto a percepção, por sua vez, envolveria a crença no que percebemos no presente. Uma impressão aparece para a mente pela primeira vez, mas depois reaparece inúmeras vezes, com diferentes graus de vivacidade. Lembrar de algo significaria trazer de volta à nossa mente, de alguma maneira, essa impressão inicial, caracterizando-se assim como uma forma de conhecimento do passado. No momento em que nos lembramos, magicamente trazemos essa lembrança passada para o presente e ela se torna objeto de nossa consciência.

A epistemologia da memória mostra-se extremamente interessante e fértil. Nossa memória é enigmaticamente seletiva — lembramos mais claramente de algumas coisas e não conseguimos nos lembrar de outras. Pequenos eventos, uma palavra ou mesmo algo inexplicável acabam nos levando a recuperar imagens, pensamentos e emoções há muito tempo escondidos em nossa memória. Nossas lembranças podem também se demonstrar falsas e podemos ainda confundir uma imagem de nossa memória com nossa imaginação. Aspectos fragmentários de nossas memórias podem, também, mesclar-se a nossas percepções do presente de forma inconsciente; existem ainda as memórias de nossos sonhos, que diariamente interferem em nossa percepção da realidade. Lembramos de um evento quando o presenciamos pessoalmente, contudo podemos também nos lembrar de coisas no passado que não experienciamos, mas das quais ouvimos falar. Além disso, podemos ainda nos lembrar de que alguma coisa vai acontecer no futuro: por exemplo, quando nos lembramos de que temos um compromisso em algumas horas, o qual tínhamos esquecido.

Para Locke, a memória é também o critério para a identidade pessoal. Podemos ser a mesma pessoa, mesmo com significativas mudanças em nosso corpo, em função do poder que a memória tem de nos fazer sentir que somos os mesmos. Meu corpo pode mudar radicalmente durante os anos, minha aparência pode se alterar, e assim por diante, mas enquanto houver uma continuidade da memória, enquanto eu puder me lembrar de quem eu sou — o que eu fiz, senti e pensei —, sou ainda a mesma pessoa. Diferentes pessoas podem estar associadas ao mesmo corpo. Pessoas com múltiplas personalidades, com diferentes consciências que não têm conhecimento ou memória do que as outras personalidades fazem, devem nesse sentido ser entendidas como coleções de diferentes pessoas. Da mesma maneira, pessoas que sofrem de amnésia e que esqueceram completamente suas vidas passadas não são as mesmas pessoas que eram antes.

## 9.7 Inconsciente

A suposta unidade do polo do sujeito do conhecimento é desafiada em diversos momentos na modernidade. Para alguns, o sujeito possuiria inteligências distintas e independentes. Claude Hagège (1990, p. 91-92) fala em três inteligências: sensório-motora, representativa e conceptual. Lyotard (1989, p. 47) fala de diversos saberes, diversas competências constitutivas do sujeito. Já Howard Gardner (1995, p. 21) identifica no ser humano diversos tipos distintos de inteligências, ou de formas como o ser humano resolve problemas ou elabora produtos, num determinado ambiente ou comunidade cultural. Sendo assim, poderíamos falar de diversos sujeitos do conhecimento em cada ser humano.

A psicanálise proposta por Freud revolucionou a teoria do conhecimento.

A psicanálise instituiu outra cisão fatal na identidade do sujeito do conhecimento. Nesse sentido, Sigmund Freud (1856-1939) vislumbrou em seus escritos a origem de certa resistência às teorias psicanalíticas que pode ser batizada, conforme nos apresentou Paul-Laurent Assoun (1978, p. 23), de 'obstáculo consciencialista'. Esse obstáculo seria caracterizado por uma visão filosófica do homem e do mundo profundamente entranhada na tradição popular ocidental, que remeteria todos os fatos psíquicos ao que se chama comumente de 'consciência', no seu sentido mais amplo. Os atos conscientes esgotariam, assim, as possibilidades de expressão e conhecimento da nossa psique (o aparelho psíquico).

A partir do momento em que Freud propôs uma nova dinâmica para a psique, acrescentando a noção de *inconsciente*, a psicanálise e a tradição consciencialista tornaram-se inimigas mortais. Para a tradição, o inconsciente, se existisse, não representaria uma ameaça ao pensamento, pois seria exterior a ele. Nesse sentido, as críticas de Freud dirigem-se à herança filosófica como um todo por rejeitar totalmente a admissão de processos inconscientes ou por posicioná-los fora da razão, defendendo a primazia da consciência racional.

Para Freud, existem ideias ou processos mentais muito poderosos que podem produzir na vida mental todos os efeitos que as ideias comuns produzem, embora eles próprios não se tornem conscientes. A seguir, veja uma breve definição do inconsciente segundo Freud (1978):

> *'Estar consciente' é, em primeiro lugar, um termo puramente descritivo, que repousa na percepção do caráter mais imediato e certo. A experiência demonstra que um elemento psíquico (uma ideia, por exemplo) não é, via de regra, consciente por um período de tempo prolongado. Pelo contrário, um estado de consciência é, caracteristicamente, muito transitório; uma ideia que é consciente agora não o é mais um momento depois, embora assim possa tornar-se novamente, em certas condições que são facilmente ocasionadas. No intervalo, a ideia foi... Não sabemos o quê. Podemos dizer que esteve latente e, por isso, queremos dizer que era capaz de tornar-se consciente a qualquer momento. Ora, se dissermos que era inconsciente, estaremos também dando uma descrição correta dela. Aqui 'inconsciente' coincide com 'latente e capaz de tornar-se consciente'.*

O conceito de inconsciente ampliou imensamente os horizontes da teoria do conhecimento, obrigando-nos a repensar radicalmente todos os fundamentos sobre os quais construímos nossa visão de mundo. Afinal, o sujeito não é mais uno, pois se encontra cindido entre elementos conscientes e inconscientes. Sua própria psique é formada por partes distintas como id, ego e superego (Quadro 9.4). O polo ativo da relação, aquele que efetivamente *conhece*, na verdade não conhece totalmente a si mesmo. O conhecer racional do sujeito é, a partir de então, considerado apenas uma das formas de conhecimento. O sujeito não se identifica mais apenas com a razão ou a consciência já que o inconsciente também faz parte de sua estrutura e também aprende; além disso, aprendemos por meio do inconsciente. A dinâmica do conhecimento não pode mais ser concebida como uma simples interação entre sujeito e objeto — no próprio sujeito ocorre uma interação sobre a qual ele não tem domínio total porque boa parte de suas percepções e de seu conhecimento é inconsciente.

Para Freud, grande parte do ego e do superego é inconsciente. Ou seja, nada sabemos dos seus conteúdos e precisamos despender esforços para torná-los conscientes. Apesar de sua intensidade e de sua atividade e de vários indícios apontarem para a sua existência, esses conteúdos permanecem latentes e isolados da consciência.

O inconsciente atuaria intensamente, por exemplo, nos sonhos. Os sonhos funcionariam como válvulas de escape para o cérebro, com o poder de curar e aliviar, por meio do trabalho com pensamentos incompletos e impressões superficiais. Com esse trabalho, os sonhos evitariam que fossem sufocados os pensamentos que precisam ser assimilados em nossa memória como um todo.

Carl Gustav Jung (1875-1961), discípulo de Freud, introduziu ainda mais cisão e confusão na identidade pressuposta pela filosofia. Nosso inconsciente não seria formado, segundo ele, apenas por elementos individuais ou pessoais reprimidos;

---

### QUADRO 9.4 — O aparelho psíquico segundo Freud

Durante o desenvolvimento de sua teoria psicanalítica, Freud definiu três estruturas fundamentais do aparelho psíquico (psique) que determinam a organização e o funcionamento da mente humana: id, ego e superego.

**Id:** formada pelas pulsões — instintos, impulsos orgânicos e desejos —, essa estrutura é completamente inconsciente e não tem contato com a realidade. Seu funcionamento se dá pela busca daquilo que produz prazer.

**Ego:** desenvolvido a partir do id, ele introduz a razão como filtro das pulsões. Sua principal função é satisfazer os impulsos inconscientes do id de acordo com a realidade e, em seguida, de acordo com as exigências do superego.

**Superego:** funcionando de maneira contrária ao id, essa estrutura controla nossas noções de certo e errado e nossa culpa. Além de inibir os impulsos do desejo, o superego procura forçar o ego a se comportar de acordo com regras morais.

possuiríamos também conteúdos universais, arquétipos, imagens primordiais, categorias herdadas, que formariam o que Jung denomina *inconsciente coletivo*. Assim, o sujeito não é tão distinto dos outros sujeitos, não existem linhas demarcatórias tão claras, possuímos em nós mesmos também elementos compartilhados pelos demais sujeitos.

O filósofo alemão Friedrich Wilhelm Nietzsche (1844-1900) foi um crítico feroz da teoria do conhecimento tradicional e do cristianismo, endossando as críticas ao consciencialismo. Afinal, o que garantia a racionalidade do real não era justamente a suposta identificação entre a psique e a consciência? Se a racionalidade é agora apenas uma das expressões da psique, o que garante a identificação dessa manifestação com a realidade? Para Nietzsche, pensamos continuamente, mas o pensamento que se torna consciente seria apenas a mínima parte dele, e a parte mais superficial.

Voltaremos a discutir as relações entre as ideias de Freud, Jung e Nietzsche ao abordar a filosofia das ciências no Capítulo 11.

## 9.8 Objetos

Nosso canal de contato com a realidade é a percepção e a sensação que são trabalhadas pela razão e guardadas em nossa memória. Provavelmente boa parte dessas impressões iniciais é arquivada em nosso inconsciente e posteriormente pipoca descoordenada, por exemplo, em nossos sonhos.

Mas do que efetivamente temos consciência imediata, em nossa experiência perceptual ou sensória? Que objetos são dados para a nossa consciência? As crenças que temos sobre a realidade física estão baseadas na concepção que temos da nossa experiência sensível.

Não parece que tenhamos acesso direto aos objetos físicos, nem que eles sejam percebidos imediatamente. O conteúdo de nossa experiência sensível parece ser constituído de representações dos objetos e do mundo externo. Percebemos dados sensíveis, que não são objetos públicos e materiais, mas sim entidades privadas e não físicas. Esses dados sensíveis seriam os objetos imediatos da consciência, os dados da nossa percepção. Os objetos puros não passariam de dados, que começam a se transformar em informação apenas quando penetram por nossa percepção e passam a ser trabalhados pela mente.

Os objetos de nosso conhecimento são extremamente estranhos. As coisas têm uma aparência que muitas vezes não corresponde à sua essência, como é o caso, por exemplo, do 'movimento' do Sol ao redor da Terra. O objeto que deveria representar nossa maior ambição de conhecimento é, talvez, um dos exemplos mais enigmáticos: o universo.

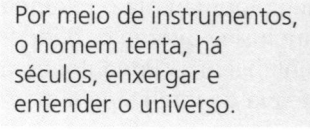

Por meio de instrumentos, o homem tenta, há séculos, enxergar e entender o universo.

O observador do universo encontra-se em uma situação singular. Em primeiro lugar, calcula-se que a matéria visível do universo talvez corresponda a uma porcentagem ínfima de toda a sua matéria. A maior parte do universo deve ser composta de energia escura, buracos negros e matéria não luminosa, matéria escura invisível e exótica que talvez não possa ser (ou não esteja sendo) apropriadamente observada. Além disso, os objetos astronômicos geralmente emitem ondas eletromagnéticas numa gama muito ampla de faixas de onda além da faixa de onda óptica, desde ondas de baixa frequência como as de rádio, passando por ondas infravermelhas, ultravioletas e raios X, até os raios gama. Dependendo da faixa de onda pela qual os observamos, os objetos astronômicos mostram-se diferentes. Assim, cada observação fotografa um universo distinto.

Além disso, não podemos deixar de considerar que as distâncias cósmicas são tão grandes que chegam a ser medidas em anos-luz. Dessa maneira, quanto mais longe queremos enxergar o fenômeno 'universo', mais nos distanciamos do seu presente e enxergamos o seu passado. O universo é, portanto, um fenômeno traiçoeiro, para o qual ampliar o campo visual significa distanciarmo-nos do presente de nosso objeto de observação — quanto mais tentamos ampliar nossa perspectiva de observação, mais comprometidas ficam as coordenadas temporais. E há ainda uma grande parcela do universo que não conseguimos enxergar, que não podemos ver nem no passado nem no presente. O *universo* provavelmente não equivale apenas ao *universo visível*, a parte finita do universo de onde a luz teve tempo de nos alcançar desde que ele começou a expandir. O universo não parece estar particularmente interessado em seus observadores, não há pistas de que tenha sido projetado para ser conhecido.

A mecânica quântica, por sua vez, provou-nos que o observador e a própria experiência alteram o objeto, influindo ativamente nos resultados da observação; que o próprio ato de observar alguns fenômenos altera os fenômenos sendo observados; que nossa percepção muda o objeto; que o papel do conhecedor de alguma forma penetra no objeto conhecido.

## 9.9 Filosofia da mente

Esta seção, assim como a próxima, é baseada no meu livro *Filosofia da computação e da informação*, do qual eu selecionei alguns pontos que interessam diretamente à teoria do conhecimento.

Questões relativas à mente e à inteligência têm sido objeto de reflexão desde o início da filosofia. A filosofia da mente discute, entre outros temas, a relação corpo/mente e as características da consciência. Já as pesquisas em ciências cognitivas envolvem diversas áreas, como linguística, filosofia, inteligência artificial, computação, psicologia etc.

A inteligência artificial (IA) pode ser entendida, *lato sensu*, como uma ciência da inteligência em geral que procura entender e construir entidades inteligentes. Assim, em princípio a IA procura estudar a inteligência; mas, além disso, é também sua ambição copiar a inteligência e o comportamento humanos, construindo ou programando computadores para fazer coisas que a mente humana faz. E, ainda mais audaciosamente, a IA procura criar inteligências, inclusive diferentes e independentes dos seres humanos, ou seja, coisas artificiais inteligentes. Portanto, uma questão inicial que a IA levanta é: seria possível a existência de inteligência independente do cérebro humano?

O impulso inicial da IA foi o de construir uma máquina à imagem do homem. Em seus primórdios, acreditava-se que as máquinas pudessem abranger todos os domínios do pensamento humano e traduzir a linguagem natural. A ideia de construir uma máquina pensante é muito antiga, mas a IA só se estabelece como disciplina científica a partir da Segunda Guerra Mundial, acompanhando o desenvolvimento da informática e da engenharia da computação, como herança de um corpo de conhecimentos interdisciplinares: filosofia (teoria do conhecimento e lógica), matemática, psicologia (behaviorismo e psicologia cognitiva) e linguística.

Em projetos para criar máquinas pensantes ou uma inteligência artificial paralela à nossa, trabalham cientistas de diferentes partes do mundo e com formações diversas (linguística, psicologia, filosofia, ciência da computação etc.). A IA procura produzir comportamentos inteligentes, e torna-se essencial, portanto, desvendar a natureza da mente humana. Assim, a teoria da IA desenvolveu diversos modelos de nossa capacidade de raciocinar, enxergar, falar etc. A IA inclui hoje jogos de computadores, sistemas especialistas, programas que buscam entender as línguas, redes neurais e robótica. Linguagens como Lisp e Prolog são intensamente usadas para aplicações de IA.

Uma questão essencial, que reverbera a todo momento nas pesquisas em IA, é a seguinte: seria a inteligência um fenômeno humano e único no universo, ligado a um espírito ou a uma alma? Ou existiriam outras formas de comportamento inteligente na natureza, sendo possível inclusive produzir e reproduzir inteligência?

O século XX assistiu, paralelamente ao desenvolvimento da teoria da computação e dos computadores, ao surgimento da neurociência, que contribui para o desenvolvimento da IA conexionista por meio das redes neurais, compostas de neurônios artificiais que atuam de maneira similar ao cérebro humano. A neurociência nos ensina que as informações são processadas em nosso cérebro por meio de correntes elétricas. Os neurônios possuem dendritos (por onde entra a informação), corpo celular e axônio (por onde sai a informação). Com a sinapse, em que ocorre descontinuidade entre o axônio de um neurônio e o dendrito de outro, a corrente elétrica transforma-se em mensageiro químico (os neurotransmissores). No processamento de informações no cérebro, um neurônio dispara códigos de barra, dialogando com outros por meio de frequências variáveis; para resolver problemas novos, a mente humana tornar-se-ia virtual, trabalhando a informação em locais não específicos, constituindo-se, portanto, como um sistema analógico, apesar de se utilizar também de mecanismos digitais (DEL NERO, 1997).

A estrutura e o processo de transmissão de informação dos neurônios são a base para o desenvolvimento da IA conexista.

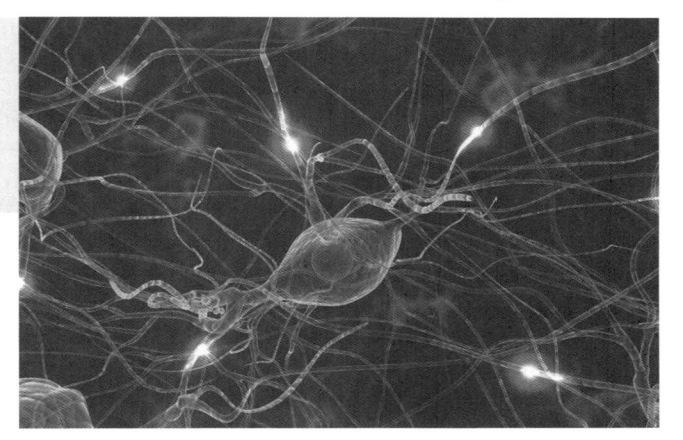

Diversos debates interessantes estabeleceram-se na história da IA. Um deles ficou conhecido como cérebro-em-um-vaso (Brain-in-a-Vat), que nos lembra a trilogia *Matrix*. Imagine que, no seu nascimento, seu cérebro foi removido de seu corpo e colocado em um vaso que o sustenta, permitindo que ele cresça e se desenvolva. Sinais elétricos são enviados para seu cérebro por meio de um computador, constituindo assim uma realidade virtual, e sinais motores do seu cérebro são interceptados e utilizados para modificar a simulação, quando apropriado. Entre outras questões, o 'experimento' gera a seguinte pergunta: teríamos aqui a constituição de uma mente, similar à de um ser humano real?

Um artigo essencial na história da IA é 'Computing machinery and intelligence', publicado na revista *Mind* em 1950 (In: BODEN, 1990, p. 40-66). Nele, Alan Turing propõe substituir a questão 'podem as máquinas pensar?' por um 'jogo de imitação' (que ficou conhecido como teste de Turing), do qual participam uma máquina, um ser humano e um interrogador. Cada um encontra-se em uma sala separada. O desafio do jogo é saber se o interrogador conseguirá determinar qual é a máquina e qual é o ser humano, por meio de perguntas respondidas por eles. Segundo Turing, essa forma de encarar o problema acaba separando as capacidades físicas e intelectuais do ser humano, o que nos interessaria no caso da inteligência. E ele faz então sua previsão:

> *Eu acredito que em cerca de 50 anos será possível programar computadores [...] que joguem tão bem o jogo da imitação, de maneira que um interrogador médio não terá mais de 70% de chances de fazer a identificação correta após cinco minutos de perguntas.*

O artigo de Turing gerou um intenso debate sobre a noção de inteligência e a possibilidade de existirem máquinas que pensem como os seres humanos. Hoje deveríamos estar na posição de jogar o jogo da imitação e avaliar sua profecia. O teste de Turing serviu de inspiração para o fictício teste de Voigt-Kampff que aparece no filme *Blade Runner, o caçador de androides* (*Blade Runner*, 1982).

Um dos principais críticos da posição de Turing é o filósofo John Searle, para quem os estados mentais produzidos por nosso cérebro possuem intencionalidade e consciência, parte de nossa própria biologia, o que uma máquina jamais poderia ter, mas apenas simular. Um computador, para Searle, possui uma sintaxe, por meio da qual são processados símbolos, mas não possui semântica, ou seja, seus símbolos não possuem significado, e por isso precisam ser interpretados pelos seres humanos. As mentes são mais do que sintáticas, são semânticas, elas possuem mais do que uma estrutura formal, possuem conteúdo. Para diferenciar a mente humana das máquinas, em relação à intencionalidade e à consciência, Searle (In: BODEN, 1990) propõe um sistema hipotético que ficou também famoso na história da teoria da IA: o aposento chinês (*chinese room*). Imagine que você esteja fechado em uma sala com uma grande quantidade de escritos em chinês e não saiba nada de chinês. Imagine que, além desses escritos iniciais em chinês, uma segunda leva de escritos em chinês seja fornecida, juntamente com um conjunto de regras em português para correlacionar os dois conjuntos de escritos. As regras, portanto, permitem relacionar um conjunto de símbolos formais a outro conjunto de símbolos formais. Imagine, ainda, que é fornecido um terceiro conjunto de escritos em chinês, com algumas instruções em português, que permitam correlacionar elementos desse terceiro conjunto com os dois primeiros. As regras indicam a maneira pela qual você deve retornar alguns símbolos chineses na forma de respostas aos símbolos do terceiro conjunto. Desconhecidas para você, as pessoas que lhe estão fornecendo todos esses símbolos chamam o primeiro conjunto de *script*, o segundo conjunto de *história*, o terceiro conjunto de *questões*, os símbolos que você devolve de *respostas* e o conjunto de regras em português de *programa*. Imagine, então, que essas pessoas também lhe forneçam histórias em português, que você compreende, e façam perguntas em português sobre essas histórias, que você responde em português. Imagine, ainda, que, após um tempo, você se torne tão bom em seguir as instruções para manipular símbolos chineses, e os programadores tão bons em escrever os programas, que, de um ponto de vista externo (de alguém fora da sala), suas respostas às questões tornem-se absolutamente indistinguíveis daquelas de falantes nativos de chinês.

Dessa maneira, ninguém conseguiria, apenas analisando suas respostas, imaginar que você não fale uma palavra sequer de chinês. Imagine também que as suas respostas às questões em português sejam indistinguíveis das respostas de outros falantes de português. Do ponto de vista externo, as respostas às questões em chinês e em português são igualmente positivas. Contudo, no caso do chinês, você produz respostas simplesmente manipulando símbolos formais não interpretados. Assim, em relação ao chinês, você atua como um computador, executando operações computacionais em elementos especificamente formais. Você, portanto, desempenharia o papel da CPU, o livro de regras seria o programa e as pilhas de papel seriam o dispositivo de armazenamento. Do exterior, observaríamos um sistema que está recebendo *inputs* de sentenças em chinês e gerando respostas em chinês, que são obviamente 'inteligentes' como aquelas imaginadas por Turing no jogo da imitação. Entretanto, o ser humano na sala não entende chinês, o livro de regras e as pilhas de papel não entendem chinês, e portanto não há compreensão alguma de chinês no sistema. Para Searle, o sistema passaria no teste de Turing mas não compreenderia nada dos *inputs* e *outputs*, o que indicaria que rodar um programa apropriado não seria uma condição suficiente para ser uma mente.

Em função do entusiasmo inicial, o progresso alcançado em IA até hoje em relação à capacidade de utilização da linguagem por máquinas foi um fracasso, em comparação com o desenvolvimento de outras áreas. Parece que há qualquer coisa de humano na linguagem que a IA ainda não foi capaz de captar.

Somos diferentes de programas porque somos um tipo de organismo com certa estrutura biológica capaz de produzir percepção, ação, compreensão, aprendizado e outros fenômenos intencionais. Nossas mentes estão inextricavelmente enoveladas com nossos corpos. Pensamos não apenas com o cérebro, mas também com o corpo. Ele está interposto entre nosso cérebro e o mundo exterior. Por isso, processos mentais não são apenas formais e computacionais, mas estados de um sistema complexo composto por um sistema nervoso, um corpo e o meio ambiente no qual estão inseridos. Nosso estar no mundo é corporal, o que significa que nossa mente não é simplesmente um sistema simbólico representacional nem o mero produto do meio social. Nossa inteligência é corporal (DREYFUS, 2000, p. 193-211).

O uso da linguagem é uma das capacidades mentais que distinguem o ser humano dos demais animais. Segundo Del Nero (1997, p. 386), "a consciência do animal não social e não linguístico seria algo que se assemelha à nossa consciência onírica". A obra *Verbal behavior* de B. F. Skinner, publicada em 1957, defendia uma abordagem behaviorista do aprendizado da linguagem, criticada pelo linguista Noam Chomsky, nome também essencial no debate da IA, por não abordar a noção de criatividade em linguagem. Autores como Fodor defendem que a linguagem é determinante do próprio pensamento. Entretanto, as línguas permitem ambiguidades, por isso é necessária a compreensão do assunto em questão e do contexto, não apenas da estrutura das sentenças. A ambiguidade é parte integrante das línguas, em comparação, por exemplo, com a clareza e o rigor da linguagem da matemática, e elas talvez não possam ser formalizadas. Por isso, programar computadores para compreender as linguagens naturais demonstrou-se mais difícil do que inicialmente se imaginava. Os programas de tradução mostraram-se até agora muito inferiores ao desempenho dos seres humanos como tradutores. A inconsistência e a extrema fluidez da linguagem podem, inclusive, ser responsáveis por alguns sucessos do ser humano em sua adaptação ao meio ambiente e seu processo de socialização, que uma ciência apenas lógica e racional pode não possibilitar. As questões referentes à linguagem serão aprofundadas no Capítulo 10.

Os significados nas línguas são vagos, o que entretanto não impede a comunicação. Há entre os seres humanos que se comunicam um acordo tácito para não discordar em relação ao significado referencial das palavras utilizadas. Nós temos uma sutil capacidade de ignorar possibilidades irrelevantes e escolher aquilo que é mais importante em determinada situação. A habilidade dos seres humanos de utilizar a língua eficientemente, apesar das indeterminações semânticas, é uma característica de nossa riqueza adaptativa flexível, já que aprendemos constantemente novas coisas que mexem com nossas concepções anteriores do mundo. Da mesma maneira que podemos dizer, sem esforço, quais objetos e ações em determinado contexto são relevantes, somos geralmente capazes de discernir quais facetas do significado de uma palavra são relevantes para discernir como continuar, quando confrontados com novas informações. Somos em geral capazes de nos comunicar com os outros, mesmo quando temos concepções muito distintas sobre as palavras. Já os computadores ainda não têm essa capacidade (COGBURN e MARK, 2009, p. 127-129).

Já discutimos algumas características de nossa memória. Em muitos casos, temos dificuldade de lembrar de algumas coisas, mas sabemos que sabemos, ou seja, temos consciência de que aquilo está gravado, mas sua recuperação é difícil. Se isso, em princípio, parece um defeito do ser humano facilmente corrigível por computadores, é possível que essa estruturação de nossa memória em camadas mágicas traga vantagens adaptativas, que precisariam ser reproduzidas pelas máquinas. Como afirma Del Nero (1997, p. 344), há uma distinção fundamental entre a memória humana e a memória do computador:

> *Enquanto no computador cada informação está num endereço (ou local) preciso, a memória humana de longo termo está bastante distribuída pelo cérebro. Se lesarmos o disco do computador, ainda que seja uma lesão minúscula, perderemos uma série de arquivos. No cérebro, ao contrário, isso não ocorre. Perdemos milhares de neurônios todos os dias, mormente na idade avançada, e nem por isso se perdem as lembranças antigas e bem fixadas. Estando distribuídas, somente com lesões amplas ou perdas maciças de substância cerebral elas se perderiam.*

Além disso, percebemos que, quanto mais um sistema sabe sobre determinado assunto, mais tempo ele leva para recuperar a informação relevante; no caso do ser humano, ao contrário, quanto mais sabemos sobre alguma situação, mais fácil se torna a recuperação de informações relevantes. Isso sugere que os seres humanos utilizam uma forma de arquivo e recuperação bem diferente do que os sistemas simbólicos (DREYFUS, 1999). É provável que alguns recursos, como, por exemplo, a analogia, influam na forma de o ser humano pensar e armazenar conhecimentos.

Nesse sentido, cabe novamente lembrar da importância do inconsciente na constituição da mente humana. De alguma maneira, nossa memória está entrelaçada entre nossa consciência e nosso inconsciente. Sonhos, assim como a infância e a mente antiga, são, de acordo com Gelernter (1994), estados mentais, estilos de pensamento que precisariam ser reproduzidos caso almejássemos copiar a mente humana. Segundo Gelernter, um computador que nunca alucinasse não poderia aspirar a um pensamento artificial.

É um desafio, também, reproduzir a criatividade e liberdade da mente humana nas máquinas. Nossas mentes não estão sob o controle total de algoritmos, pois são também caracterizadas por momentos de *insight*, invenção, criatividade, intuição, criação de metáforas e analogias. Assim, nossa mente seria constituída de um espectro que variaria do mais criativo ao mais racional (GELERNTER, 1994). Reproduzir apenas o lado racional seria, portanto, gerar uma cópia imperfeita e mutilada.

Como já vimos, o existencialismo defende uma liberdade radical do ser humano. Programar essa abertura ontológica, a liberdade e a criatividade dos seres humanos, seria então um desafio da computação. Desenvolver uma máquina capaz de aprender a partir da interação com o meio ambiente e atingir competência na resolução de novos problemas, sem a necessidade de reprogramação, é um dos desafios da criação de seres inteligentes que imitem o ser humano. Uma das técnicas utilizadas para esse fim são os algoritmos genéticos, em que os códigos podem ser modificados por meio da interação com o mundo exterior.

O progresso da IA tem constantemente nos forçado a nos redefinirmos. Conforme as máquinas progridem, somos obrigados a reformular nossa autoimagem como seres únicos. Robôs são hoje capazes de treinar médicos a realizar cirurgias. Têm também sido aperfeiçoados para, em breve, jogar futebol como Ronaldos ou Robinhos. Um comunicado sobre a edição 2005 da 'RoboCup', no Japão, informava que "até no máximo 2050, um time de robôs estará pronto para ganhar uma partida de futebol contra o Brasil, por exemplo, obedecendo a todas as normas fixadas pela Fifa". Nos primórdios da IA, considerava-se que o xadrez era um campo de atuação em que os humanos sempre superariam os computadores. Jogar xadrez seria uma atividade tipicamente humana, envolveria relações, raciocínios e *insights* que seria impossível programar nas máquinas. Quando o supercomputador da IBM Deep Blue derrotou o campeão Garry Kasparov em uma partida de xadrez, em 1997, tivemos de reformular nossa imagem como seres humanos.

Quando as fronteiras são desafiadas, procuramos formas de mantê-las. Usamos a história do Pinóquio para manter a separação entre bonecos animados e vida biológica (TURKLE, 1997, p. 170). O filme *Inteligência artificial* (*Artificial intelli-*

*gence*, 2001) é uma filmagem moderna da história do Pinóquio. *Pinóquio 3000* (PK 3 — *Pinoccio 3000*, 2004) é outro filme interessante para a reflexão sobre essas fronteiras, em que Gepetto, um inventor da cidade de Scamboville, cria um pequeno robô com a personalidade de um menino de verdade. Vários cenários são possíveis para o futuro da IA. Em um deles, como os robôs prescindem de inteligência e habilidade para mover seus corpos, os humanos talvez tenham de ser treinados a agir como computadores. Como não se tem demonstrado uma tarefa simples programar robôs para se comportar como pessoas, elas talvez tenham de aprender a se comportar como robôs (DREYFUS, 2003, p. 101).

O cenário inverso pode também ser visualizado. Tanto David, o menino-robô de *Inteligência artificial*, quando Andrew, o personagem principal de *O homem bicentenário* (*Bicentennial man*, 1999), seguem um caminho da transformação em seres humanos. Eles não querem ser robôs pois sentem a falta de uma série de características que tornam os humanos únicos; ambos não querem ser membros indiferenciados de um rebanho; querem ser amados. Andrew transforma completamente seu corpo, procurando torná-lo o mais próximo possível de um corpo humano. Após várias transformações, ele supostamente passa a ter emoções e amar, mas não é ainda aceito legalmente como um ser humano porque é imortal. Sua última transformação é então tornar-se mortal. David, por sua vez, vai atrás da Fada Azul para transformar-se em humano, como Pinóquio, para poder ser amado por sua mãe. A realização de seu desejo também é marcada pela morte — ele poderá usufruir apenas um dia da companhia de sua mãe, que morrerá ao adormecer.

Na ficção, o caminho dos robôs em direção à humanização passa sempre pela morte. A própria morte, para o ser humano, já é, como vimos, uma experiência radical de questionamento da individualidade e vivacidade: como é possível que funções mentais específicas e características de uma pessoa, construídas lentamente por toda uma vida, se desfaçam tão subitamente quando chega a hora?

A tendência da IA é desenvolver máquinas que não procurem mais imitar o ser humano, que ajam racionalmente e melhor que nós. Os seres humanos estão adaptados a determinado ambiente, mas nosso conhecimento é incompleto e nossa capacidade de conhecimento, limitada. Somos o produto, em parte, de um processo evolucionário complicado e largamente desconhecido, que pode estar ainda bem longe de atingir a perfeição (RUSSELL e NORVIG, 1995, p. 8). Portanto, por que deveríamos nos limitar a imitar o ser humano? Por que não deveríamos nos propor a construir algo muito mais inteligente e mesmo mais equilibrado emocionalmente que nós mesmos?

IA: por que nos limitar à mera imitação?

Por isso também podemos pensar que a IA possa nos levar à perda de controle. Talvez os seres humanos estejam sendo derrotados, como espécie, pelos próprios seres humanos — talvez a lei da evolução impere e tenhamos inconscientemente produzido espécies mais inteligentes, com maior facilidade de adaptação ao meio ambiente, que possam explorar o universo e sobreviver nele mesmo com o previsto fim do sistema solar, explorar parcelas do universo que o ser humano talvez nunca consiga. A capacidade de replicação dos robôs, por exemplo, torna possível sua reprodução em ambientes de difícil acesso para os humanos, como o espaço, e já têm sido projetados robôs para reagir a obstáculos no espaço sem depender da intervenção humana. Talvez a IA torne possível que os seres humanos deixem um interessante traço no universo, após a nossa extinção: robôs. Assim, a história do

Capítulo 9 – Teoria do conhecimento **165**

Frankenstein, na qual o criador perde o controle sobre a criatura, deixaria de ser história; e o Frankenstein seria o rastro do criador. É senso comum que muitas vezes a mente dos artistas e escritores antecipa a realidade; talvez seja esse o caso.

## 9.10 Filosofia da computação e da informação

A filosofia da computação e da informação começou a se firmar, como campo de estudos, apenas no final do século passado. Alguns autores utilizam a expressão 'cyberfilosofia' para designar os pontos de intersecção entre filosofia e computação. Trata-se de um campo da filosofia que investiga a natureza conceitual e os princípios básicos da computação e da informação, além de elaborar e aplicar metodologias da computação e da teoria da informação a problemas filosóficos.

A informação é uma construção humana, não um conhecimento neutro, impessoal e padronizado. Um dado natural não é ainda informação, pois precisa ser percebido por uma subjetividade que possa agregar-lhe significado. Convém lembrar que nossa percepção é falível e quase nunca consegue acolher todos os dados de uma determinada situação. Ou seja, os dados naturais não nos chegam naturalmente nem se transformam automaticamente em informação e nem somos conhecedores passivos daquilo que a natureza nos lança. A informação só se constitui no encontro dos dados com uma subjetividade capaz de construir significados. O mundo é um contínuo analógico, e a transformação em informação dar-se-ia de alguma maneira por um processo de digitalização, pela da seleção e organização desses dados (MINGERS, In: WINDER, 1997, p. 73-84). A informação é, portanto, uma relação, não uma coisa. Mesmo os dados estatísticos não são naturais, pois foram trabalhados pelo ser humano e passaram por um processo de filtragem e modelagem subjetivo. Não há informação sem dados, assim como não há informação sem subjetividade. Assim, podemos dizer que assistimos hoje muitas vezes à ingênua e excessiva importância conferida aos dados, em contrapartida ao declínio na importância das informações e dos significados. Vivemos uma era de obsessão por dados em detrimento de significados, o que multiplica os fragmentos e reduz os contextos.

Um dos nossos desafios é, portanto, dar sentido ao excesso de informação. Para o filósofo alemão Martin Heidegger, crítico da tecnologia, o pensamento meditativo, que contempla o significado que reina em todas as coisas existentes, que se abre para as coisas e para o mistério, foi substituído pelo pensamento calculativo, que nunca para, que nunca se coleta. A ameaça da tecnologia da informação é a ameaça à natureza essencial do ser humano e à sobrevivência do pensamento meditativo (HEIDEGGER apud MITCHAM, In: FLORIDI, 2004, p. 334).

O progresso da tecnologia não trouxe a felicidade prevista à raça humana. Isso é, por exemplo, explorado no filme *Fahrenheit 451* (1966), baseado no romance homônimo. A história se passa em um futuro hipotético, no qual os livros e todos os textos escritos são proibidos por um governo extremamente autoritário, sob o pretexto de que a leitura torna as pessoas infelizes e improdutivas. O protagonista, Montag (Oskar Werner), é um bombeiro cuja função é queimar esses livros. Porém, ele começa a ler e a guardar alguns livros, tornando-se um fora da lei. Depois de ser denunciado por sua mulher, Montag é obrigado a fugir e acaba encontrando abrigo em uma pequena comunidade formada por outros leitores-fugitivos. Lá ele descobre que seus novos companheiros dedicam suas vidas a decorar livros para que eles possam ser publicados quando deixarem de ser proibidos.

O encontro entre nosso pensamento e a velocidade da informática pode gerar consequências nocivas. A psique sob *tecnostress* é afetada na formulação de ideias. A integridade e a autenticidade da formulação são afetadas pela automação do elemento simbólico de diferentes maneiras. Surge, associado à escrita por computador, um novo modelo de inteligência, diretamente vinculado à noção de produtividade. Os modos administrativo e calculativo do pensamento, associados ao processador de textos, afastam-nos do pensamento contemplativo e retiram o foco da ideia em formação. A velocidade da formulação das ideias na eletricidade substitui a concentração associada aos símbolos estáveis do livro impresso. A formação das palavras e a formulação das ideias são truncadas (HEIM, 1999, p. 204-206). Na sociedade informática, não há tempo para as ideias amadurecerem.

De acordo com Heim (1999), a escrita digital está, ao mesmo tempo, associada a uma abundância criativa e a uma fragmentação e incoerência na formulação das ideias; o processador de textos destrói os momentos de formulação e de silêncio prévios ao ato da simbolização, essenciais na apreensão da realidade, em nome da transmissão de informações como entidades predeterminadas e estáveis. Assim, a vida interior é afastada do processo de simbolização. O silêncio interior é substituído pela necessidade de controle e de produtividade. Os textos tornam-se assim menos inteligentes, reflexivos e cuidadosos, o que, em última instância, seria o oposto do projeto da filosofia. E, por consequência, a responsabilidade da seleção do material passa quase toda para nós, consumidores da informação.

Quando a linguagem perde sua relação com o silêncio, seca a fonte que refresca o significado:

> *A superabundância da rede eletrônica de símbolos é equivalente a um vazio aniquilador, no qual a curiosidade incansável devora a exatidão da verdade em um mar de sobrecarga de informação. Nessa poluição simbólica, tudo sem exceção torna-se simbolizado — o que anula o ato da simbolização como um evento único. No ruído simbólico geral, fortalecido pelo poder do computador, a formulação mais estúpida atinge o mesmo nível da mais inteligente: a transferência e a produção de símbolos perpetuam-se infinitamente. Para fazer as coisas aparecerem, a linguagem precisa preservar uma intimidade com o silêncio; caso contrário, a linguagem perde aquela infinitude da mente, aquele sentido de caos aberto, do qual as coisas faladas originam sua determinação e sua definição. Sem pausa, a linguagem torna-se ruído verbal, um oceano de símbolos finitos, inundando com os sinais do significado tenso a frouxa ressaca do caos barulhento, em que o significado é engolido e consumido.* (HEIM, 1999, p. 238)

Ainda segundo Heim (1999), podemos também dizer que a noção de verdade está associada à fixidez e à permanência das ideias estáveis, representadas pela tranquilidade das palavras em uma folha de papel. Na sociedade informática, com a volatilidade, maleabilidade e efemeridade fundadas pelo processador de textos, a verdade torna-se desestabilizada.

É interessante avaliar os impactos psicológicos da tecnologia da comunicação. Temos normalmente uma noção muito fechada e segura do nosso *self*, mas já vimos que o ser humano possui múltiplas inteligências, que a psique humana é formada não apenas do ego, mas também de elementos inconscientes, pessoais e coletivos, de complexos e mesmo de múltiplas personalidades. Além disso, a ideia que temos de nós é construída e transformada pela linguagem e pela cultura. Nosso *self* é na verdade múltiplo, fluido, não linear, descentrado, fragmentado e opaco. Na modernidade, a fluidez é sinal mais marcante de saúde do que a estabilidade.

A comunicação mediada por computador é um campo aberto para o exercício de várias e mesmo múltiplas identidades, contínuas ou temporárias, recriando a nossa própria identidade. Temos a oportunidade de desempenhar múltiplos papéis, por exemplo, em *e-mails* e *chats*, em jogos em que podemos construir nosso personagem e em mundos virtuais, projetando muitas vezes *selves* ideais e até mesmo trocando de sexo. Com os computadores, podemos experimentar como nunca com a multiplicidade, a heterogeneidade e a fragmentação.

No caso de games multiusuários on-line como World of Warcraft ou mesmo no caso de jogos de RPG de mesa como Dungeons & Dragons, os jogadores assumem personas projetando e vivendo *selves* muitas vezes distintos dos seus *selves* reais. Cogburn e Mark (2009, p. 14-16) propõem uma escala dessas projeções, que teria num lado esses jogos de fantasia, e do outro redes sociais como Orkut, MySpace e Facebook, que não são propriamente games, mas maneiras de aumentar a própria personalidade e estender laços sociais. Entre esses dois extremos, teríamos games híbridos ou mundos virtuais como Club Penguin, Sims Online e Second Life. Neles, os participantes escolhem seus personagens como nos games de fantasia, mas se relacionam com os outros avatares mais proximamente das relações na vida real: alimentam animais, cuidam dos jardins, vão a festas, paqueram, ficam em casa etc. Quando alguém diz: eu fiz três novos amigos (no Facebook), eu reguei meu jardim hoje de manhã (no Second Life) e eu matei nove goblins ontem à noite (no World of Warcraft), estaria usando 'eu' no mesmo sentido? São todas na verdade representações de um *self* múltiplo e vago, nossas extensões espaçotemporais.

Alguns locais do Philosophy Garden, espaço no Second Life mantido pela Oregon Community Colleges.

No Philosophy Garden, espaço no Second Life mantido pela Oregon Community Colleges, você é inicialmente recebido por Sócrates, que o encaminha para a caverna de Platão, onde os prisioneiros enxergam nas paredes as sombras produzidas por uma fogueira. Saindo de lá, você passa pelo Jardim de Epicuro e pelo Stoa de Sêneca e entra no quarto de Descartes, no bunker pessimista de Schopenhauer, no espaço sagrado de Kierkegaard e na cabine de Nietzsche. Por todo o percurso, você lê passagens dos filósofos, assiste a vídeos e responde a perguntas.

Em sua dissertação de mestrado recentemente defendida na Unisinos, Daiana Trein explora a construção de identidade no Second Life pela criação de avatares. Ela percebe que a identidade digital virtual será (re)construída por um sujeito acoplado ao seu avatar:

> A criação de IDVs [identidades digitais virtuais] mostrou-se fundante na relação com o sentimento de presença digital virtual, pois, diferente da telepresença que é um deslocamento da 'voz' ou 'imagem', na presença digital virtual é o sujeito que está lá, envolvido em uma experiência imersiva e interativa mais rica, propiciada pelo sentimento de 'ser o avatar' e 'pertencer' ao espaço digital virtual. (TREIN, 2010, p. 207)

A comunicação mediada por computador modifica, assim, a maneira como os seres humanos percebem a si próprios. Nossa personalidade não pode mais ser concebida como um *self* simplesmente habitando e centrado em um corpo. No cyberespaço, você adota nomes e personalidades diferentes, mais apropriadas a algumas situações do que a outras. Então, afinal de contas, quem é você? As várias manifestações da multiplicidade em nossa cultura estão contribuindo para uma reconsideração geral das noções tradicionais e unitárias da identidade (TURKLE, 1997, p. 260).

Como afirma Turkle (1997), em um brilhante artigo denominado 'Our split screens':

> *O self não significa mais simplesmente desempenhar diferentes papéis em diferentes situações, algo que as pessoas experienciam quando, por exemplo, acordam como uma amante, fazem café como uma mãe e dirigem para o trabalho como uma advogada. A prática vital das janelas é a de um self distribuído que existe em muitos mundos e desempenha muitos papéis ao mesmo tempo.*

Magicamente, mesmo no caos psicológico da vida on-line, nesse exercício de circular por essas diversas personalidades, conseguimos nos sentir como um todo coletivo; ou, como afirma Philipe Bromgerg (apud TURKLE, 1997, p. 104), "habitar os espaços entre *selves* e, ainda assim, se sentir um; ver a multiplicidade e, ainda assim, sentir a unidade". Conseguimos paradoxalmente construir identidades na cultura da simulação, apesar de a palavra 'identidade' ter origem no latim *idem*, que significa 'o mesmo'. Turkle (1997, p. 261) propõe a ideia de um *self* flexível, com o qual conseguiríamos evitar tanto os extremos da desordem das múltiplas personalidades quanto a rigidez de um *self* unitário. A essência desse *self* não seria unitária, mas suas partes tampouco seriam entidades estáveis. Seria fácil circular por seus aspectos e eles estariam mudando por meio da comunicação constante entre si. A comunicação aberta encoraja uma atitude de respeito em relação aos vários dentro de nós e aos vários dentro dos outros.

Entretanto, a comunicação mediada por computadores pode também se tornar disfuncional. Navegar sem direção subverte a tradicional ligação da mente com o espaço e com o tempo. Nossa personalidade é ligada a um corpo, ou seja, tempo e espaço são suas características essenciais de orientação. Como vimos, para Kant tempo e espaço são formas puras da intuição sensível, condições necessárias para o conhecimento. Com a comunicação mediada por computador, talvez estejamos assistindo à acentuação de elementos de isolamento travestidos de comunicação. Como afirma Del Nero (1997, p. 443):

> *Nossa comunicação foi selecionada para ser essencialmente corporal e também linguística. Quando deixamos de ser corpo presente para ser apenas palavra transmutada em caracteres na tela estamos amplificando uma função, mas estamos também amputando a forma biológica da comunicação.*

Heim (1994, p. 100-101) vai ainda mais além, defendendo que existe também um lado negro dos computadores quando pensamos na questão do corpo:

> *Ser um 'corpo' constitui o princípio por trás de nossa separação uns dos outros e por trás de nossa presença pessoal. Nossa existência corporal posiciona-se na dianteira de nossa identidade pessoal e individualidade. Tanto a lei quanto a moral reconhecem o corpo físico como algo como uma cerca, uma fronteira absoluta, estabelecendo e protegendo a nossa privacidade. Agora a rede de computadores simplesmente coloca entre parênteses a presença física dos participantes, seja omitindo, seja simulando imediatez corporal. Em certo sentido, isso nos liberta das restrições impostas por nossa identidade física. Somos mais iguais na net porque podemos tanto ignorar quanto criar o corpo que aparece no cyberespaço. Mas em outro sentido, a qualidade do encontro humano torna-se mais limitada.*

Um filme que explora a questão da identidade e as relações corpo/mente é *Quero ser John Malkovich* (*Being John Malkovich*, 1999). Na história, o protagonista, Craig Schwartz, descobre uma passagem secreta que permite que as pessoas entrem na cabeça do ator John Malkovich por 15 minutos. Em meio a uma confusa relação de amor que envolve Craig, sua esposa e também sua sócia Maxine, a comédia levanta questões como: o que é a mente? O que determina a identidade: o corpo ou a mente? O que garante nossa identidade?

Já Craig, sobre o 'portal do transporte', questiona: "Ele levanta todos os tipos de questões filosóficas, sobre a natureza do *self*, sobre a existência de uma alma. Eu sou eu? Malkovich é Malkovich?"

## Resumo

Descartes funda a teoria do conhecimento moderna, destacando a importância da razão para o conhecimento. Empirismo e idealismo são dois dos movimentos mais importantes na história da teoria do conhecimento. A obra de Kant procura conciliar as ideias do racionalismo e do empirismo. Já o existencialismo defende a liberdade do ser humano como essencial na construção do nosso mundo. A memória e o inconsciente desempenham papel primordial no nosso conhecimento da realidade. A filosofia da mente estuda como nossa mente participa do conhecimento da realidade.

## Atividades

1. Pesquise sobre a origem do universo e o conceito de universo inflacionário. O que está acontecendo com o mundo em que vivemos? O que conseguimos conhecer e o que não sabemos sobre o universo?

2. Este capítulo menciona a palestra de Sartre *O existencialismo é um humanismo*. O texto não é muito longo e pode ser encontrado, por exemplo, na coleção *Os Pensadores*. Procure ler o texto completo e discutir com seus colegas.

3. Pesquise sobre o conceito de inconsciente em Freud e inconsciente coletivo em Jung. Reflita como eles podem ter influenciado a teoria do conhecimento.

4. Há inúmeros projetos de inteligência artificial sendo desenvolvidos. Pesquise algum que lhe interesse e apresente-o para seus colegas.

5. No que somos iguais e no que somos diferentes dos computadores? Discuta essa questão com seus colegas.

6. Assista aos filmes *Pinóquio* e *Inteligência artificial*, prestando atenção nas cenas que são semelhantes nos dois filmes. É possível dizer que um filme é baseado no outro?

7. Este capítulo menciona outros filmes. Escolha algum que você não conhece para assistir com seus colegas e tente relacioná-lo às ideias apresentadas no capítulo.

8. Visite o Philosophy Garden no Second Life, para conhecer vários filósofos que você vem estudando em história da filosofia.

## Sugestões

Adalberto Tripicchio, entrevistado sobre suicídio e bioética na primeira parte desta obra, é autor de um livro que aborda muitas questões discutidas aqui: TRIPICCHIO, Adalberto; TRIPICCHIO, Ana Cecília. *Teorias da mente*: o cérebro na mira da ciência, da religião e da filosofia. Ribeirão Preto, SP: Tecmedd, 2004.

Uma interessante publicação, com seleções de textos que abordam vários conceitos discutidos aqui, é *Mind design II: philosophy, psychology, artificial intelligence*. 2. ed., rev. and enlarged. Cambridge: MIT Press, 1997.

Por fim, uma publicação on-line interessante que explora as intersecções entre filosofia e tecnologia é a revista *Techné: Research in Philosophy and Technology*. Disponível em: <http://scholar.lib.vt.edu/ejournals/SPT/spt.html>.

# Filosofia da linguagem

## APRESENTAÇÃO

O campo da filosofia da linguagem é bastante extenso, pois envolve áreas como sintaxe, pragmática e semântica. A semiótica, estudo dos signos, tomada em um sentido amplo, também pode ser considerada parte da filosofia da linguagem. A virada linguística, como já vimos no Capítulo 6, elevou a linguagem a uma preocupação essencial da filosofia nas últimas décadas do século passado. Neste capítulo, exploraremos basicamente a semântica, especialmente as relações entre linguagem, pensamento e realidade, e tocando em alguns pontos de sintaxe, pragmática e semiótica. Alguns enxergarão aqui o desenvolvimento da hipótese de Edward Sapir (1884-1939) e seu aluno Benjamin Lee Whorf (1897-1941), de que a realidade é construída pela linguagem. Na verdade, não partimos dela, mas a hipótese inicial desses pensadores está aqui enriquecida com novos exemplos, reflexões e autores[1].

## OBJETIVOS DE APRENDIZAGEM

Durante a leitura deste capítulo, será possível:

- abordar questões essenciais em filosofia da linguagem;
- compreender o que é signo, significante e significado e como eles se relacionam;
- verificar como a linguagem é constituída como um recorte do real;
- entender como esse recorte constrói a nossa percepção de realidade;
- refletir sobre a importância da semântica na filosofia da linguagem.

## TÓPICOS PRINCIPAIS

10.1 Linguagem e realidade
10.2 O signo
10.3 Semântica

## 10.1 Linguagem e realidade

*Os limites de minha linguagem significam os limites de meu mundo.*
(WITTGENSTEIN, 1994)

A linguagem determina não só os limites do nosso mundo, como também decisivamente o sentido do mundo que enxergamos. A linguagem é o nosso ponto

---

[1] Já venho desenvolvendo essa teoria há algum tempo, como no capítulo 'Filosofia da linguagem', de *Filosofia e ética na administração*, e em 'Linguagem, pensamento e realidade', no livro *Filosofia da computação e da informação*. Esta é uma nova versão da teoria, adaptada e ligeiramente ampliada.

de vista sobre o mundo. Mas o objeto (mundo) não está dado automaticamente, e é justamente o ponto de vista que cria e constrói esse objeto — poderíamos dizer que existe um mundo para cada ponto de vista. *Mundo* é um conceito plural e cada mundo possui suas regras linguísticas específicas.

Assim como nosso pensamento se forma determinado pela linguagem, nossa concepção de mundo é também diretamente determinada por ela. É por meio da linguagem que podemos construir conceitos claros e distintos e dar sentido aos objetos. Saussure (1993, p. 130) ilustra essa posição deste modo:

> *Psicologicamente, abstração feita de sua expressão por meio das palavras, nosso pensamento não passa de uma massa amorfa e indistinta. Filósofos e linguistas sempre concordaram em reconhecer que, sem o recurso dos signos, seríamos incapazes de distinguir duas ideias de modo claro e constante. Tomado em si, o pensamento é como uma nebulosa onde nada está necessariamente delimitado. Não existem ideias preestabelecidas, e nada é distinto antes do aparecimento da língua.*

O pensamento parece compartilhar algumas características com a linguagem. Fodor (1975), por exemplo, defende a hipótese da linguagem do pensamento, segundo a qual o sistema de símbolos mentais, que constituiria a base neural do pensamento, está estruturado como uma linguagem. Possuiríamos uma linguagem de máquina, que seria ativada por algo semelhante a um compilador e que traduziria as línguas de forma a ativar nossos neurônios. Um código interno ou sistema de representação inconsciente estaria gravado em nosso sistema nervoso.

## 10.2 O signo

Um signo é tudo aquilo que significa algo para alguém. As palavras, que são os signos da língua, representam objetos (ou suas imagens) e/ou ideias. Podemos dividir os signos linguísticos em duas partes: de um lado, o *significado* — o conceito, o sentido, a imagem, a ideia que eles procuram transmitir; de outro lado, o *significante* — a forma utilizada para transmitir essa ideia (Figura 10.1).

O princípio da arbitrariedade do signo linguístico é talvez um dos mais importantes da linguística. Para Saussure, o laço que une o significante ao significado é arbitrário. Assim, não há relação natural nem implicação entre a palavra *cavalo* (seja do ponto de vista tipográfico, seja do ponto de vista sonoro) e a ideia ou o objeto que ela representa. Aliás, o significante associado ao conceito cavalo varia, de língua para língua: se em português é *cavalo*, em inglês o significante utilizado é *horse*, em francês *cheval* etc. E não há nenhuma relação, mais ou menos perfeita, mais ou menos correta, mais ou menos adequada, entre o *objeto* cavalo e as *palavras* que podem representá-lo em diferentes línguas.

Em cartilhas de alfabetização para crianças, por exemplo, em uma oração em que aparece o significante 'cavalo' para representar o significado 'cavalo', pode-se muitas vezes encontrá-lo substituído por outro significante, um desenho:

O 🐎 galopa

Nessa oração, a ideia de cavalo foi representada por um desenho, um significante que apresenta uma relação natural com o objeto que substitui. O desenho tem a *forma* do objeto que representa, lembra *naturalmente* seu objeto, não há necessidade de aprendizagem de seu significado, pois ele aponta automaticamente para o objeto que procura representar: é um ícone. Mas as palavras da língua, por

**Figura 10.1** A composição dos signos linguísticos

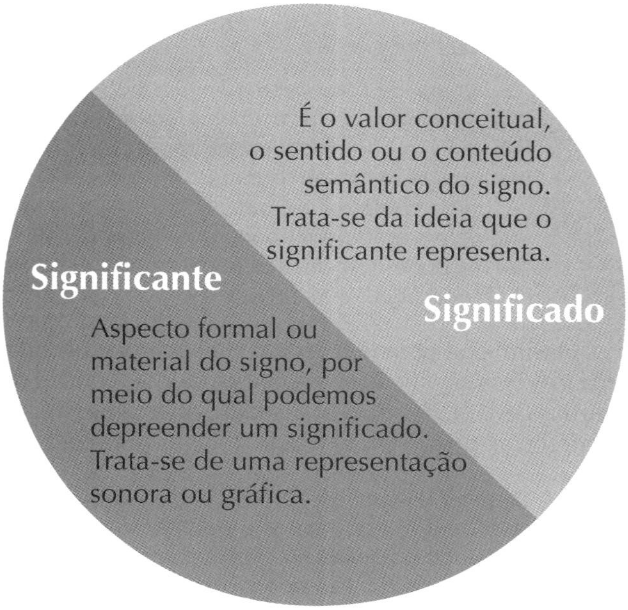

**Significante**
Aspecto formal ou material do signo, por meio do qual podemos depreender um significado. Trata-se de uma representação sonora ou gráfica.

**Significado**
É o valor conceitual, o sentido ou o conteúdo semântico do signo. Trata-se da ideia que o significante representa.

Para a linguística, o signo é entendido como uma unidade significativa, isto é, formada por significado e significante.

sua vez, não apresentam nenhum parentesco natural com as ideias ou imagens que procuram transmitir. A relação entre o *significante* cavalo e a ideia que ele procura transmitir (ou seu *significado*) é criada por cada cultura e deve ser aprendida, porque não é natural, e sim artificial e arbitrária.

Do ponto de vista do ser humano, membro de determinada cultura, as relações entre significado e significante aparecem já determinadas pela língua que ele aprende e lhe são, de certa forma, impostas. Portanto, o que o princípio da arbitrariedade do signo nos diz é que a maioria dos signos não apresenta, em sua estrutura, relação de implicação natural entre o significante e o significado.

O valor do signo linguístico não se define, entretanto, apenas por meio da relação entre significado e significante. Em uma língua, os signos definem-se também pela oposição que exercem em relação a outros signos. Daí a importância, principalmente nas ciências humanas, do exercício da definição dos conceitos com os quais trabalhamos. Muitos signos não apresentam uma relação clara e unívoca entre significante e significado, e essa relação só se realça e adquire vida quando nos utilizamos de outros signos, ou quando nos referimos a outras relações significante/significado para limitá-las. Ou seja, o significado de uma palavra, isto é, o significado associado a determinado significante, só se esclarece quando cotejado e comparado com o significado de outros significantes na mesma língua. E isso se dá por meio de um aprendizado contínuo. São as limitações de significados que os outros signos da língua impõem que nos permitem definir com maior clareza e precisão o significado de determinado signo. A definição dos significados, em uma língua, se dá, portanto, muito mais pela negação, ou seja, por aquilo que o signo *não* quer dizer (pois já há outro signo na língua com esse outro significado). "O significado de todo e qualquer sinal define-se, antes de mais nada, pelo fato de não ser o de um outro" (HAGÈGE, 1990, p. 92). Definir alguma coisa significa, muitas vezes, dizer o que essa coisa não é. Saussure (1993, p. 134-135) dá alguns exemplos interessantes:

> Alguns exemplos mostrarão que é de fato assim. O português 'carneiro' ou o francês 'mouton' podem ter a mesma significação que o inglês 'sheep', mas não o mesmo valor, isso por várias razões, em particular porque, ao falar de uma

*A relação entre o significante e a ideia que ele procura transmitir — seu significado — é criada por cada cultura, deve ser aprendida, porque é artificial e arbitrária.*

*porção de carne preparada e servida à mesa, o inglês diz 'mutton' e não 'sheep'. A diferença de valor entre 'sheep' e 'mouton' ou 'carneiro' se deve a que o primeiro tem a seu lado um segundo termo, o que não ocorre com a palavra francesa ou portuguesa.*

*No interior de uma mesma língua, todas as palavras que exprimem ideias vizinhas se limitam reciprocamente: sinônimos como 'recear', 'temer', 'ter medo' só têm valor próprio pela oposição; se 'recear' não existisse, todo seu conteúdo iria para os seus concorrentes. Inversamente, existem termos que se enriquecem pelo contato com outros; [...] Assim, o valor de qualquer termo que seja está determinado por aquilo que o rodeia; nem sequer da palavra que significa 'sol' se pode fixar imediatamente o valor sem levar em conta o que lhe existe em redor; línguas há em que é impossível dizer 'sentar-se ao sol'.*

Assim, compreender ou dar significado a um significante é um ato de relacionar diversos significados, de compará-lo a sentidos próximos e distantes, conforme afirma Lévy (1993, p. 72) a seguir, mas também ao que o significante não pode representar, pois já existem outros significantes que representam outros significados:

*O que é a significação? Ou, antes, para abordar o problema de um ponto de vista mais operacional, em que consiste o ato de atribuir sentido? A operação elementar da atividade interpretativa é a associação; dar sentido a um texto é o mesmo que ligá-lo, conectá-lo a outros textos, e portanto é o mesmo que construir um hipertexto. É sabido que pessoas diferentes irão atribuir sentidos por vezes opostos a uma mensagem idêntica. Isto porque, se por um lado o texto é o mesmo para cada um, por outro o hipertexto pode diferir completamente. O que conta é a rede de relações pela qual a mensagem será capturada, a rede semiótica que o interpretante usará para captá-la.*

Os semáforos transmitem mensagens sem usar signos linguísticos.

*Você talvez conecte cada palavra de uma certa página a dez referências, a cem comentários. Eu, quando muito, a conecto a umas poucas proposições. Para mim, esse texto permanecerá obscuro, enquanto que para você estará formigando de sentidos.*

Cabe lembrar que os signos não são apenas linguísticos; não encontramos signos apenas na língua. Um sinal vermelho é um signo, que tem um significado (Pare!) e um significante (a cor vermelha, o próprio *design* do farol, sua localização etc.).

## 10.3 Semântica

*Se é o Homo sapiens, é também, e antes de mais nada, o Homo loquens, homem de palavras.* (HAGÈGE, 1990, p. 10)

A semântica interessa-se pelo significado dos signos. Sabemos que as línguas utilizam-se de significantes diferentes para se referirem aos mesmos significados. Assim, 'cachorro' em português é o significante do conceito 'cachorro', como *dog* é o significante em inglês para o mesmo significado, *chien* em francês etc. Palavras diferentes (ou significantes diferentes), em diferentes línguas, muitas vezes remetem ao mesmo significado. Isso nos permitiria tirar uma primeira conclusão: os objetos, significados e conceitos são dados universalmente, e as línguas não fazem mais do que criar seus próprios significantes para se referirem a esses significados.

> Os objetos, significados e conceitos são dados universalmente, e as línguas não fazem mais do que criar seus próprios significantes para se referirem a esses significados.

Arbitrariamente, é claro, pois não existe relação natural entre a ideia ou a imagem 'cachorro' e seus significantes em diversas línguas: cachorro, *dog*, *chien* etc.

Entretanto, *isso não ocorre sempre*, e é justamente por tal motivo que a semântica se constitui como um dos ramos mais importantes da linguística ou da semiótica e que nos interessa em filosofia da linguagem. Na língua indígena norte-americana Hopi, do Arizona, por exemplo, a palavra utilizada para representar o significado de 'cachorro', *pohko*, inclui também o sentido de animal doméstico de qualquer tipo (WHORF, 1956, p. 259-260). Ou seja, não existe uma palavra específica para representar o sentido de *cachorro*, mas sim uma palavra para representar o sentido de animal de estimação, que inclui, entre outros, os cachorros.

Em primeiro lugar, determinado conceito ou significado pode ter, em uma língua, apenas um significante a representá-lo e, em outra língua, mais de um significante. Isso não quer dizer somente que uma língua tem mais elementos formais para referir-se ao mesmo significado — quer dizer, sim, que cada língua divide o mundo à sua maneira, que determinado significado numa língua, que o representa por apenas um significante, pode não ter sentido em outra, que na verdade se utiliza de mais de um significado (e por consequência, mais de um significante). Esse problema é ilustrado na Figura 10.2.

Ou seja, para a língua B o significado S não existe: existem sim dois significados, correspondentes aos significantes B1 e B2. Para a língua A, a divisão de S em S1 e S2 é incompreensível, assim como o é para a língua B a existência de apenas um significante para representar S1 e S2. Do ponto de vista da língua A, S tem dois significantes na língua B: B1 e B2. Mas se tomamos a perspectiva da própria língua B, S não existe, a unidade semântica que ele representa em A não existe; existem, sim, dois significados, S1 e S2, correspondentes a dois significantes. Dizer que S está dividido em dois significados, em S1 e S2, é analisar a língua B por meio da língua A, é enxergar uma língua com as categorias de outra: a ideia de divisão (de S em S1 e S2) só existe para a língua A, enquanto observadora da língua B. Na língua B, não existe divisão: existem dois signos, que se limitam e que limitam outros signos. A ideia de unidade da língua A é que lhe parece estranha.

Quando uma criança conhece cachorro por *au-au* e gato por *miau* e vê pela primeira vez um esquilo, sua tendência inicial é tentar classificar o esquilo como *au-au* ou *miau*. Quando ela aprende, aos poucos, que existe um significante 'esquilo', não só aprende uma nova palavra, mas no seu sistema semântico constrói-se uma nova categoria (um novo signo), independente de 'cachorro' e 'gato', ou seja, conjuntamente ela aprende um novo significante e um novo significado (o conceito de 'esquilo'). É claro que o esquilo, enquanto animal, objeto, continua a ter a mesma existência. Mas para a criança só então ele passa a existir como signo, podendo agora ser representado de forma diferente dos cachorros e os gatos.

Para os esquimós, existem várias palavras para designar *neve*. O conceito de *neve*, assim como o entendemos, não existe para os esquimós; existem, sim, diversos outros conceitos que em sua totalidade corresponderiam *mais ou menos* ao

**Figura 10.2**    Esquema de divisão da realidade por meio da linguagem

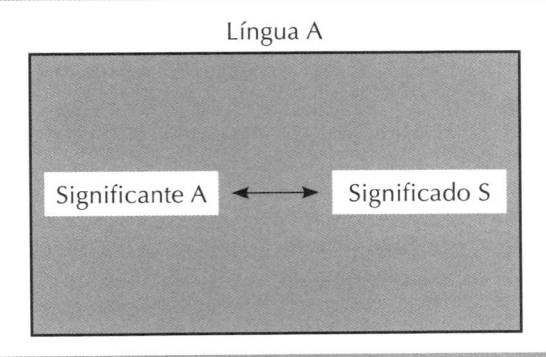

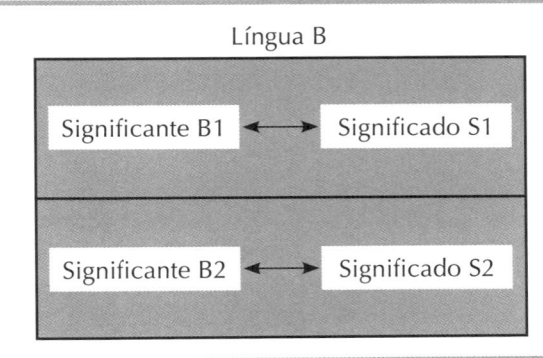

Língua A

Significante A ↔ Significado S

Língua B

Significante B1 ↔ Significado S1

Significante B2 ↔ Significado S2

nosso conceito de *neve*. A neve é o elemento essencial no mundo dos esquimós, é seu próprio mundo e, portanto, precisa ser recortado e dividido para que possa ser representado com mais riqueza. É interessante notar, por exemplo, a tentativa de representação desse fenômeno por Izidoro Blikstein (1995). Para ele, assim como para grande parte dos linguistas, existiria uma realidade triádica, que caberia à semântica observar, formada por referente, significante e significado, exemplificada na Figura 10.3.

Assim, o signo, composto de significado e significante, representaria um objeto extralinguístico inscrito no campo da realidade. Mas o referente não seria a própria realidade — esta seria, primeiro, filtrada pela nossa experiência, pelos atos de percepção e cognição. Dessa forma, Blikstein constrói um esquema para representar a correspondência entre a neve para os não-esquimós e as várias neves para os esquimós (Figura 10.4).

Tanto o esquema quanto toda a construção teórica de Blikstein são bastante ilustrativos, mas podemos afirmar que a 'realidade neve' não existe senão como uma construção também linguística e apenas para a cultura que criou uma palavra para designar essa porção do mundo. Para a cultura dos esquimós, existem várias 'realidades neves', cada uma representada uma palavra. É ingênuo (e unilateral) dizer que existe 'a neve' e que os esquimós criam várias palavras para representá-la. Sendo assim, existem aqui duas realidades, aquela observada pelos esquimós e outra observada pela nossa cultura. Dizer que a realidade dos esquimós é a neve é denominá-la por meio de nossa linguagem, é trazê-la para o campo de visão da nossa cultura, é, em última instância, destruí-la. Ou seja, não há uma realidade dada, de antemão, a qual a percepção, a interpretação ou o ponto de vista transformam em referente: a linguagem e a própria percepção (que são entendidas aqui como simultâneas e que são a única forma de contato com o mundo) constroem sua própria realidade e referente.

Da mesma forma, para os Comox, pescadores da ilha de Vancouver, onde os peixes exibem uma variedade e riqueza imensas, o que denominamos em português salmão possui uma dezena de nomes diferentes, assim como rena tem uma dezena de denominações para os lapões da Finlândia (HAGÈGE, 1990, p. 57). Podemos dizer que as línguas dividem o mundo cotidiano conforme as necessidades de seu povo, a riqueza de seu cotidiano e a intensidade do contato do povo com os elementos que o circundam.

Em português, falamos 'boa noite' e, em inglês, temos duas expressões para designar o mesmo sentido: 'good evening' e 'good night'. O brasileiro que se propõe a estudar inglês precisa aprender que a noite pode ser dividida em 'até a hora de deitar-se' e 'quando é costume dormir', e esse aprendizado é bem mais difícil

**Figura 10.3**     Realidade triádica da linguagem

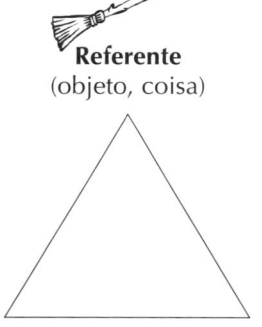

**Referente**
(objeto, coisa)

**Significado**
(sentido, ideia, conceito ou referência)
**Utensílio para varrer**

**Significante**
(expressão)
**Vassoura**

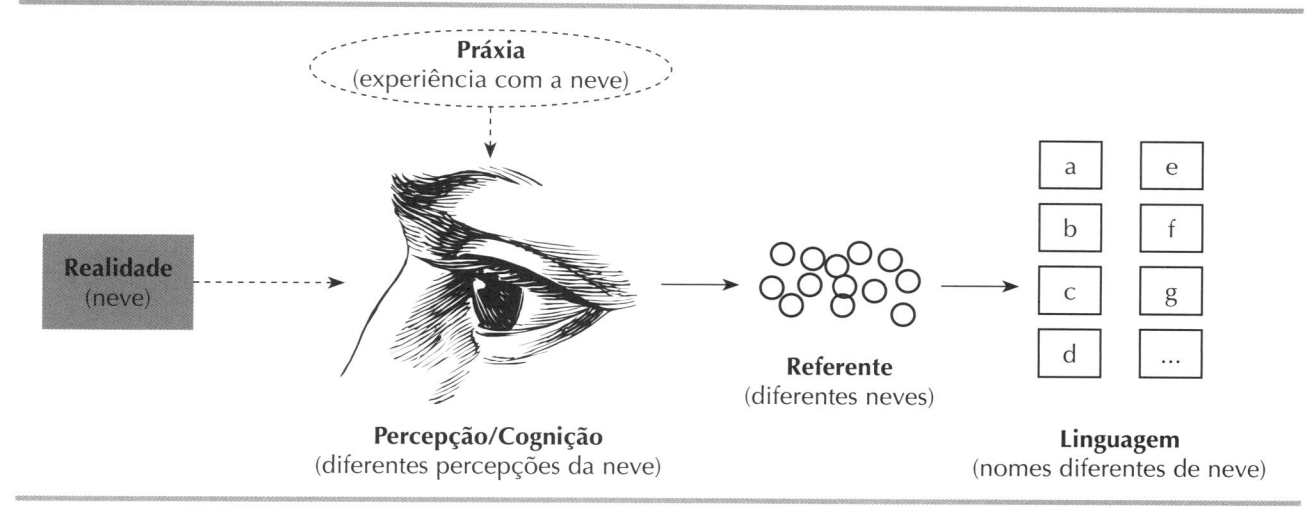

**Figura 10.4**  Esquema de Blikstein

**Realidade** (neve) → **Percepção/Cognição** (diferentes percepções da neve) [com **Práxia** (experiência com a neve)] → **Referente** (diferentes neves) → **Linguagem** (nomes diferentes de neve: a, b, c, d, e, f, g, ...)

e complexo do que simplesmente decorar os dois significantes, *evening* e *night*. Saber como usá-los, entender sua função, a relação de delimitação que cada significante tem em relação ao outro, o que cada expressão quer dizer em função do que a outra significa, a que exatamente esses significantes se referem é o verdadeiro problema, pois somos forçados a dividir um conceito imediato e natural como o de 'noite', que em nossa língua é contínuo e parece-nos dar conta da realidade 'noite' muito bem. Por que outra língua precisaria de duas palavras para representar aquilo que conseguimos representar apenas com uma? Ou melhor, como alguém pode pensar em 'dividir' a noite e por quê?

Em russo, existem vários verbos de movimento, que correspondem mais ou menos à ideia representada pelo verbo *ir*, em português. Ir a pé tem um significante em russo; ir a cavalo ou de bicicleta tem outro significante. Diferentes prefixos são acrescentados ao verbo *ir* quando ele se refere a começo de ação no passado, ação que foi iniciada, mas não está claro se terminou, ou ação completa; se *ir* está associado a voltar, se implicou ir de condução, se implicou entrar e assim por diante tem em russo um signo diferente. Uma possível explicação para o fenômeno seria que o russo foi um povo nômade e, nesse sentido, teve de dividir com mais riqueza a realidade de seus movimentos do que os povos de outras línguas.

Assim podemos entender a afirmação de Claude Hagège (1990, p. 46): "As línguas diferem, não pelo que podem ou não exprimir, mas pelo que obrigam ou não a dizer."

Poderíamos então dizer que o mesmo significado pode ter diferente número de significantes, nas diversas línguas, para representá-lo. Ou seja, o significado existiria, por si só, os objetos existiriam na natureza, os conceitos teriam certa realidade universal, mas poderiam ser recortados de diferentes formas, como observamos na Figura 10.5.

E assim por diante. Já vimos que a ideia de divisão não representa exatamente o que ocorre nesses casos. Mas temos ainda um segundo problema, muito importante em semântica, que tornam bem mais complexos o estudo dos conceitos e a noção de significado. Poderíamos antecipar a conclusão de nossa discussão e enunciá-la assim: *o 'significado' em si não tem existência independente do sistema linguístico*. Ou seja, em muitos casos não ocorre uma simples representação diferente, em termos da quantidade dos significantes, de língua para língua. *O próprio significado é criado pelos significantes utilizados para recortar a realidade*: assim, um significado determinado, que possua apenas um significante em uma língua, não corresponde exatamente ao campo semântico abrangido pelos dois ou mais significantes, utilizados em outra língua para representá-lo. Não existiria o primeiro quadrado da ilustração anterior, e

**Figura 10.5** — Diferentes significantes para um mesmo significado

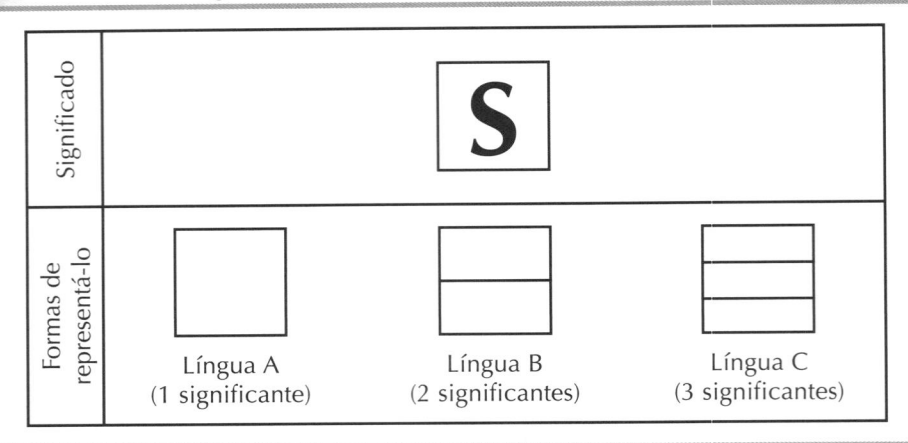

|  | | | |
|---|---|---|---|
| Significado | | S | |
| Formas de representá-lo | Língua A (1 significante) | Língua B (2 significantes) | Língua C (3 significantes) |

> *O significado em si não tem existência independente do sistema linguístico, ele é criado pelos significantes utilizados para recortar a realidade.*

os limites dos quadrados, em cada língua, seriam diferentes. Teríamos, como exemplo, mais ou menos a ideia apresentada na Figura 10.6.

As divisões entre os significados e significantes em cada língua não são científicas, determinadas, claras — por isso a representação é descontínua. Mesmo os limites dos polígonos, que correspondessem a um significado maior, que de alguma forma correspondesse a um significado anterior, não existiriam — esses polígonos já se fundiriam com outros significados e significantes da mesma língua, por isso a representação pontilhada. Ou seja, não existiria nem mesmo uma divisão clara e definida entre cada significado, no interior de uma língua: os significados de algumas palavras se misturariam a partes dos significados de outras palavras, como se a língua fosse um contínuo semântico com gradações, e não com segmentos delimitados.

A Figura 10.7 representa bem tal problema a partir do ponto de vista das cores, que a princípio parecem ter um grau de objetividade que seria irredutível às categorias linguísticas, e suas representações em dois idiomas, o espanhol e o celta. Poderíamos dizer que a cor cujo significante é *glas* em celta tem três significantes para representá-la, em espanhol: verde, azul e gris. Ocorre que os limites semânticos desses três significantes não correspondem exatamente aos limites semânticos de *glas*, em celta. *Glas* toma todo o campo semântico representado por *azul*, mas invade, apenas parcialmente, os campos semânticos de *gris* e *verde*. Assim, não existe o significado *glas* em espanhol, nem mesmo por um processo de aglutinação

**Figura 10.6** — Significado e significante no recorte da realidade

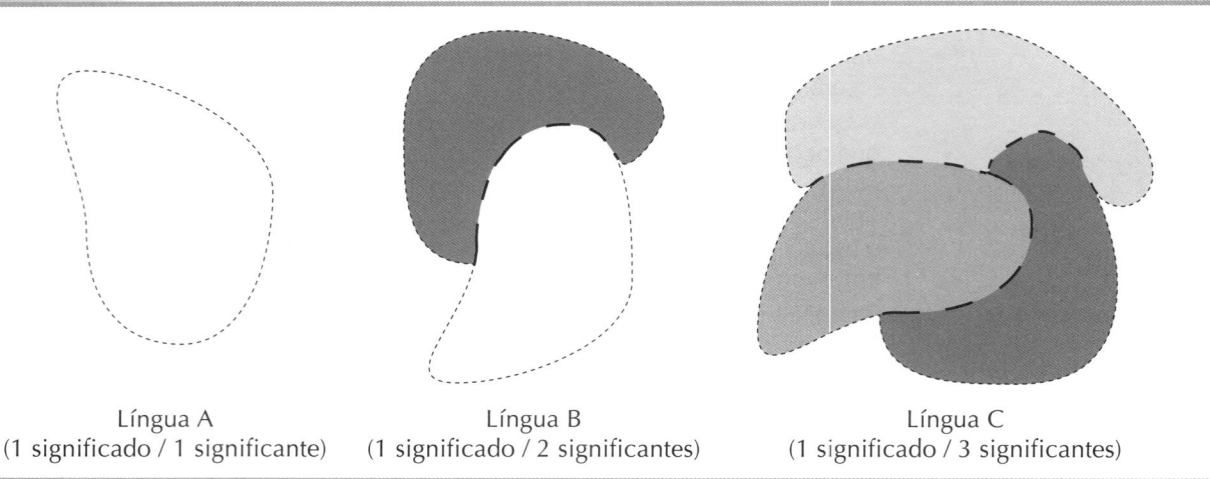

Língua A (1 significado / 1 significante)

Língua B (1 significado / 2 significantes)

Língua C (1 significado / 3 significantes)

**Figura 10.7**   As cores para os celtas e espanhóis

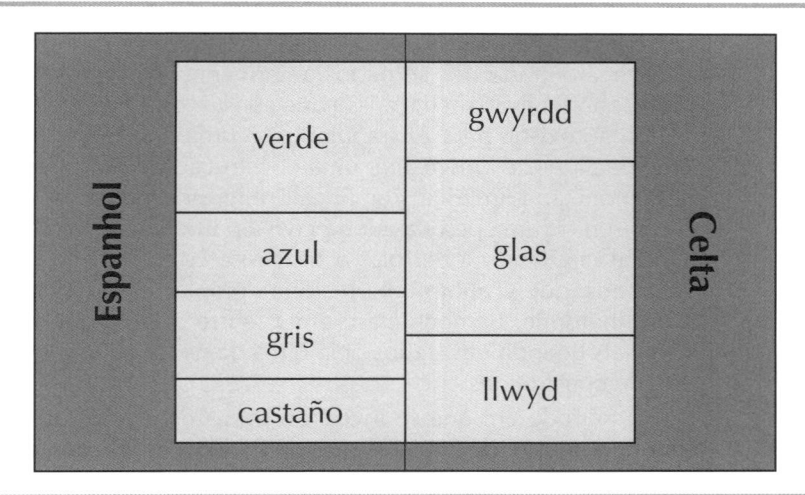

| Espanhol | Celta |
|---|---|
| verde | gwyrdd |
| azul | glas |
| gris | |
| castaño | llwyd |

de mais de um significante.² Ou seja, não existem nem as próprias cores, em seu aspecto objetivo, que possam ser divididas pelas línguas — cada língua cria suas próprias cores e limites. E os limites entre as duas figuras (superior e inferior) são também apenas didáticos.

Vimos até agora, em nossa discussão, a ideia de representação, de que as línguas utilizam, cada uma, um significante para um mesmo significado, e a ideia de divisão, de que as línguas dividem diferentemente os objetos em significados diferentes, utilizando cada uma um número diverso de significantes. Mas acrescentamos agora uma nova ideia, a de criação ou construção. Se quando dizemos que a língua representa ou divide o mundo pressupomos em ambos os casos que exista um mundo exterior à língua, física ou objetivamente, com a ideia de criação não existe mais um mundo dado e prévio ao ato linguístico. Uma língua *representar* significa que existe um significado comum a todas, a ser representado por diferentes signos materiais; uma língua *dividir* significa que não existe um significado uno e prévio, mas um objeto, sobre o qual cada língua se projeta e cria diferentes significados (e por consequência diferentes significantes); uma língua *criar* significa que não existe nem significado uno nem objeto uno. Se a ideia de divisão destrói a unidade do significado, a ideia de criação destrói a unidade do objeto.

Diz-se que a palavra *saudade* existe apenas em português. *I miss you* não exprime exatamente o sentido de *estou com saudades*, por exemplo. Um falante de outra língua tem dificuldade para traduzir a palavra para a sua língua, precisa em geral de uma frase para chegar perto do sentido de *saudade* em português. A questão não é, portanto, apenas a dificuldade em encontrar um ou mais significantes, em outra língua, para exprimir o significado de *saudade* — na verdade, o significado de *saudade* não existe exatamente em outra língua, é um significado criado pela língua portuguesa. A dificuldade do falante de outra língua é exatamente esta — de compreender um significado novo, para o qual não existe correspondência exata em sua língua nativa. Em português, *saudade* carrega provavelmente consigo a lembrança do apogeu de Portugal, na época dos descobrimentos, posição que o país nunca mais voltou a ocupar; carrega também a lembrança de Don Sebastião, o líder da pátria morto em uma batalha, cujo corpo, entretanto, nunca foi encontrado, gerando a crença de que ele não teria morrido e poderia retornar a qualquer momento; e carrega ainda os significados da figura de Cristo, que nos deixou também com a promessa de retornar. Essa dialética das lembranças, que, mesmo que inconscientemente, espera-se recuperar, impregna o sentido da palavra *saudade* de uma forma peculiar, construindo um conceito único em português.

---
2  Alguns desses exemplos são adaptados de MALMBERG, Bertil. *A língua e o homem*: introdução aos problemas gerais da linguística. Tradução M. Lopes. Rio de Janeiro: Nórdica, 1976. p. 65-69.

Da mesma forma, a palavra *democracia* tem, é claro, conotações bastante distintas em um e outro país. Veiculou-se previamente, e no início da Guerra do Iraque e da luta contra o terror, uma expectativa de que o povo iraquiano iria aplaudir a entrada dos soldados americanos, os representantes da democracia. Porém, não foi exatamente a isso que assistimos. O conceito de *democracia* obviamente não existia para os iraquianos, é uma construção ocidental e, no caso da *democracia norte-americana*, uma construção de um povo que saiu da Inglaterra para colonizar a América, com ideais religiosos, políticos, sociais etc., de um povo que enfrentou uma pesada guerra civil e participou ativamente da Segunda Guerra Mundial, ajudando a derrotar o nazismo. Esse conceito não faz sentido para os iraquianos, que viveram uma história completamente diferente. Conceitos como os de liberdade, democracia e amor, entre outros, que nos parecem naturais e universais quando encarados pela ótica da nossa cultura e da nossa língua, são na verdade construções.

No período em que se investigavam as denúncias de *mensalão* no Brasil, no segundo semestre de 2005, os sites do PT e do PSDB eram exemplos claríssimos de que a linguagem constrói a nossa realidade. As notícias veiculadas pelo site do PT indicavam alguma denúncia envolvendo personagens da oposição e os pontos positivos dos discursos do presidente Lula; já o site do PSDB apontava somente para as denúncias envolvendo o governo e o PT. Quem tivesse acesso à realidade apenas por meio de um dos sites teria uma visão da realidade oposta àquela de quem tivesse acesso somente ao outro site. A linguagem desempenha também essa função, de filtro no nosso contato com a realidade. A própria palavra *mensalão* tem um sentido único em português, que não seria facilmente reproduzido em outra língua por outro significante; ela carrega consigo a ideia de que viemos de uma dura ditadura militar, do descontrole da inflação, de um Plano e um governo Collor, da eleição direta de um operário e líder sindical e do envolvimento do Partido dos Trabalhadores com corrupção e compra de votos. Sem essa base semântica, a palavra não tem sentido. Toda essa história acaba por fazer parte do significado da palavra *mensalão*.

E as construções ocorrem também no nível individual. Qual é o conceito de *homem* que uma mulher, que foi seguidamente estuprada em sua infância por seu pai, por exemplo, pode ter? Se aquela pessoa que deveria estar ao seu lado, fornecendo amor e proteção, protagonizou cenas de violência, agressão e desrespeito, o conceito de *homem* construído por essa mulher não pode coincidir com a imagem de homem que uma pessoa, tratada com respeito e amor por seu pai, construiu.

O conceito de Deus, supostamente o ser supremo do universo, também varia com extrema intensidade de cultura para cultura, de língua para língua. O Deus cristão ocidental não é obviamente o deus dos árabes, nem o oriental etc. Na Grécia Antiga, berço de nossa civilização, reinava o politeísmo, ou seja, não existia a figura de um deus único e criador do universo. Os deuses relacionavam-se diretamente com os seres humanos, tendo filhos com eles. Sendo assim, vemos que a figura de Deus é também uma construção, e o estudo da história das religiões e de religião comparada serve para provar o fato.

*O ponto de vista cria o objeto, a língua cria o mundo.* A estrutura da linguagem influencia a forma como concebemos a realidade, e a figura do universo muda de língua para língua (CHASE, In: CAROLL, 1956). Como afirma Whorf (1956, p. 263), "uma mudança na linguagem pode transformar a nossa apreciação do cosmos". Thomas Kuhn indica que, em ciência, as mudanças de paradigmas seriam também mudanças do mundo estudado pelos cientistas:

> *O historiador da ciência que examinar as pesquisas do passado a partir da perspectiva da historiografia contemporânea pode sentir-se tentado a proclamar que, quando mudam os paradigmas, muda com eles o próprio mundo. Guiados por um novo paradigma, os cientistas adotam novos instrumentos e orientam seu olhar em novas direções. E o que é ainda mais importante: durante as revoluções, os cientistas veem coisas novas e diferentes quando, empregando instrumentos familiares, olham para os mesmos pontos já exami-*

> *nados anteriormente. É como se a comunidade profissional tivesse sido subitamente transportada para um novo planeta, onde objetos familiares são vistos sob uma luz diferente e a eles se apregam objetos desconhecidos. Certamente não ocorre nada semelhante: não há transplante geográfico; fora do laboratório os afazeres cotidianos em geral continuam como antes. Não obstante, as mudanças de paradigma realmente levam os cientistas a ver o mundo definido por seus compromissos de pesquisa de uma maneira diferente. Na medida em que seu único acesso a esse mundo dá-se através do que veem e fazem, poderemos ser tentados a dizer que, após uma revolução, os cientistas reagem a um mundo diferente.* (KUHN, 1996, p. 145-146)

Poderíamos imaginar que o mundo se apresenta dividido e que a língua é um instrumento ingênuo, inconsciente, que não faz mais do que representar tal divisão. A língua seria, então, de acordo com Thomas Kuhn (1996, p. 164-165), "uma linguagem de observação pura". Entretanto, o mundo é na verdade um contínuo que a língua recorta. Claude Hagége (1990, p. 116) afirma que "ao falar do mundo, as línguas reinventam-no". Com a língua, o mundo sofre duas agressões: em primeiro lugar, é brutalmente segmentado pelos interesses de cada cultura, sem uma regra universal e geral que sirva para reger tal divisão — chamamos de raiz uma parte, de caule a outra, de folha a outra, de galho a outra, todas partes de um mesmo ser, de um mesmo objeto; em segundo lugar, objetos bastante diferentes acabam sendo novamente violentados, ao serem classificados sob a égide de um mesmo significante — as árvores apresentam diferenças imensas, em seus vários tipos. Assim, a linguagem divide a realidade e ao mesmo tempo agrupa seus objetos, não dando conta, portanto, nem da totalidade e continuidade da primeira nem da individualidade e riqueza dos últimos. Mas os conceitos de *realidade* e *objeto* já são, eles mesmos, resultados de divisões e agrupamentos.

Como então fugir da tendenciosidade da linguagem para apreender as coisas em si mesmas, a realidade, sem a deturpação da língua? Parece que a língua e a linguagem, então, apenas nos afastam dos objetos, das coisas em si mesmas, servem apenas para nos enganar e nos ludibriar. Estaríamos então fadados a enxergar o mundo por uma luneta sempre fora de foco? O cientista procura corrigir, constantemente, as falhas e os desvios de seus instrumentos de observação e pesquisa — não precisaríamos, também, realizar o mesmo processo, frequentemente, com nossa linguagem, nosso foco de observação do mundo? Bachelard (1996, p. 297) afirma que "o instrumento de medida acaba sempre sendo uma teoria, e é preciso compreender que o microscópio é um prolongamento mais do espírito que do olho".

Cabe, no entanto, registrar a posição otimista de um estudioso da língua, Bertil Malmberg (1976, p. 77):

> *Uma casa é muito diferente vista pela frente, por trás ou pelos lados. Mas, graças ao nome, cria-se a unidade que engloba as impressões e as transforma em aspectos de uma mesma coisa. Estão completamente enganados os críticos céticos que já desde a Antiguidade vêm reprovando na língua, como se se tratasse de um defeito, o fato de que tenha que designar um grande número de fenômenos e impressões distintas com uma mesma palavra, afirmando que assim se perde a infinita riqueza da realidade. Pois o que se tem considerado pobreza e imperfeição é um dos maiores méritos da língua: da pluralidade tem sabido criar unidades totais.*

> *Não podemos abandonar a língua, suas pressões e convenções. E, no fundo, também não o desejamos. Graças a ela, somos homens. O desenvolvimento 'linguístico' e 'intelectual', tanto da humanidade como do indivíduo, caminham juntos sendo condição prévia para ambos a capacidade de abstração e categorização. E o aprendizado da língua é acompanhado, precisamente, da aquisição dessa capacidade. A língua é nosso caminho único para o conhecimento. Mas, ao mesmo tempo, também é, em certo sentido, um obstáculo para o conhecimento, pois somente mediante um grande esforço, e nunca por completo, conseguimos nos libertar de seus padrões.*

Em primeiro lugar, a citação de Malmberg remete-nos à posição de Dreyfus, fundamentada principalmente no filósofo francês Merleau-Ponty, que destaca a importância do corpo humano na construção da linguagem. Para Dreyfus, a linguagem depende de um determinado contexto e do corpo humano, ou seja, não é um código livre de contexto, tampouco apenas sintática e semântica, é também pragmática (DREYFUS, 2000, p. 193-211). O que permite alcançar essa visão do 'objeto' não fragmentada, de que fala Malmberg, é justamente o nosso corpo. Quando olhamos alguma coisa, tendemos, mesmo sem pensar, a encontrar a melhor distância para absorver tanto o objeto como um todo quanto suas diferentes partes. Nosso corpo procura sempre a melhor posição para tirar a melhor foto dos objetos, a melhor distância de observação, visibilidade e o melhor foco. É assim que nossa percepção se constitui, e o espetáculo do mundo torna-se uma coexistência entre nosso corpo e a realidade (DREYFUS, 2003, p. 55-57). O corpo, como vimos no Capítulo 9, é um dos elementos essenciais para diferenciar os seres humanos dos computadores e dos robôs.

Das palavras de Malmberg, podemos ainda tirar outra conclusão: forma de expressão e pensamento desenvolvem-se paralelamente. A capacidade de se exprimir, por meio da linguagem e particularmente da língua, é codependente da capacidade de pensar. Há aqui uma relação biunívoca. Como afirma Wilson Martins (1996, p. 21), "não há pensamento sem expressão, e a chamada 'linguagem mental' não poderia existir se não fosse precedida da linguagem propriamente dita. Nós pensamos 'frases', não pensamos pensamentos." Nossa forma de pensar é dependente da linguagem e controlada por sistematizações das línguas que falamos, em geral inconscientes para nós, ou seja, nosso pensamento está em nossa linguagem (WHORF, 1956, p. 252).

O que apresentamos até aqui não se restringe a palavras diferentes, que em línguas diferentes representam, dividem e constroem a realidade; a estrutura e o padrão das sentenças determinam também formas de pensar e construções de realidades distintas. Benjamin Lee Whorf (WHORF, 1956, p. 264-266) fornece exemplos interessantes a esse respeito: sentenças em japonês podem ter dois níveis distintos de sujeito; algumas línguas indígenas possuem quatro pessoas, e não apenas três, como em português; o chichewa, língua falada por uma tribo no leste de África, possui duas estruturas para representar o passado, em função dos fatos que têm influência ou não no presente; em Coeur d'Alene, língua falada por uma tribo indígena em Idaho, há três formas verbais causais. Em todos esses casos, as noções de sujeito, pessoa, tempo e causa são específicas e diferentes nessas línguas, em comparação com o português, por exemplo. E a realidade, para esses falantes, é mais matizada e, por consequência, mais rica que o português, no sentido de que eles conseguem identificar mais elementos no real do que nós. Eles conseguem apreender detalhes e variações no real que nós, em português, teríamos de fazer um esforço muito grande para compreender, pois a nossa língua determina nossa forma de pensar e de encarar a realidade.

Podemos citar novamente Malmberg (1976, p. 83):

> *Atualmente existe uma tendência para desprezar a educação linguística formalista em seu sentido verdadeiro, sustentando que apenas uma minoria tem necessidade de se destacar escrevendo ou falando bem, e que aos demais lhes é suficiente o mínimo. Defende-se que o principal são os conhecimentos concretos e que a educação linguística é supérflua. O erro é absoluto. Quem tenha chegado alguma vez à evidência de que a educação e o treinamento do uso correto da língua, isto é, da capacidade de expressar corretamente por escrito ou oralmente um conteúdo e de captar exatamente o sentido básico de uma palavra, seus matizes e valores estilísticos, tem simultaneamente um aumento da capacidade de pensar e de compreender com clareza o que se diz ou escreve e estará inclinado a ver a questão de outro modo. Sem as análises, abstrações e agrupamentos que a língua nos proporciona, a existência seria para nós*

*um acontecimento amorfo, um 'continuum' vago, sem contornos, tal como era para Helen Keller até que, com a ajuda de sua professora, pôde experimentar a função dos sinais e símbolos linguísticos. Um ser humano sem língua não é propriamente um ser humano. E uma pessoa com uma língua pobre, sem relevo, pouco desenvolvida, é apenas uma pessoa pela metade.*

A história de Helen Keller, contada também por Malmberg (1976, p. 82), é bastante interessante:

*Tem sido contado muitas vezes, até pela própria protagonista, como a famosa surda-muda e cega norte-americana Helen Keller estabeleceu contato, aos 7 anos, pela primeira vez, com uma língua, uma língua de sinais que soletrava na palma da mão. Helen Keller considerava esse dia como o de autêntico renascimento. Lembrava a vida anterior a esse momento apenas de uma maneira muito vaga e incompleta. Tinha sido um simples organismo vegetativo. Graças à língua, adquiriu rapidamente o acesso a um mundo rico e matizado e dispôs da capacidade de recordar, sonhar, fantasiar. E adquiriu também, pela primeira vez, a capacidade de pensar e de formar ideias.*

No filme *O milagre de Anna Sullivan* (*The miracle worker*, 1962), baseado em uma história real, vemos a história da surdo-cega (e inicialmente muda) Helen Keller. O filme conta apenas uma pequena parte da maravilhosa história da garota Helen Keller. Quando ela está com 7 anos, a professora Annie Sullivan é chamada de Boston para tentar ajudá-la. Annie, na época com 20 anos, também tinha enfrentado a cegueira, recuperando parte da visão após duas operações. Annie consegue ensinar letras e palavras a Helen por meio do tato e das mãos, pela língua de sinais. Na vida real, Annie continuará a tutoria praticamente até a sua morte, em 1936. Keller, por sua vez, se tornará uma célebre escritora, filósofa e conferencista. A história de Helen Keller é um testemunho belíssimo em vários aspectos, um deles para a reflexão da filosofia da linguagem, no sentido de que mostra como o desenvolvimento da linguagem afeta diretamente o desenvolvimento do pensamento.[3]

Capa do filme *O Milagre de Anna Sullivan*, que narra a história de uma garota surdo-cega e seu processo de aprendizagem.

Outro caso interessante é o de Kaspar Hauser, que por volta dos 18 anos aparece em Nuremberg, em 1828, sem ter tido contato social até essa idade, tendo sido criado num quarto fechado e escuro. O romance *Kaspar Hauser*, de Jacob Wassermann, publicado pela primeira vez em 1908, conta sua história, filmada em 1974 pelo diretor alemão Werner Herzog, com o título alemão *Jeder für sich und Gott gegen alle* (*Cada um por si e Deus contra todos*, traduzido nos cinemas brasileiros como *O enigma de Kaspar Hauser*). No romance, afirma-se o seguinte sobre Kaspar Hauser:

*A linguagem humana, aqui, era um caos inexistente; seria indispensável dar um sentido a cada palavra, acordar a recordação, descobrir as causas, o encadeamento das suas consequências. Existiam mundos entre uma pergunta e a seguinte; um sim, um não, lançados inabilmente, não tinham o sentido que se supunha.* (WASSERMANN, 1966, p. 15)

A passagem seguinte, quando o médico legista descreve Kaspar Hauser, pode ser aproximada do caso de Helen Keller:

---

3  Você pode encontrar mais informações sobre a vida de Helen Keller no site do *Helen Keller Kids Museum*, em <http://www.afb.org/BrailleBug/hkmuseum.asp>

> *É evidente que nos achamos em presença de uma criatura que ignora a existência dos seus semelhantes. Não come, não bebe, não sente como os outros. Nada sabe de ontem, amanhã, e não conhece o tempo. Uma criatura que ignora a si mesma.* (WASSERMANN, 1966, p. 15)

Parece que Kaspar Hauser também não sonhava e não se lembrava de sua infância e adolescência. No caso de Kaspar Hauser, a educação linguística muito tardia não consegue criar o mesmo mundo que o das pessoas com as quais ele passa a conviver. Izidoro Blikstein, dentro de seu esquema analítico em que privilegia a práxis, afirma que Kaspar Hauser teria adquirido a linguagem, mas lhe teria faltado justamente a práxis. Na verdade, faltou-lhe a práxis tanto quanto a linguagem. E, pela idade avançada, por suas estruturas mentais já moldadas, Kaspar Hauser não teria na verdade adquirido linguagem de forma semelhante à das pessoas de sua idade. Faltou-lhe (e na mesma proporção) tanto a práxis quanto o aprendizado linguístico, e por isso o mundo de Kaspar Hauser era outro, quando confrontado com o nosso. A práxis não é, portanto, anterior à linguagem, assim como não o são os estereótipos ou os traços ideológicos — estes se constituem, justamente, por meio da linguagem, assim como o pensamento e a própria realidade.

Capa do filme *O enigma de Kaspar Hauser*, baseado no romance que narra o drama real vivido pelo jovem Kaspar.

Malmberg (1976, p. 83) vai ainda mais longe, ao afirmar a absoluta identificação entre pensamento e língua: "Língua e formação de ideias são, no fundo, uma só coisa, e constituem expressão de idêntica capacidade. A língua e o pensamento são, em sentido restrito, a mesma coisa."

Com base nos exemplos e autores citados, podemos dizer, portanto, que a semântica enfrenta três problemas: em primeiro lugar, as línguas elegem diferentes significantes para representar objetos e conceitos; em segundo lugar, às vezes o mesmo objeto ou conceito pode ter diferente número de significantes, em línguas diferentes; e, em terceiro lugar, os objetos e os conceitos, em sua maior parte, não têm uma existência universal, independente da língua: eles se formam em cada língua justamente pela maneira como cada cultura recorta o mundo. Poderíamos dizer que a realidade permanece a mesma e o que muda, de língua para língua, é a forma de enxergá-la, isto é, o ponto de vista. Porém, a realidade enxergada por cada língua é o mundo para a cultura da qual essa língua faz parte. Então, existiriam tantas realidades quanto as formas de recortá-las. E o ser humano, ao ser alfabetizado e aculturado, receberia como legado somente 'uma' realidade, isto é, uma possível forma de recortá-la. Mas essa é tão somente uma forma de observar o mundo, daí por que é essencial o aprendizado de línguas estrangeiras, não apenas no sentido de *status* ou para uso instrumental, mas no sentido de ampliar o limite de nossa realidade, de contato com novas 'categorias', formas de dividir o mundo e de desenvolvimento do pensamento. Daí também por que se costuma dizer que a 'tradução' de uma língua para outra, em sentido literal, é um empreendimento impossível, fadado ao fracasso. Em poesia, fala-se hoje em 'recriação' ou 'transcriação', ou seja, evita-se simplesmente substituir palavras por outras, que supostamente teriam um significado semelhante nas duas línguas, mas se busca, em suma, recriar o mesmo estado criado pelo poeta na língua original.

Podemos avançar ainda um pouco mais em nossa reflexão. Observamos, de um lado, que a linguagem *constrói* o mundo, até mesmo o mundo objetivo. As cores, o carneiro, a neve passam a ter sentido apenas enquanto representados por signos e relações entre significantes e significados. A linguagem instaura o significado do mundo; o homem é um foco que ilumina o mundo. Mas observamos também que o pensamento não se constitui sem o aparato da linguagem — e pode até mesmo ser igualado à linguagem, em muitos sentidos. O ato de pensar é total-

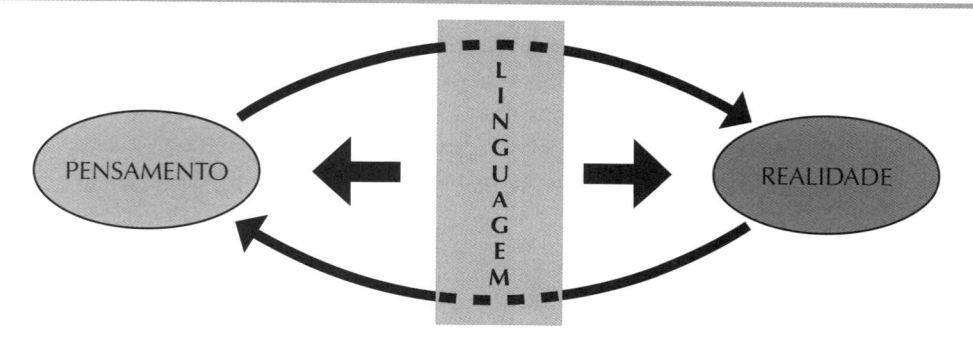

**Figura 10.8** — Relação entre linguagem, realidade e pensamento

mente dominado por estruturas linguísticas. Ora, mas então a linguagem é fator determinante tanto da realidade quanto do pensamento. Dessa maneira, teríamos representação dessa ideia exposta na Figura 10.8.

Podemos então definir uma nova concepção de homem, ou um novo conceito sobre o ser humano, a essência que o distingue dos outros animais: o *homo loquens*. Assim, o homem não é o ser racional (que o idealismo aponta), os objetos não têm uma existência primordial e fundadora do universo (o que o realismo defende), mas é a linguagem que caracteriza o homem e o mundo; é ela que constrói tanto o pensamento quanto a realidade. A linguagem é, portanto, a característica mais importante do homem — é ela que funda a realidade e o pensamento, que constrói o universo em que vivemos e nos comunicamos, seja ele interior ou exterior. E a linguagem deve ser entendida aqui em seu sentido amplo: como conjunto de signos quaisquer, como qualquer sistema que sirva para comunicar algo para alguém.

> A linguagem é a característica mais importante do homem — é ela que funda a realidade e o pensamento, que constrói o universo em que vivemos e nos comunicamos, seja ele interior ou exterior.

À semântica não interessa apenas o significado dos signos isolados: interessa também o significado das expressões, frases, períodos, discursos e textos. E não apenas a linguagem ou as culturas dividem e constroem a realidade de maneiras distintas: domínios semióticos diferentes também geram significados diferentes para coisas e significantes.

## Resumo

A linguagem transforma-se num tema essencial em filosofia no século passado.

A linguagem influencia não apenas a maneira como enxergamos e construímos a realidade, mas também a maneira pela qual nosso pensamento se organiza e estrutura.

As línguas ao mesmo tempo representam, dividem e criam a realidade, e cada língua tem suas características particulares e recortes.

## Atividades

1. Reflita sobre a citação de Wittgenstein: "Os limites de minha linguagem significam os limites de meu mundo". Discuta-a com seus colegas e produza um curto texto comentando sua reflexão sobre o tema.
2. Quais são as palavras na língua em que a ligação entre significante e significado não é arbitrária?
3. Preste atenção em alguma criança que você conhece e repare como ela constrói novos conceitos, como o de esquilo, apresentado neste capítulo. Que processo você identifica?
4. Procure traduzir a palavra 'saudade' para outras línguas. O que você percebe?

5 Faça o exercício de entrar nos sites de partidos políticos que disputam o poder, como, no momento, o PT e o PSDB. Procure prestar atenção, por exemplo, a como eles interpretam o passado recente do Brasil. Você provavelmente perceberá que a realidade é mostrada nesses sites de maneira bastante distinta, como se fosse de dois mundos diferentes e separados.

6 Assista a *O Milagre de Anna Sullivan*, sobre a vida de Helen Keller. Procure perceber como, no início de seu processo de desenvolvimento da linguagem, paralelamente desenvolvem-se também seu pensamento, sua visão da realidade e sua forma de atuar no mundo.

7 O que é possível concluir a respeito dos casos de Helen Keller e Kaspar Hauser em relação ao papel da linguagem na estruturação de nosso pensamento e da realidade?

## Sugestões

Para aqueles que desejarem ampliar seus conhecimentos nas áreas da filosofia da linguagem, deixo uma excelente sugestão: MARTINICH, A. P. (editor). *The philosophy of language*. Nova York: Oxford University Press, 2001.

O livro está dividido em oito partes e vale a pena comentar brevemente cada uma delas para dar uma noção do que pode ser discutido em filosofia da linguagem. A primeira seção reúne artigos de autores como Quine, Tarski, Grice e Davidson dedicados à natureza do significado. A segunda seção apresenta artigos de Austin, Searle e Grice sobre pragmática e atos da fala. A terceira seção aborda a questão mais discutida em filosofia da linguagem, referência, por autores como Frege e Russell. A quarta seção aborda um aspecto da referência, nomes e demonstrativos, com artigos de Stuart Mill, Putnam e Searle, entre outros. A quinta seção aborda os problemas derivados do uso de verbos de atitude proposicional, como saber, pensar, desejar, procurar etc., com artigos de autores como Quine e Davidson. A sexta seção discute um dos usos mais interessantes da linguagem, metáforas, com dois artigos, de Davidson e do editor Martinich. A sétima seção refere-se à interpretação e tradução do que é dito, com artigos de Davidson e Searle. Por fim, a oitava seção explora a natureza da linguagem, com artigos de Locke (retirado de *Ensaio sobre o entendimento humano*) e Chomsky, entre outros. Além de uma introdução geral, cada seção tem uma introdução específica e termina com uma sugestão de leituras adicionais. Trata-se de uma publicação essencial sobre filosofia da linguagem.

Além de *O enigma de Kaspar Hauser* e *O milagre de Anna Sullivan*, sugiro outros dois filmes que trabalham com a mesma temática:

- *O garoto selvagem* (*L'enfant sauvage*, 1970): dirigido por François Truffaut e baseado em uma história real narrados no livro de Jean Itard, conta a história de um garoto (Jean-Pierre Cagnol) que, no final do século XVIII, é encontrado em uma floresta, tendo sido abandonado por seus pais anos antes. O garoto, que provavelmente não teve contato com a civilização, não anda como um bípede, não fala, não lê e não escreve. Selvagem e desnorteado, ele chega perto de ser internado em um asilo antes de ser resgatado, por volta de 12 anos de idade, pelo cientista Jean Itard (representado pelo próprio Truffaut), que tenta domesticá-lo e ensiná-lo a falar.

- *Nell* (1994) é outro filme que explora uma situação similar. A história é fictícia, de uma garota (Jodie Foster) praticamente selvagem encontrada numa casa na floresta. Nell utilizava um dialeto próprio, pois não teria tido contato com outras pessoas. O filme mostra o esforço de um médico para tentar integrá-la na sociedade.

# Filosofia das ciências

## CAPÍTULO 11

### APRESENTAÇÃO

Neste capítulo apresentaremos o importante campo da filosofia das ciências, que abrange tanto as ciências naturais ou empíricas quanto as ciências humanas. Além de apresentar as ideias de Popper e de outros pensadores das ciências contemporâneos, será dado destaque aos campos da filosofia da administração, da educação e da psicologia.

### TÓPICOS PRINCIPAIS

11.1 O objeto de estudo da filosofia das ciências
11.2 Filosofia das ciências naturais ou empíricas
11.3 Filosofia das ciências humanas
11.4 Filosofia da psicologia

### OBJETIVOS DE APRENDIZAGEM

Durante a leitura deste capítulo, será possível:

- desenvolver uma compreensão geral do campo da filosofia das ciências;
- explorar e diferenciar a filosofia das ciências naturais e das ciências humanas;
- conhecer pensadores contemporâneos das ciências;
- compreender a filosofia da administração, da educação e da psicologia.

## 11.1 O objeto de estudo da filosofia das ciências

Uma das ambições da filosofia é discutir as fundações teóricas das demais ciências, que em última instância derivaram da ciência-mãe. As primeiras, com seus métodos específicos, não teriam capacidade nem interesse em discutir seus limites, pressupostos ou mesmo suas relações com os outros campos de conhecimento. A filosofia das ciências examina, portanto, os métodos, teorias e resultados das outras ciências. Nesse sentido, já exploramos algumas de suas questões principais nos capítulos 8 e 9, sobre lógica e teoria do conhecimento. Dividimos aqui a reflexão em duas partes principais: as ciências naturais ou empíricas e as ciências humanas ou sociais. No Companion Website, você encontrará o artigo 'Ciência não tão nova — Contra-Manifesto de Stanford', que enriquece a discussão.

## 11.2 Filosofia das ciências naturais ou empíricas

A filosofia das ciências naturais ou empíricas é um campo muito profícuo de investigação. Como se perceberá, a filosofia explora o universo da matemática, da física, da biologia e da química.

Como já discutimos, a matemática não é uma ciência natural ou empírica, mas se encontra mais próxima delas do que das ciências humanas. A filosofia da matemática debruça-se sobre os problemas ontológicos e epistemológicos levantados pelos conteúdos e pela prática da matemática. É um amplo e dinâmico campo de pesquisas, que em muitos casos se confunde com a reflexão sobre a lógica (por isso muitas de suas questões já foram tratadas no Capítulo 8), no qual encontramos movimentos com perspectivas muitas vezes conflitantes.

O percurso da reflexão sobre a matemática começa na Grécia Antiga, passa pelo desenvolvimento do cálculo e se intensifica no final do século XIX e início do século XX com importantes revisões.

Nílson José Machado (2001, p. 47-48) aponta várias questões interessantes levantadas pela filosofia da matemática: os conceitos matemáticos nasceriam do empírico? Seriam construídos livremente pela mente do matemático? Ou sempre existiram e existirão para sempre, em um mundo autônomo? Todos os setores da realidade seriam passíveis de matematização?

Se a matemática é um conhecimento abstrato e criada pelo homem, como ela se aplicaria tão bem à natureza e aos fenômenos empíricos? Uma das respostas para essa questão é que a matemática não tem objetos próprios, mas se refere a possibilidades de construções físicas.

Na reflexão sobre esse tipo de questões desenvolve-se o campo da filosofia da matemática. On-line, por exemplo, é possível ler os artigos do *Philosophy of Mathematics Education Journal*.[1] Outra sugestão é a comunidade *Filosofia da matemática* do Orkut, na qual é possível discutir questões relacionadas à matemática com interessados e especialistas que fazem parte dela.

A comunidade *Filosofia da matemática* do site de relacionamentos Orkut é bem moderada e organizada. Ótima para interessados no assunto.

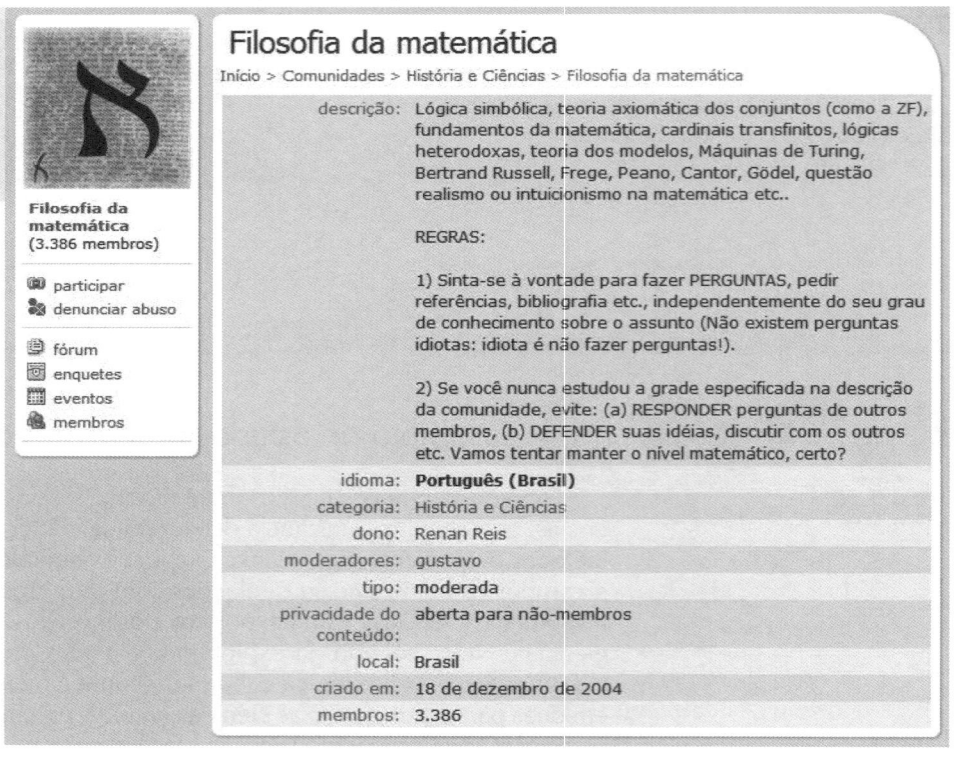

### Filosofia da matemática

Início > Comunidades > História e Ciências > Filosofia da matemática

Filosofia da matemática
(3.386 membros)

- participar
- denunciar abuso
- fórum
- enquetes
- eventos
- membros

descrição: Lógica simbólica, teoria axiomática dos conjuntos (como a ZF), fundamentos da matemática, cardinais transfinitos, lógicas heterodoxas, teoria dos modelos, Máquinas de Turing, Bertrand Russell, Frege, Peano, Cantor, Gödel, questão realismo ou intuicionismo na matemática etc..

REGRAS:

1) Sinta-se à vontade para fazer PERGUNTAS, pedir referências, bibliografia etc., independentemente do seu grau de conhecimento sobre o assunto (Não existem perguntas idiotas: idiota é não fazer perguntas!).

2) Se você nunca estudou a grade especificada na descrição da comunidade, evite: (a) RESPONDER perguntas de outros membros, (b) DEFENDER suas idéias, discutir com os outros etc. Vamos tentar manter o nível matemático, certo?

| | |
|---|---|
| idioma: | **Português (Brasil)** |
| categoria: | História e Ciências |
| dono: | Renan Reis |
| moderadores: | gustavo |
| tipo: | moderada |
| privacidade do conteúdo: | aberta para não-membros |
| local: | Brasil |
| criado em: | 18 de dezembro de 2004 |
| membros: | 3.386 |

---

1 Disponível em: <http://people.exeter.ac.uk/PErnest/>.

A filosofia da física explora também questões bastante interessantes, como por exemplo a estrutura do tempo e espaço. O surgimento da física quântica, por exemplo, levanta uma série de questões para a filosofia. Em *Física e filosofia* (1999), Heisenberg explora as relações entre a física e a filosofia, mostrando como o desenvolvimento da física atômica implica a reelaboração de princípios e problemas filosóficos fundamentais. Na Internet é possível ler artigos sobre o assunto na revista *Physics and Philosophy*.[2]

A filosofia da biologia explora questões como a organização funcional dos seres vivos, a complexidade das interações entre genética e meio ambiente, desenvolvimentos da embriologia e natureza das leis de seleção. Um dos pensadores atuais de destaque na área é Daniel Dennett; em sua página na Internet[3] o professor disponibiliza vídeos e textos sobre o assunto.

Existe também a filosofia da química. No *International Journal for Philosophy of Chemistry*[4] estão disponíveis diversos artigos sobre o assunto.

Exploraremos a seguir os critérios estabelecidos por Karl Popper para diferenciar o conhecimento científico do não científico, algumas etapas essenciais nas ciências contemporâneas e as ideias de alguns pensadores de destaque no campo da reflexão sobre as ciências.

## 11.2.1 Karl Popper e os critérios de demarcação das ciências

Karl Popper (1902-1994) desenvolve o critério de falseabilidade para diferenciar as teorias científicas dos discursos não científicos. Um conceito científico deve ser refutável ou falseável, ou seja, deve ser possível admitir uma situação prática, como resultado de uma experiência, em que ele possa ser desmentido. A teoria científica deve implicar a possibilidade de sua contradição: as teorias que não admitem sua possível negação pela experiência não seriam, então, científicas.

Em linhas gerais, Popper defende a substituição do método indutivo por um método hipotético-dedutivo. Ele se propõe a responder às seguintes questões, com o objetivo de distinguir a ciência da pseudociência: "Quando uma teoria deve ser classificada como científica?" e "Há um critério para o caráter ou estatuto científico de uma teoria?"

Nessa direção, Popper realiza uma crítica à teoria da história de Marx, à psicanálise de Freud e à psicologia de Alfred Adler (1870-1937): há muitas verificações de suas verdades e essas teorias acabam por ser sempre confirmadas. Para Popper, as confirmações devem ser classificadas como científicas apenas se forem o resultado de uma previsão que tiver assumido riscos. Uma teoria científica seria, então, uma proibição: quanto mais proíbe, melhor. Uma teoria que não é refutável por nenhum evento concebível não deve ser considerada científica; para assumir tal estatuto, ela deve ser incompatível com certos resultados possíveis da observação. A irrefutabilidade, portanto, não é segundo ele uma virtude de uma teoria, mas um vício. Todo teste genuíno de uma teoria seria uma tentativa de falsificá-la ou refutá-la: testabilidade significa falseabilidade. Uma evidência que confirme a teoria não deve ser levada em conta se não se caracterizar como o resultado de um teste genuíno, ou seja, se não puder ser apresentada como um exercício sério (mas fracassado) de falsear a teoria (o que Popper denomina 'evidência corroboradora').

O critério para determinar o estatuto científico de uma teoria é, então, a sua falseabilidade, refutabilidade ou testabilidade. Na astrologia, por exemplo, as interpretações e profecias são construídas de forma tão vaga que podem explicar tudo, tornando-se então irrefutáveis. De outro lado, os seguidores de Marx reinter-

---

2 Disponível em: <http://physphil.tu-dortmund.de/>.

3 Disponível em: <http://ase.tufts.edu/cogstud/incbios/dennettd/dennettd.htm>.

4 Disponível em: <http://www.hyle.org/index.html>.

pretaram sua teoria (em face das evidências que a contradiziam) tornando-a irrefutável, destruindo assim suas reivindicações de estatuto científico. As duas teorias psicoanalíticas (Freud e Adler) caracterizavam-se como não testáveis ou irrefutáveis: não havia nenhum comportamento humano concebível que as pudesse contradizer.

O problema que Popper procurava resolver, ao propor um critério de falseabilidade, não era um problema de significação, nem de verdade ou aceitabilidade, mas sim de traçar uma linha divisória (tão bem quanto é possível fazê-lo) entre afirmações (ou sistemas de afirmações) das ciências empíricas, de um lado, e as afirmações não científicas (sejam elas de caráter religioso ou metafísico, ou simplesmente pseudocientíficas), de outro. O critério da falseabilidade é uma solução para esse problema de demarcação, pois sustenta que, para que as afirmações ou os sistemas de afirmações possam ser classificados como científicos, devem ser capazes de conflitar com observações possíveis ou concebíveis.

Popper discute ainda, entre outros temas, o problema da indução. Para ele, em vez de esperarmos, passivamente, que repetições impressionem ou imponham regularidades sobre nós, procuramos, ao contrário, ativamente impor regularidades sobre o mundo. Ou seja, buscamos descobrir similaridades no mundo e interpretá-lo em termos de leis inventadas por nós. Existiria, segundo ele, uma tendência inata no ser humano de achar regularidades. Sem esperarmos por premissas, nós pulamos para as conclusões, que podem ter de ser descartadas posteriormente, se a observação mostrar que elas estavam erradas. Popper propõe, assim, uma teoria de tentativa e erro — de conjecturas e refutações. Essa teoria possibilita que compreendamos por que nossas tentativas de forçar interpretações sobre o mundo são logicamente prévias à observação de similaridades. As ciências não seriam então a digestão de observações, mas invenções — conjecturas lançadas a julgamento, para serem eliminadas se entrassem em conflito com as observações; e essas observações seriam raramente acidentais, mas como regra realizadas com a intenção definida de testar a teoria, buscando obter, se possível, uma refutação decisiva. Portanto, Popper propõe uma inversão na forma como costumeiramente entendemos a ciência: ela não caminha, como cremos, da observação à teoria, mas sim da teoria (enquanto invenção) à observação (enquanto teste). Comentando a física quântica, Northrop (In: HEISENBERG, 1999, p. 12, 13 e 15) afirma:

> (...) *o objeto do conhecimento científico jamais é conhecido diretamente da observação, isto é, da experimentação, mas sim pela construção teórica (ou postulação axiomática), especulativamente proposta, e testada indireta e experimentalmente via as consequências que são deduzidas daquela construção.*
>
> (...) *as teorias da física não são uma mera descrição de fatos experimentais e nem, tampouco, algo dedutível de uma tal descrição; ao invés disso, como enfatizou Einstein, o físico só chega à formulação de sua teoria por via especulativa. No método que o físico utiliza, as inferências que faz não caminham dos fatos à teoria, mas, sim, da teoria que assumiu aos fatos experimentais. Assim, portanto, as teorias são propostas especulativamente e delas são deduzidas diretamente as muitas consequências a que dão lugar, a fim de que possam, indiretamente, ser confrontadas com os fatos experimentais. Em resumo, qualquer teoria física faz mais suposições, físicas e filosóficas, do que os fatos experimentais, por si mesmos, fornecem ou implicam.*

A observação é, portanto, sempre seletiva: ela necessita de um objeto escolhido, uma tarefa definida, interesse, ponto de vista e um problema; sua descrição pressupõe uma linguagem descritiva, similaridades e classificação. Os objetos mudam de acordo com as necessidades e podem ser classificados (e tornar-se similares ou dissimilares) *apenas* por estarem relacionados a necessidades e interesses. Uma perspectiva é fornecida ao cientista por seus interesses teóricos, o problema especial sob investigação, suas conjecturas e antecipações, e as teorias que ele aceita como um tipo de *background*: sua estrutura de referência, seu horizonte de expectativas. Antes das explicações propriamente científicas, estruturar-se-iam teorias primitivas, mitos e expectativas inconscientes e inatas.

Assim, poderíamos distinguir uma atitude dogmática ou pseudocientífica (que se caracterizaria por aplicarmos nossas leis e esquemas e confirmá-los, mesmo a ponto de negligenciar refutações) de uma atitude crítica ou científica (que implicaria estarmos prontos para mudá-los, testá-los e refutá-los):

> *O método de tentativa e erro não é, claro, simplesmente idêntico à abordagem científica ou crítica — ao método de conjectura e refutação. O método de tentativa e erro é aplicado não apenas por Einstein mas, de uma maneira mais dogmática, também por uma ameba. A diferença estabelece-se não tanto nas tentativas mas em uma atitude crítica e construtiva em relação aos erros; erros que o cientista, consciente e cuidadosamente, procura descobrir, para refutar suas teorias com argumentos de investigação, incluindo apelos aos mais severos testes experimentais que suas teorias e sua engenhosidade permitem-no projetar.*
>
> *A atitude crítica pode ser descrita como uma tentativa consciente de fazer nossas teorias e nossas conjecturas sofrerem em nosso lugar, na batalha pela sobrevivência das mais adequadas. Ela nos dá a oportunidade de sobreviver à eliminação de uma hipótese inadequada — quando uma atitude mais dogmática a eliminaria por nos eliminar.* (POPPER, 1965, p. 52)

É possível resumir a posição de Popper da seguinte forma: a indução, enquanto inferência baseada em várias observações, é um mito; o procedimento verdadeiro da ciência é operar com conjecturas: pular para conclusões, em geral após uma simples observação; observações repetidas e experimentos funcionam em ciência como *testes* de nossas conjecturas ou hipóteses, ou seja, refutações tentadas. Apenas a falsidade de uma teoria pode ser inferida da evidência empírica.

Assim, a ciência tem interesse por afirmações com alto grau de corroboração, mas não por afirmações altamente prováveis. A probabilidade de uma afirmação (ou um conjunto de afirmações) é sempre maior quanto menos a afirmação disser: é inversa em relação ao seu conteúdo ou ao seu poder de dedução e, portanto, ao seu poder explanatório. Nesse sentido, toda afirmação interessante e poderosa deve ter uma baixa probabilidade, e vice-versa: uma afirmação com alta probabilidade será cientificamente desinteressante porque diz pouco e não tem poder explanatório. Embora nós busquemos teorias com um alto grau de corroboração, *como cientistas não buscamos teorias altamente prováveis, mas explicações; ou seja, teorias poderosas e improváveis* (POPPER, 1965, p. 58).

## 11.2.2 As ciências no século XX

Várias descobertas marcam a passagem para o século XX no campo das ciências. A racionalidade e a consciência representam apenas uma camada da psique humana, que é também determinada por processos inconscientes e irracionais, sobre os quais o ser humano não tem controle; não é possível prever os fenômenos nucleares, já que seus movimentos são irregulares e desordenados; tempo e espaço não são absolutos, mas relativos; o universo encontra-se em constante expansão; os átomos são estruturas praticamente vazias, e não maciças; a matéria é descontínua.

Por mais paradoxal que possa parecer, o intenso desenvolvimento da ciência no século XX abala a crença do ser humano em um universo regido por leis e passível de ser conhecido em seus mínimos detalhes. Ao contrário, o progresso científico do século passado levou o ser humano a perceber que só pode compreender o mundo em que vive pelas leis da probabilidade, por meio de aproximações que, em geral, são passíveis de erro. A ciência passa a conviver com a ideia de que o acaso desempenha papel primordial no universo, assim como na vida do ser

> *A ciência passa a conviver com a ideia de que o acaso desempenha papel primordial no universo.*

humano. Deus joga dados e a ciência não é epistemológica nem ontologicamente neutra.

As pesquisas em física, principalmente atômica, contribuem fundamentalmente nesse sentido. Na passagem do século XIX para o século XX, Ernest Rutherford propõe um modelo planetário para a estrutura atômica: no núcleo central, uma minúscula região do interior do átomo, estaria concentrada toda a sua carga positiva, os prótons, e praticamente toda a massa do átomo; ao redor dessa região circulariam os elétrons, como planetas ao redor do Sol. O átomo não é mais agora considerado maciço nem indivisível. Em 1900, Max Planck formula sua teoria quântica, base para a mecânica quântica. Planck descobriu que a energia, assim como a matéria, não são contínuas, mas surgem sempre em pacotes separados e indivisíveis, ou *quanta*, de proporções definidas. Entre 1913 e 1915, Niels Bohr, aperfeiçoando o modelo planetário de Rutherford, apresenta seu modelo quântico do átomo. Em 1915, Arnold Sommerfeld desenvolve um modelo atômico modificado, a partir de Bohr, baseado em órbitas elípticas para o elétron.

Modelo atômico de Ernest Rutherford.

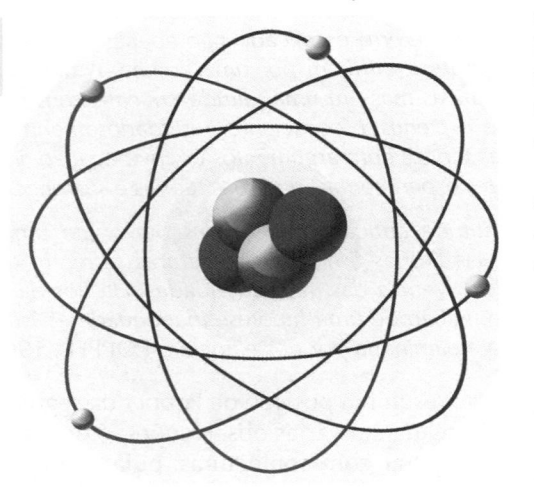

Uma das marcas do pensamento científico moderno é a física de Isaac Newton. Seu *Princípios matemáticos da filosofia natural* (1687) é um dos textos mais importantes na história das ciências. A física do século XX, entretanto, introduz a ideia de que tempo e espaço são dados relativos, em oposição à física newtoniana. Em 1905, Albert Einstein completa sua teoria da relatividade e enuncia a lei da conservação de massa e energia ($e = mc^2$), que sugere que massa e energia são diferentes manifestações do mesmo fenômeno e uma pode se transformar na outra. Ainda em 1905, ele explica o efeito fotoelétrico (a emissão de elétrons por metais sob ação da luz), afirmando que a luz consiste de *quanta* de energia que se propagam por meio do espaço. Em 1912, Einstein conclui que o tempo-espaço é curvo e, em 1915, completa sua teoria da relatividade geral.

Em 1923, Louis de Broglie sugere que a matéria, em particular os elétrons, possui propriedades similares às das ondas; seu postulado de que a toda onda está associado um corpúsculo (e vice-versa) funda a mecânica quântica, outro momento importante no desenvolvimento da física no século XX, que procura conciliar os aspectos observáveis do comportamento dos átomos com a teoria quântica. Duas versões dessa nova mecânica foram formuladas por Werner Heisenberg (mecânica das matrizes, em 1925) e Erwin Schrödinger (mecânica ondulatória, em 1926). Em 1927, Heisenberg formula o princípio de incerteza ou indeterminação, em relação a partículas e fenômenos ínfimos: enquanto as propriedades básicas de grande número de partículas são previsíveis (apenas porque podem ser calculadas em termos estatísticos), os fenômenos nucleares individuais são praticamente aleatórios e completamente imprevisíveis. Quanto menores os números quânticos do sistema sob observação, mais significativo se torna o princípio da indeterminação. A informação da qual o elétron é portador, por exemplo, é limitada em sua totalidade: quando é possível determinar sua velocidade, é impossível saber sua posição exata; e quando podemos identificar sua posição, sua velocidade torna-se indeterminável. Schrödinger, por sua vez, propõe a teoria do orbital, uma região onde seria mais provável encontrar-se o elétron. É interessante novamente ouvir Northrop (1999, p. 16-17), comparando a física newtoniana e a teoria da relatividade com a física quântica:

> *(...) nas teorias de Newton e de Einstein, o estado de qualquer sistema físico isolado, em um dado instante de tempo, fica precisa e completamente especificado pelo conhecimento, empiricamente adquirido, dos valores que correspondem à posição e ao momento linear de cada uma das partes, desse sistema, naquele instante de tempo; valores probabilísticos nelas não têm lugar. Em mecânica quântica, a interpretação de uma observação experimental, de um sistema físico, é algo um tanto complicado. A observação poderá consistir de uma única leitura, cuja precisão terá que ser avaliada, ou então ela poderá consistir de um conjunto complicado de dados, como no caso de uma fotografia de gotículas d'água em uma câmara de Wilson; qualquer que seja o caso, o resultado só poderá ser expresso em termos de uma distribuição de probabilidades que diga respeito, por exemplo, à posição e ao momento linear das partículas do sistema. A teoria então poderá prever a distribuição de probabilidades para tempos futuros. A teoria, todavia, não poderá ser experimentalmente verificada, em qualquer desses instantes futuros, meramente com base no resultado experimental segundo o qual os valores das posições, ou dos momentos lineares, estejam dentro dos limites preditos, em uma particular observação. A mesma experiência, com as mesmas condições iniciais, deverá ser repetida um grande número de vezes, e os valores das posições e momentos lineares, que poderão diferir de uma observação a outra, devem se distribuir de maneira a reproduzir a distribuição de probabilidades predita. Em resumo, a diferença crucial, entre a mecânica quântica e as mecânicas de Einstein e de Newton, reside na maneira de especificar o estado de um sistema físico em qualquer instante de tempo; e essa diferença está no fato de que a mecânica quântica introduz o conceito de probabilidade em sua definição de estado, o que não é o caso das mecânicas de Newton e de Einstein.*

Paul Dirac (1902-1984) desenvolve uma mecânica quântica relativista, que combina a relatividade e a teoria quântica. Ao estudar o *spin* (movimento de rotação do elétron em torno de seu eixo), Dirac lança as bases da teoria da antimatéria, prevendo a existência do pósitron (elétron positivo ou antielétron) dois anos antes de sua observação por Carl Anderson, em 1932.

Em 1932, James Chadwick demonstra a existência de dois tipos de partículas na composição do núcleo: o próton, eletricamente positivo, e o nêutron, partícula destituída de carga elétrica. O núcleo do átomo agora não é mais compreendido como uma estrutura invulnerável, como se pensava antes, e a física nuclear desenvolve-se a partir da descoberta do nêutron por Chadwick. Em 1938, Enrico Fermi recebe o Prêmio Nobel de física por seus estudos de reações nucleares induzidas por irradiação de nêutrons; no mesmo ano, Otto Hahn e Fritz Strassman realizam a descoberta da fissão do núcleo do átomo. Em 2 de dezembro de 1942, Fermi produz a primeira reação nuclear em cadeia controlada, no Reator Nuclear de Chicago, marcando o início da Era Nuclear. Hans Bether também receberá o Prêmio Nobel por suas contribuições à teoria das reações nucleares, e especialmente por suas descobertas relativas à produção de energia em estrelas. Uma interessante linha de pesquisa em física desenvolveu-se com a construção dos aceleradores de partículas, máquinas que aceleram partículas como os prótons, elétrons e pósitrons a velocidades próximas da luz. Essas partículas são então lançadas umas contra as outras, analisando-se seus fragmentos para estudar a estrutura da matéria. Heisenberg (1999, p. 221-222) reflete da seguinte forma sobre as primeiras experiências com os aceleradores de partículas:

> *Além dos três tijolos fundamentais — elétron, próton e nêutron — novas partículas elementares foram descobertas, criadas em processos onde intervêm energias altíssimas e sobrevivendo por tempos curtíssimos. Essas novas partículas exibem propriedades semelhantes às antigas, salvo sua grande instabilidade: as mais estáveis têm vidas médias de cerca de um milionésimo de segundo, e outras ainda bem menores...*

*Esses resultados parecem, à primeira vista, conduzir a um afastamento gradual da ideia de unidade da matéria, pois o número de unidades fundamentais vem aumentando, aproximando-se de valores comparáveis ao número de elementos químicos. Isso, porém, não seria uma interpretação adequada, pois as experiências mostraram, também, que partículas podem ser criadas, a partir de outras, ou também pela energia cinética de partículas distintas e que elas podem de novo se desintegrar em outras partículas. As experiências, de fato, revelaram a completa mutabilidade da matéria. Todas as partículas elementares podem, a energias suficientemente altas, transmutar-se em outras; elas podem ser criadas à custa de energia cinética e se aniquilar em energia, dando lugar, por exemplo, a radiações. Assim, temos aqui, de fato, a prova final da Unidade da Matéria. As partículas elementares, todas elas, são feitas da mesma substância, e a essa podemos chamar de energia ou matéria fundamental: elas são tão somente formas distintas em que a matéria pode se revelar.*

A estruturação da psicologia como ciência é outro êxito do período. No início do século, o psiquiatra Sigmund Freud (1856-1939) revoluciona os métodos de tratamento psicológico, fundando a psicanálise. Uma das formulações mais importantes de Freud é a da existência do inconsciente. Em 1907, Ivan Pavlov realiza famosas experiências com cachorros salivantes, demonstrando a resposta a estímulos condicionados e fundando outra corrente importante da psicologia moderna, o behaviorismo.

A segunda metade do século também se destaca pelo alto grau de abstração alcançado pelas ciências físicas e pelo desenvolvimento de uma cosmologia que passa a estudar um universo não mais estático, mas em constante movimento e expansão.

O desenvolvimento da genética é um dos acontecimentos científicos mais importantes dos últimos anos. Marco desse desenvolvimento é o ano de 1953, em que James Watson e Francis Crick desvendam a estrutura do DNA (ácido desoxirribonucleico), propondo um modelo em forma de dupla hélice. Conhecemos hoje com mais exatidão como a genética influencia o comportamento humano e podemos inclusive manipular genes, modificando e determinando esse comportamento, o que vai contra a ideia de que o ser humano é definido como liberdade, como um projeto individual, como defende o existencialismo, o que exploraremos no capítulo seguinte.

Atualmente a engenharia genética tem levantado diversas questões filosóficas.

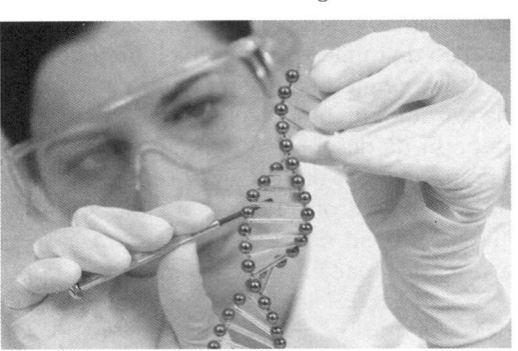

Adam Schaff (1995, p. 25) afirma que três ciências revolucionarão o século XXI: microeletrônica, microbiologia e energia nuclear. É possível qualificar com mais precisão essa tríade: a microeletrônica deve estar associada à informática e às ciências da computação (incluindo o desenvolvimento de *softwares*, robótica etc.); a microbiologia deve ser compreendida de forma a englobar os progressos nos campos da engenharia genética e da química; e a energia nuclear poderia ser mais bem definida como física (e química) atômicas.

### 11.2.3 A nova filosofia da ciência: Kuhn, Lakatos e Feyerabend

Thomas Kuhn (1922-1996), autor do cultuado *A estrutura das revoluções científicas*, é conhecido por desenvolver os conceitos de paradigma e de ciência normal. O paradigma funcionaria como mapa ou roteiro de uma ciência, fornecendo critérios para a escolha de seus problemas e das propostas para as soluções desses problemas. A ciência normal, por sua vez, procuraria solucionar os problemas científicos com os pressupostos conceituais, metodológicos e instrumentais que são compartilhados pela comunidade científica e que constituem o paradigma. A ciência normal, nesse sentido, amplia e aprofunda o aparato conceitual do paradigma, sem, contudo, alterá-lo. Quando, entretanto, o progresso e o desenvolvimento do conhecimento requerem explicações que o paradigma vigente não pode fornecer, a ciência passa por uma crise que pode dar origem a uma revolução científica. Assim, para Kuhn os enunciados científicos são provisórios e a ciência não opera com verdades irrefutáveis.

Para Imre Lakatos (1922-1972), que criticou e desenvolveu as ideias de Popper, é sempre possível evitar que uma teoria seja refutada fazendo modificações em suas hipóteses auxiliares. Podemos sempre formular uma hipótese adicional, evitando assim a refutação da teoria. As refutações das teorias podem, nesse sentido, ser explicadas por anomalias atribuídas a hipóteses auxiliares incorretas. Para Lakatos, portanto, as teorias científicas seriam irrefutáveis, falhando ao proibir qualquer estado observável de coisas.

Lakatos também introduz, como substituição à noção de paradigma de Kuhn, a ideia de programas de investigação, que implicariam regras metodológicas para a investigação científica. O crescimento da ciência dar-se-ia por meio da competição entre esses programas.

Paul Karl Feyerabend (1924-1994), autor dos célebres *Contra o método* e *Ciência numa sociedade livre*, defende a tese do anarquismo epistemológico e metodológico: a ciência não teria um método próprio nem seria uma atividade racional, mas um procedimento anárquico. A ciência avançaria, portanto, sem um plano previamente ordenado, e o sucesso de algumas teorias em relação a outras seria determinado não por seu maior grau de veracidade ou correção, mas por fatores externos como política, propaganda, o *status* dos cientistas envolvidos no desenvolvimento da teoria etc.

### 11.2.4 A discussão contemporânea

Nas últimas décadas, uma série de outros autores e movimentos destaca-se na discussão sobre a metodologia das ciências.

Um desses movimentos é a chamada Escola de Edimburgo, que defende uma abordagem do conhecimento sob a perspectiva sociológica. Um exemplo já clássico dessa corrente é o trabalho de Latour e Woolgar, *A vida de laboratório*, pesquisa realizada no Instituto Salk de Estudos Biológicos, na Califórnia (EUA), em que dois sociólogos procuram estudar durante anos como os 'fatos' científicos são produzidos por fatores externos ao discurso da ciência e, sob uma perspectiva sociológica e filosófica, como o conhecimento científico é produzido em laboratórios.

Lamb e Easton, em *Multiple discovery*, exploram as situações de descobertas múltiplas em ciências, quando dois ou mais cientistas ou inventores dão expressão à mesma teoria, descobrem fenômenos similares, inventam ou projetam instrumentos e aparatos similares. A partir desse estudo, eles defendem que a descoberta científica é essencialmente múltipla, não um evento privado e isolado, mas um processo evolucionário e coletivo. Assim, as precondições da descoberta científica seriam: o estado disponível dos equipamentos (condições materiais); fatores culturais; o nível das ideias científicas e a prontidão da sociedade para aceitar desenvolvimentos científicos.

Contra a nova filosofia da ciência, o racionalismo crítico defende a objetividade da ciência e a possibilidade de uma avaliação racional das teorias.

Bas C. van Fraasen e outros empiristas discordam que o objetivo das ciências seja produzir teorias verdadeiras e que seus conceitos e modelos devam corresponder à realidade. A função das ciências, para ele, seria produzir modelos e testá-los, para decidir se são adequados empiricamente, e não procurar determinar sua similaridade com os objetos reais.

On-line, é possível ler por completo *History of twentieth-century philosophy of science*, de Thomas J. Hickey, que no primeiro capítulo faz uma introdução geral à filosofia da ciência e, nos capítulos seguintes, estuda autores que não abordamos aqui, como Ernst Mach, Pierre Duhem, Rudolf Carnap, W. V. O. Quine, Russell Hanson, David Bohm, Herbert Simon e Paul Thagard.[5]

## 11.3 Filosofia das ciências humanas

A filosofia das ciências humanas estuda a lógica e os métodos das ciências sociais como antropologia, história, economia, administração etc. Uma de suas questões essenciais é se as ciências humanas devem utilizar métodos próprios e distintos dos métodos das ciências naturais.

A filosofia das ciências humanas explora também como devemos explicar os fenômenos sociais. Já vimos, por exemplo, que o marxismo considera que os fenômenos sociais são determinados por condições materiais. Devemos prestar mais atenção aos indivíduos ou aos grupos sociais? Haveria leis gerais que guiam os fenômenos sociais? Mas esses fenômenos não são determinados como resultado das ações livres dos seres humanos?

A antropologia filosófica explora a natureza do ser humano, aproximando-se da metafísica. Está baseada nos trabalhos de Max Scheler, autor de *A posição do homem no cosmos* e que define o ser humano em função de sua espiritualidade, e Ernst Cassirer, autor de *Antropologia filosófica: introdução a uma filosofia da cultura*, que explora a capacidade do ser humano em desenvolver símbolos e mitos.

Podemos observar pelo menos dois sentidos distintos no campo da filosofia da história. De um lado, uma corrente que defende que exista um fim para a história e que por isso se aproxima mais da metafísica, na qual podem ser incluídos pensadores como Santo Agostinho (uma comovente reflexão sobre a *Cidade de Deus* e a *Cidade dos Homens* termina o filme *Santo Agostinho*, que já comentamos no Capítulo 4), Hegel (para quem a história é a manifestação do espírito), o próprio Marx (para quem a história segue um ritmo determinado pelas relações materiais de dominação e luta de classes) e o historiador inglês Arnold Joseph Toynbee, autor de *A study of history* (1934-1961), 12 volumes que estudam a história universal em ritmos de crescimento, apogeu e declínio. De outro lado, encontramos na filosofia da história uma corrente que se preocupa com a maneira como explicamos os fenômenos e adquirimos conhecimento do passado e que, por isso, está mais próxima da epistemologia do conhecimento.

A filosofia da economia explora questões metodológicas das teorias econômicas e problemas na intersecção entre economia e política, como por exemplo os princípios para a distribuição justa de bens e riquezas. Nesse sentido, algumas dessas questões serão estudadas no Capítulo 12, sobre ética e filosofia política.

Por sua importância, estudaremos separadamente neste capítulo os campos da filosofia da administração, educação e psicologia.

### 11.3.1 Filosofia da administração

*Este livro tem uma tese. Ela afirma que administração é mais do que respostas aprendidas, técnicas bem escolhidas, ou um punhado de expedientes. Não*

---

5  Disponível em: <http://www.philsci.com/index.html>.

*chega a ser uma ciência e jamais deverá se tornar um método inflexível. É mais do que uma arte. É uma filosofia.* (DIMOCK, 1967, p. 14)

Em meu livro *Filosofia e ética na administração* (MATTAR, 2009) exploro em detalhes os pontos de contato entre a filosofia e a teoria e prática da administração.

Podemos pensar a filosofia da administração como a própria teoria da administração voltando-se reflexivamente sobre si própria e seu conteúdo de conhecimentos elaborados e conceituados, ou em via de elaboração, a fim de aferi-los, compreender o processo de sua elaboração e conceder-lhe segurança e orientação adequada para a utilização prática a que se destinam.[6] Uma meta-administração, poderíamos dizer, ou a administração estudada por meio de um espírito crítico, não dogmático. Nesse sentido são interessantes as palavras de Dimock (1967, p. 17):

> *Vários homens de negócios já diziam, na década de 1930, que os executivos de alto nível são pagos para ser filósofos, e que esses homens procuram descobrir a razão por que as instituições sobrevivem e prosperam, ou definham e declinam. Esses mesmos homens já me disseram inúmeras vezes, durante meus estudos, que o filósofo da instituição é o homem mais prático e também o mais necessário da organização.*

A teoria da administração tem história recente. Encontramos embriões de uma ciência administrativa apenas a partir das obras de alguns economistas clássicos liberais, no século XIX. Surge assim, acanhadamente (e quase três milênios depois do surgimento da filosofia), um novo campo de conhecimento que será explorado por alguns *pensadores-administradores*.

Uma das facetas mais marcantes dos primeiros teóricos da administração é a sua relação estreita com os exércitos e com a guerra. Carl von Clausewitz (1780-1831), general prussiano, traçou aproximações entre a arte de administrar empresas e exércitos. Harrington Emerson, também engenheiro prussiano, aplicou técnicas de organização dos exércitos à organização ferroviária. Frank Gilbreth (1868-1924), engenheiro que formou um famoso casal com a professora de psicologia Lilian Gilbreth, ajudou o exército norte-americano na primeira guerra. As ideias do engenheiro francês Henri Fayol (1841-1925) foram difundidas ao exército de seu país. Para James D. Mooney, engenheiro e executivo da General Motors, a organização militar é o modelo ideal a ser seguido pelos administradores de empresas. Um dos primeiros divulgadores da importância das funções de *staff* em administração é um coronel, o inglês Lyndall Urwick.

É nesse sentido que Gerald R. Griffin (1996) reposiciona as ideias políticas de Maquiavel, aplicando-as às organizações empresariais do século XX. Maquiavel teria compreendido as organizações de uma forma profunda, e em seu livro Griffin propõe-se a traduzir suas ideias em modernos princípios de administração. Griffin compara assim a atividade da administração com a guerra, justificando seu livro:

> *Os gerentes de hoje fazem o que os generais de antigamente faziam. Planejamento, organização, direção e controle em todos os níveis administrativos são as mesmas atividades de criar e manter exércitos, sofrer certas perdas e conquistar o inimigo em nome do que o conquistador — o executivo — define como certo.*
>
> *A essência da conquista organizacional e do sucesso como líder, porém, é a mesma. Os elementos de liderança necessários para conduzir as legiões romanas são os mesmos necessários para conduzir um departamento, uma divisão ou uma empresa multinacional. Analisando e refletindo sobre o pensamento de*

---

[6] Aproveitamos aqui, mais uma vez, as palavras de Caio Prado Jr. (1995, p. 30): "A filosofia tem suas origens e ponto de partida quando o pensamento investigador do homem se volta reflexivamente sobre si próprio e seu conteúdo de conhecimentos já elaborados e conceituados, ou em vias de elaboração, a fim de aferi-los, compreender o processo de sua elaboração, conceder-lhe segurança e orientação adequada para a utilização prática a que se destinam".

> *Maquiavel, você pode conquistar sucesso administrativo no final do século XX que garanta seu futuro no alvorecer do século XXI.*
>
> *(...)*
>
> *... Viver no mundo de grupos, clubes, sociedades e organizações multinacionais — sem este guia — é suicídio organizacional.*
>
> *(...)*
>
> *Como o pensamento de Maquiavel resistiu, porém, ao teste do tempo, ele encontra abrigo no coração de todo executivo ou pretendente. O príncipe que Maquiavel procurou ajudar e agradar não é diferente do presidente da empresa, ou do supervisor que procura o sucesso todos os dias. Estados, exércitos e governos da França e da Itália do século XVI encontram sua analogia nas companhias, quadro de funcionários e grupos de trabalho deste século.*
>
> *(...)*
>
> *Leia este livro, ponha-o de lado por algum tempo, e então leia-o de novo. Pegue as ideias fáceis e coloque em uso imediatamente. Pense a respeito das mais difíceis e aplique-as à medida que você adquirir mais compreensão e confiança em sua habilidade administrativa. Fazendo estas coisas, você se tornará um sucesso — e um extraordinário executivo. Na realidade, através da aplicação adequada das máximas você se tornará um líder.* (GRIFFIN, 1996, p. 14-19)

Reproduziremos a ideia de liderança em Chester Barnard, mais à frente, e você terá condições de compará-la com essa visão. Griffin continua a comparação em outros momentos de seu livro:

> *As lutas e as guerras de vida e morte que ocorriam nos campos de batalha agora são travadas nas salas de reunião de diretoria. Os capitães de cavalaria foram substituídos por capitães da indústria. As decisões dos generais não são a respeito de tomar colinas e vales, mas sobre a conquista de novos mercados; não são decisões sobre o tratamento a ser dispensado aos prisioneiros de guerra, mas sobre como tratar as pessoas afetadas pela compra de uma empresa.* (GRIFFIN, 1996, p. 30)

Por todo o livro parece que Griffin só consegue traçar analogias entre administração e guerra. Dessa forma, quais os pontos em comum entre guerra e a administração? Serão realmente pontos em comum, ou a visão dos primeiros teóricos (assim como a de Griffin) estaria marcada por situações histórico-sociais concretas, por preconceitos que na verdade não corresponderiam às atividades administrativas contemporâneas? Afinal, várias outras posições sobre liderança e administração ressaltam características como visão empresarial e liderança por meio da ascendência pessoal, que não se associam assim facilmente com as atividades de generais.

Enquanto o administrador desempenha um trabalho intelectual pautado por diversas regras (jurídicas, mercadológicas, sociais, éticas etc.), as guerras fundam-se muito mais na violência física, na luta corporal, na ideia de acabar com o inimigo. Se essa imagem para o campo da administração funcionava no início da Revolução Industrial, hoje já se encontra superada.

Outro aspecto que interessa bastante aos primeiros *engenheiros da administração* é a questão da produção. Charles Babbage (1792-1871), matemático e cientista inglês que teve importância no desenvolvimento do método científico da administração, destaca-se como introdutor do P&D nas indústrias. A obra do engenheiro norte-americano Frederick W. Taylor (1856-1915) insiste na especialização dos trabalhadores. Outro engenheiro norte-americano, Henry L. Gantt (1861-1919), ficou mundialmente famoso pelo seu gráfico de produção. A administração sistemática da empresa DuPont desenvolve-se, no início do século, principalmente no nível da produção. Ordway Tead é um dos popularizadores da psicologia industrial, que se centra, inicialmente, também na produção.

Começam a surgir, sem dúvida, algumas preocupações com as empresas como um todo, e não apenas no nível da produção. Mas esse *todo* da organização é ainda enxergado de forma muito tímida. O engenheiro ferroviário Henry Varnum Poor, por exemplo, destaca a importância do diretor profissional, da publicação de balanços e discute algumas questões relativas aos organogramas. A DuPont, por outro lado, em suas primeiras décadas de existência, desenvolve a contabilidade gerencial, métodos de gestão contábil que oferecem suporte à administração de empresas.

Uma das características da história do pensamento administrativo, que a diferencia radicalmente da história da filosofia, é que rapidamente os pensadores-administradores passam a ser considerados ultrapassados. Seus livros, trabalhos e ideias começam a ser considerados desatualizados e fora de moda pela comunidade científica e são silenciados, sem que tenham maiores contribuições a dar à administração moderna. Isso tem uma justificativa bastante poderosa no fato de que a teoria da administração procura falar de um objeto em constante mutação e desenvolvimento, marcado decisivamente pelo tempo e pela história — nesse sentido, o objeto de discurso filosófico seria, em boa parte, mais universal e por isso poderíamos ler, ainda hoje, Aristóteles ou Platão que teriam, ainda, muito a nos ensinar.

Outro critério diferenciador é o sistema de modismos intelectuais muito bem organizado pelo sistema produtor de ideias e livros, pelos consultores, pela mídia e mesmo pelo ambiente acadêmico, *escondendo* ideias ainda hoje essenciais, *enterrando* autores importantes e *repetindo*, como se fossem a última novidade a dar conta dos fenômenos nascentes no horizonte administrativo, conceitos que já foram sistematizados há muitos anos. Na história do pensamento administrativo, muitos conceitos *velhos* são maquiados e lançados como se fossem absolutamente novos, criações dos autores *modernos*, capazes de explicar fenômenos também novos.

Dessa maneira, três pensadores-administradores *antigos* e *mortos* despertam grande interesse, por sua incrível atualidade: Oliver Sheldon, Mary Parker Follett e Chester I. Barnard.

O inglês Oliver Sheldon publicou em 1923 o livro *The philosophy of management*, no qual destaca a responsabilidade social e comunitária das empresas e aborda, talvez pela primeira vez, de uma forma decisiva, a necessidade de uma filosofia para a administração. Nesse sentido, pode ser lido hoje como um visionário. As palavras seguintes foram traduzidas de seu prefácio por mim:

> *O perigo da administração é uma falta, não de atividade, mas de plano de ação. No processo de desenvolvimento, há o perigo de que as árvores possam cegar-nos para a floresta. Administrar é elaborar sistemas de planejamento, departamentos de emprego, esquemas de assistência social, estudos de tempo, cursos de aperfeiçoamento para gerentes, sistemas de custos, organismos de pesquisa e mil e um outros ramos de atividades. Com tal dispêndio de energia, é essencial que haja uma direção acompanhando essa energia para um alvo determinado, e o desenvolvimento de um senso das causas subjacentes que tornam esses fenômenos, em última instância, explicáveis. É por essa razão que o termo 'filosofia' foi introduzido no título deste livro. Filosofia é a postulação de uma vasta pesquisa, que comparativamente transforma em nada os problemas das coisas do dia a dia. Ela nos pergunta se estamos conduzindo nossa prática de acordo com princípios ou leis, ou meramente agarrando qualquer coisa que flutua e passa.* (SHELDON, 1923, p. xiii-xiv)

O mesmo podemos dizer de Mary Parker Follett (1868-1933), cujas palestras são fundamentais no estudo da filosofia de administração. Existe uma excelente edição recente de alguns de seus escritos, organizada por Pauline Graham (1997), que conta com introdução de Peter Drucker e comentários de vários autores, como Warren Bennis e Henry Mintzberg.

Ainda no início do século passado, Mary Follett fala de 'conflitos construtivos', de integração, de parceria, de relações emocionais, do desenvolvimento necessário à administração para se tornar uma profissão, de responsabilidade, da influência da representatividade dos funcionários, de participação etc. Follett discute com profundidade as características de um líder, propondo sua famosa 'Lei da Situação': o esforço do líder deve ser feito no sentido de excluir da decisão motivações subjetivas, para que a situação indique o caminho a seguir. Peter Drucker a chama de 'the prophet of management' (a profeta da administração).

A terceira figura de destaque é Chester I. Barnard. Estudou em Harvard e trabalhou por quase 40 anos na AT&T, chegando a presidente da New Jersey Bell Telephone Company. Em 1938, ele escreveu *The functions of the executive*, traduzido para o português pela Editora Atlas, e *Organization and management* (1948). Seus principais interesses são temas como liderança, objetivos de uma organização e relações entre organizações formais e informais, entre outros. A primeira parte de *The functions of the executive* apresenta a teoria da coordenação e das organizações, e a segunda parte apresenta especificamente as relações entre as pessoas nas organizações e as funções do executivo. Barnard destaca a comunicação como uma das funções essenciais do administrador.

Na edição de Harvard comemorando os 30 anos do livro, de 1968, há uma introdução de Kenneth R. Andrews, em que se afirma:

> *As funções do executivo permanece hoje, como o tem sido desde a sua publicação, o livro mais provocador sobre organização e administração, do ponto de vista intelectual, já escrito por um executivo atuante.* (ANDREWS, In: BARNARD, 1968, p. xxi)[7]

Segue uma reprodução de uma série de citações selecionadas, para que se possa apreciar a riqueza da obra:

> *De um lado, aquelas filosofias que explicam a conduta humana como uma apresentação de forças universais, que veem o indivíduo como meramente responsivo, que negam o livre-arbítrio ou a liberdade de escolha, que fazem da organização e do socialismo a posição básica, percebemos estarem fundadas sobre fatos largamente observados e que governam o comportamento e o pensamento dos homens em situações sociais. De outro lado, aquelas filosofias que defendem o livre-arbítrio e a liberdade de escolha, que fazem do indivíduo uma entidade independente, que relegam o ambiente físico e social a um plano secundário e acessório, são também consistentes com outros fatos do comportamento e pensamento. Eu não vejo reconciliação possível na oposição dessas filosofias ou de quaisquer teorias científicas sobre as quais elas se fundamentam. No presente, pelo menos, o desenvolvimento de uma teoria coerente e útil dos sistemas cooperativos e da organização e um entendimento efetivo dos processos executivos requerem a aceitação de ambas as posições como aspectos descritivos do fenômeno social. O que é, portanto, necessário para nossos propósitos é estabelecer sob quais condições, em que conexões ou para quais propósitos uma ou outra dessas posições podem ser adotadas de maneira mais útil e mostrar de que forma elas podem ser vistas como aplicáveis simultaneamente. A cooperação e a organização, da forma como são observadas e experienciadas, são sínteses concretas de fatos opostos e de pensamentos e sentimentos opostos de seres humanos. É precisamente a função do executivo facilitar a síntese, em ação concreta, das forças contraditórias, para reconciliar forças, instintos, interesses, condições, posições e ideais conflitantes.* (BARNARD, 1968, p. 21)

> *É a hipótese central deste livro que o conceito mais útil para a análise da experiência de sistemas cooperativos está personificado na definição de uma organização formal como um "sistema de atividades ou forças, de duas ou mais pessoas, conscientemente coordenadas". (...) É a suposição sobre a qual este*

---

[7] Esta e as seguintes passagens do livro aqui citadas são traduções nossas.

*ensaio se desenvolve que esse conceito está implícito no comportamento de líderes e administradores, explicando uniformidades observadas em sua conduta em empreendimentos cooperativos amplamente diversos, e que sua formulação explícita e seu desenvolvimento permitirão uma tradução útil da experiência de campos diferentes para termos comuns.* (BARNARD, 1968, p. 73-74)

*O objetivo não é o lucro, apesar de homens de negócio, economistas, eclesiásticos, políticos e organições de trabalhadores persistentemente equivocarem-se na sua formulação. Lucro pode ser essencial para manter um suprimento de incentivos para satisfazer os motivos daquela classe de colaboradores usualmente chamada proprietários ou investidores, cujas contribuições, por sua vez, são essenciais para o suprimento de incentivos para outras classes de colaboradores. As possibilidades de lucro e sua realização, em algum grau, são necessárias em algumas economias, como condições sob as quais um suprimento contínuo de incentivos é possível, mas a finalidade objetiva da organização não é o lucro, mas serviços.* (BARNARD, 1968, p. 154)

*À primeira vista pode parecer que o elemento de comunicação numa organização está apenas em parte relacionado à autoridade; mas uma consideração mais completa leva à compreensão de que comunicação, autoridade, especialização e objetivo são todos aspectos compreendidos na coordenação. Toda comunicação está relacionada à formulação de objetivo e à transmissão de prescrições coordenadoras para a ação e portanto funda-se sobre a habilidade para se comunicar com aqueles que queiram cooperar.* (BARNARD, 1968, p. 184)

Chester Barnard indica que suas ideias foram derivadas ou influenciadas pela obra *Process and reality*, do filósofo A. N. Whitehead. Em 1938, ele discute questões como os fatores estratégicos, a influência e a modificação das organizações no ambiente, o processo de decisão, as funções do executivo como aquele que mantém os propósitos das organizações, a liderança e a organização informal, todos temas tomados, ainda hoje, como modernos.

Em 1988, na Universidade da Califórnia, Berkeley, realizou-se um seminário em que o livro de Barnard, *The functions of the executive*, foi utilizado como tema unificador. Cada palestrante foi solicitado a explicar a relação entre a sua área de pesquisa e a obra de Barnard. Esse material encontra-se publicado em *Organization theory: from Chester Barnard to the present and beyond*, Oxford University Press, 1995. Isso serve para ressaltar, mais uma vez, a importância desse autor.

### 11.3.2 Filosofia da educação

De maneira mais estrita, podemos dizer que a filosofia da educação é uma reflexão sobre a pedagogia. Para alguns autores, a filosofia da educação é inclusive desnecessária, pois para eles a pedagogia é suficiente como reflexão sobre a educação. Para outros, ao contrário, todo o projeto da filosofia é educacional por natureza, então praticamente toda a filosofia poderia ser considerada filosofia da educação. Na Grécia Antiga, surge um modelo de cultura e educação que marcará o Ocidente. A *paideia*, o ideal de educação grego, incluía a formação integral do ser humano, com a *gymnastiké* (educação do corpo, por meio da educação física e atlética) e a *mousiké* (educação da mente ou do espírito, por meio das musas, incluindo a música e a poesia).

A educação grega está intimamente associada à filosofia. Como vimos, os sofistas eram professores itinerantes e remunerados que educavam os gregos principalmente na arte da dialética e nas questões de política. Platão funda por volta de 387 a.C. sua célebre Academia. Na *República*, Platão expõe seu ideal de educação para uma cidade justa, centrado no exercício da filosofia. A educação deve formar um cidadão para a vida em sociedade. Por volta de 335 a.C., Aristóteles funda sua própria escola, o Liceu.

Merece destaque o *Mênon* de Platão, diálogo que discute conceitos como ensino e aprendizagem. Sócrates quer saber do estudante Mênon se a virtude pode ser ensinada. O filósofo grego defenderá que não aprendemos nada, mas apenas nos recordamos de conceitos naturais, que já conhecíamos e estariam guardados na nossa alma. A teoria da anamnesis é, portanto, associada à educação. O diálogo acaba encaminhando-se para a discussão sobre a definição da virtude. Você pode conferir on-line a dissertação de mestrado *Ensina-se a virtude? Conexões do* Mênon *de Platão com o ensino de valores na escola,*[8] que procura relacionar o ensino da virtude (aretê) em Platão com o ensino dos valores nas escolas de hoje.

Os mosteiros, muito importantes para a preservação da ciência e da cultura antigas, surgem por volta do século IV. Como já vimos, Santo Agostinho destaca-se como filósofo no início na Idade Média, e como cada indivíduo era um cidadão da Cidade de Deus, a educação para Agostinho deveria produzir harmonia entre nossa alma e a ordem divina.

Outro nome de destaque na história da filosofia medieval, São Tomás de Aquino, legou também contribuição importante para a filosofia da educação. O filósofo medieval reflete sobre os vícios do ensino e destaca a importância do aprendizado pelos sentidos e pelo raciocíno, ao contrário das ideias dominantes na época. A prática do ensino seria, para ele, compatível com a vida espiritual. Nesse sentido, Aquino destaca a função do professor no processo de aprendizagem, que, entretanto, é no fundo construído pelo aluno, e não ensinado. O mestre provoca conhecimento ao fazer operar a razão natural do discípulo. No final do século XVI, os jesuítas passam a desenvolver um projeto pedagógico baseado na escolástica, que desempenhará papel essencial na colonização brasileira. Estudaremos isso com mais atenção no Capítulo 15, sobre filosofia no Brasil.

John Locke publicou em 1693 seu influente tratado *Some thoughts concerning education,*[9] voltado para a educação dos filhos dos nobres, em que propõe uma pedagogia que visa a resultados práticos. Reforma no currículo e aprender fazendo (*learning by doing*) são algumas de suas propostas pedagógicas: o aprendizado de línguas, por exemplo, deve ser adquirido por conversas e viagens, em vez do estudo dos clássicos, enquanto a educação científica deve estar baseada na observação e experiência direta, em vez da exposição de um sistema dedutivo. A educação moral, do senso crítico e do corpo saudável são também essenciais. Há reflexões do autor sobre a personalização da educação em função dos estilos de aprendizagem dos alunos, tema que consideramos hoje inovador, e sobre a função do professor: o tutor deve se lembrar de que seu trabalho não é tanto ensinar ao aluno tudo o que pode ser conhecido, mas de provocar nele amor e estima pelo conhecimento. Em outros escritos, voltados à educação dos pobres, Locke propõe que seus filhos, ao contrário dos filhos dos nobres, devem aprender uma profissão.

No século XVIII, a filosofia educacional é marcada pelo pensamento iluminista e a educação começa a se afastar mais da religião, e o Estado passa a ser concebido como o responsável pela oferta de ensino obrigatório e gratuito, defendido por exemplo por Condorcet. Nessa altura, o ensino humanístico tradicional está sendo substituído por um ensino mais prático. Hume e Kant, por exemplo, reforçam a importância da educação moral. O romantismo também está representado na filosofia da educação principalmente com as *Cartas sobre a educação estética do homem* (1795), de Friedrich Schiller.

---

[8] Disponível em: <http://www.lume.ufrgs.br/handle/10183/4514>.

[9] A Internet nos possibilita maravilhas. É possível ler o tratado de Locke na edição original escaneada no Google Books (<http://ow.ly/1nrmW>), em partes na edição do Harvard Classics (<http://www.bartleby.com/37/1/>) e numa versão de tela inteira no Internet Modern History Sourcebook (<http://ow.ly/1nrna>).

Nesse período, destaca-se o filósofo e escritor Jean-Jacques Rousseau, autor do importante *Emílio ou Da educação* (1762), que descreve em forma de romance a educação de um jovem.[10] Rousseau propõe uma educação afastada das convenções sociais e mais voltada para a natureza, ressaltando a importância da sensibilidade e das emoções. A educação infantil deve, segundo ele, envolver liberdade, e a criança, em vez de ser passivamente ensinada ou amedrontada pela possibilidade da punição, deve aprender por meio da experiência, observando as consequências naturais de suas ações, enquanto o tutor deve guiar o aprendiz num processo de descoberta. A educação das mulheres (no romance, Sofia, a mulher ideal), ao contrário, deve ser mais voltada ao sentimento do que à razão, preparando-a para ser uma esposa dedicada à vida doméstica. O livro, que foi condenado a ser queimado e rasgado em Paris quando publicado, serviu de referência para a reforma educacional durante a Revolução Francesa.

No século XIX, várias correntes pedagógicas coexistem. O positivismo enfatiza o ensino das ciências; o idealismo destaca a importância da educação para o desenvolvimento espiritual do ser humano e do Estado no processo educacional da nação; o socialismo, por sua vez, desenvolve a concepção de uma educação revolucionária, voltada para a conscientização da classe oprimida e a transformação do mundo, defendendo também a democratização do ensino. Destacam-se também alguns pedagogos como Johann Heinrich Pestalozzi (1746-1827), que defende a formação universal do ser humano e a escola popular; Friedrich Froebel (1782-1852), considerado o fundador dos jardins de infância; e Johann Friedrich Herbart (1776-1841), que desenvolve um sistema pedagógico com maior rigor científico, que pode ser chamado pela primeira vez de uma ciência da educação.

No século XX, diversos campos do saber passam a influenciar a pedagogia: a psicologia (por exemplo, com o behaviorismo), a filosofia (com o pragmatismo), a sociologia (com destaque para Durkheim, autor de *Educação e sociedade* — 1922, que enxergava na escola um papel de integração social), a economia, a linguística e a antropologia, entre outros.

O pragmatista norte-americano John Dewey (1859-1952) exerce influência ampla na filosofia da educação até hoje. Suas ideias influenciaram a criação de diversas instituições de ensino, várias experimentais, com muitas das quais ele esteve intensamente envolvido. Dewey destacou a importância da transição do ensino tradicional centrado no professor para o ensino centrado nas experiências ativas dos alunos. Ressaltou também a importância da educação moral e cívica democrática que procura trabalhar as tensões entre o indivíduo e a sociedade. Nesse sentido, destaca-se seu livro *Democracy and education: an introduction to the philosophy of education* (1916).[11] Em português, a obra de Anísio Teixeira *Pequena introdução à filosofia da educação* (1934) explora a contribuição da filosofia da educação de Dewey.[12]

O movimento escolanovista, que tem em Pestalozzi e Dewey importantes precursores, procura superar a rigidez dos métodos tradicionais, fundados basicamente na memorização, por meio de propostas mais práticas e individualizadas que envolvam a autonomia e a atividade do aluno (ao contrário da postura passiva da escola tradicional) e uma formação integral do ser humano. O método Montessori, desenvolvido pela médica italiana Maria Montessori (1870-1952), compreende a educação como autodeterminada pelo aluno, que pode utilizar o material didático na ordem que escolher, sendo o professor concebido apenas como um dirigente e facilitador de suas atividades.

---

10 O texto está disponível na Internet em francês e inglês no <http://www.ilt.columbia.edu/pedagogies/rousseau/index.html> e em espanhol, no endereço <http://www.unsl.edu.ar/librosgratis/gratis/emilio.pdf>.

11 O livro de Dewey pode ser lido em várias versões on-line, como <http://etext.lib.virginia.edu/toc/modeng/public/DewDemo.html>, <http://www.gutenberg.org/etext/852> ou <http://www.ilt.columbia.edu/Publications/dewey.html etc>.

12 Disponível on-line em <http://www.bvanisioteixeira.ufba.br/delivro.htm>.

Devemos destacar também os esforços para uma educação democrática e popular nos países socialistas, que procura eliminar a necessidade de instituições privadas de ensino e educar todos os membros da sociedade, inclusive do ponto de vista político e ideológico, assim como as teorias e a experiência de educação anarquistas, que reforçam a importância da auto-organização e das relações entre as pessoas no processo de crescimento.

Ivan Illich (1926-2002) é um pensador contemporâneo que também se dedicou à filosofia da educação. Em sua *La sociedad desescolarizada* (1971), ele desfere uma dura crítica à educação institucionalizada na sociedade contemporânea, propondo um modelo que misture autoaprendizagem e redes sociais.[13] Illich coloca em dúvida, por exemplo, o sentido de tornar obrigatória a escola para todos. Para a maioria dos seres humanos, o direito de aprender está restringido pela obrigação de ir à escola, mas deveríamos buscar o oposto: tramas educacionais que aumentem a oportunidade para que cada um transforme cada momento de sua vida em um momento de aprendizagem, compartilhamento e interesse. Sua proposta de desinstitucionalização da educação e de desescolarização da sociedade mostra-se ainda hoje revolucionária. Illich defende, por exemplo, que o ensino pode contribuir apenas com certos tipos de aprendizagem em algumas circunstâncias, mas que a maioria das pessoas adquire a maior parte de seu conhecimento fora da escola. O principal da aprendizagem ocorre casualmente, e mesmo a aprendizagem mais intencional não é resultado de uma instrução programada.

Como contraponto a essas propostas liberais, é preciso ainda registrar as experiências educacionais relacionadas ao fascismo e ao nazismo, que enfatizavam o amor à pátria, o autoritarismo, a hierarquia, a disciplina e a subserviência ao regime político, com manuais impregnados de pregações morais e ideológicas.

Nos Estados Unidos, por volta da metade do século XX, surge uma tendência educacional tecnicista, centrada no planejamento, na organização, na direção e no controle das atividades pedagógicas, que incentiva a utilização de diversas técnicas e instrumentos de aprendizagem, incluindo recursos audiovisuais e computadores. Essa tendência é ainda marcante na educação a distância.

Movimento ainda hoje importante é o construtivismo, que se liga às obras de Jean Piaget (1896-1980) e Lev Semenovich Vygotsky (1896-1934), o qual concebe o conhecimento como um processo contínuo de *construção*, invenção e descoberta por parte do aluno, ressaltando a importância de sua interação com os objetos e os outros seres humanos. O século XXI inicia-se sob o signo da transição na educação. A importância cada vez maior das tecnologias e a substituição dos livros por outras formas de transmissão de conteúdos (como a informação digitalizada, as imagens e os sons) têm provocado alterações profundas nos processos educacionais e nas teorias pedagógicas.

Cabe ainda lembrar que a reflexão sobre a educação contemporânea, por exemplo, tende a diferenciar os conceitos de pedagogia (educação de crianças) dos de andragogia (educação de adultos) e heutagogia (autoaprendizado).

## 11.4 Filosofia da psicologia

Filosofia e psicologia são campos de estudo afins, por isso o destaque para o estudo da filosofia da psicologia neste capítulo. Durante a maior parte da história da humanidade, eles nem mesmo existem como ramos de investigação distintos: até o final do século XIX, o filósofo e o psicólogo eram um só e o mesmo indivíduo.

Portanto, uma das formas de estudar a filosofia da psicologia é percorrer a história da filosofia ocidental destacando os pensadores, as ideias e os movimentos que serviram de referência para o desenvolvimento da psicologia. Nesse percurso,

---

13 O texto pode ser lido on-line em <http://www.ivanillich.org.mx/Lidesind.htm>.

em alguns casos encontramos influências claras e, em outros, simplesmente alguns temas filosóficos que interessam à psicologia, ainda hoje. A teoria do conhecimento, por exemplo, uma das divisões tradicionais da filosofia que começa com os filósofos pré-socráticos, interessa diretamente à psicologia.

A psicologia começou a se separar da filosofia somente no final do século XIX, com o trabalho dos experimentalistas alemães, especialmente Fechner, Helmholtz e Wundt. Simbolicamente, o momento da separação é o ano de 1879, quando Wilhelm Wundt cria o primeiro laboratório de psicologia, na Universidade de Leipzig. Em 1874, Wundt já havia publicado *Grundzüge der Physiologischen Psychologie*, iniciando a psicologia na Europa, e em 1890 William James publica *Principles of psychology*, dando início à psicologia nos Estados Unidos. A partir do século XX, associações profissionais e departamentos universitários de psicologia tornam-se distintos das associações e departamentos de filosofia.

Nesse sentido, outra forma de estudar filosofia da psicologia é continuar a acompanhar a história da filosofia, a partir do nascimento da psicologia como ciência distinta, abordando pontos de contato e intersecção em que filósofos dialogam com psicólogos ou em que as ideias da filosofia podem ser aproveitadas na reflexão e no exercício da psicologia. Como é o caso dos estudos das relações entre a obra do filósofo alemão Nietzsche e as ideias de Freud e Jung, por exemplo. Ou mesmo das fundações filosóficas da psicanálise. Ou, ainda, o caso dos filósofos-psicólogos, como, por exemplo, William James.

O surgimento e o desenvolvimento da psicologia, porém, causam também abalos no terreno da filosofia. A ideia da existência de algo chamado *inconsciente*, por exemplo, desafia a concepção ocidental milenar de que os fatos psíquicos se esgotam na consciência. Com a obra de Freud, a psicanálise e a tradição consciencialista ocidental tornam-se inimigas mortais. O conceito de inconsciente proposto por Freud força não apenas a filosofia, mas praticamente todas as ciências humanas, a reverem seus pressupostos e a se reestruturarem. Essa é a tese de Paul-Laurent Assoun (1978), em seu belíssimo *Freud, a filosofia e os filósofos*. Portanto, uma terceira maneira de estudar filosofia da psicologia é atentar para as influências que as diversas teorias psicológicas causaram na filosofia.

Além de a separação da psicologia do campo da filosofia ser muito posterior à separação de outras ciências como física, química ou biologia, vários temas abordados pela psicologia fizeram ou ainda fazem parte das investigações filosóficas, especialmente na área de intersecção da filosofia da mente. Nesse sentido, costuma-se identificar a filosofia da psicologia com o trabalho atualmente desenvolvido em ciências cognitivas e inteligência artificial. A filosofia da psicologia seria, nesse sentido, a exploração das relações entre as abordagens filosóficas e psicológicas no estudo da cognição. Esses campos de estudo, inclusive, já estavam bem estabelecidos antes mesmo que a psicologia tivesse se tornado uma profissão, envolvendo questões sobre as características da experiência, a natureza da consciência, o debate entre as relações corpo/mente etc. Nesse sentido, poderíamos dizer que a psicologia e a própria filosofia da psicologia seriam subdisciplinas de projetos na área mais ampla da filosofia da mente.

Sabe-se que uma das ambições da filosofia é discutir as fundações teóricas das demais ciências, que em última instância derivaram todas da ciência-mãe, ao que se denomina filosofia das ciências. No caso da psicologia, isso não seria diferente. Assim, filosofia da psicologia pode também ser entendida como o estudo das fundações teóricas da psicologia moderna, explorando questões conceituais que não podem ser bem trabalhadas utilizando apenas as técnicas e os recursos da psicologia. O que significa conhecimento inato? O que significa cognição? Qual é a eficácia dos testes, comparados com a auto-observação? Quando um fenômeno psicológico deve ser considerado conhecimento? Qual é a validade das pesquisas feitas em laboratório? Ou uma questão mais pesada: a psicologia é mesmo uma ciência? O que um psicólogo sabe que um médico não sabe e que justifica a profissão? A psicologia não estaria localizada no limite entre a ciência e a filosofia? Entre o mundo das ideias de Platão e a filosofia prática de Aristóteles? Entre as ciências biológicas e as ciências humanas? E quanto de ciências exatas tem a psicologia?

Mas a filosofia da psicologia é distinta das outras filosofias das ciências porque o domínio da investigação da disciplina cujas fundações estão sendo investigadas sobrepõe-se ao domínio da investigação que os filósofos tradicionalmente consideraram como seu terreno. Isso não ocorre, por exemplo, com a filosofia da economia ou da crítica literária. Ou seja, fazer filosofia da psicologia significa avaliar os fundamentos de uma ciência que, no fundo, investiga muitos problemas que são também tradicionalmente problemas filosóficos.

Como exemplos de associações que estudam esses pontos de intersecção entre filosofia e psicologia, podem ser citadas The Society for Philosophy and Psychology[14] e ESPP — European Society for Philosophy and Psychology.[15]

Por fim, uma divisão tradicional e essencial da filosofia é a ética, que interessa diretamente à psicologia de diversas maneiras: a ética profissional, a ética na psicologia, a ética como cidadania e responsabilidade social, a ética relacionada à liderança e à gestão de pessoas etc. Esses temas serão abordados no Capítulo 12.

Muitos textos mencionados no restante deste capítulo podem ser lidos no excelente site *Classics in the history of psychology*,[16] desenvolvido pelo professor Christopher D. Green, da York University (Toronto).

É importante destacar também que no Brasil, Antonio Gomes Penha (2006), autor de *Os filósofos e a psicologia*, dedica-se a explorar as relações entre psicologia e filosofia.

### 11.4.1 William James e o fluxo da consciência

William James, irmão do famoso escritor Henry James, foi filósofo e psicólogo, portanto o interesse de suas obras para o nosso campo de estudo (os pontos de encontro entre a filosofia e a psicologia) é considerável.

*Princípios de psicologia* (1890) é o texto que, para muitos, dá o pontapé inicial para a psicologia nos Estados Unidos. Nele são tratados diversos temas como: hábito, fluxo do pensamento, conhecimento do eu, atenção, diferenças e comparações, associação, percepção do tempo e do espaço, percepção das coisas e da realidade, memória, sensação, imaginação, instinto, emoções, vontade etc.[17]

O quadro *Eureka!*, "Prefácio do livro *Princípios de psicologia*", apresenta o texto de William James no qual ele discute, entre outros pontos, os limites entre filosofia e psicologia.

A seguir, abordaremos um tema muito interessante discutido por James: a ideia de fluxo da consciência. Minha análise é baseada no Capítulo IX dos *Princípios* ("The stream of thought") e no Capítulo XI de *Psychology*.

Para James, ao contrário dos empiristas, por exemplo, não se deve começar o estudo da mente pelas ideias supostamente simples, mas sim pela realidade complexa que é a própria consciência. O fato mais concreto e fundamental, para um psicólogo, seria a constatação de que estados mentais sucedem-se uns aos outros em nossa experiência interna. *Algum tipo de pensamento e consciência ocorrem*.

---

14 Disponível em: <http://www.socphilpsych.org/>.

15 Disponível em: <http://www.eurospp.org/>.

16 Disponível em: <http://psychclassics.yorku.ca/James/Principles/index.htm>.

17 O texto original (em inglês) está disponível on-line em <http://psychclassics.yorku.ca/index.htm>.

> **EUREKA!** Prefácio do livro *Princípios de psicologia* (1890)

O tratado que segue desenvolveu-se principalmente a partir da instrução do autor em psicologia, embora alguns dos capítulos sejam mais 'metafísicos' do que outros, e outros mais profundos em detalhes do que seria apropriado para estudantes que estejam se inteirando do tema pela primeira vez. As consequências disso são que, apesar da exclusão de assuntos importantes como prazer e dor, e sentimentos e julgamentos morais e estéticos, o trabalho cresceu até uma extensão que ninguém pode lamentar mais do que o próprio escritor. É preciso realmente ser otimista para, em época tão atribulada, esperar muitos leitores para 1.400 páginas contínuas de sua caneta. Mas *wer Vieles bringt wird Manchem etwas bringen*; e, saltando conscientemente aquilo que não lhes interessa, estou certo de que muitos leitores, mesmo aqueles que estejam apenas começando o estudo do tema, encontrarão utilidade para meu livro. Como os iniciantes necessitam principalmente de orientação, sugiro que omitam, numa primeira leitura, os capítulos 6, 7, 8, 10 (da página 330 até a página 371), 12, 13, 15, 17, 20, 21 e 28. Para despertar ainda mais o interesse do neófito, talvez a ordem mais sábia seja passar diretamente do Capítulo 4 aos capítulos 23, 24, 25 e 26, e então retornar novamente ao primeiro volume. O Capítulo 20, sobre a percepção do espaço, é uma coisa terrível que, se não fosse escrita com tanto detalhe, não poderia ser adequadamente tratada. Uma condensação dele, chamada 'The Spatial Quale', publicada no *Journal of Speculative Philosophy*, vol. XIII, p. 64, pode ser considerada por algumas pessoas um substituto útil para o capítulo todo.

Eu me mantive próximo ao ponto de vista da ciência natural por todo o livro. Toda ciência natural assume, sem criticá-los, alguns [p. vi] dados e desiste de discutir os elementos dos quais obtém suas próprias 'leis' e que servem de premissas para suas próprias deduções. A psicologia, a ciência das mentes individuais finitas, assume como seus dados (1) *pensamentos e sentimentos* e (2) *um mundo físico* no tempo e no espaço com o qual eles coexistem e que (3) *conhecem*. É claro que esses dados são, eles mesmos, discutíveis, mas a discussão desses dados (assim como de outros elementos) é denominada metafísica e se posiciona além dos limites deste livro. Este livro, assumindo que pensamentos e sentimentos existem e são veículos do conhecimento, defende então que a psicologia, a partir do momento em que tenha verificado a correlação empírica entre os vários tipos de pensamento ou sentimentos com condições definidas do cérebro, não pode ir mais longe, enquanto ciência natural. Se ela for além, torna-se metafísica. Todas as tentativas de *explicar* nossos pensamentos fenomenais dados como produtos de entidades mais profundas (sejam chamadas de 'alma', 'ego transcendental', 'ideias' ou 'unidades de consciência elementares') são metafísicas. Este livro, consequentemente, rejeita tanto as teorias associacionistas quanto as espiritualistas; e esse ponto de vista estritamente positivista consiste na única característica pela qual eu me sinto tentado a clamar originalidade. É claro que esse ponto de vista está longe de ser final. Os homens devem continuar a pensar; e os dados assumidos pela psicologia, tanto quanto aqueles assumidos pela física ou pelas outras ciências naturais, em algum momento deverão ser revisados. O esforço para atualizá-los é, clara e completamente, metafísica; mas a metafísica só pode desempenhar bem sua função quando está especificamente consciente de sua grande magnitude. Uma metafísica fragmentária, irresponsável, semiacordada e inconsciente de que é metafísica arruína duas coisas positivas quando se injeta em uma ciência natural. E, para mim, parece que tanto as teorias de um agente espiritual quanto de 'ideias' associadas, da maneira como aparecem em livros de psicologia, são tão metafísicas quanto esta. Mesmo que seus resultados sejam verdadeiros, seria bom mantê-las, *assim apresentadas*, fora da psicologia, como se devem manter os resultados do idealismo fora da física.

Eu então tratei nossos pensamentos momentâneos como íntegros [p. vii] e encarei as simples leis de sua coexistência com estados cerebrais como as leis últimas para a nossa ciência. O leitor procurará em vão por algum sistema fechado no livro. Ele é antes uma massa de detalhes descritivos, que se direciona a perguntas que somente uma metafísica consciente do peso de sua tarefa pode esperar lidar com sucesso. Isso ocorrerá, talvez, vários séculos adiante; e, enquanto isso, o melhor sinal de saúde que uma ciência pode mostrar é essa frente que parece inconclusa.

A conclusão desta obra foi tão lenta que vários capítulos foram publicados sucessivamente em *Mind*, *Journal of Speculative Philosophy*, *Popular Science Monthly* e *Scribne's Magazine*. Os reconhecimentos são feitos nos lugares apropriados.

A bibliografia, lamento dizer, é bastante assistemática. Em geral, usei a minha autoridade para fatos experimentais especiais; mas, além disso, procurei principalmente citar livros que, provavelmente, seriam usados pelo estudante universitário comum norte-americano em suas leituras complementares. A bibliografia de *Lehrbuch der Psychologie* (1875), de W. Volkmann von Volkmar, é tão completa, até esta data, que não há necessidade de uma duplicação inferior. E, para referências mais recentes, *Outlines* de Sully, *Psychology* de Dewey e *Handbook of psychology* de Baldwin podem ser utilizadas com proveito.

Por fim, quando alguém deve a tantos, pode parecer absurdo indicar créditos individuais; mesmo assim, não consigo resistir à tentação, ao final de minha primeira aventura literária, de registrar meu agradecimento à inspiração que recebi dos escritos de J. S. Mill, Lotze, Renouvier, Hodgson e Wundt e da companhia intelectual (apenas para apontar alguns nomes) de Chauncey Wright e Charles Peirce nos velhos tempos e, mais recentemente, de Stanley Hall, James Putnam e Josiah Royce.

*UNIVERSIDADE DE HARVARD, agosto de 1890*

---

\* A tradução deste prefácio foi feita baseada no site Classics in the History of Psychology (disponível em: <http://psychclassics.yorku.ca/James/Principles/preface.htm>), desenvolvido pelo professor Christopher D. Green, da York University, Toronto, Ontário, e acompanhado da tradução para o espanhol de Agustín Bárcena (Fondo de Cultura Económica, México).

Mas como eles ocorrem? James aponta então quatro características da consciência:
a. todo estado mental (ou pensamento) tende a ser parte de uma consciência pessoal;
b. dentro de cada consciência pessoal, o pensamento está sempre em movimento;
c. cada consciência pessoal é sensivelmente contínua; e
d. a consciência parece sempre se ocupar de objetos independentes de si; além disso, interessa-se por uma parte desses objetos enquanto exclui outros, ou seja, em todo momento aceita ou rechaça; em uma palavra, escolhe.

Vejamos mais detalhadamente cada uma dessas características:

## O pensamento como parte de uma consciência pessoal

Parece que o fato psíquico elementar não é *pensamento* ou *este pensamento* ou *aquele pensamento*, mas o *meu pensamento*, ou seja, todo pensamento é possuído por alguma consciência. Nesse sentido, o *self* pessoal, mais do que o pensamento, precisa ser tratado como o dado imediato em psicologia. O fato consciente universal não é 'sentimentos' ou 'pensamentos' existem, mas 'eu penso' e 'eu sinto'.

## O pensamento em movimento contínuo

Nenhum estado pode voltar a ocorrer e ser idêntico ao que foi antes. Não há provas de que temos a mesma sensação corporal duas vezes. O que nós recebemos duas vezes é o mesmo *objeto*.

Nunca voltamos a ter a mesma sensação, cientificamente falando. A vida e as sensações são um rio, e seria mais certo dizer, como Heráclito, que nunca nos banhamos duas vezes na mesma corrente.

Além de as sensações estarem sempre em mutação, seguindo as mutações de nossa capacidade de sentir, podemos lembrar que o cérebro também está em constante modificação. Toda sensação corresponde a alguma ação cerebral. Para uma sensação idêntica voltar a acontecer, teria de ocorrer na segunda vez em um cérebro não modificado, o que é impossível do ponto de vista fisiológico. A cada modificação no cérebro, mesmo que pequena, deve corresponder uma modificação similar na consciência a que ele serve.

A seguinte citação ilustra muito bem essa ideia de que nosso pensamento está sempre em movimento:

> *Pois é óbvio e palpável que nosso estado mental nunca é precisamente o mesmo. Cada pensamento que temos sobre determinado fato é, estritamente falando, único e possui apenas algum tipo de semelhança com nossos outros pensamentos sobre o mesmo fato. Quando um fato idêntico a um anterior volta a ocorrer, nós 'devemos' pensar sobre ele de uma maneira nova, enxergá-lo de alguma maneira por um ângulo diferente, apreendê-lo em relações diferentes daquelas em que ele apareceu pela última vez. E o pensamento pelo qual nós conhecemos é o pensamento do isso-naquelas-relações (it-in-those-relations), um pensamento imbuído na consciência de todo esse turvo contexto. Frequentemente nos surpreendemos com as estranhas diferenças entre nossos pontos de vista sucessivos sobre uma mesma coisa. Pensamos como pudemos ter opinado como o fizemos no mês passado sobre determinada matéria. Nós amadurecemos ou superamos a possibilidade daquele estado mental, não sabemos como. De um ano para o outro, vemos as coisas sob novas luzes. O que era irreal tornou-se real, e o que era excitante é insípido. Os amigos cujos mundos nos eram tão queridos estão reduzidos a sombras; as mulheres antes tão divinas, as estrelas, os bosques e as águas, como podem ser tão insípidos e comuns! — as jovens garotas que tinham uma aura de infinitude, no presente existências dificilmente distinguíveis; os quadros tão vazios; e*

> *quanto aos livros, o que havia lá para encontrar de tão misteriosamente significativo em Goethe, ou em John Mill tão cheio de peso? No lugar de tudo isso, hoje é mais deleitoso que tudo o trabalho, o trabalho; e mais plena e profunda a importância das obrigações e dos bens comuns.* (JAMES, 1989, p. 187-188)

Para James, uma ideia que exista permanentemente, que apareça para a consciência em intervalos periódicos, seria uma entidade mitológica tanto quanto o Valete de Espadas.

Nesse sentido, James lembra que as línguas que possuem declinações, como o grego e o latim, por exemplo, representariam melhor tal realidade, pois nelas as palavras mudam em função do papel sintático que ocupam nas frases, não sendo sempre as mesmas palavras, ou seja, nessas línguas seria mais fácil conceber que o pensamento está em constante mutação.

## Cada consciência pessoal é sensivelmente contínua

Essa proposição tem dois significados para James.

Em primeiro lugar, mesmo quando há um lapso de tempo, a consciência depois desse lapso sente que pertence à consciência antes dele, como outra parte do mesmo *self*. Isso ocorre, por exemplo, quando acordamos após termos dormido: continuamos a ser os mesmos!

A consciência, portanto, não aparece para si mesma picada em pedaços. Palavras como 'cadeia' ou 'sequência' não a descrevem apropriadamente. Nada é articulado; flui. É um 'rio' ou um 'curso', essas são as metáforas pelas quais ela pode ser descrita de modo mais natural.

Além disso, as mudanças na qualidade da consciência, de um momento para o outro, não são jamais absolutamente abruptas. James utiliza ilustrações para mostrar como as sensações que temos, durante a leitura de uma frase, não correspondem exatamente às ideias ou aos objetos representados pela frase. Nossa consciência segue um ritmo independente das palavras discretas da frase, pois seu movimento é contínuo.

O pensamento flui de um lugar de descanso a outro (que James denomina *partes substantivas*) por meio de voos (que James denomina *partes transitivas*). Mas é justamente a transitividade que caracteriza o fluxo do pensamento, não o descanso demorado em suas partes substantivas.

## A consciência, os objetos independentes e a escolha

Somos conscientes de alguma coisa, de objetos que não pertencem à nossa consciência.

Além disso, nossa consciência escolhe, nossa atenção é seletiva e nossa vontade, deliberativa. Mas fazemos muito mais do que simplesmente enfatizar coisas, unir algumas e manter outras à parte: nós efetivamente *ignoramos* quase todas as coisas que estão à nossa frente. E somos seletivos não apenas racionalmente, mas também estética e eticamente.

Nesse mundo de objetos assim individualizado pelo trabalho seletivo de nossa mente, o que chamamos de nossa 'experiência' é quase completamente determinado pelos nossos hábitos de atenção. Uma coisa pode ser apresentada para um ser humano cem vezes, mas se ele persistentemente se recusa a percebê-la, não se pode dizer que ela tenha entrado na sua experiência. De outro lado, alguma coisa vista (ou experienciada) apenas uma vez na vida pode deixar na memória rastros indeléveis:

> *Imagine que quatro homens vão fazer um tour pela Europa. Um trará para casa apenas impressões pictóricas — roupas e cores, parques e paisagens, obras de arquitetura, quadros e estátuas. Para outro, tudo isso será não existente; e distâncias e preços, populações e sistemas de drenagem, fixações de*

*portas e janelas e outras estatísticas úteis tomarão o seu lugar. Um terceiro terá reparado com detalhes nos teatros, restaurantes e salões públicos, e nada mais; enquanto o quarto terá talvez permanecido tão recolhido a suas meditações subjetivas, que não será capaz de dizer muito mais do que alguns nomes de lugares por que passou. Cada um selecionou, da mesma massa de objetos apresentados, aqueles que combinavam mais com seus interesses particulares, e a partir deles construiu sua experiência.* (JAMES, 1989, p. 286-287)

Já vimos que as línguas e as culturas determinam a maneira pela qual enxergamos o mundo, definindo a nossa realidade. James acrescenta agora mais um elemento na ideia de que a realidade é construída: nossas experiências são construções das quais participamos diretamente, graças às seleções que fazemos, mesmo que inconscientemente. Como afirma contemporaneamente Dennis Senchuk (2001, p. 176-192):

(...) *nós somos conhecedores ativos, não recipientes passivos, vítimas cognitivas, de tudo o que o mundo atira bem casualmente em nossa direção.*

William James foi o popularizador da noção de fluxo da consciência. Escritores russos, como Dostoievsky, Tosltoi, Gogol e Tchecov, utilizaram-se intensamente desse artifício em suas obras literárias. No século XX, Marcel Proust, James Joyce e Virginia Woolf tornaram-se mestres na literatura psicológica, que explora o fluxo do pensamento tal como descrito por James. No Brasil, a grande representante da literatura do fluxo da consciência é Clarice Lispector.

### 11.4.2 Nietzsche, Freud e Jung

Uma das divulgadoras da obra de Jung no Brasil foi a psiquiatra alagoana Nise da Silveira, que defendeu e praticou formas alternativas de tratamento para doentes mentais. Denunciada por uma enfermeira por possuir livros marxistas, foi presa em 1936 no presídio Frei Caneca, em que se encontrava Graciliano Ramos, lá permanecendo por 18 meses, tornando-se assim personagem do livro *Memórias do cárcere*. No Centro Psiquiátrico Nacional Pedro II, no Engenho de Dentro, Rio de Janeiro, seus pacientes desenvolveram trabalhos artísticos. Entre várias outras atividades, em 1952 ela funda o Museu de Imagens do Inconsciente no Rio de Janeiro, que alcança reconhecimento internacional. Leon Hirszman produziu a trilogia *Imagens do inconsciente* (1983-1985), mostrando as obras produzidas pelos pacientes.[18]

Capa do filme *Freud, além da alma*, obra que traz a vida do pai da psicanálise.

Da imensa obra de Freud, podemos destacar: The origin and development of psychoanalysis (1910, *American Journal of Psychology, 21*, 181- 218 — palestra na Clark University que marca a introdução da psicanálise nos Estados Unidos), *A interpretação dos sonhos* (1913) e *A psicopatologia da vida cotidiana* (1914).

O filme *Freud, além da alma* (*Freud*, 1962), dirigido por John Huston, narra a vida do fundador da psicanálise desde sua graduação em medicina na Universidade de Viena até o desenvolvimento de suas primeiras teorias psicanalíticas (1885 a 1890), incluindo suas descobertas acerca do funcionamento do inconsciente humano, do complexo de Édipo e da importância da sexualidade, e a resistência que essas teorias encontram na época.

---

18 Vale a pena conferir o site do museu, disponível em <http://www.museuimagensdoinconsciente.org.br/index.html>.

O conceito de *inconsciente* ampliou de forma considerável os horizontes da teoria do conhecimento. Afinal, já não temos mais apenas dois polos agindo durante o ato do conhecimento, ou seja, sujeito e objeto. O sujeito ele mesmo não é uno, encontra-se cindido, dividido. O polo ativo da relação, aquele que efetivamente *conhece*, na verdade não conhece totalmente a si mesmo. O conhecer racional do sujeito é, a partir de então, apenas uma das formas de conhecimento. O sujeito não se identifica mais apenas com a razão ou a consciência — o inconsciente também faz parte de sua estrutura e aprende, e também se aprende por meio dele.

Nietzsche talvez seja o filósofo que mais corretamente tenha captado a importância desses conceitos na história da filosofia, tanto que se torna um crítico radical da razão ocidental sem mesmo conhecer muitas das obras de psicólogos, como Freud e Jung. Faremos a seguir a análise de alguns pontos da obra do filósofo alemão, sempre levando em conta o vocabulário e referencial da nova ciência psicológica. O que nos interessa, novamente, é traçar alguns pontos de contato entre filosofia e psicologia.

Nietzsche entende a capacidade de esquecimento como uma função reguladora no homem, similar à dos órgãos fisiológicos. A consciência cresce terrivelmente sem o auxílio dessa capacidade de esquecimento, tornando o homem ressentido presa de seus próprios fantasmas:

> ... há um grau de insônia, de ruminação, de sentido histórico, no qual o vivente chega a sofrer dano e por fim se arruína, seja ele um homem ou um povo ou uma civilização. (NIETZSCHE, 1983b, p. 58)

> ... sem capacidade de esquecimento não pode haver nenhuma felicidade, nenhuma jovialidade, nenhuma esperança, nenhum orgulho, nenhum presente. (NIETZSCHE, 1983b, p. 58)

A capacidade de se sentir de tempos em tempos a-histórico faz-se então necessária. "Perder a si mesmo" é o nome de um dos mais belos aforismos nietzschianos:

> Uma vez que se tenha encontrado a si mesmo, é preciso saber, de tempo em tempo, 'perder-se' — e depois reencontrar-se: pressuposto que se seja um pensador. A este, com efeito, é prejudicial estar sempre ligado a 'uma' pessoa. (NIETZSCHE, 1983c, p. 150)

O homem deve então assumir a leveza de um dançarino, a liberdade de um 'espírito livre'. É o próprio Nietzsche quem nos diz:

> Onde um homem chega à convicção fundamental de que é preciso que mandem nele, ele se torna 'crente'; inversamente, seria pensável um prazer e força da autodeterminação, uma liberdade da vontade, em que um espírito se despede de toda crença, de todo desejo de certeza, exercitado, como ele está, em poder manter-se sobre leves cordas e possibilidades, e mesmo diante de abismos dançar ainda. Um tal espírito seria o 'espírito livre par excellence'. (NIETZSCHE, 1983a, p. 215)

A psicanálise e a psicologia analítica, a par de todas as suas desavenças conceituais e mesmo pessoais, contribuem juntas para aprofundar a discussão sobre o homem 'racional' do século XX. As sutis diferenciações de grau apontadas na psique humana, desde a separação da consciência do inconsciente até a caracterização de um 'inconsciente coletivo', desenvolvem a demolição de uma tradicional teoria do conhecimento, baseada na polaridade sujeito-objeto, que encontra paralelos nos martelos nietzschianos.

Como já vimos, Freud vislumbrou em seus escritos a origem de certa resistência às teorias psicanalíticas que pode ser batizada de 'obstáculo conscientialista' (ASSOUN, 1978, p. 23). Esse obstáculo caracterizar-se-ia por uma visão filosófica do homem e do mundo, já profundamente entranhada na tradição popular ocidental, que remeteria todos os fatos psíquicos ao que se chama comumente de 'consciência', no seu sentido mais amplo. Os atos conscientes esgotariam, assim, as possibilidades de expressão da psique humana. A partir do momento em que Freud propôs uma nova dinâmica na explicação da psique, acrescentando a noção de inconsciente, a psicanálise e a tradição consciencialista tornaram-se opostas. Nesse sentido, as críticas de Freud dirigem-se à herança filosófica como um todo, herança que ou rejeitaria totalmente a admissão de processos inconscientes ou, admitindo-os, colocá-los-ia fora da razão, apontando assim a primazia da última. O inconsciente seria, assim, exterior ao pensamento, estando este último garantido dos seus perigos.

Nietzsche endossa, extemporaneamente, essas críticas ao consciencialismo. Desmistificando a suposta completude dos sistemas filosóficos, ele instaura, no discurso filosófico, a mesma cisão que Freud introduz no discurso psicológico, por meio do que se pode chamar de contrafilosofia. Como diz Deleuze: "... um discurso, antes de tudo, nômade, cujos enunciados não seriam produzidos por uma máquina administrativa racional, os filósofos considerados como burocratas da razão pura, mas por uma máquina de guerra móvel" (DELEUZE e GUATTARI, 1985, p. 66). Isso significa introduzir na filosofia algo tão incômodo ao pensamento racionalista quanto a noção de inconsciente veiculada pela psicanálise. Essas duas proposições possuem nitidamente um ponto de confluência: afinal, o que garantia a racionalidade do real não era justamente a suposta identificação entre a psique e a consciência? Se a racionalidade é agora apenas uma das expressões da psique, o que garante a identificação dessa manifestação com a realidade? O reinado da consciência é totalmente abalado na filosofia nietzschiana:

> (...) o homem, como toda criatura viva, pensa continuamente, mas não sabe disso; o pensamento que se torna consciente é apenas a mínima parte dele, e nós dizemos: a parte mais superficial. (NIETZSCHE, 1983, p. 217)

Na medida em que a importância dos processos conscientes da mente diminui em relação à dos processos inconscientes, as obras de Nietzsche e Freud abrem-se para compreender o dinamismo da psique. Nietzsche, de um lado, criticando a suposta identidade do discurso racional, considerado fechado em si mesmo, sem brechas. Freud, de outro lado, analisando o que restou do velho conceito de consciência. Ambos apontando a existência de fissuras em estruturas que pareciam densas e compactas.

É possível encontrar pontos de aproximação entre o conceito de inconsciente coletivo em Jung e a obra de Nietzsche, como por exemplo:

> (...) o passado continua a correr em nós em cem ondas, nós próprios nada somos senão aquilo que sentimos dessa correnteza a cada instante. (NIETZSCHE, 1983. p. 138)

O filme *Jornada da alma* (*Prendimi l'anima*, 2003) conta a história de Sabina Spielrein[19] a partir do momento em que a jovem é levada por seus pais para um Hospital Psiquiátrico em Zurique e passa a ser tratada por Jung, que utiliza pela primeira vez a psicanálise freudiana. A garota é curada, mas se envolve com Jung, burlando as recomendações para as relações entre médico e paciente.

Sabina torna-se psicanalista e volta à Rússia, onde abre uma creche em que usa a psicanálise para cuidar das crianças. A psicanalista é executada por soldados nazistas (pois era judia) durante a Segunda Guerra Mundial.

O filósofo francês Michel Foucault (1926-1984) é autor de diversas obras que interessam diretamente à psicologia, como a *História da loucura*, *Nascimento da clínica*, *História da sexualidade* e *Eu, Pierre Rivière, que degolei minha mãe, minha irmã e meu irmão*.

---

19 Há um outro documentário sobre Sabina, *Ich hiess Sabina Spielrein*, disponível em: <http://www.sabinaspielrein.com/>.

### 11.4.3 Existencialismo e fenomenologia

O existencialismo e a fenomenologia dialogam intensamente com a psicologia, tanto que o movimento deu origem ao que se chama de terapia existencial ou fenomenológico-existencial, que engloba correntes bastante distintas entre si.

A fenomenologia defende que os atos mentais são caracterizados pela consciência e intencionalidade, diferentemente da matéria. Como vimos, Sartre afirma que a coisa é um ser-em-si, enquanto o homem é um ser-para-si. Assim, os estados mentais (como a consciência, o pensamento, a imaginação, a percepção, as sensações e as emoções) não poderiam ser explicados apenas pela estrutura ou função do cérebro; ao contrário, teriam características específicas. Portanto, a neurociência, que estuda as atividades neurais que servem de substrato biológico para os vários tipos de atividades mentais, não esgotaria as possibilidades de abordagem da consciência humana.

Sartre rejeita a ideia de causas inconscientes para os fatos psíquicos: tudo o que está na mente seria, para ele, consciente. A psicanálise, para Sartre, retiraria a responsabilidade do indivíduo, pois o inconsciente funcionaria como desculpa para o comportamento. Para Sartre, somos também responsáveis por nossas emoções, e justificar nossas ações por causas inconscientes seria agir de má-fé, ou seja, mentir para nós mesmos, negar nossa marca, a liberdade, como seres humanos. Em lugar da psicanálise, Sartre propõe o que chama de psicanálise existencial, que não procura as causas inconscientes do comportamento de uma pessoa, mas o significado e a finalidade de nossas escolhas. Sartre fala de um 'projeto original' de cada pessoa, que caberia à psicanálise existencial explorar.

## Resumo

A filosofia das ciências abrange tanto a reflexão sobre as ciências naturais ou empíricas quanto as ciências humanas. No primeiro caso, existem filosofia da matemática, da física, da biologia e da química, por exemplo. No segundo, filosofia da economia, da administração, da educação e assim por diante.

Karl Popper sugere critérios para diferenciar as afirmações científicas das não científicas.

Progressos recentes em ciências como a física acabam por afetar diretamente a visão que temos da realidade.

Filosofia e teoria da administração têm vários pontos em comum, que podem ser explorados para reflexão.

A filosofia da educação é um campo bastante rico de autores, movimentos e reflexões.

Psicologia e filosofia são campos de estudo que possibilitam conexões riquíssimas, como no caso das obras de Freud, Jung e Nietzsche.

## Atividades

1 Consulte as revistas indicadas neste capítulo sobre filosofia das ciências empíricas ou naturais ou pesquise os temas que são estudados nessas áreas.

2 Leia as previsões de um horóscopo e discuta com seus colegas por que, na opinião de Popper, elas não podem ser consideradas científicas.

3 O histórico sobre os progressos na física neste capítulo não está obviamente completo. Procure mais exemplos de descobertas e revoluções na física que tendem a

afetar consideravelmente a maneira pela qual enxergamos a realidade.

4 Discuta com seus colegas como o estudo da filosofia pode contribuir para as atividades de um administrador.

5 Qual é a sua opinião a respeito das aproximações que Griffin faz entre a guerra e a administração?

6 Este capítulo menciona diversos filmes. Escolha alguns que lhe interessaram para assistir e discutir com seus colegas como eles apresentam as relações entre filosofia e ciências.

## Sugestões

Segue uma pequena lista de textos interessantes de autores contemporâneos que procuram relacionar os universos da filosofia e da administração:

- FONTRODONA, J. *Pragmatism and management inquiry*: insights from the thought of Charles S. Peirce. Westport: Quorum Books, 2002.
- KELLY, L. *An existential-systems approach to managing organizations*. Westport: Quorum Books, 1998.
- KLEIN, S. *Business ethics:* reflections from a Platonic point of view. Nova York: Peter Lang, 1993.
- MCKINLAY, A.; STARKEY, K. *Foucault, management and organization theory*. Londres: Sage, 1998.
- NASHER, R. N. *Learning to read the signs*: reclaiming pragmatism in business. Boston: Butterworth-Heinemann, 1997.
- SOLOMON, R. C. Corporate roles, personal virtues: an Aristotelean approach to business ethics. In: DONALDSON, T.; WERHANE, P. H. (ed.) *Ethical issues in business*: a philosophical approach. 5. ed. Upper Saddle River: Prentice-Hall, 1996, p. 45-59.

No final do século passado desenvolveu-se um interesse muito grande pelo tema da ética em administração, e, então, novamente filosofia e administração voltaram a flertar em diversas obras, das quais destacamos duas:

- ROSENTHAL, S. B.; BUCHHOLZ, R. A. *Rethinking business ethics*: a pragmatic approach. Nova York: Oxford University Press, 2000.
- BUCHHOLZ, R. A.; ROSENTHAL, S. B. *Business ethics*: the pragmatic path beyond principles to process. Upper Saddle River: Prentice-Hall, 1998.

Nietzsche, Freud e Jung são autores fundamentais para o desenvolvimento do pensamento humano ao longo do século XX; suas ideias podem ser relacionadas de maneira muito interessante a diversas áreas além da filosofia e da psicologia. A seguir, apresentamos uma pequena lista de obras que relacionam esses pensadores entre si e com outros temas:

- ALMEIDA, R. M. *Nietzsche e Freud*: eterno retorno e compulsão à repetição. São Paulo: Loyola, 2005.
- ASSOUN, P. *Freud & Nietzsche*: semelhanças e dessemelhanças. Trad. Maria Lucia Pereira. 2. ed. São Paulo: Brasiliense, 1991.
- FOUCAULT, M. *Nietzsche, Freud e Marx*: theatrum philosoficum. São Paulo: Princípio, 1997.
- HUSKINSON, L. *Nietzsche and Jung*: the whole self in the union of opposites. Nova York: Brunner-Routledge, 2004.

- NAGY, M. *Questões filosóficas na psicologia de C. G. Jung*. Tradução de Ana Mazur Spira. Petrópolis, RJ: Vozes, 2003.
- PENNA, A. *Freud, as ciências humanas e a filosofia*. Rio de Janeiro: Imago, 1994.
- SOUSA, P. *Freud, Nietzsche e outros alemães*: artigos, ensaios, entrevistas. Rio de Janeiro: Imago, 1995.

Para ampliar seu conhecimento sobre temas trabalhados pelo existencialismo, indico as seguintes leituras:

- MERLEAU-PONTY, M. *The structure of behavior* (Introduction: "The problem of the relations of consciousness and nature") (1942). O texto traz respostas explícitas a psicólogos fisiológicos e teóricos da Gestalt. Disponível em: <http://www.marxists.org/reference/subject/philosophy/works/fr/merleaup.htm>.
- HUSSERL, E. *The crisis of European sciences* (Part II, seções 22-27, sobre Locke, Berkeley, Hume e Kant) (1937), disponível em: <http://www.marxists.org/reference/subject/philosophy/works/ge/husserl.htm>.
- HUSSERL, E. *The crisis of European sciences* (Part IIIB: The way into phenomenological transcendental philosophy from psychology, seções 57-68, separação entre a filosofia transcendental e a psicologia) (1937), disponível em: <http://www.marxists.org/reference/subject/philosophy/works/ge/husserl2.htm>.
- SARTRE, J. *Existentialism and human emotions* (1957), disponível em: <http://www.dztsg.net/doc/Sartre/Jean-Paul%20Sartre%20-%20Existentialism%20And%20Human%20Emotions.pdf.>.

# CAPÍTULO 12
# Ética e filosofia política

## APRESENTAÇÃO

Neste capítulo, estudaremos os principais movimentos e autores que discutem ética, filosofia política e filosofia do direito, desde a Antiguidade até a filosofia contemporânea. Exploraremos também o campo da ética profissional e da responsabilidade social das empresas, entre outros temas de ética empresarial.

## TÓPICOS PRINCIPAIS

12.1 O estudo filosófico da moralidade e seus desdobramentos
12.2 Ética, filosofia política e filosofia do direito
12.3 Ética profissional
12.4 Ética empresarial

### OBJETIVOS DE APRENDIZAGEM

Durante a leitura deste capítulo, será possível:

- estudar os principais movimentos e autores que discutem ética;
- conhecer os principais movimentos relacionados à filosofia política e do direito;
- entender o que é ética profissional e conceitos afins;
- conhecer a relevância da responsabilidade social das empresas.

## 12.1 O estudo filosófico da moralidade e seus desdobramentos

Ética, o estudo filosófico da moralidade, é um dos ramos mais importantes da filosofia. Em geral, as questões éticas misturam-se com questões de filosofia política e filosofia do direito. Como já vimos, ética (no sentido de estudo dos problemas *individuais*) e política (no sentido de estudo dos problemas *sociais*) eram inseparáveis para os antigos; começam a se separar apenas com o surgimento do sujeito individual moderno. A filosofia do direito, por sua vez, além da jurisprudência geral, que estuda os problemas conceituais e teóricos relativos à natureza do direito e internos à lei, explora também a relação entre a lei e a sociedade, com questões próximas da ética e da filosofia política. Neste capítulo, portanto, trataremos tanto de ética quanto de temas de filosofia política e de filosofia do direito.

A oposição entre teleologia e deontologia define muitas das disputas no estudo geral da ética. O que caracteriza uma ação correta? A teleologia defende que o comportamento ético tem de ser avaliado em função de seus fins, enquanto a deontologia considera que o que importa são os princípios, mesmo que deles resulte mais mal do que bem.

As formas de organização social são um tema central da filosofia política. Minha liberdade pode implicar não ajudar o outro? É necessário igualar as riquezas? Devemos respeitar os direitos dos indivíduos ou do coletivo?

O comunitarismo, derivado das ideias de Hegel, rejeita o individualismo, afirma que os direitos individuais não são básicos e que o coletivo pode ter direitos independentes e mesmo opostos ao que os liberais defendem como os direitos dos indivíduos. Seus limites extremos seriam o fascismo e o nazismo. O socialismo, ao contrário tanto do liberalismo quanto do comunitarismo, considera a igualdade como o ideal básico, justificando assim as instituições coercitivas na medida em que elas a promovem. Nas sociedades capitalistas, em que os meios de produção são controlados por poucos, o socialismo envolveria a tomada do controle dos meios de produção e seu redirecionamento para o bem-estar comum.

O curta-metragem *Loin du 16e*, dirigido por Walter Salles e Daniela Thomas em *Paris, te amo!* (*Paris, je t'aime*, 2006), é uma representação condensada e praticamente sem palavras dessa discussão. Nela, assistimos à história de uma imigrante latino-americana (Catalina Sandino Moreno) que deixa seu bebê chorando no subúrbio e percorre um longo trajeto para cuidar de outro bebê chorando, na casa de uma família rica, e canta a mesma música para acalmar os dois.

Um movimento social importante é o feminismo, que se coloca contra a dominação e subordinação das mulheres, defendendo que elas devem possuir os mesmos direitos que os homens.

No filme *Meninos não choram* (*Boys don't cry*, 1999), o diretor Kimberly Peirce explora principalmente o preconceito em relação à sexualidade, baseado na história real de Teena Renae Brandon. Teena viaja de Lincoln para Falls City (ambas em Nebraska), dizendo para todos que é Brandon, um garoto. Em Falls City ela se apaixona por mulheres e, quando é descoberto seu verdadeiro sexo, é estuprada e, em seguida, assassinada.

## 12.2 Ética, filosofia política e filosofia do direito

Desde as obras de Hesíodo e Homero até as tragédias gregas, encontramos importantes discussões sobre justiça, ética e política. Alguns diálogos de Platão abordam temas éticos como a justiça, a virtude, a amizade etc. O *Górgias* explora a questão da justiça. *A república* é um dos documentos de filosofia política mais importantes do Ocidente.

Aristóteles tem uma imensa obra que trata de temas de ética e política, com destaque para *Ética a Nicômaco*, em que estuda os conceitos de felicidade e virtude, por exemplo.

No período helenístico, e posteriormente em Roma, surgem alguns movimentos com preocupações basicamente éticas, centrados no indivíduo, como o epicurismo e o estoicismo.

Políbio (c. 203 a.C.-120 a.C.), historiador da Grécia Antiga e autor de *Histórias*, é um nome de destaque em filosofia política, influenciando, por exemplo, Maquiavel, Montesquieu e os redatores da Constituição norte-americana.

Os romanos, por sua vez, deixaram-nos um importante legado no campo do direito, e com eles surge a concepção de uma justiça abstrata como princípio legal.

O cristianismo introduz noções que serão essenciais na formação da consciência ética ocidental. Na Idade Média, desenvolve-se uma teoria das virtudes. Santo

Agostinho e São Tomás de Aquino exploram a questão do livre-arbítrio e o problema do mal, relacionando-os à existência de Deus.

A partir do Renascimento, o poder político começa a se libertar da teologia, e o Estado, a se diferenciar da Igreja.

## 12.2.1 Maquiavel

No início do século XVI, o italiano Niccolò Machiavelli (1469-1527), ou Maquiavel, escreve uma obra que modificará totalmente o pensamento político e será um marco da modernidade, principalmente do absolutismo: *O príncipe*. Essa obra não está fundada nem na herança política grega, com as formas de governo ideais de Platão e Aristóteles, nem no direito romano, tampouco no cristianismo: ela é fundamentada decisivamente na experiência real de seu tempo.

As monarquias e o mercantilismo exigem uma nova forma ética e política de pensar, e por isso Maquiavel ressalta as lutas políticas e a necessidade de um poder superior para reger as cidades. O autor expõe as lutas pelo poder como essencialmente constitutivas da sociedade, ao contrário da visão social clássica, que idealizava uma sociedade harmoniosa. A obra de Maquiavel pode ser, sob esse ponto de vista, tomada como precursora do conceito marxista de luta de classes:

> *(...) o povo não quer ser comandado nem oprimido pelos grandes, enquanto os grandes desejam comandar e oprimir o povo* (MAQUIAVEL, 1993, p. 44)

Não é necessário que o príncipe, por exemplo, mantenha sua palavra:

> *(...) um príncipe prudente não pode, nem deve, guardar a palavra dada, quando isso se torna prejudicial ou quando deixem de existir as razões que o haviam levado a prometer. Se os homens fossem todos bons, este preceito não seria bom, mas, como são maus e não mantêm sua palavra para contigo, não tens também que cumprir a tua.* (MAQUIAVEL, 1993, p. 83)

Maquiavel expõe a ideia de que o príncipe deve parecer sempre ser bondoso, apesar de necessitar muitas vezes ser o contrário de sua imagem:

> *A um príncipe, portanto, não é necessário ter de fato todas as qualidades supracitadas, mas é indispensável parecer tê-las. Aliás, ousarei dizer que, se as tiver e utilizar sempre, serão danosas, enquanto que, se parecer tê-las, serão úteis. Assim, deves parecer clemente, fiel, humano, íntegro, religioso — e sê-lo, mas com a condição de estares com o ânimo disposto a, quando necessário, não o seres, de modo que possas e saibas como tornar-se o contrário. (...)*
>
> *Logo, deve um príncipe cuidar para que jamais lhe escape da boca qualquer coisa que não contenha as cinco qualidades citadas. Deve parecer, para os que o virem e ouvirem, todo piedade, todo fé, todo integridade, todo humanidade e todo religião. Não há nada mais necessário do que parecer ter esta última qualidade.* (MAQUIAVEL, 1993, p. 84-85)

A conquista, por exemplo, é uma ideia central na obra de Maquiavel:

> *É, de fato, muito natural e comum o desejo de conquistar. Quando, podendo, os homens o realizam, merecem ser louvados e não criticados; mas, quando não podem e querem realizá-lo de qualquer modo, neste caso estão errados e devem ser recriminados.* (MAQUIAVEL, 1993, p. 15)

O grande evento na história do pensamento, representado pela obra de Maquiavel, é que a política torna-se independente da religião e da moral. O que Maquiavel descobre não é simplesmente a independência da ética e da política: ele nos mostra que, nas fronteiras da política, onde a ética e a religião fracassam, continua a existir uma forma de governo que conserva elementos fundamentais de todas as outras; onde os valores não contam mais, continua a existir uma sociedade política. A tirania existe como uma prolongação da vida política normal e, sob seu regime, a maioria dos homens continua a conviver e a agir normalmente, demonstrando pelo silêncio, pelo medo ou pelo cinismo a incapacidade da ética evitar a barbárie (BIGNOTTO, 1992, p. 125).

Fazer política, para Maquiavel, não é mais sinônimo de uma atividade que tem suas regras determinadas pela Igreja ou pela ética:

> *É preciso entender que um príncipe, sobretudo um príncipe novo, não pode observar todas aquelas coisas pelas quais os homens são considerados bons, sendo-lhe frequentemente necessário, para manter o poder, agir contra a fé, contra a caridade, contra a humanidade e contra a religião.* (MAQUIAVEL, 1993, p. 84)

Na passagem seguinte, é patente um esforço de libertação das garras da religião e do pensamento clássico, apontando para a modernidade, apesar de, nessa mesma passagem, encontrarmos claramente o peso e a resistência do espírito medieval, que ainda rege de alguma forma o pensamento de Maquiavel — os grifos, para destacar essa ambiguidade, são nossos:

> *Não ignoro que muitos foram e são de opinião de que as coisas desse mundo são governadas pela fortuna e por Deus, e que os homens prudentes não se lhes podem opor, e até não têm remédio algum contra elas. Por isso, poder-se-ia julgar que não devemos incomodar-nos demais com as coisas, mas deixar-nos governar pela sorte. Esta opinião tem-se reforçado em nossos dias devido às grandes variações que foram e são vistas todos os dias, além de qualquer conjetura humana. Pensando nisto, às vezes me sinto um tanto inclinado a esta opinião: entretanto, já que o nosso livre-arbítrio não desapareceu, julgo possível ser verdade que a fortuna seja árbitro de metade de nossas ações, mas que também deixe ao nosso governo a outra metade, ou quase. Comparo a sorte a um desses rios impetuosos que, quando se irritam, alagam as planícies, arrasam as árvores e as casas, arrastam terras de um lado para levar a outro: todos fogem deles, mas cedem ao seu ímpeto, sem poder detê-los em parte alguma. Mesmo assim, nada impede que, voltando a calma, os homens tomem providências, construam barreiras e diques, de modo que, quando a cheia se repetir, ou o rio flua por um canal, ou sua força torne-se menos livre e danosa. O mesmo acontece com a fortuna, que demonstra a sua força onde não encontra uma 'virtú' ordenada, pronta para lhe resistir e volta o seu ímpeto para onde sabe que não foram erguidos diques ou barreiras para contê-la.* (MAQUIAVEL, 1993, p. 116-117)

Se Maquiavel, nessa passagem, apresenta a princípio a batalha entre o destino e a força de vontade do ser humano, podemos também lê-la, metaforicamente, como uma batalha entre o espírito medieval (representado pela fortuna) e o espírito moderno nascente (representado pela *virtú* ordenada ou pela ordenação instaurada pelas barreiras e diques), ou seja, um combate entre a racionalidade nascente e a espiritualidade medieval.

A política começa agora a ter uma lógica própria, não mais subordinada a princípios éticos, morais ou religiosos. Pode-se, por exemplo, fazer o mal e ao mesmo tempo governar bem, e a obra de Maquiavel procura ser didática e exemplar, nesse sentido:

> *(...) ao tomar um estado, o conquistador deve examinar todas as ofensas que precisa fazer, para perpetuá-las todas de uma só vez e não ter que renová-las todos os dias. Não as repetindo, pode incutir confiança nos homens e ganhar seu apoio através de benefícios. Quem age de outro modo, por timidez ou mau conselho, precisa estar sempre com a faca na mão, não podendo jamais confiar em seus súditos, como tampouco podem eles confiar no príncipe devido às*

*suas contínuas e renovadas injúrias. As injúrias devem ser feitas todas juntas a fim de que, tomando-se menos o seu gosto, ofendam menos, enquanto os benefícios devem ser feitos pouco a pouco, para serem mais bem apreciados.* (MAQUIAVEL, 1993, p. 43)

O direito aparece associado, em *O príncipe*, ao poder militar de um estado:

*Os principais fundamentos de todos os estados, tanto dos novos como dos velhos ou dos mistos, são boas leis e boas armas. Como não se podem ter boas leis onde não existem boas armas, e onde são boas as armas costumam ser boas as leis, deixarei de refletir sobre as leis e falarei das armas.* (MAQUIAVEL, 1993, p. 56)

A principal preocupação do príncipe deve ser com a guerra. Este deve organizar seu exército, conhecer a geografia de seu país e ler sobre os feitos heroicos dos homens que venceram guerras passadas.

### 12.2.2 Hobbes

O inglês Thomas Hobbes (1588-1679) é considerado o fundador da filosofia moral e política inglesa. É também um dos primeiros pensadores a teorizar sobre o estado da natureza, que se caracterizaria ao mesmo tempo como um estado de plena liberdade e constante terror, sendo o Estado, então, necessário como fundamento da sobrevivência do ser humano. A existência coletiva, representada pelo Estado, teria o fim de preservar e proteger a vida individual. Sua obra mais conhecida é *Leviathan*.

Hobbes desenvolve a teoria do contrato social, método para justificar princípios ou arranjos políticos apelando para um acordo feito entre pessoas racionais, livres e iguais. Assim, o filósofo inglês procura demonstrar a relação de reciprocidade entre obediência política e paz. Para ele, as pessoas deveriam se submeter a uma autoridade política absoluta. Como seria a vida em um estado de natureza, ou seja, uma condição sem governo, de mera natureza, em que não existe autoridade reconhecida para arbitrar disputas nem poder efetivo para executar suas decisões? Hobbes argumenta que tal condição, em que os homens não estariam submetidos à lei nem ao poder coercitivo, tornaria impossíveis todas as necessidades de segurança básica da qual uma vida confortável, social e civilizada depende. Os homens deveriam evitar o estado de natureza, o que só poderia ser feito pela submissão a alguma autoridade pública mutuamente reconhecida, pois no estado de natureza os apetites privados tornam-se a medida do bem e do mal. Hobbes argumenta que o estado de natureza é um estado miserável, uma condição constante de guerra, em que não teríamos confiança em realizar nenhum dos nossos propósitos humanos (LLOYD, 2009).

As pessoas, na medida em que são racionais, querem viver suas vidas naturais em paz e segurança. Para isso, elas precisam se juntar em cidades ou estados de tamanho suficiente para desencorajar o ataque de qualquer grupo. Mas quando as pessoas se juntam em grupos assim grandes, sempre haverá alguns em quem não se pode confiar, sendo portanto necessário instituir um governo com o poder de criar e fazer cumprir pelas leis. Esse governo, que recebe seus direitos e seu poder para governar do consentimento dos governados, tem como primeira obrigação a segurança das pessoas. Enquanto o governo oferece essa segurança, os cidadãos são obrigados a obedecer às leis do estado em todos os pontos. Portanto, a racionalidade de procurar preservação duradoura requer procurar a paz; isso, por sua vez, requer organizar um estado com poder suficiente para manter a paz. Qualquer coisa que ameace a estabilidade do estado deve ser evitada (GIBSON, In: AUDI, 2009, p. 389).

### 12.2.3 Rousseau

Um nome essencial na história da filosofia política, da ética e dos princípios do direito, como representante do espírito do iluminismo, é Jean-Jacques Rousseau (1712-1778). Duas de suas obras são, nesse sentido, fundamentais: *Discurso sobre a origem e os fundamentos da desigualdade entre os homens* (1754/55) e *Do contrato social* (1757/62). Rousseau introduz o *mito do bom selvagem*: o homem seria originalmente bom, e a sociedade, a responsável por corrompê-lo: ao instinto e à amoralidade da vida natural, a sociedade viria impor a razão e a moral. As desigualdades no estado natural, para Rousseau, seriam muito menores do que na vida social. A invenção da propriedade seria o primeiro passo para aumentar significativamente a desigualdade entre os homens. As leis e os magistrados surgem, então, para garantir o domínio dos mais fortes, e o direito natural é substituído pelo poder dos mais fortes. O despotismo seria, consequentemente, o limite do abuso desse poder, e a liberdade natural encontra-se, nesse estado, totalmente comprometida. Se o estado natural não poderia ter se mantido por muito tempo, por conta das dificuldades que implica à sobrevivência do ser humano, Rousseau aponta, entretanto, que o caminho da socialização teria seguido rumos inadequados:

> *Suponhamos os homens chegando àquele ponto em que os obstáculos prejudiciais à sua conservação no estado de natureza sobrepujam, pela sua resistência, as forças de que cada indivíduo dispõe para manter-se nesse estado. Então, esse estado primitivo já não pode subsistir, e o gênero humano, se não mudasse de modo de vida, pereceria.* (ROUSSEAU, 1983, p. 31)

Essa mudança de estado teria, entretanto, gerado grande parte das desigualdades entre os homens. A passagem abaixo é uma das mais conhecidas de Rousseau:

> *O homem nasce livre, e por toda parte encontra-se a ferros.* (ROUSSEAU, 1983, p. 22)

Rousseau busca então definir a melhor forma, de direito, para o pacto social. Sua ambição é fundar bases racionais para o Estado e estabelecer os princípios do direito. O filósofo francês exprime essa ambição da seguinte forma:

> *Encontrar uma forma de associação que defenda e proteja a pessoa e os bens de cada associado com toda a força comum e pela qual cada um, unindo-se a todos, só obedece contudo a si mesmo, permanecendo assim tão livre quanto antes.* (ROUSSEAU, 1983, p. 32)

Assim, de uma *liberdade natural*, o homem passa agora a uma *liberdade convencional*, em que cumpre submeter-se à vontade de todos, às leis. O governo deve, portanto, representar essa vontade geral e garantir que o cidadão respeite a vontade do povo: "aquele que recusar obedecer à vontade geral a tanto será constrangido por todo um corpo, o que não significa senão que o forçarão a ser livre, pois é essa a condição de que, entregando cada cidadão à pátria, o garante contra qualquer dependência pessoal" (ROUSSEAU, 1983, p. 36).

Dessa forma, podem ser construídas as noções de justiça e moralidade civis. A liberdade natural é substituída pela liberdade civil e pela propriedade, legitimada agora pelo direito, que não se baseia na força, mas sim na representação da vontade geral. Assim, no *Contrato social* Rousseau aborda a passagem do estado de natureza para o estado social de uma forma mais otimista que no *Discurso*, tentando justificá-la de direito: "o pacto fundamental, em lugar de destruir a igualdade natural, pelo contrário substitui por uma igualdade moral e legítima aquilo que a natureza poderia trazer de desigualdade física entre os homens, que, podendo ser desiguais na força ou no gênio, todos se tornam iguais por convenção e direito" (ROUSSEAU, 1983, p. 39).

Essa oscilação do pensamento de Rousseau pode ser explicada, em oposição a Maquiavel, pela tentativa de combater o absolutismo, o direito despótico dos reis, e, ao mesmo tempo, justificar a função do Estado, fundando o direito em algum princípio abstrato. O que deve guiar o Estado, segundo Rousseau, é o interesse comum. O direito funcionaria, no pacto social, para garantir a igualdade e a liberdade.

### 12.2.4 Montesquieu

Outra figura de destaque do iluminismo francês é Montesquieu. Seu livro *O espírito das leis* estabelece a divisão dos poderes como ainda a conhecemos: executivo, legislativo e judiciário. Se Rousseau procura fundamentar o Estado, Montesquieu, por sua vez, procura uma fundamentação não natural e não religiosa para as próprias leis. A discussão das relações entre as leis divinas e as leis humanas ocupa uma parte de seu livro.

Imagem da Praça dos Três Poderes, em Brasília. As ideias de Montesquieu continuam a fazer parte do nosso dia a dia.

Aristóteles distinguia três tipos de governo: monarquia (governo de um), aristocracia (governo de alguns) e república (governo de todos). Montesquieu distingue também três tipos de governo, embora diversos da classificação aristotélica: despotismo (em que o governo se estabelece baseado no medo), monarquia (em que toda a fonte de poder político e civil vem do príncipe, que entretanto baseia seu governo em leis fundamentais) e república (que englobaria a aristocracia, em que o poder soberano estaria nas mãos de apenas algumas pessoas, e a democracia, em que o poder soberano estaria nas mãos do povo). Da mesma forma que em *O príncipe*, em *O espírito das leis* encontramos farta referência às mais diversas civilizações e governos da época.

Montesquieu chama de *virtude* o amor ao governo republicano, o amor pela pátria. Em seu livro, discute temas como as penas aos criminosos, a função das mulheres nos governos, a corrupção, a segurança, a guerra, as leis criminais, a arrecadação de tributos, as relações entre as leis e os climas, a escravidão, o comércio, o uso da moeda, a religião etc.

Novamente, encontramos em Montesquieu a preocupação em definir a liberdade em função das leis. Podemos exemplificar essa posição com duas passagens:

> *A liberdade é o direito de fazer tudo o que as leis permitem; se um cidadão pudesse fazer tudo o que elas proíbem, não teria mais liberdade, porque os outros também teriam tal poder.* (MONTESQUIEU, 1995, p. 118)

> *A liberdade filosófica consiste no exercício de sua vontade ou, pelo menos (se é preciso falar em todos os sistemas), na opinião que se tem do exercício da vontade. A liberdade política consiste na segurança ou, pelo menos, na opinião que se tem de sua segurança.* (MONTESQUIEU, 1995, p. 141)

Vejamos como se dá a exposição das relações dos três poderes em Montesquieu, talvez o ponto pelo qual sua obra seja mais conhecida:

*Há, em cada Estado, três espécies de poderes: o poder legislativo, o poder executivo das coisas que dependam do direito das gentes, e o executivo das que dependem do direito civil.*

*Pelo primeiro, o príncipe ou magistrado faz leis por certo tempo ou para sempre e corrige ou ab-roga as que estão feitas. Pelo segundo, faz a paz ou a guerra, envia ou recebe embaixadas, estabelece a segurança, previne as invasões. Pelo terceiro, pune os crimes ou julga as querelas dos indivíduos. Chamaremos este último o poder de julgar e, o outro, simplesmente o poder executivo do Estado.*

*(...)*

*Quando, na mesma pessoa ou no mesmo corpo de magistratura, o poder legislativo está reunido ao poder executivo, não existe liberdade, pois pode-se temer que o mesmo monarca ou o mesmo senado apenas estabeleçam leis tirânicas para executá-las tiranicamente.*

*Não haverá também liberdade se o poder de julgar não estiver separado do poder legislativo e do executivo. Se estivesse ligado ao poder legislativo, o poder sobre a vida e a liberdade dos cidadãos seria arbitrário, pois o juiz seria legislador. Se estivesse ligado ao poder executivo, o juiz poderia ter a força de um opressor.*

*Tudo estaria perdido se o mesmo homem ou o mesmo corpo dos principais, ou dos nobres, ou do povo, exercesse esses três poderes: o de fazer leis, o de executar as resoluções públicas e o de julgar os crimes ou as divergências dos indivíduos.*

*(...)*

*O poder de julgar não deve ser outorgado a um senado permanente, mas exercido por pessoas extraídas do corpo do povo, num certo período do ano, de modo prescrito pela lei, para formar um tribunal que dure apenas o tempo necessário.*

*Desta maneira, o poder de julgar, tão terrível entre os homens, não estando ligado nem a uma certa situação, nem a uma certa profissão, torna-se, por assim dizer, invisível e nulo. Não se tem constantemente juízes diante dos olhos e teme-se a magistratura mas não os magistrados.*

*(...)*

*Os outros dois poderes poderiam, preferivelmente, ser outorgados a magistrados ou a corpos permanentes, porque não se exercem sobre nenhum indivíduo, sendo um somente a vontade geral do Estado, e outro, somente a execução dessa vontade geral.*

*(...)*

*O poder executivo deve permanecer nas mãos de um monarca porque esta parte do governo, que quase sempre tem necessidade de uma ação momentânea, é mais bem administrada por um do que por muitos; ao passo que o que depende do poder legislativo é, amiúde, mais bem ordenado por muitos do que por um só.* (MONTESQUIEU, 1995, p. 118-121)

### 12.2.5 Empirismo

John Locke, que já estudamos como filósofo empirista, também se destaca como teórico do iluminismo. Seu *Segundo tratado sobre o governo* (1690) é uma obra essencial no liberalismo político moderno. Nela, Locke procura determinar a origem, a extensão e o objetivo do governo civil. O filósofo inglês desautoriza as ideias que fundam o direito e o poder na força e violência, de um lado, e na hereditariedade ou poder divino, de outro. A lei da natureza para Locke implicaria razão e equidade, e aqueles que a transgredissem deveriam ser castigados. A *liberdade política*, assim como para Rousseau e Montesquieu, teria um sentido diferente da *liberdade natural*, além de também não incluir a ideia de subordinação incondicional ao poder e à vontade de alguns, mas apenas ao bem comum da sociedade:

> *A liberdade natural do homem consiste em estar livre de qualquer poder superior na Terra, e não sob a vontade ou a autoridade legislativa do homem, tendo somente a lei da natureza como regra. A liberdade do homem na sociedade não deve ficar sob qualquer outro poder legislativo senão o que se estabelece por consentimento na comunidade, nem sob o domínio de qualquer vontade ou restrição de qualquer lei senão o que esse poder legislativo promulgar de acordo com o crédito que lhe concedem. A liberdade, portanto, não consiste no que nos diz Sir Robert Filmer, "uma liberdade para qualquer um fazer o que lhe apraz, viver como lhe convém, sem se ver refreado por leis quaisquer"; a liberdade dos homens sob governo importa em ter regra permanente pela qual viva, comum a todos os membros dessa sociedade e feita pelo poder legislativo nela erigido: liberdade de seguir a minha própria vontade em tudo quanto a regra não prescreve, não ficando sujeita à vontade inconstante, incerta e arbitrária de qualquer homem; como a liberdade de natureza consiste em não estar sob qualquer restrição que não a lei da natureza.* (LOCKE, 1983b, p. 43)

A fundamentação filosófica que Locke dá ao direito da propriedade (cuja preservação é considerada no *Tratado* como o principal objetivo da união dos homens em comunidade) é relevante e parece estar associada à ideia da propriedade natural que o homem tem sobre sua própria pessoa e trabalho e, por consequência, sobre os frutos de seu trabalho:

> *Embora a terra e todas as criaturas inferiores sejam comuns a todos os homens, cada homem tem uma propriedade em sua própria pessoa; a esta ninguém tem qualquer direito senão ele mesmo. O trabalho de seu corpo e a obra das suas mãos, pode dizer-se, são propriamente dele. Seja o que for que ele retire do estado que a natureza lhe forneceu e no qual o deixou, fica-lhe misturado ao próprio trabalho, juntando-se-lhe algo que lhe pertence e, por isso mesmo, tornando-o propriedade dele. Retirando-o do estado comum em que a natureza o colocou, anexou-lhe por esse trabalho algo que o exclui do direito comum de outros homens. Desde que esse trabalho é propriedade exclusiva do trabalhador, nenhum outro homem pode ter direito ao que se juntou, pelo menos quando houver bastante e igualmente de boa qualidade em comum para terceiros.* (LOCKE, 1983b, p. 45-46)

Apesar de Locke procurar derivar o direito de propriedade do próprio indivíduo, do direito inalienável que este possui sobre si mesmo, a noção de propriedade de terra aparece em sua obra, curiosamente, associada à religião:

> *Sendo agora, contudo, a principal matéria da propriedade não os frutos da terra e os animais que sobre ela subsistem, mas a própria terra, como aquilo que abrange e consigo leva tudo o mais, penso ser evidente que aí também a propriedade se adquire como nos outros casos. A extensão de terra que um homem lavra, planta, melhora, cultiva, cujos produtos usa, constitui a sua propriedade. Pelo trabalho, por assim dizer, separa-a do comum. Nem lhe invalidará o direito dizer que qualquer outro terá igual direito a essa extensão de terra, não sendo possível, portanto, àquele apropriar-se ou fechá-la sem o consentimento de todos os membros da comunidade — todos os homens. Deus, ao dar o mundo em comum a todos os homens, ordenou-lhes também que trabalhassem; e a penúria da condição humana assim o exige. Deus e a própria razão lhes ordenavam dominar a terra, isto é, melhorá-la para benefício da vida e nela dispor algo que lhes pertencesse, o próprio trabalho. Aquele que, em obediência a esta ordem de Deus, dominou, lavrou e semeou parte da terra,*

*anexou-lhe por esse meio algo que lhe pertencia, a que nenhum outro tinha direito, nem podia, sem causar dano, tirar dele.* (LOCKE, 1983b, p. 47)

A noção de pacto social, presente em Rousseau, também aparece em Locke, assim como a importância da vontade da maioria como guia para a sociedade:

*Quando qualquer número de homens, pelo consentimento de cada indivíduo, constituiu uma comunidade, tornou, por isso mesmo, essa comunidade um corpo, com o poder de agir como um corpo, o que se dá tão só pela vontade e resolução da maioria. Pois o que leva qualquer comunidade a agir sendo somente o consentimento dos indivíduos que a formam, e sendo necessário ao que é um corpo para mover-se em um sentido, que se mova para o lado para o qual o leva a força maior, que é o consentimento da maioria, se assim não fosse, seria impossível que agisse ou continuasse a ser um corpo, uma comunidade, que a aquiescência de todos os indivíduos que se juntaram nela concordou em que fosse; dessa sorte todos ficam obrigados pelo acordo estabelecido pela maioria. E portanto, vemos que, nas assembleias que têm poderes para agir mediante leis positivas, o ato da maioria considera-se como sendo o ato de todos e, sem dúvida, decide, como tendo o poder de todos pela lei da natureza e da razão.* (LOCKE, 1983b, p. 71)

Locke discutirá ainda em seu livro o poder dos pais sobre os filhos, o casamento, a relação entre senhor e servo, a sociedade civil, o absolutismo, a tirania e o despotismo, as relações entre os poderes legislativo, executivo e federativo, as guerras e as conquistas etc.

David Hume, outro filósofo empirista, procura relacionar moral e razão. Em "Memory and morals in *Memento*: Hume at the movies", Bragues (2008, p. 62-82) analisa o filme *Amnésia* (*Memento*, 2000), dirigido por Christopher Nolan, em função da filosofia moral de Hume. Em uma história contada de trás para a frente, um ladrão invade a casa de um casal, estupra e mata a mulher. Depois do confronto com o agressor, o marido Leonard Shelby passa a sofrer de um tipo de amnésia que impede que ele se lembre dos fatos recentes. Ele passa então a buscar pelo assassino da mulher, mas é manipulado por alguns indivíduos. Por trás das manipulações está Teddy, que sugere que o próprio Leonard matou a esposa. O espectador fica assim sem saber qual é a versão verdadeira para o assassinato.

O filme explora diversas questões que fazem parte das discussões do empirismo: memória, identidade pessoal, tempo, verdade, responsabilidade moral e significado.

O artigo de Bragues enfatiza as dimensões morais do filme, interpretando-o como um experimento conduzido de acordo com as ideias de Hume. O empirismo propõe que a mente não possui conteúdo ou estrutura intelectual inatos, codificando a informação e pensando por imagens recebidas da experiência, com o suporte da linguagem. Para Hume, como já vimos, os eventos mentais ou percepções são divisíveis em impressões e ideias. Entre as impressões estão sensações, emoções, desejos e paixões, enquanto as ideias são compostas de imagens mentais que formamos de nossas impressões, após experimentá-las. Nossa memória estaria localizada justamente num contínuo entre as ideias e as impressões.

O hábito associado à repetição da experiência, que funciona como a base da indução para Hume, encontra-se prejudicado no caso de Leonard, que em função de sua amnésia tem seu senso de realidade e de identidade pessoal afetado. A sua doença traz à luz as características de nossa vida mental na visão de Hume, para quem o mundo é experienciado como uma cena nova e diferente em cada momento, sem o substrato comum da memória. Nosso senso do self, por sua vez, é para Hume uma ficção imposta sobre nossa experiência pela ação da nossa memória. No caso de Leonard, a realidade e o self consistem em um pacote de percepções sem conexões.

Na busca pelo assassino de sua esposa, entretanto, Leonard procura alimentar sua 'memória' com notas escritas e imagens fotográficas.

Mas nossa identidade é, para Hume, também sustentada por nossos projetos morais e pela maneira como os outros nos enxergam. Nesse sentido, para Bragues o filme investiga o significado da memória pelas ações de um homem que se considera engajado em um projeto moral e pela percepção que os outros têm dele. É assim que nós, espectadores, vamos formando nossa leitura sobre o que aconteceu com a esposa de Leonard.

## 12.2.6 Kant

As obras dos dois principais filósofos idealistas alemães, Kant e Hegel, tornaram-se essenciais para a filosofia do direito e a filosofia política contemporâneas. Em *Fundamentação da metafísica dos costumes* (1785), Kant discute o fundamento da moral. A lógica seria, segundo ele, a ciência formal por excelência. Todavia, também as ciências não formais, como a física (ciência da natureza) e a ética (ciência do homem), teriam, além de sua parte empírica, uma parte pura, constituída de princípios *a priori*. Kant chama de metafísica à filosofia *a priori* que, ao contrário da lógica, limita-se a determinados objetos. Assim, à parte empírica da ética, a antropologia prática, Kant contrapõe sua parte puramente racional, a moral, que efetivamente nos interessa.

Na passagem seguinte, podemos observar a apresentação de um método formalista que se distingue, radicalmente, do pensamento de Maquiavel:

> *Com efeito, a metafísica dos costumes deve investigar a ideia e os princípios duma possível vontade pura, e não as ações e condições do querer humano em geral, as quais são tiradas na maior parte da psicologia.* (KANT, 1980, p. 105)

Kant explora, em sua obra, as relações entre a razão e a vontade e analisa noções como as de caráter, dever e felicidade, entre outras. Sua reflexão determina um imperativo categórico, que deveria fundamentar toda a nossa ação:

> *Age apenas segundo uma máxima tal que possas ao mesmo tempo querer que ela se torne lei universal.* (KANT, 1980, p. 129)

A *máxima* seria o princípio subjetivo do meu querer, da minha vontade. Minhas atitudes práticas devem ser orientadas para que eu queira, também, que esse princípio se torne universal e que possa ser também o princípio da vontade de todo e qualquer sujeito. Podemos perceber que várias noções estudadas em Maquiavel, como as de dominação, a amoralidade dos príncipes ou a mentira, tornam-se incompatíveis com o princípio de Kant. Aqui o princípio da vontade geral, do bem comum, fundamento do Estado em Montesquieu, Rousseau e Locke, é ampliado. A vontade encontra-se submetida a leis racionais, e a ética não está totalmente desvinculada do Estado, como em Maquiavel: se o pacto social é erigido sobre a vontade comum, minhas ações, enquanto indivíduo, também devem se comportar como se representassem uma vontade universal. Cada uma das minhas ações individuais deve fundar uma lei universal. Como afirma Kant:

> *A vontade não está pois simplesmente submetida à lei, mas sim submetida de tal maneira que tem de ser considerada também como legisladora ela mesma, e exatamente por isso e só então submetida à lei (de que ela pode se olhar como autora).* (KANT, 1980, p. 137)

> *O homem está, segundo a filosofia kantiana, obrigado a ser livre e a agir livremente de acordo com as leis morais.*

Assim, pelo imperativo categórico e o princípio prático kantianos, eu sou ao mesmo tempo o legislador (universal) e aquele que age, por dever, em acordo com as leis. Enquanto seres racionais, nossa vontade teria a capacidade de construir suas leis morais independentes de qualquer objeto exterior, necessidade ou causalidade e seria fundada apenas nela mesma, em sua capacidade de legislar. A liberdade, para Kant, seria definida exatamente como a autonomia da vontade, ou seja, a propriedade que a vontade tem de ser lei para si própria. Liberdade seria portanto sinônimo de agirmos submetidos a leis morais. Caso contrário, a liberdade se tornaria uma noção vazia e egoísta, pois só incluiria a minha vontade individual, felicidade e liberdade individual enquanto sujeito, mas não poderia ser estendida, como noção universal, a todos os outros sujeitos. Assim, o homem está, segundo a filosofia kantiana, *obrigado* a ser livre e a agir livremente (de acordo com as leis morais), o que será retomado, com algumas nuances, pela filosofia existencialista de Sartre.

Fica clara a diferença entre o pensamento de Maquiavel, de um lado, e o de Rousseau, Locke e Kant, de outro. Maquiavel funda o direito e a moral no fato, enquanto os outros filósofos estudados concebem um direito ideal, racional ou natural. Vários autores basearão sua reflexão sobre o direito na filosofia de Kant, e a renovação da filosofia do direito no início do século XX será determinada pelos neokantianos.

## 12.2.7 Kelsen

Um dos teóricos de filosofia do direito mais estudados é Hans Kelsen (1881-1973), autor de *Teoria pura do direito*. Sua teoria pretende-se pura da mesma forma que a crítica de Kant à razão e da mesma forma que a moral é a teoria da razão pura prática, ou seja, seu objeto são os princípios *a priori* da razão prática. Para Kelsen, interessa isolar teoricamente o direito da psicologia, da sociologia, da ética e da teoria política. A sociedade é pensada como parte da natureza, e o direito, por consequência, também teria uma parte de seu ser situada no domínio da natureza — mas poderíamos, mesmo assim, pensar em princípios do direito *a priori*.

Os atos teriam, para Kelsen, uma significação geral e exterior, ao mesmo tempo em que teriam um significado específico, do ponto de vista do direito. Observados desse ponto de vista específico, os atos jurídicos possuiriam uma característica especial, que os distinguiria dos demais: se uma planta, por exemplo, não diz nada de imediato sobre si própria a um estudioso da natureza (e precisa ser estudada para revelar-se ao cientista), os atos jurídicos podem comunicar, eles mesmos, algo sobre seu estatuto jurídico. Pode-se num parlamento, por exemplo, declarar que se está votando uma lei. O ato de declarar que se está votando uma lei é, ao mesmo tempo, um ato jurídico e uma referência ao próprio ato — assim como a fala "Eu os declaro marido e mulher" é, ao mesmo tempo, a celebração do casamento e uma referência ao próprio ato declarativo. O objeto de estudo do direito, portanto, já traria em si uma autoexplicação — possuiria, em muitos casos, um aspecto cerimonial e metalinguístico.

O ato jurídico, do seu ponto de vista exterior, entretanto, seria apenas um elemento da natureza, não trazendo em si, imediatamente, nem mesmo seu estatuto jurídico. É necessária portanto a *norma* para que esse ato possa ser interpretado, sob o ponto de vista jurídico. Como afirma Kelsen: "A norma funciona como esquema de interpretação" (KELSEN, 1985, p. 4). E essa norma é produzida por um ato jurídico, cuja significação se dá em função de outra norma. O direito poderia ser definido, então, como esse conjunto de normas que regulam a conduta humana.

Kelsen utiliza o conceito de *dever*, retomando Kant, com o sentido não apenas de ordenar, mas também de permitir ou mesmo conferir competência e poder de agir de uma determinada maneira. A norma estaria portanto associada a esse dever, não ao ato propriamente dito; ela representaria um dever-ser, enquanto o ato representaria o próprio ser. Assim, enquanto vontade individual, um dever-ser teria apenas sentido subjetivo. Assumiria seu caráter objetivo apenas quando convertido em norma, ou seja, quando representativo de uma vontade comum, universal. Na citação abaixo percebemos a influência de Kant, em que a noção de um "terceiro desinteressado" pode ser associada ao imperativo categórico kantiano:

> *A circunstância de o 'dever-ser' constituir também o sentido objetivo do ato exprime que a conduta a que o ato intencionalmente se dirige é considerada como obrigatória (devida), não apenas do ponto de vista do indivíduo que põe o ato, mas também do ponto de vista de um terceiro desinteressado — e isso muito embora o querer, cujo sentido subjetivo é o dever-ser, tenha deixado faticamente de existir, uma vez que, com a vontade, não desaparece também o sentido, o dever-ser; uma vez que o dever-ser 'vale' mesmo depois de a vontade ter cessado, sim, uma vez que ele vale ainda que o indivíduo cuja conduta, de acordo com o sentido subjetivo do ato de vontade, é obrigatória (devida) nada saiba desse ato e do seu sentido, desde que tal indivíduo é considerado como tendo o dever ou o direito de se conduzir de conformidade com aquele dever-ser. Então, e só então, o dever-ser, como dever-ser, como dever-ser 'objetivo', é uma 'norma válida' ('vigente'), vinculando os destinatários.* (KELSEN, 1985, p. 8)

O próprio costume poderia ser considerado criador de normas, quando assim admitido por uma constituição de determinada comunidade. De qualquer forma, a norma e sua vigência não se resumiriam a uma vontade individual, a um ato de vontade psicológica, à vontade do legislador ou do Estado, pois a norma vale para todos, independentemente dos atos, apesar de um mínimo de eficácia ser necessário para sua vigência. Há para Kelsen um domínio espacial e temporal da norma — o que novamente nos remete a Kant, para quem tempo e espaço têm importância decisiva como categorias *a priori* da sensibilidade. A norma pode valer por determinado tempo, em determinado local — espaço e tempo fazem parte de seu escopo, de sua vigência. A norma também possui um domínio pessoal, ou seja, uma norma pode valer para todos os homens, para os habitantes de um determinado país ou estado. Além de também possuir um domínio material, ou seja, pode disciplinar aspectos econômicos, religiosos e políticos, entre outros.

Outra característica da norma é a permissão, ordenação ou conferência de poder para certo ato, para que um sujeito proceda de determinada maneira. Quando esse sujeito procede de forma inadequada em relação à norma, dizemos que esta é violada. As condutas que correspondem à norma, para Kelsen, têm valor positivo, e aquelas que contrariam a norma possuem valor negativo. A norma funciona, portanto, como medida de valor para a conduta real:

> *O valor, como dever-ser, coloca-se em face da realidade, como ser; valor e realidade — tal como o dever-ser e o ser — pertencem a duas esferas diferentes.* (KELSEN, 1985, p. 20)

Podemos diferenciar o valor subjetivo (que mede a relação da vontade ou querer de um ou alguns com determinada conduta) e o valor objetivo (que mede a relação entre uma norma ou vontade geral e um ato). As normas, enquanto fundamentos desses juízos de valor, são criadas pelos homens, são portanto arbitrárias e podem ser modificadas. Uma norma não exclui a possibilidade da existência de outra que implique seu oposto e mude radicalmente um juízo de valor, mas as duas não podem coexistir.

A obra de Kelsen abordará ainda as relações do direito com a natureza, a moral, a ciência e o Estado.

## 12.2.8 Hegel

Os *Princípios da filosofia do direito* de Hegel é um livro que gerou diferentes e contraditórias interpretações. Como afirma seu tradutor português: "Não pode deixar de suscitar um impressionante espanto que a este mesmo livro e uno pensamento de um filósofo possam ir buscar seus princípios movimentos tão diferentes como o individualismo e o fascismo, o corporativismo e o estatismo, o marxismo e o monarquismo" (VITORINO, In: HEGEL, 1990, p. xxi).

Hegel critica, na filosofia do direito de Kant, o caráter formal atribuído ao conceito de liberdade da vontade: o imperativo categórico de Kant representaria apenas o momento de negatividade da vontade, de limitação, fundamentado no princípio da não contradição. Sua teoria estaria fundada, assim como a de Rousseau, na vontade individual e particular (projetada apenas ao campo da vontade geral), e não no conceito universal de vontade.

Por meio da razão, o homem chega ao conceito de *consciência de si*, e este seria o princípio do direito e da moralidade. Assim Hegel critica as teorias do direito que recusam a razão para fundar-se no sentimento:

> *Os que, ao falarem filosoficamente do direito e da moralidade subjetiva e objetiva, querem afastar o pensamento desse domínio e nos remetem para o sentimento, para o coração, para o furor e o entusiasmo, mostram-nos como é profundo o desprezo em que caíram o pensamento e a ciência, pois a própria ciência sucumbe de desespero e lassidão e aceita como princípio a barbárie e a ausência de pensamento; tanto quanto pode, arrebata, então, ao homem tudo o que seja valor, dignidade e verdade.* (HEGEL, 1990, p. 44)

Seguindo o movimento triádico, característico de sua dialética, Hegel divide o desenvolvimento da vontade em três estágios: (a) o direito abstrato ou formal; (b) o direito ou a moralidade subjetivos e (c) a moralidade objetiva.

No *direito abstrato*, Hegel destaca a importância da personalidade, que confere inicialmente direito às coisas:

> *É a personalidade que principalmente contém a capacidade do direito e constitui o fundamento (ele mesmo abstrato) do direito abstrato, por conseguinte formal. O imperativo do direito é portanto: sê uma pessoa e respeita os outros como pessoas.* (HEGEL, 1990, p. 56)

As características do direito, nesse estágio, seriam basicamente a interdição e a permissão: 'não ofender a personalidade' seria a máxima do direito abstrato. Nesse caráter de imediatismo da vontade, três elementos são essenciais: a propriedade (enquanto posse da personalidade), o contrato (que regula a transferência da propriedade, forma como uma personalidade se relaciona com a outra) e a injustiça (ou o crime contra outra personalidade).

A propriedade seria a realização da vontade nas coisas exteriores. Na passagem seguinte, Hegel realiza a defesa da noção de propriedade, que pode ser lida como crítica ao socialismo:

> *A igualdade é a identidade abstrata do intelecto; sobre ela se funda a mediocridade do espírito, sempre que depara com a relação da unidade a uma diferença. Aqui, a igualdade só poderia consistir na igualdade das pessoas abstratas como tais; ora tudo o que se refere à posse, domínio de desigualdade, fica à margem da pessoa abstrata.*
>
> *A reivindicação algumas vezes apresentada da igualdade na divisão das propriedades de raiz e até de todo o gênero de fortunas é uma concepção vaga e superficial, tanto mais que, neste caso, intervêm não só a contingência exterior da natureza, mas ainda todo o domínio da natureza do espírito com o que ela tem de particular de diversidade infinita e de sistematização racional.*
>
> *Não se pode falar de uma injustiça da natureza a propósito da desigual repartição da riqueza e da fortuna, pois a natureza, não sendo livre, não é justa nem injusta. Desejar que todos os homens tenham proventos para satisfazer as suas exigências não é mais do que um desejo da moralidade subjetiva e, nesta sua vaga expressão, constitui uma ideia corrente que, como todo lugar-comum, não possui objetividade. Aliás, os proventos são coisa diferente da posse e deverão portanto ser estudados na parte em que nos ocupamos da sociedade civil.* (HEGEL, 1990, p. 66)

Na citação abaixo, Hegel introduz a noção de inalienabilidade das coisas espirituais:

> *Posso eu desfazer-me da minha propriedade (porquanto ela só é minha na medida em que nisso tenho a minha vontade), ou abandoná-la como se não tivesse dono ('derelinquo'), ou transmiti-la à vontade de outrem — mas só o posso fazer na medida em que a coisa é, por natureza, exterior.*
>
> *São, portanto, inalienáveis e imprescritíveis, como os respectivos direitos, os bens ou, antes, as determinações substanciais que constituem a minha própria pessoa e a essência universal da minha consciência de mim, como sejam a minha personalidade em geral, a liberdade universal do meu querer, a minha moralidade objetiva, a minha religião.* (HEGEL, 1990, p. 78)

Mais exemplos de alienação das coisas espirituais seriam: escravatura, propriedade corporal, incapacidade de ser proprietário ou de dispor livremente da sua propriedade, superstição, autoridade conferida a outrem sobre minha vontade ou para me ditar o que é meu dever de consciência, de verdade religiosa etc. Hegel discutirá, em seguida, uma série de conceitos relativos à propriedade intelectual, que são ainda atuais. Logo depois refletirá sobre as características do contrato, que funda a propriedade: contratos de doação, troca e garantia de contrato (caução) por penhora. O autor abordará ainda o dano civil, a impostura, a violência e o crime.

No *direito ou moralidade subjetivos*, Hegel estuda a ação como expressão da moral ou vontade subjetiva. São abordados aqui os conceitos de projeto e responsabilidade, intenção e bem-estar, bem e certeza moral e dever, entre outros.

Novamente veremos em Hegel a ideia de liberdade associada à de dever, agora num sentido moral:

> *O direito que os indivíduos têm de estarem subjetivamente destinados à liberdade satisfaz-se quando eles pertencem a uma realidade moral objetiva. Com efeito, é numa tal objetividade que reside a verdade da certeza da sua liberdade e na realidade moral possuem eles realmente a sua essência própria, a sua íntima universalidade.* (HEGEL, 1990, p. 158)

Quando aborda a *moralidade objetiva*, momento de síntese e superação da moralidade subjetiva, na qual estariam incluídas as obras de Kant e Rousseau, Hegel dividirá sua exposição em três partes: a família (espírito moral imediato); a sociedade civil e o Estado como liberdade.

Ao tratar dos sistemas de carências, mais particularmente das riquezas, Hegel exporá sua conhecida teoria das três classes sociais. O capital, as aptidões e as circunstâncias fundariam a desigualdade das fortunas. As classes seriam pois a classe imediata ou substancial (associada à exploração agrícola e à família), a reflexiva ou formal (comercial e industrial, que atua na transformação e troca dos bens) e a universal (que se ocupa dos interesses gerais, da vida social, e deve ser dispensada do trabalho direto, seja pela fortuna privada ou por indenização do Estado).

## 12.2.9 Marx

Por meio de uma crítica da filosofia do direito de Hegel, surge o que costumamos chamar de esquerda hegeliana. Com Karl Heinrich Marx (1818-1883), temos uma grande revolução no pensamento filosófico, político e econômico. Se, de um lado, a decadência rápida e impressionante dos países comunistas, no final do século XX, coloca em questão todos os pressupostos do marxismo, gerando a necessidade de sua revisão rigorosa, de outro serve também para desmistificar toda a teoria que foi defendida apaixonadamente durante décadas, permitindo-nos uma leitura mais crítica.

Marx opera um importante deslocamento de perspectiva na filosofia. As ideias e o pensamento não devem mais ser encarados como produtos da mente de um ser humano, ou mesmo como anteriores à experiência, como puros, geradores das posições sociais que os seres humanos e os grupos assumem. O pensamento, ao contrário, seria determinado diretamente pelas condições histórico-político-sociais, estabelecendo uma relação dinâmica com as mesmas. O pensamento só adquire sentido enquanto relacionado com a realidade concreta, sendo, então, por ela determinado.

O marxismo, com seu materialismo histórico, abre um vasto campo de estudo, no qual podemos partir das ideias para entender sua gênese social, as determinações históricas do pensamento, as condições que determinam o surgimento de determinada filosofia. Dominação, jogos de poder, pequenos acontecimentos são elementos que podem apontar essas relações. A luta de classes, um confronto entre classes antagônicas nos sistemas de produção, seria o motor da história. A história, para Marx, seguiria um movimento dialético de constante superação, semelhante (de um ponto de vista formal) a Hegel. Para cada fase da história e predomínio de determinado modo de produção, certo arcabouço jurídico e político seria erigido, em função de determinada consciência social. No capitalismo, especificamente, a burguesia dominaria o proletariado, daí a necessidade de uma revolução, que deveria ser conduzida pelo proletariado.

Um dos mais importantes princípios do marxismo, como crítica da filosofia hegeliana, é a revisão do conceito de propriedade privada. A propriedade privada teria sido considerada até então pela economia política como um pressuposto inquestionável. Para Marx, entretanto, a propriedade privada seria causa e resultado do trabalho alienado, devendo ser problematizada e até mesmo abolida. Surge, assim, a ideia da apropriação coletiva dos meios de produção como tentativa de superar a alienação do trabalho.

### 12.2.10 Foucault

A instigante obra do filósofo francês Michel Foucault (1926-1984) procura abordar os micropoderes que atuam na sociedade e o poder dos discursos, dos saberes oficiais e não oficiais, fundamentando-se para isso tanto no pensamento marxista como na obra de Nietzsche.

*A verdade e as formas jurídicas* é o título de uma série de conferências que Michel Foucault proferiu na Pontifícia Universidade Católica do Rio de Janeiro em 1973.

Na primeira conferência, Foucault apresenta sua reflexão metodológica. Ele parte de três heranças ou eixos de pesquisa:

a) O estudo dos *domínios do saber* por meio das práticas sociais, sem o préconceito de um *sujeito do conhecimento* dado de antemão. O sujeito do conhecimento não é dado, tem uma história, assim como a verdade. No século XIX, por exemplo, formou-se um saber sobre a normalidade e anormalidade do indivíduo que constrói não apenas um novo objeto, mas simultaneamente um novo sujeito do conhecimento.

b) *Análise dos discursos*. O discurso não é apenas um conjunto de fatos linguísticos conectados por regras sintáticas: é um jogo estratégico e polêmico, jogo de dominação e de poder, que se estabelece tanto explicitamente nos discursos autoritários e ideológicos, que procuram influenciar a maneira de pensar das pessoas, quanto em nossas relações pessoais e profissionais diárias, em que procuramos de alguma maneira convencer as pessoas de nossos argumentos.

c) Reelaboração da *teoria epistemológica do sujeito*, principalmente sob a égide da psicanálise:

> *Atualmente, quando se faz história — história das ideias, do conhecimento ou simplesmente história — atemo-nos a esse sujeito de conhecimento, a este sujeito da representação, como ponto de origem a partir do qual o conhecimento é possível e a verdade aparece. Seria interessante tentar ver como se dá, através da história, a constituição de um sujeito que não é dado definitivamente, que não é aquilo a partir do que a verdade se dá na história, mas de um sujeito que se constitui no interior mesmo da história e que é a cada instante fundado e refundado pela história.* (FOUCAULT, 1974, p. 7)

Fundadas nesse tripé metodológico, as palestras de Foucault visam a acompanhar a "constituição histórica de um sujeito de conhecimento através de um discurso tomado como um conjunto de estratégias que fazem parte das práticas sociais" (FOUCAULT, 1974, p. 7). E justamente nas práticas jurídicas ou judiciárias Foucault identificará a emergência de novas e complexas formas de subjetividade. Por meio dessas práticas, estabelecer-se-iam ricas relações entre o homem e a verdade. As complexas técnicas do *inquérito*, por exemplo, iniciadas na Idade Média como forma de pesquisa da verdade do ponto de vista jurídico, estendem-se posteriormente ao campo da reflexão filosófica e científica. Já no século XIX, em função da estabilização da sociedade capitalista, surge o *exame*, outra forma de pesquisa da verdade, do ponto de vista jurídico, que teria dado origem à sociologia, à psicologia, à psicopatologia, à criminologia e à psicanálise.

Citando Nietzsche, Foucault realizará inicialmente a desconstrução da noção de *conhecimento*. Não há adequação entre o sujeito, o conhecimento e o objeto. Esses próprios conceitos são históricos, construídos, destruídos e reconstruídos pelas práticas sociais:

> *Nietzsche quer dizer que não há uma natureza do conhecimento, uma essência do conhecimento, condições universais para o conhecimento, mas que o conhecimento é, cada vez, o resultado histórico e pontual de condições que não são da ordem do conhecimento. O conhecimento é um efeito ou um acontecimento que pode ser colocado sob o signo do conhecer. O conhecimento não é uma faculdade, nem uma estrutura universal. Mesmo quando utiliza um certo número de elementos que podem passar por universais, esse conhecimento será apenas da ordem do resultado, do acontecimento, do efeito.* (FOUCAULT, 1974, p. 18-19)

É assim que Foucault procura fazer sua história da verdade — não de um ponto de vista interno, como história de erros e acertos, mas de um ponto de vista histórico, político e social, ressaltando a relação desses elementos com a constituição de determinadas verdades e saberes. Assim Foucault termina sua primeira conferência, retomando a questão metodológica e expondo o universo no qual se moverá, nas próximas palestras:

> *Retomo agora meu ponto de partida. Em uma certa concepção que o meio universitário faz do marxismo ou em uma certa concepção do marxismo que se impôs à universidade, há sempre no fundamento da análise a ideia de que as relações de força, as condições econômicas, as relações sociais são dadas previamente aos indivíduos, mas, ao mesmo tempo, se impõem a um sujeito de conhecimento que permanece idêntico salvo em relação a ideologias tomadas como erros.*
>
> *Chegamos assim a esta noção muito importante e ao mesmo tempo muito embaraçosa de ideologia. Nas análises marxistas tradicionais a ideologia é uma espécie de elemento negativo através do qual se traduz o fato de que a relação do sujeito com a verdade ou simplesmente a relação de conhecimento é perturbada, obscurecida, velada pelas condições de existência, por relações sociais ou por formas políticas que se impõem do exterior ao sujeito do conhecimento. A ideologia é a marca, o estigma destas condições políticas ou econômicas de existência sobre um sujeito de conhecimento que, de direito, deveria estar aberto à verdade.*

> *O que pretendo mostrar nestas conferências é como, de fato, as condições políticas, econômicas de existência não são um véu ou um obstáculo para o sujeito de conhecimento, mas aquilo através do que se formam os sujeitos de conhecimento e, por conseguinte, as relações de verdade. Só pode haver certos tipos de sujeito de conhecimento, certas ordens de verdade, certos domínios de saber a partir de certas condições políticas que são o solo em que se forma o sujeito, os domínios de saber e as relações com a verdade. Só se desembaraçando destes grandes temas do sujeito do conhecimento, ao mesmo tempo originário e absoluto, utilizando eventualmente o modelo nietzschiano, poderemos fazer uma história da verdade.*
>
> *Apresentarei alguns esboços desta história a partir das práticas judiciárias de onde nasceram os modelos de verdade que circulam ainda em nossa sociedade, se impõem ainda a ela e valem não somente no domínio da política, no domínio do comportamento quotidiano, mas até na ordem da ciência. Até na ciência encontramos modelos de verdade cuja formação releva das estruturas políticas que não se impõem do exterior ao sujeito de conhecimento, mas que são, elas próprias, constitutivas do sujeito de conhecimento.* (FOUCAULT, 1974, p. 20-21)

Na segunda palestra, Foucault estuda a peça *Édipo rei*, de Sófocles. Se na *Ilíada* encontramos um momento de exercício da busca da verdade, por meio do método da *prova* ou juramento, e na peça de Sófocles isso também ocorre, o método principal que leva à descoberta da verdade em *Édipo rei* é o do *inquérito*. Graças a um jogo de metades e encaixamento, chega-se à solução do enigma. E essa solução abrange três níveis: divino, da profecia (o oráculo e Tirésias); poder (Édipo e Jocasta) e terreno (os dois escravos). Foucault mostra que na peça de Sófocles, assim como posteriormente na filosofia de Platão, procura-se dissociar o poder do saber, em uma crítica às figuras dos tiranos e dos sofistas. Édipo seria o rei que, por saber demais, nada sabia. Saber e poder caminhariam, a partir de Sófocles, separadamente, e esse mito ocidental Nietzsche teria tentado destruir.

Na terceira conferência, Foucault retoma a diferenciação entre a *prova* e o *inquérito*. Na transição entre as duas formas de busca da verdade, na Grécia, teríamos uma revolução não apenas jurídica, mas também cultural, que podemos aproximar da transição *mitos/logos*:

> *Primeiro, a elaboração do que se poderiam chamar formas racionais da prova e da demonstração: como produzir a verdade, em que condições, que formas observar, que regras aplicar. São elas a filosofia, os sistemas racionais, os sistemas científicos. Em segundo lugar e mantendo uma relação com as formas anteriores, desenvolve-se uma arte de persuadir, de convencer as pessoas da verdade do que se diz, de obter a vitória para a verdade ou, ainda, pela verdade. Tem-se aqui o problema da retórica grega. Em terceiro lugar há o desenvolvimento de um novo tipo de conhecimento: conhecimento por testemunho, por lembrança, por inquérito. Saber de inquérito que os historiadores, como Heródoto, pouco antes de Sófocles, os naturalistas, os botânicos, os geógrafos, os viajantes gregos vão desenvolver e Aristóteles vai totalizar e tornar enciclopédico.* (FOUCAULT, 1974, p. 42)

Segundo Foucault, após a queda do Império Romano, o método do inquérito teria sido esquecido, voltando a ser utilizado apenas na alta Idade Média, mas já revestido de um caráter distinto. O direito germânico seria basicamente fundamentado no método da prova, e o sistema de inquérito praticamente não existia à época. Não havia ação pública (com exceção de casos de traição e homossexualismo), e uma ação penal era caracterizada em geral por um duelo ou guerra particular. O direito seria apenas uma forma regulamentada de essa guerra se desenvolver, mas poderia acabar em acordos econômicos, em que uma vingança podia ser resgatada por meio de uma certa soma em dinheiro, definida por um árbitro escolhido de comum acordo. No direito feudal, também reinava o sistema de prova. Em alguns casos, o acusado podia ser substituído ou representado por outra pessoa, o que, segundo Foucault, dará origem à figura do advogado. Não transparece, nesses métodos, uma intenção de busca da verdade ou pesquisa da verdade. Nesse combate, existe apenas a vitória ou a derrota — não existe, nesse momento, a ideia de sentença enquanto enunciação de um terceiro sobre quem teria dito a verdade ou a mentira. A autoridade, nesses casos, intervém simplesmente como aquela que acompanha o processo, garantindo que tudo se desenvolva dentro de uma certa regularidade. O mais forte deve vencer.

A partir do século XII, o inquérito ressurge. A circulação de bens, até esse momento, era marcada pela guerra, e não havia fronteiras nítidas entre a guerra e o direito. Até o século XII, não havia poder judiciário. Este se formará, segundo Foucault, paralelamente ao processo de acumulação de riqueza e do poder das armas, acompanhando a formação das monarquias. Foucault aponta então algumas características desse poder judiciário nascente: as regras para liquidação dos conflitos serão agora determinadas do alto; surge o personagem do procurador, representante do soberano; surge também uma nova noção, de infração à ordem, ao Estado, à lei, à sociedade, à soberania, ao soberano; ainda outra invenção, a de que, com a infração, o soberano também teria sido lesado, então deve haver uma reparação, que se realizará com as multas e a confiscação; e surge também a sentença — já que o soberano ou o Estado, sentindo-se lesado, não poderiam se submeter ao combate com o acusado, nos moldes do direito germânico ou feudal, correndo o risco de perder a batalha — como substituto do modelo do flagrante delito. A sentença é, portanto, o resultado do inquérito; e todas essas práticas aparecem, ainda, associadas ao poder da Igreja, como herança de um procedimento já praticado por ela.

O inquérito teria tido, portanto, uma origem dupla, associada tanto ao surgimento do Estado quanto a uma herança religiosa. O inquérito terá, para Foucault, uma função de prolongar a realidade, de estender o presente:

> *Se, com efeito, se consegue reunir pessoas que podem, sob juramento, garantir que viram, que sabem, que estão a par; se é possível estabelecer por meio delas que algo aconteceu realmente, ter-se-á indiretamente, através do inquérito, por intermédio das pessoas que sabem, o equivalente ao flagrante delito. E se poderá tratar de gestos, atos, delitos, crimes que não estão mais no campo da atualidade, como se fossem apreendidos em flagrante delito. Tem-se aí uma nova maneira de prorrogar a atualidade, de transferi-la de uma época para outra e de oferecê-la ao olhar, ao saber, como se ela ainda estivesse presente. Esta inserção do procedimento do inquérito reatualizando, tornando presente, sensível, imediato, verdadeiro, o que aconteceu, como se o estivéssemos presenciando, constitui uma descoberta capital.* (FOUCAULT, 1974, p. 56)

Assim como na Grécia, associadas ao inquérito surgem novas formas de saber ou modificações substanciais nos métodos de saberes já existentes: economia política, estatística, geografia, astronomia, medicina, zoologia, botânica etc. Além de que, perdem o poder e a importância saberes associados ao método da prova: a alquimia e o método universitário da 'disputatio', em que dois adversários se enfrentavam numa disputa verbal e utilizando-se do apelo à autoridade.

Foucault conclui assim sua terceira conferência:

> *(...) o inquérito não é absolutamente um conteúdo, mas uma forma de saber. Forma de saber situada na junção de um tipo de poder e de certo número de conteúdos de conhecimento. Aqueles que querem estabelecer uma relação entre o que é conhecido e as formas políticas, sociais ou econômicas que servem de contexto a esse conhecimento costumam estabelecer essa relação por intermédio da consciência ou do sujeito de conhecimento. Parece-me que a verdadeira junção entre processos econômico-políticos e conflitos de saber poderá ser encontrada nessas formas que são ao mesmo tempo modalidades de exercício de poder e modalidades de aquisição e transmissão do saber. O in-*

> *quérito é precisamente uma forma política, uma forma de gestão, de exercício do poder que, por meio da instituição judiciária, veio a ser uma maneira, na cultura ocidental, de autenticar a verdade, de adquirir coisas que vão ser consideradas como verdadeiras e de as transmitir. O inquérito é uma forma de saber-poder. É a análise dessas formas que nos deve conduzir à análise mais estrita das relações entre os conflitos de conhecimento e as determinações econômico-políticas.* (FOUCAULT, 1974, p. 61)

Na quarta conferência, Foucault abordará o nascimento do que ele denomina sociedade disciplinar, no final do século XVIII e início do século XIX. O crime passa a ser entendido como uma ruptura com a lei, desvinculando-se totalmente da falta religiosa ou moral. As leis jurídicas não procurariam mais reproduzir as leis naturais, morais ou religiosas, mas apenas determinar o que é útil à sociedade. E o crime teria perdido seu parentesco com o pecado e com a falta, passando a ser claramente definido como um dano social, uma perturbação. Como para Rousseau, o criminoso seria aquele que tivesse rompido o pacto social, tornando-se um inimigo da sociedade. "Esta ideia do criminoso como inimigo interno, como indivíduo que no interior da sociedade rompeu o pacto que havia teoricamente estabelecido, é uma definição nova e capital na história da teoria do crime e da penalidade" (FOUCAULT, 1974, p. 64).

Dessa forma, a função da lei penal também se modifica amplamente, com a grande reforma do sistema penal. Não interessa agora administrar uma vingança, deve-se apenas reparar o mal e impedir que a sociedade seja prejudicada novamente. Surgem então quatro tipos de punição, associados a esses novos princípios: deportação; provocar a vergonha e humilhação no próprio corpo social; o trabalho forçado e a pena do talião.

O romance *The scarlet letter* (1850), de Nathaniel Hawthorne, mostra muito bem o procedimento de provocar humilhação antes mesmo do estabelecimento da sociedade disciplinar indicada por Foucault. Nos Estados Unidos do século XVII, Hester Prynne, acusada de adultério, é obrigada a mostrar-se diante da sociedade com uma letra escarlate A (de adúltera) para indicar seu crime. O romance foi adaptado duas vezes para o cinema: em 1926, num filme mudo dirigido por Victor Sjöström, e em 1995, com Demi Moore.

Entretanto, curiosamente, as sociedades industriais em formação acabarão praticamente ignorando essas formas teóricas propostas pela reforma das leis, substituindo-as por uma nova forma, a do aprisionamento.

> *A prisão não pertence ao projeto teórico da reforma da penalidade do século XVIII. Surge no fim do século XIX, como uma instituição de fato, quase sem justificação teórica.* (FOUCAULT, 1974, p. 66-67)

A lei transforma-se, de universal e moldada pela noção de utilidade à sociedade, em individual e centrada no indivíduo — daí a importância cada vez maior das circunstâncias atenuantes. A periculosidade e a virtualidade do indivíduo tornam-se mais importantes do que seus próprios atos. Para o controle do indivíduo, desenvolvem-se então, paralelamente ao poder judiciário, uma série de outras instituições: polícia, hospital psiquiátrico, asilo, instituições pedagógicas, escolas e casas de correção, entre outras.

Assim, o procedimento do *exame* e da vigilância substitui o procedimento do *inquérito*. À necessidade de se determinar se algo se passou ou não, se alguém está falando a verdade ou não, surge a necessidade de saber se algo está progredindo dentro das normas — e aqui podemos lembrar de Kelsen. As ciências humanas como a psiquiatria, a sociologia e a psicologia seriam exemplos de saberes surgidos e fundamentados nesse novo método jurídico. Foucault estudará, então, como esses mecanismos de controle constituíram-se, principalmente na Inglaterra e na França, e como se distribuíram para grande parte da sociedade. E relacionará esses novos mecanismos e saberes com as modificações introduzidas pela Revolução Industrial:

> *Para tanto é preciso levar em consideração um fenômeno importante: a nova forma assumida pela produção. O que está na origem do processo que procurei analisar é a forma de materialidade da riqueza. Na verdade, o que surge na Inglaterra do fim do século XVIII, muito mais aliás do que na França, é o fato da fortuna, da riqueza se investir cada vez mais no interior de um capital que não é mais pura e simplesmente monetário. A riqueza dos séculos XVI e XVII era essencialmente constituída pela fortuna de terras, por espécies monetárias ou eventualmente por letras de câmbio, que os indivíduos podiam trocar. No século XVIII aparece uma forma de riqueza que é agora investida no interior de um novo tipo de materialidade não mais monetária; que é investida em mercadorias, estoques, máquinas, oficinas, matérias-primas, mercadorias que estão para ser expedidas etc. E o nascimento do capitalismo ou a transformação e aceleração da instalação do capitalismo vão se traduzir neste novo modo da fortuna se investir materialmente. Ora, essa fortuna constituída de estoques, matérias-primas, objetos importados, máquinas, oficinas etc. está diretamente exposta à depredação. Toda essa população de gente pobre, de desempregados, de pessoas que procuram trabalho tem agora uma espécie de contato direto, físico com a fortuna, com a riqueza. O roubo dos navios, a pilhagem dos armazéns e dos estoques, as depredações nas oficinas tornaram-se comuns no fim do século XVIII na Inglaterra. E justamente o grande problema do poder na Inglaterra nessa época é o de instaurar mecanismos de controle que permitam a proteção dessa nova forma material da fortuna. Daí se compreende por que o criador da polícia na Inglaterra, Colqunoun, era alguém que a princípio foi comerciante, sendo depois encarregado por uma companhia de navegação de organizar um sistema para vigiar as mercadorias armazenadas nas docas de Londres. A polícia de Londres nasceu da necessidade de proteger as docas, entrepostos, armazéns, estoques etc. Essa é a primeira razão, muito mais forte na Inglaterra do que na França, do aparecimento da necessidade absoluta desse controle. Em outras palavras, essa é a razão por que esse controle, com um funcionamento de base quase popular, foi retomado de cima em determinado momento.*
>
> *A segunda razão é que, tanto na França quanto na Inglaterra, a propriedade de terras vai mudar igualmente de forma, com a multiplicação da pequena propriedade, a divisão e delimitação das propriedades. O fato de não mais haver, a partir daí, grandes espaços desertos ou quase não cultivados, nem terras comuns sobre as quais todos podem viver, vai dividir a propriedade, fragmentá-la, fechá-la em si mesma e expor cada proprietário a depredações.*
>
> *E, sobretudo entre os franceses, haverá essa perpétua ideia fixa da pilhagem camponesa, da pilhagem da terra, desses vagabundos e trabalhadores agrícolas frequentemente desempregados, na miséria, vivendo como podem, roubando cavalos, frutas, legumes etc. Um dos grandes problemas da Revolução Francesa foi o de fazer desaparecer esse tipo de rapina camponesa.* (FOUCAULT, 1974, p. 80-81)

Com o nascimento da sociedade disciplinar, a uma arquitetura de espetáculo, em que um espetáculo deve ser presenciado pelo maior número possível de pessoas (igreja, teatro etc.), substitui-se uma arquitetura da vigilância, em que um maior número de pessoas deve ser vigiado por apenas um indivíduo. Em outras palavras: uma comunidade espiritual e religiosa é substituída por uma sociedade estatal. A um olho deve ser dada a possibilidade de percorrer vários corpos, várias pessoas e mentes. Foucault estuda então a concretização desse modelo nas fábricas do início do século XIX, mas sua análise é estendida para os asilos, escolas, hospitais psiquiátricos, prisões etc. Essas formas de normalização dos indivíduos (a que Foucault batiza de 'instituições de sequestro') teriam substituído as formas de reclusão do século XVIII.

Foucault inclui entre essas instituições de sequestro, por exemplo, as caixas econômicas e de assistência, a partir da década de 1820. Forma-se na nossa sociedade uma interessante e dinâmica relação entre o poder, o saber e a produção. A concepção do homem como essencialmente ligado ao trabalho seria uma *invenção* dessa época, como o resultado de um jogo de forças, de microrrelações de poder.

### 12.2.11 Críticas ao poder do Estado

O filósofo britânico Jeremy Bentham (1748-1832) é um representante do utilitarismo, que prega a máxima felicidade para todos. O prazer seria o único bem e o sofrimento e a dor, os únicos males. Por isso, ele pode ser chamado de hedonista psicológico, já que para ele prazer e dor determinam o que fazemos. Nesse sentido, toda ação ou medida de governo deve ser tomada se e somente se tende a aumentar a felicidade de todos os afetados por ela. O filósofo britânico realiza uma crítica à teoria do direito natural, que, como vimos, pressupõe a existência de um contrato original que justifica o governo. O cidadão, para Bentham, deveria obedecer ao Estado somente se a obediência contribui mais para a felicidade geral do que a desobediência. Assim, ele propõe o utilitarismo em substituição à teoria do direito natural.

Suas ideias reformistas foram publicadas na *Westminster Review*, que se opunha ao pensamento conservador da *Quarterly Review* e da *Edinburgh Review*. O Bentham Project, do University College of London, é um centro de estudos cuja principal atividade é a produção de uma nova edição das obras completas do autor. O site do projeto traz informações sobre sua vida e obra.[1]

Bentham mencionava o italiano Cesare Bonesana, marquês de Beccaria (1738-1794), como um dos autores que o influenciaram. O filósofo britânico formou uma escola com seguidores de destaque, como o filósofo James Mill (1773-1836) e seu filho, John Stuart Mill.

John Stuart Mill (1806-1873), também defensor do utilitarismo, entre 1824 e 1828 escreveu regularmente para o *Westminster Review*. Sua obra aborda áreas como psicologia, ética, lógica e filosofia das ciências, metafísica, pensamento social e político. Os *Collected works of John Stuart Mill*, em 33 volumes, podem ser lidos na Online Library of Liberty.[2]

O princípio da justiça distributiva explora a questão: deve haver redistribuição de renda e propriedades? Sabemos que em sociedades democráticas e liberais não há uma distribuição centralizada, nem pessoas ou grupos responsáveis pelo controle de todos os recursos. Em uma sociedade livre, diversas pessoas controlam diversos recursos, e novas posses derivam de trocas e ações voluntárias entre as pessoas. Assim, podem ser questionados tanto a aquisição de posses que não eram de ninguém — justiça da aquisição; a transferência de posses de uma pessoa para outra — justiça da transferência; e a retificação da injustiça (redistribuição e direitos de propriedade) — como os exemplos de impostos sobre o trabalho (NOZICK,1998).

Um interessante e hoje bastante conhecido desdobramento das teorias contratualistas de Locke, Rousseau e Kant ocorre na obra de John Rawls (1921-2002). Em *Uma teoria da justiça* (RAWLS, 2000), publicado originalmente em 1971, o autor defende que os princípios da justiça para a estrutura básica da sociedade são o objeto de um contrato original hipotético. Rawls formula um princípio geral da justiça: todos os valores sociais — liberdade e oportunidade, renda e riqueza etc. — devem ser distribuídos igualmente, a menos que uma distribuição desigual de um, ou de todos esses valores, traga vantagens para todos os membros da sociedade. Assim, Rawls procura defender o princípio da igualdade de oportunidades asso-

---

1 Disponível em: <http://www.ucl.ac.uk/Bentham-Project/>.

2 Disponível em: <http://oll.libertyfund.org/index.php?option=com_staticxt&staticfile=show.php&person=21>.

ciado ao princípio da diferença, que permitiria que habilidades desiguais fossem desenvolvidas, mas apenas enquanto necessárias e benéficas para o bem de todos.

Um ferrenho crítico das teorias de justiça distributiva de Rawls é o libertário-anarquista Robert Nozick, que defende a liberdade e os direitos dos indivíduos contra o papel do Estado na economia, por meio do conceito de 'Estado mínimo' (NOZICK, 1991).

Para o anarquismo (*an arkhos*, sem *arkhê*, sem governo), as instituições coercitivas não se justificam. O movimento foi fortemente influenciado por Pierre-Joseph Proudhon (1809-1865). Sua afirmação mais conhecida é que a *Propriedade é roubo!* (*La propriété, c'est le vol!*). Proudhon critica o liberalismo e propõe a criação de sociedades cooperativas de produção. A reorganização da sociedade deveria ser feita pelo princípio da justiça, sem o poder do Estado. Proudhon correspondeu-se com Marx, mas depois eles se desentenderam. Sua defesa de que a anarquia é ordem inspirou o símbolo anarquista comum em pichações e grafites nas paisagens urbanas, que apresenta a letra A dentro da letra O.

Símbolo do anarquismo pintado em uma parede.

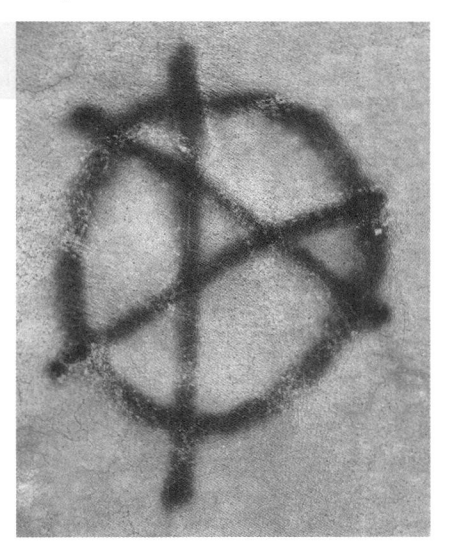

No limite oposto ao respeito às leis e ao poder coletivo estão os movimentos de desobediência civil, que denunciam o poder abusivo do governo. Esses movimentos procuram reagir ao governo quando ele não está cumprindo o papel para o qual foi constituído. Henri David Thoreau ministrou em 1848 importante palestra, publicada no ano seguinte como 'Resistência ao governo civil' (*Resistance to civil government*), mais tarde renomeada 'Desobediência civil' (*Civil disobedience*)[3]. O artigo influenciou inúmeros personagens e movimentos, como a oposição ao *apartheid* na África do Sul e os movimentos nacionalistas nas antigas colônias da África e da Ásia, movimentos antiguerra nas décadas de 1960 e 1970, Gandhi, Tolstoi, Martin Luther King etc. Nele, o escritor norte-americano desenvolve uma teoria para a desobediência à ordem instituída, narrando também sua prisão por se recusar a pagar impostos.

A desobediência civil pode caminhar para revoltas. Na história brasileira, temos exemplos clássicos, como a Inconfidência Mineira, a Cabanagem, a revolta de Canudos (filmada em 1997 por Sérgio Rezende como *Guerra de Canudos* e como documentário em 2007 por Paulo Fontenelle, com o título de *Sobreviventes — Filhos da Guerra de Canudos*) etc.

Esta é a única foto conhecida de Antônio Conselheiro, morto. Além do livro *Os sertões*, de Euclides da Cunha, a Guerra de Canudos foi tema de diversas obras cinematográficas.

O quadro *Eureka!*, "A Revolta da Cabanagem", mostra um jogo que explora esse fato histórico, ocorrido no Brasil durante a década de 1830.

---
3 Você encontra o texto on-line acessando: <http://www.dominiopublico.gov.br/pesquisa/DetalheObraForm.do?select_action=&co_obra=2249>.

**EUREKA!** A Revolta da Cabanagem

O game explora a Revolta da Cabanagem, movimento popular da história do Brasil que colocou o povo no poder do estado do Pará, durante a década de 1830. O jogador assume o papel dos diversos líderes do movimento, como Felipe Patroni, Batista Campos, Antônio Vinagre e Eduardo Angelim, tomando decisões em relação a seus soldados, equipamentos, instalações e estratégias para alcançar suas metas.

O jogo tem três fases, seguindo os acontecimentos da revolução: (1) a fase pré-revolucionária, (2) a explosão do conflito armado e (3) a tomada do poder. As fases estão divididas em missões que abrangem estilos de jogo diferentes.

A primeira fase, o período pré-revolucionário (1821 a 1823), envolve três missões: (1a) conhecer a cidade de Belém do Pará da época; (1b) fundar o jornal *O Paraense*, o primeiro jornal do Pará, no papel de Felipe Patroni, que é perseguido por militares que tentam impedir a realização dos objetivos, e no final da missão entregar o primeiro exemplar do periódico a Batista Campos; e (1c) a fuga de Batista Campos, perseguido pelo governo português, para o interior do estado, quando os soldados tentam evitar a fuga.

A segunda fase, a explosão do conflito armado (outubro de 1834), abrange o início da luta armada e a Batalha do Acará, com a alteração de controle por diversos personagens e a variação entre jogo de estratégia e ação.

Na terceira fase, 7 de janeiro de 1835, a missão é a tomada do poder na Batalha de Belém, quando o jogador controla Angelim. O jogo termina com a morte do governador Lobo de Souza nas escadarias do palácio.

O jogo é rico em recursos como inventário, orientações e objetivos mostrados em um minimapa, que também ilustra a direção em que o jogador se move. O jogo tem narrações acompanhadas por textos, e as músicas foram compostas pelo músico Luiz Pardal. Os cenários são fiéis aos da Belém na época da revolta.

A versão completa do Jogo da Cabanagem está disponível para download, e o site <http://www.larv.ufpa.br/projetos/jogo_cabanagem/jogocab.html> traz também informações mais completas sobre ele.

## 12.3 Ética profissional

Ética, moral e deontologia podem ser consideradas, num sentido amplo, sinônimos. Alguns autores utilizam alternadamente essas palavras, outros apontam diferenças entre elas.

A palavra 'ética' deriva do grego *éthos*, que significa modo de ser. Ética é uma parte ou disciplina da filosofia. Em ética, procuramos refletir sobre a ação, a conduta e o comportamento humanos. Desenvolver habilidades, competências e atitudes éticas implica ser capaz de identificar, em cada situação, o que é essencial para a tomada de decisões, principalmente no caso de situações complexas.

A moral pode ser definida como um conjunto de regras de conduta consideradas válidas, de modo absoluto ou relativo, para uma sociedade, um grupo de pessoas ou um indivíduo. Uma atitude amoral é aquela que se situa fora da moral, não sendo suscetível de julgamento normativo do ponto de vista do bem e do mal. Uma pessoa amoral não se pauta pelas regras morais vigentes de um dado tempo e lugar, seja por ignorância ou pela indiferença em relação aos valores morais. Imoral, por outro lado, tem o sentido de conduta ou doutrina que contraria a regra moral prescrita para um dado tempo e lugar. Um imoral é um desonesto, um libertino.

Portanto, moral está mais próxima da ideia de regras do que ética, que está mais próxima da filosofia e das ideias de reflexão e decisões em ambientes complexos. A palavra 'deontologia' deriva do grego *déon*, que significa 'dever, o que é obrigatório'. A deontologia é, em ética profissional, o tratado das normas e dos deveres adotados por determinada profissão. Códigos de deontologia utilizam bastante o

**Figura 12.1** Relação entre ética, moral e deontologia, segundo Prudente

**ÉTICA**
Princípios gerais

**MORAL**
Aplicação ao comportamento humano e social

**DEONTOLOGIA**
Aplicação às profissões

verbo 'dever' no imperativo: "o profissional deve...". Indicam como alguém deve se comportar para participar de um grupo profissional e, portanto, estabelecem também orientações para julgar a ação profissional. Os princípios deontológicos são estabelecidos pelos próprios profissionais. A deontologia pode então ser considerada a aplicação da ética e da moral ao exercício de uma profissão.

Antonio Souza Prudente (2000) faz uma apresentação bastante interessante das relações entre esses três conceitos em seu artigo "Ética e deontologia da magistratura no terceiro milênio":

> *A ética, num círculo mais abrangente, elabora os princípios morais, enquanto a moral propriamente dita, em circuito menor, configura a ética aplicada ao comportamento humano e social, identificando-se a deontologia num círculo ainda menor e concêntrico, como a dimensão ética de uma profissão ou de uma atividade pública, vale dizer, como a moral direcionada a um comportamento funcional ou profissional do agente humano na comunidade social.* (PRUDENTE, 2000, p. 95-98)

*As leis são obrigações sociais de caráter restritivo e devem ser cumpridas, independentemente da vontade do indivíduo.*

Poderíamos resumir a proposta de Prudente conforme ilustra a Figura 12.1.

Por fim, chegamos ao conceito de lei. Na figura anterior, a lei seria um círculo ainda menor. Se a ética e a moral são princípios gerais que se aplicam ao comportamento humano, as leis são obrigações sociais, deveres ainda mais fortes do que a deontologia. A ética e a moral são mais pessoais, enquanto a deontologia e as leis são mais impessoais, pois a elas devemos nos submeter sob a pena de perdermos nossa habilitação profissional ou mesmo nossa liberdade. Apesar de serem também elaboradas pela própria sociedade, as leis têm um caráter muito mais restritivo, caracterizando-se como obrigações a serem cumpridas, independentemente da vontade do indivíduo.

Um código de ética é uma lista de deveres de uma profissão, ou seja, um código de deontologia, segundo a nossa terminologia. Inclusive, é muitas vezes chamado de código de ética e deontologia, ou simplesmente código de deontologia. Existem inúmeros códigos de deontologia, desenvolvidos pelas diferentes associações ou ordens profissionais. Eles procuram aplicar os princípios mais gerais da ética e da moral ao exercício das profissões. No caso do descumprimento do código, são previstas sanções que podem chegar à perda da capacidade de exercer a profissão.

## 12.4 Ética empresarial

Qual a responsabilidade dos dirigentes e administradores em relação às empresas e aos acionistas? As empresas podem ser responsabilizadas por atos de seus dirigentes?

Empresas não são simples agregados de indivíduos, pois envolvem decisões, responsabilidades, compromissos, relacionamentos e objetivos e, sendo assim, possuem características de pessoas. Nesse sentido, podem ser consideradas agentes morais e avaliadas eticamente. Mas até onde se estende a responsabilidade social das empresas?

Uma visão mais estreita defende que a empresa praticamente não tem responsabilidade social. Um artigo paradigmático dessa posição é "The social responsibility of business is to increase its profits" (A responsabilidade social da empresa é aumentar seus lucros), de Milton Friedman (1970). O critério de avaliação das empresas deveria estar focado, segundo a visão de Friedman, exclusivamente na maximização dos lucros, que é o objetivo principal das organizações capitalistas. Assim, deveríamos pensar exclusivamente na responsabilidade da empresa para com seus acionistas (*stockholders*). Na visão de Friedman, ganhador do prêmio Nobel de Economia em 1962, se as empresas lucrativas pagarem seus impostos corretamente, já estarão agindo com responsabilidade social, deixando o papel de investimento social reservado ao governo, às empresas sem fins lucrativos e aos indivíduos. Para que a empresa lucrativa possa investir em programas sociais, segundo o economista, terá de aumentar seus preços ou sofrerá redução nos seus lucros. No primeiro caso, a sociedade será diretamente prejudicada. No segundo, a empresa terá menos funcionários do que poderia ter se não tivesse feito os investimentos sociais, e assim a sociedade será novamente prejudicada, indiretamente. Portanto, a responsabilidade social das empresas lucrativas não seria vantajosa nem para as próprias empresas, nem para a sociedade.

Nas últimas décadas constituiu-se uma noção mais ampla de responsabilidade social das organizações capitalistas, que enfatiza os valores dos *stakeholders*. Eles incluem todo grupo ou indivíduo que possa afetar ou ser afetado pelas ações, decisões, práticas e objetivos da organização. Os *stakeholders* seriam, portanto, todos aqueles que tivessem algum tipo de *stake* (risco, participação ou interesse) naquilo que a organização faz e em seus resultados. Assim, a questão "para quem a empresa é administrada?" seria respondida não mais em função de uma visão restrita, apontando apenas para os acionistas (aqueles que possuem *stocks* — ações — da empresa), mas sim através de uma visão mais ampla da responsabilidade para com todos os *stakeholders*. As empresas teriam então responsabilidade social com as comunidades e nações em que estão inseridas, com o meio ambiente, com seus clientes, distribuidores, fornecedores, empregados e até mesmo com seus concorrentes.

A noção de responsabilidade corporativa é aqui claramente expandida — as organizações não são responsáveis por proteger apenas seus acionistas, mas também os interesses de todos aqueles que com elas interagem e que são por elas afetados. Sem dúvida, a relação e a responsabilidade direta dos administradores de empresas com os investidores tem uma conotação diferente da relação dos administradores com os *stakeholders* da empresa, mas isso não significa que o administrador não tenha obrigações morais em relação aos *stakeholders*.

O filósofo Thomas Donaldson, por exemplo, desenvolve um interessante conceito de contrato social para dar conta dessas obrigações indiretas das empresas. Assim como no caso do contrato político desenvolvido por Hobbes, Locke e Rousseau, poderíamos pensar em um contrato original dos negócios, uma espécie de contrato metafísico, um ideal ético e moral. Ele seria celebrado entre a sociedade e as empresas e envolveria basicamente os consumidores dos produtos e serviços da empresa e seus empregados, trazendo vantagens e benefícios para todos, assim como obrigações, e estando baseado na cláusula máxima de justiça. Esse 'contrato' serviria para avaliar o desempenho das empresas de uma perspectiva moral. Nesse sentido, hoje se utiliza para avaliar as empresas, além do balanço patrimonial, também a noção de balanço social. Podemos ver exemplos do desenvolvimento dessa ideia nas atividades dos grandes bancos e empresas privadas que atualmente demonstram uma crescente preocupação com o meio ambiente — seja por meio do uso de papel reciclado em suas correspondências ou do replantio de árvores, por exemplo — ou com causas sociais — como o apoio a iniciativas de arte e cultura. Outro exemplo é o Instituto Ethos[4], uma organização sem fins lucrativos cuja missão é "mobilizar, sensibilizar e ajudar as empresas a gerir seus negócios de forma socialmente responsável, tornando-as parceiras na construção de uma sociedade justa e sustentável".

Uma interessante objeção, que em geral se levanta em relação a posições como a de Donaldson, é o que se costumou chamar de 'paradoxo' do *stakeholder*. Afinal, como poderíamos lidar com situações em que o contrato social dos negócios, que acaba por ditar obrigações para os administradores de empresas, entra em conflito com a relação entre os administradores e os acionistas? Como avaliar eticamente, por exemplo, um situação em que toda a indústria em que a empresa está inserida trabalha causando poluição ambiental e, caso a minha empresa decida adotar medidas antipoluição, ela se tornará não competitiva, reduzindo assim as margens de lucro dos acionistas?

Uma forma de se pensar essa aparente contradição é que a empresa não é uma entidade autônoma que confronta um ambiente externo, mas antes uma rede de relações entre *stakeholders*. Administrar significa administrar para *stakeholders*, incluindo aqui os acionistas. Os *stakeholders* não são simplesmente afetados pela empresa, mas sim essenciais para a identidade básica da organização. A identidade básica da organização não é definida independentemente dos *stakeholders*. Assim como o filósofo espanhol Ortega y Gasset afirma sobre o indivíduo "eu sou eu e minhas circunstâncias", poderíamos dizer: "a empresa é a empresa e seus *stakeholders*". Assim, o paradoxo dos *stakeholders* aponta para um conflito de interesses que, de uma perspectiva ética, deve ser resolvido sem privilégios para nenhuma das partes.

Há uma interessante teoria do direito denominada 'desconsideração da personalidade jurídica'. Em alguma situações, as empresas podem ser utilizadas como instrumento de realização de fraudes ou abuso de direito. Um juiz pode, nesses casos, ignorar a autonomia patrimonial da pessoa jurídica, imputando os atos ilícitos e fraudulentos às pessoas físicas responsáveis por eles. A teoria da desconsideração da personalidade jurídica, portanto, indica que não só as empresas, mas também seus administradores, podem ser responsabilizados por seus atos. A responsabilidade, assim, não deve ser limitada à fachada jurídica da organização, e as cobranças podem, então, ser feitas não apenas contra os recursos das empresas, mas também de seus sócios. Poderíamos, nesse sentido, dizer que o contrato social legal da empresa, que a define como personalidade jurídica, é desconsiderado em nome de um contrato social mais amplo, similar ao contrato de que Donaldson fala, da mesma forma como a relação entre o administrador e os acionistas pode ser desconsiderada em nome de um contrato social mais amplo, entre a empresa e os *stakeholders*.

Com o incrível progresso das tecnologias da informação e da comunicação, particularmente da Internet, a informação circula hoje pelo mundo em uma velocidade antes inimaginável. A globalização aproximou pessoas de costumes e culturas muito diferentes. Essas pessoas foram obrigadas, então, a rever seus pressupostos morais e éticos, e passou a ser cada vez mais necessário pensar em uma ética global, que possa reger esses encontros (e desencontros) entre culturas diversas. Além disso, as empresas também se abriram para o comércio internacional e

---

4  Disponível em: <http://www1.ethos.org.br/EthosWeb/pt/31/o_instituto_ethos/o_instituto_ethos.aspx>.

passaram a enfrentar o desafio de negociar usando como referência regras de ética muito estranhas em relação ao seu ambiente caseiro.

Esse processo de globalização instaurou também questões éticas: como avaliar eticamente o enorme abismo existente entre países desenvolvidos e subdesenvolvidos ou em desenvolvimento? Não seria a globalização uma teoria para mascarar essas desigualdades com um discurso de igualdade e liberdade? Como encarar, no cenário globalizado, a função, o papel e as obrigações das empresas multinacionais em países pobres?

No final do século XX, houve sem dúvida um aprofundamento na integração econômica e social entre os países do mundo, em função da abertura do comércio internacional e do progresso das tecnologias da informação e da comunicação. Nesse sentido, a globalização é um progresso do capitalismo. Contudo, como todo progresso, carrega consigo inúmeras contradições. Caetano Veloso se refere a isso no refrão da canção *Fora da ordem*: "alguma coisa está fora da ordem fora da nova ordem mundial".

Afinal, qual é essa nova ordem mundial, sustentada pela globalização? Comunicação instantânea com todos os lugares do mundo e possibilidades infinitas de trocas de informações e recursos? Mas muitos países e pessoas continuam pobres, ou até mais pobres do que antes, e muitos conflitos, como os do Oriente Médio, entre Israel e Palestina e entre os Estados Unidos e alguns países árabes, se aprofundaram.

Portanto, a globalização deve ser analisada criticamente, em função de seus pontos positivos e negativos, e não como se fosse a solução milagrosa e inquestionável para todos os problemas do mundo.

Movimentos tidos como antiglobalização opõem-se às políticas neoliberais, ao poder das grandes corporações, ao desrespeito aos direitos trabalhistas e à soberania nacional dos países, ao subdesenvolvimento, às experiências com engenharia genética, aos alimentos transgênicos, a agressões causadas ao meio ambiente etc.

O filme *Gattaca — a experiência genética* (*Gattaca*, 1997), dirigido por Andrew Niccol, levanta questões éticas relacionadas à engenharia genética, ao explorar a história de Vincent, que nasce sem programação genética, e seu irmão, geneticamente programado. O filme põe em discussão também a formação da identidade.

Um movimento mundial antiglobalização bastante importante é o Fórum Social Mundial, cujos encontros têm sido realizados no Brasil. Seu lema é: "Um outro mundo é possível". O Fórum Social Mundial se posiciona contra o neoliberalismo, o capitalismo e o imperialismo e nasceu como oposição ao Fórum Econômico Mundial, reunião anual de executivos, políticos, intelectuais e jornalistas que ocorre normalmente em Davos, na Suíça.

Um filme muito interessante e antiglobalização é o documentário *A corporação* (*The corporation*, 2003). Ele se concentra em mostrar a grande diferença entre o indivíduos e a corporação: espera-se dos indivíduos que demonstrem responsabilidade ética e social; a corporação, por outro lado, tem apenas a responsabilidade de garantir a seus acionistas o maior lucro possível. No seu divertido site há vários links para vídeos sobre o filme.[5]

Uma das ameaças da globalização é que o mundo se transforme numa aldeia global homogênea, o que Charles Ess chama de disneyficação. A ética, enquanto exercício de filosofia, pode contribuir para evitar a homogeneidade cultural e a colonização por meio do desenvolvimento do senso crítico. Pode contribuir para reconhecermos a limitação de nossos valores, revermos nossos princípios éticos, cultuarmos a diversidade e, então, nos tornarmos mais empáticos, compreensivos e receptivos com as pessoas de diferentes culturas, com quem podemos agora nos comunicar. Segundo Charles Ess (FLORIDI, 2004), a filosofia pode contribuir para a educação dos cidadãos de uma aldeia global intercultural, que torne possíveis a comunicação e a cultura global, sem comprometer os valores e as preferências

---

5 Disponível em: <http://www.thecorporation.com/>.

locais, evitando a homogeneização cultural do McWorld e a fragmentação radical da Jihad.

O capitalismo é uma teoria econômica baseada no capital, na propriedade e na competição em um mercado livre. Mesmo essa definição *lato sensu* do capitalismo já aponta uma questão (ou contradição) ética intrínseca ao próprio sistema: podem conviver harmoniosamente o espírito da ética e o espírito de competição defendido pelo capitalismo? Não haveria uma razão inversa entre o comportamento virtuoso e a maximização do lucro? Ou seja, quanto mais ético um comportamento, menos lucro ele geraria, e quanto maior a riqueza, menos ética ela envolveria? (WHITE, 1993, 29-78)

Outra questão ética levantada pelo sistema capitalista envolve a relação entre distribuição de riqueza e direito à propriedade (WHITE, 1993, 79-130). Em muitos países, particularmente no Brasil, é dramática a injustiça envolvida na distribuição de riqueza. Pode-se justificar a riqueza quando ela coexiste na mesma sociedade com a extrema pobreza? A riqueza deve ser limitada e/ou obrigada a investir em benefícios sociais? Isso poderia ocorrer sem a violação da liberdade individual e dos direitos de propriedade? Seria tal direito moralmente defensável? Deveria ele ser sujeito a alguma restrição? O capitalismo não está baseado na maximização de nosso próprio interesse? Essa posição seria moralmente aceitável? Não incentivaria o egoísmo e a indiferença em relação aos outros?

Uma defesa comum do capitalismo contra esse tipo de acusação é que a pobreza decorre da preguiça e falta de vontade de trabalhar, do ponto de vista do indivíduo, e da falta de organização e corrupção, no caso de países subdesenvolvidos ou em desenvolvimento. Assim, seríamos Terceiro Mundo porque somos um país desorganizado, a pobreza seria nossa culpa e responsabilidade, jamais falha do sistema. Os indivíduos pobres são preguiçosos e têm o que merecem; e os países do Terceiro Mundo são experiências fracassadas e deveriam ser riscados do mapa da humanidade.

Em recursos humanos encontramos também inúmeras questões que merecem ser avaliadas por uma perspectiva ética. Seriam as imensas diferenças entre salários justificáveis eticamente? É justo que uma faxineira, que dedica a semana toda de seu trabalho duro a uma empresa, ganhe 200 vezes menos que um executivo? Até onde vai a responsabilidade das empresas com seus empregados, que dedicam boa parte de sua vida ao trabalho? Como encarar eticamente as demissões de mão de obra? Como julgar o caso de empresas que montam filiais em países menos desenvolvidos, em que os salários são menores, para se aproveitar do custo inferior? E o caso da eliminação de funções e posições de trabalho pela tecnologia? Afinal de contas, a tecnologia não poderia também ser encarada de forma positiva, ao eliminar, por exemplo, trabalhos físicos pesados? Como devemos lidar com questões de privacidade e confidencialidade em relação ao uso de informações sobre os empregados por parte dos empregadores, como no caso de exames (drogas, aids, psicológicos etc.)? Como julgar o dedo-duro, aquele que denuncia comportamentos ou atitudes que considera eticamente errados em sua empresa? O assédio sexual no trabalho, por exemplo, tornou-se tema dominante nos últimos anos e reveste-se de conotações éticas, assim como a discriminação no ambiente de trabalho.

Questões relativas ao tratamento da informação e à comunicação corporativa revestem-se também de cunho ético. Como encarar a honestidade na comunicação corporativa, interna e externa? Dependeria o funcionamento efetivo das organizações de relacionamentos baseados em respeito, honestidade, justiça e verdade? Informações constantes de relatórios, fraudes, manipulação da informação e da mídia são também interessantes, do ponto de vista ético. Quanto seriam as empresas obrigadas a compartilhar de suas informações sigilosas? Quando? Com quem? A recente crise econômica global foi, pelo menos em parte, motivada por fraudes em balanços de grandes corporações, o que gerou uma demanda por maior participação do Estado na economia e no controle das informações prestadas pelas empresas.

Outra questão importante é a dos direitos autorais e intelectuais. Em princípio, países mais desenvolvidos têm mais estrutura e capital para registrar patentes, por exemplo, e isso os coloca em posição de vantagem em relação aos países mais pobres. O sistema de direitos autorais e intelectuais é vantajoso para os países mais desenvolvidos. A questão que se coloca então é: por que defender os direitos autorais, de marcas e patentes, contra o direito à informação da população mundial que não tem condições de sustentar esse modelo?

## Resumo

Fizemos uma viagem pela história da ética, filosofia política e filosofia do direito, em que foram destacados os principais autores e temas discutidos. Vimos que, para vários autores, à ideia de liberdade natural contrapõe-se a ideia de uma liberdade política, já que no estado de liberdade total da natureza o ser humano não teria segurança nem capacidade para sobreviver. Surgiu então a necessidade de nos organizarmos em sociedade, e vimos em vários autores diferentes tentativas de justificar a existência do Estado e de sugerir alguns princípios éticos para a convivência social.

Exploramos também o universo da ética profissional e a função dos códigos de deontologia. Por fim, exploramos algumas questões levantadas no universo da ética empresarial.

## Atividades

1 Em sua dissertação de mestrado, "Negociação comercial internacional: um comparativo entre negociadores tabacaleiros brasileiros e estrangeiros" (disponível em: <http://www.lume.ufrgs.br/handle/10183/5948>), defendida junto à Universidade Federal do Rio Grande do Sul, Fladimir de Oliveira realiza um interessante estudo sobre como a cultura pessoal, os valores e a ética influem na negociação de tabaco entre brasileiros e estrangeiros. Segundo o autor, no "atual mundo globalizado, a investigação e a compreensão das diferenças culturais são elementos essenciais na elaboração das estratégias de negociação. A minimização do choque cultural proporciona melhores resultados na negociação." Pesquise outros trabalhos que analisem aspectos culturais e éticos em negociações internacionais. Que reflexões você pode fazer sobre o tema, aproveitando o que estudou neste capítulo?

2 Leia e discuta com seus colegas os princípios éticos implícitos na Carta de Princípios do Fórum Social Mundial (disponível em: <http://www.forumsocialmundial.org.br/main.php?id_menu=4&cd_language=1>), que aborda alguns dos temas sobre os quais refletimos neste capítulo.

3 Assista ao filme *The corporation* (disponível, na íntegra, em: <http://www.youtube.com/view_play_list?p=FA50FBC214A6CE87>) e reflita sobre os problemas éticos associados às corporações.

4 Você conhece o(s) código(s) de ética da sua profissão, ou da profissão que pretende exercer? Pesquise e informe-se quais são os principais códigos de ética que regem a sua atividade profissional, no Brasil e no exterior. Leia esses códigos e debata seus pontos mais importantes com seus colegas. Procure reparar que, em geral, eles serão um conjunto de deveres e sanções, mas é possível que, em alguns momentos, caracterizem-se também como um tratado de moral ou uma reflexão ética sobre a sua profissão.

5 Além dos códigos, a sua atividade profissional está submetida às leis. Uma lei genérica, que rege o exercício de todas as profissões, é, por exemplo, o Código de Defesa do Consumidor, Lei n. 8.078, de 11 de setembro de 1990 (disponível em:

<http://www.mj.gov.br/DPDC/servicos/legislacao/cdc.htm>). Leia essa lei e reflita como ela incorpora princípios de ética.

6 O Instituto Ethos de Empresas e Responsabilidade Social, cujo site é <http://www1.ethos.org.br/EthosWeb/Default.aspx>, é uma importante organização não governamental cuja missão é mobilizar, sensibilizar e ajudar as empresas a gerir seus negócios de forma socialmente responsável, tornando-as parceiras na construção de uma sociedade sustentável e justa. Explore o seu site e não deixe de ler os Indicadores Ethos de Responsabilidade Social Empresarial (http://www.ethos.org.br/docs/conceitos_praticas/indicadores/default.asp), que permitem que a empresa faça um autodiagnóstico em relação a suas práticas de responsabilidade social.

7 Pesquise e apresente para seus colegas projetos de responsabilidade social desenvolvidos por empresas brasileiras.

8 Pesquise o que significa 'Terceiro Setor' e as organizações que o compõem.

# CAPÍTULO 13

# Estética

## APRESENTAÇÃO

Neste capítulo, exploraremos o universo da estética, que inclui os campos da filosofia e crítica da arte. Além de alguns conceitos básicos, acompanharemos as principais ideias, os principais autores e os principais movimentos que se estabelecem na história da crítica e da filosofia. Nós também aprofundaremos as relações entre arte e tecnologia, incluindo o cinema e os videogames.

## TÓPICOS PRINCIPAIS

13.1 O que é a estética e quais são suas variantes
13.2 Conceitos
13.3 Clássicos
13.4 Idealismo alemão
13.5 Estética contemporânea
13.6 Filosofia da arte
13.7 Arte e tecnologia

## OBJETIVOS DE APRENDIZAGEM

Durante a leitura deste capítulo, será possível:

- compreender o universo da estética, que inclui os campos da filosofia e crítica da arte;
- conhecer os principais autores e movimentos da história da crítica e da filosofia;
- explorar as relações entre a arte e a tecnologia, inclusive o cinema e os videogames.

## 13.1 O que é a estética e quais são suas variantes

Num sentido restrito, a estética é o ramo da filosofia que explora o universo das artes, confundindo-se por isso com a filosofia da arte. Nesse sentido, aborda questões como a definição e as características da arte e a interpretação de obras de arte, entre outras.

Embora as artes sejam tema da filosofia desde seus primórdios, a estética passou a ser considerada um campo de estudo autônomo apenas no século XVIII, quando o termo foi introduzido no léxico filosófico por Alexander Baumgarten em *Meditações filosóficas sobre algumas coisas que concernem à poesia* (1735) e, em seguida, popularizado por Kant. Nesse sentido, passam a ser levados em consideração conceitos que não se restringem apenas às artes, como gosto, beleza e sublime, envolvendo também a apreciação da natureza. No século XVIII, entretanto, a estética está ainda associada à moral, ao contrário do que ocorre hoje, quando os dois campos são considerados distintos.

No final do século XX, como resposta à crescente preocupação com a degeneração do meio ambiente e ao reconhecimento da importância dos movimentos ambientais, surge um subcampo que pode ser denominado estética ambiental, que inclui não apenas a apreciação dos ambientes naturais, mas também dos ambientes humanos e que são influenciados pelos seres humanos. A estética da vida cotidiana é mais um estágio nessa ampliação do campo da estética e envolve também tudo aquilo que faz parte desses ambientes, incluindo objetos diversos e uma séries de atividades diárias. Assim, no início do século XXI, pode-se dizer que a estética ambiental envolve o estudo da significação estética de quase tudo que não seja arte (CARLSON, 2007).

É possível ainda identificar recentemente uma estética feminista, que procura investigar como questões relacionadas ao gênero influenciam a formação de ideias sobre arte e estética em geral. As perspectivas feministas têm influenciado tanto a interpretação crítica da arte e da cultura quanto a prática artística contemporânea (KORSMEYER, 2004).

## 13.2 Conceitos

Muitos são os conceitos propostos e discutidos no campo da estética, caracterizando-o como um reino distinto. Deveríamos adotar uma atitude especial em relação a obras de arte, ao ambiente natural e mesmo a outros ambientes e objetos. Essa atitude estética caracterizaria uma maneira particular de experienciar ou se relacionar com objetos, independentemente de motivações relacionadas a utilidade, valor econômico, julgamento moral ou emoções pessoais. Ela envolveria um estado de espírito apropriado para abordar a arte (a natureza ou outros objetos ou eventos) de forma que se possam apreciar suas qualidades intrínsecas, vivendo como resultado uma experiência estética.

A atitude estética deveria ser desinteressada para que a experiência de uma obra de arte não seja afetada por nenhum interesse em seus usos práticos. Envolveria também uma distância estética, distanciamento do objeto percebido, suspendendo nossas preocupações pessoais, desejos e outros sentimentos, restando a mera experiência de contemplá-lo, isto é, a contemplação de um objeto puramente como objeto da sensação, como ele é nele mesmo, sem ser afetada por nenhum raciocínio ou conhecimento.

Isso caracterizaria a experiência estética como um tipo de experiência distinta. No limite, o estado do observador estético seria o de completo desprendimento, marcado por uma ausência de todos os desejos direcionados ao objeto. Poderia ser concebido como um estado de receptividade elevada, em que nossa percepção do objeto está mais livre e desprendida do que o usual em relação a outros desejos e motivações, ou mesmo como um episódio de elevação excepcional, para além da nossa compreensão ordinária da realidade empírica.

Em muitos casos, essa experiência de observação é marcada pela imaginação estética, ou seja, pelo estado de faz de conta que gera envolvimento com a ficção, como no caso da identificação com personagens e que permite a simulação de sentimentos.

É possível, assim, falar de um valor estético, distinto dos valores morais, de utilidade, lógicos, epistêmicos ou religiosos. A estética não deve ser pensada apenas do lado do sujeito: a beleza não está apenas nos olhos do observador, mas também nos objetos. Haveria um modo peculiarmente estético de ser dos objetos. Objetos estéticos são aqueles que chamam nossa atenção de uma maneira especial, possuindo qualidades ou propriedades estéticas como bonitos ou feios, graciosos, equilibrados, charmosos, majestosos, elegantes, vulgares, sem vida etc.

Vejamos como esses e outros conceitos se apresentam na história da filosofia.

## 13.3 Clássicos

No livro X da *República*, Platão defende a tese de que os poetas não têm lugar no estado ideal. A mimesis na poesia, assim como na pintura, seria uma imitação da aparência, uma imitação de uma imitação da realidade, cópia da cópia. Seus resultados seriam por isso inferiores aos da verdade, corrompendo a alma, devendo essa atividade, portanto, ser banida do estado ideal. No Companion Website, você pode ler a análise do diálogo *Hípias Maior*, que trata especificamente da beleza (*to kalon*). O *Simpósio* contém outra análise de Platão sobre a beleza. Para o filósofo grego, a beleza possui uma forma, estando localizada no campo dos objetos inteligíveis, não no mundo das cópias dos artistas. Na estética de Platão, portanto, encontramos uma interessante separação entre arte e beleza, estranha hoje para nós.

A *Arte poética* de Aristóteles, até hoje utilizada como bibliografia básica em cursos de letras e afins, discute os princípios gerais da produção de uma obra de arte, especificamente a tragédia, e boa parte do texto é dedicada ao estudo do enredo. Ao contrário de Platão, para Aristóteles a arte não é entendida simplesmente como uma cópia, mas como um ato criativo com poder de revelação, já que envolve a tradução da ação para a linguagem. O objetivo da tragédia, estudada como gênero literário, é a produção da catarse, que consiste na purificação das paixões por emoções dramáticas como a piedade e o terror. A *Arte retórica* do mesmo autor também traz contribuições para a estética.

Horácio (65 a.C.-8 a.C.) também escreveu uma *Arte poética* (ou *Epístola aos pisões*) e um tratado intitulado *Do sublime*, atribuído por muitos a Longino (século I d.C.) mas descoberto apenas no século XVI, em que desenvolve as reflexões de Aristóteles sobre a arte.

O importante neoplatônico Plotino escreve o tratado 'Sobre a beleza' (livro I, Capítulo 6 de suas *Enéadas*), em que estabelece uma hierarquia da beleza, cujas formas teriam origem no bem, fonte e unidade virtual de todas as formas. A beleza existe em menor grau na intuição da alma do artista e em menor grau ainda na obra concreta e física que o artista produz. Ao contrário de Platão, entretanto, Plotino é simpático à arte. O artista capta uma ideia em sua mídia, sendo sua intuição anterior à razão.

Já a apreciação da beleza em Santo Agostinho e São Tomás de Aquino está em geral subordinada à figura de Deus.

Sir Philip Sidney escreve em 1583 *Apology for poetry* (publicado em 1595 e também conhecido como *The defense of poetry*), um ensaio de crítica literária que defende que a poesia é mais eficiente do que a história e a filosofia para estimular a virtude. No diálogo *An essay on dramatic poesy* (1668), John Dryden utiliza o argumento de Sidney em defesa do teatro.

A complexa estética de Hume, que ainda aparece ligada à moral, está expressa principalmente em seus ensaios 'Of the standard of taste' (1757) e 'Of tragedy' (1777), apesar de também estar distribuída por outros trabalhos, integrada a sua filosofia. Para Hume, a beleza não é uma propriedade real das coisas, sendo nossa resposta estética imediata e espontânea, não uma inferência da presença da beleza. A arte explora nossos sentimentos naturais ao empregar composições e design apropriados, e nosso gosto está baseado em sentimentos, não em afirmações com valor de verdade. Mesmo assim, é possível propor normas para a avaliação dos juízos estéticos. Ou seja, os juízos sobre a beleza derivam do sentimento, ao mesmo tempo em que pretendem a universalidade. Essa característica peculiar dos juízos estéticos será intensamente discutida pelos autores posteriores.

## 13.4 Idealismo alemão

Em 1735 Baumgarten propõe o termo *estética* (derivado do grego *aisthetikê*, o que é sentido) para diferenciar o conhecimento fornecido pelas ideias abstratas estudadas pela lógica do conhecimento fornecido pela experiência sensória combinada com o sentimento. A partir daí, desenvolve-se a ideia de que nossa resposta à beleza, seja na natureza, seja na arte, é um livre jogo de nossos poderes mentais que são instrinsecamente prazerosos, não necessitando, portanto, de justificação epistemológica ou moral. Ou seja, a partir do século XVIII, a estética começa a se separar da ética, e a experiência estética passa a ser entendida não mais como uma forma especial de cognição da verdade, mas como um livre jogo de poderes mentais.

Kant é o primeiro autor a reservar à estética um papel distinto em seu sistema filosófico. Na primeira parte da *Crítica do juízo* (*da Faculdade do juízo* ou *do julgamento*, 1790), a terceira crítica (as anteriores são a *Crítica da razão pura*, que explora basicamente a teoria do conhecimento, e a *Crítica da razão prática*, que explora basicamente a moral), Kant explora os juízos estéticos. A segunda parte é dedicada aos juízos científicos.

Um juízo estético é baseado no sentimento de prazer desinteressado sem fim ou objetivo determinado, o que o distingue dos juízos cognitivos baseados na percepção, dos juízos sobre o que é agradável e dos juízos morais. Mas, ao mesmo tempo, como vimos em Hume, os juízos estéticos têm pretensão de validade universal, uma reivindicação normativa do acordo de todos. Ou seja, um juízo estético é, ao mesmo tempo, subjetivo e universal. Para Kant, é possível conceber o juízo estético como vinculado ao sentimento e, ao mesmo tempo, com pretensões universais porque o prazer do belo dependeria do livre jogo ou harmonia entre as faculdades da imaginação e da compreensão, o que ocorreria no gênio.

Um artista dotado de gênio tem uma capacidade natural de produzir objetos que tendem a ser julgados como belos, mas essa capacidade não exige que o próprio artista siga conscientemente regras para a produção desses objetos; na verdade, o artista não sabe, e por isso não pode explicar, como foi capaz de produzi-los. Gênio para Kant, portanto, significa algo diferente do brilho do intelecto. O gênio não teria consciência do seu método de produção, da mesma maneira que um juízo estético ou de gosto não deve ser determinado pela adequação ou não do objeto estético a regras, mas por sentimentos provocados *a priori*.

Os juízos estéticos, portanto, teriam um papel mediador entre as ideias racionais, de um lado, e a sensibilidade e a imaginação, de outro. Uma obra de arte expressaria ou apresentaria uma ideia estética na medida em que consegue dar forma sensível a uma ideia racional.

Kant explora também o conceito de sublime, que consistiria numa sensação de superioridade da nossa própria força da razão, como faculdade suprassensível, em relação à natureza.

Schiller escreve *Cartas sobre a educação estética do homem* (1795), entre outros textos sobre arte, e Schelling, *Filosofia da arte* (1802-1803), nas quais a estética de Kant é criticada e desenvolvida.

Por fim, a estética de Hegel exerce também importante influência sobre os pensadores seguintes. Há curtas passagens sobre estética em sua *Enciclopédia*, mas o material principal são suas aulas sobre filosofia da arte e estética ministradas em Heidelberg em 1818 e em Berlim na década de 1920, compiladas por seus alunos e publicadas após a sua morte. A edição de Heinrich Hotho (1835) utiliza um manuscrito de Hegel (hoje perdido) e transcrições de palestras, além de acrescentar material de sua autoria, tendo para alguns distorcido o pensamento do próprio Hegel. Não há, portanto, uma edição definitiva da teoria estética de Hegel, elaborada e endossada pelo próprio autor.

Hegel explora questões como o conceito de beleza em arte, o desenvolvimento histórico da arte (com análises da arte egípcia, da escultura grega e da tragédia antiga e moderna), as diferentes formas que a beleza assume na história (simbólica — anterior à Grécia Antiga; clássica — que corresponde à Grécia Antiga, e romântica) e as caraterísticas de artes específicas (como arquitetura, escultura, pintura, música e poesia).

O objetivo principal da arte, para Hegel, não é imitar a natureza, decorar o ambiente ou levar-nos a participar de ações morais ou políticas. A arte nos permite contemplar e apreciar imagens da nossa própria liberdade espiritual, que são belas justamente porque dão expressão à nossa liberdade. A finalidade da arte, portanto, é nos permitir trazer à mente a verdade sobre nós mesmos e assim tornar-nos conscientes de quem realmente somos.

Ao contrário de Kant e de acordo com Schiller, Hegel defende que a beleza é uma propriedade objetiva das coisas. A beleza é a manifestação direta e sensual da liberdade, não apenas a aparência ou a imitação da liberdade. Por isso, deve ser produzida por espírito livre para espírito livre, não podendo ser um mero produto da natureza. Enquanto a natureza é capaz de uma beleza formal e a vida é capaz de uma beleza sensual, a verdadeira beleza só é encontrada em obras de arte, que são livremente criadas por seres humanos.

A tarefa da arte é a apresentação da beleza, que, no entanto, não envolve apenas forma, harmonia formal ou elegância, mas também conteúdo. A arte é a manifestação sensual da liberdade espiritual e da vida. O conteúdo central e indispensável para a verdadeira beleza (e, portanto, a verdadeira arte) é a liberdade e a riqueza do espírito: o conteúdo da arte verdadeiramente bela é, portanto, em certo sentido, divino.

Para Hegel, a arte chegou ao fim na modernidade, pois se emancipou de sua subserviência à religião. Ela não é hoje a maneira mais elevada e adequada de expressar a verdade, como era no século V em Atenas. Nós, modernos, buscamos agora o absoluto na fé ou na filosofia, não na arte. A arte desempenha, portanto, um papel mais limitado na modernidade do que representou na Grécia Antiga ou na Idade Média.

A beleza toma uma forma ligeiramente diferente nos períodos clássico e romântico, assim como nas diferentes artes. De uma forma ou de outra, no entanto, continua a ser o propósito da arte apresentar a beleza, mesmo na modernidade. Ela pode ser decorativa, promover objetivos morais e políticos, explorar as profundezas de alienação humana ou simplesmente registrar os detalhes prosaicos da vida cotidiana, tudo isso com maestria. Mas, para Hegel, a arte que faz essas coisas sem dar-nos a beleza deixa de nos proporcionar a experiência estética da liberdade, privando-nos de uma dimensão central de uma vida verdadeiramente humana (HOULGATE, 2009).

## 13.5 Estética contemporânea

Schopenhauer e Nietzsche (especialmente com *O nascimento da tragédia*) também contribuem com suas ideias para o estudo da arte e da estética.

Aos idealistas Benedetto Croce (1860-1952) e Robin George Collingwood (principalmente com seu *Os princípios da arte*, 1938) podem ser contrapostos os empiristas George Santayana (com *O sentido da beleza*, 1896) e John Dewey.

### 13.5.1 Dewey: arte como experiência

Em seu importante *Art as experience* (1934), Dewey procura mudar a ênfase na arte de suas manifestações físicas no objeto para o processo como desenvolvimento de uma experiência, que se concretiza no objeto de arte. O filósofo norte-americano procura assim expandir os limites da estética, conectando a arte com a experiência cotidiana, a comunicação e a educação.

A função da estética é, segundo a concepção de Dewey, restaurar a continuidade entre as experiências refinadas que são as obras de arte e as experiências da vida cotidiana. Devemos nos afastar das produções artísticas e ir em direção à experiência comum; esse movimento para o cotidiano implica o reconhecimento da natureza estética das artes populares. Práticas e artefatos de culturas tradicionais eram, em seus contextos originais, aperfeiçoamentos da vida cotidiana. Dança, pantomima, música e arquitetura estavam originalmente, nas culturas tradicionais, ligadas a ritos religiosos, não a teatros e museus.

Dewey considera que as fontes da experiência estética são encontradas na vida animal sub-humana. Os animais atingem em geral uma unidade da experiência que nós perdemos na nossa vida fragmentada de trabalho. O animal vivo encontra-se integralmente presente com todos os seus sentidos ativos e o homem tribal, da mesma forma, está mais vivo quando mais atento e cheio de energia. Ele não separa observação, ação e visão de futuro, e seus sentidos não são simples caminhos para o armazenamento; ao contrário, eles o preparam para o pensamento e a ação. A experiência significa vida intensificada e engajamento ativo com o mundo. Na sua forma mais elevada, envolve a identificação entre o *self* e o mundo; essa seria a experiência de partida para a arte.

Na arte, o homem usa os materiais e as energias da natureza para expandir a vida. A arte é a prova de que o homem pode conscientemente restabelecer a união da sensação, das necessidades e das ações encontradas na vida animal. O que torna a obra 'boa' é o fato de o artista viver plenamente, enquanto a produziu. A boa arte envolve integridade de vida na produção e na percepção.

Em uma experiência, cada parte flui livremente no que se segue, carregando consigo o que precedeu sem sacrificar sua identidade. As peças são fases de um todo duradouro e também não existem buracos ou pontos mortos mecânicos em uma experiência. Pelo contrário, há pausas que definem a sua qualidade e resumem o que tem sido experienciado.

Obras de arte seriam exemplos de experiências. Nelas, elementos separados são fundidos em uma unidade, embora, em vez de desaparecer, sua identidade seja engrandecida. Nesse sentido, o pensamento e as ações práticas podem também possuir características estéticas (LEDDY, 2006).

### 13.5.2 Formalismo

Uma das correntes de destaque na estética contemporânea é o formalismo. Num sentido geral, podemos dizer que o formalismo defende que, em nossa interação com a obra de arte, a forma deve ser o elemento mais importante. Assim, o formalismo é a teoria estética que enfatiza a forma dos objetos de arte. Nesse sentido, é importante ressaltar que toda teoria da arte pode ser mais ou menos formalista, em pontos distintos.

Pode-se dizer que o formalismo se estabelece como reação a várias formas de crítica extrínseca ao objeto de arte, que o enxergam como um produto de forças sociais e históricas ou um documento que realiza uma afirmação ética. Em geral, o formalismo chama a atenção para o próprio objeto de arte, diferenciando-o de suas relações com elementos externos como: as representações e simbolizações para as quais ele aponta, sua expressividade e produção a partir das intenções do artista e do contexto social, recepção ou mesmo suas relações com outras obras de arte.

Por ser uma arte mais formal que as outras, naturalmente as teorias da música tenderiam a ser mais formalistas do que as teorias do teatro e da literatura, por exemplo, localizando-se as teorias das artes visuais entre elas. Entretanto, como veremos, uma importante corrente do formalismo estético contemporâneo se configura justamente na crítica literária.

Além de um movimento neoaristotélico, associado à Universidade de Chicago e coordenado por R. S. Crane, é possível apontar duas importantes correntes formalistas no século XX em crítica literária: o formalismo russo e o New Criticism.

O formalismo russo tem vida curta, de 1915 a 1930, tornando-se conhecido no Ocidente apenas décadas mais tarde, quando influenciará, por exemplo, o estruturalismo, por meio de Roman Jakobson.

No capítulo 'Arte como técnica' (primeiro capítulo do seu *Teoria da prosa*, 1925), Victor Shklovsky (In: RICHTER, 1998, p. 717-726) desenvolve o conceito de estranhamento em arte. Quanto mais conhecemos e nos acostumamos com um objeto, mais nossa percepção se torna habitual, automática e mesmo inconsciente. Ocorre um processo de algebrização e superautomatização do objeto, que, se de um lado gera economia de esforço perceptivo, de outro torna a relação sujeito-objeto sem vida: "E assim a vida é avaliada como nada. A habitualização devora o trabalho, roupas, móveis, uma esposa e o medo da guerra."

A arte seria então uma técnica para modificar essa percepção automatizada, tornando os objetos não familiares pela alteração da forma como os percebemos. A arte remove os objetos do automatismo da percepção, permitindo-nos enxergar as coisas fora do seu contexto normal:

> *A arte existe justamente para que possamos recuperar a sensação de vida; ela existe para nos fazer sentir as coisas, para tornar a pedra rígida. A finalidade da arte é transmitir a sensação das coisas como elas são percebidas, não como elas são conhecidas. A técnica da arte é tornar os objetos 'estranhos', tornar as formas difíceis, aumentar a dificuldade e a duração da percepção, pois o processo de percepção é um fim estético em si mesmo e deve ser prolongado.* (SHKLOVSKY, In: RICHTER, 1998, p. 720)

A técnica da desfamiliarização na arte provoca, portanto, uma percepção desautomatizada. A arte é responsável por apresentar as coisas em uma nova e estranha forma, desfamiliarizando o conhecido pela manipulação formal.

No movimento conhecido como New Criticism, destacam-se inicialmente autores como Thomas Stearns Eliot, Ivor Armstrong Richards, Cleanth Brooks e William Empsom, podendo ser também associado ao movimento René Wellek. Após os anos 1950, o movimento passa a dominar o ensino de literatura na Inglaterra e nos Estados Unidos. O New Criticism defende uma objetividade da crítica centrada na materialidade dos textos, e não nos elementos que envolvam a intenção do autor ou a recepção da obra pelo leitor ou intérprete.

Eliot (In: RICHTER, 1998, p. 409-503), em seu ensaio relevante nessa tradição, "Tradition and the individual talent" (1919), propõe como princípio estético que o significado de um poeta e sua poesia deva ser considerado em comparação e contraste com o passado literário e a tradição. Quando uma nova obra de arte é criada, há uma modificação e reordenação do todo em todas as outras obras simultaneamente, sendo então as relações, proporções e valores de cada obra de arte reajustados em função do todo. O passado é alterado pelo presente da mesma maneira como o presente é dirigido pelo passado. Assim, a poesia deve ser considerada como um todo vivo composto de todas as poesias que já foram escritas, e poemas devem ser relacionados com outros poemas de outros autores.

Eliot (In: RICHTER, 1998, p. 500) introduz então a ideia da despersonalização do poeta, uma entrega contínua de si mesmo a algo mais valioso: "O progresso de um artista é um contínuo autossacrifício, uma contínua extinção da personalidade". Nesse sentido, a crítica honesta e a apreciação sensível deveriam ser dirigidas não ao poeta, mas à poesia. Além da relação de poemas com outros poemas, outro aspecto da teoria impessoal da poesia é a relação do poema com o seu autor. A mente do poeta maduro é um meio refinado em que sentimentos especiais ou muito variados estão livres para entrar em novas combinações.

Eliot traça então uma analogia com o que ocorre quando introduzimos um filamento de platina em uma câmara contendo oxigênio e dióxido de enxofre: na presença da platina, os dois gases formam ácido sulfúrico, mas o ácido não contém traços de platina e a própria platina parece não ser afetada, mantendo-se inerte, neutra e inalterada. Metaforicamente, a mente do poeta é o pedaço de platina: quanto mais perfeito é o artista, mais separados nele estarão o homem que sofre e a mente que cria. E os elementos que entram na presença do catalisador são de dois tipos: emoções e sentimentos. A mente do poeta é um recipiente para apreender e acumular inúmeros sentimentos, frases e imagens que permanecem lá até que todas as partículas que possam se unir para formar um novo composto estejam presentes.

Quando comparamos passagens representativas da poesia de qualidade, percebemos como é grande a variedade de tipos de combinação e também como qualquer critério semiótico de sublimidade erra completamente o alvo. Pois o que importa não é a grandeza, a intensidade das emoções, os componentes, mas a intensidade do processo artístico, a pressão em que a fusão ocorre. O ponto de vista que Eliot procura atacar está relacionado à teoria metafísica da unidade substancial da alma: o poeta não tem uma personalidade para expressar, mas um meio particular, que é apenas um meio e não uma personalidade, em que impressões e experiências se combinam de maneiras peculiares e inesperadas. As impressões e experiências que são importantes para o homem podem não ter lugar na poesia, e aquelas que se tornam importantes na poesia podem desempenhar um papel muito insignificante no homem, na personalidade.

Não é em suas emoções pessoais, nas emoções provocadas por eventos particulares em sua vida, que o poeta é notável ou interessante; suas emoções particulares podem ser simples, rudes e desinteressantes. A emoção em sua poesia será complexa, mas não como a complexidade das emoções das pessoas que têm emoções muito complexas ou incomuns na vida. A atividade do poeta não é encontrar novas emoções, mas usar as ordinárias e, ao transformá-las em poesia, expressar sentimentos que não estão na verdade em emoções reais. Para isso, as emoções que ele nunca experimentou servirão tanto quanto as com que ele está familiarizado.

Portanto, a famosa definição de poesia do poeta e crítico William Wordsworth — emoção reunida em tranquilidade (*emotion recollected in tranquillity*) — é para Eliot uma fórmula inexata. Não se trata de emoção, nem de reunião, nem de tranquilidade. É uma concentração, e uma coisa nova resultante da concentração, de um número muito grande de experiências que, para a pessoa prática e ativa, não pareceriam experiências; é uma concentração que não acontece conscientemente ou por deliberação. Essas experiências não são reunidas, e elas finalmente se unem em uma atmosfera que é tranquila apenas na medida em que é uma observação passiva do evento. A poesia não é uma frouxidão de emoção, mas uma fuga da emoção; não é a expressão da personalidade, mas uma fuga da personalidade. A emoção da arte é impessoal, e o poeta não pode alcançar essa impessoalidade sem entregar-se inteiramente ao trabalho a ser feito.

Desviar o interesse do poeta para a poesia seria assim um objetivo louvável, pois conduziria a uma avaliação mais justa da poesia.

I. A. Richards, em seu *Principles of literary criticism* (1924), desenvolve ideias próximas de Eliot, de que não é possível verificar ou recuperar a intenção do autor ou suas motivações para escrever um texto, que portanto não servem como objetos de interpretação da arte. A estrutura do texto, por outro lado, pode e deve ser estudada. O mesmo argumento é encontrado em *Teoria da literatura* (1949), de René Wellek e Austin Warren: a intenção do escritor é um significado passado, no sentido de ultrapassado e superado.

Nome importante no New Criticism é o do filósofo norte-americano Monroe Curtis Beardsley (1915-1985). Um interessante e acalorado debate sobre a importância da intenção do autor na interpretação da obra literária inicia-se com um

> *A emoção da arte é impessoal, e o poeta não pode alcançar essa impessoalidade sem entregar-se inteiramente ao trabalho a ser feito.*

artigo escrito por Beardsley e pelo crítico William Kurtz Wimsatt, "The intentional fallacy" (1946) (WIMSATT e BEARDSLEY, 1954, p. 3-18). Pode-se dizer que os autores radicalizam as posições de Eliot e Richards e, ao mesmo tempo, criticam visões românticas como a de Croce, por exemplo, para combater as interpretações de arte biográficas. A ideia principal defendida pelos autores é que a intenção do autor, ao escrever um texto, não está disponível para o intérprete e, mesmo que estivesse, não serviria para auxiliar na interpretação da obra. A validade ou autenticidade da obra de arte não deveria ser garantida pelo seu criador, mas pela própria obra, em seus aspectos materiais.

Um exemplo. Sabe-se que o grande violonista Andrés Segovia encomendou uma peça para violão ao compositor mexicano Manuel Ponce, mas a obra foi durante muito tempo promovida por ambos como de autoria de Silvius Leopold Weiss (1686-1750), como se se tratasse de uma descoberta de um manuscrito perdido por parte de Segovia. Até hoje, embora se saiba que o verdadeiro compositor foi Ponce, a obra é muitas vezes gravada e apresentada em concertos como sendo da autoria de Weiss. A comunidade violonística, movida por uma estranha inércia, continua respeitando a assinatura primeira, mesmo reconhecendo-a falsa. Afinal, o prazer estético da audição da obra, ou mesmo a análise de sua estrutura, devem ser afetados pelo nome a ela vinculado? Estaríamos fazendo justiça à peça, se a cada alteração do nome a 'ouvíssemos' diferente? Não existe um infinito valor a ser explorado na relação entre os sons da própria composição, em comparação com a pobre relação desses sons com um nome? Não procuramos na unidade do nome o repouso que não é possível encontrar no movimento dos sons? Afinal, trata-se de um nome, contra uma variedade de notas, timbres, ritmos, gravações e interpretações. O nome próprio nos afasta da música, funcionando como um simulacro do qual parece ser mais fácil extrair um sentido final e único.

Outro exemplo. Em *Eça de Queirós: uma estética da ironia*, Mário Sacramento (1945) propõe-se a explicar o espírito irônico do escritor português em função de sua orfandade precoce. A própria ironia e seu poder desestruturador ficam assim reduzidos à infância de Eça: explicados, amordaçados e mortos.

Em outro artigo coescrito com Wimsatt, "The affective fallacy" (1949), Beardsley defende que as respostas afetivas de uma pessoa a uma obra de arte são irrelevantes para suas propriedades descritivas, interpretativas e avaliativas.

*Aesthetics: problems in the philosophy of criticism* (1958, republicado com um posfácio em 1981) é outro texto influente e importante em que Beardsley explora o conceito de estética e desenvolve sua filosofia da arte, concentrando-se na literatura, música e pintura. Todas as experiências estéticas possuem, para o filósofo norte-americano, três características em comum: foco, intensidade e unidade (que envolve coerência e plenitude).

Novamente, a relevância dos fatos sobre a origem das obras literárias é questionada, assim como seus efeitos sobre os leitores individuais e sua influência pessoal, social e política. O que se espera de um crítico é uma leitura atenta do texto, não informação biográfica sobre o autor, resumo do estado da sociedade na época em que a obra foi escrita, dados sobre a psicologia da criação, previsões sobre os efeitos da obra na sociedade etc. Embora baseado na crítica literária, o raciocínio pode ser estendido a outras artes.

A estética, para Beardsley, deve se constituir como uma metacrítica: enquanto a crítica de arte se direciona aos objetos de arte, a estética deve se direcionar à própria crítica.

Beardsley realiza uma interessante distinção, pensando no teatro (mas que pode também ser estendida a outras artes), entre:

a) o artefato — a própria peça, escrita

b) uma produção (ou montagem) particular

c) uma performance particular

d) uma apresentação particular (como ela é experienciada por alguém)

Por exemplo, uma sinfonia (o artefato) pode ser gravada (produção), interpretada e apresentada de formas diferentes. Em muitas artes, um único artefato pode ter diferentes produções, uma única produção pode ter muitas interpretações ou performances e uma única performance pode dar origem a muitas apresentações.

A produção, para Beardsley, deve ser considerada o objeto estético. Assim, o objeto principal de atenção da crítica deve ser a produção de um artefato, e o trabalho básico do crítico deve ser descrever, interpretar e avaliá-la.

Outra obra importante de Beardsley é *The possibility of criticism* (1970), mais voltada à crítica literária, que reforça a tese contra o intencionalismo, ou seja, a ideia de que o significado de uma obra de arte é o que o artista pretende que ela signifique. A tese principal é, novamente, a de que devemos respeitar a autoridade do texto, independentemente das intenções do autor: o texto fala por si só, e o seu significado deve ser buscado nele, não na vida ou opiniões do autor.

Também de Beardsley, *The aesthetic point of view* (1982) é uma coleção de seus artigos, na qual se encontra, por exemplo, o importante artigo 'Intentions and interpretations' (Intenções e interpretações), em que ele defende que o significado de uma sentença em uma obra literária é logicamente independente da intenção do autor.

O filósofo britânico Frank Sibley (1923-1996) é outro autor de destaque na história da estética. Seu artigo "Aesthetics concepts" (1959) é considerado um clássico e está presente em inúmeras antologias, continuado em "Aesthetic and nonaesthetic" (1965). *Approach to aesthetics: collected papers on philosophical aesthetics* (2001) reúne vários artigos, alguns póstumos. Sibley chama a atenção para o fato de que a estética depende de características naturais como semelhanças, cores notáveis, formas, aromas, tamanho e complexidade. Tais características naturais são utilizadas inclusive para avaliar e iluminar obras de arte. Entretanto, os conceitos estéticos não podem ser reduzidos ou adequadamente definidos em função dos conceitos não estéticos. Assim, é necessário exercitar o gosto ou a sensibilidade estética para captar as propriedades de objetos estéticos. E a atividade dos críticos deve ser a de reforçar a relação entre os elementos estéticos e suas bases naturais.

### 13.5.3 Críticas ao formalismo

O principal crítico da tese da falácia intencional é Eric Donald Hirsch, em duas obras importantes, *Validity in interpretation* (1967) e *The aims of interpretation* (1976). Para Hirsch, sem o recurso à intenção do autor, o significado do texto literário permaneceria indeterminado e nebuloso. A obra de Hirsch teve um revisor, que ao mesmo tempo criticou e desenvolveu alguns de seus pontos mais importantes: P. D. Juhl, que com sua *Interpretation: an essay in the philosophy of literary criticism* (1980) propõe a diferenciação entre o autor real (ou escritor) e o autor implícito (ou narrador). Para ele, as proposições de uma obra de arte não são expressas ou implicadas por um autor implícito ficcional, mas por uma pessoa real e histórica. Os críticos e os leitores não estão preparados para lidar com leituras logicamente incompatíveis das obras de arte, já que isso implicaria admitir mundos contraditórios correspondendo aos significados incompatíveis de um texto. Deveríamos, portanto, sempre buscar um significado único para o texto, suportado pela intenção do autor real.

As ideias de Sibley são criticadas, por exemplo, por Ted Cohen em "A critique of sibley's position" (1973), que coloca em dúvida a validade de uma classificação distinta para os juízos estéticos, e Peter Kivy em "What makes 'aesthetic' terms *aesthetic*?" (1975), que afirma não haver base para uma faculdade especial ou uma noção unitária de estética.

O filósofo norte-americano Kendall Lewis Walton (1939), autor de diversos livros sobre estética, é um dos críticos do formalismo, e merece destaque seu artigo

"Categories of art" (1970),[1] em que ele defende que as propriedades estéticas não se resumem a características físicas e sensórias dos objetos, mas envolvem também propriedades contextuais — como a origem da obra de arte e sua relação com outras obras.

Outro crítico do formalismo é o crítico de arte e filósofo norte-americano Arthur Coleman Danto (1924), principalmente com seu conhecido artigo 'The artworld' (1964).[2] Contra um conceito de estética baseado em características intrínsecas dos objetos de arte, propriedades formais ou expressivas, Danto adota o conceito de estética como uma categoria sociológica e histórica. O filósofo desenvolve uma definição institucional da arte, que independe de características formais. O mundo da arte (*artworld*) é justamente o contexto cultural ou a atmosfera da teoria da arte. Danto também recupera a ideia hegeliana de que a arte chegou ao fim.

Outro filósofo norte-americano, George Dickie (1926), desenvolve também uma teoria da arte institucional em seu artigo "Defining art" (1969) e seus livros *Aesthetics: an introduction* (1971) e *Art and the aesthetic: an institutional analysis* (1974). Uma obra de arte seria, segundo ele, um artefato para o qual uma ou mais pessoas, atuando em nome de um certa instituição social (o mundo da arte), confeririam o estatuto de candidato à apreciação. Em "Beardsley's phantom aesthetic experience" (*Journal of Philosophy*, 1965), Dickie critica as características da experiência estética apontadas por Beardsley, que não estariam adequadamente descritas ou não seriam condições necessárias ou suficientes para a experiência estética. Dickie é autor de outros livros de estética, como *The century of taste* (1996) e *Evaluating art* (1988), em que continua desenvolvendo sua teoria da arte institucional. As críticas de Dickie parecem ter levado Beardsley a rever suas posições.

O filósofo norte-americano Nelson Goodman (1906-1998) é outro pensador que busca alternativas ao formalismo. Em seu *Language of art: an approach to a theory of symbols* (1968, revisado em 1976) ele explora o campo da filosofia da arte utilizando como referências a semiótica e o conceito de referência. Pinturas, sonatas, danças etc. são todos símbolos que classificam para nós partes da realidade, assim como fazem as teorias científicas e o conhecimento comum e ordinário. Em ensaios posteriores, esses conceitos são aperfeiçoados.

### 13.5.4 A morte do autor

"A morte do autor" é o título de um pequeno e consagrado artigo de Roland Barthes, publicado na década de 1960, cuja importância pode ser medida pela quantidade de textos que, já em seus títulos, a ele se referem: "The return of the author" (John Halpern, 1988), *The death and return of the author* (Sean Burke, 1998), "Weavings: intertextuality and the (re)birth of the author" (Susan Friedman, 1991), *Morte d'author: an autopsy* (H. L. Hix, 1990), "Reports of the death of the author" (Donald Keefer, 1995), "The revenge of the author" (John Zilcosky, 1998), "O autor não morreu" (Philippe Willemart, 1986), *Em busca do autor perdido* (Helena Buescy, 1998) etc. Dicionários de teoria literária possuem entradas para a expressão 'author, death of'.

Para Barthes, o ato de escrever geraria a perda da identidade e a destruição da subjetividade, enquanto voz-origem. A narração fundar-se-ia numa função simbólica desconectada do real, que mataria o autor enquanto o texto estivesse sendo gerado. A crítica literária, criticada por Barthes, estaria centrada no autor e numa concepção mimética de literatura, lendo portanto vidas e não textos.

---

1   Disponível em: <http://nanay.syr.edu/Walton%201970.pdf>.

2   Disponível em: <http://estetika.ff.cuni.cz/files/Danto.pdf>.

Barthes traça uma linhagem antiautoral, que se iniciaria com Mallarmé, passando por Valery, Proust, o surrealismo e as teorias linguísticas, chegando até Brecht. Ao escritor (que precederia o texto) Barthes contrapõe o *scriptor* moderno (que nasce simultaneamente com o texto). Escrever torna-se um ato performativo, que enterra o autor.

O que nos parece ainda sobreviver do artigo de Barthes são suas críticas a uma certa forma de interpretar literatura, em que a biografia acaba desempenhando o principal papel na interpretação. As leituras biográficas impõem um limite à ficção, fechando seu campo semântico: quando o autor é encontrado por trás ou por baixo do texto, vitória do crítico: o texto está explicado! Importante, ainda, no debate contemporâneo, é a concepção (de Barthes) de que o texto literário não gera um significado único, mas se caracteriza como um espaço multidimensional, no qual uma variedade de textos encontra-se e mistura-se.

Assim, podemos extrair do artigo de Barthes uma (ainda que pequena) teoria da interpretação literária: interpretar um texto literário não significa decifrá-lo ou furá-lo, mas seguir sua estrutura, acompanhá-la e explorá-la. Recusando-se a admitir um segredo ou significado último do texto, a literatura e a crítica literária caracterizar-se-iam como atividades revolucionárias, por se inscreverem no campo dos significados movediços.

### 13.5.5 O que é um autor

"O que é um autor?" é o título de um artigo de Michel Foucault (1992), o qual apareceu pela primeira vez no *Bulletin de la Société Française de Philosophie*, em 1969. A história da recepção do artigo de Foucault é extremamente curiosa: de um lado, Alexander Nehamas (1981) desempenhou o papel de seu atento leitor-filósofo, estabelecendo um contínuo diálogo com o texto de Foucault; de outro, uma corrente contemporânea do direito, que trabalha questões de direitos autorais, tomará o artigo de Foucault como o fundador de suas reflexões;[3] mas apenas com a obra de Hix (1990), no início dos anos 1990, o texto de Foucault encontra ressonância em teoria literária.

O artigo de Foucault parece, de alguma forma, reagir ao de Barthes e é muitas vezes erroneamente classificado sob a mesma linhagem da morte do autor. Ambos foram equivocadamente lidos como se afirmassem a inexistência de autores de textos, daí as recorrentes brincadeiras: como Barthes e Foucault podem defender a inexistência de autores, se são eles que escrevem seus textos, recebem seus direitos autorais etc.? Já vimos que não é isso o que a metáfora de Barthes afirma (a menos que a leiamos ao pé da letra e ignoremos todo o artigo), mas o artigo de Foucault não está nem mesmo afiliado à história dessa metáfora, já que aponta para uma multiplicidade de autores, e não para textos sem autores. O artigo de Foucault, assim como o de Barthes, serve muito mais a uma metodologia dos estudos literários do que a uma ontologia do discurso, que a eles em geral se atribui.

Foucault propõe um estudo das relações entre texto e autor. Para o filósofo francês, a noção de *écriture* (trabalho, texto), desenvolvida por Barthes e outros, seria tão vaga quanto a noção de *autor*, mantendo-o na verdade tão vivo quanto antes. Simplesmente dizer que o autor morreu não seria suficiente, constituindo-se numa afirmação vã e vazia, mesmo porque as noções que o teriam substituído dependem do conceito de autor.

Para Foucault, o autor desempenha um papel determinado em relação ao discurso narrativo, estando sempre presente dentro do texto, como um princípio ordenatório. O autor nos permitiria agrupar certo número de textos, defini-los e diferenciá-los. Ele estaria sempre presente no texto, demarcando seus limites e

---

3   Sobre o assunto, ver principalmente os artigos organizados por Martha Woodmansee e Peter Jaszi, em *The construction of authorship: textual appropriation in law and literature*. Durham e Londres: Duke University Press, 1994.

conferindo-lhe certo *status*. Assim, funcionaria como uma proteção contra as ameaças da ficção, controlando a proliferação do sentido.

Foucault desenvolve então o conceito de *função-autor*: uma carta pode ter um signatário, mas não um autor; um contrato pode ter um fiador, mas não um autor; um texto anônimo pode ter um escritor, mas não um autor etc. Alguns discursos, portanto, estariam imbuídos da função-autor, enquanto outros, não.

Os discursos contendo a função-autor teriam algumas características em comum: a função-autor está conectada ao sistema jurídico e institucional que envolve, articula e determina o universo do discurso; a função-autor não afetaria todos os discursos do mesmo modo, em todos os tempos e em todas as civilizações; a função-autor não é definida pela atribuição espontânea de um discurso a seu produtor, mas antes por uma série de operações complexas e específicas; o ser racional a que chamamos de *autor* é o resultado de uma complexa projeção e construção, um produto ideológico; o autor, enquanto fonte unitária de expressão, teria a função de neutralizar as contradições de um conjunto de textos; a função-autor não se refere pura e simplesmente a um indivíduo real, já que pode dar origem, simultaneamente, a vários *selves*, a várias posições-sujeito que podem ser ocupadas por diferentes classes de indivíduos.

A esperança que o artigo de Foucault nos deixa é a de que no futuro o autor não mais funcionará como um limite para o puro jogo da ficção, num sentido bem próximo ao que Derrida (In: RICHTER, 1998, p. 878-889) sugere em seu "Structure, sign, and play in the discourse of the human sciences".

Para a teoria literária, e por consequência a estética, o mais importante *insight* do artigo de Foucault é a diferenciação que ele realiza entre (e aqui utilizamos três termos que nos parecem ajudar a enxergar a diferença, em português): *escritor, autor* e *narrador*. Seria tão equivocado igualar o autor com o escritor quanto igualar o escritor com o narrador.

As interpretações literárias que recorrem ao autor e sua biografia pressupõem que essas categorias de escritor, autor e narrador se equivalham, mas é absolutamente necessário manter a distinção entre os três, ao menos enquanto categorias analíticas. O escritor é um ser humano, enquanto o narrador é um ser textual, mas a partir do artigo de Foucault, é impossível ignorar a categoria do autor em análise literária, distinta das duas anteriores. O autor de ficção (enquanto projeção social) habita a cisão que se estabelece entre o escritor (enquanto ser biológico) e o narrador (enquanto ser ficcional). O escritor é um indivíduo (ou grupo) que produz uma obra. Faz parte, portanto, do universo físico e biológico. O autor é uma projeção que a tradição e o público produzem, como o artífice de uma obra. É um produto ideológico e faz parte do universo sociológico. O narrador (ou foco narrativo) corresponde a uma ou mais vozes ficcionais que narram uma obra. É uma escolha na maneira de se contar uma história, um artifício técnico. Faz parte, portanto, da estrutura da ficção.

Muitas análises de *A hora da estrela*, por exemplo, resolvem a questão da narração com o apelo à autora. Rodrigo, afinal de contas, não seria mais do que o espelho de Clarice Lispector. Esse exercício, em vez de nos auxiliar a enxergar e manipular a multiplicidade de *selves* na novela, procura reduzi-la à unidade. Na adaptação para o cinema, por exemplo, o narrador é descartado e as câmeras nos contam diretamente uma história. Toda a riqueza metalinguística da novela é perdida (*Providence*, de Alain Resnais, é um exemplo magistral de como o cinema não nos impede de trabalhar criativamente com o foco narrativo). A riqueza de *A hora da estrela* não está nem (ou apenas) na história de Macabéa, nem nas possíveis relações entre Clarice e Rodrigo, mas na linguagem e na metalinguagem: o narrador que fala sobre si mesmo, sobre os personagens que está construindo e sobre o próprio ato de escrever. Mas (o que a adaptação para o cinema reforça) nós não respeitamos as diferenças entre narrador e autor e preferimos em geral trabalhar no pobre universo onde toda essa multiplicidade de *selves* se dissolve, onde há apenas um narrador (projeção do autor) que conta uma história e que podemos inclusive matar.

As distinções de Foucault e de seu leitor Nehamas desenvolvem-se no nível da reflexão filosófica, não sendo aproveitadas em teoria literária a não ser com a obra de Hix (1990), no início da década.

Hix desenvolveu uma interessante teoria para dar conta dessa polifonia ficcional: o autor teria sido sempre tratado como uma constante, mas deveria ser concebido como uma variável. É preciso, portanto, trabalhar com uma multiplicidade de categorias. Além do narrador (ou *speaking-character*) e escritor (ou *actual creative author*), Hix propõe dois outros tipos de *author-characters*: o *singular-proxy* (projeção do autor pelo leitor durante a leitura de uma obra específica) e o *synoptic-proxy* (projeção do autor pelo leitor em função de um conjunto de textos assinados pelo mesmo nome). *Proxy revision* ocorreria quando o autor projetado pelo leitor, antes mesmo da leitura de uma obra, determinasse sua interpretação, desautorizando um sentido para o qual o texto poderia apontar durante a leitura.

Sabemos, por exemplo, que Platão defende a teoria do mundo das ideias. Na leitura atenta do diálogo *Timeu*, encontramos elementos que mostram que as coisas sempre voltam para trás, voltam para trás, sem nunca chegar a uma origem. A leitura é interessante, calcada no texto, mas acaba sendo desautorizada porque ela vai contra a ideia que temos do autor do texto, o Platão do mundo das ideias.

Apesar de se mostrar a mais rica e interessante das propostas, é ainda possível problematizar e ampliar a classificação de Hix. Existem diferentes autores, singulares ou sinópticos, em função das projeções que o próprio escritor, o leitor e a tradição (sociedade ou conjunto de leitores) exercem sobre o texto. E essa projeção parece dar-se, no caso dos autores singulares, pelo menos de duas formas, que podem ser distinguidas com clareza: de um lado, identificando uma perspectiva que no texto parece transcender o foco narrativo; de outro, construindo uma figura do escritor. Os autores singulares seriam então projeções do leitor, do próprio escritor e da tradição sobre as outras duas categorias: o foco narrativo e o escritor. No caso da projeção sobre o escritor, começaria também a ser construído o autor sinóptico, e as leituras seriam, a partir de então, afetadas antes mesmo de sua realização, por meio dos limites de um campo de possibilidades semânticas prédefinidas para o texto. Seria ainda necessário levar em conta que diferentes autores, sinópticos e singulares, são criados em diferentes momentos históricos e que diferentes autores são também criados para segmentos do conjunto de obras, as 'fases' por meio das quais estamos treinados a abordar textos literários. Se quiséssemos ainda penetrar no nível dos personagens, poderíamos, por exemplo, determinar flutuações desde os personagens totalmente ficcionais até aqueles absolutamente históricos.

Parece evidente, portanto, a necessidade de um estudo sistemático e comparativo das categorias de 'autor' propostas até hoje e de uma abordagem que as englobe e supere, para dar conta dos múltiplos *selves* na ficção. Esse parece ser um campo promissor para a estética.

### 13.5.6 Outros nomes e movimentos

Há obviamente muitos outros pensadores e críticos, movimentos e obras que poderiam ser mencionados na história das ideias estéticas.

"Against theory" é um artigo de Stephen Knapp e Walter Benn Michaels publicado na revista *Critical Inquiry* no verão de 1982, influenciado por John Austin, Paul Grice e John Searle. O artigo, que afirma a impossibilidade da teoria literária, iniciou uma polêmica registrada no livro *Against theory: literary studies and the new pragmatism*, organizado por W. J. T. Mitchell (1985), que contém o artigo original, algumas respostas e a tréplica dos autores. Em 1986, foi publicado *Against theory 2: sentence meaning, hermeneutics*, continuando a polêmica, agora contra Gadamer, Ricoeur, Goodman, Elgin e Derrida.

Joseph Zalman Margolis (1924) é um filósofo norte-americano que considera as artes como expressão do ser humano. Em *What, after all, is a work of art* (1999) e *Selves and other texts* (2001), ele elabora a tese da semelhança ontológica entre seres humanos e obras de arte, entidades fisicamente encarnadas e culturalmente emergentes. Margolis é autor de inúmeros outros trabalhos importantes em estética, como *Philosophy looks at the arts* (1962) e *Art and philosophy* (1980).

É possível, por exemplo, estudar uma estética existencialista em autores como Albert Camus, Simone de Beauvoir, Gabriel Marcel, Maurice Merleau-Ponty e Jean-Paul Sartre (DERANTY, 2009).

Heidegger se coloca contra a estética em defesa da arte, analisando, por exemplo, a pintura de Vincent van Gogh (THOMPSON, 2010). É o autor do ensaio 'Hölderlin e a essência da poesia' (1936) e do livro *A origem da obra de arte* (1936). O filósofo alemão enxerga a arte como o trazer-ao-ser de algo novo. Uma obra de arte abre novos mundos, expondo um aspecto da experiência humana que não conheceríamos de outra maneira. Além disso, para ele, a linguagem pode se tornar um lar; pode nos trazer de volta a beleza e a verdade de alguns aspectos da experiência que a cultura moderna ameaça como meras instrumentalidades.

Pode-se estudar também, por exemplo, a estética de Wittgenstein (HAGBERG, 2007) e do filósofo alemão Hans-Georg Gadamer (DAVEY, 2007), entre vários outros autores.

Freud estuda as relações entre arte e neurose, traça analogias entre sonhos noturnos, fantasias diurnas e as construções conscientes de artistas e escreve artigos analisando textos literários específicos. Jung explora as relações entre a psicologia analítica e a poesia.

Marx explora os efeitos da arte grega na classe média alemã. Adorno desenvolve a filosofia e a sociologia da música e escreve *Teoria estética* (1970), publicada postumamente.

Foucault analisa o quadro de Velázquez *As meninas* (1656), no capítulo inicial de *As palavras e as coisas*. Roberto Machado escreveu, por exemplo, *Foucault, a filosofia e a literatura*. Barthes escreve inúmeras obras de crítica literária e de artes em geral, centradas na semiologia.

Richter, em seu *The critical tradition*, divide as tendências contemporâneas em crítica literária em diversas correntes, incluindo os seguintes autores, entre outros já estudados:

a) *formalismo:* Wayne Booth;

b) *estruturalismo, semiótica e desconstrutivismo:* Lévi-Strauss, Gérard Genette, Jonathan Culler, Umberto Eco e Paul de Man;

c) *resposta do leitor:* Wolfgang Iser e Stanley Fish;

d) *teoria psicanalítica:* Harold Bloom, Peter Brooks, Jacques Lacan, Jane Gallop e Julia Kristeva;

e) *marxismo:* Georg Lukács, Terry Eagleton, Raymond Williams, Fredric Jameson e Jürgen Habermas;

f) *novo historicismo e estudos culturais:* Pierre Bourdieu;

g) *feminismo:* Elaine Showalter, Lillian S. Robinson e Barbara Smith;

h) *estudos de gênero e teoria* queer*:* Hélène Cixous (estudiosa de Clarice Lispector), Luce Irigaray, Lee Edelman e Judith Butler;

i) *multiculturalismo e guerras dos cânones:* Barbara Herrnstein Smith e John Guillory.

A maioria desses autores e dos seus textos apresentados na antologia tem interesse direto para a estética. Na parte dos textos clássicos da crítica literária, Richter apresenta inclusive autores como Matthew Arnold, Henry James, Leo Tolstoy, Mikhail Bakhtin, Edmund Wilson, Kenneth Burke, F. R. Leavis, Lionel Trilling, Northrop Frye, Erich Auerbach e Susan Sontag, entre outros.

Não foram mencionados neste capítulo outros pensadores que também contribuem para a estética e filosofia da arte, como, por exemplo, Roman Ingarden, Mikel Dufrenne, Husserl, Dilthey e Cassirer. Na primeira parte de *Estética: de Platão a Peirce*, por exemplo, Lúcia Santaella apresenta diversas teorias estéticas, enquanto na segunda dedica-se especificamente à estética de Charles Sanders Peirce.

Hoje, pode-se dizer que a estética abandonou muitas das discussões apresentadas até aqui, voltando-se basicamente ao desenvolvimento de uma teoria da arte e à crítica de arte.

## 13.6 Filosofia da arte

A arte é uma das formas mais nobres de comunicação do ser humano. Entretanto, não é uma tarefa simples definir o seu significado. Os fenômenos artísticos parecem ser muito diversos para permitir a unificação em um conceito.

Uma das maneiras de definir uma obra de arte é listar características que ela deve possuir, como propriedades estéticas, expressão de emoções, forma, foco, complexidade, intensidade, coerência, unidade, originalidade, intencionalidade etc. Algumas tentativas, como vimos, procuram definir a arte em função de suas características estéticas e intrínsecas; outras, em função de suas características culturais, sociais e históricas, ou seja, extrínsecas (ADAJIAN, 2007).

O que caracteriza, por exemplo, a linguagem sonora? Se abstrairmos do som seu aspecto verbal, se esquecermos por um tempo as palavras, temos então música pura. A música é composta basicamente por três elementos: melodia, harmonia e ritmo.

Exemplo de melodia.

Exemplo de hamornia.

A melodia pode ser caracterizada como uma sequência de notas. Em uma melodia, de forma geral, uma nota deve suceder a outra, do ponto de vista temporal. O canto-chão gregoriano, por exemplo, é uma música praticamente apenas melódica.

Já a harmonia pode ser definida como um conjunto de notas simultâneas, tocadas ao mesmo tempo. Um acorde pode ser dedilhado num violão, ou seja, as notas são tocadas em tempo diferente, mas a harmonia não perde, mesmo assim, seu caráter primário, ou seja, funcionar como um grupo de notas que servem de base a uma melodia. Se a melodia é um conjunto de notas tocadas em sequência temporal, a harmonia é um conjunto de notas tocadas no mesmo espaço de tempo.

Para conhecer as diversas questões que são exploradas no campo da filosofia da música, confira on-line o artigo de Andrew Kania (2007), 'The philosophy of music', na *Stanford encyclopedia of philosophy*.

O conceito de belas artes, por exemplo, inclui a pintura e a escultura e, para muitos, também a música, a dança e a poesia. Entretanto, essa é uma classificação arbitrária, já que não é fácil identificar características comuns compartilhadas por essas artes, além de que esse sistema só se estruturou a partir do século XVIII, e de lá para cá a variedade de formas artísticas cresceu imensamente.

Devemos classificar a arquitetura, por exemplo, que possui uma função mais utilitária, como arte? E a cerâmica? Romances, por exemplo, não deveriam ser, para muitos, classificados como belas artes porque não estão encorpados em uma mídia sensual. O que dizer de filmes, vídeos e fotografias? E das artes performáticas em geral? Mobiliário? Pôsteres? Arte eletrônica e computacional? Ou mesmo das produções da própria natureza? Produtos de massa descartados, sujeira e inclusive fezes passaram a ser cada vez mais utilizados como matéria-prima da arte contemporânea, no lugar de mármore e bronze. Temas banais e do dia a dia substituíram também temas mitológicos, históricos e religiosos na arte moderna.

*A fonte*, por exemplo, é uma obra de arte criada em 1917 por Marcel Duchamp a partir de um urinol. O original foi perdido, mas há hoje réplicas disponíveis em museus. Em 1993, Pierre Pinoncelli urinou na peça exposta em Nimes, sul da França, e em 2006 a atacou no Centro Pompidou de Paris com um martelo. Detido, o francês de 76 anos justificou sua atitude como uma performance artística, que teria sido apreciada pelo próprio Duchamp. Outros *ready mades* de Duchamp, também conhecidos como *found art* porque utilizam objetos já existentes, incluem objetos inalterados, como *En prévision du bras cassé* (1915), uma pá de neve que teve apenas o título pintado, ou suportes para garrafa.

*A fonte* (1917), de Marcel Duchamp.

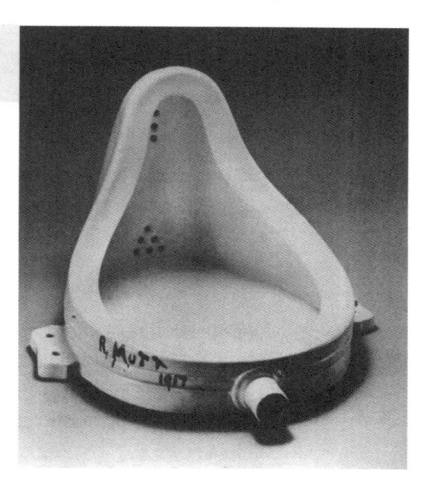

Esse tipo de objeto de arte, assim como trabalhos conceituais, como *4"33'* de John Cage (uma peça que não tem nenhuma nota musical[4]), questionam decisivamente o conceito de arte e as características normalmente associadas aos objetos de arte, à percepção artística e à experiência estética, ampliando imensamente os limites desses conceitos ou, no limite, destruindo-os.

Devemos também reconhecer que, quando tentamos descrever em detalhes as experiências proporcionadas por objetos de arte, acabamos por nos perceber descrevendo as próprias obras. Não há portanto, como já vimos, um limite muito claro entre a estética ou filosofia da arte, de um lado, e a crítica de arte, de outro.

## 13.7 Arte e tecnologia

Num célebre ensaio escrito em 1936, Walter Benjamin (1994, p. 165-196) estuda a fotografia e o cinema como formas revolucionárias de arte, em comparação com o teatro e a pintura, cujas inovações técnicas teriam alterado a percepção artística do homem contemporâneo e a própria natureza da arte.

O ensaio introduz o conceito de *aura* do objeto de arte, ou seja, sua presença no tempo e espaço, seu aqui e agora, sua existência singular no local em que ele se encontra, enquanto objeto irreproduzível e único, que precisava ser presenciado em sua individualidade. Isso será gradualmente dissolvido a partir do momento em que a arte começa a ser produzida para ser reproduzida. Essas e outras questões estão presentes no filme *Verdades e mentiras* (*F for fake*, 1973) de Orson Welles; leia mais no quadro Eureka!, "Verdades, artes e mentiras".

Apresentando a história da reprodução das obras de arte até a fotografia e o cinema, Benjamin propõe que a reprodução teria eliminado a aura do objeto e a

---
4   Assista a uma apresentação da peça pela BBC Symphony Orchestra no Barbican, Londres, em 2004: <http://www.ubu.com/film/cage_433.html>.

sua relação com a tradição. Assim, a singularidade de uma obra de arte, sua função ritual, teriam sido perdidas com o surgimento das câmeras fotográficas e de filmagem, não havendo mais sentido em falar da autenticidade de uma fotografia ou de um filme. O pintor e o *cameraman* teriam assumido perspectivas novas e distintas em relação aos fenômenos representados. Para Benjamin, a câmera nos introduz o inconsciente ótico (com a técnica do *slow motion*, por exemplo), como o faz a psicanálise em relação aos impulsos inconscientes.

Assim, a arte grega, por exemplo, procuraria sempre fundar valores eternos justamente em função de sua técnica menos desenvolvida. Já a arte contemporânea estaria associada a valores transitórios e fugazes. Como afirma Benjamin (1994, p. 171):

> (...) *com a reprodutibilidade técnica, a obra de arte se emancipa, pela primeira vez na história, de sua existência parasitária, destacando-se do ritual. A obra de arte reproduzida é cada vez mais a reprodução de uma obra de arte criada para ser reproduzida. A chapa fotográfica, por exemplo, permite uma grande variedade de cópias; a questão da autenticidade das cópias não tem nenhum sentido. Mas, no momento em que o critério da autenticidade deixa de aplicar-se à produção artística, toda a função social da arte se transforma.*

## EUREKA! Verdades, artes e mentiras

**Título:** *Verdades e mentiras* (F for fake)
**Atores:** Gary Graver, Orson Welles, Oja Kodar, Joseph Cotten, François Reichenbach e Elmyr de Hory
**Direção:** Orson Welles
**Ano de produção:** 1973
**País de produção:** Estados Unidos
**Duração:** 86 min.

O último longa dirigido por Orson Welles, baseado num documentário de François Reichenbach, aborda a questão da falsificação e da autenticidade, principalmente em arte, e por consequência os significados de autoria e verdade. Em várias passagens, experts em arte confundem quadros pintados por falsificadores como autênticos.

O filme gira ao redor do pintor e falsificador húngaro Elmyr de Hory (1906-1976) e seu biógrafo Clifford Irving (1930), que por sua vez teria falsificado uma biografia de Howard Hughes na década de 1970, pela qual foi inclusive preso e que deu origem ao filme mais recente *The hoax*.

Durante o filme, Welles lembra como ele próprio forjou uma carreira no teatro, quando adolescente, e do célebre programa de rádio *War of the worlds*, no qual, em 1938, 'informou' sobre uma invasão de marcianos — história que é recontada no filme com algumas 'falsificações'.

Em um estilo livre e contemporâneo, mesclando cenas coloridas e preto e branco, o filme se desenvolve num ritmo alucinante de fluxo de consciência, com imagens paradas misturadas a cenas curtas, entrevistas e falas do próprio Welles. Esse ritmo diminui apenas no final, para algumas reflexões de Welles (introduzidas aqui por James N. Herndon como o momento mais profundo na história do cinema).

Depois da interessante abertura, o início do filme mostra uma longa e clássica cena de Oja Kodar (atriz croata e namorada de Welles) andando pela rua e sendo observada por homens que não sabiam que estavam sendo filmados (em algumas cenas, é a irmã dela que aparece, mas não sabemos — somos enganados).

A parte final do filme apresenta uma interessante história envolvendo Pablo Picasso e Oja Kodar, encerrada com um belíssimo e denso diálogo entre Welles e Kodar assumindo diferentes papéis.

O filme explora intensamente a metalinguagem, ou seja, o cinema falando sobre o próprio cinema, com cenas e comentários do próprio Welles sobre o processo de filmagem e edição. Aliás, as técnicas utilizadas para edição notabilizaram o filme.

No final, é impossível não colocar questões filosóficas tradicionais como: as histórias e a arte não seriam mentiras, *fakes*? Simulacros da realidade, cópias, invenções? Como garantir a autenticidade e a veracidade?

Além de questões relacionadas à perda da aura do objeto de arte com o desenvolvimento da fotografia e do cinema: qual é hoje a importância do original? Como garantir a autenticidade? Em um sentido mais amplo: o que é a verdade? Quais os limites entre verdade e mentira? O que é a realidade? *Verdades e mentiras* aborda tudo isso com uma linguagem cinematográfica revolucionária, mostrando e discutindo com o espectador seu próprio processo de produção e edição. Mas, é bom lembrar, as questões não surgem apenas em função do cinema, mas em relação ao próprio processo de autoria e autenticação de pinturas, rádio, biografias etc.

Com os progressos da informática, hoje é possível vivenciar situações inimagináveis como o fato de podermos percorrer o Museu do Louvre pela tela de um computador. Dessa forma, a 'aura' do quadro e da pintura é totalmente destruída. A própria função do museu, como local em que se encontram expostos quadros e objetos de arte, tem sido repensada pela nossa sociedade.

Se a arte primitiva, em seu uso ritual associado à magia, caracterizava-se de alguma forma como secreta, a característica básica da arte contemporânea é a produção que visa a sua máxima exposição. O cinema, inclusive pelo preço envolvido na produção de um filme, é já, em sua essência, uma forma de arte necessariamente voltada à exposição. Assim, a tecnologia e as possibilidades de reprodução geradas pela fotografia e pelo cinema acabaram transformando a arte, de particular e privada, em pública e coletiva. A reprodutibilidade técnica estaria gerando uma democratização da arte, tanto no sentido de sua produção quanto de seu consumo.

Um movimento mágico na história do cinema, já mencionado, é a *Nouvelle Vague* francesa, movimento de jovens diretores que funda o conceito de cinema de autor, em que a linearidade da narração é constantemente quebrada. Filmes como *O ano passado em Marienbad*, *Meu tio da América* e *Providence* são verdadeiras obras-primas nesse sentido. O campo de estudo da filosofia do cinema vem crescendo intensamente nas últimas décadas. Confira, sobre o assunto, o artigo "Philosophy of film".[5]

No artigo 'Digital art', Dominick Lopes (In: FLORIDI, 2004, p. 106-116) defende que há uma relação estreita entre as artes e as tecnologias de que elas se utilizam. Não haveria novelas sem livros e técnicas de impressão baratas, assim como não haveria arte hipertextual sem o desenvolvimento da informática.

Como ferramentas, os computadores sem dúvida automatizaram e tornaram algumas atividades artísticas mais rápidas e eficientes, assim como a distribuição da arte. A arte digital teria adaptado tecnologias desenvolvidas para outros propósitos (técnicas de impressão utilizadas inicialmente por engenheiros — depois por artistas gráficos; processadores de texto inicialmente utilizados por empresas — depois por escritores; *softwares* para *design* aeronáutico — utilizados depois por arquitetos etc.) ou tecnologias teriam sido desenvolvidas diretamente para algumas atividades artísticas (como o processamento e os protocolos sonoros). A tecnologia digital consegue, por exemplo, arquivar música com muito mais eficiência, tendo a gravação de música se tornado uma atividade muito mais barata e simples, que pode ser desenvolvida por uma pessoa com apenas um teclado e um computador, em qualquer lugar.

Lopes defende que as propriedades das obras de arte dependem em parte das inovações tecnológicas que elas utilizam. Assim como máquinas de escrever influenciaram os textos escritos por alguns modernistas, e técnicas baratas de edição de filmes encorajaram experimentações com sequências em cinema, alguns usos dos computadores geraram novas propriedades nas artes, que elas não teriam sem os computadores.

Mas as tecnologias podem também revolucionar algumas atividades ou mesmo influenciar o surgimento de outras. Nesse sentido, o autor defende que as novas tecnologias geraram novas formas de arte, incluindo as artes digitais. A principal característica inovadora das artes digitais seria a *interatividade*.

Muitas obras de arte da Antiguidade, como a *Ilíada* e a *Odisseia*, não foram provavelmente escritas por uma única pessoa, mas retrabalhadas e modificadas em cada uma de suas performances e em função de seu público. Podem ser, portanto, considerados os primeiros exemplos de histórias interativas, pois o que ocorria na narrativa dependia do retorno da audiência.

---

5  Disponível em: <http://plato.stanford.edu/entries/film/>.

> A Ilíada e a Odisseia podem ser consideradas os primeiros exemplos de histórias interativas, pois o que ocorria na narrativa dependia do retorno da audiência.

Marco Silva (2006, p. 11), autor do clássico *Sala de aula interativa*, faz em língua portuguesa uma profunda reflexão sobre a interatividade possibilitada pelas novas tecnologias:

> *Na modalidade comunicacional massiva (rádio, cinema, imprensa e TV), a mensagem é fechada uma vez que a recepção está separada da produção. O emissor é um 'contador de histórias' que atrai o receptor de maneira mais ou menos sedutora e/ou impositora para o seu universo mental, seu imaginário, sua récita. Quanto ao receptor, seu estatuto nessa 'interação' limita-se à assimilação passiva ou inquieta, mas sempre como recepção separada da emissão. Na modalidade comunicacional interativa permitida pelas novas tecnologias informáticas, há uma mudança significativa na natureza da mensagem, no papel do emissor e no estatuto do receptor. A mensagem torna-se modificável na medida em que responde às solicitações daquele que a consulta, que a explora, que a manipula. Quanto ao emissor, este assemelha-se ao próprio 'designer' de 'software' interativo: ele constrói uma rede (não uma rota) e define um conjunto de territórios a explorar; ele não oferece uma história a ouvir, mas um conjunto de territórios abertos a navegações e dispostos a interferências e modificações, vindas da parte do receptor. Este, por sua vez, torna-se 'utilizador', 'usuário' que manipula a mensagem como coautor, cocriador, verdadeiro conceptor.*

Assim, interatividade é considerada um conceito de comunicação, não de informática. A mudança da lógica da distribuição para a lógica da comunicação é marcada por fatores como coautoria, hipertexto, multiplicidade e novo papel do espectador. A modalidade interativa de comunicação promove uma alteração no esquema clássico da comunicação. A mensagem é agora manipulável, o que embaralha os papéis de emissor e receptor, possibilitando a participação-intervenção:

> *Na teoria clássica a mensagem é um conteúdo informacional fechado e intocável, uma vez que sua natureza é fundada na 'performance' da emissão e da transmissão sem distorções. Na comunicação interativa se reconhece o caráter múltiplo, complexo, sensorial e participativo do receptor, o que implica conceber a informação como manipulável, como 'intervenção permanente sobre os dados'.*

A bidirecionalidade fundamenta o trabalho de coautoria, característico da nova lógica da comunicação. Silva usa o exemplo do parangolé de Hélio Oiticica (que teria as mesmas características da arte digital): capas, estandartes e tendas, que deviam ser 'vestidos', 'empenhados' ou 'penetrados' pelos 'espectadores', para só então se configurarem como obras de arte, ou de antiarte, como queria Oiticica.

O *output* da arte digital seria gerado em função de um *input* do 'espectador', trabalhado por processos computacionais. Podemos dizer que todo usuário tem uma experiência diferente apreciando a mesma obra de arte, mas não é isso o que a arte digital introduz como inovação: as propriedades estruturais da própria obra digital, e não apenas a maneira como a avaliamos, dependem de como interagimos com ela. Definida dessa forma, a arte digital é alguma coisa nova que existe em função de características específicas da informática. As propriedades de uma obra de arte digital não são geradas por um intérprete, como no caso da execução de uma música, mas pela interação com o 'usuário'. A arte digital reserva um papel para o seu usuário não apenas na interpretação e fruição da obra, mas também na geração da própria obra. Esta seria uma de suas características distintivas.

> A arte digital reserva um papel para o seu usuário não apenas na interpretação e fruição da obra, mas também na geração da própria obra.

Nesse sentido, podemos dizer que os videogames restauram a arte de contar histórias a suas raízes radicalmente interativas. Ao contrário de quadros ou livros, por exemplo, no caso dos games a estratégia de interação determina decisivamente o fluxo da história. Nesse sentido, um campo de estudo novo e interessantíssimo é o da estética dos videogames.

Um bom exemplo são os jogos da série *Myst*. Para completar o jogo, o jogador precisa visitar diferentes eras, reinos estranhos e geograficamente isolados, repletos de quebra-cabeças e desafios que se tornam acessíveis por um método de escrita mágica praticado por dois NPCs (*nonplayer characters*), Atrus e Gehn. Dependendo da ordem pela qual você ganha acesso a cada era, a experiência de jogar é completamente diferente. Games de aventura como *Myst* possuem propriedades estéticas específicas, e talvez na verdade possamos falar que, cada vez que ele é jogado, propriedades estéticas distintas se manifestam. Em cada caso, podemos pensar que o jogador está respondendo a uma obra de arte distinta, constituída em parte por suas próprias reações criativas (COGBURN e MARK, 2009, p. 91-93).

Diferentes cenários dos jogos da série *Myst*.

O professor Tim Rylands, por exemplo, utiliza games em suas aulas de inglês. Seu objetivo é inspirar as crianças a desenvolverem criatividade em diversas áreas, como escrever, falar em público, alfabetização visual, música e arte. No seu site está disponível uma entrevista da BBC com Adam Walton, explicando como Tim utilizou em sala de aula a série de games *Myst*. No YouTube, é possível assistir a alguns vídeos em que seu método de ensino é apresentado, nos quais se podem observar as crianças escrevendo ou fazendo apresentações inspiradas pelo uso do game.[6]

Além disso, os computadores estariam também nos ajudando a compreender melhor o processo de criação artística. Já foram criados, por exemplo, *softwares* para ajudar os peritos a detectar a autoria de obras de arte. Na forma de pintar de um artista, por exemplo, existem características que não são visíveis a olho nu, mas podem ser detectadas matematicamente, por meio de análises estatísticas. Alguns *softwares* conseguem compor no estilo de compositores, utilizando algoritmos capazes de codificar músicas, gerar padrões de avaliação, identificar padrões de estilo, compor músicas e sobrepor o estilo do autor na composição. Outros *softwares* transformam o computador em um músico de uma *jam session*, com capacidade de improvisar, reagindo aos sons tocados pelos outros músicos. Os computadores podem servir às artes para propósitos nunca antes imaginados.

Pode-se argumentar que esses computadores não são propriamente criativos; entretanto, seus algoritmos nos ajudam a estudar e a compreender o processo de criatividade. Algoritmos genéticos são capazes de alterar seus processos computacionais, representando seus processos básicos de geração de ideias e reescrevendo seus próprios códigos, funcionando como uma interessante ilustração do processo de criação artística.

---

6   Confira os vídeos e demais links no meu blog: <http://blog.joaomattar.com/2009/07/31/tim-rylands/>.

## Resumo

Neste capítulo, estudamos os campos da estética, filosofia da arte e crítica de arte, que em muitos pontos coincidem, mas em outros se diferenciam.

Vimos também conceitos básicos em estética, como atitude estética, experiência estética, distância estética e imaginação estética, entre outros.

Acompanhamos ainda as principais ideias, os principais autores e os principais movimentos na história da crítica e da filosofia, incluindo Platão, Aristóteles, David Hume, o idealismo alemão e a estética contemporânea, com destaque para Dewey, o formalismo, Barthes e Foucault.

Exploramos também a ideia de Walter Benjamin, de que os objetos de arte perdem sua aura com o desenvolvimento da fotografia e do cinema, e como arte e tecnologia se relacionam, incluindo a interatividade em videogames.

## Atividades

1. O seguinte livro, mencionado neste capítulo, apresenta diversas teorias estéticas, com destaque para o filósofo norte-americano Charles Sanders Peirce:

    SANTAELLA, Lúcia. *Estética:* de Platão a Peirce. São Paulo: Paulus, 2008.

    Escolha um dos autores apresentados por Santaella para estudar e discutir com seus colegas.

2. A revista on-line *Contemporary Aesthetics* (disponível em: <http://www.contempaesthetics.org/>) apresenta desde 2003 diversos artigos sobre estética. Escolha algum para ler e refletir sobre os conceitos apresentados neste capítulo.

3. Umberto Eco é o organizador dos livros *História da beleza* e *história da feiura*. Em função do que estudamos neste capítulo, qual é o sentido de traçar uma história da beleza e, principalmente, uma história da feiura?

4. Em função da leitura deste capítulo, procure desenvolver uma definição para arte e apresente-a a seus colegas.

5. Leia *A hora da estrela* e assista ao filme de mesmo nome. Observe como o narrador aparece no livro e no filme.

6. Pesquise sobre os parangolés de Hélio Oiticica. Em que sentido se pode dizer que eles são objetos de arte interativos?

7. Como a questão da construção da história pelo próprio jogador se configura em jogos de aventura, como o *Myst*?

# PARTE IV

# Filosofias alternativas

**CAPÍTULO 14**  FILOSOFIAS ORIENTAIS

**CAPÍTULO 15**  FILOSOFIA NO BRASIL

# Filosofias orientais

## APRESENTAÇÃO

Neste capítulo, estudaremos os principais movimentos que marcam as filosofias orientais: budismo, confucionismo e taoismo.

Além disso, avaliaremos brevemente o desenvolvimento da filosofia em países orientais como Irã, Coreia, Japão, China e Índia.

## OBJETIVOS DE APRENDIZAGEM

Durante a leitura deste capítulo, será possível:

- conhecer os principais movimentos que marcam as filosofias orientais;
- aprofundar o estudo do budismo, confucionismo e taoismo;
- avaliar o desenvolvimento da filosofia em países como Irã, Coreia, Japão, China e Índia.

## TÓPICOS PRINCIPAIS

14.1   Breve apresentação das filosofias alternativas
14.2   O que é a filosofia oriental
14.3   Budismo
14.4   Confucionismo
14.5   Taoismo
14.6   Filosofia iraniana ou persa
14.7   Filosofia coreana
14.8   Filosofia japonesa
14.9   Filosofia indiana
14.10  Filosofia chinesa

## 14.1 Breve apresentação das filosofias alternativas

Como se pôde perceber até aqui, a filosofia 'oficial' é normalmente associada à filosofia ocidental, produzida na Europa e mais recentemente nos Estados Unidos. Isso denota, sem dúvida, uma visão de mundo centrada no próprio umbigo, que considera que a produção europeia e norte-americana é a única que possui valor intelectual. Entretanto, faz-se filosofia de qualidade fora desse círculo oficial.[1]

A filosofia árabe ou islâmica representa uma importante e viva tradição que tem suas origens na Idade Média, com a exploração de questões teológicas. Duas linhas interpretativas distintas podem ser identificadas: uma baseada em Platão (al-Kindi); outra baseada em Aristóteles (al-Farabi, Averróis e Maimônides), sintetizada na obra de Avicena, que teve vários seguidores, com destaque para al-Ghazālī,[2] entre inúmeros outros nomes que mereceriam ser citados. Hoje, obviamente, continua a existir uma rica tradição filosófica associada à comunidade islâmica.[3] Movimento de destaque nessa tradição islâmica é o sufismo: uma filosofia esotérica em que seus praticantes, os sufis ou sufistas, buscam a verdade estabelecendo uma relação direta com Deus por meio de meditação, ascetismo, música e dança. No Brasil existem diversas ordens sufis, como Jerrahi, Naqshbandi e Tariqa.

A filosofia judaica, essencialmente ligada à interpretação dos textos bíblicos e à religião judaica, tem também uma importante tradição, que se inicia com Filon de Alexandria (c. 20 a.C.-40 d.C), passa pela Idade Média com destaque para Maimônides e Saadia Gaon, e apresenta nomes modernos como Moisés Mendelssohn (1729-1786) e Martin Buber (1878-1965), entre outros.

A filosofia africana tem suas origens na tradição oral de culturas tribais e pré-literárias, expressa por provérbios, mitos, contos populares, rituais, crenças religiosas, símbolos artísticos, costumes e tradições. Portanto, em muitos casos não foi conservada em documentos escritos, e apenas mais recentemente encontramos registros escritos dessa riquíssima tradição, com algumas exceções como a tradição escrita na Etiópia, na qual se destaca Zera Yacob (1599-1692). O filósofo queniano Henry Odera Oruka, por exemplo, iniciou na década de 1970 um projeto conhecido como Sage Philosophy, que procura preservar o conhecimento dos pensadores indígenas nas comunidades africanas tradicionais. A fase pós-colonial, a partir das décadas de 1960 e 1970, marca uma nova etapa na filosofia africana. Os temas centrais da filosofia africana incluem concepções cosmológicas que superam a oposição ocidental natural/supernatural, Deus concebido como um arquiteto cósmico da ordem do mundo mais do que um criador *ex nihilo*, concepções do ser humano desprovidas da dualidade corpo/espírito, ideias políticas e uma ética comunitarista. Há também um movimento conhecido como Black Philosophy, que procura estudar a cultura africana, com reflexos, por exemplo, na crítica literária.

Muitos outros exemplos de filosofias 'alternativas' poderiam ser citados, como as filosofias herméticas, ocultas e esotéricas e as filosofias feministas. Todos esses campos, assim como os que foram somente citados, serão desenvolvidos no Companion Website.

## 14.2 O que é a filosofia oriental

Denomina-se filosofia oriental a filosofia desenvolvida nas regiões da Ásia Oriental e do Oriente Médio, abrangendo, portanto, países como Índia, Irã, China, Japão e Coreia. As filosofias islâmica (ou árabe) e judaica são muitas vezes também consideradas filosofias orientais, mas não serão exploradas neste capítulo.

Em primeiro lugar, é importante lembrar que as estruturas de línguas como o japonês e o chinês são distintas daquelas das línguas dos países ocidentais, princi-

---

[1] Apesar da riqueza das correntes filosóficas além da esfera do pensamento ocidental, o acesso a elas não é tão simples. Os sites da Stanford Encyclopedia of Philosophy (disponível em: <http://plato.stanford.edu/>) e da IEP (Internet Encyclopedia of Philosophy, disponível em: <http://www.iep.utm.edu/>) disponibilizam diversos artigos sobre filosofias não ocidentais, aproveitados para o desenvolvimento deste capítulo e indicados na bibliografia.

[2] Cf. al-Ghazali Website, disponível em: <http://www.ghazali.org/>.

[3] Cf. Islamic Philosophy On-line. Disponível em: <http://www.muslimphilosophy.com/>, e History of Islamic Philosophy, de Henry Corbin, disponível em: <http://www.amiscorbin.com/textes/anglais/Hist_Iran_Phil_Corbin_part_I.pdf> e <http://www.amiscorbin.com/textes/anglais/Hist_Iran_Phil_Corbin_p2.pdf>.

palmente das indoeuropeias. Isso, como já vimos no Capítulo 10, sobre filosofia da linguagem, afeta diretamente a visão de mundo que esses diferentes povos têm, o que explica, pelo menos em parte, as diferenças marcantes entre a filosofia ocidental e oriental. A linha divisória entre filosofia e literatura, por exemplo, parece ser menos clara na cultura oriental do que na ocidental.

Muitas oposições que marcam a filosofia ocidental, como inteligível/sensível, divino/humano, cultura/natureza, mente/corpo, espírito/matéria, lógico-racional/estético-intuitivo, não são tão importantes no pensamento da Ásia Oriental (PARKES, In: HONDERICH, 1995, p. 426-428), onde a reflexão tende também a se completar com a prática e o engajamento.

As filosofias orientais são intensamente marcadas por alguns movimentos como budismo, taoismo e confucionismo, que não ficam restritos a apenas um país. Vejamos inicialmente as características de cada um deles.

## 14.3 Budismo

O budismo é um sistema de crenças fundado por Siddhartha Gautama (cerca de 563 a.C.-483 a.C.), que recebeu o título de Buda, que em sânscrito significa 'o iluminado'. Acredita-se que Buda nasceu no Nepal e deixou sua família ainda jovem, buscando a iluminação. Debaixo da árvore de Bodhi, teria tido a visão do caminho do meio — que evita tanto os excessos da carne quanto as práticas ascéticas.

A cultura indiana forneceu ao budismo a ideia de *carma*, uma relação de causa e efeito entre tudo o que foi feito e tudo o que será feito. Segundo a noção de carma, eventos que ocorrem são considerados resultado direto de eventos prévios.

Um efeito do carma é o renascimento. Na morte, o carma de uma vida determina a natureza da existência da próxima vida. Outra noção que já existia na cultura indiana à época era a de *samsara*, ou ciclo do renascimento, assim como a ideia de que a fuga do ciclo seria o bem supremo.

Buda ofereceu uma visão própria para a fuga. O objetivo final de um praticante budista é eliminar o carma (tanto bom quanto ruim), escapar do ciclo de sofrimento do renascimento e atingir o Nirvana, iluminação ou despertar, a libertação final da dor da reencarnação repetida. O nirvana é o que o budista procura por toda a vida, o apagar do fogo das paixões e a extinção do ego, o que o libertaria da reencarnação.

Outros conceitos filosóficos ou marcas da existência estão presentes no budismo, conforme vemos a seguir:

A *anicca* afirma que toda existência é inconstante, instável e impermanente, ou seja, tudo está em fluxo constante, mudando sempre. As substâncias são efêmeras, tudo é sem identidade metafísica substancial, não há substâncias fixas.

A *anatta*, por sua vez, explora a ideia de que não existe um 'eu' permanente e imutável, ou seja, não há *self* permanente, que seria apenas construído pela mente. As pessoas são fluxos de conjuntos independentes de agregados psicológicos (formas físicas, sensações, sentimentos, julgamentos e disposições latentes). Derek Parfit é um filósofo ocidental que explora a noção de *anatta* em suas reflexões sobre a identidade pessoal.

A *anicca* e a *anatta* ensinam que as coisas e os *selves* são instáveis e sem essência; nosso apego a elas leva ao sofrimento (*dukkha*).

A *dukkha* (sofrimento ou inquietação) afirma que toda existência é insatisfatória. Segundo o budismo, no centro do problema estaria o desejo ou a ânsia (pela riqueza, pelo prazer, pelo poder, pela existência continuada etc.).

A solução está em seguir o Caminho Óctuplo, organizado em três seções: *prajna* (sabedoria que purifica a mente, permitindo a visão espiritual), *sila* (ética) e *samadhi* (disciplina mental, que inclui a meditação). A sabedoria intuitiva segue a conduta moral e a disciplina mental de acordo com os preceitos budistas.

O budismo não é uma religião teísta, ou seja, não está especialmente preocupada com a existência ou não existência de Deus ou deuses, apesar de o budismo tibetano venerar deuses de crenças indígenas locais.

O budismo pode ser dividido em dois grandes ramos distintos: Teravada (A Escola dos Anciãos, que inclui as escolas Sautrantika e Vaibhasika) e Mahayana (O Grande Veículo, no qual estão incluídas as escolas Madhyamika e Yogacara). Cada uma dessas escolas apresenta visões filosóficas diferentes que vão desde o realismo até o idealismo.

Buda não deixou nada escrito. Assim, seus ensinamentos foram transmitidos aos seus discípulos supostamente de forma oral. Esses ensinamentos começaram a ser escritos somente por volta do século I a.C. Não existe no budismo, entretanto, um livro sagrado como a Bíblia ou o Alcorão, que funcione como cânone para todo o movimento.

O zen-budismo é uma forma de Mahayana que se desenvolveu na China nos séculos VI e VII e se espalhou pelo Japão, Vietnã e Coreia, envolvendo ensinamentos esotéricos fora dos escritos sagrados.

Por volta do século XIII, o budismo praticamente morreu na Índia, espalhando-se para outros locais como China, Tibet, Coreia, Japão e Sri Lanka.

## 14.4 Confucionismo

O confucionismo, uma escola chinesa de pensamento com preocupações basicamente éticas e políticas, desenvolveu-se a partir dos ensinamentos de Confúcio (Kung-Fu-Tzu, século VI-V a.C.).

O confucionismo inclui preocupação afetiva por todas as coisas vivas, atitude de reverência em relação aos outros e habilidade para determinar uma conduta adequada. O ser humano deve encontrar o caminho (*tao*) e seguir a virtude (*te*). Outros conceitos importantes são: *jen* (humanidade, bondade), *li* (ritos), *yi* (correção, dever), *shu* (consideração, reciprocidade) e *chung* (lealdade, compromisso). Os conceitos de Yin e Yang representam duas forças opostas que estão permanentemente em conflito, levando à contradição perpétua e à mudança.

Os ensinamentos de Confúcio, assim como diálogos envolvendo seus discípulos, estão reunidos em *Os analectos* (ou *Lun Yu*), compilação realizada por seus discípulos, composta de 20 capítulos divididos em versos. Uma tradução integral para o português pode ser lida on-line no site <http://www.confucius.org/lunyu/langp.htm>. Eis uma seleção de alguns dos ensinamentos éticos de Confúcio:

> *Explorar o antigo e deduzir o novo forma um mestre.* (Capítulo 2, verso 11)

> *Não sei o que um homem pode lograr sem integridade. Ora seja grande ou pequena, como pode deslocar-se uma carruagem sem a sua barra de manobra?* (Capítulo 2, verso 22)

> *Quando ele próprio é justo, a ação se cumpre sem as suas ordens. Quando ele próprio não é justo, é desobedecido apesar das suas ordens.* (Capítulo 13, verso 6)

> *Não falar com um homem digno de conversa é desperdiçar o homem. Falar com um homem que não é digno de conversa é desperdiçar palavras. Os sábios não desperdiçam nem homens nem palavras.* (Capítulo 15, verso 7)

> *O homem de bem exige-se a si próprio. O homem mesquinho exige aos outros.* (Capítulo 15, verso 20)

> *Os homens podem expandir o caminho. O caminho não pode expandir os homens.* (Capítulo 15, verso 28)

Há diferentes escolas e nomes na história do confucionismo, com destaque para Mêncio (ou Meng Zi, c. 372-289 a.C.) e Xun Zi (século I a.C). O neoconfucionismo é um desenvolvimento tardio do confucionismo nas dinastias Song e Ming, que estudaremos quando abordarmos a filosofia chinesa. A influência do confucionismo se estendeu para outros países, como Coreia e Japão.

## 14.5 Taoismo

O taoismo deriva seu nome da palavra *tao*, que significa caminho. O termo pode se referir tanto a uma filosofia (*Tao-chia*) quanto a um movimento religioso diverso (*Tao-chiao*) que enfatiza técnicas para obter imortalidade física nesta vida.

O taoismo filosófico tem sua origem em conjuntos de textos chineses, provavelmente escritos e compilados entre os séculos VI e III a.C., mas que foram reescritos por séculos com inúmeras inserções de múltiplos autores anônimos.

Dao De Jing (*Tao Te Ching*) é um livro de aforismos, tradicionalmente atribuído a Lao Zi (Lao Tzu), que também influenciará o taoismo religioso. Ele começa assim:[4]

> *O Tao que pode ser percorrido não é o eterno Tao.*
>
> *O nome que pode ser nomeado não é o nome eterno.*
>
> *O inominado é a origem do Céu e da Terra.*
>
> *O nomeado é a mãe das dez mil coisas.*

Chuang-Tzu (ou Zhuāngzĭ), por sua vez, é ao mesmo tempo o nome de um filósofo chinês e de uma coletânea de seus textos. A passagem seguinte, "A igualdade das coisas", traduzida por António Miguel de Campos,[5] passaria tranquilamente por um texto de filosofia ocidental contemporânea:

> *Suponhamos que comecei agora a falar. Houve um momento determinado em que comecei a falar — um começo. Mas se comecei a falar foi porque antes não estava a falar. O que comecei a dizer já tinha sido previamente 'cozinhado' na minha cabeça, não surgiu instantaneamente. Provavelmente, alguém disse alguma coisa e eu estive a tentar entender o que ela dizia; depois o meu cérebro começou a imaginar o que poderia dizer; depois ficou decidido mais ou menos qual ia ser o discurso; e foi então que o cérebro começou a mandar comandos para os músculos associados à produção da fala e eu comecei a falar. Ou seja, em termos do conhecimento, talvez faça mais sentido colocar o começo mais atrás no tempo. Quando comecei a falar, não foi exatamente um início de alguma coisa; foi mais uma continuação. Houve um momento em que comecei a falar. Mas esse falar surgiu de um não falar que surgiu da compreensão de um outro falar... E se o meu interlocutor começou a falar, deve ter sido por alguma razão... Talvez porque o vento soprou mais forte e ele, ao notar isso, se lembrou de qualquer coisa que alguém lhe tinha dito um dia, há muito tempo, sobre o que origina os movimentos das massas de ar.*
>
> *Normalmente não nos apercebemos de como as coisas estão assim todas interligadas... Nem tão pouco nos apercebemos de que não nos apercebemos disso. Percebemos mais facilmente as distinções entre as coisas e os acontecimentos do que a sua interligação e 'ausência de início'.*

---

4 Há inúmeras traduções disponíveis on-line; as passagens seguintes são adaptações delas. Confira, por exemplo, a tradução para o português de Mário Bruno Sproviero, *Escritos do curso e sua virtude*, disponível em: <http://www.hottopos.com/tao/>, e tradução na wikisource, disponível em: <http://pt.wikisource.org/wiki/Tao_Te_Ching>. Em inglês, confira uma página com múltiplas traduções: <http://www.duhtao.com/index.html>.

5 Disponível em: <http://to-campos.planetaclix.pt/ind.htm>. Há uma tradução on-line bem mais completa, para o inglês, de Nina Correa, disponível em: <http://www.daoisopen.com/ZhuangziTranslation.html>.

Ideograma Tao.

Apesar de serem tomados como origem do mesmo movimento, os pensamentos de Lao Tzu e Chuang Tzu possuem diferenças.

O ideograma Tao (ou Dao) pode ser compreendido como a dinâmica e estrutura abrangente do cosmos. A Tao-chia (escola do caminho) identifica o Tao como o princípio último de ordenação da natureza, que deveríamos incorporar a nossas vidas individuais e sociais.

Vejamos algumas maneiras como o *Tao Te Ching* apresenta o Tao:

IV

*O Tao é como um vaso vazio
que nunca transborda.
Profundo e incomensurável!
É o ancestral das dez mil coisas.*

*Atenua as pontas,
Desfaz os emaranhados,
Modera o brilho,
E une o pó.*

*Profundo,
sempre presente.
Não sei de quem é filho,
parece ser o antepassado dos deuses.*

XXV

*Havia algo indefinido e completo,
antes do Céu e da Terra;
Sem forma, apartado e imutável,
alcançando todos os lugares e sem risco de ser exaurido.*

*Pode ser considerado a Mãe das dez mil coisas.
Não sei seu nome, e eu o chamo de Tao,
o Caminho ou o Curso.
Por falta de outro nome, chamo-o de Grande.*

Os taoistas acreditam que há uma maneira como o mundo deveria ser, e os seres humanos devem entender isso e seguir esse conhecimento se desejam existir em harmonia com o mundo. Esse caminho, entretanto, não é codificável, mas inefável. Para chegar à inclinação *tzu jan* (espontânea), devemos nos livrar e nos desprender, não acumular. Com uma mente *hsü* (tênue), a pessoa perceberá o *li* (padrão) do cosmos e viverá pelo *wu wei* (não ação, não fazer), deixando-se levar.

A operação do mundo humano deve ser idealmente contínua com a da ordem natural, e devemos restaurar a continuidade livrando o *self* da influência restritiva das normas sociais, preceitos morais e objetivos mundanos. Chuang Tzu apresenta o *wu wei* envolvendo a resposta espontânea a situações sem objetivos preconcebidos ou preconceitos de qualquer forma, enquanto Lao Tzu o apresenta como envolvendo poucos desejos e ausência de ambição por objetivos mundanos.

Para Lao Tzu, o tao é uma entidade metafísica — fonte de todas as coisas e caracterizada por *wu* (não ser, vacuidade). Ela não cria nem faz nada, apenas deixa as coisas seguirem seu caminho natural. O sábio tem *wu* como uma substância e *wu-wei* como uma função que eliminou todas as ligações do *self*, deixando tudo seguir seu curso natural, sem inventar e impor um maneira de viver a si e aos outros.

O taoismo (ou daoismo) implica interessantes consequências políticas: não se devem impor às pessoas padrões de comportamento nem uma moral convencional. Por extensão, pode ser identificado com o anarquismo, no sentido de que não precisamos de controle centralizado. Por isso, o taoismo é em geral contrastado ao confucionismo na China, tendo o diálogo entre os dois movimentos marcado a cultura e o pensamento chinês. Enquanto os ensinamentos confucionistas relativos ao governo consistem em todos seguirem a mesma moral, o taoismo representa a antítese dessa orientação em relação a deveres morais, coesão social e responsabilidades governamentais.

Outros livros e autores fazem parte da tradição taoista, como: Lie-Zi (século IV a.C.), *Huainanzi* (clássico escrito na Dinastia Han), *I Ching — O livro das mutações*, Huai Nan Tzu (c. século II a.C.) e Lieh Tzu (século II ou III d.C.).

Nos séculos III e IV d.C. desenvolveu-se um movimento de renascimento das ideias taoistas, conhecido como neotaoismo, que inclui Wang Pi (226-249), Kuo Hsiang (c. 252-312)[6] e Hsiang Hsiu.

A medicina tradicional e as artes marciais chinesas baseiam-se em ideias taoistas, como o balanço entre o yin e o yang. Na China, o taoismo misturou-se ao budismo e ao confucionismo.

O taoismo expandiu-se para além da China, como para a Coreia. No Brasil, há ramos ligados tanto ao taoismo religioso quanto filosófico. Um exemplo é a Sociedade Taoista do Brasil, cujo site é <http://www.taoismo.org.br/stb/>.

## 14.6 Filosofia iraniana ou persa

A filosofia iraniana ou persa engloba uma longa tradição de desenvolvimento da filosofia no Irã. Pode-se dizer que suas origens se encontram nos indo-iranianos de 1500 a.C. Em sua história desenvolveram-se diversas escolas de pensamento.

Os ensinamentos de Zaratustra (ou Zoroastro) surgem na Pérsia séculos antes de Cristo e tornam-se a base da religião do Irã antigo conhecida como zoroastrismo. Considerada uma das mais antigas religiões monoteístas, o zoroastrismo venera Ahura Mazda (por isso é também conhecido como mazdismo), suprema divindade e criador, que não é imanente ao mundo. Segundo a doutrina, o Mal procura destruir a criação de Mazda.

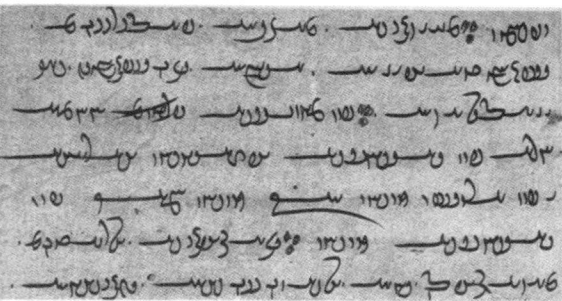

Manuscrito do *Avesta*, livro sagrado do zoroastrismo.

O livro sagrado do zoroastrismo é o *Avesta*. O Avestan Digital Archive[7] é um projeto que procura criar um arquivo digital de todos os manuscritos do *Avesta* distribuídos pelo mundo.

Zaratustra torna-se conhecido na filosofia ocidental pelo fato de Nietzsche tê-lo colocado como personagem principal do seu *Assim falava Zaratustra*, apesar de não haver relação direta entre as ideias do filósofo alemão e as do profeta persa antigo.

Depois da conversão do Irã ao islamismo, o zoroastrismo praticamente desapareceu. Existem hoje pouco mais de cem mil praticantes, principalmente na Índia e no Irã, apesar de encontrarmos também pequenos grupos em países ocidentais, como nos Estados Unidos.

---

6 Disponível em: <http://www.iep.utm.edu/guoxiang/>.

7 Disponível em: <http://www.avesta-archive.com/>.

O maniqueísmo foi uma religião fundada pelo profeta babilônico Mani (216-277), que afirmava ter tido uma revelação de Deus e se considerava membro de uma linhagem que incluiria Buda, Zoroastro e Jesus. Sua cosmologia dualista defendia que existiam dois princípios originais no universo: a luz ou bem e as trevas ou mal. Apenas fragmentos dos textos de Mani sobreviveram. Santo Agostinho, por exemplo, foi maniqueísta antes de se converter ao cristianismo.

O mazdaquismo foi uma escola religiosa e filosófica, influenciada tanto pelo zoroastrismo quanto pelo maniqueísmo, cujo representante principal foi Mazdak, que viveu entre os séculos V e VI na Pérsia. Ele é considerado um reformador precursor do socialismo e do comunismo. Nenhum dos textos do mazdaquismo sobreviveu.

Apesar do domínio islâmico na Pérsia a partir do século VII, restaram ainda muitos aspectos do maniqueísmo, do mazdaquismo e do zoroastrismo que influenciaram o pensamento e a cultura do Irã.

O avicenismo, baseado na reconciliação que Avicenas realiza entre o aristotelismo e o neoplatonismo, torna-se a principal escola da filosofia islâmica em meados do século XII. O iluminacionismo é uma combinação entre o avicenismo e a filosofia iraniana antiga. A teosofia transcendente desenvolve a ontologia no século XVII.

A filosofia continua hoje sendo importante no Irã, apesar de pouco estudada no Ocidente.

## 14.7 Filosofia coreana

A filosofia coreana envolve mais de dois milênios de história registrada e uma longa tradição de reflexão filosófica. É intensamente influenciada pela China e pelos três principais sistemas religiosos e filosóficos do Oriente: budismo, confucionismo e taoismo. Mas o xamanismo, uma visão animista do ser humano e da natureza, é o substrato da cultura coreana que se mistura a essas influências.

Mahayana foi a forma do budismo que encontrou aceitação inicial na Coreia, tendo suas crenças se misturado ao xamanismo, integrando-se em um xamanismo politeísta. Destacam-se nesse sentido filósofos-monges budistas que exerceram influência para além da Coreia, como Wonhyo (617-686), que procurou a reconciliação entre duas divisões do budismo no interior da escola Mahayana, e Pojo Chinul (1158-1210), fundador da tradição coreana budista denominada Son, que também buscou a reconciliação entre duas escolas budistas conflitantes.

Há também uma importante tradição de confucionismo na Coreia, o neoconfucionismo, uma síntese filosófica do confucionismo, budismo e taoismo, com destaque para a escola Chu Hsi em filosofia religiosa. Nomes importantes são Yi Hwang[8] (T'oegye, 1501-1570), que dava mais importância à razão, e seu adversário Yi I (Yulgok, 1536-1584), que dava mais importância à matéria. Os dois travaram um importante debate, que marcou o neoconfucionismo não apenas na Coreia.

No início do século XVII, a Coreia passa a conhecer também o cristianismo e a ciência ocidental.

Entre 1550 e 1850, estabelece-se o movimento denominado Silhak (aprendizado prático), que pregava um retorno ao espírito original do confucionismo. Um de seus nomes mais importantes é Jeong Yak-yong (1762-1836), que foi capaz de elaborar uma nova síntese do confucionismo.

Apesar das características próprias da filosofia coreana, conhece-se pouco no Ocidente sobre seus desdobramentos contemporâneos.

---

8 É possível ler on-line, em inglês, seu *Ten diagrams on sage learning*, traduzido por Michael C. Kalton. Disponível em: <http://webdoc.gwdg.de/ebook/h-k/2001/sage/mkalton.html>.

## 14.8 Filosofia japonesa

A filosofia japonesa é composta por uma riquíssima fusão de elementos nativos, como o xintoísmo, com elementos externos, como a filosofia indiana e chinesa e, mais recentemente, a filosofia ocidental. Essa fusão justifica uma das características da filosofia japonesa, que é fortemente marcada por elementos religiosos e, ao mesmo tempo, prática, no sentido de estar voltada para problemas cotidianos e concretos, não apenas abstratos.

Xintoísmo é o nome dado à espiritualidade nativa do Japão, que não deve necessariamente ser entendida como uma religião. Algumas de suas características são o culto à natureza e aos ancestrais, o politeísmo e o animismo e a ênfase na pureza espiritual. Os *kami*, espíritos que habitam todas as coisas, devem ser honrados e celebrados. O xintoísmo continua a ser hoje amplamente praticado, não apenas no Japão.

Uma razão determinante para o início tardio do pensamento filosófico no Japão é que a língua nativa não possuía um sistema de escrita. Quando o Japão começou a 'importar' a cultura chinesa, no início do século V, uma das primeiras coisas de que se apropriou foi o sistema ideográfico de escrita chinês, carregando assim consigo as filosofias do confucionismo, taoismo e budismo nele embutidas, que vieram a se combinar posteriormente com o xintoísmo.

Pode-se dizer que a filosofia no Japão começa com o budismo. Dois dos principais representantes do pensamento filosófico do budismo tradicional japonês são Saicho (767-822), que fundou a escola Tendai, e Kukai (774-835), que fundou a escola Shingon. Derivada do tantrismo indiano, a escola esotérica Shingon enfatiza rituais, magia, cerimoniais e missas para os mortos. Além da filosofia, Kukai contribuiu para o desenvolvimento da arte e da literatura japonesas, assim como da educação pública. John Krummel afirma que, apesar de ele ser em geral ignorado pela filosofia contemporânea ocidental e inclusive japonesa, seu pensamento apresenta um manancial de ideias e pensamentos que podem interessar ainda hoje, na comparação com Derrida, por exemplo, e sua ideia do mundo como um texto; Merleau-Ponty e Deleuze e o significado do corpo e da espacialidade ou Hegel e a dialética (KRUMMERL, 2006).

Mais tarde destacam-se outros pensadores budistas: Honen (1133-1212), fundador da escola Jodo Shu (Terra Pura ou amidismo, em função da devoção a Buda Amida, o Buda da Luz Infinita); Shinran (1173-1262), seu discípulo e fundador da escola Jodo Shinshu; e Nitiren (1222-1253), que fundou a escola budista com seu nome.

O zen teve um impacto decisivo na filosofia desenvolvida no Japão. Na Idade Média, influenciou inúmeras áreas como poesia, teatro, arquitetura, caligrafia, pintura, artes marciais, cerimônia do chá e arranjos de flores. Eisai Zenji (1141-1215) foi o introdutor da escola zen Rinzai no Japão, e Dogen Zenji (1200-1253) o introdutor da escola zen Soto. O confucionismo, entretanto, teve também papel importante no desenvolvimento da filosofia japonesa.

Durante o período medieval, influenciada pela escola zen e pelo confucionismo, desenvolveu-se uma ética cavalheiresca da tradição Bushido, o código de honra, conduta e modo de vida do guerreiro samurai, baseada na lealdade e no autossacrifício. Geido, o caminho das artes tradicionais do Japão, foi influenciado pela escola zen e produziu uma importante tradição religioso-estética. Uma característica geral da filosofia do budismo japonês tradicional é sua ênfase na impermanência (*mujo*), a transitoriedade de todos os fenômenos não substanciais expressa na estética da perecibilidade do Geido e na constante lembrança da morte na ética cavalheiresca do Bushido.

A escola zen Rinzai busca a fusão do pensamento zen com as atividades práticas da vida diária. Takuan Soho (1573-1645), por exemplo, busca a fusão do zen com a metafísica do neoconfucionismo, sendo conhecido por seus escritos sobre a arte da espada zen, a aplicação do pensamento zen ao combate. Na revitalização da escola Rinzai, destacam-se Bankei Yotaku (1622-1693) e Hakuin Ekaku (1685-1768). Para a escola Rinzai, a prática zen é uma questão de ver dentro de sua própria (verdadeira) natureza. Hakuin enfatiza que a prática genuína consiste na meditação ininterrupta no meio de todas as atividades, e não no sentar-se morto e na iluminação silenciosa defendida pelas escolas quietistas. Ele integrou a meditação e a prática do *koan*, uma história, diálogo, questão ou afirmação cujo significado não pode ser compreendido pela razão, mas pode ser acessível pela intuição. Um *koan* atribuído a Hakuin é:

> *Você pode ouvir o som de duas mãos quando elas batem; qual é o som de uma mão?*

Uma reação contra a dominação do pensamento budista e confucionista na filosofia do Japão ocorreu no final do século XVIII, com a escola Kokugaku (estudo do nosso país), que pregava o retorno ao estudo da Antiguidade japonesa. Seus membros fizeram uma reconstrução filosófica do xintoísmo e um estudo cuidadoso dos mitos clássicos e da literatura japonesa, procurando recuperar a essência do antigo Japão como base para renovação espiritual do presente. Suas principais figuras são Motoori Norinaga (1730-1801) e Hirata Atsune (1776-1843). Após a Segunda Guerra Mundial, a escola foi criticada por ter supostamente dado origem ao fascismo e militarismo no Japão dos anos 1930 e 1940 (BURNS, 2007).

Com a reabertura do país, a partir de 1868, o pensamento no Japão começa a ser influenciado pela filosofia ocidental. Daisetsu Teitaro Suzuki (1870-1966), por sua vez, foi importante na introdução do zen-budismo no Ocidente.

Boa parte da filosofia japonesa do século XX está centrada no desenvolvimento e em reações críticas ao pensamento de Nishida Kitaro (1870-1945), que procurou articular a filosofia oriental com a ocidental, utilizando conceitos budistas como os de vazio (*ku*) e nada (*mu*). Ele exprime assim o seu programa (apud DAVIS, 2006):

> *Há sem dúvida muito a admirar e muito a aprender das impressionantes realizações da cultura ocidental, que pensou a forma como ser, e o dado da forma como bem. No entanto, não está escondido na base de nossa cultura oriental, preservado e transmitido pelos nossos antepassados durante milhares de anos, algo que vê a forma do amorfo e ouve a voz do sem voz? Nossos corações e mentes procuram interminavelmente esse algo, e é meu desejo proporcionar essa busca com um fundamento filosófico.*

*Zen no kenkyu* (1911, traduzido para o inglês como *An inquiry into the good*) elabora uma teoria da experiência pura, influenciada por William James, Henri Bergson, Ernst Mach e outros filósofos ocidentais, que é entendida como a consciência imediata no fluxo de consciência emergindo antes do dualismo sujeito-objeto.

Para Nishida, a experiência, em sua forma original, não é o exercício de indivíduos dotados de habilidades sensoriais e mentais que entram em contato com um mundo exterior, mas precede a diferenciação entre sujeito experienciando e objeto experienciado. O indivíduo não a precede, mas é formado a partir dela. As sensações são anteriores não apenas ao pensamento de que elas são a atividade de um objeto externo ou de que as estamos sentindo, mas também ao julgamento do que a sensação pode ser. Experiência pura nomeia não apenas a forma básica de toda experiência sensual e intelectual, mas também a forma fundamental da realidade, a primeira e única realidade a partir da qual todos os fenômenos diferenciados devem ser compreendidos. Atividades cognitivas, tais como pensar ou julgar, vontade e intuição intelectual são todas formas derivadas da experiência pura, mas idênticas a ela na medida em que estão em ato, quando o pensamento ou a vontade estão acontecendo. A experiência pura inicia o processo dinâmico da realidade, que se diferencia em fenômenos subjetivos e objetivos no seu caminho para uma unidade mais elevada. A retomada de nossa fundação unitária é o que Nishida entende como o Bem.

O conceito é reformulado em função do seu estudo do zen-budismo. Nos anos 1920, Nishida reformula a noção de experiência pura como "ver sem um vidente, ouvir sem um ouvinte". A anulação do *self* na pura experiência é depois expressa como vendo o *self* da perspectiva do mundo, entendido fenomenologicamente como um horizonte determinante da experiência. Nishida continuou desenvolvendo o conceito.

*From the acting to the seeing* (1927) introduz o conceito de *basho*, o lugar do nada absoluto onde o verdadeiro *self* surge como uma autoidentidade absolutamente contraditória, uma tensão dinâmica que, ao contrário da lógica dialética de Hegel, não se resolve em uma síntese, mas antes se define mantendo a tensão entre a afirmação e a negação como polos ou perspectivas opostas. O lugar do nada absoluto é o irrevogável 'dentro do qual' toda a realidade acontece, que transcende a oposição entre o ser e o não ser, mas que não aponta para nenhuma coisa, poder ou consciência além do mundo. Seu penúltimo ensaio, "The logic of place and a religious worldview" (1945), articula uma teoria da experiência religiosa baseada na autonegação tanto do *self* quanto de Deus no lugar do nada. Nesse contexto, ele formula um diálogo doutrinário entre a *kenosis* (autoesvaziamento) cristã e as tradições budistas *sunyate* (vazio).

Nishida Kitarô é também o fundador da Escola de Kyoto, um grupo informal de filósofos japoneses que desenvolveram sistemas de pensamento originais, num encontro crítico e criativo entre as tradições intelectuais e espirituais da Ásia Oriental, especialmente do budismo Mahayana, e os métodos e conteúdos da filosofia ocidental. Esses filósofos estavam ligados à Universidade de Kyoto e compartilhavam as ideias principais e o vocabulário de Nishida, explorando uma série de questões em filosofia da religião, metafísica, epistemologia, lógica, ética e filosofia política, filosofia das ciências humanas e estética. Um tema que une as distintas filosofias dos membros da Escola de Kyoto é o conceito de nada ou nada absoluto, em oposição à preocupação da filosofia ocidental com o ser, o que caracterizaria uma meontologia: filosofia do não ser ou do nada.

É possível identificar diversas gerações da Escola de Kyoto, sendo as ideias de seus membros mais relevantes comentadas a seguir:

*Primeira geração*: o próprio Nishida e Hajime Tanabe (1885-1962);

*Segunda geração*: Hisamatsu Shin'ichi (1889-1980), Nishitani Keiji (1900-1990), Kôsaka Masaaki (1900-1969), Shimomura Toratarô (1900-1995), Kôyama Iwao (1905-1993) e Suzuki Shigetaka (1907-1988);

*Terceira geração*: Takeuchi Yoshinori (1913-2002), Tsujimura Kôichi (1922-) Ueda Shizuteru (1926-) e o psicólogo Kimura Bin (1931-);

*Quarta geração*: Ôhashi Ryôsuke (1944-), Hase Shôtô, Horio Tsutomu, Ômine Akira, Fujita Masakatsu, Mori Tetsurô, Kawamura Eiko, Matsumura Hideo, Nakaoka Narifumi, Okada Katsuaki e Keta Masako;

*Quinta geração*: jovens como Minobe Hitoshi, Akitomi Katsuya, Mizuno Tomoharu e Sugimoto Kôichi, além de diversos filósofos não japoneses que estudaram com membros da terceira e quarta gerações.

Hajime Tanabe é o autor de *Philosophy as metanoetics* (1986), em que relaciona a *kenósis* cristã com a filosofia budista do vazio ou nada absoluto da escola Jodo Shinshu, fundada por Shinran. A metanoese (*zange*) é a experiência de arrependimento, conversão, despertar e transformação por meio da fé na graça do *tariki*, o 'Outro-poder' absoluto. O arrependimento é o aspecto negativo da *zange*, o momento da morte ou autonegação, enquanto a conversão é seu aspecto positivo, o momento da ressurreição ou autoafirmação. O arrependimento envolve um encontro existencial com o mal e o pecado, levando à libertação do *self*. Essa experiência de completa autonegação é seguida pelo despertar, quando o ego é levado pela graça transformadora do 'Outro-poder' absoluto a passar integralmente pela morte-e-ressurreição, sendo então restaurado à sua existência real como 'ser esvaziado' (*ku-su*). O nada absoluto é o chão transcendente de uma graça transformadora que invade o *self* de fora como *tariki* ou 'Outro-poder'. Enquanto para Nishida o ato kenótico de autoesvaziamento para o nada seria uma função da contemplação intuitiva fundamentada na vontade, para Tanabe ele é uma função da fé existencial fundada na operação da graça divina.

Hisamatsu Shin'ichi interpreta a estética japonesa a partir do conceito de nada absoluto de Nishida em *Zen and the fine arts* (1971), enquanto Nishitani Keiji, em *Religion and nothingness* (1982), desenvolve a filosofia de Nishida em função do mesmo conceito, aproximando-se do existencialismo.

Ueda Shizuteru desenvolveu pesquisas sobre Mestre Eckhart, Zen e também a obra de Nishida. Ele afirma que o ego do cogito cartesiano, assim como o não ego do budismo, devem ser compreendidos com base em um entendimento do *self* como um movimento repetido por meio de uma autonegação radical para uma genuína autoafirmação. A fórmula de Ueda para esse movimento é: 'Eu, não sendo eu, sou eu'. Mesmo quando dizemos 'eu sou eu', se ouvirmos atentamente há uma pausa, uma respiração entre o primeiro e o segundo 'eu'. Precisamente essa abertura — que ocorre necessariamente como um momento no movimento incessante pelo qual a identidade do *self* é constituída — é o espaço estático em que o encontro aberto com outra pessoa é possível.

Masao Abe (1915-2006), que chega a lecionar em diversas universidades nos Estados Unidos, desenvolve o encontro da filosofia ocidental com o nada e o despertar zen em uma trilogia: *Zen and Western thought* (1985), que apresenta comparações com Nietzsche, Whitehead, Paul Tillich, cristianismo e ciência; *Zen and comparative studies* (1997) e *Zen and the modern world* (2003).

Watsuji Tetsuro[9] (1889-1960) produz intensamente em diversas áreas, como literatura, artes, filosofia, teoria cultural e tradições orientais e ocidentais, estudando, por exemplo, autores como Schopenhauer, Nietzsche e Kierkegaard. Suas obras principais abordam a ética: *Fudo* (1935), traduzido para o inglês como *Climate and culture*; *Rinrigaku (Ética* — 3 vol. 1937, 1942 e 1949) e *História do pensamento ético japonês* (1954, 2 vol.).

Em *Fudo* (1935), que contém uma crítica a Heidegger, Watsuji defende uma relação essencial entre o meio ambiente e a natureza das culturas humanas. Estamos todos inescapavelmente rodeados por nossa terra, sua geografia e topografia, seus padrões de clima e tempo, temperatura e umidade, solos e oceanos, flora e fauna, e assim por diante, além dos estilos de vida humanos resultantes dessas características, artefatos relacionados, arquitetura, escolhas alimentares e vestuário, e o meio ambiente, tomado em sentido amplo, molda quem somos do nascimento à morte. Quando consideramos nosso clima não apenas como o ambiente geográfico natural de um povo e os padrões climáticos das regiões, mas incluindo também o ambiente social da família, comunidade, sociedade em geral, estilo de vida e inclusive o aparato tecnológico que suporta a sobrevivência e a interação da comunidade, percebemos que existe uma mutualidade de influência do humano para o ambiente, e do ambiente para o humano, que permite a evolução contínua de ambos. O clima é toda a rede interligada de influências que, juntas, criam a totalidade das atitudes e valores de um povo. A cultura é essa mutualidade de influências, gravada ao longo de eras, que continua a afetar o presente cultural de um povo. Quem somos nós não é simplesmente o que pensamos, ou o que escolhemos como indivíduos em nossa solidão, mas também o resultado do espaço climático em que nascemos, vivemos, amamos e morremos.

Watsuji desenvolveu uma ética comunitarista em termos de *aidagara* (*intermedialidade* e *entridade*) das pessoas baseada na noção japonesa do *self* como *ningen*, que revela a estrutura dupla da pessoalidade, tanto individual quanto social. Os seres humanos têm uma natureza dual, como indivíduos e como membros de vários grupos sociais. Encaramos aos outros na intermedialidade entre nós, onde podemos tanto manter uma distância segura, quanto entrar em relações íntimas

---

9  Os parágrafos sobre Watsuji estão baseados principalmente em: CARTER, Robert. Watsuji Tetsurô. *Stanford Encyclopedia of Philosophy*, Nov. 11, 2004. Disponível em: <http://plato.stanford.edu/entries/watsuji-tetsuro/>.

de valor. Assim, tornam-se fundamentais para as relações positivas e íntimas a confiança e a confiabilidade.

A oposição de Watsuji à ética individualista, que ele associou em certa medida com praticamente todos os pensadores ocidentais, é que ela perde o contato com a vasta rede de interligações que serve para fazer de nós seres humanos. Somos indivíduos inevitavelmente imersos no mundo espaçotemporal, juntamente com os outros. Somos intrinsecamente sociais, conectados de várias maneiras, sendo a ética o estudo dessas conexões sociais e formas positivas de interação. Pessoas individuais, se concebidas de forma isolada de seus diferentes contextos sociais, não podem existir senão como abstrações. A nossa maneira de estar no mundo é uma expressão de inúmeras pessoas e ações executadas em um clima particular, que nos moldaram como somos. O ser humano é uma estrutura unificada de passado, presente e futuro; cada um de nós é um cruzamento de passado e futuro, neste momento presente. Não há possibilidade de isolamento do ego, embora muitos escrevam como se houvesse, em parte porque ignoram a espacialidade do *ningen* (ser humano), focando na sua temporalidade. É muito mais difícil considerar um ser humano estritamente como um indivíduo, quando ele é pensado como um ser no espaço. Espacialmente, movemo-nos em um campo comum, um campo cultural que é atravessado por estradas e caminhos, por formas de comunicação como serviços de correio, rotas postais, jornais, panfletos e transmissões a grandes distâncias, além das conversas de todos os dias. Nascemos inescapavelmente em relações sociais, começando com nossa mãe e nossos cuidadores. Nossas origens são marcadas pelas interconexões relacionais que nos mantêm vivos, nos educam e nos iniciam nos meios 'apropriados' de interação social, de acordo com a cultura em que nascemos.

*Ningen* (pessoa humana) é composto de duas partes: *nin*, que significa pessoa ou ser humano, e *gen*, que significa espaço ou entre. Ou seja, o ser humano não é apenas um indivíduo, mas é também membro de vários grupos sociais. Somos indivíduos, mas não somente, pois somos também seres sociais; e somos seres sociais, mas não só, pois somos também indivíduos.

Como indivíduos, somos seres privados, mas como seres sociais, somos seres públicos. Basta pensar que ao chegar ao mundo já entramos em uma rede de relações e obrigações. Cada um de nós é um nexo de caminhos e estradas, e nossa intermedialidade já está marcada pelo clima natural e cultural que herdamos e no qual vivemos. Vivemos nossas vidas nessa rede relacional e, portanto, precisamos saber como navegar nessas águas relacionais com sucesso, de forma adequada e com relativa facilidade e segurança. O estudo desses padrões de navegação relacional — entre o indivíduo e a família, o indivíduo e a sociedade, bem como o nosso relacionamento com o meio ambiente — é o estudo da ética. A ética relaciona-se com as maneiras pelas quais nós, como humanos, atuamos na vasta complexidade de interconexões que se gravam sobre nós como indivíduos, formando assim nossas naturezas como *selves* sociais e fornecendo as bases necessárias para a criação de sociedades cooperativas e viáveis.

A moral, para Watsuji, é um retorno à unidade autêntica por meio de uma oposição inicial entre o *self* e o outro, e então um reestabelecimento de entridade entre o *self* e o outro, culminando idealmente em uma conexão não dualista entre o *self* e o outro, que na verdade nega qualquer traço de diferença ou oposição no vazio do espaço familiar. Essa é a negação da negação, que ocorre tanto no tempo quanto no espaço. Não é simplesmente uma questão de iluminação como uma experiência privada e individual, chamando a pessoa para a consciência da interdependência de todas as coisas. Pelo contrário, é uma série espaçotemporal de ações interligadas, ocorrendo na entridade entre nós, que nos leva a uma consciência da entridade que, em última instância, elimina o *self* e o outro, mas, claro, apenas de uma perspectiva não dualista. Dualisticamente compreendidos, tanto o *self* quanto o outro são preservados. O que resta é a própria entridade em que as ações humanas ocorrem. A entridade, o lugar onde nasce a compaixão, é encenada altruistamente no teatro espaçotemporal do mundo. É isso o que torna possível a variedade de relações de que os seres humanos são capazes.

Baseando-se nesses conceitos, Watsuji desenvolve também uma teoria do Estado, que, por suportar o sistema imperial, gerou várias críticas após a Segunda Guerra Mundial. Críticas semelhantes foram direcionadas à Escola de Kyoto. Tosaka Jun (1900-1945), por exemplo, é um filósofo marxista que realiza uma crítica ideológica à filosofia de Nishida e à Escola de Kyoto, no sentido de que seus membros publicaram durante os anos 1930 e 1940 textos nacionalistas e de direita, que contribuíam para a ideologia política do império japonês.

Perifericamente à Escola de Kyoto, outros filósofos japoneses destacam-se no século XX. Kuki Shuzo (1888-1941), que escreveu também sobre filosofia existencialista, teoria literária e pensamento francês moderno, é o autor de *The structure of Iki* (1930), um criativo trabalho sobre estética moderna. Hatano Seiichi (1877-1950) dedicou-se ao estudo da história da filosofia ocidental, com ênfase nos gregos e na filosofia da religião. Miki Kiyoshi (1897-1945), um humanista existencial influenciado pelo marxismo, produziu trabalhos importantes nos campos da filosofia política e social e antropologia filosófica.

Contemporaneamente, Tsujimura Koichi, por exemplo, continua a tradição da Escola de Kyoto, que tem a contrapartida nos filósofos de Tokyo, como Nakamura Hajime e Yuasa Yasuo, mais interessados em questões históricas.

Como foi possível perceber neste resumo, a filosofia japonesa parece ter inestimáveis contribuições a dar para a filosofia ocidental. Um futuro promissor se manifesta, por exemplo, no diálogo iniciado pelas sínteses do pensamento ocidental contemporâneo com a tradição filosófica japonesa em pensadores jovens como Sakabe Megumi, em Tokyo, e Ohashi Ryosuke, em Kyoto. A grande contribuição da moderna filosofia japonesa tem sido o esforço de elaborar uma síntese dos valores orientais e ocidentais dentro de uma estrutura geral da visão de mundo asiática.

Em português, há escassez de material traduzido sobre o assunto; precisamos suprir tal falta. Precisamos, ainda, integrar esses pensadores e essas ideias aqui apresentadas às pesquisas filosóficas das universidades, assim como à filosofia de nosso cotidiano.

## 14.9 Filosofia indiana

Os primórdios da filosofia na Índia podem ser identificados na literatura oral que deu origem aos Vedas, antes de 1500 a.C. Destaca-se a importância dos textos sagrados, onde está registrada a verdade sobre o universo. A filosofia indiana, desenvolvida basicamente por comentários, pode ser dividida em três grandes correntes, cujas origens remontam a mais de mil anos antes de Cristo: budismo, hinduísmo e jainismo.

A carvaka, considerada morta há mais de mil anos, foi uma escola de pensamento materialista e ateísta com raízes antigas na Índia. Ela negava os Vedas e não acreditava no carma nem no renascimento.

Os Arthashastra são um texto antigo (ao redor do século IV a.C.) sobre filosofia política, em geral comparado ao *Príncipe* de Maquiavel.

Já estudamos o budismo neste capítulo. A Pudgalavāda era um grupo de cinco das primeiras escolas do budismo. Nagarjuna (c. 150-250) é talvez o mais importante filósofo budista pós-Buda e um dos pensadores mais originais e influentes na história da filosofia indiana, fundador da escola budista Mahayana. Sāntaraksita (725-788) foi também um importante pensador na história da filosofia budista indiana.

O budismo oferece uma explicação complexa e contraintuitiva sobre a mente e os fenômenos psíquicos. Os fenômenos mentais não são associados à atividade de um *self* ou agente substancial, independente e permanente. Pelo contrário, as teorias budistas da mente estão centradas na doutrina do não eu (*anatma*), que postula que os seres humanos são redutíveis aos componentes físicos e psicológicos e os processos que os compõem.

O hinduísmo é um grupo de tradições religiosas e filosóficas da Índia que aceitam a autoridade doutrinal dos Vedas e dos Upanishads (surgidos como comentários aos Vedas), incluindo as escolas Mimamsa, Samkhya, Yoga, Nyaya, Vaisesika e Vedanta, assim como os ensinamentos dos grandes gurus. O Upanishad Mandukya, como exemplo, apresenta a teoria dos quatro estados da mente dos humanos. O primeiro estado é acordado, o segundo dormindo e o terceiro em sono profundo. O quarto estado da mente é assim descrito:

> *7. O quarto é pensado como aquilo que não é consciente do mundo interno, nem consciente do mundo externo, nem consciente de ambos os mundos, nem denso com a consciência, nem simples consciência, nem inconsciência, que é invisível, sem ação, incompreensível, que não pode ser inferido, inconcebível, indescritível, cuja prova consiste na identidade do Self (em todos os estados), em que todos os fenômenos chegam a uma cessação, e que é imutável, auspicioso e não dual. Esse é o 'Self', que é para ser conhecido.*[10]

Como religião, o hinduísmo é uma das mais antigas do mundo, com origens na cultura védica por volta de 1500 a.C., e uma das maiores do mundo, com mais de um bilhão de praticantes atualmente. Um dos textos mais reverenciados pelo hinduísmo é o livro sagrado *Bhagavad Gita*. Paulo Coelho e Raul Seixas compuseram a canção *Gita*, lançada em 1974, em alusão ao texto.

Talvez o termo mais próximo de filosofia em sânscrito seja *darsana* (ver). A verdade dos Vedas foi revelada e vista pelos sábios. O objetivo principal da filosofia é, portanto, entendido como iluminação, incluindo escapar do ciclo de reencarnação e do carma. Todas as escolas ortodoxas aceitam a doutrina de que a *Atman* individual transmigra, sem início, de corpo em corpo até atingir a iluminação e de que em cada vida a *Atman* atua e acumula consequências de suas ações, que terão influência sobre ela na vida futura (carma).

Tanto a metafísica quanto a epistemologia, lógica e ética são ricamente representadas no hinduísmo. Há divergências em relação à natureza das pessoas e a identidade pessoal, com algumas escolas concebendo a manutenção da identidade individual nesses processos de transformação, e outras considerando que a identidade pessoal se perde.

Outros conceitos importantes do hinduísmo são: *moksha* (libertação) da alma por meio de uma variedade de ações morais e iogas meditativas; ahimsa (não violência); a importância do guru e os poderes dos mantras, sons ou hinos religiosos.

O jainismo é essencialmente uma religião transteísta da Índia antiga. É uma continuação da tradição antiga *Sramana* que coexistiu com a tradição védica desde os tempos antigos.

A filosofia jainista explora a metafísica, cosmologia, ontologia e epistemologia. Dentre suas características, podem ser mencionadas: crença na existência independente da alma e da matéria; negação de um Deus criador e onipotente; potência do carma; universo eterno e não criado; ênfase na não violência; destaque para a relatividade e as múltiplas facetas da verdade e moralidade e ética baseadas na libertação da alma. O jainismo tem sido muitas vezes descrito como um movimento ascético por sua forte ênfase no autocontrole, austeridade e renúncia, ao mesmo tempo em que tem sido associado ao liberalismo filosófico, por sua noção de que a verdade é relativa e multifacetada e por conta de sua propensão para acomodar pontos de vista rivais. O movimento defende também a responsabilidade pessoal pelas próprias decisões.

Ao longo de sua história, a filosofia jainista permaneceu unificada, embora, como religião, o jainismo tenha sido dividido em várias seitas e tradições. A con-

---

10 Tradução nossa a partir do texto disponível em: <http://www.celextel.org/108upanishads/mandukya.html>.

tribuição da filosofia jainista para o desenvolvimento da filosofia indiana tem sido significativa. Conceitos filosóficos como Ahimsa, Karma, Moksha, Samsara e similares têm sido assimilados pelas filosofias de outras religiões indianas, como o hinduísmo e o budismo, em diversas formas. Embora o jainismo baseie sua filosofia em ensinamentos de Mahavira e outros Tirthankaras, seres que conseguiram escapar do ciclo do renascimento, vários filósofos jainistas, desde Kundakunda e Umaswati (c. século II a.C.) nos tempos antigos, até Yaśovijaya Gani (1624-1688) nos tempos atuais, têm contribuído para o desenvolvimento e aperfeiçoamento dos conceitos filosóficos do movimento.

O jainismo é um interessante exemplo em que a imortalidade da alma pode ser concebida sem estar associada ao monoteísmo.

A filosofia indiana moderna desenvolveu-se durante o período britânico (1750-1947). Os filósofos modernos procuraram dar sentido contemporâneo à filosofia tradicional indiana. Alguns nomes importantes nesse contexto são: Swami Vivekananda (1863-1902),[11] responsável pelo renascimento do hinduísmo na Índia moderna; Rabindranath Tagore (1861-1941), que ganhou o prêmio Nobel de Literatura em 1913 "por causa de seus versos profundamente sensíveis, frescos e belos, pelos quais, com habilidade consumada, ele tornou o seu pensamento poético, expresso em suas próprias palavras em inglês, uma parte da literatura do Ocidente"; Sir Aurobindo (1872-1950), em cuja homenagem há uma comunidade espiritual no sul da Índia denominada Auroville (Cidade do Amanhecer), baseada em seus princípios de ioga integral; Ananda Coomaraswamy (1877-1947), com importantes contribuições para a filosofia da arte, literatura e religião, considerado um dos fundadores da escola perenialista com os metafísicos francês René Guénon e suíço-alemão Frithjof Schuon, que afirma a unidade transcendente das religiões; Ramana Maharshi (1878-1950), que transmitiu sua sabedoria oralmente a seus discípulos, e Sarvepalli Radhakrishnan (1888-1975), estudioso de religião e filosofia comparada. Osho (Rajneesh Chandra Mohan Jain, 1931-1990) fundou um movimento filosófico-religioso com o mesmo nome, que tem seguidores inclusive no Brasil.[12]

Jiddu Krishnamurti (1895-1986) desenvolveu uma escola de pensamento também bastante influente, com vários livros publicados. Confira uma breve passagem em que ele aborda a questão da morte, com a beleza e característica de seus textos, completando o tema tratado na primeira parte do livro:

> *Temos de tratar também da morte. Isso é uma coisa que todos precisamos encarar. Sejamos ricos ou pobres, ignorantes ou eruditos, jovens ou velhos, a morte é inevitável para todos nós; todos vamos morrer. E nunca fomos capazes de compreender a natureza da morte; estamos sempre com medo de morrer, não estamos? Para compreender a morte temos de indagar o que é o viver, o que é a nossa vida, pois estamos desperdiçando a nossa vida, estamos desperdiçando nossas energias de muitas maneiras, nas muitas profissões especializadas. Pode ser que sejam ricos, muito competentes, que sejam especialistas, um grande cientista ou um homem de negócios; pode ser que tenham poder, posição, mas, no fim da vida, será que tudo isso não foi um desperdício? Toda essa lida, sofrimento, essa enorme ansiedade e insegurança, as tolas ilusões que o homem acumulou (deuses, santos etc.), não será tudo isso um desperdício? Por favor, essa é uma pergunta séria, que cada um tem de fazer a si próprio. Ninguém pode responder por nós. Costumamos separar o viver do morrer. A morte fica lá no fim da vida; nós a colocamos o mais longe possível — depois de muito tempo. Mas, ainda que seja uma longa jornada, temos de morrer. E o que é isso a que chamamos viver — ganhar dinheiro, ir ao escritório das 9 às 5? E com isso sofremos interminável conflito, temor, ansiedade, solidão, desesperança, depressão. Mas será que*

---

11 Cf. Complete works of Swami Vivekananda. Disponível em: <http://www.ramakrishnavivekananda.info/vivekananda/complete_works.htm>.

12 Confira o site do Instituto Osho Brasil em: <http://www.oshobrasil.com.br/>.

*toda essa existência a que chamamos vida, viver (essa imensa vicissitude do homem com seu conflito sem fim, decepção, degradação) — será isso viver? Mas é a isso que chamamos viver; é isso que conhecemos, é com isso que estamos familiarizados, essa é a nossa existência diária. E a morte significa o fim de tudo, o findar de tudo que pensamos, acumulamos e gozamos. E vivemos apegados a tais coisas. Estamos apegados à família, ao dinheiro, aos conhecimentos, às crenças com as quais temos convivido, aos ideais. Estamos apegados a tudo isso. E a morte vem e diz: "Esse é o fim de tudo, meu velho".* (KRISHNAMURTI, 1985)

O filósofo e líder religioso hindu Gandhi foi o mais célebre defensor da Sataya-Graha como meio de revolução.

Personagens espirituais de hoje incluem filósofos, gurus e pensadores como Sri Sri Ravishankar (1956),[13] líder espiritual da Art of Living Foundation; Deepak Chopra (1946), médico que se dedica à medicina alternativa e meditação; Amma (Mātā Amritanandamayī Devi, 1953) e movimentos como Brahma Kumaris.

A *ahimsa* (método da não violência) e Satyagraha (força da verdade) foram popularizadas por Mahatma Gandhi (1869-1948). Suas ideias foram influenciadas pelo *Bhagavad Gita*, o Sermão da Montanha e escritos de Leon Tolstoy, Henry David Thoreau, Ralph Waldo Emerson e John Ruskin, influenciando, por sua vez, movimentos de independência e direitos civis como os conduzidos por Nelson Mandela e Martin Luther King, Jr. O filme *Gandhi* (1982), dirigido por Richard Attenborough, mostra a vida e as ideias de Gandhi, interpretado por Ben Kingsley. Foi o vencedor de 8 Oscars, inclusive melhor filme, diretor e ator.

## 14.10 Filosofia chinesa

A filosofia chinesa, que envolve uma história milenar, tem um caráter basicamente prático, voltado para a ética, a orientação para uma vida feliz e a posição do ser humano no cosmos e, em muitas escolas, também para a ordem social e política. Ela nunca desenvolveu, por exemplo, a atitude puramente teórica característica da filosofia grega.

O diagrama representa o *Ba Gua*, conceito filosófico como o I-Ching e cuja tradução significa "as oito mutações".

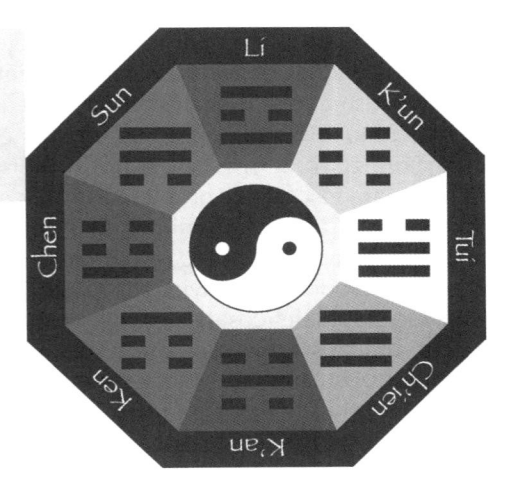

O *I Ching*, ou *Livro das mutações*, é um texto clássico que influenciou decisivamente o pensamento e a cultura chineses. É importante, por exemplo, tanto no taoismo quanto no confucionismo. Acredita-se que tenha surgido antes de 1000 a.C., mas suas origens remontam à Antiguidade mítica. Foi-se desenvolvendo nos séculos seguintes, e sua primeira referência escrita é do século VII a.C. Uma tradução clássica é a de Richard Wilhelm para o alemão (1923), cuja versão para o português tem prefácio de Jung (de 1949), em que ele faz uma reflexão sobre o ritual de jogar palitos ou moedas associado ao *I*

---
13 Confira o site <http://www.srisri.org/>.

*Ching*, que iluminaria aspectos do inconsciente. Ou seja, além de se pensar que uma entidade espiritual está oferecendo respostas a perguntas, utilizando o *I Ching*, é possível também conceber que o ritual abriria nosso inconsciente para receber as mensagens cifradas dos hexagramas. Assim, independentemente da maior ou menor adequação de uma resposta, a sua interpretação interior já justificaria todo o movimento, pois iluminaria aspectos escusos da nossa personalidade. E o ritual com palitos ou moedas prepara o indivíduo para essa abertura interior.

Como já vimos, tanto os dois clássicos do taoismo, Dao De Jing (*Tao Te Ching*) e Chuang-Tzu (ou Zhuāngzī), quanto os *Analectos* de Confúcio, surgem ao redor do século VI a.C., coincidentemente bem próximos do surgimento do budismo na Índia e da filosofia na Grécia.

Acompanhando a história da China, a filosofia chinesa pode ser dividida em dois grandes períodos: imperial ou tradicional e contemporâneo. A filosofia chinesa tradicional pode ser dividida em seis fases.

### 14.10.1 Pré-dinastia Qin, antes de 221 a.C.

A China imperial começa com a dinastia Qin (221-206 a.C.), que unificou o país, precedida pelas dinastias Shang (início do século XIII a.C.) e Zhou (1111-240 a.C.). No final da dinastia Zhou, a China entra nos períodos das Primaveras e dos Outonos (722-481 a.C.) e dos Reinos Combatentes (402-222 a.C.), quando a cultura Zhou está em declínio.

Começa aí o período clássico ou a Idade de Ouro da filosofia chinesa, com as conhecidas Cem Escolas do Pensamento, muitas das quais procuravam oferecer uma solução para a desordem social e política da época e uma orientação para a conduta pessoal. Dentre as mais significativas, podem ser apontadas: confucionismo, taoismo, moísmo, lógicos, yin-yang e legalismo. Essas escolas estavam envolvidas em um ativo debate, conforme veremos a seguir.

O *confucionismo* pregava a restauração dos valores e normas tradicionais, a cultivação do indivíduo para incorporar esses valores e a moral como base para o governo.

O *taoismo* criticava a busca por objetivos terrenos, aderência a convenções sociais e ensinamentos morais e outras imposições que impedem o ser humano de funcionar de uma maneira contínua com a ordem natural. Pregava uma vida livre dessas imposições, que levasse tanto à satisfação pessoal quanto à coexistência ordenada.

O *moísmo*, fundado por Mozi (século V a.C.), formulou teorias éticas e políticas e desenvolveu a filosofia da linguagem e a teoria do conhecimento. Por meio da investigação, os moístas buscavam padrões morais objetivos, que pudessem orientar os julgamentos e as ações de forma confiável e imparcial. Nesse sentido, em oposição ao confucionismo, eles pregavam uma preocupação imparcial com todos, não restrita ao indivíduo, à família ou ao Estado. Os comportamentos sociais deveriam sempre maximizar o bem-estar geral. Os moístas acreditavam fortemente no poder do debate para resolver os problemas éticos e motivar a ação, opondo-se ativamente, por exemplo, à agressão militar. Eles opunham-se também ao desperdício e à luxúria e rejeitavam as práticas tradicionais defendidas pelos confucionistas, como funerais elaborados e atividades musicais. Um ramo tardio da escola, os neomoístas ou moístas dialéticos, desenvolveu uma sofisticada teoria semântica, epistemologia, ética utilitarista, teoria do raciocínio analógico e ontologia e realizou investigações em diversos campos como geometria, mecânica, ótica e economia, produzindo o Cânone Moísta. Após a unificação da China sob a dinastia Qin, o movimento moísta perdeu fôlego, praticamente desaparecendo em meados da dinastia seguinte (206 a.C.-24 d.C.). O consequente predomínio do confucionismo, que absorveu as principais doutrinas éticas do moísmo, também contribuiu para seu declínio. A maioria dos textos moístas se perdeu, sendo que o interesse pelo movimento só reacendeu no século XX, graças ao interesse de estudiosos em materiais nativos relacionados à ciência e à lógica.

Os *lógicos* são também conhecidos como 'Escola dos Nomes' (*ming jia*), rótulo tradicional para um grupo muito diverso de pensadores do período dos Reinos Combatentes, que partilhava um interesse pela filosofia da linguagem, por metafísica e por debates no estilo dos sofistas. Eram conhecidos por seus paradoxos. Dentre seus membros, podem ser mencionados Deng Xi, Yin Wen, Hui Shi (380-305 a.C.) e Gongsun Longzi (c. 380 a.C.?). Seus interesses misturavam-se bastante com os dos moístas tardios. Eles desapareceram com o surgimento da dinastia Qin, em parte porque o clima político e intelectual do novo império era hostil às suas investigações teóricas e dialéticas, da mesma forma que o era com os moístas.

Repare, por exemplo, no Diálogo do Cavalo Branco,[14] de Gongsun Longzi, que você certamente aproximará dos diálogos platônicos:

*A.*

*Um cavalo branco pode não ser um cavalo?*

*Defensor: Sim.*

*Opositor: Como?*

*Defensor: 'Cavalo' é aquilo por meio do qual nomeamos uma forma. 'Branco' é aquilo por meio do qual nomeamos uma cor. O que nomeia uma cor não é o que nomeia uma forma. Por isso, digo que um cavalo branco não é um cavalo.*

*B.*

*Opositor: Se existem cavalos brancos, não se pode dizer que não existam cavalos. Se não se pode dizer que não existam cavalos, isso não quer dizer que existem cavalos? Pois haver cavalos brancos implica haver cavalos. Como os brancos poderiam não ser cavalos?*

*Defensor: Se alguém quer um cavalo, isso se estende a um cavalo amarelo ou preto. Mas se alguém quiser um cavalo branco, isso não se estende a um cavalo amarelo ou preto. Suponha que um cavalo branco seja um cavalo. Então o que se quer [nos dois casos] seria o mesmo. Se o que se quer é o mesmo, então um [cavalo] branco não diferiria de um cavalo. Se o que se quer não difere, então como pode ser que um cavalo amarelo ou preto é por vezes aceitável e por vezes inaceitável? É claro que aceitável e inaceitável são mutuamente contrários. Assim, cavalos amarelos e pretos são os mesmos [em que se houver cavalos amarelos ou pretos], pode-se responder que existem cavalos, mas não se pode responder que existem cavalos brancos. Assim, é evidente que um cavalo branco não é um cavalo.*

*C.*

*Opositor: Você considera que os cavalos que são coloridos não são cavalos. No mundo, não existem cavalos sem cor. Será que não existem cavalos no mundo?*

*Defensor: Cavalos certamente têm cor. Portanto, existem cavalos brancos. Se cavalos não tivessem cor, haveria simplesmente cavalos, então como alguém poderia escolher um cavalo branco? Um cavalo branco é um cavalo e branco. Um cavalo e um cavalo branco [são diferentes]. Por isso, digo que um cavalo branco não é um cavalo.*

*D.*

*Defensor: 'Cavalo' ainda não combinado com 'branco' é cavalo. 'Branco' ainda não combinado com 'cavalo' é branco. Quando combinamos 'cavalo' e 'branco', usamos a expressão composta 'cavalo branco'. Trata-se de tomar o*

---

14 Traduzido a partir da adaptação para o inglês de Bryan W. Van Norden, disponível (com introdução e notas) em: <http://faculty.vassar.edu/brvannor/Reader/whitehorse.html>.

*que não é combinado e combiná-los como uma frase. Por isso, eu digo que não é possível que um cavalo branco não seja um cavalo.*

*Opositor: Você acha que existirem cavalos brancos significa existirem cavalos. É aceitável dizer que existirem cavalos brancos significa existirem cavalos amarelos?*

*Defensor: Não é aceitável.*

*Opositor: Se você acha que existirem cavalos é diferente de existirem cavalos amarelos, isso significa que cavalos amarelos são diferentes de cavalos. Se você diferencia cavalos amarelos de cavalos, devemos pensar que cavalos amarelos não são cavalos. Pensar que cavalos amarelos não são cavalos, mas pensar que cavalos brancos são cavalos, isto é virar as coisas de cabeça para baixo e do avesso! Esta é a doutrina mais incoerente e o discurso mais confuso no mundo!*

*E.*

*Opositor: Se existem cavalos brancos, não se pode dizer que não existam cavalos, por causa do que é chamado de 'separabilidade do branco'. Apenas para aquelas pessoas que não separam, ter um cavalo branco pode não implicar ter um cavalo. Então, a razão pela qual consideramos que há cavalos é apenas porque consideramos que 'cavalo' significa 'há cavalos'. Não é que consideramos que 'há cavalos brancos' significa 'há cavalos'. Daí, porque há cavalos, não se pode dizer que um cavalo [branco] [não é] um cavalo.*

*Defensor: 'Branco' não fixa o que é branco; ignora-o. A expressão 'cavalo branco' fixa o que é branco. O que fixa o que é branco não é o branco. 'Cavalo' é indiferente a cor. Assim, [se você estivesse apenas procurando um cavalo] um cavalo amarelo ou preto seria apropriado. 'Cavalo branco' seleciona pela cor. Então [se você estivesse procurando um cavalo branco] um cavalo amarelo ou preto seria rejeitado por causa da sua cor. Assim, somente um cavalo branco seria apropriado. O que não rejeita não é o que rejeita. Por isso, digo que um cavalo branco não é um cavalo.*

A escola *Yin-yang* emprestou seu nome de um tema comum a todo o pensamento chinês. O yinyang é considerado o tecido da natureza e da mente, exibido em toda existência, que marca a interação entre os reinos cósmico e humano, assegurando a harmonia e o equilíbrio das coisas e do universo. A escola interessava-se particularmente por métodos de adivinhação, astronomia e cosmologia e apresentava a operação do mundo envolvendo o embate entre as duas forças ou elementos, *yin*, que é negativo, passivo e fraco, e *yang*, que é positivo, ativo e forte. Um de seus representantes foi Tsou Yen (Zou Yan, 305-204 a.c.?), entretanto nenhum de seus escritos sobreviveu.

Por fim, os *legalistas* preocupavam-se mais com a maneira pela qual um governante deveria manter um governo eficiente. Ao contrário dos confucionistas, que enfatizavam exemplos morais e educação no governo, os legalistas enfatizavam a necessidade de o governante construir prestígio e instituir um sistema claramente difundido de leis reforçadas estritamente pela punição. O legalismo defendia uma interpretação estrita das leis em todos os aspectos, por isso pode ser considerado uma teoria da jurisprudência. A moralidade não era importante; o fundamental era a adesão à lei. Seus principais representantes foram Shang Yang, Li Si e Han Fei Tzu (século III a.C.). Os legalistas foram acusados de totalitários e de perseguições aos confucionistas e moístas, quando o legalismo se tornou a filosofia da dinastia Qin, incentivando uma autarquia militar.

### 14.10.2 Han, 206 a.C.-220 d.C.

Envolveu Han Ocidental (206 a.C.-8 d.C.), Hsin (9-23) e Han Oriental (25-220). O confucionismo foi estabelecido como ideologia do Estado, misturado com ideias do taoismo, legalismo e da escola Yin-yang. Predominou no período o estudo dos chamados Cinco Clássicos: Livro da Poesia, Livro da História, Livro das Mutações, Livro dos Ritos e Anais da Primavera e Verão. Como o primeiro imperador da dinastia Qin, o tirano Ch'in Shih Huang Ti, queimou os clássicos com exceção do *I-Ching*, os primeiros estudiosos da dinastia Han foram solicitados a escrever os textos que tinham memorizado. Mais tarde, alguns textos antigos foram descobertos.

Um dos principais nomes da dinastia Han foi Dong Zhongshu, que integrou o confucionismo com os pensamentos da escola Zhongshu e sua teoria dos Cinco Elementos.

### 14.10.3 Wei-Chin, 220-420

Incluiu Wei (220-265), Chin Ocidental (265-317) e Chin Oriental (317-420). O taoismo destacou-se no período, e os estudiosos interessaram-se por temas mais metafísicos. Suas leituras favoritas eram o *Lao Tzu*, o *Chuang Tzu* e o *I-Ching*. Influentes no período foram os *Comentários* ao *Chuang Tzu* de Hsiang Hsiu e Kuo Hsiang e os *Comentários* ao *Lao Tzu* e *I-Ching* de Wang Pi. Outros filósofos que viveram no período foram Ge Hong (Ko Hung, 283-343) e Zhong Hui (Chung Hui, 225-264).

### 14.10.4 Sui-Tang, 581-907

Incluiu Sui (581-618), Tang (618-907) e as Cinco Dinastias (907-960). Durante o período, desenvolveram-se versões chinesas do budismo, favorecendo a escola Mahayana em relação à Hinayana (Theravada) e expondo uma atitude afirmativa da vida. Dentre elas, merecem ser citadas T'ien-t'ai, Hua-yen e Ch'an, que exportada para o Japão tornar-se-á o zen. As ideias do budismo influenciarão o desenvolvimento posterior do confucionismo. Nomes de destaque no período são o ideólogo budista Fazang (Fa-tsang, 643-712) e Huineng (Hui-neng, 638-713), cujas ideias influenciarão o zen-budismo.

### 14.10.5 Sung-(Yuan)-Ming, 960-1644

Incluiu Sung Norte (960-1126), Sung Sul (1127-1279), Yuan (Mongol) (1271-1368) e Ming (1368-1644). Os neoconfucionistas deram uma nova interpretação à obra de Confúcio, retornando aos insights dos chamados Quatro Livros: *Analetos*, *Mêncio*, *O grande aprendizado* e *Doutrina do meio* (os dois últimos eram capítulos do *Livro dos ritos*). Eram também fascinados pelo *I-Ching*. Emprestaram ideias do budismo e do taoismo para desenvolver uma nova cosmologia e metafísica moral confuciana, baseada em conceitos como *li* (princípio, que pode ser aproximado das formas em Platão), *qi* (força vital ou material), *taiji* (o Grande Último) e *xin* (mente). Para muitos, é o período da renascença da filosofia chinesa.

O movimento começou com Chou Tun-i (1017-1073) e Zhang Zai (Chang Tsai, 1020-1077), um dos pioneiros do neoconfucionismo na dinastia Song, com importantes contribuições para a metafísica com uma nova teoria da *qi*. Mas os verdadeiros fundadores do neoconfucionismo foram os irmãos Ch'eng: Ch'eng Hao (1032-1085), fundador da escola da Mente, e Ch'eng Yi (1033-1107), fundador da escola dos Princípios. Em seguida, veio Chu Hsi (Zhu Xi, 1130-1200), criador de uma síntese do neoconfucionismo, muitas vezes comparado a Tomás de Aquino ou Kant no Ocidente, que desenvolveu as ideias de Ch'eng Yi. Lu Hsiang-shan (1139-1193) foi seu opositor. Durante a dinastia Ming, outro nome de destaque, Wang Yang-ming (Wang Shouren, 1472-1529), reagiu contra o dualismo racionalista da filosofia ortodoxa de Chu Hsi propondo a unificação entre conhecimento e ação, revivendo a escola da Mente. Wang Yang-ming desenvolveu também a ideia de conhecimento inato: toda pessoa saberia, ao nascer, a diferença entre bem e mal, um conhecimento intuitivo, não racional.

O *Xixue* ('conhecimento ocidental'), que inclui matemática, ciências naturais e cristianismo, desenvolveu-se no final da dinastia Ming e floresceu até a primeira República (1911-1923).

### 14.10.6 Ch'ing (Manchu), 1644-1912

Os estudiosos se voltaram para a pesquisa histórica, demonstrando pouco interesse pela especulação filosófica. Confucianos como Wang Fu-chih (1619-1692), Yen Yüan (1635-1704) e Tai Chen (1724-1777) distanciaram-se das especulações metafísicas, procurando recuperar o sentido verdadeiro do pensamento de Confúcio pelo estudo cuidadoso e crítico dos clássicos, com atenção especial a detalhes filológicos e textuais. No final da dinastia, destaca-se K'ang Yu-wei (1858-1927).

### 14.10.7 Filosofia chinesa moderna e contemporânea

Ao final do período imperial, começa um movimento de importação da filosofia ocidental na China, que é, entretanto, logo encoberto pela dominação do marxismo no continente chinês, que se torna a ideologia oficial a partir da tomada do poder pelos comunistas, em 1949.

Mao Tse-tung (1893-1976) sucedeu a linhagem de Marx, Engels, Lenin e Stalin, dando origem ao movimento conhecido como maoismo. O regime comunista foi intolerante em relação a todas as visões opostas às suas. A Revolução Cultural teve início em 1966, e durante mais de uma década a China fechou suas portas para o mundo externo.

Depois que a Revolução Cultural terminou, as universidades reabriram em 1978. De 1979 a 1989, os intelectuais gozaram de liberdade sem precedentes. Entretanto, o Massacre da Praça da Paz Celestial, em 4 de junho de 1989 na praça Tiananmen em Pequim, que teve centenas de mortos, colocou um ponto final nesse processo. O controle da ideologia tornou-se muito mais estrito, embora as portas para o mundo exterior não tenham sido totalmente fechadas.

No caso do governo nacionalista, que migrou para Taiwan em 1949, os intelectuais tiveram maior liberdade.

Observamos também um rico movimento contemporâneo de neoconfucionismo, que procura realizar uma síntese entre o Ocidente e o Oriente. Destaques para Fung Yu-lan (1895-1990) e Ho Lin (1902-1992), que mudaram suas visões iniciais em função da tomada de poder pelos comunistas, e Liang Sou-ming (1893-1988) e Hsiung Shih-li (1885-1968), que mantiveram parte de seus princípios. Ch'ien Mu (1895-1990) e Tan Chün-i (1909-1978) mudaram para Hong Kong, e Thomé H. Fang (1899-1976), Hsü Fu-kuan (1903-1982) e Mou Tsung-san (1909-1995) mudaram-se para Taiwan, exercendo influência sobre jovens estudiosos. Hoje, o neoconfucionismo ainda é um movimento intelectual vital em Hong Kong, Taiwan e outros países, sendo inclusive estudado na China continental. Os neoconfucianistas contemporâneos pregam um renascimento do espírito tradicional da *jen* (humanidade) e *sheng* (criatividade), ao mesmo tempo em que se voltam para o Ocidente, defendendo a incorporação da ciência e democracia modernas na cultura chinesa.

O movimento filosófico neoconfucionista é inspirado em Hsiung Shih-li. Entre seus discípulos, um pensador original é Mou Tsung-san, que desenvolveu seu próprio sistema de filosofia. Ele defende que as três principais tradições chinesas — confucionismo, taoismo e budismo — concordam em afirmar que os seres humanos têm o dom pela intuição intelectual, significando participação pessoal no *tao* (o caminho). Mas a conhecida terceira geração tem um escopo bem mais amplo; inclui estudiosos com formação variada como Yu Ying-shih (1930), Liu Shu-hsien (1934) e Tu Wei-ming (1940), cujas ideias têm causado grande impacto intelectual e cujos escritos têm sido publicados no continente.

Pode-se vislumbrar que o futuro da filosofia chinesa depende da interação entre o pensamento importado do Ocidente, o marxismo chinês e o neoconfucionismo. Confira, por exemplo, 'Comparative philosophy: chinese and western'[15], que faz um breve exercício de filosofia comparada entre a filosofia chinesa e ocidental.

## Resumo

Neste capítulo, estudamos as características mais importantes dos principais movimentos que marcam as filosofias orientais: o budismo, o confucionismo e o taoismo.

Analisamos também brevemente o desenvolvimento da filosofia no Irã, na Coreia, no Japão, na China e na Índia.

Diversos autores e movimentos importantes nas filosofias orientais — que, em geral, são pouco conhecidos no Ocidente — foram destacados.

## Atividades

1 Este capítulo com certeza foi uma viagem por um mundo muito pouco conhecido. Procure resgatar alguma ideia, algum autor ou movimento apresentado e aprofundar seu conhecimento sobre ele, por meio de pesquisas nos sites indicados ou outras fontes (conversas com professores ou pesquisas em bibliotecas).

2 Com base no que estudamos neste capítulo, como você definiria os limites entre a religião e a filosofia?

---

15 WONG, David. Comparative Philosophy: Chinese and Western. Stanford Encyclopedia of Philosophy, Jul 31, 2001; revisão substancial em 1 out. 2009. Disponível em: <http://plato.stanford.edu/entries/comparphil-chiwes/>. Cf. também YU, Yih-Hsien. Modern Chinese Philosophy. Internet Encyclopedia of Philosophy, July 12, 2007. Disponível em: <http://www.iep.utm.edu/mod-chin/>.

# CAPÍTULO 15

# Filosofia no Brasil

## APRESENTAÇÃO

Neste capítulo você conhecerá os principais pensadores da filosofia brasileira, suas influências e seu papel no desenvolvimento das ideias no Brasil.

## TÓPICOS PRINCIPAIS

15.1 Existe filosofia no Brasil?
15.2 Período colonial
15.3 Período imperial
15.4 Período republicano
15.5 Filosofia brasileira contemporânea
15.6 Outros nomes

### OBJETIVOS DE APRENDIZAGEM

Durante a leitura deste capítulo, será possível:

- analisar as principais etapas do desenvolvimento da filosofia brasileira;
- conhecer os pensadores de destaque no cenário filosófico brasileiro;
- conhecer os nomes importantes no Brasil na filosofia da educação e na filosofia contemporânea.

## 15.1 Existe filosofia no Brasil?

As reflexões brasileiras não fazem parte dos manuais oficiais de história da filosofia ocidental. O país também não é presença destacada na filosofia latino-americana — que será apresentada no Companion Website. Quando se fala em filosofia brasileira, é comum a discussão a respeito da originalidade, porque, para muitos, nossa filosofia não seria mais que repetição das filosofias estrangeiras — francesa, alemã, inglesa e norte-americana — que, de fato, foram influências marcantes no país.

Roberto Gomes (2001), em *Crítica da razão tupiniquim*, publicada em 1977, discute a falta de originalidade da filosofia brasileira, que refletiria nossa colonização e dependência cultural. Gomes aponta a ausência de uma tradição filosófica e de um pensamento brasileiro: temos autores de obras filosóficas, não filósofos. Nosso pensamento não estaria baseado na realidade brasileira, mas, ao contrário, na mera assimilação de ideias estrangeiras, estranhas à nossa realidade. "Contra

> *Para Roberto Gomes, a verdadeira filosofia brasileira não se faz na excessiva seriedade das universidades, que impedem o desenvolvimento de uma razão tupiniquim. A filosofia brasileira só será original quando abandonarmos o formalismo importado e descobrirmos o Brasil.*

todos os importadores de consciência enlatada", dizia Oswald de Andrade no seu *Manifesto antropofágico*. Mas afinal, o que significaria pensar na periferia do capitalismo? Para Gomes, a verdadeira filosofia brasileira não se faz na excessiva seriedade das universidades, que impedem o desenvolvimento de uma razão tupiniquim. A filosofia brasileira só será original quando abandonarmos o formalismo importado e descobrirmos o Brasil, quando levarmos em conta nossa situação concreta e dermos voz aos nossos filósofos marginais, nossos Nelsons Rodrigues e Limas Barretos, e ao ecletismo característico de nossa cultura.

Isso não quer dizer, entretanto, que não tenhamos uma interessante história da filosofia nacional, com correntes e pensadores de destaque, inclusive originais no sentido como o quer Roberto Gomes. Procuraremos aqui fazer um breve resumo da história da filosofia no Brasil, que está diretamente relacionada ao desenvolvimento histórico e político do país. Por isso, não serão destacados apenas alguns filósofos e sua ideias, mas também pensadores e movimentos que contribuíram ativamente para a cultura nacional, assim como alguns acontecimentos importantes em áreas como política, ciências, educação, artes e literatura.

Uma obra de referência para o estudo da filosofia brasileira é *História da filosofia no Brasil*, publicada em quatro volumes por Jorge Jaime. Ela está praticamente toda organizada em função de pensadores e filósofos, apresentados na ordem de seu nascimento, muitos dos quais desconhecidos que ainda aguardam seus estudiosos e nem serão mencionados aqui. São apresentadas citações, muitas vezes longas, e artigos completos dos (e sobre os) autores estudados. Jorge Jaime chama a atenção para o menor interesse da filosofia brasileira por questões metafísicas, para a influência da Igreja sobre o pensamento nacional, para o ecletismo de nosso pensamento e para a falta de críticos de filosofia, importantes para a difusão das ideias dos pensadores.

Um dos principais estudiosos da filosofia brasileira é o baiano Antônio Paim, responsável pela formação de centros de estudo, cursos e grupos de pesquisa dedicados ao tema. A última edição do seu importante *História das ideias filosóficas no Brasil*, em dois volumes, pode ser acessada integralmente pela Internet, enriquecida por sete volumes de seu monumental *Estudos complementares à história das ideias filosóficas no Brasil*, também disponíveis on-line.[1] Além disso, ele elaborou uma *Bibliografia filosófica brasileira* em três volumes, a qual abrange obras de 1808 a 1985 (PAIM, 1983, 1987 e 1988).

Paim (2007) aponta três questões essenciais com que se defrontou o pensamento filosófico brasileiro: o tema da pessoa humana, envolvendo discussões sobre liberdade e consciência; a busca de uma filosofia política e as relações entre filosofia e ciência.

Um dos pontos em que a filosofia brasileira se desenvolve com mais intensidade, para Paim, é na reflexão metafísica sobre a pessoa humana, compreendida como liberdade, em reação à noção pejorativa do ser humano desenvolvida pela escolástica, e como consciência, em reação ao espírito determinista que marca o positivismo. Estudaremos esses dois momentos neste capítulo. Na discussão sobre a *pessoa humana*, Paim destaca Álvaro Vieira Pinto (1909-1987), autor de *Consciência e realidade nacional* (1960, dois volumes), o espiritualista Henrique Lima Vaz (1921) e os culturalistas Djacir Menezes (1907-1996) e Miguel Reale (1910-2006), estudioso de Kant e de filosofia do direito. Cabe lembrar que os estudos de filosofia do direito têm uma forte tradição no Brasil. *História das ideias jurídicas no Brasil* (1969), de Machado Neto, traça um histórico dessa tradição. A ética de Kant é essencial na reflexão sobre o ser humano, e a filosofia do direito também se debruça intensamente sobre o tema.

Na busca de uma *filosofia política* no Brasil, Paim enxerga três vertentes: o liberalismo, o conservadorismo e o tradicionalismo.

---

[1] As duas obras estão disponíveis em: <http://www.institutodehumanidades.com.br/conselho_academico/obras_obrass.php>.

O liberalismo, como vimos, é uma doutrina baseada na obra do filósofo inglês John Locke, que critica o governo fundado no poder e na violência, propondo um pacto social que legitime o poder do Estado por consentimento da sociedade. O liberalismo foi incorporado de maneira peculiar pelo pensamento brasileiro, conforme veremos neste capítulo, no final do século XVIII e início do século XIX, fundando as bases filosóficas para o movimento da independência, a concepção de governo e de política que se seguem e mesmo o movimento republicano.

A segunda vertente da filosofia política brasileira, para Paim, é a ascensão das correntes autoritárias e conservadoras na República, de inspiração positivista, que triunfaram com o Estado Novo, marcado pela hegemonia do castilhismo. Júlio Prates de Castilhos (1860-1903), governador do Rio Grande do Sul entre 1893 e 1898, repudiava o sistema de voto popular e preconizava a centralização do poder em mãos do chefe do Poder Executivo. Essa doutrina política autoritária ficou conhecida como castilhismo e é inspirada no positivismo contra o liberalismo. Ela acabou sendo transplantada ao plano nacional com o governo de Getúlio Vargas e foi inclusive, posteriormente, marca da nossa ditadura.

A terceira e última vertente que Paim identifica na filosofia política brasileira é o tradicionalismo político associado à religião, baseado em valores tradicionais, como a ideia de autoridade. O tradicionalismo ou conservadorismo refuta as doutrinas contratualistas, opondo-se ao liberalismo e ao sistema representativo. No Brasil, essa corrente demonstrou uma preferência pela monarquia em relação à república. Sua manifestação mais radical foi o movimento fascista da Ação Integralista Brasileira, na década de 1930.

Por fim, Paim divide a história das *relações entre filosofia e ciência* em quatro fases: (a) a conceituação da ciência como saber operativo, no final do século XVIII; (b) um novo conceito de ciência, guiado pelo ecletismo e pelo positivismo; (c) a crítica ao positivismo, com a qual contribuem a Escola de Recife, a Escola Politécnica do Rio de Janeiro e a Academia Brasileira de Ciências (fundada em 1916 como Sociedade Brasileira de Ciências), e (d) conceitos contemporâneos de ciência elaborados pelos neotomistas, neopositivistas (com destaque para a obra de Leônidas Hegenberg) e culturalistas (com destaque para os textos de Miguel Reale).

Vejamos como essas e outras questões se desenvolvem na história do Brasil.

## 15.2 Período colonial

A história da filosofia nacional deveria começar com as cosmovisões, os costumes, a mitologia e a arte dos índios que habitavam nosso país, antes da chegada dos portugueses. Conseguimos hoje identificar a importância dos pagés nas nossas tribos indígenas e das crenças em uma terra-onde-não-se-morre, sem mal. Entretanto, não existe registro escrito das crenças nem da 'filosofia' indígena brasileira, que acabou chegando até nós por meio da visão dos intérpretes, que pode carregar distorções e interpretações equivocadas. Sendo assim, é necessário aguardar que essa filosofia dos 'brasilíndios' seja reconstruída por meio de estudos etnológicos.

No período colonial, somos claramente influenciados pela filosofia portuguesa. O ensino e a filosofia dos jesuítas portugueses estavam subordinados a uma teologia que defendia o catolicismo ortodoxo, como reação contrária à Reforma Protestante, seguindo as ideias de São Tomás de Aquino em um movimento conhecido como *Segunda Escolástica*. Esse espírito filosófico medieval impediu a abertura da filosofia portuguesa às ideias da filosofia moderna, de outras correntes europeias.

A *Ratio Studiorum* (1599) era a referência para a pedagogia jesuítica, com orientações para o docente. O ensino jesuíta em nosso país se resumia ao ensino

No início da colonização a imposição do pensamento português obliterou a filosofia indígena (Victor Meirelles — *A primeira missa*, 1860. Rio de Janeiro: Museu Nacional de Belas Artes).

*Durante o período colonial, os estímulos para a produção intelectual no Brasil são inexistentes. Assim, o pensamento brasileiro permaneceu por três séculos alheio aos efeitos da filosofia moderna.*

médio, com cursos superiores somente de teologia e ciências sagradas. Durante esse período, não existiam estímulos para a produção intelectual. Como consequência, o pensamento brasileiro permaneceu por praticamente três séculos alheio aos efeitos da filosofia moderna.

A ausência de condições propícias para o desenvolvimento cultural gerou em nosso país, até a metade do século XVIII, o que se chamou de 'saber da salvação', imbuído de uma extrema religiosidade e um desprezo pela condição humana. Como a Colônia não possuía capacidade para editar livros, as publicações eram apenas esporádicas. Os textos 'filosóficos' se resumiam a manuais para cursos superiores de teologia e teses para candidatura ao magistério, enquanto a maior parte das publicações eram sermões que faziam apologia ao saber da salvação. Apesar de ser possível identificar interesse pelo platonismo entre os beneditinos brasileiros, somente a defesa do aristotelismo e o saber da salvação marcam a filosofia colonial brasileira.

Dentre os poucos autores do período, podem ser mencionados Padre Manoel do Desterro (1652-1706), Frei Mateus da Encarnação Pina (1687-?), Nuno Marques Pereira, Frei Gaspar da Madre de Deus (Gaspar Teixeira de Azevedo, 1715-1800), Padre Francisco Luís dos Santos Leal (c. 1740-1818) e Feliciano Joaquim de Souza Nunes (1734-1808), autor de uma obra cujo título vale a pena reproduzir, como curiosidade: *Discursos político-morais, comprovados com vasta erudição das divinas e humanas letras, a fim de desterrar do mundo os vícios mais inveterados, introduzidos e dissimulados*.

Mais conhecidos por serem estudados na história da literatura brasileira são Padre Antônio Vieira (1608-1697) e Tomás Antônio Gonzaga (1744-1810). Vieira foi um orador sacro que escreveu dezenas de sermões. Do ponto de vista filosófico, ele pode ser classificado como um existencialista cristão. Gonzaga, embora nascido em Portugal, é associado à história nacional pela importância que suas ideias tiveram na Inconfidência Mineira. Além dos conhecidos *Marília de Dirceu* e *Cartas chilenas*, escreveu também um *Tratado de direito natural* (c. 1770), reeditado recentemente (GONZAGA, 2004), em que procura integrar as doutrinas correntes sobre o direito natural com os princípios religiosos católicos.

Para Jorge Jaime, merece também lugar de destaque Matias Aires Ramos da Silva de Eça (1705-1763), como um profundo humanista que não deve ser esquecido. Suas *Reflexões sobre a vaidade dos homens* (1752) têm merecido várias edições recentes (AIRES, 2007) e estão disponíveis para leitura on-line no site *Domínio público*.² A partir da epígrafe do livro, o versículo do Eclesiastes: *vanitas vanitatum, et omnia vanitas* (vaidade das vaidades, e tudo [é] vaidade), Matias Aires constrói uma teia de 163 argumentos para mostrar que tudo no mundo se relaciona com a vaidade: nosso comportamento, a política, os crimes, as ciências, as letras, a justiça, a nobreza etc. Eis algumas seleções dos seus argumentos:

> *61  É rara a coisa, em que não tenha parte a vaidade.*
>
> *24  Os homens mais vaidosos são os mais próprios para a sociedade: aqueles que por temperamento, por razão ou por virtude se fazem menos sensíveis aos impulsos da vaidade são os que pela sua parte contribuem menos na comunicação dos homens: ocupados em uma vida mole, isenta e sem ação, só buscam no descanso a fortuna sólida e desprezam as imagens de que se compõe a vaidade da vida civil.*
>
> *40  Quase tudo transcende à nossa compreensão, mas nada transcende à nossa vaidade.*
>
> *126  E com efeito em que se acordam os sábios? Qual é a doutrina em que todos concordam, qual é o sistema em que todos convêm, ou qual é o princípio em que todos se fundam? Só a vaidade é certa em todos.*

Aires filosofa também sobre o amor:

> *112  É propriedade do amor o ser violento; e é propriedade da violência o não durar.*

associando-o à vaidade:

> *114  Ama-se por vaidade, e também por vaidade não se ama.*
>
> *117  O amor, a vaidade e o interesse são os moldes em que as coisas se formam e configuram para se apresentarem a nós.*

Em alguns momentos, aventura-se por reflexões ainda mais genéricas:

> *127  Que são os homens mais do que aparências de teatro?*

## 15.2.1 Declínio dos jesuítas

A corrente política representada por Sebastião José de Carvalho e Melo (1699-1782), o Marquês de Pombal, propõe uma nova concepção de filosofia, reduzida agora à ciência aplicada, que foi denominada *empirismo mitigado* e contribuiu para a reação antiescolástica e o consequente declínio da importância do tomismo em Portugal. A expulsão dos jesuítas da Corte em 1759 e a reforma do ensino que se seguiu, promovidas por Pombal, são influenciadas pelas ideias iluministas de Luiz Antonio Verney (1713-1792), representadas nas cartas que compõem o *Verdadeiro método de estudar* (1746). Nessa obra, Verney critica o sistema pedagógico dos jesuítas e propõe a reforma do ensino de filosofia.³ Após a reforma, as *Instituições de lógica*, do sacerdote italiano Antônio Genovesi, são adotadas como filosofia oficial (GENOVESI, 1977). Com a morte de D. José I, em 1777, tem início em Portugal a *Viradeira* de D. Maria I, em reação à política de Pombal, a qual representará um novo retrocesso no pensamento português.

---

2  Confira o site <http://www.dominiopublico.gov.br/download/texto/me002989.pdf>.

3  É possível ler o volume 1 (cartas 1 a 8) na Internet, em: <http://purl.pt/118/1/sc-50679-v/sc-50679-v_item1/index.html>. Já o volume 2 (cartas 9 a 16) está disponível em: <http://purl.pt/118/1/sc-50680-v/sc-50680-v_item1/index.html>.

A reforma da universidade em Portugal promoveu a emancipação do pensamento político e científico da religião, o que possibilitou, no Brasil, o aparecimento de naturalistas e pesquisadores como José Bonifácio de Andrada e Silva, Conceição Veloso, Arruda Câmara e Câmara Bittencourt de Sá, que ajudarão a completar a revisão da escolástica e a inserir o país na reflexão moderna, ainda que tardiamente.

A mudança da família real portuguesa para o Brasil, em 1808, serve de impulso a esse processo. Surgem escolas, faculdades e universidades a partir da iniciativa de homens de formação cientificista-pombalina. Destaca-se também a criação da Imprensa Régia (as publicações eram até então proibidas no Brasil), em 1808; já em 1810 é fundada a Real Academia Militar do Rio de Janeiro por Rodrigo de Souza Coutinho (1755-1812), conde de Linhares; no mesmo ano é fundada uma biblioteca com 60 mil volumes trazidos por D. João VI, que em 1814 passa a ser aberta ao público, tornando-se posteriormente a Biblioteca Nacional.

Interior da Biblioteca Nacional, localizada no Rio de Janeiro.

Contribuíram para a superação do empirismo mitigado as ideias do filósofo português Silvestre Pinheiro Ferreira (1769-1846), que acompanhou a vinda da família real para o Brasil, permanecendo em nosso país entre 1809 a 1821. A partir de 1813, ele ministrou um curso de filosofia no Real Colégio de São Joaquim, no Rio de Janeiro, que incluiu a publicação de *As preleções filosóficas sobre a teoria do discurso e da linguagem, a estética, a diceósina e a cosmologia*, em que constavam a tradução das *Categorias* de Aristóteles, teses e análise de textos. Esse livro foi essencial na história do pensamento nacional, tanto que mereceu reedição recente (PINHEIRO FERREIRA, 1970). Pinheiro Ferreira é também importante na formulação de uma filosofia política liberal para o Brasil, desenvolvendo a noção de representação que marcou o Império e os fundamentos para uma concepção moderada de monarquia constitucional, em oposição a posições mais radicais.

Na transição entre a Colônia e o Império, pode ser localizado o filósofo, escritor e político Mariano José Pereira da Fonseca (1773-1848), o marquês de Maricá, que terá participação ativa no movimento de independência. A partir de 1813, no jornal *O Patriota*, ele começa a publicar suas *Máximas, pensamentos e reflexões*, publicadas em coletâneas posteriormente, entre 1839 e 1848. É possível ler on-line, no site *Domínio público*,[4] 4.188 desses pequenos aforismos numerados. Alguns exemplos:

> ***294*** *Bem curta seria a felicidade dos homens se fosse limitada aos prazeres da razão; os da imaginação ocupam os maiores espaços da vida humana.*
>
> ***965*** *Vivemos entre dois infinitos, no tempo e no espaço: ocupamos um ponto da imensidade e duramos um instante da eternidade.*

---

4  Cf. <http://www.dominiopublico.gov.br/download/texto/bn000037.pdf>.

*1200* Não toleramos de bom grado a felicidade alheia quando nos reconhecemos por infelizes.

*1583* Os homens podem ser felizes por tantos modos e maneiras que felizmente é quase impossível definir a felicidade.

*1780* A religião ensina a crer, a filosofia, a duvidar.

*1387* A liberdade da imprensa é talvez o melhor remédio e corretivo do abuso das outras liberdades.

*3630* Sem liberdade não haveria moralidade: os entes livres e sociais são os únicos morais ou capazes de moralidade.

*4053* No Brasil não se podem emprestar livros: os que os recebem, consideram-nos dados e não emprestados.

*4148* A liberdade não consiste só no querer, mas também em podermos executar o que queremos.

*4172* A morte quebra em cada homem um tipo de forma especial, que não terá mais cópia ou igual em toda a espécie humana.

## 15.3 Período imperial

Na transição da Colônia para o Império, cabe lembrar ainda do início da influência de Kant em nosso país, principalmente por meio de Francisco Bento Maria Targini, o visconde de São Lourenço (1756-1827), que acompanhou a família real ao Brasil e difundiu a obra *Filosofia de Kant ou princípios fundamentais da filosofia transcendental* (1801), de Charles Villers; da atuação de Diogo Antônio Feijó (1784-1843), de quem temos preservados os *Cadernos de Filosofia* (FEIJÓ, 1967); e da importância do krausismo nos primórdios da Faculdade de Direito de São Paulo, baseado na obra de Karl Christian Friedrich Krause (1781-1832), que desenvolve as ideias de Kant em direção a um panteísmo e misticismo.

Outro nome de destaque do período é o do pernambucano Joaquim da Silva Rabelo, Frei Joaquim do Amor Divino Rabelo ou simplesmente Frei Caneca (1774-1825). Ele critica o absolutismo e a concentração do poder na figura do imperador, propondo a independência e um governo constitucional. Reivindica também a ingerência do clero na vida política brasileira, com o argumento de que a criação das sociedades civis decorreria de mandamento divino. Em defesa dessas ideias, ele se envolveu intensamente em diversos movimentos políticos radicais, como a Revolução Pernambucana (1817) e a Confederação do Equador (1824), além de ter atuado também como jornalista. Condenado à morte pelo governo imperial, foi fuzilado por um pelotão em 13 de janeiro de 1825, após a recusa dos carrascos, e posteriormente dos presos, convocados para enforcá-lo. O pintor pernambucano Murilo La Greca retratou o acontecimento em seu quadro *Fuzilamento de Frei Caneca*, o poeta João Cabral de Melo Neto descreveu seu último dia de vida em *O auto do frade*, e seu irmão, o historiador Evaldo Cabral de Mello, organizou o recente *Frei Joaquim do Amor Divino Caneca* (MELLO, 2001). Importante também mencionar, para o estudo de seu pensamento, *O liberalismo radical de Frei Caneca*, tese defendida na PUC-RJ em 1977 por João Alfredo de Souza Montenegro (1978).

A partir da superação do empirismo mitigado, a filosofia brasileira passa a ser dominada por um ecletismo espiritualista, inspirado nos pensadores franceses Maine de Biran (1766-1824) e Victor Cousin (1792-1867). O ecletismo espiritualista ou espiritualismo eclético, que pode ser considerado a primeira corrente filosófica estruturada no Brasil, procurou fundir ideias de vários sistemas filosóficos, incorporando-as à tradição brasileira. A filosofia intuicionista de Maine de Biran busca conciliar o sensualismo e o racionalismo; Victor Cousin, por sua vez, influenciado pelo hegelianismo, pregava a fusão do historicismo, psicologismo e espiritualismo como método. O ecletismo espiritualista formulado por Biran e divulgado por Cousin é então absorvido no Brasil no início do século XIX. Sua capacidade de superar a antítese entre ciência e cristianismo, baseando-se em uma visão espiritualista do ser humano, é o que mais interessa à filosofia brasileira. Esse espiritualismo, entretanto, é adaptado às circunstâncias históricas do Brasil na época, que envolviam a necessidade de construção de um sentimento de nação, a organização do Estado e a prática da representação política.

Nesse movimento, destacam-se o médico e filósofo baiano Eduardo Ferreira França (1809-1857), que resume o debate da época, procurando associar o materialismo ao espiritualismo em sua importante obra *Investigações de psicologia* (1854), reeditada em 1973; o pernambucano Antônio Pedro de Figueiredo (1814-1859), cristão liberal (cf. LARA, 1977) que traduziu para o português o *Curso de história da filosofia* de Cousin (1843) e colaborou em vários jornais, sendo fundador e editor da revista *O Progresso* (1846-1848) — importante registro das lutas políticas da época; o frei Francisco de Monte Alverne (1784-1858), autor de *Compêndio de filosofia* (1859); e o médico, escritor e filósofo Domingos José Gonçalves de Magalhães (1811-1882), introdutor das ideias do romantismo em nosso país e autor de várias obras poéticas, como *Suspiros poéticos e saudades* e o poema épico *A Confederação dos Tamoios* (1859).

Em filosofia, a principal obra de Magalhães é *Fatos do espírito humano* (1858), reeditada em 2004, na qual ele busca a conciliação entre o sensualismo e o espiritualismo. O II Colóquio Tobias Barreto, realizado em 1992 em Portugal, foi baseado na obra de Magalhães, o que resultou em várias publicações importantes.[5]

O ecletismo espiritualista foi importante para consolidar uma ideia geral de nação e fundamentar a prática política, mas acaba sendo superado com a crescente influência de novas ideias na transição para a República, como o darwinismo, determinismo e positivismo.

O que marca mais fortemente o período imperial é, portanto, a emergência de novas ideias e um espírito crítico, a partir da década de 1870, com a repercussão, por exemplo, das ideias de Comte (a qual, como veremos, se prolongou até o período republicano), Darwin e dos hegelianos de esquerda, associados a uma crítica religiosa. Isso é acompanhado de vários acontecimentos, como a fundação do Partido Republicano e da Sociedade Positivista, a reforma do Colégio D. Pedro II, a organização da Escola Politécnica e a fundação da Escola Minas de Ouro Preto.

Movimento de destaque nesse momento é a Escola de Recife, que, inspirada na filosofia de Kant, não só reage contra o ecletismo espiritualista, mas também contra o positivismo. Seu principal representante é o jurista, ensaísta, crítico, filósofo, jornalista e poeta sergipano Tobias Barreto (1839-1889), cujas obras criticam e procuram superar o determinismo de Comte e restaurar a metafísica, "significando unicamente aquela parte da ciência que se ocupa da teoria do conhecimento. Não se trata da estética, nem da ética, mas somente da primeira das três questões formuladas por Kant, nas quais se concentra, segundo ele mesmo [Kant] se exprimiu, todo o interesse da razão, tanto especulativa, como prática; e a questão é a seguinte: — *o que posso eu saber?*" (apud PAIM, 2007, p. 169). Em 1960, o Instituto Nacional do Livro republicou suas obras, em 12 volumes.

Outras figuras dignas de menção são: o sergipano Sílvio Romero (1851-1914), um dos fundadores da Academia Brasileira de Letras, que produziu obras de poesia,

---

5 Como exemplo, destaco três obras: INSTITUTO DE FILOSOFIA LUSO-BRASILEIRA — IFLB. *O pensamento de Domingo Gonçalves de Magalhães*. Atas do II Cclóquio Tobias Barreto. Lisboa: Fundação Lusíada, 1994; TEIXEIRA, Antônio Braz. *O pensamento filosófico de Gonçalves de Magalhães*. Lisboa: Instituto de Filosofia Luso-Brasileira, 1994; REALE, Miguel. Arcaísmo e modernidade em Gonçalves de Magalhães — seu significado na cultura brasileira. In: *Estudos de filosofia brasileira*. Lisboa: Instituto de Filosofia Luso-Brasileira, 1994.

filosofia⁶ e crítica literária; o jurista e filósofo⁷ cearense Clóvis Beviláqua (1859-1944), também fundador da Academia Brasileira de Letras; Artur Orlando (1858-1916), autor de poemas filosóficos em *O meu álbum* (1891) e que antecipa as reflexões dos existencialistas em 'O problema da morte' (contido em *Ensaios de crítica*, 1975); e o importante filósofo cearense Raimundo de Farias Brito (1862-1917), autor extremamente estudado, que se inspira na Escola de Recife e em Bergson, propondo uma interpretação do kantismo que repensa a noção de coisa em si ou incognoscível e um espiritualismo que defende a existência subjetiva como o ser verdadeiro. Entre 1895 e 1905, Farias Brito publica a trilogia *Finalidade do mundo*, talvez a primeira tentativa de desenvolver uma alternativa para o positivismo na América Latina, em que ele concebe o mundo como uma atividade intelectual identificada com o pensamento de Deus, portanto essencialmente espiritual. O intelecto une e reflete a realidade, enquanto a vontade a divide.

A Escola de Recife construiu as bases para o culturalismo, que será essencial no pensamento brasileiro do século XX.

Vários autores têm também estudado uma filosofia católica no Brasil do século XIX, a qual envolve o tradicionalismo filosófico, o espiritualismo e o tomismo. Representantes dessas correntes são: os bispos paraenses Dom Romualdo Antonio de Seixas (1787-1860), de quem a Biblioteca Nacional possui inúmeras obras, e Dom José Afonso de Morais Torres (1805-1865); o português Padre Patrício Muniz (1820-1871), que explora a metafísica em *Teoria da afirmação pura* (1863); o sacerdote italiano naturalizado brasileiro Gregório Lipparoni (1816-1893), que desenvolve as ideias do filósofo e padre italiano Antonio Rosmini-Serbati (1797-1855); o médico e filósofo paraibano José Soriano de Souza (1833-1895), que escreveu inúmeras obras em defesa do catolicismo; e, já na transição para o século XX, o jurista paulista João Mendes de Almeida Júnior (1856-1922), professor catedrático e diretor da Faculdade de Direito de São Paulo (1912-1915) e ministro do Supremo Tribunal (1916-1922), que explorou as relações entre filosofia e jurisprudência.

## 15.4 Período republicano

Com a Proclamação da República, o país começa a se reestruturar do ponto de vista administrativo. Observamos, a partir de então, o desenvolvimento de importantes instituições culturais no país. No final do século XIX, são fundados escolas superiores e institutos de pesquisa (como o Instituto Butantan em São Paulo e o Instituto Oswaldo Cruz no Rio de Janeiro, ambos em 1899), além de comissões geográficas e geológicas. A partir desse momento, um grande número de faculdades começa a oferecer o ensino superior de filosofia.

### 15.4.1 República Velha e positivismo

No período da República Velha (1890-1930), assistimos à ascensão do positivismo no pensamento brasileiro. Aqui, ele foi mais do que uma filosofia técnica, e suas ideias se espalharam amplamente, o que fica claro pela inclusão delas na primeira constituição republicana. O movimento pode ser dividido em quatro vertentes em nosso país.

Em primeiro lugar, a Real Academia Militar será essencial na difusão do cientificismo no Brasil, de acordo com o espírito oriundo das reformas pombalinas. O

---
6   Sua obra filosófica foi reunida em: ROMERO, Sílvio. *Obra filosófica*. (Introdução e seleção de Luís Washington Vita). Rio de Janeiro: José Olympio; São Paulo: Edusp, 1969.

7   Sua obra filosófica foi reunida e publicada em dois volumes, em 1976, pela Edusp, em colaboração com a editorial Grijalbo.

principal representante da corrente militar positivista é Benjamin Constant Botelho de Magalhães (1836-1891), professor da Academia Militar e fundador da Sociedade Positivista no Rio de Janeiro, um dos líderes do movimento militar que proclamou a República e autor de uma importante reforma do ensino primário e secundário. No século passado, pode ser mencionado Cândido Mariano da Silva Rondon (1865-1956), que defendia o naturalismo e cientificismo e ficou conhecido pela exploração do Mato Grosso e Bacia Amazônica e a defesa das populações indígenas.

Uma segunda vertente é a Igreja Positivista, fundada em 1881 por Miguel Lemos (1854-1917) e Raimundo Teixeira Mendes (1855-1927) para difundir a religião da humanidade proposta por Comte. No site da igreja,[8] é possível ler algumas máximas positivistas, como:

> *A mulher deve ser posta ao abrigo das necessidades materiais para que possa se dedicar às atividades próprias do lar.*

O desdobramento mais decisivo do positivismo foi a formulação de uma doutrina política autoritária em substituição ao liberalismo. O castilhismo, assim denominado em função de Júlio de Castilhos, que em 1891 redigiu a Constituição do Estado do Rio Grande do Sul, que entrou em vigor no mesmo ano, tornou-se a doutrina dominante durante os governos de Getúlio Vargas (1930-1945, 1951-1954). Entre as propostas dessa corrente estão a tutela do Estado sobre os cidadãos e a concentração de poderes no Executivo. As reformas do ensino primário e secundário baseadas na primazia da ciência, assim como a manutenção do ensino superior restrito aos cursos profissionalizantes, com a proibição da estruturação de universidades, estão vinculadas ao positivismo.

Cabe ainda citar o positivismo ilustrado, que funcionou como uma espécie de resistência ao castilhismo, posicionando-se politicamente a favor da democracia liberal. Dentre seus representantes, podem ser mencionados: Luís Pereira Barreto (1840-1923), João Alberto Sales (1857-1904), Pedro Lessa (1859-1921) e, mais tarde, Ivan Monteiro de Barros Lins (1904-1975), autor de *História do positivismo no Brasil* (1964), um clássico para o estudo do período.

A partir da década de 1920, o país assiste às articulações para a consolidação de uma cultura científica no país, inclusive a ideia da universidade como reação ao positivismo. Essa década ainda é marcada por importantes reformas estaduais, baseadas na filosofia escolanovista, quando surgem no cenário nacional pensadores da educação como: Lourenço Filho, Anísio Spínola Teixeira (tradutor e difusor de John Dewey no Brasil) e Fernando de Azevedo.

José Pereira da Graça Aranha (1868-1931), que pertenceu inicialmente à Escola de Recife, é autor de *Canaã* (1902) e participou intensamente da Semana de Arte Moderna (1922). Em suas obras filosóficas, *A estética da vida* (1921) e *Espírito moderno* (1925), Graça Aranha defende um pã-estetismo, igualando a filosofia à estética, que seria a base da vida, do universo e mesmo da ciência:

> *Tudo se reduz à estética, porque tudo é forma e imagem. Nenhuma explicação científica ou metafísica vem abalar este pensamento, que é a base da construção estética do universo. Uma indagação aprofundada das derradeiras cogitações da filosofia e da ciência mostraria que não há sistema ou teoria que não venha terminar em uma ideia estética, por onde se procure explicar a origem incognoscível das coisas e das suas relações. Viver esteticamente é sentir que tudo é ilusão na vida universal e que somos uma aparição fantástica, imaginária, na eternidade inconsciente. Nada pode eliminar o pensamento inspirador da estética da vida que afirma estar a tragédia fundamental nas relações do homem com o universo e que toda a ideia que se possa ter do cosmos é espetacular. Essa filosofia não se opõe à ciência e nem a desdenha. Completa-a, porque a ciência, não podendo explicar a substância universal, a coisa em si, o*

---

8 Cf. <http://www.igrejapositivistabrasil.org.br/>.

*Todo infinito, a filosofia interpreta o mistério, subjuga-o pela lógica, pelo puro raciocínio, e imagina, porque imaginar é a função essencial do espírito humano.* (GRAÇA ARANHA, 1921, p. 192-193, apud JAIME, 1997)

*(...) a alegria absoluta é a que vem da concepção estética do universo, base da estética da vida. É a que vem da nossa integração no cosmos e realiza a unidade infinita do ser, a alegria que só pode ser dada aos estados especiais de inconsciência transcendental, a que atingimos pela mística religião, pela suprema filosofia, pelo vago da arte e pelo sublime do amor. É a plenitude da unidade, e nela se abisma, para acessar enfim, a tragédia fundamental do espírito humano.* (GRAÇA ARANHA, 1968, p. 83, apud JAIME, 1997)

## 15.4.2 Estado Novo

Em 1932, é publicado o *Manifesto dos Pioneiros da Educação Nova*, liderado por Fernando de Azevedo e assinado por Afrânio Peixoto, Anísio Teixeira, Júlio de Mesquita Filho e Cecília Meirelles, entre outros, que defende a educação obrigatória, pública, gratuita e laica como dever do Estado. Vejamos algumas passagens, em que fica clara a defesa da substituição de uma aprendizagem passiva pela construção do conhecimento por parte do educando, incluindo a ideia de personalização da educação, além da crítica da redução do ensino superior à formação tecnicista, com destaque para a importância da formação humanista. Todas essas ideias fazem, ainda hoje, parte de um debate intenso sobre filosofia da educação no Brasil.

*Na hierarquia dos problemas nacionais, nenhum sobreleva em importância e gravidade ao da educação.*

*Tudo fragmentário e desarticulado.*

*Toda a educação varia sempre em função de uma 'concepção da vida', refletindo, em cada época, a filosofia predominante que é determinada, a seu turno, pela estrutura da sociedade.*

*Assentado o princípio do direito biológico de cada indivíduo à sua educação integral, cabe evidentemente ao Estado a organização dos meios de o tornar efetivo, por um plano geral de educação, de estrutura orgânica, que torne a escola acessível, em todos os seus graus, aos cidadãos a quem a estrutura social do país mantém em condições de inferioridade econômica para obter o máximo de desenvolvimento de acordo com as suas aptidões vitais.*

*A laicidade, que coloca o ambiente escolar acima de crenças e disputas religiosas, alheio a todo o dogmatismo sectário, subtrai o educando, respeitando-lhe a integridade da personalidade em formação, à pressão perturbadora da escola quando utilizada como instrumento de propaganda de seitas e doutrinas. A gratuidade extensiva a todas as instituições oficiais de educação é um princípio igualitário que torna a educação, em qualquer de seus graus, acessível não a uma minoria, por um privilégio econômico, mas a todos os cidadãos que tenham vontade e estejam em condições de recebê-la. Aliás o Estado não pode tornar o ensino obrigatório, sem torná-lo gratuito.*

*A organização da educação brasileira unitária sobre a base e os princípios do Estado, no espírito da verdadeira comunidade popular e no cuidado da unidade nacional, não implica um centralismo estéril e odioso, ao qual se opõem as condições geográficas do país e a necessidade de adaptação crescente da escola aos interesses e às exigências regionais. Unidade não significa uniformidade. A unidade pressupõe multiplicidade.*

> *A nova doutrina, que não considera a função educacional como uma função de superposição ou de acréscimo, segundo a qual o educando é 'modelado exteriormente' (escola tradicional), mas uma função complexa de ações e reações em que o espírito cresce de 'dentro para fora', substitui o mecanismo pela vida (atividade funcional) e transfere para a criança e para o respeito de sua personalidade o eixo da escola e o centro de gravidade do problema da educação.*
>
> *Nessa nova concepção da escola, que é uma reação contra as tendências exclusivamente passivas, intelectualistas e verbalistas da escola tradicional, a atividade que está na base de todos os seus trabalhos é a atividade espontânea, alegre e fecunda, dirigida à satisfação das necessidades do próprio indivíduo.*
>
> *A educação superior que tem estado, no Brasil, exclusivamente a serviço das profissões 'liberais' (engenharia, medicina e direito), não pode evidentemente erigir-se à altura de uma educação universitária, sem alargar para horizontes científicos e culturais a sua finalidade estritamente profissional e sem abrir os seus quadros rígidos à formação de todas as profissões que exijam conhecimentos científicos, elevando-as a todas a nível superior e tornando-se, pela flexibilidade de sua organização, acessível a todas. Ao lado das faculdades profissionais existentes, reorganizadas em novas bases, impõe-se a criação simultânea ou sucessiva, em cada quadro universitário, de faculdades de ciências sociais e econômicas; de ciências matemáticas, físicas e naturais, e de filosofia e letras que, atendendo à variedade de tipos mentais e das necessidades sociais, deverão abrir às universidades que se criarem ou se reorganizarem um campo cada vez mais vasto de investigações científicas. A educação superior ou universitária, a partir dos 18 anos, inteiramente gratuita como as demais, deve tender, de fato, não somente à formação profissional e técnica, no seu máximo desenvolvimento, como à formação de pesquisadores, em todos os ramos de conhecimentos humanos. Ela deve ser organizada de maneira que possa desempenhar a tríplice função que lhe cabe de elaboradora ou criadora de ciência (investigação), docente ou transmissora de conhecimentos (ciência feita) e de vulgarizadora ou popularizadora, pelas instituições de extensão universitária, das ciências e das artes.*
>
> *A preparação dos professores, como se vê, é tratada entre nós, de maneira diferente, quando não é inteiramente descuidada, como se a função educacional, de todas as funções públicas a mais importante, fosse a única para cujo exercício não houvesse necessidade de qualquer preparação profissional. Todos os professores, de todos os graus, cuja preparação geral se adquirirá nos estabelecimentos de ensino secundário, devem, no entanto, formar o seu espírito pedagógico, conjuntamente, nos cursos universitários, em faculdades ou escolas normais, elevadas ao nível superior e incorporadas às universidades.*

A partir da década de 1930, começamos a assistir no Brasil a um declínio da influência do positivismo. O governo Vargas restaura a aliança com a Igreja Católica, diminuindo assim o prestígio da Igreja Positivista. É importante também o papel da Academia de Ciências, engajada com o pensamento científico contemporâneo. Ocorre também um movimento de valorização da ideia da universidade, no qual participa a Associação Brasileira de Educação (ABE), com a criação da Universidade de São Paulo (1934) e da Universidade do Distrito Federal na então capital Rio de Janeiro (1935, que durou somente até 1939). Desenvolvem-se também os positivistas ilustrados em São Paulo, com destaque para João Arruda (1861-1943).

Paralelamente ao declínio do positivismo, assistimos no Brasil ao desenvolvimento do marxismo, tanto político quanto acadêmico. Nomes de destaque no movimento são: o historicista João Cruz Costa (1904-1978), que se tornou catedrático e chefe do Departamento de Filosofia da Universidade de São Paulo; Leônidas de Rezende (1899-1950), Hermes Lima (1902-1978) e Edgardo de Castro Rebelo (1884-1970), que procuraram preservar um espaço para a discussão filosófica do marxismo que não se reduzisse ao plano político; Álvaro Borges Vieira

Pinto (1909), autor de *Consciência e realidade nacional* (1960); Luiz Pinto Ferreira (1918) e Gláucio Veiga (1923), que se inspiram em Marx para repensar as discussões desenvolvidas pela Escola do Recife, principalmente na esfera do direito; Roland Corbisier (1914), um dos fundadores da *Revista Civilização Brasileira* e que traduziu algumas obras filosóficas para o português e, mais recentemente, Leandro Konder (1936).

As ideias de Caio Prado Junior (1907-1990) servem como referência para a estruturação do marxismo político no país. Ele é o fundador da editora Brasiliense e autor de obras de destaque, como *Formação do Brasil contemporâneo* (1942) e *História econômica do Brasil* (1949), em que examina a história do Brasil pela ótica da economia.

Antônio Paim aponta uma desproporção entre o baixo interesse pela teoria marxista e a alta popularidade das ideias marxistas em nosso país. Como hipótese para explicar esse fenômeno, ele sugere que no Brasil se constituiu uma versão positivista do marxismo, caracterizada pela combinação entre algumas teses de Marx e de Comte, gerando uma complementaridade entre positivismo e marxismo. Marx e Comte teriam se encontrado na tradição marxista brasileira, com a complementação da filosofia positiva pelo materialismo histórico. O profundo desenvolvimento do positivismo em nosso país, que temos estudado neste capítulo, e uma excessiva simplificação da teoria marxista, associados à aproximação entre as etapas do desenvolvimento da sociedade, propostas por Comte, e a dialética social caracterizada pela opressão e revolução, proposta por Marx, teriam garantido no Brasil a constituição desse marxismo positivista.

## 15.5 Filosofia brasileira contemporânea

Assim como no caso da história da filosofia mundial, não é uma tarefa simples definir onde começa a filosofia contemporânea brasileira. Definimos aqui como contemporâneas as correntes filosóficas que se opõem ao cientificismo positivista que marca a República Velha. Este é o mesmo critério utilizado por Paim (2007), que considera que a reação ao positivismo marca nosso ingresso no período contemporâneo da filosofia. Nesse sentido, contemporâneo tem aqui muito mais o sentido de novas ideias do que de temporalidade. Por isso, você perceberá que alguns autores mencionados nesta seção foram contemporâneos de pensadores já estudados neste capítulo.

Podem-se identificar pelo menos quatro grandes tendências da filosofia contemporânea brasileira: (a) o neopositivismo e a filosofia das ciências; (b) a filosofia católica; (c) o existencialismo e a fenomenologia; e (d) o culturalismo, apoiado na tradição kantiana.

Os progressos, principalmente na física, levaram a uma revisão da teoria da ciência do positivismo, dando origem ao neopositivismo. No início do século XX no Brasil, críticas ao positivismo já são realizadas por dois professores da Escola Politécnica do Rio de Janeiro, cujos esforços conduziram à fundação da Academia Brasileira de Ciências (1916): Otto de Alencar (1874-1912) e Manuel Amoroso Costa (1885-1928), que se dedicou à filosofia da matemática e introduziu no Brasil a teoria da relatividade de Einstein. Destacam-se entre os humanistas do neopositivismo brasileiro: o jurista e filósofo Francisco Cavalcanti Pontes de Miranda (1892-1979), autor de *Tratado de direito privado* (60 volumes), destacando-se também em filosofia *Problema fundamental do conhecimento* (1937), que desenvolve uma filosofia política que possa sintetizar o humanismo tradicional e o desenvolvimento da ciência e tecnologia no século XX; o jurista e filósofo Carlos Álvares da Silva Campos (1887-1968), que explora a teoria do conhecimento; e o jurista e filósofo Euryalo Cannabrava (1908-1978), que publicou os interessantes "Três diálogos entre Sócrates e o marxista" (CANNABRAVA, 1949, p. 334-353). Entre os neopositivistas matemáticos e físicos, podemos citar: o matemático e filósofo Newton Carneiro Afonso da Costa (1929), com inúmeros artigos publicados no exterior, que se dedica à lógica matemática, destacando-se no desenvolvimento da lógica paraconsistente; e o físico e doutor em filosofia Leonidas Hegenberg (1925), com uma vasta obra voltada para a lógica, incluindo inúmeras traduções de obras de filosofia das ciências, um conjunto de livros que sistematiza o caminho da filosofia das ciências nas últimas décadas e um *Dicionário de lógica* (1995).

A fenomenologia e o existencialismo também criaram escola no Brasil. No caso da fenomenologia, nossa filosofia sofre influências de Husserl. Creusa Capalbo (1934), por exemplo, também dedicada à filosofia da educação, tem tido atuação ativa em congressos, com dezenas de artigos e livros publicados, como *Fenomenologia e ciências humanas* (1973). Beneval de Oliveira publica, em 1983, *A fenomenologia no Brasil*. A influência do existencialismo se consolidou com uma série de conferências de Sartre no Rio de Janeiro, em 1961. Dentre os existencialistas brasileiros, podem ser mencionados: Vicente Ferreira da Silva (1916-1963), inspirado pela filosofia de Heidegger, que publicou o primeiro livro-texto de lógica matemática na América Latina (*Elementos de lógica matemática*, 1940), em *Ensaios filosóficos* (1948) apresentou uma crítica vigorosa do subjetivismo hegeliano e marxista e cujas *Obras completas* foram publicadas em 1964 (volume 1) e 1966 (volume 2); Gerd Alberto Bornheim (1929-2002), autor de *Introdução ao filosofar: o pensamento filosófico em bases existenciais* e *Dialética: teoria, práxis — ensaio para uma crítica da fundamentação ontológica da dialética* (1977), entre outras obras importantes, com interesse especial pela estética e pelo teatro; e Adolpho Crippa (1929-2000), que desenvolve o pensamento de Ferreira da Silva, autor de *Mito e cultura* (1975) e coordenador de *As ideias filosóficas no Brasil*, entre várias outras obras e artigos.

A Escola Católica, ligada ao movimento neotomista no Brasil, tem como destaques: Jackson Martins de Figueiredo (1891-1928), discípulo de Farias Brito e fundador do Centro Dom Vital, que morreu afogado enquanto pescava na Pedra de Joatinga (Barra da Tijuca, Rio de Janeiro); padre Leonel Edgard da Silveira Franca (1896-1948), autor de *Noções de história da filosofia*, que chegou à 24ª edição (FRANCA, 1990); o humanista cristão e crítico literário Alceu Amoroso Lima (pseudônimo Tristão de Athayde, 1893-1983), que publicou uma extensa obra que mostra a influência de Maritain, dentre a qual podemos destacar *O espírito e o mundo* (1936) e *Idade, sexo e tempo* (1938), que apresentam uma visão espiritual dos seres humanos; e Leonardo van Acker (1896-1986), que se interessou pela lógica clássica. A filosofia católica apresenta hoje, no Brasil, múltiplas correntes, não mais ligadas exclusivamente ao neotomismo. Em *O pensamento católico no Brasil* (1975), Antônio Carlos Villaça faz seu balanço histórico, desde a Colônia até o presente (VILLAÇA, 2006).

Uma vertente da filosofia católica tem procurado enfrentar os problemas das desigualdades sociais e da pobreza. O padre jesuíta Henrique Cláudio de Lima Vaz (1921), por exemplo, um dos líderes do movimento político Ação Popular, que se transformará em Ação Popular Marxista-Leninista, é o tradutor da *Fenomenologia do espírito* de Hegel na coleção *Os Pensadores*.

Outro representante dessa vertente é Paulo Freire (1921-1997), uma referência mundial em filosofia da educação e autor de inúmeras obras como: *Educação como prática da liberdade* (1967), *Pedagogia do oprimido* (1970), *A importância do ato de ler: em três artigos que se completam* (1982), *Essa escola chamada vida* (1985) e *Pedagogia da autonomia: saberes necessários à prática educativa* (1986). Na Biblioteca Digital Paulo Freire,[9] é possível acessar livros, áudios e vídeos de e sobre Paulo Freire.

---

9 O texto está disponível em: <http://www.paulofreire.ufpb.br>.

Em *Pedagogia do oprimido* (1970),[10] que o Dr. Décio Diament informa ter sido utilizado em 1977 no Projeto Rondon para orientar as ações no Vale do Jequitinhonha, Freire desenvolve a ideia de uma educação bancária:

> *Em lugar de comunicar-se, o educador faz 'comunicados' e depósitos que os educandos, meras incidências, recebem pacientemente, memorizam e repetem. Eis aí a concepção 'bancária' da educação, em que a única margem de ação que se oferece aos educandos é a de receberem os depósitos, guardá-los e arquivá-los.*
>
> *A concepção do saber, da concepção 'bancária' é, no fundo, o que Sartre (El hombre y las cosas) chamaria de concepção 'digestiva' ou 'alimentícia' do saber. Este é como se fosse o 'alimento' que o educador vai introduzindo nos educandos, numa espécie de tratamento de engorda.*

As características da educação bancária são:

a) o educador é o que educa; os educandos, os que são educados;

b) o educador é o que sabe; os educandos, os que não sabem;

c) o educador é o que pensa; os educandos, os pensados;

d) o educador é o que diz a palavra; os educandos, os que a escutam docilmente;

e) o educador é o que disciplina; os educandos, os disciplinados;

f) o educador é o que opta e prescreve sua opção; os educandos os que seguem a prescrição;

g) o educador é o que atua; os educandos, os que têm a ilusão de que atuam, na atuação do educador;

h) o educador escolhe o conteúdo programático; os educandos, jamais ouvidos nesta escolha, se acomodam a ele;

i) o educador identifica a autoridade do saber com sua autoridade funcional, que opõe antagonicamente à liberdade dos educandos; estes devem adaptar-se às determinações daquele;

j) o educador, finalmente, é o sujeito do processo; os educandos, meros objetos.

Contra a educação bancária, Freire propõe a educação problematizadora:

> *Assim é que, enquanto a prática bancária, como enfatizamos, implica numa espécie de anestesia, inibindo o poder criador dos educandos, a educação problematizadora, de caráter autenticamente reflexivo, implica num constante ato de desvelamento da realidade. A primeira pretende manter a 'imersão'; a segunda, pelo contrário, busca a 'emersão' das consciências, de que resulte sua 'inserção crítica' na realidade.*
>
> *(...)*
>
> *Enquanto na prática 'bancária' da educação, anti-dialógica por essência, por isto, não comunicativa, o educador deposita no educando o conteúdo programático da educação, que ele mesmo elabora ou elaboram para ele, na prática problematizadora, dialógica por excelência, este conteúdo, que jamais é 'depositado', se organiza e se constitui na visão do mundo dos educandos, em que se encontram seus 'temas geradores'.*

---

10 As citações foram retiradas do arquivo on-line disponível no site da Universidade Federal da Paraíba: <http://www.paulofreire.ufpb.br/paulofreire/Controle?op=detalhe&tipo=Livro&id=1358>.

Em *Pedagogia da autonomia* (1996),[11] Freire explora inicialmente o exercício da leitura:

> *Não se lê criticamente como se fazê-lo fosse a mesma coisa que comprar mercadoria por atacado. Ler vinte livros, trinta livros. A leitura verdadeira me compromete de imediato com o texto que a mim se dá e a que me dou e de cuja compreensão fundamental me vou tornando também sujeito. Ao ler não me acho no puro encalço da inteligência do texto como se fosse ela produção apenas de seu autor ou de sua autora. Esta forma viciada de ler não tem nada que ver, por isso mesmo, com o pensar certo e com o ensinar certo.*

Eis aqui um exemplo das reflexões de Freire sobre a natureza humana:

> *Gosto de ser homem, de ser gente, porque não está dado como certo, inequívoco, irrevogável que sou ou serei decente, que testemunharei sempre gestos puros, que sou e que serei justo, que respeitarei os outros, que não mentirei escondendo o seu valor porque a inveja de sua presença no mundo me incomoda e me enraivece. Gosto de ser homem, de ser gente, porque sei que a minha passagem pelo mundo não é predeterminada, preestabelecida. Que o meu "destino" não é um dado, mas algo que precisa ser feito e de cuja responsabilidade não posso me eximir. Gosto de ser gente porque a História em que me faço com os outros e de cuja feitura tomo parte é um tempo de possibilidades e não de determinismo.*

Para encerrar, uma bonita passagem em que Freire defende que ensinar exige alegria e esperança:

> *Há uma relação entre a alegria necessária à atividade educativa e a esperança. A esperança de que professor e alunos juntos podemos aprender, ensinar, inquietar-nos, produzir e juntos igualmente resistir aos obstáculos à nossa alegria. Na verdade, do ponto de vista da natureza humana, a esperança não é algo que a ela se justaponha. A esperança faz parte da natureza humana. Seria uma contradição se, inacabado e consciente do inacabamento, primeiro, o ser humano não se inscrevesse ou não se achasse predisposto a participar de um movimento constante de busca e, segundo, se buscasse sem esperança. A desesperança é negação da esperança. A esperança é uma espécie de ímpeto natural possível e necessário, a desesperança é o aborto deste ímpeto. A esperança é um condimento indispensável à experiência histórica. Sem ela, não haveria História, mas puro determinismo. Só há História onde há tempo problematizado e não pré-dado. A inexorabilidade do futuro é a negação da História.*

Por fim, a corrente culturalista, fundamentada no pensamento de Kant, defende a pluralidade de perspectivas em filosofia e buscou recuperar a tradição filosófica nacional, considerando-se herdeira de Tobias Barreto. Veja no Quadro 15.1 quais são as principais teses dessa corrente.

Entre os culturalistas, cabe destacar três nomes.

Miguel Reale (1910-2006), fundador do Instituto Brasileiro de Filosofia de Lisboa e figura atuante na cultura nacional, é autor de inúmeras obras, como: *Filosofia do direito* (1953), *Experiência e cultura* (1977), *A filosofia na obra de Machado de Assis* (1982) e *Introdução à filosofia* (1988), cujas ideias mostram influência da tradição alemã, como Scheler e N. Hartmann. Reale propõe a autonomia da ideia de cultura e bens culturais, compreendidos como criações humanas e, portanto, espirituais. Todo bem cultural possui um significado ligado a uma consciência e um momento histórico concreto, que pode ser examinado filosoficamente. O pensador brasileiro explora também a metafísica, na tradição kantiana.

O historiador do pensamento brasileiro Luís Washington Vita (1921-1968) é autor de *Tendências do pensamento estético contemporâneo no Brasil* (1967), que

---

11 Disponível em: <http://www.paulofreire.ce.ufpb.br/paulofreire/Controle?op=detalhe&tipo=Livro&id=1360>

### Quadro 15.1 — Teses culturalistas

Segundo Antônio Paim (2007), um de seus membros, as principais teses dos culturalistas são:

1. A filosofia comporta multiplicidade de perspectivas e, no interior destas, diferentes pontos de vista. Não há critérios uniformes segundo os quais tem lugar a escolha de uma perspectiva.
2. Somente a ciência elabora um discurso de validade universal, para o que estabelece objetos limitados, evita as totalidades e elimina o valor.
3. As denominadas ciências humanas experimentaram, de um lado, processo de aproximação das ciências naturais — que já se completou em relação à economia, achando-se em fase de efetivação no que se refere à administração, à pedagogia e à psicologia e, de outro, subordinação a esquemas filosóficos. Contudo, o direito, a história e a moral devem preservar, de forma inelutável, seus vínculos com a filosofia.
4. A conceituação da ciência e o estabelecimento de suas relações com a filosofia não equivalem, entretanto, à preocupação essencial do culturalismo, que privilegia a inquirição ontológica. A etapa de elucidação da verdadeira índole do saber científico requer, entretanto, ser vencida, no Brasil, pelas peculiaridades assumidas por nossa meditação.
5. A ontologia culturalista se propõe desvendar o ser do homem, privilegiando, nessa investigação, a atividade. Assim, a criação humana se constitui no objeto primordial da inquirição filosófica.
6. A criação humana, ou seja, a cultura, corresponde ao cabedal de bens objetivados pelo espírito humano na realização de seus fins específicos.
7. No plano da cultura, distingue-se o âmbito da pura idealidade, que se desenvolve de forma autônoma, embora implicado no conjunto da atividade cultural, e dela recebe múltiplas inspirações.
8. A autonomia da componente espiritual, no desenrolar da cultura, se expressa por meio do aprofundamento dos problemas, todos de índole filosófica.
9. Os problemas filosóficos consistem naquelas questões tomadas controversas no próprio curso da filosofia, mas também naqueles suscitados pela evolução cultural. O culturalismo pretende restaurar o projeto hegeliano, na fase inicial de sua formulação, logo abandonado de investigar a origem histórico-cultural das categorias.
10. Encontra-se na moralidade os fundamentos últimos da cultura, o que permite compreender a singularidade da cultura ocidental e as possibilidades de desenvolvimento manifestadas nos ciclos civilizatórios em que se subdivide.
11. A cultura ocidental deu nascedouro a um conjunto de valores que acabaram por alcançar validade absoluta, cabendo denominá-los, com Miguel Reale, de *invariantes axiológicas*.
12. Na evolução histórica, constituem-se unidades que têm sido denominadas de *civilizações*, singularizando-se por uma particular hierarquia de valores.
13. Ao dizer que o ser do homem é o seu dever-ser, seguindo a Miguel Reale, o culturalismo não quer ressuscitar a noção de substância estática, mas o ser em sua forma predicativa, apta a proporcionar o entendimento da pessoa humana como projetada no tempo. Ao incorporar aquela noção cristã, a cultura ocidental caracteriza-se justamente pela longa elaboração de um ideal de pessoa humana.
14. A definição do ser do espírito como contemporaneidade elimina o risco de identificação com o idealismo absoluto hegeliano, livrando-a também de compromissos com a hierarquização preconizada por Nicolai Hartmann.

ele divide em: modernista, numinosa, idealista, sociológica, diamática, existencialista e de vanguarda e/ou de retaguarda.

Djacir Menezes (1907-1996) é autor de *Premissas do culturalismo dialético* (1979), entre outras obras, em que desenvolve o conceito de cultura com base na filosofia hegeliana. Homem e natureza não podem ser considerados oposições, mas, ao contrário, devem ser integrados em uma totalidade, cuja síntese é a cultura, processo de humanização da natureza.

*Teses quase hegelianas* é uma coleção de 500 pensamentos numerados de Djacir Menezes, no estilo do marquês de Maricá. Eis dois exemplos:

> *11  O senso vulgar afirma que só o indivíduo existe, só ele é concreto e real. Existe Júlio César, mas a Humanidade é uma abstração. Existe esta laranja, mas a fruta é uma abstração. Revive o exausto problema dos universais. Mas o indivíduo Júlio César só pode ser percebido e inteligido na realidade histórica que lhe dá 'sentido', isto é, que fá-lo 'verdadeiro'. Isolado, é abstração formal. O 'significado' de sua existência vem do Todo em movimento.*

> *303  O capitalismo põe a vida a serviço da propriedade; o socialismo pretende pôr a sociedade a serviço da vida.* (MENESES, 1972, apud JAIME, 1997, p. 330-331)

## 15.6 Outros nomes

Vários pensadores de destaque na filosofia brasileira contemporânea não podem ser agrupados em movimentos. Mencionaremos aqui apenas alguns deles.

O diplomata, jornalista, crítico e ensaísta José Guilherme Merquior (1941-1991) é autor de diversos livros (alguns traduzidos para outras línguas), como: *A estética de Lévi-Strauss* (1975), *As ideias e as formas* (1981), *A natureza do processo* (1982) e *Michel Foucault ou O niilismo da cátedra* (1985).

Importante representante do espiritualismo é o autor de *A extensão humana: introdução à filosofia da técnica* (1970), João de Scantimburgo (1915), que se inspira no pensamento de Maurice Blondel (1861-1949).

Alcântara Nogueira (1918-1989) foi um estudioso de Spinoza. Hilton Japiassu (1934) é especialista em filosofia da ciência e epistemologia. Merecem ainda ser citados: José Arthur Gianotti, Marilena Chauí, Benedito Nunes, José Maurício de Carvalho, Antônio Carlos Wolkmer, Celso Luiz Ludwig e Renato Cirell Czerna, entre inúmeros outros que com certeza mereceriam aparecer aqui.

Para concluir, é importante registrar que a Anpof — Associação Nacional de Pós-graduação em Filosofia (<http://www.anpof.org.br/>), fundada em 1983, tem o objetivo de estimular a investigação filosófica no Brasil, congregando cursos de mestrado e doutorado em filosofia.

## Resumo

Percorremos neste capítulo diversos períodos na história do pensamento brasileiro: colonial, imperial, republicano e contemporâneo.

As características mais destacadas da filosofia nacional são a preocupação com a pessoa humana, a filosofia política e a exploração das relações entre filosofia e ciências.

## Atividades

1 Pesquise textos que exploram o pensamento dos índios brasileiros pré-descobrimento. Procure refletir até que ponto esse pensamento pode ser considerado filosofia.

2 Em alguns casos neste capítulo, apresentamos como pensadores autores que você provavelmente conhecia em literatura, como Oswald de Andrade, Graça Aranha etc. A partir de todo o percurso deste livro, procure refletir sobre quais relações existem entre literatura e filosofia.

3 Uma incrível quantidade de textos sobre filosofia brasileira está disponível on-line, conforme indicado neste capítulo. Escolha um desses textos para ler e aprofundar algumas questões que mais lhe interessaram.

4 A obra de Paulo Freire tem repercussão mundial e muitos de seus textos estão também disponíveis integralmente on-line. Escolha um de seus livros para ler e conhecer mais de perto esse educador e pensador brasileiro, procurando identificar os momentos em que ele dialoga com a tradição filosófica mundial.

**PARTE V**

# Filosofia hoje

**CAPÍTULO 16** PANORAMA GERAL

# CAPÍTULO 16

# Panorama geral

## APRESENTAÇÃO

Neste capítulo, traçaremos um panorama geral da filosofia hoje, no mundo e no Brasil.

Destacaremos também algumas áreas de aplicação da filosofia, sua relação com as profissões e a maneira como ela é ensinada.

## TÓPICOS PRINCIPAIS

16.1 O percurso da filosofia
16.2 A filosofia e a prática
16.3 Filosofia para crianças
16.4 Filosofia para adultos
16.5 Qual é o sentido da vida?
16.6 Considerações finais

### OBJETIVOS DE APRENDIZAGEM

Durante a leitura deste capítulo, será possível:

- visualizar um panorama geral da filosofia hoje, no mundo e no Brasil;
- conhecer as áreas de aplicação da filosofia e a maneira como ela é ensinada;
- compreender a relação da filosofia com as profissões.

## 16.1 O percurso da filosofia

Percorremos juntos um longo caminho até aqui. Na primeira parte do livro, refletimos brevemente sobre o que é a filosofia e filosofamos um pouco sobre a morte. Em seguida, passamos pelos vários momentos da história da filosofia ocidental, desde a filosofia antiga até a filosofia contemporânea, destacando os autores, os movimentos e as ideias principais. Na terceira parte, exploramos várias divisões da filosofia, como metafísica, lógica, teoria do conhecimento, filosofia da linguagem, filosofia das ciências, ética e filosofia política e estética, aprofundando a discussão de algumas ideias. Na quarta parte do livro, apresentamos algumas filosofias diferentes da europeia e norte-americana, como as filosofias orientais, e depois estudamos a filosofia brasileira. Agora vamos encerrar nosso percurso com um panorama geral da filosofia, que inclui sua aplicação e relação com as profissões, além da forma como é ensinada.

## 16.2 A filosofia e a prática

Uma das críticas comuns à filosofia é que ela não é prática. Principalmente hoje, em um mundo voltado para a ação e para os resultados imediatos, o caráter abstrato da filosofia parece, muitas vezes, não ter sentido.

Isso pode ser lido, por exemplo, no item sobre a função da filosofia, no verbete na Desciclopédia (site que parodia a Wikipedia e no qual o princípio básico é o humor). O texto abaixo é reprodução do verbete 'filosofia':

> *Até pouco tempo pensava-se que a filosofia não servia para nada... (e atualmente não serve mesmo. Já pensou que profissão, além de filósofo, poderia obter com a filosofia?), mas hoje está constatado que a filosofia serve para separar em duas classes as pessoas: aquelas pessoas que fingem ou que acham que entendem a filosofia, e aquelas que não entendem e que acham que os filósofos não passavam de doidos que inventavam frases para fazer fama!*

No início da história da filosofia ocidental, na Grécia antiga, podemos observar um tipo semelhante de crítica à filosofia. No diálogo platônico *Teeteto*, Sócrates conta a Teodoro uma história sobre Tales de Mileto, que caiu em um buraco enquanto observava as estrelas. Uma atraente serva zombou então dele, por ser tão ansioso para saber o que estava acontecendo no céu, enquanto não conseguia ver o que estava a seus pés. Sócrates em seguida analisa a história:

> *Quem dá a sua vida à filosofia está aberto a esse tipo de escárnio. É verdade que ele não sabe o que o seu vizinho está fazendo; mal sabe, na verdade, inclusive se a criatura é um homem. Ele gasta toda sua energia na questão 'o que é o homem?', e que poderes e propriedades distinguem essa natureza das outras.* (PLATÃO, 1989, p. 879)

Roberto de Mello e Souza discute essa reserva em relação à filosofia em seu livro *O executivo filósofo*:

> *No meu primeiro livro de teoria administrativa, publicado em 1973, defendia (como defendendo continuo) a necessidade de o administrador de empresas cultivar-se intelectualmente, evitar a obsessiva, a constrangedora verticalização na especialidade. Sugeria aos executivos que lessem. Lessem 'não exclusivamente o livro de texto, a prosa técnica mas também a ficção, o conto, o romance, o ensaio, a poesia, o teatro, a biografia, a correspondência, a história do homem, da civilização, da natureza, as belas-letras, as humanidades'.*

> *A certa altura do livro, depois de citar um trecho do Cimetière Marin de Paul Valéry, devaneava: 'Quem sabe se, espicaçado pela curiosidade, um dos meus leitores resolva ler o Cimetière e por causa dele resolva saber quem foi Zenão e encontre dois, um de Eleia, discípulo de Parmênides, e outro de Cítia, pai do estoicismo, e termine se interessando por história da filosofia que tanto distrai, ensina e forma'.*

> *Esta afirmação despertou a curiosidade de alguns amigos, provocou agradáveis discussões e terminou por se transformar num desafio, risonho e bem-humorado, às vezes meio malicioso mas sempre cordial: que eu tentasse, num próximo trabalho, esclarecer como pode a filosofia aproveitar a um homem prático, por exemplo um dirigente de empresas; e se é possível, sem escolaridade volumosamente adequada, começar, já maduro, a estudar filosofia com proveito.* (MELLO e SOUZA, 1992, p. 19-20)

Apesar de não ter sido o objetivo principal deste livro, nosso percurso até aqui já deve ter servido para demonstrar que a filosofia não se resume a ficar olhando para as estrelas e que seu estudo pode ser útil para inúmeras atividades. Procuraremos mostrar a seguir como se caracteriza hoje o estudo da filosofia e relacioná-lo com algumas profissões. No final do capítulo, retomaremos as críticas relacionadas à falta de aplicação prática da filosofia.

## 16.3 Filosofia para crianças

Uma primeira demonstração da função prática da filosofia pode vir, por mais curioso que pareça, do seu uso por crianças. Há um movimento mundial voltado ao ensino de filosofia para crianças, inaugurado com os trabalhos de Matthew Lipman.

O IAPC — Institute for the Advancement of Philosophy for Children[1] está vinculado à Montclair State University (Estados Unidos), sob a direção de Matthew Lipman e Ann Margareth Sharp. Reconhecido pela APA — American Philosophical Association por sua excelência e inovação, o IAPC fornece materiais curriculares para o engajamento dos jovens (pré-escolar ao ensino médio) na investigação filosófica e oferece formação de professores na pedagogia da comunidade da sala de aula de investigação. O IAPC também conduz pesquisas filosóficas e empíricas sobre o ensino de filosofia pré-universitário e os usos da filosofia para objetivos educacionais, incluindo o pensamento crítico e criativo, a democracia social e o julgamento ético. Desde 1974, o IAPC e seus centros afiliados em todo o mundo têm sido os grandes responsáveis pelo encontro entre crianças e filosofia.

Por que filosofia para crianças? O IAPC responde que até recentemente se pensava ser a filosofia muito difícil e desinteressante para as crianças. No entanto, repare quantas questões filosóficas perenes são tipicamente encontradas por crianças já a partir dos 4 ou 5 anos:

- Os fantasmas são reais ou não?
- Quando o papai me diz para ser bom, o que ele quer dizer?
- O que faz alguém se tornar o melhor amigo?
- O que as pessoas querem dizer quando dizem que me amam?
- Onde o meu avô foi? (em situação de morte)
- Por quê? (em situações em que a criança acha que algo não é justo)
- Por que o tempo é às vezes tão lento?
- Por que meus pais dizem que eu devo dizer a verdade?
- Por que as pessoas acham que minha boneca é uma coisa? (a criança acredita que sua boneca é uma pessoa)

Há filosofia em muitas perguntas que fazemos quando criança.

Muitas dessas questões não são apenas 'questões de crianças', porque, como adultos, continuamos a nos fazer. Durante a leitura deste livro, percebemos que elas podem ser colocadas e respondidas de diversas maneiras, de acordo com os pensamentos dos diferentes filósofos e movimentos.

A experiência dos últimos 30 anos em pensar filosofia para crian-

---

1 O site do IAPC é <http://www.montclair.edu/iapc/>.

ças e adolescentes tem mostrado ao IAPC que não apenas eles são capazes de filosofar, mas que precisam dela e a apreciam pelas mesmas razões que os adultos. As crianças pensam constantemente e refletem sobre seus pensamentos. Elas adquirem conhecimento e tentam usar o que já sabem; querem que a sua experiência seja significativa: valiosa, interessante, justa e bonita. A filosofia oferece às crianças a oportunidade de explorar conceitos ordinários, mas intrigantes, para melhorar sua forma de pensar, a oportunidade de dar mais sentido ao seu mundo e descobrir por si mesmas o que deve ser valorizado e estimado nesse mundo.

O início do movimento de filosofia para crianças coincide com o reconhecimento que surgiu no terceiro quarto do século XX de que as crianças são capazes de pensar crítica e criativamente e de que um dos principais objetivos da educação deveria ser ajudá-las a se tornarem mais razoáveis, justas e sensatas. E como a leitura e a escrita são ensinadas às crianças por meio da disciplina literatura, por que não tornar o raciocínio e o julgamento disponíveis para elas com a ajuda da disciplina filosofia? No entanto, segundo o IAPC, esses benefícios não vêm pelo aprendizado sobre a história da filosofia ou os filósofos. Pelo contrário, como com a leitura, escrita e aritmética, os benefícios vêm da filosofia com o fazer por meio do envolvimento ativo na investigação filosófica rigorosa.

Como vimos, a filosofia também inclui a disciplina de ética, e a filosofia para crianças tem provado ser um programa ideal para a educação de valores. A experiência infantil é repleta de preocupações e questões éticas, embora elas possam ser apenas vagamente cientes disso. E por meio da televisão, da Internet e outros meios de comunicação, hoje as crianças estão expostas às ideias e imagens que não há muito tempo teriam sido reservadas aos adultos. Como os últimos, também as crianças muitas vezes percebem o mundo como um emaranhado de possibilidades alternativas. Em vez de impor um conjunto de valores prescritos para crianças, a filosofia para crianças pretende ajudá-las a fortalecer sua própria capacidade de avaliar e responder às alternativas possíveis, a autocorrigir seus hábitos de pensamento, sentimento e ação por meio da investigação ética sustentada. Além disso, a natureza igualitária, o compromisso com diferentes pontos de vista e a insistência sobre o valor inerente de todos os participantes, na filosofia para crianças, ajuda a promover empatia e comportamento pró-social como uma base essencial para a educação de valores.

O IAPC explica também como é uma sessão típica de filosofia para crianças. Os alunos começam as sessões de filosofia lendo em voz alta ou representando uma história tipicamente filosófica, que retrate crianças ficcionais descobrindo e explorando questões filosóficas e aplicando seu raciocínio a situações da vida. Os alunos então identificam as questões na história que estão interessados em discutir, colaborando na construção da agenda ou plano de aula. Para o restante da sessão, e para as próximas, eles deliberam sobre essas questões como uma comunidade de investigação filosófica. Essas investigações podem culminar em projetos de ação ou obras de arte, mas, em qualquer caso, devem culminar na reflexão e possível correção das crenças, dos sentimentos ou valores prévios dos participantes.

Um elemento muito importante da filosofia para crianças são materiais de estímulo que provoquem e apóiem o trabalho filosófico dos alunos. O IAPC publica um currículo sistemático de filosofia para crianças para utilização na educação primária e secundária, composto de novelas para os alunos e manuais para os professores. Mas os materiais para estímulo mais eficazes podem não ter efeito sem a prática central da filosofia para crianças: a comunidade de investigação. Participar de uma comunidade de investigação envolve os jovens em importantes movimentos cognitivos, como criar hipóteses, esclarecer seus termos, solicitar e fornecer boas explicações, oferecer exemplos e contraexemplos, questionar as suposições dos outros, fazer inferências e seguir a investigação onde ela nos levar. Mas a investigação é também um empreendimento social, que exige que os alunos partilhem as suas próprias perspectivas, escutem uns aos outros, leiam os rostos,

> *A natureza igualitária, o compromisso com diferentes pontos de vista e a insistência sobre o valor inerente de todos os participantes, na filosofia para crianças, ajuda a promover empatia e comportamento pró-social como uma base essencial para a educação de valores.*

desafiem e construam sobre o pensamento dos outros, procurem perspectivas que estejam faltando e reconstruam suas próprias ideias. Esse tipo de diálogo significativo em sala de aula é algo que a maioria dos alunos acha irresistível: eles não conseguem se segurar para participar, contribuindo com suas próprias reflexões. Dessa forma, habilidades cognitivas e sociais são adquiridas naturalmente e em contexto, em vez de em exercícios isolados.

As crianças que são novas para a filosofia precisam da ajuda de um facilitador experiente. O facilitador de filosofia para crianças enxerga-se como um coinvestigador com elas, tão interessado quanto elas na exploração de conceitos filosóficos, na melhoria do julgamento e na descoberta de significado. No entanto, quando se trata de procedimentos de investigação, o facilitador tanto orienta as crianças quanto modela para elas, fazendo perguntas abertas, propondo pontos de vista alternativos, buscando esclarecimento, questionando pensamentos e demonstrando comportamento autocorretivo. É por meio desse tipo de modelagem que as crianças eventualmente internalizam os procedimentos da investigação. Os facilitadores de filosofia para crianças são ensinados a não impor opiniões oficiais para seus alunos, nem tentar validar todas as opiniões dos alunos de uma forma relativista. Eles enxergam seu papel como ajudar as crianças a compreender e utilizar as ferramentas da investigação filosófica para que elas possam construir e reconstruir suas próprias respostas a questões filosóficas. As crianças devem ver o facilitador como alguém que as respeita como pessoas, leva a sério o que elas têm a dizer, não se vê como alguém que tudo sabe, modela a autocorreção e realmente ama ideias.

O objetivo dessas sessões de filosofia não é nem encontrar respostas definitivas para as questões que são levantadas, nem chegar a um acordo completo entre os membros da comunidade. Por outro lado, em algum sentido um verdadeiro diálogo 'move-se para a frente', o que o distingue de simples conversas animadas. A filosofia para crianças busca dois tipos de objetivos: progresso em lidar com as questões filosóficas, que pode incluir crenças adaptadas, novas hipóteses para o experimento ou mesmo esclarecimentos sobre perguntas; e crescimento nos procedimentos cognitivos e sociais de investigação. Com esses objetivos em mente, os participantes da comunidade de investigação normalmente fazem um balanço do seu próprio progresso com perguntas como:

- Começamos a lidar com essa questão?
- O que entendemos agora sobre a questão ou o conceito que não entendíamos antes?
- Estamos oferecendo para os outros razões para nossas visões?
- Será que estamos ouvindo uns aos outros?
- Estamos nos ouvindo?
- Somos capazes de nos atermos ao ponto?
- Somos capazes de construir sobre as ideias dos outros?
- Quem é que está falando?
- Corrigimos uns aos outros com sensibilidade?
- Estamos cada vez mais experimentais sobre o que pretendemos saber?
- Confiamos uns nos outros?

Os defensores mais entusiasmados da filosofia para crianças são as crianças, que consideram a filosofia não apenas provocativa para o pensamento, mas divertida. Pais e professores igualmente gostam de filosofar com suas crianças. Eles apreciam essa antiga disciplina como uma forma de ajudar suas crianças e a si mesmos para aguçar seu pensamento, encontrar novas ideias, decidir no que eles acreditam e conhecer os outros por meio da investigação compartilhada.

Como funciona o currículo de filosofia para crianças? O IAPC publica materiais curriculares para filosofia para crianças para uso no ensino primário e secundário. O currículo é concebido para envolver os alunos na exploração das dimensões filosóficas de sua experiência, com particular atenção às dimensões lógica, ética e estética. Desde a sua publicação, mais de 30 anos atrás, esses materiais têm sido traduzidos para dezenas de línguas e são hoje usados em mais de 60 países.

O currículo é composto de novelas para os alunos e manuais para os professores. Cada romance tem cerca de 80 páginas e é escrito em linguagem informal, sem terminologia técnica. Cada manual tem média de 400 páginas e contém explicações conceituais para os professores, bem como exercícios de discussão e atividades que podem ser utilizados para complementar a investigação dos alunos. Esses manuais são indispensáveis para conduzir a investigação dialógica.

Existem inúmeros locais ao redor do mundo onde crianças e adultos se envolvem em investigações filosóficas juntos, uma prática pelo menos tão antiga quanto Sócrates. Desde 1974, o IAPC e seus centros afiliados têm sido amplamente responsáveis pela proliferação de programas de filosofia para crianças em escolas e outros locais ao redor do mundo. No entanto, hoje existem várias abordagens a esse trabalho, muitas das quais não são derivadas do trabalho do IAPC. O IAPC concebe positivamente essa diversidade e incentiva a cooperação entre os colegas praticantes de diferentes abordagens, embora o instituto, ocasionalmente, encontre motivos para criticar currículos e pedagogias específicos. O IAPC é membro do ICPIC — International Council of Philosophical Inquiry with Children,[2] uma rede de filósofos, professores e instituições interessados em envolver as crianças em investigações filosóficas, criada em 1985.

Entre outras atividades, o IAPC publica desde 1979 o *Thinking: The Journal of Philosophy for Children*. A revista é um fórum para o trabalho tanto de teóricos quanto de praticantes da prática filosófica com crianças e publica esses trabalhos em todas as formas, incluindo a argumentação e reflexão filosófica, transcrições de salas de aula, currículos, pesquisas empíricas e relatórios de campo. A revista também mantém uma tradição de publicar artigos sobre a hermenêutica da infância, um campo de interseção de disciplinas incluindo estudos culturais, história social, filosofia, arte, literatura e psicanálise.

No Brasil, merece destaque o CBFC — Centro Brasileiro de Filosofia para Crianças,[3] afiliado ao IAPC. O CBFC oferece, por exemplo, material didático como diversas novelas, traduzidas para o português.

Na Argentina, também afiliado ao IAPC, temos o Centro de Investigaciones en el Prográma Internacional — Filosofía para Niños.[4]

Cabe ainda lembrar que a filosofia, assim como a sociologia, tornou-se recentemente disciplina obrigatória no ensino médio no Brasil. Essas disciplinas haviam sido retiradas do currículo pelo governo militar, na década de 1970, sendo substituídas por disciplinas como educação moral e cívica. Ou seja, no momento em que este livro está sendo publicado, as escolas de ensino médio públicas ou privadas do país devem oferecer a disciplina filosofia. No caso de escolas que adotam a organização curricular flexível, não estruturadas por disciplinas, os conteúdos relacionados a esse tema devem ser tratados de forma interdisciplinar e contextualizada. Novamente, parece que acreditamos que o estudo da filosofia sirva para formar nossos jovens alunos, desenvolver seu senso crítico e contribuir para uma sociedade mais democrática, marcada pela cidadania e responsabilidade social.

---

2   O site do ICPIC é <http://www.icpic.org/>.

3   Disponível em: <http://www.cbfc.org.br/>.

4   Disponível em: <http://www.izar.net/fpn-argentina/>.

## 16.4 Filosofia para adultos

Mas não é apenas para as crianças que o estudo da filosofia se justifica. Lançado em 1991, *O mundo de Sofia*, um romance que conta a história da filosofia, escrito pelo professor de filosofia norueguês Jostein Gaarder, tornou-se significativamente um *best-seller* mundial, vendendo milhões de exemplares, o que demonstra o interesse do público jovem e adulto pela filosofia.

Nos últimos anos, desenvolveu-se no Brasil um interessante mercado para cursos livres de filosofia para adultos, como os oferecidos pela Casa do Saber.[5]

Várias universidades oferecem também uma ou mais disciplinas de filosofia em seus cursos de graduação e pós-graduação.

Além disso, existem cursos de graduação e pós-graduação de filosofia, oferecidos em geral por universidades públicas ou católicas no país. Em muitos casos, profissionais que já fizeram outros cursos superiores, e que inclusive já têm uma posição profissional definida e uma idade mais avançada, optam por filosofia como um segundo curso para completar e solidificar sua formação.

Vejamos no quadro *Eureka!*, "*Guia do Estudante* — Filosofia", como o *Guia do Estudante* se refere aos cursos superiores de filosofia e à profissão

### EUREKA! Guia do Estudante — Filosofia

**FILOSOFIA**

É a prática de análise, reflexão e crítica na busca do conhecimento do mundo e do homem. O filósofo dedica-se a investigar e a questionar com profundidade e rigor metodológico a essência e a natureza do universo, do homem e de fatos. Estuda as grandes correntes do pensamento e a obra dos filósofos. Faz reflexões sobre questões éticas, políticas, metafísicas e epistemológicas, além de buscar compreensão teórica de conceitos, como os de espaço, tempo, verdade, consciência e existência. Desenvolve pesquisas, dá aulas e presta consultoria para instituições científicas, artísticas e culturais. Também está habilitado a implantar projetos educacionais em escolas e empresas.

**O mercado de trabalho**

Existe demanda pelo profissional no setor educacional, seja em escolas públicas, seja em particulares. Isso porque a disciplina tornou-se obrigatória na grade curricular das instituições de ensino médio em 2007. Há também oportunidade em entidades que promovem cursos livres para o público em geral, interessado em conhecer mais sobre filosofia. Nesses locais, além de ministrar aulas, o filósofo é responsável pela produção de material didático. Essa atribuição também garante espaço em editoras de livros e revistas voltadas para diversas áreas de conhecimento. São Paulo, na Região Sudeste, concentra a maior parte das vagas e paga a melhor remuneração, principalmente nas faculdades particulares. O profissional com pós-graduação pode lecionar a disciplina em cursos como jornalismo, administração, direito, ciências sociais e medicina, entre outros.

**O curso**

Prepare-se para ler e escrever muitas dissertações e monografias, além de participar de seminários e palestras. É preciso mergulhar de cabeça em obras de mestres como Platão, Kant e Hegel. No primeiro ano, o currículo é baseado em matérias mais básicas, nas quais você estuda introdução à filosofia e filosofia geral. No decorrer do curso entram as disciplinas temáticas, como história da filosofia (antiga, medieval, moderna e contemporânea), lógica, teoria do conhecimento, filosofia da ciência e da linguagem, estética, filosofia da arte, ética e filosofia política. É obrigatória a apresentação de um trabalho de conclusão ao final do curso.

**O que você pode fazer**

*Crítica:* Analisar e julgar obras artísticas e literárias, escrevendo artigos para jornais, revistas e outros meios. Analisar a sociedade em questões éticas, políticas e epistemológicas.

*Ensino:* Lecionar em escolas de ensino médio, com licenciatura. Para o ensino superior, é preciso ter pós-graduação.

*Pesquisa:* Desenvolver estudos acadêmicos sobre diversos temas nas áreas de lógica, filosofia da ciência, ética, estética, filosofia da arte ou da política, entre outros.

Fonte: Guia do Estudante. Disponível em: <http://guiadoestudante.abril.com.br/profissoes/ciencias-humanas-sociais/profissoes_273450.shtml>.

---

5 Disponível em: <http://www.casadosaber.com.br/>.

Como indicado pelo *Guia*, a filosofia, enquanto ciência-mãe, deve servir como elemento de ligação e aglutinação entre os diversos campos de conhecimento, aos quais o estudante do ensino médio e superior será submetido durante sua formação.

Vejamos agora alguns exemplos das relações entre a filosofia e algumas profissões.

### 16.4.1 Administração

A princípio, pode parecer estranho que um administrador tenha de estudar filosofia. Afinal, a administração não deve sempre estar atenta ao mercado? E o filósofo não vive no mundo da lua, nas nuvens? Não vimos que o filósofo grego Tales de Mileto caminhava olhando para o céu, tropeçou e caiu num poço, e uma criada o teria então ridicularizado, pois como poderia alguém se propor a estudar os astros, se nem mesmo para a terra, para o caminho que percorre, consegue olhar?

Ao contrário, Roberto de Mello e Souza defende a ideia de que o executivo, no mundo moderno, precisa ampliar seus horizontes intelectuais, para não correr o risco de se tornar apenas um técnico, em vez de um verdadeiro administrador. Ele dá a seguinte justificativa para seu livro, já mencionado:

> *Para tema, escolhi algumas notas sobre história da filosofia cujo estudo tanto me tem alegrado, formado e desenvolvido, me tem ensinado literalmente a 'pensar' melhor e portanto a enxergar mais claramente meu mundo de administrador profissional, a tomar decisões mais adequadas, a ter mais equilíbrio, a ser mais criativo, a julgar com mais sabedoria.* (MELLO e SOUZA, 1992, p. 15)

Já exploramos neste livro algumas relações entre filosofia e teoria da administração. Em *Filosofia e ética na administração* (MATTAR, 2010), exploro os campos de contato entre os universos para muitos irreconciliáveis da filosofia e da administração. É importante lembrar que a ética tem se tornado uma disciplina cada vez mais comum em cursos de graduação e pós-graduação de administração. O livro se propõe a ser um curso de filosofia para estudantes e interessados em administração, mostrando como a filosofia pode ser importante para futuros administradores.

### 16.4.2 Computação

Já exploramos neste livro também os pontos de contato entre filosofia e computação, em temas como realidade virtual, inteligência artificial, filosofia da mente etc.

Em *Filosofia da computação e da informação* (MATTAR, 2009), exploro em detalhes os pontos de contato entre filosofia, ciências da computação e sistemas de informação. Novamente, procuro mostrar como o estudo da filosofia pode ser útil para um profissional que trabalhe nessas áreas. A filosofia foi importante, por exemplo, no próprio desenvolvimento da teoria da computação.

### 16.4.3 Filosofia clínica

Um interessante campo de atuação para filósofos, próximo da atuação dos psicólogos, surgiu no Brasil há pouco tempo com a filosofia clínica. As informações a seguir são retiradas do site <http://www.filosofiaclinica.com.br/>.

A filosofia clínica é parte da filosofia acadêmica direcionada ao consultório, à clínica. É uma atividade utilizada em hospitais, escolas e instituições por todo o país. A partir dos trabalhos do filósofo gaúcho Lúcio Packter, desde o final dos anos 1980, essa atividade se difundiu no país e no exterior.

Para compreender um pouco mais como ela funciona, on-line, é possível ler o livro *Filosofia clínica — Propedêutica de Lúcio Packter*, que está disponível em: <http://www.filosofiaclinica.com.br/Filosofia_Clnica_-_Propedeutica.pdf>.

Há diversos centros pelo país que oferecem cursos de filosofia clínica. Cada centro é autônomo, ainda que todos os centros respeitem o código de ética e o estatuto do filósofo clínico. Todos os centros também têm um programa em comum: historicidade, exames das categorias, estrutura do pensamento, procedimentos clínicos, planejamento clínico, ética profissional. A partir dessa base, cada centro coloca algumas disciplinas complementares que digam respeito às peculiaridades da região onde funciona o centro. Exemplo: antropologia filosófica, lógica, tradição regional etc.

A parte teórica do curso de formação em filosofia clínica costuma durar entre 18 e 24 meses. Se o aluno tiver interesse em ser um pesquisador, sem atividade de consultório, pode acompanhar as aulas, fazer os trabalhos pedidos, o TCC, e depois se registrar na Associação Nacional de Filosofia Clínica como um pesquisador.[6] No entanto, se deseja exercer a atividade clínica, enquanto estuda essa parte teórica, pode iniciar uma clínica didática com seu professor ou com um profissional indicado por ele.

Durante a clínica didática, professor e aluno, em conversações, definirão os caminhos que se anunciam, conforme os trabalhos avançam.

Exemplos:

Alguns alunos preferem permanecer como pesquisadores teóricos.

Alguns alunos avançam em direção ao consultório.

Alguns alunos desistem e abandonam a filosofia clínica.

Alguns alunos preferem cursar apenas para conhecimento próprio, sem outras direções.

A clínica didática geralmente é gravada e transcrita, e o aluno fica com esse material guardado. Em um dado momento, se o caminho do aluno for em direção ao consultório, o professor titular pode autorizar o aluno a fazer atendimentos supervisionados.

Um desses atendimentos, documentado com gravação e transcrição, quando aprovado pelo professor titular, será encaminhado a uma comissão de estágios que dará o parecer final. Se aprovado, o aluno receberá o certificado de habilitação à clínica.

Os registros são feitos imediatamente no Instituto Packter, que emite um número do Conselho de Ética da Filosofia Clínica (CEFC). O profissional então deve se associar à Associação Nacional de Filosofia Clínica. O código de ética e o estatuto são os instrumentos de orientação para estudantes e profissionais em filosofia clínica.

Pode ser filósofo clínico quem tiver formação em filosofia e cursar a pós-graduação em filosofia clínica. Médicos, psicólogos, dentistas, fisioterapeutas e outros profissionais podem utilizar parte do que aprenderam em filosofia clínica em suas atividades, como pesquisadores, especialistas em filosofia clínica, mas não poderão se intitular filósofos clínicos.

Há vários eventos de filosofia clínica: Encontro Nacional de Filosofia Clínica, Semana de Estudos em Porto Alegre, viagem a um país do exterior, encontros regionais, workshops e eventos estaduais e municipais.

Os livros e apostilas são fornecidos em um CD-ROM que é atualizado a cada três a cinco anos.

A filosofia clínica é um bom exemplo da aplicação direta da filosofia em uma profissão que, aliás, foi criada em nosso país.

---

6   Para fazer o registro é preciso acessar o site: <http://www.anfic.org/>.

### 16.4.4 Outros exemplos

Há inúmeros outros exemplos da aplicação da filosofia em diferentes profissões. Como vimos neste livro, a filosofia dialoga constantemente com todas as ciências humanas.

A filosofia do direito, por exemplo, como também já vimos, é um ramo essencial que se confunde com a jurisprudência geral.

A ética profissional é comum a todas as profissões reconhecidas. No caso de profissões ligadas à área de biológicas, a bioética e a ética médica são campos com os quais a filosofia contribui decisivamente.

### 16.5 Qual é o sentido da vida?

Deixando agora um pouco de lado as profissões, podemos dizer que, em um sentido mais amplo, a filosofia nos ajuda a encarar uma das questões essenciais com que nos defrontamos como seres humanos: qual é o sentido da vida? Dessa perspectiva, a filosofia pode funcionar como um suporte existencial para o ser humano, uma atividade eminentemente prática, independente de seu caráter reflexivo e espiritual.

Nesse sentido, é possível conceber que estamos filosofando a todo momento, ou seja, a filosofia faz parte integrante de nosso dia a dia. É essa crença que livros como *Philosophy through film*, *Philosophy goes to the movies: an introduction to philosophy*, *Movies and the meaning of life: philosophers take on Hollywood* e *Philosophy through video games* defendem. Assistindo a filmes ou jogando games, entre outras atividades, defrontamo-nos com questões filosóficas a todo momento.

### 16.6 Considerações finais

Há outra história sobre Tales de Mileto, contada por Aristóteles, que de alguma forma contradiz aquela contada por Platão. Tales tinha tantos interesses práticos, que essa segunda história se encaixa melhor com sua figura histórica, assim como com a figura do filósofo contemporâneo. É uma resposta ao descrédito pela falta de praticidade implícita na história de Platão e que deve ter mais base da verdade do que a primeira história (KIRK, 1957, p. 78-79):

> Há uma anedota de Tales de Mileto e seu regime financeiro, que envolve um princípio de aplicação universal, mas é atribuída a ele por conta de sua reputação de sabedoria. Ele foi repreendido por sua pobreza, que deveria mostrar que a filosofia não tinha utilidade. Segundo a história, ele sabia por seu conhecimento em relação às estrelas enquanto era inverno que haveria uma grande colheita de azeitonas no ano seguinte; assim, tendo um pouco de dinheiro, ele fez depósitos para a utilização de todas as prensas de azeitona em Chios e Mileto, que ele contratou a preços baixos devido à ausência de um lance contra ele. Quando chegou o tempo da colheita, e muitas eram desejadas de uma vez e de repente, ele deixou-as ir por qualquer quantia quisesse e fez uma quantidade de dinheiro. Assim ele mostrou ao mundo que os filósofos podem tranquilamente ficar ricos se eles querem, mas sua ambição é de outro tipo.

Filosofar é uma atividade prazerosa e recompensadora por si só. Ela nos preenche e nos encanta, sem que seja necessário demonstrar sua aplicação 'prática'. Isso pôde ser percebido na leitura deste livro e no contato com pensadores brilhantes e ideias criativas. De qualquer maneira, este capítulo final procurou demonstrar algumas das possibilidades da aplicação da filosofia e uma imagem do filósofo mais próxima do Tales de Aristóteles do que do Tales de Platão.

## Resumo

Este capítulo conclui o livro, apresentando alguns exemplos de aplicação da filosofia e traçando um panorama geral da filosofia hoje. Vimos como a crítica da falta de aplicabilidade da filosofia pode ser desmontada de diversas maneiras, como pelas relações íntimas que o estudo da filosofia tem com diversas profissões.

Vimos como o estudo da filosofia tem sentido tanto para crianças quanto para jovens e adultos e, para concluir, percebemos que a filosofia tem uma aplicação mais ampla e genérica, que é a de nos ajudar a encarar a questão: qual o sentido da vida?

## Atividades

Chegamos ao final do nosso percurso. Volte ao primeiro capítulo, quando pedimos para você responder o que significava filosofia. Reveja a sua resposta e reformule-a, em função do que estudamos. Repare como e quanto ela se modificou. Na verdade, se você continuar seu caminho em filosofia, a resposta será constantemente reformulada.

## Sugestões

A filosofia da administração é um campo já explorado em publicações, principalmente em língua inglesa, há vários anos, como se pode perceber pela lista a seguir:

- BODEN, Margaret A. (ed.) *The philosophy of artificial intelligence*. Oxford: Oxford University Press, 1990.
- COLBURN, Timothy R. *Philosophy and computer science*. Armonk, NY: M. E. Sharpe, 2000.
- ESS, Charles (ed.). *Philosophical perspectives on computer-mediated communication*. Albany: State University of New York Press, 1996. (Suny Series in Computer-Mediated Communication).
- FLORIDI, Luciano (ed.). *The Blackwell guide to the philosophy of computing and information*. Malden, MA: Blackwell, 2004.
- FLORIDI, Luciano. *Philosophy and computing: an introduction*. Londres: Routledge, 1999.
- GRAHAM, Gordon. *The Internet: a philosophical inquiry*. Londres: Routledge, 2001.
- GRIM, Paby; MAR, Gary; DENIS, Paul St. *The philosophical computer: exploratory essays in philosophical computer modeling*. Cambridge: MIT Press, 1998.
- HAUGELAND, John. (ed.). *Mind design II: philosophy, psychology, artificial intelligence*. 2nd ed. rev. and enlarged. Cambridge: MIT Press, 1997.
- HEIM, Michael. *Electric language: a philosophical study of word processing*. 2 ed. Londres: Yale University Press, 1999.
- HEIM, Michael. *The metaphysics of virtual reality*. Nova York: Oxford University Press, 1994.
- KOEPSELL, David R. *The ontology of cyberspace: philosophy, law and the future of intellectual property*. Chicago: Open Court, 2000.
- MASIERO, Paulo Cesar. *Ética em computação*. São Paulo: Edusp, 2004. (Acadêmica; 32).

- MOOR, James H.; BYNUM, Terrell Ward (ed.). *Cyberphilosophy: the intersection of philosophy and computing*. Malden, MA: Blackwell, 2002.
- SPINELLO, Richard; TAVANI, Herman T. (ed.). *Readings in cyberethics*. Sudburry, MA: Jones and Barlett, 2001.
- WINDER, R. L.; PROBERT, S. K.; BEESON, I. A. (ed.). *Philosophical aspects of information systems*. Londres: Taylor and Francis, 1997.

# Referências

ADAJIAN, T. The definition of art. *Stanford Encyclopedia of Philosophy*, 13 out. 2007. Disponível em: <http://plato.stanford.edu/entries/art-definition/>. Acesso em: 10 jul. 2010.

AIRES, M. *Reflexões sobre a vaidade dos homens*. Rio de Janeiro: Fundação Biblioteca Nacional, 2007.

ALBRECHT, K. *Programando o futuro*. Tradução de Maria Lúcia G. L. Rosa. São Paulo: Makron Books, 1994.

AQUINO, T. *Suma Teológica*. Disponível em: <http://www.ccel.org/ccel/aquinas/summa.html>. Acesso em: 07 jul. 2010.

ARIÈS, P. *História da Morte no Ocidente*. Tradução de Priscila Viana de Siqueira. Rio de Janeiro: Ediouro, 2003.

ARISTÓTELES. *Ética a Nicômaco*. Disponível em: <http://classics.mit.edu/Aristotle/nicomachaen.html>. Acesso em: 11 jul. 2010.

_____. *Organon*. Tradução, prefácio e notas de Pinharanda Gomes. Lisboa: Guimarães Editores, 1985.

ARMSTRONG, A. H. (org.). *The Cambridge History of Later Greek and Early Medieval Philosophy*. Cambridge: Cambridge University Press, 1967.

ARNOLD, D. Madhyamaka Buddhism. *The Internet Encyclopedia of Philosophy*, 31 dez. 2005. Disponível em: <http://www.iep.utm.edu/b-madhya/>. Acesso em: 27 jul. 2010.

ASSIS, J. E. P. Lógica. In: MATOS, O. et al. *Primeira filosofia*: tópicos de filosofia geral. 8. ed. São Paulo: Brasiliense, 1990.

ARVON, H. *O ateísmo*. Trad. M. de Campos. Europa-América, 1974.

ASSOUN, P. L. *A escola de Frankfurt*. Trad. Helena Cardoso. São Paulo: Ática, 1991. (Série Fundamentos, 76).

_____. *Freud, a filosofia e os filósofos*. Tradução de Hilton Japiassu. Rio de Janeiro: F. Alves, 1978.

_____. *Freud & Nietzsche*: semelhanças e dessemelhanças. Tradução de Maria Lucia Pereira. 2. ed. São Paulo: Brasiliense, 1991.

ATTIG, T. Relearning the world: making and finding meanings. In: NEIMEYER, R. A. (ed.) *Meaning reconstruction & the experience of loss*. Washington: American Psychological Association, 2003.

AUDI, R. (ed). *The Cambridge Dictionary of Philosophy*. 2. ed. Cambridge: Cambridge University Press, 2009.

BACHELARD, G. *A formação do espírito científico*: contribuição para uma psicanálise do conhecimento. Tradução de Estela dos Santos Abreu. Rio de Janeiro: Contraponto, 1996.

BARNARD, C. I. *The functions of the executive*. 30. ed. Massachusetts: Harvard University Press, 1968.

_____. *Organization and Management: Selected Papers*. Cambridge, MA: Harvard University Press, 1948.

BARNES, J. (ed.). *The Complete Works of Aristotle*. Princeton: Princeton University Press, 1984. 2 vol. (4. impressão, 1991)

_____. *Filósofos pré-socráticos*. Trad. Julio Fischer. São Paulo: Martins Fontes, 1997. (Clássicos)

BEARDSLEY, M. C. *The Possibility of Criticism*. Detroit: Wayne State University Press, 1970.

_____. *The Asthetic Point of View*. Ithaca: Cornell University Press, 1982.

BENJAMIN, W. A obra de arte na era de sua reprodutibilidade técnica. In: _____. *Magia e técnica, arte e política*: ensaios sobre literatura e história da cultura. Tradução de Sérgio Paulo Rouanet. 7. ed. São Paulo: Brasiliense, 1994.

BERGSON, H. *Cartas, Conferências e outros Escritos*. São Paulo: E. Victor Civita, 1984.

_____. O pensamento e o movente. Trad. Franklin Leopoldo e Silva. In: *Cartas, conferências e outros escritos*. 2. ed. São Paulo: Abril Cultural, 1984. p. 119. (Col. Os Pensadores).

BERKELEY, G. *Tratado sobre os princípios do conhecimento humano*. São Paulo: Abril Cultural, 1973. (Coleção Os Pensadores)

BERRHRONG, J. H. Neo-Confucian Philosophy. *Internet Encyclopedia of Philosophy*, 22 jul. 2005. Disponível em: <http://www.iep.utm.edu/neo-conf/>. Acesso em: 11 jul. 2010.

BIGNOTTO, N. As Fronteiras da Ética: Maquiavel. In: Novaes, Adauto (org.). *Ética*. São Paulo: Companhia das Letras/ Secretaria Municipal de Cultura, 1992.

BIOCCA, F.; LEVY, M. (ed.). *Communication in the age of virtual reality*. Hillsdale, NJ: Lawrence Erlbaum, 1995.

BLESSING, K. A.; TUDICO, Paul J. (ed.). *Movies and the meaning of life*: philosophers take on Hollywood. Chicago: Open Court, 2005.

BLIKSTEIN, I. *Kaspar Hauser ou a fabricação da realidade*. 4. ed. São Paulo: Cultrix, 1995.

BLUMENTHAL, J. Śāntarakṣita. *Stanford Encyclopedia of Philosophy*, 03 dez. 2008. Disponível em: <http://plato.stanford.edu/entries/saantarak-sita/>. Acesso em: 28 jul. 2010.

BODEN, M. A. (ed.) *The philosophy of artificial intelligence*. Oxford: Oxford University Press, 1990.

BOEHNER, Ph; GILSON, E. *História da filosofia cristã*: das origens a Nicolau de Cusa. Petrópolis: Vozes, 1970.

BONNARD, A. *A civilização grega*. Lisboa: Edição 70, 1980.

BORGMANN, A. *Holding on to reality*: the nature of information at the turn of the millennium. Chicago: Chicago University Press, 2000.

BUCHHOLZ, R. A.; ROSENTHAL, S. B. *Business ethics*: the pragmatic path beyond principles to process. Upper Saddle River: Prentice-Hall, 1998.

BOSTROM, N. Why make a Matrix? And why you might be in one. 2005. Disponível em: <http://www.simulation-argument.com/matrix2.html>. Acesso em: 05 jul. 2010.

BOSLEY, R. N.; TWEEDALE, M. M. (org.). *Basic Issues in Medieval Philosophy*: Selected Readings Presenting Interactive Discourse Among the Major Figures. 2. ed. Peterborough: Broadview Press, 2006.

BOTTÉRO, J. A escrita e a formação da inteligência na Mesopotâmia Antiga. In: \_\_\_\_\_ et al. *Cultura, pensamento e escrita*. Tradução de Rosa Maria Boaventura e Valter Lellis Siqueira. São Paulo: Ática, 1995.

BRACKENRIDGE, J. S. Guo Xiang. *Internet Encyclopedia of Philosophy*, 9 mar. 2007. Disponível em: <http://www.iep.utm.edu/guoxiang/>. Acesso em: 10 jul. 2020.

BRAGUES, G. Memory and morals in *Memento*: Hume at the movies. *Film-Philosophy*, vol. 12, no. 2, 2008. Disponível em: <http://www.film-philosophy.com/2008v12n2/bragues.pdf>. Acesso em: 10 jul. 2010.

BRÉHIER, É. *História da filosofia*. Trad. Eduardo Sucupira Filho. São Paulo: Mestre Jou, 1977-1981. 7 fasc.

BRUN, J. *Os pré-socráticos*. Trad. Armindo Rodrigues Lisboa. Edições 70, s/d. (Biblioteca Básica de Filosofia).

BURNET, J. *O despertar da filosofia grega*. Tradução de Mauro Gama. São Paulo: Siciliano, 1994.

BURNS, E. M. B. *História da civilização ocidental*. 2. ed. Porto Alegre: Globo, 1966. 2 v.

BURNS, S. The Kokugaku (Native Studies) School. *Stanford Encyclopedia of Philosophy*, 19 abr. 2007. Disponível em: <http://plato.stanford.edu/entries/kokugaku-school/>. Acesso em: 10 jul. 2010.

BYNUM, T. W. *The digital phoenix*: how computers are changing philosophy. Revised ed. Malden, MA: Blackwell, 2000.

CANNABRAVA, E. Três diálogos entre Sócrates e o marxista. *Kriterion — Revista da Faculdade de Filosofia da Universidade de Minas Gerais*, Belo Horizonte, n. 9 e 10, jul/dez 1949.

CARLSON, A. Environmental aesthetics. *Stanford Encyclopedia of Philosophy*, 29 jan. 2007, revisão substancial em 04 dez. 2008. Disponível em: <http://plato.stanford.edu/entries/environmental-aesthetics/>. Acesso em: 10 jul. 2010.

CAROLL, J. B. (ed.). *Language, thought and reality*: selected writings of Benjamin Lee Whorf. Cambridge: MIT Press, 1956.

CARRAHER, D. *Senso crítico*: do dia-a-dia às ciências humanas. 2. ed. São Paulo: Pioneira, 1993.

CARREIRA, J. N. *Filosofia antes dos gregos*. Apartado: Europa-América, 1994.

CARTA DE PRINCÍPIOS do Fórum Social Mundial. Fórum Social Mundial. Disponível em: <http://www.forumsocialmundial.org.br/main.php?id_menu=4&cd_language=1>. Acesso em: 11 jul. 2010.

CARTER, R. Watsuji Tetsurô. *Stanford Encyclopedia of Philosophy*, 11 nov. 2004. Disponível em: <http://plato.stanford.edu/entries/watsuji-tetsuro/>. Acesso em: 10 jul. 2010.

CARVALHO, J. M. Crítica e masoquismo. *Folha online*, São Paulo, 4 jul. 1999. Disponível em: <http://www1.folha.uol.com.br/fol/brasil500/dc_6_7.htm>. Acesso em: 05 jul. 2010.

CARVALHO, M. C. Cai apoio à pena de morte e país fica dividido. *Folha de S. Paulo*, São Paulo, 06 abr. 2008. Cotidiano p. 1.

CASSIRER, E. *A filosofia do iluminismo*. Tradução de Álvaro Cabral. 2. ed. Campinas: Editora da Unicamp, 1994. (Coleção Repertórios)

CHAN, A. Laozi. *Stanford Encyclopedia of Philosophy*, 15 dez. 2001, revisão substancial em 05 maio 2007. Disponível em: <http://plato.stanford.edu/entries/laozi/>. Acesso em: 28 jul. 2010.

_____. Zhong Hui. *Internet Encyclopedia of Philosophy*, 16 jun. 2007. Disponível em: <http://www.iep.utm.edu/zhonghui/>. Acesso em: 29 jul. 2010.

CHARBONNEAU, P-E. *Curso de filosofia*: lógica e metodologia. São Paulo: EPU, 1986.

CHASE, S. Foreword. In: CAROLL, J. B. (ed.). *Language, thought and reality*: selected writings of Benjamin Lee Whorf. Cambrigdge: MIT Press, 1956.

CHÂTELET, F. *Platão*. Tradução de Sousa Dias. Porto : Rés editora, 1977.

_____. (Sob a direção de). *História da filosofia*: idéias, doutrinas. Tradução de Maria José de Almeida. Rio de Janeiro: Zahar Editores, 1973-1974. 8 v.

_____. *Hegel*. Trad. Alda Porto. Rio de Janeiro: Jorge Zahar, 1994. (Biblioteca de filosofia).

CHAUÍ, M. S. *Convite à filosofia*. 6. ed. São Paulo: Ática, 1995.

_____. *A nervura do real*: imanência e liberdade em Espinoza. São Paulo: Companhia das Letras, 1999.

_____. *Introdução à história da filosofia*: dos pré-socráticos a Aristóteles. São Paulo: Brasiliense, 1994. Volume 1.

CHOMSKY, N. A Review of B. F. Skinner's *Verbal Behavior*. *Language*, 35, n. 1, 1959, p. 26-58. Disponível em: <http://cogprints.org/1148/1/chomsky.htm>. Acesso em: 12 ago. 2010.

_____. Linguistic contributions to the study of mind: future. In: *Language and mind*. Nova York: Harcourt Brace & World, 1968. Disponível em: <http://www.marxists.org/reference/subject/philosophy/works/us/chomsky.htm>. Acesso em: 12 ago. 2010.

CUANG-TZU. *Being Boundless*. Tradução de Nina Correia (em inglês). Disponível em: <http://www.daoisopen.com/ZhuangziTranslation.html>. Acesso em: 11 jul. 2010.

CINTRA, M. Em boca calada não entra mosquito. *Folha de S. Paulo*, São Paulo. 17 set. 1995. Dinheiro, p. 2-8. Seção: Monitor.

CÓDIGO DE DEFESA DO CONSUMIDOR. Disponível em: <http://www.planalto.gov.br/ccivil_03/Leis/L8078.htm>. Acesso em: 11 jul. 2010.

COGBURN, J.; MARK, S. *Philosophy through video games*. Nova York: Routledge, 2009.

COLEMAN, B. Using Sensor Inputs to Affect Virtual and Real Environments. *Pervasive computing*, IEEE CS, jul-set 2009, p. 2-9. Disponível em: <http://cms.mit.edu/people/bcoleman/publications/coleman-x-reality-proof.pdf>. Acesso em: 05 jul. 2010.

COLLINS, C.; MILLARD, R. W. Galapagos Islands in Second Life. *EDUCAUSE Review*, vol. 43, no. 05, set-out 2008. Disponível em: <http://www.educause.edu/EDUCAUSE+Review/EDUCAUSEReviewMagazineVolume43/GalapagosIslandsinSecondLife/163177>. Acesso em: 05 jul. 2010.

CONFUCIO. *Os analectos* (ou *Lun Yu*). Disponível em: <http://www.confucius.org/lunyu/langp.htm>. Acesso em: 11 jul. 2010.

COPI, I. M. *Introdução à lógica*. Tradução de Álvaro Cabral. 2. ed. São Paulo: Mestre Jou, 1978.

CORBIN, H. *History of Islamic Philosophy*. Londres e Nova York: The Institute of Ismaili Studies, 1977. Disponível em: <http://www.amiscorbin.com/textes/anglais/Hist_Iran_Phil_Corbin_part_I.pdf> (parte I) e <http://www.amiscorbin.com/textes/anglais/Hist_Iran_Phil_Corbin_p2.pdf> (parte II). Acesso em: 11 jul. 2010.

CORNFORD, F. M. *Antes e depois de Sócrates*. Tradução de Valter Lellis Siqueira. São Paulo: Martins Fontes, 2001.

_____. *Principium Sapientiae*: as origens do pensamento filosófico grego. Tradução de Maria Manuela Rocheta dos Santos. 3. ed. Lisboa: Fundação Calouste Gulbenkian, 1989.

COSERU, C. Mind in Indian Buddhist Philosophy. *Stanford Encyclopedia of Philosophy*, 03 dez. 2009. Disponível em: <http://plato.stanford.edu/entries/mind-indian-buddhism/>. Acesso em: 28 jul. 2010.

COSTA, A. *Heráclito*: fragmentos contextualizados. Tradução, apresentação e comentários por Alexandre Costa. Rio de Janeiro: Difel, 2002.

COSTA, N. C. A. *Ensaio sobre os fundamentos da lógica*. 2. ed. São Paulo: Hucitec-Edusp, 1980.

_____. *Introdução aos fundamentos da matemática*. 3. ed. São Paulo: Hucitec-Edusp, 1992.

_____. *Lógica indutiva e probabilidade*. 2. ed. São Paulo: Hucitec/Edusp, 1993.

COUTINHO, S. Liezi. *Internet Encyclopedia of Philosophy*, 13 jun. 2008. Disponível em: <http://www.iep.utm.edu/liezi/>. Acesso em: 28 jul. 2010.

_____. Zhuangzi. *Internet Encyclopedia of Philosophy*, 3 set. 2004. Disponível em: <http://www.iep.utm.edu/zhuangzi/>. Acesso em: 27 jul. 2020.

CUNHA, M.S.V. *Filosofia do Futebol*. Carcavelos: Prime Books, 2009.

DANTO, A. C. The Artworld. *The Journal of Philosophy*, Vol. 61, No. 19, American Philosophical Association Eastern Division Sixty-First Annual Meeting. (15 out. 1964). Disponível em: <http://estetika.ff.cuni.cz/files/Danto.pdf>. Acesso em: 10 jul. 2010.

DARWIN, C. *A Origem das Espécies*. Tradução de Eduardo Fonseca. Rio de Janeiro: Ediouro, 2004.

DAVEY, N. Gadamer's Aesthetics. *Stanford Encyclopedia of Philosophy*, 13 jun. 2007. Disponível em: <http://plato.stanford.edu/entries/gadamer-aesthetics/>. Acesso em: 10 jul. 2010.

DAVIS, B. W. The Kyoto School. *Stanford Encyclopedia of Philosophy*, 27 fev. 2006. Disponível em: <http://plato.stanford.edu/entries/kyoto-school/>. Acesso em: 28 jul. 2010.

DE BONI, L. A. *Filosofia medieval*: textos. Porto Alegre: EDIPURS, 2000. (Coleção Filosofia, n. 110).

D. DINIS. Amiga, faço-me maravilhada. *Cancioneiro da Biblioteca Nacional 573*, Cancioneiro da Vaticana 177. Disponível em: <http://www.dominiopublico.gov.br/download/texto/wk000490.pdf>. Acesso em: 11 jul 2010.

DE EÇA, M. A. R. S. *Reflexões sobre a vaidade dos homens*. 1972. Disponível em: <http://www.dominiopublico.gov.br/download/texto/me002989.pdf>.

DEL NERO, H. S. *O sítio da mente*: pensamento, emoção e vontade no cérebro humano. São Paulo: Collegium Cognitio, 1997.

DELEUZE, G.; GUATTARI, F. *O anti-édipo*: capitalismo e esquizofrenia. Tradução de Joana Moraes Varela, Manuel Carrilho. Lisboa: Assírio & Alvim, 2004.

_____. *O que á a filosofia?* Tradução de Bento Prado Jr. e Alberto Alonso Muñoz. Rio de Janeiro: Editora 34, 1992.

_____. *Nietzsche hoje*. Trad. Milton Nascimento e Sônia Salzstein Goldberb. São Paulo: Brasiliense, 1985.

DERANTY, J-P. Existentialist Aesthetics. *Stanford Encyclopedia of Philosophy*, 26 jun. 2009. Disponível em: <http://plato.stanford.edu/entries/aesthetics-existentialist/>. Acesso em: 10 jul. 2010.

DERRIDA, J. Structure, Sign, and Play in the Discourse of the Human Sciences. In: RICHTER, D. H. (Ed) *The critical tradition*: classic texts and contemporary trends. 2 ed. Boston: Bedford Books, 1998.

DESCARTES, R. *As paixões da alma*. Tradução de J. Guinsburg e Bento Prado Júnior. In: _____. *Descartes*. São Paulo: Nova Cultural, 1996. (Coleção Os Pensadores).

_____. *Discurso do método*. São Paulo: Abril Cultural, 1973. (Coleção Os Pensadores)

DETIENNE, M. *Os mestres da verdade na Grécia Antiga*. Trad. Andréa Daher. Rio de Janeiro: Jorge Zahar, 1988.

DIDEROT. *Enciclopédia*. Disponível em: <http://encyclopedie.uchicago.edu/> (versao em inglês) e <http://encyclopedie.uchicago.edu/node/161> (versao em francês). Acesso em: 11 jul. 2010.

DIEL, P. *O simbolismo na mitologia grega*. Trad. Roberto Cacuro e Marcos Martinhos dos Santos. São Paulo: Attar, 1991

DIMOCK, M. E. *Filosofia da administração*. Tradução de Diógenes Machado e Arnaldo Carneiro da Rocha Netto. [s.l.]: Fundo de Cultura, 1967.

DISTÂNCIA infinita. *Folha de S. Paulo*, São Paulo, 20 ago. 1995. Opinião, Seção: Editorial. p. 1-2.

DOWDEN, K. *Os usos da mitologia grega*. Tradução de Cid Knipel Moreira. Campinas, SP: Papirus, 1994.

DREYFUS, H. L. *On the Internet*. Londres: Routledge, 2003.

_____. Response do my critics. In: BYNUM, T. W. *The digital phoenix*: how computers are changing philosophy. Revised ed. Malden, MA: Blackwell, 2000.

_____. *What computers still can't do*: a critique of artificial reason. Cambridge: MIT Press, 1999.

DURKHEIM, E. *Educação e sociologia*. São Paulo: Melhoramentos, 1967.

DUSSEL, E.; MENDIETA, E.; BOHÓRQUEZ, C. (Editores). *El pensamiento filosófico latinoamericano, del Caribe y "latino" [1300-2000]*: historia, corrientes, temas y filósofos. México: Crefal/Siglo Veintiuno Editores, 2009.

ELIADE, M. *História das crenças e idéias religiosas*. Tradução de Roberto Lacerda. Rio de Janeiro: Zahar, 2010.

ELIOT, T. S. Tradition and the individual talent. In: RICHTER, D. H. (Ed.) *The critical tradition*: classic texts and contemporary trends. 2. ed. Boston: Bedford Books, 1998.

ELSTEIN, D. Mencius. *Internet Encyclopedia of Philosophy*, 30 ago. 2004. Disponível em: <http://www.iep.utm.edu/xunzi/>. Acesso em: 25 jul. 2010.

_____. Zhang Zai. *Internet Encyclopedia of Philosophy*, 02 set. 2004. Disponível em: <http://www.iep.utm.edu/zhangzai/>. Acesso em: 11 jul. 2010.

EPICURO. *Carta sobre a felicidade* (a Meneceu). Tradução e apresentação de Álvaro Lorencini e Enzo Del Carratore. São Paulo: Editora Unesp, 1997.

ESS, C. Computer-mediated communication and human-computer interaction. In: FLORIDI, Luciano (ed.). *The Blackwell guide to the philosophy of computing and information*. Malden, MA: Blackwell, 2004.

EUA CRIAM pequenos robôs capazes de se reproduzir. *Estadao.com.br*. São Paulo, 12 maio 2005. Disponível em: <http://www.estadao.com.br/ciencia/noticias/2005/mai/12/49.htm>. Acesso em: 05 jun. 2010.

FALZON, C. *Philosophy goes to the movies*: an Introduction to Philosophy. Londres: Routledge, 2002.

FEIJÓ, D. A. *Cadernos de Filosofia*. Introdução e notas de Miguel Reale. São Paulo: Grijalbo, 1967.

FILOSOFIA. Desciclopedia. Disponível em: <http://desciclo.pedia.ws/wiki/Filosofia>. Acesso em: 17 jun. 2010.

FILOSOFIA. *Guia do Estudante*. Editora Abril, 2009. Disponível em: <http://guiadoestudante.abril.com.br/profissoes/ciencias-humanas-sociais/profissoes_273450.shtml>. Acesso em: 27 jun. 2010.

FLORIDI, L. (Ed.). *The Blackwell guide to the philosophy of computing and information*. Malden, MA: Blackwell, 2004.

FODOR, J. A. *The language of thought*. Cambridge: Harvard University Press, 1975.

FONSECA, E. G. A inflação brasileira não é o que parece. *Folha de S. Paulo*, São Paulo. 22 maio 1994. Dinheiro, p. 2-6. Seção: Economia Ilustrada.

FONSECA, M. J. P. *Máximas, pensamentos e reflexões*. Disponível em: <http://www.dominiopublico.gov.br/download/texto/bn000037.pdf>. Acesso em: 10 jul. 2010.

FONTRODONA. *Pragmatism and management inquiry*: insights from the thought of Charles S. Peirce. Westport: Quorum Books, 2002.

FOUCAULT, M. *A verdade e as formas jurídicas*. Tradução de Roberto Cabral de Melo Machado e Eduardo Jardim de Morais. Rio de Janeiro: PUC/RJ, 1974. Cadernos da PUC/RJ, série Letras e Artes, 06/74, nº 16.

_____. *Nietzsche, Freud e Marx*: theatrum philosoficum. São Paulo: Princípio, 1997.

_____. *O que é um autor?* Tradução de António Fernando Cascais e Eduardo Cordeiro. Lisboa: Vega, 1992.

FRANÇA, E. F. *Investigações de psicologia*. São Paulo: Grijalbo/Edusp, 1973.

FRANCO JR., H. *A Eva Barbada*: ensaios de mitologia medieval. São Paulo: Editora da Universidade de São Paulo, 1996.

FRANCA, L. *Noções de historia da filosofia*. 24. ed. Rio de Janeiro: Agir, 1990.

FRASER, C. Mohism. *Stanford Encyclopedia of Philosophy*, 21 out. 2002, revisão substancial em 23 mar. 2010. Disponível em: <http://plato.stanford.edu/entries/mohism/>. Acesso em: 10 jul. 2010.

FREIRE, P. *Pedagogia da autonomia*: saberes necessários à prática educativa. 25. ed. São Paulo: Paz e Terra, 1996. (Coleção Leitura). Disponível em: <http://www.paulofreire.ce.ufpb.br/paulofreire/Controle?op=detalhe&tipo=Livro&id=1360>.

_____. *Pedagogia do oprimido*. 11. ed. Rio de Janeiro: Paz e Terra, 1982.

_____. *Pedagogia do oprimido*. 11. ed. Rio de Janeiro: Paz e Terra, 1987. Disponível em: <http://www.paulofreire.ufpb.br/paulofreire/Controle?op=detalhe&tipo=Livro&id=1358>. Acesso em: 11 jul. 2010.

FREUD, S. O mal-estar na civilização. In: *Sigmund Freud* (seleção de textos de Jayme Salomão). São Paulo: Abril Cultural, 1978. (Coleção Os Pensadores)

FRIEDMAN, M. The social responsibility of business is to increase its profits. *The New York Times Magazine*, 14 set. 1970.

GADAMER'S Aesthetics. *Stanford Encyclopedia of Philosophy*, 13 jun. 2007. Disponível em: <http://plato.stanford.edu/entries/gadamer-aesthetics/>. Acesso em: 11 jul. 2010.

GANERI, J. Analytic Philosophy in Early Modern India. *Stanford Encyclopedia of Philosophy*, 10 mar. 2009. Disponível em: <http://plato.stanford.edu/entries/early-modern-india/>. Acesso em: 27 jul. 2010.

GARAUDY, R. *Para conhecer o pensamento de Hegel*. Tradução de Suely Bastos. Porto Alegre: L&PM Editores Ltda, 1983.

GARDELI, H. D. *Iniciação à filosofia de S. Tomás de Aquino*. São Paulo: Duas Cidades, 1967.

GARDNER, H. *Inteligências múltiplas*: a teoria na prática. Tradução de Maria Adriana Veríssimo Veronese. Porto Alegre: Artes Médicas, 1995.

GELERNTER, D. *The muse in the machine*: computerizing the poetry of human thought. Nova: Free Press, 1994.

GENOVESI, A. *As instituições de lógica*. Versão portuguesa de Miguel Cardoso. Introdução de Antonio Paim. Rio de Janeiro: Documentário/CFC, 1977.

GIBSON, R. F. Hobbes, Thomas (1588-1679). In: AUDI, R. (Ed). *The Cambridge Dictionary of Philosophy*. 2. ed. Cambridge: Cambridge University Press, 2009.

GILES, T. R. *Curso de iniciação à filosofia*; a filosofia: origem, significado e panorama histórico. São Paulo: EPU. 1995. Vol. 1, Ramos fundamentais da Filosofia: Lógica, Teoria do Conhecimento e Ética Política.

_____. *História do existencialismo e da fenomenologia*. São Paulo: Ed. Pedagógica e Universistária USP, 1975. 2 v. (estuda Kierkegaard, Nietzsche, Husserl, Heidegger, Scheler, Buber, Jaspers e Sartre).

GILSON, E. *La philosophie au Moyen Age*: des origines patrietiques a la fin du XIVe siecle. 2. ed. Paris: Payot, 1947.

GIOVANNELLI, A. Goodman's Aesthetics. *Stanford Encyclopedia of Philosophy*, 07 maio 2005. Disponível em: <http://plato.stanford.edu/entries/goodman-aesthetics/>. Acesso em: 28 jul. 2010.

GODOY JUNIOR, V. J. *Ensina-se a virtude?* conexões do Mênon de Platão com o ensino de valores na escola. Dissertação de Mestrado. Universidade Federal do Rio Grande do Sul. Faculdade de Educação. Programa de Pós-Graduação em Educação. 2005. Disponível em: <http://www.lume.ufrgs.br/handle/10183/4514>. Acesso em: 08 jul. 2010.

GOETHE, J. W. V. *Os sofrimentos do jovem Werther*. São Paulo: Martins Fontes, 1999.

GOLDSCHIMIDT, V. *Os diálogos de Platão*: estrutura e método dialético. Tradução Dion Davi Macedo. São Paulo: Loyola, 2008.

GOMES, R. *Crítica da razão tupiniquim*. 12. ed. Curitiba: Criar, 2001.

GONZAGA, T. A. *Tratado de direito natural*. Organização e apresentação Keila Grinberg. São Paulo: Martins Fontes, 2004.

GOODMAN, N. *Languages of art*: An approach to a theory of symbols. Indianapolis: Bobbs-Merrill, 1968.

GRAÇA ARANHA, J. P. *Espírito moderno*. 2. ed. São Paulo: Companhia Editora Nacional, 1921.

_____. Estética da vida. In: *Obra completa*. Rio de Janeiro: Instituto Nacional do Livro, 1968.

GRAHAM, G. *The Internet*: a philosophical inquiry. Londres: Routledge, 2001.

GRAHAM, P. (org.). *Mary Parker Follett*: profeta do gerenciamento. Tradução de Eliana Hiocheti e Maria Luiza de Abreu Lima. Rio de Janeiro: Qualitymark, 1997.

GRIFFIN, G. R. *Maquiavel na administração*: como jogar e ganhar o jogo do poder na empresa. Tradução de Geni G. Goldschmidt. São Paulo: Atlas, 1996.

GRIMAL, P. *A mitologia grega*. 2. ed. Apartado: Europa-América, 1989.

HAGBERG, G. Wittgenstein's Aesthetics. *Stanford Encyclopedia of Philosophy*, 26 jan. 2007. Disponível em: <http://plato.stanford.edu/entries/wittgenstein-aesthetics/>. Acesso em: 10 jul. 2010.

HAGÈGE, C. *O homem dialogal*: contribuição linguística para as Ciências Humanas. Tradução de Isabel St. Aubyn. Lisboa: Ed. 70, 1990.

HAMILTON, E.; CAIRNS, H. *The Collected Dialogues of Plato*: including the Letters (Bollingen Series LXXI). Princeton, NJ: Princeton University Press, 1989. Disponível em: <http://oll.libertyfund.org/index.php?option=com_staticxt&staticfile=show.php%3Ftitle=166&Itemid=99999999>. Acesso em: 11 jul. 2010.

HANSEN, C. Taoism. *Stanford Encyclopedia of Philosophy*, 19 fev. 2003, revisão substancial em 28 jul. 2007. Disponível em: <http://plato.stanford.edu/entries/taoism/>. Acesso em: 28 jul. 2010.

HARTMANN, N. *A filosofia do idealismo alemão*. Trad. José Gonçalves Belo. 2. ed. Lisboa: Fundação Calouste Gulbenkian, 1983.

HAUGELAND, J. (Ed). *Mind design II*: philosophy, psychology, artificial intelligence. 2. ed. Cambridge: MIT Press, 1997.

HAUSER, A. *História social da literatura e da arte*. São Paulo: Martins Fontes, 2000.

_____. *História social da literatura e da arte*. 4. ed. São Paulo: Mestre Jou, 1982.

HAWLEY, M. Sarvepalli Radhakrishnan. *Internet Encyclopedia of Philosophy*, 12. out. 2006. Disponível em: <http://www.iep.utm.edu/radhakri/>. Acesso em: 11 jul. 2010.

HEGEL, G. W. F. *A fenomenologia do espírito*. Tradução de Henrique Cláudio de Lima Vaz. São Paulo: Abril Cultural, 1980. (Coleção Os Pensadores).

_____. *Fenomenologia do espírito*. Tradução de Paulo Meneses. 2. ed. Petrópolis: Vozes, 1992.

_____. *Princípios da filosofia do direito*. Tradução de Orlando Vitorino. 4. ed. Lisboa: Guimarães Editora, 1990.

HEIDEGGER's Aesthetics. *Stanford Encyclopedia of Philosophy*, 04 fev. 2010. Disponível em: <http://plato.stanford.edu/entries/heidegger-aesthetics/>. Acesso em: 11 jul. 2010.

HEIM, M. *Electric language*: a philosophical study of word processing. 2. ed. Londres: Yale University Press, 1999.

_____. *The metaphysics of virtual reality*. Nova York: Oxford University Press, 1994.

HEISENBERG, W. *Física e filosofia*. Tradução de Jorge Leal Ferreira. 4. ed. Brasília: Edições Humanidades, 1999. (Série Métis).

HICKEY, T. J. *History of Twentieth-Century Philosophy of Science*. Disponível em: <http://www.philsci.com/index.html>. Acesso em: 11 jul. 2010.

HIX, H. L. *Morte d'author*: an autopsy. Philadelphia: Temple University Press, c1990.

HONDERICH, T. (ed.) *The Oxford companion to philosophy*. Oxford: Oxford University Press, 1995.

HONORÉ, C. *Devagar*: como um movimento mundial está desafiando o culto da velocidade. Tradução de Clóvis Marques. Rio de Janeiro: Record, 2005.

HORNBLOWER, S.; SPAWFORTH, A. *The Oxford classical dictionary*. 3. ed. Oxford: Oxford University Press, 1996.

HOULGATE, S. Hegel's Aesthetics. *Stanford Encyclopedia of Philosophy*, 10 jan. 2009, revisão substancial em 15 dez. 2009. Disponível em: <http://plato.stanford.edu/entries/hegel-aesthetics/>. Acesso em: 10 jul. 2010.

HUME, D. *Investigação acerca do entendimento humano*. Tradução de Anoar Aiex. Edição Acrópolis, 2001. Disponível em: <http://www.ebooksbrasil.org/eLibris/hume.html>. Acesso em: 16 jul. 2010.

_____. *Investigação sobre o entendimento humano*. São Paulo: Abril Cultural, 1973. (Coleção Os Pensadores).

_____. *História natural da religião*. São Paulo: Fundação Editora da Unesp, 2005a.

_____. *Diálogos sobre a religião natural*. Tradução, introdução e notas de Álvaro Nunes. Lisboa: Edições 70, 2005b.

_____. *The Dialogues concerning Natural Religion*. 1828. Disponível em: <http://files.libertyfund.org/files/1482/0221-02_Bk.pdf>. Acesso em: 10 ago. 2010.

HUSKINSON, L. *Nietzsche and Jung*: the whole self in the union of opposites. Nova York: Brunner-Routledge, 2004.

HWANG, Y. *Ten Diagrams on Sage Learning*. Tradução de Michael C. Kalton. Disponível em: <http://webdoc.gwdg.de/ebook/h-k/2001/sage/mkalton.html>. Acesso em: 10 jul. 2010.

ILLICH, I. *La sociedad descolarizada*. México: Joaquín Mortiz, 1985. Disponível em: <http://www.ivanillich.org.mx/Lidesind.htm>. Acesso em: 11 jul. 2010.

INÁCIO, I. C.; DE LUCA, T. R. *O pensamento medieval*. São Paulo: Ática, 1988. (Coleção Princípios, 150).

INSTITUTO DE FILOSOFIA LUSO-BRASILEIRA — IFLB. *O pensamento de Domingo Gonçalves de Magalhães*. Atas do IIº Colóquio Tobias Barreto. Lisboa: Fundação Lusíada, 1994.

INTERNET Encyclopedia of Philosophy. Editado por James Fieser and Bradley Dowden. Disponível em: <http://www.iep.utm.edu/>.

JAEGER, W. W. *Early Christianity and Greek Paideia*. Cambridge, MA: Belknap Press of Harvard University Press, 1961.

_____. *Paideia - a formação do homem grego*. 5. ed. São Paulo: Martins Fontes, 1989.

JAIME, J. *História da filosofia no Brasil*. Petrópolis, RJ: Vozes; S. Paulo: Faculdades Salesianas. Vol. 1, 2.ed. 1997; vol. 2, 2.ed. 2000; vol. 3, 2. ed. 2000; vol. 4, 2002.

_____. *Psychology*. Disponível em: <http://psychclassics.yorku.ca/James/jimmy11.htm>. Acesso em: 08 jul. 2010.

JAMES, W. *Princípios de Psicologia*. 1890. Disponível em: <http://psychclassics.yorku.ca/James/Principles/preface.htm>. Acesso em: 08 jul. 2010.

_____. *Princípios de psicologia*. Tradução de Agustín Bárcena. Mexico: Fondo de Cultura Econômica, 1989.

JEAUNEAU, E. *A filosofia medieval*. Lisboa: Edições 70, 1980.

JUIZ AUTORIZA aborto de jovem estuprada pelo padrasto em Pelotas (RS). *Folha de S. Paulo*, São Paulo, 15 jun. 2010. Disponível em: <http://www1.folha.uol.com.br/cotidiano/751672-juiz-autoriza-aborto-de-jovem-estuprada-pelo-padrasto-em-pelotas-rs.shtml> Acesso em: 05 jun. 2010.

JUNG, C. G. *Psicologia e religião oriental*. Tradução de Pe. Dom Mateus Ramalho Rocha. Petrópolis: Vozes, 1982.

JUUL, J. *A clash between game and narrative*: a thesis on computer games and interactive fiction. Versão 0.92, traduzida para o inglês, da dissertação de mestrado originalmente redigida em dinamarquês. Copenhagen, 2001. Disponível em: <http://www.jesperjuul.net/thesis/AClashBetweenGameAndNarrative.pdf>. Acesso em: 08 jul. 2010.

KANIA, A. The Philosophy of Music. *Stanford Encyclopedia of Philosophy*, 22 out. 2007. Disponível em: <http://plato.stanford.edu/entries/music/>. Acesso em: 10 jul. 2010.

KANT, I. *Crítica da razão pura*. Tradução de J. Rodrigues de Merege. Disponível em: <http://www.dominiopublico.gov.br/pesquisa/DetalheObraForm.do?select_action=&co_obra=2246>. Acesso em: 05 jun. 2010.

_____. *Crítica da razão pura*. Tradução de Valerio Rohden e Udo Baldur Moosburger. 3. ed. São Paulo: Abril Cultural, 1987. (Coleção Os Pensadores)

_____. *Fundamentação da metafísica dos costumes*. São Paulo: Abril Cultural, 1980. (Coleção Os Pensadores).

KELLY, L. *An existential-systems approach to managing organizations*. Westport: Quorum Books, 1998.

KELSEN, H. *Teoria pura do Direito*. São Paulo: Martins Fontes, 1985.

KIM, Y. Wang Yangming. *Internet Encyclopedia of Philosophy*, 30 jul. 2005. Disponível em: <http://www.iep.utm.edu/wangyang/>. Acesso em: 20 jul. 2010.

KINGWELL, M. Apud HONORÉ, C. *Devagar*: como um movimento mundial está desafiando o culto da velocidade. Tradução de Clóvis Marques. Rio de Janeiro: Record, 2005.

KIRK, G. S., RAVEN, J. E. *The presocratic philosophers*: a critical history with a selection of texts. Cambridge: Cambridge University Press, 1957.

KITARO, N. Apud DAVIS, B. W. The Kyoto School. *Stanford Encyclopedia of Philosophy*. 27 fev. 2006. Disponível em: <http://plato.stanford.edu/entries/kyoto-school/>. Acesso em: 10 jul 2010.

KLEIN, S. *Business ethics*: reflections from a Platonic point of view. Nova York: Peter Lang, 1993.

KLIMA, G. The Medieval problem of universals. *The Stanford Encyclopedia of Philosophy, 2004. Disponível em:* <http://plato.stanford.edu/archives/win2004/entries/universals-medieval/>. Acesso em: 05 jun. 2010.

KNAPP, K. Ge Hong. *Internet Encyclopedia of Philosophy*, 14 nov. 2003, última atualização 9 jul. 2005. Disponível em: <http://www.iep.utm.edu/gehong/>. Acesso em: 11 jul. 2010.

KNEALE, W.; KNEALE, M. *O desenvolvimento da lógica*. Tradução de M. S. Lourenço. 3. ed. Lisboa: Fundação Calouste Gulbenkian, 1991.

KORSMEYER, C. Feminist aesthetics. *Stanford Encyclopedia of Philosophy*, 7 maio 2004, revisão substancial em 26 jun. 2008. Disponível em: <http://plato.stanford.edu/entries/feminism-aesthetics/>. Acesso em: 10 jul. 2010.

KRETZMAN, N.; KENNY, A.; PINBORG, J. (org.). *The Cambridge History of Later Medieval Philosophy*: from the rediscovery of Aristotle to the disintegration of Scholasticism. Cambridge: Cambridge University Press.

KRISHNAMURTI. *Texto representativo da obra de Krishnamurti*. 1985. Disponível em: <http://www.krishnamurti.org.br/?q=node/2>. Acesso em: 11 jul. 2010.

KRUMMEL, J. Kûkai. *Stanford Encyclopedia of Philosophy*, 03 out. 2006. Disponível em: <http://plato.stanford.edu/entries/kukai/>. Acesso em: 10 jul. 2010.

KUHN, T. S. *A estrutura das revoluções científicas*. Tradução de Beatriz Vianna Boeira e Nelson Boeira. 4. ed. São Paulo: Perspectiva, 1996.

LAÊRTIOS, D. *Vidas e doutrinas dos filósofos ilustres*. Tradução do grego, introdução e notas de Mário da Gama Kury. 2. ed. Brasília: Editora da Universidade de Brasília, 1977.

LAMB, D.; EASTON, S. M. *Multiple discovery*: the pattern of scientific progress. Buckinghamshire: Avebury, 1984.

LAO-TSÉ. *Escritos do curso e sua virtude*. Tradução para o português de Mário Bruno Sproviero. Disponível em: <http://www.hottopos.com/tao/>. Acesso em: 11 jul. 2010.

_____. *Dao De Jing* (*Tao Te Ch*ing). Tradução na wikisource, Disponível em: <http://pt.wikisource.org/wiki/Tao_Te_Ching>. Acesso em: 10 jul. 2010.

LARA, T. A. *As raízes cristãs do pensamento de Antonio Pedro de Figueiredo*. São João del Rei: Faculdade Dom Bosco, 1977.

LAUSCHNER, R. *Lógica formal*. 2. ed., Porto Alegre: Universidade do Vale do Rio dos Sinos/Livraria Sulina Editora, 1969.

LEDDY, T. Dewey's Aesthetics. *Stanford Encyclopedia of Philosophy*, 29 set. 2006. Disponível em: <http://plato.stanford.edu/entries/dewey-aesthetics/>. Acesso em: 10 jul. 2010.

LÉVY, P. *As tecnologias da inteligência*: o futuro do pensamento na era da informática. Tradução de Carlos Irineu da Costa. Rio de Janeiro: Ed. 34, 1993.

LIBERA, A. de. *A filosofia medieval*. Tradução de D. D. Machado e N. Campanário. São Paulo: Loyola, 1998.

LIFTON, J. H. *Dual reality*: an emerging medium. Massachusetts, 2007, 151 p. Tese de PHD – Massachusetts Institute of Technology. Disponível em: <http://www.media.mit.edu/resenv/pubs/theses/lifton_phd.pdf>. Acesso em: 06 jun. 2010.

LINDBERG, D. C. Science and the early christian church. *ISIS*, v. 74, n. 274, dez. 1983, p.509-530.

LINS, D. *Nietzsche e Deleuze* — pensamento nômade. Rio de Janeiro: Relume Dumara, 2001.

LIPMAN, M. *O pensar na educação*. Tradução de Ann Mary Fighiera Perpétuo. Petrópolis: Vozes, 1995.

LITCH, M. M. *Philosophy through film*. Nova York: Routledge, 2002.

LITTLEJOHN, R. Daoist Philosophy. *Internet Encyclopedia of Philosophy*, 12 jul. 2005. Disponível em: <http://www.iep.utm.edu/daoism/>. Acesso em: 10 jul. 2010.

_____. Laozi. *Internet Encyclopedia of Philosophy*, 27 jun. 2005. Disponível em: <http://www.iep.utm.edu/laozi/>. Acesso em: 10 jul. 2010.

LIVRE para não fumar. *Folha de S. Paulo*, São Paulo. 14 ago. 1995. Opinião, p. 1-2. Seção: Editorial.

LLOYD, S. A. Hobbes's moral and political philosophy. *The Stanford Encyclopedia of Philosophy*, 2002. Disponível em: <http://plato.stanford.edu/archives/spr2002/entries/hobbes-moral/>. Acesso em: 25 abr. 2005.

LOCKE, J. *Ensaio acerca do entendimento humano*. Tradução de Anoar Aiex e E. Jacy Monteiro. 3. ed. São Paulo: Abril Cultural, 1983a. (Coleção Os Pensadores).

_____. *Segundo tratado sobre o governo*. Tradução de E. Jacy Monteiro. 3. ed. São Paulo: Abril Cultural, 1983b. (Coleção Os Pensadores).

_____. *Some thoughts concerning education*. Edição escaneada no Google Books. Disponível em: <http://books.google.com/books?vid=0VMGkERCCDbIZ2Y_&id=OCUCAAAAQAAJ&pg=PA1&lpg=PA1&dq=%22some+thoughts+concerning+education%22&as_brr=1#v=onepage&q&f=false>. Acesso em: 11 jul. 2010.

_____. *Some thoughts concerning education*. Nova York: Bartleby, 2001. Disponível em: <http://www.bartleby.com/37/1/>. Acesso em: 12 jul. 2010.

_____. *Some thoughts concerning education*. Disponível em: <http://www.fordham.edu/halsall/mod/1692locke-education.html>. Acesso em: 12 jul. 2010.

LONGZI, G. *The White Horse Dialog*. Bryan W. Van Norden (ed.), 2001. Disponível (com introdução e notas) em: <http://faculty.vassar.edu/brvannor/Reader/whitehorse.html>. Acesso em: 10 jul. 2010.

LOPES, D. M. Digital Art. In: FLORIDI, Luciano (ed.). *The Blackwell guide to philosophy of computing and information*. Malden, MA: Blackwell, 2004.

LOY, H. Mozi. *Internet Encyclopedia of Philosophy*. 07 nov. 2007. Disponível em: <http://www.iep.utm.edu/mozi/>. Acesso em: 26 jul. 2010.

LYOTARD, J-F. *A condição pós-moderna*. Tradução de José Bragança de Miranda. 2. ed. Lisboa: Gradiva, 1989.

MACHADO, L. G. *Tomás Antônio Gonzaga & o direito natural*. São Paulo: Edusp, 2002.

MACHADO, N. J. *Matemática e realidade*: análise dos pressupostos filosóficos que fundamentam o ensino da matemática. 5. ed. São Paulo: Cortez, 2001.

MACKINNON, B. *Ethics*: theory and contemporary issues. 2nd ed. Belmont, CA: Wadsworth, 1998.

MAGALHÃES, D. J. G. *Fatos do espírito humano*. Org. e estudo introd. por Luiz Alberto Cerqueira. 3. ed. Petrópolis: Vozes; Rio de Janeiro: ABL, 2004.

MAGALHÃES, J. Robôs treinam para jogar futebol contra humanos. *Estadao.com.br*. São Paulo, 13 jun. 2005. Disponível em: <http://www.estadao.com.br/arquivo/tecnologia/2005/not20050713p28448.htm>. Acesso em: 05 jul. 2010.

MAGALHÃES-VILHENA, V. *O problema de Sócrates*: o Sócrates histórico e o Sócrates de Platão. Lisboa: Fundação Calouste-Gulbenkian, 1984.

MALMBERG, B. *A língua e o homem*: introdução aos problemas gerais da linguística. Tradução de M. Lopes. Rio de Janeiro: Nórdica, 1976.

MAQUIAVEL, N. *O Príncipe*. Tradução de Maria Júlia Goldwasser. São Paulo: Martins Fontes, 1993.

MARALDO, J. Nishida Kitarô. *Stanford Encyclopedia of Philosophy*, 25 fev. 2005. Disponível em: <http://plato.stanford.edu/entries/nishida-kitaro/>. Acesso em: 28 jul. 2010.

MARCONDES, D. *Iniciação à história da filosofia*: dos pré-socráticos a Wittgenstein. Rio de Janeiro: Jorge Zahar, 2008.

MARTINS, W. *A palavra escrita*: história do livro, da imprensa e da biblioteca. 2. ed. São Paulo: Ática, 1996.

MARTON, Scarlett (org.). *Nietzsche Hoje*. Tradução de Milton Nascimento e Sônia Salzstein Goldberg. São Paulo: Brasiliense, 1985.

MATTAR, J. *Filosofia da computação e da informação*. São Paulo: LCTE, 2009.

_____. *Filosofia e ética na administração*. 2. ed. São Paulo: Saraiva, 2009.

McGINN, C. The Matrix of Dreams. In: GRAU, C. (ed.). *Philosophical essays on the Matrix*. Nova York: Oxford University Press New York, 2005. Disponível em: <http://onwardoverland.com/matrix/philosophy.html#matrixdream>. Acesso em: 06 jun. 2010.

MCKINLAY, A.; STARKEY, K. *Foucault, management and organization theory*. Londres: Sage, 1998.

McLUHAN, M. *A galáxia de Gutenberg*: a formação do homem tipográfico. Trad. Leônidas Gontijo de Carvalho e Anísio Teixeira. São Paulo: Editora Nacional/Editora da USP, 1972.

MELLO, E. C. (org.). *Frei Joaquim do Amor Divino Caneca*. São Paulo: Editora 34, 2001. (Coleção Formadores do Brasil).

MELLO E SOUZA, R. *O executivo filosófico*. São Paulo: Duas Cidades, 1992.

MELO NETO, J.C. A educação pela pedra. In: *Poesias completas*. 3. ed., Rio de Janeiro: José Olympio, 1979.

MENEZES, D. *Teses quase hegelianas*: para uma filosofia de transição sem transação. São Paulo: Grijalbo/Edusp, 1972.

MILL, J. S. *Collected Works of John Stuart Mill*. J. M. Robson (Ed). Londres: Routledge and Kegan Paul, 1963-1991, 33 volumes. Disponível em: <http://oll.libertyfund.org/index.php?option=com_staticxt&staticfile=show.php&person=21>. Acesso em: 14 jul. 2010.

MINGERS, J. "The nature of information and its relationship to meaning". In: WINDER, R. L.; PROBERT, S. K.; BEESON, I. A. (ed.). *Philosophical aspects of information systems*. Londres: Taylor and Francis, 1997.

MITCHAM, C. Philosophy of information technology. In: FLORIDI, L. (ed.). *The Blackwell guide to the philosophy of computing and information*. Malden, MA: Blackwell, 2004.

MONDIN, B. *Curso de filosofia*. Trad. Bênoni Lemos. São Paulo: Paulus, 1981. 3 v.

_____. *Quem é Deus?*: elementos de teologia filosófica. Tradução de José Maria de Almeida. São Paulo: Paulus, 1997.

MONTENEGRO, J. A. S. *O liberalismo radical de Frei Caneca*. Rio de Janeiro: Tempo Brasileiro, 1978.

MONTESQUIEU, B. *O espírito das leis*. Tradução de Fernando Henrique Cardoso e Leôncio Martins Rodrigues. 2. ed. rev. Brasília: Editora da Universidade de Brasília, 1995.

MOOR, J. H.; BYNUM, T. W. (ed.). *Cyberphilosophy*: the intersection of philosophy and computing. Malden, MA: Blackwell, 2003.

NAGY, M. *Questões filosóficas na psicologia de C. G. Jung*. Tradução de Ana Mazur Spira. Petrópolis, RJ: Vozes, 2003.

NASHER, R. N. *Learning to read the signs*: reclaiming Pragmatism in business. Boston: Butterworth-Heinemann, 1997.

NASCIMENTO, C. A. R. A querela dos universais revisitada. In: *Cadernos PUC*. 13, São Paulo, Pontifícia Universidade Católica de São Paulo/Educ, 1983. Filosofia.

_____. *O que é filosofia medieval*. São Paulo: Brasiliense, 1992. (Coleção Primeiros Passos)

NEHAMAS, A. The Postulated Author: Critical Monism as a Regulatory Ideal. *Critical Inquiry*, vol. 8, n. 1, 1981;

_____. What an Author is. *The Journal of Philosophy* 83, 1986.

_____. Writer, Text, Work, Author. In: CASCARDI, A. J. (ed.). *Literature and the Question of Philosophy*. Baltimore e Londres: The John Hopkins University Press, c1987.

NEIMEYER, R. A. (ed.) *Meaning reconstruction & the experience of loss*. Washington: American Psychological Association, 2003.

NEVES, F. P. Justiça de Minas nega pedido de aborto a pais de feto anencéfalo. *Folha de S. Paulo*, São Paulo, 15 jun. 2010. Disponível em: <http://www1.folha.uol.com.br/cotidiano/751301-justica-de-minas-nega-pedido-de-aborto-a-pais-de-feto-anencefalo.shtml>. Acesso em: 05 jun. 2010.

NEWTON, I. *Princípios matemáticos da filosofia natural*. 2. ed. São Paulo: Edusp, 2008.

NIETZSCHE, F. *A gaia ciência*. In: _____: obras incompletas. Seleção de textos de Gerárd Lebrun; tradução e notas Rubens Rodrigues Torres Filho. 3. ed. São Paulo: Abril Cultural, 1983a. (Coleção Os Pensadores)

_____. *Considerações extemporâneas*. In: _____: obras incompletas. Seleção de textos de Gerárd Lebrun; tradução e notas Rubens Rodrigues Torres Filho. 3. ed. São Paulo: Abril Cultural, 1983b. (Coleção Os Pensadores)

_____. *Humano, demasiado humano*: um livro para espíritos livres. Segundo volume (1879-1880). In: _____: obras incompletas. Seleção de textos de Gerárd Lebrun; tradução e notas Rubens Rodrigues Torres Filho. 3. ed. São Paulo: Abril Cultural, 1983c. (Coleção Os Pensadores)

_____. *Além do Bem e do Mal*. Tradução de Márcio Pugliesi. Curitiba: Hemus, 2001.

NISKIER, Arnaldo. *Educação à distância*: a tecnologia da esperança; políticas e estratégias para a implantação de um sistema nacional de educação aberta e à distância. 2. ed. São Paulo: Loyola, 2000.

NORTHROP, F. S. Introdução aos problemas da filosofia natural. In: HEISENBERG, W. *Física e filosofia*. Tradução de Jorge Leal Ferreira. 4. ed. Brasília: Edições Humanidades, 1999. (Série Métis).

NOZICK, R. Distributive justice. In: MACKINNON, B. *Ethics*: theory and contemporary issues. 2 ed. Belmont, CA: Wadsworth, 1998.

_____. *Anarquia, estado e utopia*. Tradução de Ruy Jungmann. São Paulo: Jorge Zahar, 1991

NUNES, B. *A filosofia contemporânea*: trajetos iniciais. 2. ed. rev. e ampl. São Paulo: Ática, 1991. (Série Fundamentos, 79).

OECH, R. *Espere o inesperado*: ou você não o encontrará: uma ferramenta de criatividade baseada na ancestral sabedoria de Heráclito. Tradução de Pedro Jorgensen Jr. Rio de Janeiro: Bertrand Brasil, 2003.

OLIVEIRA, F. *Negociação comercial internacional*: um comparativo entre negociadores tabacaleiros brasileiros e estrangeiros. Dissertação de Mestrado. Universidade Federal do Rio Grande do Sul, 2004. Disponível em: < http://www.lume.ufrgs.br/handle/10183/5948>. Acesso em: 11 jul. 2020.

OPONENTES a pena de morte dizem que execuções estão em queda. *Folha de S. Paulo*, São Paulo, 24 fev. 2010. Disponível em: < http://www1.folha.uol.com.br/folha/mundo/ult94u698676.shtml>. Acesso em: 07 jul 2010.

ORLANDO, A. *Ensaios de crítica*. São Paulo, Edusp/Grijalbo, 1975.

PACKTER, L. *Filosofia Clínica*. Encarte da obra, 1997. Disponível em: <http://www.filosofiaclinica.com.br/Filosofia_Clnica_-_Propedeutica.pdf>. Acesso em: 11 jul. 2010.

PAIM, A. *Estudos Complementares à História das idéias Filosóficas no Brasil*. Londrina: Edições CEFIL/Ed. UEL, 1999-2002. 7 v. Disponível em: <http://www.institutodehumanidades.com.br/conselho_academico/obras_obrass.php>. Vol. I – *Os intérpretes da filosofia brasileira*. Londrina: Editora UEL, 1999. (3. ed. revista de *O estudo do pensamento filosófico brasileiro*). Vol. II – *As filosofias nacionais*. Apresentação de Antonio Braz Teixeira. 2. ed. revista e ampliada. Londrina: Editora UEL, 1999. (inclui o opúsculo *Das filosofias nacionais*, Lisboa, Universidade Nova de Lisboa, 1991). Vol. III – *Etapas iniciais da filosofia brasileira*. Londrina: Editora UEL, 1998. (inclui o livro *Cairu e o liberalismo econômico*. Rio de Janeiro: Tempo Brasileiro, 1968). Vol. IV – *A Escola Eclética*. 2. ed. revista. Londrina: Editora UEL, 1999. Vol. V – *A Escola do Recife* Londrina: Editora UEL, 1999. (3. ed. revista e ampliada de *A filosofia da Escola do Recife*, 1. ed., 1966; 2. ed., 1981). Vol. VI – *A Escola Cientificista Brasileira*. Londrina: Edições CEFIL, 2002. Vol. VII – *A filosofia brasileira contemporânea*. Londrina: Edições CEFIL, 2000.

_____. *Bibliografia filosófica brasileira*: 1808/1930. Salvador: Centro de Documentação do Pensamento Brasileiro, 1983.

_____. *Bibliografia filosófica brasileira*: período contemporâneo (1931-1980). 2. ed. amp. Salvador: Centro de Documentação do Pensamento Brasileiro, 1987.

_____. *Bibliografia filosófica brasileira*: período contemporâneo (1981-1985). Salvador: Centro de documentação do pensamento brasileiro, 1988.

_____. *Estudos Complementares à História das ideias Filosóficas no Brasil*. Londrina: Edições CEFIL/Ed. UEL, 1999-2002. Disponível em: <http://www.institutodehumanidades.com.br/conselho_academico/obras_obrass.php>. Acesso em: 10 jul. 2010.

_____. *História das ideias filosóficas no Brasil*. Volume I – Os problemas com que se defrontou a filosofia brasileira. 6. ed. rev. Londrina: Edições Humanidades, 2007. Disponível em: <http://www.institutodehumanidades.com.br/arquivos/vol_i_problemas_filosofia_brasileira.pdf>. Acesso em: 06 jul. 2010.

_____. *História das ideias filosóficas no Brasil*. Volume II – As Correntes. 6. ed. rev. Londrina: Edições Humanidades, 2007. Disponível em: <http://www.institutodehumanidades.com.br/arquivos/vol_ii_problemas_filosofia_brasileira.pdf>. Acesso em: 11 jul. 2010.

PANOLI, V. V. Mandukya Upanishad. *Vedanta Spiritual Library*. Disponível em: <http://www.celextel.org/108upanishads/mandukya.html>. Acesso em: 28 jul. 2010.

PARKES, G. Japanese philosophy. In: HONDERICH, T. (ed.) *The Oxford companion to philosophy*. Oxford: Oxford University Press, 1995.

PEIRCE, C. S. *Semiótica e filosofia*. São Paulo: Cultrix, 1972.

_____. *The Collected Papers* (6): Scientific Metaphysics. Livro 1: Ontology and Cosmology. Capítulo 8: Objective Logic §1. The Origin of the Universe. 217. Charlottesville, Virgínia: InteLex, 1992a. CD-Rom.

_____. *The Collected Papers* (7): Science and Philosophy. Livro 3: Philosophy of Mind. Capítulo 4: Consciousness. §5 Synechism and Immortality. 565. Charlottesville, Virgínia: InteLex, 1992b. CD-Rom.

_____. *The Collected Papers* (8): Reviews, Correspondence, and Bibliography. Livro 2: Correspondence. Capítulo 6: To Christine Ladd-Franklin, On Cosmology. 317. Charlottesville, Virgínia: InteLex, 1992c. CD-Rom.

PENNA, A. G. *Freud, as ciências humanas e a filosofia*. Rio de Janeiro: Imago, 1994.

_____. *Os filósofos e a psicologia*. Rio de Janeiro: Imago, 2006.

PEREIRA, Maria Helena da Rocha. *Estudos de história da cultura clássica*. 5. ed. Lisboa: Fundação Calouste Gulbenkian, 1980. (Cultura Grega, vol 1).

PESSANHA, J. A. M. (org.) *Sócrates*. Trad. de Jaime Bruna, Líbero Rangel de Andrade e Gilda Maria Reale Starzynski. 2. ed. São Paulo: Abril Cultural, 1980.

PINHEIRO FERREIRA, S. *Preleções Filosóficas*. São Paulo: Grijalbo/Edusp, 1970

PLATÃO. *A República*. Tradução e notas de Maria Helena da Rocha Pereira. 4. ed., Lisboa: Fundação Calouste Gulbenkian, 1983.

_____. Theaetetus, 174a. 1259ª9. In: *The collected dialogues of Plato*. Edith Hamilton e Huntington Cairns (Ed). Princeton: Princeton University Press, 1989.

_____. *The Dialogues of Plato*. JOWETT, M.A. (ed.) Oxford: Oxford University Press, 1892. Disponível em: <http://oll.libertyfund.org/index.php?option=com_staticxt&staticfile=show.php%3Ftitle=166&Itemid=99999999>. Acesso em: 07 jul. 2010.

_____. *4 diálogos*: O Banquete, Fédon, Sofista e Político. (Os Pensadores).

_____. *Cartas*. Trad. Conceição Gomes da Silva e Maria Adozinda Melo. 2. ed. Lisboa: Editorial Estampa, 1980.

POPPER, K. *Conjectures and refutations*: the growth of scientific knowledge. Nova York: Basic Books, 1965.

PRADO JR. C. *O que é filosofia*. 23. ed. São Paulo: Brasiliense, 1995. (Coleção Primeiros Passos).

PRIESTLEY, L. Pudgalavāda Buddhist Philosophy. *Internet Encyclopedia Philosophy*, 24 jun. 2005, úlitma atualização em 24 jun. 2005. Disponível em: <http://www.iep.utm.edu/pudgalav/>. Acesso em: 29 jul. 2010.

PROUDHON, P-J. *Qu'est-ce que la propriété?* Recherche sur le principe du droit et du gouvernement. 1840. Disponível em: <http://kropot.free.fr/Proudhon-propriete.00.htm>. Acesso em: 10 jul. 2010.

PRUDENTE, A. S. *Ética e deontologia da magistratura no terceiro milênio*. R. CEJ, Brasília, n. 12, p. 95-98, set./dez. 2000.

QUINTAS, J. O problema do mal. *Crítica*: revista de filosofia. Disponível em: <http://criticanarede.com/html/fil_mal.html>. Acesso em: 06 jul. 2010.

RAWLS, J. *Uma teoria da justiça*. 3. ed. São Paulo: Martins Fontes, 2000.

REALE, M. *Arcaísmo e modernidade em Gonçalves de Magalhães* - seu significado na cultura brasileira. *Estudos de filosofia brasileira*. Lisboa: Instituto de Filosofia Luso-Brasileira, 1994.

RÉE, J. *Heidegger*: história e verdade em *Ser e Tempo*. Trad. José Oscar de Almeida Marques e Karen Volobuef. São Paulo: Editora UNESP, 2000. (Coleção grandes filósofos).

RICHEY, J. Mencius. *Internet Encyclopedia of Philosophy*, 12 nov. 2003; última atualização em 28 de jun. 2005. Disponível em: <http://www.iep.utm.edu/mencius/>. Acesso em: 10 jul. 2010.

ROBINS, D. Xunzi. *Stanford Encyclopedia of Philosophy*, 13 fev. 2007. Disponível em: <http://plato.stanford.edu/entries/xunzi/>. Acesso em: 10 jul 2010.

RHEINGOLD, H. *Virtual reality*. Nova York: Simon & Schuster, 1992.

RICHTER, D. H. (editado por). *The critical tradition*: classic texts and contemporary trends. 2. ed. Boston: Bedford Books, 1998.

ROBÔS treinam pra jogar futebol contra humanos. *O Estado de São Paulo*, São Paulo, 13 jul. 2005. Disponível em: <http://www.estadao.com.br/arquivo/tecnologia/2005/not20050713p28448.htm>. Acesso em: 11 jul. 2010.

ROMERO, S. *Obra Filosófica*. Introdução e seleção de Luís Washington Vita. Rio de Janeiro: José Olympio; São Paulo: Edusp, 1969.

RORTY, A. O. (editado por). *Philosophers on education*: new historical perspectives. London and New York: Routledge, 1998.

ROSENTHAL, S. B.; BUCHHOLZ, R. A. *Rethinking business ethics*: a pragmatic approach. Nova York: Oxford University Press, 2000.

ROTH, H. Zhuangzi. *Stanford Encyclopedia of Philosophy*, 10 nov. 2001. Disponível em: http://plato.stanford.edu/entries/zhuangzi/. Acesso em: 20 jul. 2010.

ROTHSCHILD, N. H. Fazang. *Internet Encyclopedia of Philosophy*, 13 jun. 2006. Disponível em: <http://www.iep.utm.edu/fazang/>. Acesso em: 16 jul. 2010.

ROUSSEAU, J. J. *Do Contrato Social*. Tradução de Lourdes Santos Machado. 3. ed. São Paulo: Abril Cultural, 1983. (Coleção Os Pensadores).

_____. *Emílio o la educação*. Tradução de Ricardo Viñas. Elaleph, 2000. Disponível em: (espanhol): <http://www.unsl.edu.ar/librosgratis/gratis/emilio.pdf>. Acesso em: 11 jul. 2010.

RUSSEL, B. *Why I am not a Christian*. Disponível em: <http://users.drew.edu/~jlenz/whynot.html>. Acesso em: 05 jul. 2010.

RUSSELL, S.; NORVIG, P. *Artificial intelligence*: a modern approach. Upper Saddle River, NJ: Prentice Hall, 1995.

SACRAMENTO, M. *Eça de Queirós*: uma estética da ironia. Coimbra: Coimbra Editora, 1945.

SANTAELLA, L. *Estética*: de Platão a Peirce. São Paulo: Paulus, 2008.

SARAMAGO, J. *As intermitências da morte*. São Paulo: Companhia das Letras, 2005.

_____. O fator Deus. *Folha online*, São Paulo, 19 set. 2001. Disponível em: <http://www1.folha.uol.com.br/folha/mundo/ult94u29519.shtml> Acesso em: 05 jul. 2010.

SARTRE, J. P. *A imaginação*. Tradução de Luiz Roberto Salinas Fortes. São Paulo: Abril Cultural, 1978. (Coleção Os Pensadores).

SAUSSURE, F. *Curso de linguística geral*. Tradução de Antônio Chelini, José Paulo Paes e Izidoro Blikstein. 17. ed. São Paulo: Cultrix, 1993.

SCATIMBURGO, J. *A extensão humana*: introdução à filosofia da técnica. 2. ed. rev. e amp. São Paulo: LTR, 2000.

SCHAFF, A. *A sociedade da informática*. Tradução de Carlos Eduardo João Machado e Luiz Arturo Obojes. 4. ed. São Paulo: Editora da Universidade Estadual Paulista: Brasiliense, 1995.

SCHELLING, F. W. J. *Investigações filosóficas sobre a essência da liberdade humana*. Coimbra, Portugal: Edições 70, 1993.

SCHILLER, F. *Cartas sobre a educação filosófica do homem*. São Paulo: EPU, 1991.

SCHOPENHAUER, A. *O mundo como vontade e como representação*, 1º Tomo. Tradução, apresentação, notas e índice de Jair Barboza. São Paulo: Editora UNESP, 2005.

SEARLE, J. Minds, Brains, and Programs. In.: BODEN, Margaret A. (ed.) *The philosophy of artificial intelligence*. Oxford: Oxford University Press, 1990.

SENCHUK, D. Investigação e experiência na tradição pragmática. *Cognitio* — Revista de Filosofia. São Paulo: EDUC/Angra, 2001.

SHELDON, O. *The Philosophy of Management*. Londres: Pitman, 1923.

SHKLOVSKY, V. Art as technique. In: RICHTER, D. H. (Ed) *The critical tradition*: classic texts and contemporary trends. 2 ed. Boston: Bedford Books, 1998.

SHUN, K. L. Mencius. *Stanford Encyclopedia of Philosophy*, 16 out. 2004. Disponível em: <http://plato.stanford.edu/entries/mencius/>. Acesso em: 10 jul. 2010.

SIDNEY, P. *Apology for Poetry*. 3. ed. Nova York: Palgrave USA, 2002.

SILVA, M. *Sala de aula interativa*. 4. ed. Rio de Janeiro: Quartet, 2006.

SILVA, T. E. Montag e a memória perdida: notas sobre Fahrenheit 451 de François Truffaut. *Perspect. cienc. inf.*, Belo Horizonte, v. 8, n. 1, p.78-87, jan./jun. 2003. Disponível em: <http://portaldeperiodicos.eci.ufmg.br/index.php/pci/article/viewFile/376/194>. Acesso em: 06 jun. 2010.

SIMONSON, M. et al. *Teaching and learning at a distance*: foundations of distance education. 2. ed. Upper Saddle River, NJ: Pearson Education, 2003.

SKINNER, B. F. The generic nature of the concepts of stimulus and response. *Journal of General Psychology*, n. 12, p. 40-65. 1935

_____. (1937a). Two types of conditioned reflex: A reply to Konorski and Miller. *Journal of General Psychology*, n. 16, p. 272-279. 1937

SOLOMON, R. C. Corporate roles, personal virtues: an aristotelean approach to business ethics. In: DONALDSON, T.; WERHANE, P. H. (ed.) *Ethical issues in Business*: a philosophical approach. 5. ed. Upper Saddle River: Prentice-Hall, 1996.

SOUSA, P. C. *Freud, Nietzsche e outros alemães*: artigos, ensaios, entrevistas. Rio de Janeiro: Imago, 1995.

STAROBINSKI, J. *A invenção da liberdade*: 1700-1789. Tradução de Fulvia Maria Luiza Moretto. São Paulo: Editora da Unesp, 1994. (Coleção Studium)

SOUZA, J. C. (Sel. textos). *Os pré-socráticos*: fragmentos, doxografia e comentários. 2.ed. São Paulo: Abril Cultural, 1978. (Os Pensadores).

STANFORD Encyclopedia of Philosophy. Edward N. Zalta (ed.). Disponível em: <http://plato.stanford.edu/>.

TEIXEIRA, A. B. *O pensamento filosófico de Gonçalves de Magalhães*. Lisboa: Instituto de Filosofia Luso-Brasileira, 1994.

_____. *Pequena introdução à filosofia da educação*: a escola progressiva ou a transformação da escola. 5. ed. São Paulo: Cia. Editora Nacional, 1968. Disponível em: <http://www.bvanisioteixeira.ufba.br/delivro.htm>. Acesso em: 08 jul. 2010.

THOMPSON, I. Heidegger's Aesthetics. *Stanford Encyclopedia of Philosophy*, 04 fev. 2010. Disponível em: <http://plato.stanford.edu/entries/heidegger-aesthetics/>. Acesso em: 10 jul 2010.

THOMPSON, J. M. Huineng. *Internet Encyclopedia of Philosophy*, 15 jun. 2006. Disponível em: <http://www.iep.utm.edu/huineng/>. Acesso em: 29 jul. 2010.

THOMPSON, K.O. Zhu Xi. *Internet Encyclopedia of Philosophy*, 22 maio 2007. Disponível em: <http://www.iep.utm.edu/zhu-xi/>. Acesso em: 11 jul. 2010.

THOREAU. H. D. *A Desobediência Civil*. Cultivox. Disponível em: <http://www.dominiopublico.gov.br/download/texto/cv000019.pdf>. Acesso em: 10 jul 2010.

TIWALD, J. Dai Zhen. *Internet Encyclopedia of Philosophy*, 22 set. 2009. Disponível em: <http://www.iep.utm.edu/dai-zhen/>. Acesso em: 11 jul. 2010.

TREIN, D. *Educação online em metaverso*: a mediação pedagógica por meio da telepresença via avatar em MDV3D. Dissertação (Mestrado em Educação) — Universidade do Vale do Rio dos Sinos – Unisinos, São Leopoldo, 2010.

TUCKER, J. Japanese Confucian Philosophy. *Stanford Encyclopedia of Philosophy*, 20 maio 2008. Disponível em: <http://plato.stanford.edu/entries/japanese-confucian/>. Acesso em: 10 jul. 2010.

TURING, A. M. Computing machinery and intelligence. In: BODEN, M. A. (ed.) *The philosophy of artificial intelligence*. Oxford: Oxford University Press, 1990.

TURKLE, S. *Life on the screen*: identity in the age of the internet. Nova York: Simon & Schuster, 1997.

_____. Our Split Screens. In: *Community in the Digital Age: Philosophy and Practice*, Andrew Feenberg and Darin Barney (eds.). Lanham, Maryland: Rowman and Littlefield, 2004.

VERNANT, J-P. *As origens do pensamento grego*. Tradução de Ísis Borges B. da Fonseca. 3. ed. São Paulo: Difel, 1981.

_____. *Mito e pensamento entre os gregos*: estudos de psicologia histórica. Tradução de Haiganuch Sarian. Rio de Janeiro: Paz e Terra, 1990.

VERNEY, L. A. *Cartas de verdadeiro método de estudar*. Disponíveis em: <http://purl.pt/118/1/sc-50679-v/sc-50679-v_item1/index.html> e <http://purl.pt/118/1/sc-50680-v/sc-50680-v_item1/index.html>. Acesso em: 10 jul. 2010.

VELEZ, A. Buddha. *Internet Encyclopedia of Phylosophy*, 10 maio 2008, última atualização 14 abr. 2009. Disponível em: <http://www.iep.utm.edu/buddha/>. Acesso em: 28 jul. 2010.

VIGNAUX, Paul. *A filosofia na Idade Média*. Tradução de Maria Jorge Vilar de Figueiredo. Lisboa: Presença, 1993.

VILLAÇA, A. C. *O pensamento católico no Brasil*. 2. ed. Rio de Janeiro: Civilização Brasileira, 2006.

VITORINO, O. Prefácio a *Princípios da Filosofia do Direito de Hegel*. Lisboa: Guimarães Editores, 1990.

VIVECAMANDA, S. *Complete Works of Swami Vivekananda*. Chicago, 1893. Disponível em: <http://www.ramakrishnavivekananda.info/vivekananda/complete_works.htm>. Acesso em: 20 jul. 2010.

WALSH, D., PAUL, R. *The goal of critical thinking*. Washington, D.C.: American Federation of Teachers, s.d. apud LIPMAN, M. *O pensar na educação*. Tradução de Ann Mary Fighiera Perpétuo. Petrópolis, RJ: Vozes, 1995.

WALTON, K. L. Categories of Art. In.: *The Philosophical Review*, Vol. 79, No. 3. (Jul., 1970). Disponível em: <http://nanay.syr.edu/Walton%201970.pdf>. Acesso em: 10 jul. 2010.

WARTENBERG, T. Philosophy of Film. *Stanford Encyclopedia of Philosophy*, 18 ago. 2004, revisão substancial em 25 nov. 2008. Disponível em: <http://plato.stanford.edu/entries/film/>. Acesso em: 10 jul. 2010.

WASSERMAN, J. *Kaspar Hauser*: ou a indolência do coração. Tradução de Adonias Filho. Rio de Janeiro: Top Books, 1966.

WEISHEIPL, J. A. *Friar Thomas d'Aquino*: his life, thought, and works. Oxford: Basil Blackwell.

WESTERHOFF, J.C. Nāgārjuna. *Stanford Encclopedia of Phylosophy*, 10 fev. 2010. Disponível em: <http://plato.stanford.edu/entries/nagarjuna/>. Acesso em: 29 jul. 2010.

WHITE, T. I. *Business ethics*: a philosophical reader. Upper Saddler River: Prentice Hall, 1993.

WHORF, B. L. Language, mind, and reality. In: CAROLL, J. B. (ed.). *Language, thought and reality*: selected writings of Benjamin Lee Whorf. Cambridge: MIT Press, 1956.

WIMSATT Jr., W. K., BEARDSLEY, M. C. The intentional fallacy. In: *The verbal icon*: studies in the meaning of poetry. Lexington: University of Kentucky Press, 1954.

WILLIAMS, B. *Platão*: a invenção da filosofia. Trad. Irley Fernandes Franco. São Paulo: Editora UNESP, 2000. (Coleção grandes filósofos).

WINDER, R. L.; PROBERT, S. K.; BEESON, I. A. (ed.). *Philosophical aspects of information systems*. Londres: Taylor and Francis, 1997

WITTGENSTEIN, L. *Tractatus Logico-Philosophicus*. Tradução, apresentação e introdução de Luiz Henrique Lopes dos Santos. 2. ed. rev. amp. São Paulo: Edusp, 1994.

WONG, D. Comparative Philosophy: Chinese and Western. *Stanford Encyclopedia of Philosophy*, 31 jul. 2001; revisão substancial em 01 out. 2009. Disponível em: <http://plato.stanford.edu/entries/comparphil-chiwes/>. Acesso em: 23 jul. 2010.

WONG, W. Cheng Yi. *Internet Encyclopedia of Philosophy*, 10 out. 2009. Disponível em: <http://www.iep.utm.edu/chengyi/>. Acesso em: 29 jul. 2010.

WOODMANSEE, M; JASZI, P. *The construction of authorship*: textual appropriation in law and literature. Durham e Londres: Duke University Press, 1994.

WREEN, M. Beardsley's Aesthetics. *Stanford Encyclopedia of Philosophy*, 13 set. 2005. Disponível em: <http://plato.stanford.edu/entries/beardsley-aesthetics/>. Acesso em: 28 jul. 2010.

WUNDT, W. *Grundzüge der physiologischen Psychologie*. Leipzig: Engelmann, 1874

YU, Y. Modern Chinese Philosophy. *Internet Encyclopedia of Philosophy*, 12 jul. 2007. Disponível em: <http://www.iep.utm.edu/mod-chin/>. Acesso em: 26 jul. 2010.

_____. *Dao De Jing* (Tao Te Ching). Tradução na wikisource, Disponível em: <http://pt.wikisource.org/wiki/Tao_Te_Ching>. Acesso em: 10 jul. 2010.

# Índice remissivo

A consolação da filosofia, 67
A. J. Greimas, 92
Aborto, 11, 12, 14, 26, 136, 312
Abstração teórica, 6
Ação Popular Marxista-Leninista, 310
Adalberto Tripicchio, 14, 24, 170
Administrar para *stakeholders,* 243
Aforismos, 42, 54, 88, 95, 211, 277, 302
Afrânio Peixoto, 307
Agostinho de Hipona, 66
Ahura Mazda, 279
Akira Kurosawa, 9
Albert Camus, 92, 263
Alberto Magno, 67, 114
Alcmeão de Crotona, 44
*Alétheia,* 44, 122
Alexander Baumgarten, 249
Alexander Nehamas, 260
Al-Farabi e Avicena, 50
Alfred Jules Ayer, 89
Alfred North Whitehead, 88
Al-Ghazali, 274
Algoritmos genéticos, 164, 269
Alma, 16, 19, 20, 21, 43, 44, 47, 49, 50, 51, 53, 54, 60, 82, 88, 101, 143, 145, 148, 152, 161, 169, 202, 207, 210, 212, 251, 256, 287, 288
Alter ego, 12
Álvaro Vieira Pinto, 298
Amor ao saber, 5, 8, 10
Análise dos discursos, 232
Ananda Coomaraswamy, 288
Anaxágoras de Clazômena, 45-46
Anaximandro de Mileto, 42
Anaxímenes de Mileto, 43
Andrônico, 55, 58
Anfibologia, 134
Animismo, 281
Anísio Teixeira, 203, 307
Antífon, 47
Antiglobalização, 244
Antonio Gramsci, 94
Antônio Paim, 298, 309, 313
Antonio Souza Prudente, 241
Aparelho psíquico segundo Freud, 158
Apelo, 130, 131, 132, 133, 235, 261
  à autoridade ou *ad verecundiam,* 132
  à força ou *ad baculum,* 133
  à ignorância ou *ad ignorantiam,* 130
  à piedade ou *ad misericordiam,* 131
  popular ou *ad populum,* 131
Apologia do cristianismo, 63
Apreciação da natureza, 250
Argumento Circular, p*etitio principii* ou petição de princípio, 131
Aristocracia, 57, 223
Aristóteles, 16, 33, 42, 44, 47, 49, 50, 54, 55-59, 61, 62, 63, 67, 68, 70, 74, 102, 112, 113, 119, 120, 121, 122, 123, 124, 125, 128, 139, 199, 202, 206, 218, 219, 223, 234, 251, 270, 274, 302, 326, 328
Aristotelismo, 50, 58, 59, 280, 300
Arte(s)
  como experiência, 253-254
  contemporânea, 265, 266, 267
  digitais, 267
  digital, 267, 268
  hipertextual, 267
  performáticas, 265
  *poética,* 25, 59, *251*
  primitiva, 267
  *retórica,* 58, 251
Arthur Coleman Danto, 259
Arthur Schopenhauer, 86
Artur Orlando, 305
Associação Brasileira de Educação, 308
Associação Nacional de pós-graduação em Filosofia (Anpof), 314
Astronomia babilônica, 37
Ateísmo utópico, 117
Ato declarativo, 228
Atomismo, 74
Átomos, 17, 46, 74, 115, 191, 192,
Atos jurídicos, 228
Attig, 16
Auguste Comte, 88, 89,
Aura do objeto de arte, 265, 266
Austin Warren, 256
Autoconsciência, 12
Autonomia da vontade, 228
Autor implícito ficcional, 258
Autor sinóptico, 262
Autores singulares, 262
Averróis, 55, 58, 67, 74, 274
Averroísmo, 74
*Avesta,* 279
Avicena, 50, 58, 67, 74, 274
Avicenismo, 280
Axiomas, 125-127

Bachelard, 8, 181
Bankei Yotaku, 282
Barbarismo, 64
Baruch Spinoza, 78
Beardsley, 256, 257, 258, 259
Belas artes, 264, 265, 330
Benedetto Croce, 253
Benedito Nunes, 254, 314
Benjamin Constant Botelho de Magalhães, 306
Benjamin Lee Whorf, 90, 171, 182
Bergson, 85, 86-87, 96, 282, 305
Bernardo Bertolucci, 54
Bertrand Russel, 88, 117
Bhagavad Gita, 287, 289
Bioética, 14, 16, 24, 25, 26, 170, 326
Blaise Pascal, 77, 78, 83
Buda, 275, 276, 280, 281
Budismo, 29, 273, 275-276, 279, 280, 281, 283, 284, 286, 288, 290, 293, 294, 295
Bulletin de Philosophie Médiévale, 71
Burnet, 37, 40

Caio Prado Jr., 8, 197
Caminho óctuplo, 275
Campos do conhecimento de acordo com Aristóteles, 58
Camus, 16, 92, 93, 96, 117, 263
Cândido Mariano da Silva Rondón, 306
Caos, 10, 23, 167, 169, 183
Capacidade de análise, 9
Características do feudalismo, 64
Carl Gustav Jung, 158
Carlos Alberto Nunes, 54
Carnap, 89, 196
Carraher, 7, 8
Carvaka, 286
Castilhismo, 299, 306
Categorias da primeiridade/segundidade/terceiridade de Peirce, 7
Catolicismo ortodoxo, 299
Centro Brasileiro de Filosofia para Crianças (CBFC), 322
Centro de Investigaciones en el Prográma Internacional – Filosofía para Niños, 322
Cesare Bonesana, 238
Ceticismo, 50, 58, 60, 61, 115, 148
Charbonneau, 8
Charles Darwin, 86
Charles Sanders Peirce, 91, 125, 264, 270
Ch'in Shih Huang Ti, 293
Chou Tun-I, 293
Christian von Wolff, 79
Chuang Tzu, 277, 278, 290, 293
Cícero, 60, 61
Ciência(s)
  empíricas, 6, 79, 89, 94, 187, 188-189, 190, 213
  humanas, 5, 92, 94, 136, 173,187, 188, 196, 205, 206, 213, 215, 223, 236, 283, 310, 313, 326,
  mãe, 5, 187, 205, 324
  teórica, 37
Cinco Vias para a existência de Deus, 114
Círculo de Viena, 88, 89, 96, 116
Círculo hermenêutico, 90, 91
Cisterciense, 67, 68
Civilização(ões)
  bizantina (cristã), 65, 71, 73
  egípcia, 38
  na Grécia, 38
  sarracena (muçulmana), 65
Claude Lévi-Strauss, 38, 92
Cleanth Brooks, 255
Clemente de Alexandria, 42, 63
Clóvis Beviláqua, 305
Cluniacense, 67, 68
Código de deontologia, 241
Código de ética, 241, 325
Coeur d'Alene, 182
Comparativismo, 38
Complexidade, 4, 9, 10, 50, 115, 116, 135, 189, 256, 258, 264, 285
Composição dos signos linguísticos, 173
Comunicação
  após a morte, 21
  entre mortos, 19
Comunitarismo, 218

Conceito
  de consciência de si, 230
  de dever, 228
  de função-autor, 261
  de lei, 241
  de referência, 259
  de Renascimento, 73
  não estéticos, 258
  universal de vontade, 230
Concílio de Trento, 74
Conclusão irrelevante ou *ignoratio elenchi*, 132
Confiscação, 235
Confronto entre classes antagônicas nos sistemas de produção, 232
Confúcio, 276, 290, 294
Confucionismo, 273, 275, 276-277, 279, 280, 281, 289, 290, 292, 293, 294, 295
Conhecimento(s)
  científico, 6, 138, 189, 190, 195
  divino, 5
  espiritual, 5, 10
  humano, 5, 34, 131, 147
  prático (*poiesis*), 58, 143
  produtivo (*práxis*), 58
  profanos, 64, 65
  religioso, 5, 7
  teológico, 5
  teórico, 58
Consciência
  carnal, 18
  espiritual, 18
  social, 232
Conselho de Ética da Filosofia Clínica (CEFC), 325
Conservadorismo, 50, 70, 298, 299
Constantinopla, 58, 65, 73
Contato direto e diário com a realidade, 5
Contrarreforma católica, 74
Contrato original dos negócios, 242
Contratos de doação, 231
Copérnico, 58, 74, 86
Cornélio Jansen, 77
Cornford, 37, 38, 39, 40, 41, 55, 62
Correção das crenças, 320
Corrente(s)
  culturalista, 312
  filosófica pré-socrática, 74
  filosóficas no final da Idade Média, 73
Cosmogonia, 39, 41
Crenças religiosas, 7, 274
Criatividade, 3, 10, 44, 163, 164, 269, 294
Cristianismo do Império Bizantino, 65
Crítica
  ao Formalismo, 259
  centrada na materialidade dos textos, 255
  da Filosofia do Direito de Hegel, 231
Cultura, 4, 10, 15, 16, 18, 29, 35, 37, 42, 60, 61, 63-66, 73, 74, 82, 92, 102, 110, 113, 122, 143, 151, 167, 168, 169, 173, 176, 180, 181, 184, 196, 201, 202, 236, 243, 244, 246, 250, 263, 274, 275, 279, 280, 281, 282, 284, 285, 287, 289, 290, 294, 298, 306, 310, 312, 313

D'Alembert, 80
Daisetsu Teitaro Suzuki, 282
Daniel Dennett, 91, 189
Daniela Thomas, 218
Dante Alighieri, 70, 71
Darwinismo, 304
David Carraher, 7
David Hume, 79, 80, 115, 137, 146, 148-149, 226, 270
Deepak Chopra, 289
Defesa da noção de propriedade, 230
Deleuze, 6, 10, 92, 212, 281
Democracia, 46, 47, 57, 180, 223, 294, 306, 319
Deng Xi, 291
Deontologia, 218, 240, 241, 246
Derek Parfit, 275
Descartes, 7, 8, 73, 65, 76-77, 78, 83, 102, 103, 108, 110, 113, 114, 138, 141, 142, 143-146, 151, 168, 170
Desconstrutivismo, 93, 263
Desenvolvimento da filosofia ocidental, 33, 59
Desequilíbrio mental, 14
Desigualdade entre os homens, 222

Despotismo, 117, 222, 223, 226
Dessacralização do saber, 40
Determinismo, 304, 312
Dialética da vida, 20
Dialética, 20, 44, 45, 46, 50, 51, 57, 62, 64, 67, 83, 94, 120, 152, 153, 179, 201, 230, 281, 283, 309, 310
Diálogos
  de Platão, 25, 48, , 54, 62, 120, 218
  de Xenofonte, 48
  platônicos aporéticos, 50
*Dictionnaire raisonne des sciences, des artes et des métiers*, 80
Diderot, 80, 116
Diferenciação entre a *prova* e o *inquérito*, 234
Difusão do cientificismo, 305
Diké, 40
Dinastia
  Qin, 290, 291, 292, 293
  Shang, 290, 292
  Zhou, 290
Diógenes de Apolônia, 46
Diógenes Laércio, 42
Direito(s)
  abstrato ou formal, 230
  despótico dos reis, 223
  dos indivíduos, 218, 239
  feudal, 239
  humanos, 6
  inalienável, 225
  ou a moralidade subjetivos, 230
  romano, 60, 66, 219
Distanásia, 13, 24, 26
Divisão
  da obra Ciência da Lógica de Hegel, 153
  da realidade por meio da linguagem, 175
  das lógicas em classes, 127
  de ideias segundo Berkeley, 148
Djacir Menezes, 298, 313
Doação de órgãos, 12
Dogen Zenji, 281
Donald Davidson, 91
Dong Zhongshu, 293
Doxografia, 42, 60
Duns Scott, 70

Economia
  de esforço perceptivo, 255
  natural da primitiva Idade Média, 64
Edênicos, 65
*Édipo Rei*, 42, 46, 62, 122, 234
Édipo, 41, 122, 210, 234
Edmund Husserl, 92
Edward Sapir, 70, 191
Ego, 12, 19, 20, 23, 103, 158, 167, 207, 275, 283, 284, 285
Einstein, 7, 190, 191, 192, 193, 309
Eisai Zenji, 281
Empédocles de Agrigento, 45
*Empirismo mitigado*, 301, 302, 303
Empirismo, 73, 79-80, 82, 83, 89, 141, 146, 170, 225-227, 301, 302, 303
*Enérgeia*, 56
Engenharia genética, 86, 194, 244
Entidade autônoma, 243
Entre-nadas, 17
Epicurismo, 58, 60, 61, 115, 218
Epicuro, 59, 60, 115, 168
Epistemologia da memória, 156
Epistemologia, 82, 83, 141-142, 156, 196, 283, 287, 290, 314
Erasmo de Roterdã, 50, 75
Eric Donald Hirsch, 258
Erich Fromm, 95
Ernest Nagel, 89
Ernst Cassirer, 82, 196
Escatológicos, 65
Escola
  Chu Hsi, 280
  cínica, 49
  cirenaica, 49
  de Atenas (*Scuola di Atene*), 59
  de Frankfurt, 83, 85, 88, 94-95, 96, 117
  de Kyoto, 283, 286
  de Paris (J.-P. Vernant, P. Vidal Naquet e M. Detienne), 64
  de Roma (Brelich), 38

  dos Nomes, 291
  Jodo Shinshu, 281, 283
  Jodo Shu, 281
  Kokugaku, 282
  Mahayana, 280, 293
  Megárica, 49
  neoplatônica cristã da Alexandria, 63
  Shingon, 281
  Tendai, 281
  zen Rinzai, 281
  Zhongshu, 293
Escolástica, 67, 68, 202, 298, 299, 302
Escravidão, 57, 60, 223
Espírito filosófico, 11, 40, 64, 299
Espiritualidade medieval, 220
Espiritualismo, 50, 303, 304, 305, 314
Esquerda hegeliana, 231
Estado mínimo, 239
Estados cognitivos de conflito, 8
Estatuto jurídico, 228
Estética
  ambiental, 250
  como uma categoria sociológica e histórica, 259
  contemporânea, 249, 253, 254, 270
  da vida cotidiana, 250
  existencialista, 263
Estoicismo, 50, 58, 60, 61, 218, 318
Estruturalismo, 38, 85, 88, 92, 96, 255, 263
Estruturalismo, semiótica e desconstrutivismo, 263
Estudo(s)
  da filosofia das ciências, 187
  de gênero e teoria *queer*, 263
  dos domínios do saber, 232
Ética e Filosofia Política, 80, 196, 217-247, 283, 317, 323
Ética empresarial, 217, 242-246
Ética profissional, 206, 217, 240-241, 246, 325, 326
Etiológicos, 65
Eugène Delacroix, 6
Eutanásia, 11, 13, 14, 15, 24, 25, 26, 27, 30
Existencialismo, 82, 83, 88, 92, 93, 94, 96, 97, 110, 117, 154, 155, 156, 164, 170, 194, 213, 215, 284, 309
Experiência estética da liberdade, 253

Falácias, 119, 120, 129, 130, 136, 139, 140
Farias Brito, 305, 310
Fascismo, 54, 204, 218, 229, 282
Fé, 5, 56, 63, 64, 66-67, 69, 70, 75, 111, 156, 220, 253, 283, 284
Felicidade, 57, 58, 60, 67, 80, 94, 114, 117, 166, 211, 218, 227, 228, 238, 302, 303
Félix Guattari, 92
Feminismo, 218, 263
Fenômeno
  da morte, 11
  psicológico, 16, 205
Fenômenos artísticos, 264
Ferdinand de Saussure, 92
Filolau de Crotona, 44
Filon de Alexandria, 112, 274
Filosofia(s)
  alternativas e orientais, 6
  analítica, 87-88, 89, 91, 96
  antiga e Medieval, 75
  árabe ou islâmica, 274
  brasileira, 297, 298, 303, 304, 309-313, 314, 318
  católica, 305, 309, 310
  clínica, 324-325
  contemporânea, 6, 31, 82, 85-97, 150, 217, 281, 297, 309, 317
  continental, 88
  coreana, 273, 280
  da arte, 249, 252, 257, 259, 264, 265, 270, 288, 323
  da biologia, 91, 189
  da educação, 201-204, 213, 297, 307, 310
  da física, 189
  da linguagem ordinária, 89-90, 96
  da mente, 91, 141, 142, 160-166, 170, 205, 324
  da psicologia, 117, 197, 204-206
  da química, 189

da religião, 82, 83, 96, 99, 101-118, 283, 286
da Renascença, 73-75
das ciências humanas, 187, 196, 283
das ciências naturais ou empíricas, 187, 188-189
do direito, 6, 60, 83, 217, 218-219, 227, 228, 229, 230, 231, 246, 298, 312, 326
e computação, 166, 324
e cultura durante a Idade Média, 63-65
e outros níveis de conhecimento, 3, 5-9
e teoria da administração, 213, 324
escolanovista, 306
esotérica, 274
feministas, 274
hegeliana, 151, 152, 232, 313
herméticas, 274
história da, 16, 31, 35, 42, 47, 50, 53, 59, 61, 77, 78, 79, 82, 83, 86, 87, 88, 91, 92, 96, 102, 112, 115, 118, 143, 151, 170, 199, 202, 204, 205, 211, 222, 251, 286, 297, 298, 299, 309, 310, 317, 318, 320, 323, 324
indiana, 273, 281-289
iraniana ou persa, 273, 279-280
japonesa, 273, 281-286
judaica, 274
medieval, 31, 50, 63-72, 202
moderna, 31, 73-83, 85, 96, 299, 300
moral e política, 34, 221
natural, 5, 34, 38, 192
no Egito, 34
ocidental, 5, 16, 33, 35, 44, 47, 48, 59, 61, 78, 204, 273, 275, 277, 279, 281, 282, 283, 284, 286, 294, 297, 317, 318
contemporânea, 277
orientais, 15, 35, 271, 273-295, 317
pagã grega, 63
para crianças, 317, 319-322
patrística, 63
política, 6, 80, 83, 88, 196, 217-247, 283, 286, 298, 299, 302, 309, 314, 317, 323
Filósofo contemporâneo, 326
Filósofos pré-socráticos, 5, 33, 42, 43, 57, 61, 205
Folclore, 65
Formalismo russo, 255
Formas de organização social , 218
Francis Bacon, 58, 75, 79
Francis Macdonald Cornford, 38
Frank Sibley, 258
Franklin Leopoldo e Silva, 78
Franz Brentano, 96
Fredric Jameson, 263
Frei Caneca, 210, 303.  Ver Joaquim da Silva Rabelo
Freud, 19, 20, 38, 95, 96, 103, 109, 117, 157, 158, 159, 170, 189, 190, 194, 205, 210, 211, 212, 213, 214, 215
Friedrich Engels, 94
Friedrich Ludwig Gottlob Frege, 87
Friedrich Nietzsche, 95
Friedrich Schleiermacher, 90
Friedrich Waisman, 89
Friedrich Wilhelm Schelling, 82
Função da estética, 254

Gabriel Marcel, 92, 263
Galileu Galilei, 75, 79
Ge Hong, 293
Gênese social, 232
Georg Lukacs, 94, 263
Georg Wilhelm Friedrich Hegel, 82, 149, 151-154
George Berkeley, 22, 79, 146, 147-148
George Dickie, 259
George Dúmezil, 92
George Herbert Mead, 91
George Santayana, 85, 253
Gérard Genette, 92, 263
Getúlio Vargas, 27, 299, 306
Gilles Deleuze, 92
Giordano Bruno, 74
Giovanni Boccaccio, 65
Globalização, 243, 244
Gongsun Longzi, 291
Gónos, 41
Górgias, 47, 54, 218
Gottfried Wilhelm Leibniz, 78

Grécia Antiga, 5, 23, 25, 33, 35, 37, 39, 40, 41, 61, 63, 78, 95, 120, 122, 180, 188, 201, 218, 253, 318
Grego, 5, 10, 37, 38, 39, 40, 41, 47, 48, 55, 58, 59, 61, 74, 128, 151, 201, 202, 209, 251, 324
Guattari, 6, 10, 92, 212
Guilherme de Auvergne, 67
Guilherme de Ockham, 70

H. G. Gadamer, 90
Hajime Tanabe, 283
Hakuin Ekaku, 282
Hannah Arendt , 96
Hans Hann, 89
Hans Kelsen, 228
Hatano Seiichi, 286
Hegel, 51, 56, 82, 83, 94, 102, 114, 116, 118, 142, 149, 150-154, 196, 218, 227, 229-231, 232, 252, 253, 281, 283, 310, 323
Hegelianismo, 82, 303
Hegemonia do castilhismo, 299
Heidegger, 16, 42, 56, 90, 92, 93, 96, 102, 118, 166, 263, 284, 310
Henri David Thoreau, 239
Henri Estienne, 54
Henri Louis Bergson, 86
Henrique Lima Vaz, 298
Henry Odera Oruka, 274
Heráclito de Éfeso, 44
Herança genética, 17
Herança religiosa, 235
Herbert Feigl, 89
Herbert Lionel Adolphus Hart, 90
Herbert Marcuse, 94
Hermann Cohen, 82
Hermenêutica, 83, 85, 90, 96, 322
Hermes Trismegisto, 50
Hesíodo, 35, 44, 218
Hierarquia da beleza, 251
Hierofânicos, 65
Hilary Putnam, 91
Hinduísmo, 286, 287, 288
Hípaso de Metaponto, 44
Hípias, 47, 50, 54, 251
Hipócrates de Cós, 47
Hirata Atsune, 282
Hisamatsu Shin'ichi, 283, 284
Homero Santiago, 77
Hui Shi, 291
Humanismo renascentista, 74

Idade
das Trevas, 64
do Mundo (Timeu), 49, 70, 108, 305
épica, 41
filosófica, 41
Média, 12, 50, 56, 58, 60, 61, 63-65, 66, 67, 68, 70, 71, 74, 74, 76, 102, 112, 123, 139, 142, 145, 202, 218, 233, 234, 253, 274, 281
Moderna, 64, 66, 70, 74, 75, 83, 114, 142, 144
Moderna e Contemporânea, 75
trágica, 41
Idealismo
absoluto, 82 151, 313
alemão, 83, 85, 249, 252-253, 270
Ilíada, 35, 154, 234, 267, 268
Iluminismo, 73, 80-82, 222, 223, 224
Ilusão do cotidiano, 102
Imaginação estética, 250, 270
Immanuel Kant, 82, 149, 150-151
Imperativo categórico, 227, 228, 230
Império Romano, 59, 60, 61, 64, 234
Impostura, 231
Inconfidência Mineira, 239, 300
Individualismo, 74, 75, 218, 229
Ingmar Bergman, 12, 93
Instituições de sequestro, 234, 238
Institute for the Advancement of Philosophy for Children (IAPC), 319
Inteligência artificial, 86, 141, 160, 164, 165, 170, 205, 324
Intencionalidade, 10, 92, 162, 213, 264
Intensidade do processo artístico, 256
Interatividade, 267, 268, 270
International Council of Philosophical Inquiry with Children (ICPIC), 322

Interpretante, 22, 174
Invenção
da escrita, 36
da propriedade, 222
Investigação filosófica no Brasil, 314
Isaac Newton, 74, 75, 79, 192
Ivor Armstrong Richards, 255

J. Barnes, 59
J. W. E. Mannhardt, 38
Jacques Derrida, 92
Jacques Lacan, 92, 263
Jainismo, 286, 287, 288
James Mill, 238
Jansenismo, 77
Jean Baudrillard, 92
Jean Starobinski, 80
Jean-Jacques Rousseau, 80, 203, 222
Jean-Paul Sartre, 92, 154, 263
Jean-Pierre Vernant, 92
Jeremy Bentham, 238
Jerrahi, 274
Jiddu Krishnamurti, 288
João Estobeu, 42
Joaquim da Silva Rabelo, 303
Johann Gottlieb Fichte, 82
John Dewey, 91, 203, 253, 306
John Dryden, 251
John Knox, 74
John Langshaw Austin, 90
John Locke, 79, 115, 146, 147, 202, 224, 299
John Rawls, 238
John Searle, 90, 162, 262
John Stuart Mill, 80, 238
José Nunes Carreira, 33
José Saramago, 12, 14, 53
Joseph Zalman Margolis, 263
Judith Butler, 92, 263
Juízos
científicos, 252
estéticos, 251, 252, 258
Julgamento ético, 319
Julia Kristeva, 92, 263
Júlio de Castilhos, 306
Júlio de Mesquita Filho, 307
Jurgen Habermas, 95, 263
Jurisprudência geral, 217, 326
Justiça, 13, 14, 34, 40, 48, 54, 60, 61, 69, 93, 218, 222, 230, 238, 239, 243, 245, 257, 301

K'ang Yu-wei, 294
Kant, 29, 51, 56, 80, 82, 83, 102, 113, 114, 142, 149, 150-151, , 152, 169, 170, 202, 215, 227-228, 229, 230, 231, 238, 249, 252, 253, 293, 298, 303, 304, 304, 309, 312, 323
Kantismo, 82, 305
Karl Heinrich Marx, 231
Karl Marx, 94, 116
Karl Popper, 89, 189, 213
Karl Rudolf Carnap, 89
Karl Theodor Jaspers, 92
Ken Dowden, 38
Kendall Lewis Walton, 258
Kimberly Peirce, 218
Kuki Shuzo, 286
Kundakunda, 288
Kurt Gödel, 89

Lao Tzu, 277, 278, 293
Leibniz, 7, 73, 77, 78-79, 83, 113, 114, 142
Lenin, 94, 116, 294, 310
Leonardo da Vinci, 59, 75
Liberalismo político moderno, 224
Liberdade convencional, 222
Liberdade em função das leis, 223
Liberdade natural, 154, 222, 225, 246
Linguagem de programação Pascal, 77
Linguagem sonora, 35, 264
Literatura, 16, 51, 53, 64, 78, 80, 86, 87, 88, 93, 96, 97, 106, 210, 254, 255, 256, 257, 259, 260, 263, 275, 281, 282, 284, 286, 288, 298, 300, 314, 320, 322
Livro das mutações, 279, 289, 293
Livro dos mortos, 34
Livros sagrados, 5
Lógica
aristotélica, 60, 119-122, 123, 139

Índice remissivo **339**

formal como ciência, 57
racional, 4, 6
simbólica, 79, 88, 119, 123-124, 147
simbólica ou matemática, 124
*Lógos*, 35, 38, 39, 40, 54, 120, 121, 123
Logos, 33, 35-42, 115, 119, 120, 121, 123, 151, 153, 234
Louis Althusser, 92, 94
Louis Hjelmslev, 92
Ludwig Andreas, 94
Ludwig Wittgenstein, 88
Luiz Antonio Verney, 301

Maat, 34
Mahatma Gandhi, 289
Mahayana, 276, 280, 283, 286, 293
Maiêutica , 8, 49, 50, 61
Mani, 280
Maniqueísmo, 280
Manuel Sérgio Vieira e Cunha, 9
Mao Tsé-Tung, 94, 294
Maoísmo, 294
Maquiavel, 74, 197, 198, 218, 219-221, 223, 227, 228, 286
Marduk, 39
Maria Helena da Rocha Pereira , 55
Marilena Chauí, 41, 78, 314
Mário Sacramento, 257
Mark Kingwell, 27, 105
Marsilio Ficino, 50
Martin Buber, 274
Martin Heidegger, 92, 166
Marxismo, 83, 85, 86, 88, 92, 94, 95, 96, 97, 196, 229, 231, 232, 233, 263, 286, 294, 295, 308, 309
Masao Abe, 284
Matemática, 5, 37, 38, 39, 43, 50, 51, 58, 60, 64, 76, 77, 83, 87, 88, 89, 92, 119, 120, 124, 125, 127, 128, 139, 143, 150, 160, 163, 188, 213, 294, 308, 309, 310
Maurice Merleau-Ponty, 92, 263
Max Horkheimer, 94
Maximização dos lucros, 242
Mazdak, 280
Mazdaquismo, 280
Mazdismo. 279
Meditação, 16, 41, 103, 274, 276, 282, 289, 313
Medo da morte, 11, 16, 18-23, 93, 104, 105, 117
Memória, 12, 17, 20, 21, 35, 37, 79, 86, 90, 141, 142, 147, 148, 149, 156-157, 158, 159, 163, 164, 170, 206, 209, 210, 226, 227
Mêncio, 277, 293
Mentalidade mitopoética, 37
Mentalidade teórica, 37
Messiânicos, 65
Metafísica
da realidade virtual, 101, 105-111
monista, 78
Metáfora do conhecimento, 76
Metanoese, 283
Método(s)
cartesiano, 76, 143
da ciência, 37
de raciocínio, 7, 8
formalista, 227
linguístico de construção conceitual,49
universitário da 'disputatio', 235
Michel Foucault, 92, 212, 232
Michel Serres, 92
Miguel Lemos, 306
Miguel Reale, 298, 299, 312, 313
Miki Kiyoshi, 286
Mircea Eliade, 37
Mito da caverna de Platão, 62, 108, 142
Mito do bom selvagem, 222
Mitologias orientais, 35
Mitos
cananeus. 39
orientais, 37
teogônicos, 41
Moderna relação mito-ritual, 38
Moisés Mendelssohn, 274
Monoteísmo, 15, 116, 288
Monroe Curtis Beardsley, 256
Montesquieu, 80, 218, 223-224, 225, 227
Moralidade objetiva, 230, 231

Moritz Schlick, 89
Motoori Norinaga, 282
Mou Tsung-san, 294
Movimento(s)
cognitivos, 320
de renascença, 64
fascista da Ação Integralista Brasileira, 299
filosóficos predominantes, 85
neoaristotélico, 255
neotomista, 310
René Wellek, 255
Silhak (aprendizado prático), 280
triádico, 230
Multiculturalismo e guerras dos cânones, 263
Multiplicidade de *selves*, 261
Mundo pós-morte, 18
Museu do Louvre, 6, 297

Nada pós-morte, 17
Nagarjuna, 286
Não existência, 11, 17,78, 276
Naqshbandi, 274
Nazismo, 89, 95, 131, 180, 204, 218
Nazistas, 97, 212
Nelson Goodman, 259
Neoconfucionismo, 277, 280, 281, 293, 294, 295
Neocriticismo, 82
Neo-hegelianismo, 83
Neokantianos, 228
Neopitagorismo, 43
Neoplatonismo, 50, 51, 64, 66, 74, 280
Neopositivismo, 88-89, 96, 116, 309
Neopragmatismo, 91
Neotaoismo, 279
Neotomismo, 68, 85, 310
New Criticism, 255, 256
Niccolò Machiavelli (Maquiavel), 219
Nicolas Malebranche, 79
Nicolau Copérnico, 74
Nicolau de Cusa, 71, 74
Nietzsche, 7, 9, 42, 48, 85, 95, 96, 97, 109, 117, 156, 159, 168, 205, 210, 211, 212, 213, 214, 215, 232, 233, 234, 253, 279, 284
Nishida Kitaro, 282
Nishitani Keiji, 282, 283
Níveis de conhecimento
artístico, 7
científico, 7
empírico (senso comum), 7
espiritual, 7
filosófico, 7
teológico, 7
Noam Chomsky, 90, 97, 163
Noção
de *autor,* 260
de balanço social, 243
de carma, 275
de *écriture,* 260
de inalienabilidade das coisas espirituais, 231
de propriedade de terra, 225
Nômades, 35, 36
Nominalismo medieval, 73
Norma, 228, 228, 236, 240, 251, 278, 290
*Nouvelle Vague,* 267
Novo comparativismo ou método sociológico, 38
Novo historicismo e estudos culturais, 263

O direito germânico, 234, 235
*Odisseia*, 35, 267, 268
Ontologia do discurso, 260
Oposição mitos/logos, 37
*Organon*, 57, 120, 121, 122, 123
Origem das Leis (*Político*), 51
Ortega y Gasset, 243
*Os trabalhos e os dias*, 35
Otto Neurath, 89

P. D. Juhl, 258
Pacientes terminais, 11
Pacto social, 222, 223, 226, 227, 236, 299
Papiro de Ani, 34
Paradoxo, 45, 88, 108, 140, 243, 291
Parmênides de Eleia, 44-45
Paul Natorp, 82
Peirce, 7, 17, 18, 20, 21, 22, 23, 91, 114, 125, 207, 214, 218, 264, 270
Pena de morte, 12, 13
Pensamento racional, 35, 38, 212
Pensar
crítico, 7, 8, 9
dialógico ou multilógico, 8
Penso, logo existo, 76, 77, 83, 143, 145
Percepção holística do universo, 5
Peripatético, 55, 56
Peter Frederick Strawson, 90
Peter Kivy, 258
Philipe Gerling,4, 5, 9
Philipp Frank, 89
Philippe Ariès, 12
Pictogramas, 36
Pier Paolo Pasolini, 65
Pierre Bourdieu, 92, 263
Pierre Gassendi, 79, 115
Pierre Grimal, 38
Pierre-Joseph Proudhon, 239
Pirro, 60
Pirronismo, 60
Pitágoras de Samos, 43-44
Pitagorismo, 43
Plano cartesiano, 76
Platão, 7, 16, 23, 25, 33, 43, 45, 47,48, 49-55, 56, 57, 58, 59, 60, 61, 62, 68, 105, 108, 112, 113, 120, 122, 123, 142, 146, 151, 152, 168, 199, 201, 202, 206, 218, 219, 234, 251, 262, 264, 270, 274, 293, 318, 323, 326
Plotino, 50, 60, 66, 112, 251
Plutarco, 42
Poder
coercitivo, 221
dos pais sobre os filhos, 226
Pojo Chinul, 280
Políbio, 218
Politeísmo antropomórfico, 41
Politeísmo, 41, 116, 180, 281
Positivismo, 44, 88-89, 91, 96, 102, 116, 203, 298, 299, 304, 305-309
Pós-modernidade, 10
Postura crítica, 7, 8, 95
Povos orientais, 33, 34
Pragmatismo, 85, 91, 96, 203
Práticas e artefatos de culturas tradicionais, 254
Predileção, 8
Pré-socráticos, 5, 33, 40, 42, 43, 46, 47, 48, 54, 57, 60, 61, 118, 205
Principais movimentos da filosofia contemporânea, 85
Princípio(s)
*a priori*, 227, 228
da identidade, 120
de Pascal, 77
deontológicos, 241
do conhecimento, 147
do direito, 230, 307
prático kantiano, 227
Procedimento do exame e da vigilância, 236
Processo
de acumulação de riqueza, 235
de humanização da natureza, 313
do pensamento, 7
Produções
artísticas, 254
culturais, 6
Progresso(s)
da civilização, 80
tecnológico, 23, 104
da informática, 267
Propriedades estéticas, 251, 254, 264, 269
Protágoras, 47, 54
Prova(s)
cosmológicas, 113
da existência de Deus, 101, 112-114, 117, 118
morais, 113
ontológica, 113
teleológicas (analógicas), 113
Psicologia contemporânea e psicanálise, 38
Pudgalavāda, 286

Quadrado da oposição, 123, 124
Qualidades primárias dos objetos, 148
Querela dos universais, 63, 68-70

R. S. Crane, 255
Rabindranath Tagore, 288
Raciocínio indutivo, 79, 137, 149
Racionalidade nascente, 220
Racionalismo, 10, 44, 77, 79, 80, 82, 143, 170, 195, 303
Racionalistas, 39, 42, 79, 142, 146, 150
Raimundo Teixeira Mendes, 306
Rajneesh Chandra Mohan Jain, 288
Ramana Maharshi, 288
Razão, 4, 6, 7, 16, 23, 29, 34, 35, 37, 38, 40, 42 44, 45, 54, 56, 57, 61, 63, 67, 69, 75, 76, 77, 79, 80, 82, 83, 86, 102, 105, 110, 111, 112, 114, 115, 116, 126, 137, 138, 140, 142, 143, 144, 147, 149, 150, 151, 152, 157, 158, 159, 170, 197, 199, 202, 203, 211, 212, 222, 225, 226, 227, 228, 230, 237, 245, 251, 252, 277, 280, 281, 282, 292, 297, 298, 301, 302, 304
Realidade triádica da linguagem, 176
Reencarnação da alma (*metempsicose*), 43
Reflexão
 filosófica, 27, 47, 60, 64, 70, 76, 233, 262, 280, 322
 ocidental, 23, 68, 105
Reforma protestante, 74, 299
Relação(ões)
 de reciprocidade entre obediência política e paz, 221
 entre as leis e os climas, 223
 entre Deus e a vida após a morte, 15
 entre os poderes legislativo, executivo e federativo, 226
 entre senhor e servo, 226
 relações entre a razão e a vontade, 227
Religião, 5, 34, 35, 37, 38, 39, 40, 41, 44, 61, 62, 78, 80, 82, 83, 96, 101-118, 144, 154, 170, 180, 202, 219, 220, 223, 225, 231, 253, 274, 276, 279, 280, 281, 283, 286, 287, 288, 295, 299, 302, 303, 306, 307
Renascimento, 43, 50, 58, 60, 61, 70, 73, 74, 75, 83, 115, 183, 219, 275, 279, 286, 288, 294
Rencontres de Philosophie Médiévale, 71
René Descartes, 8, 76, 141, 143-146
René Guénon, 288
René Wellek, 255, 256
Representação da vontade geral, 222
República, 51, 53, 54, 55, 89, 201, 218, 223, 251, 294, 299, 304, 305, 306, 309
*Res cogitans* (substância pensante), 77
*Res extensa* (matéria), 77
Responsabilidade social das empresas, 217, 242
Retificação da injustiça, 238
Revolta
 da Cabanagem, 239, 240
 de Canudo, 239
Revolução
 Comercial, 75
 Cultural, 294
 Francesa (1789), 89
 Industrial, 79, 88, 198, 237
 Pernambucana, 303
Richard Paul, 8
Richard Rorty, 91
Ricker, 82
Ritual(ais)
 de luto, 15, 16
 palestinos, 39
Robert Nozick, 239
Roberto Gomes, 297, 298
Roberto Grosseteste, 67
Roberto Rossellini, 48, 66, 77, 78
Robin George Collingwood, 253
Rodrigo de Souza Coutinho, 302
Roger Bacon, 67
Roland Barthes, 92, 259

Śāntarakṣita, 286
Santo Agostinho, 63, 66, 71, 72, 112, 196, 202, 251, 280
São Tomás de Aquino, 55, 56, 67, 70, 71, 72, 112, 113, 202, 219, 251, 299
Sartre, 7, 16, 28, 92, 93, 96, 97, 115, 117, 141, 142, 154-156, 170, 213, 215, 228, 263, 310, 311
Sarvepalli Radhakrishnan, 288
Schelling, 51, 82, 151, 252
Schopenhauer, 85, 86, 96, 117, 168, 253, 284
Sedação, 13, 25, 26
*Segunda Escolástica*, 299
Segunda Guerra Mundial, 131, 160, 180, 212, 282, 286
Semana de Arte Moderna, 306
Semântica, 116, 134, 140, 162, 163, 171, 174-185, 262, 290
Semiótica da morte, 21
Semiótica, 21, 22, 91, 92, 171, 174, 175, 259, 263
Senso comum, 5, 6, 7, 10, 45, 49, 50, 131, 144, 148, 166
Senso crítico, 7, 8, 10, 202, 244, 322
Sentença, 20, 67, 134, 162, 163, 182, 235, 258
Sentimento de culpa, 15
Siddhartha Gautama, 275
SIEPM (International Society for the Study of Medieval Philosophy), 71
Siger de Brabante, 67
Sigmund Freud, 157, 194
Significado da morte, 16
Signo, 21, 22, 91, 107, 138, 171, 172-174, 175, 176, 177
Signos linguísticos, 22, 172, 173, 174
Silogismos, 57, 112, 120, 128-129, 136, 139, 140
Silvestre Pinheiro Ferreira, 302
Sílvio Romero, 304
Silvius Leopold Weiss, 257
Símbolo, 21, 22, 36, 37, 48, 51, 61, 125, 128, 129, 162, 167, 172, 183, 196, 239, 259, 274
Simone de Beauvoir, 263
Sistema(s)
 de carências, 231
 de representação simbólica, 87
 sígnicos, 22
Só sei que nada sei, 9, 49
Socialismo, 200, 203, 218, 230, 280, 313
Sócrates, 9,25, 33, 42, 46, 47-49, 50, 53, 54, 59, 61, 95, 120, 121, 123, 128, 129, 131, 168, 202, 309, 318, 322
Sofistas, 5, 33, 40, 42, 46, 47, 48, 49, 50, 54, 61, 120, 201, 234, 291
Sonho e realidade, 103, 104
Sören Aabye Kierkegaard, 92
Sri Sri Ravishankar, 289
Stephen Frears, 12
Sufismo, 274
Suicídio, 11, 14, 15, 24, 26, 27, 28, 29, 104, 118, 170, 198
Sujeito individual moderno, 217
Surgimento da física quântica, 189
Swami Vivekananda, 288

Tabu, 11, 15-16, 24, 105
Tai Chen, 294
Takuan Soho, 281
Tales de Mileto, 42, 83, 119, 318, 324, 326
Tantrismo indiano, 281
Taoísmo, 273, 275, 277-279, 280, 281, 289, 290, 292, 293, 294, 295
Tariqa, 274
Teleologia, 57, 218
Temor da morte, 11, 18, 93
Teogonia, 35, 41
Teorema de Pitágoras, 43
Teoria
 da desconsideração da personalidade jurídica, 243
 da evolução, 86, 116
 da evolução de Darwin, 116
 da jurisprudência, 292
 da razão pura prática, 228
 da relatividade, 7, 86, 192, 309
 das causas, 57
 das três classes sociais, 231
 do conhecimento, 6, 34, 45, 46, 55, 70, 76, 80, 82, 83, 88, 94, 96, 99, 138, 141-170, 187, 205, 211, 252, 290, 302, 309, 317, 323
 do contrato social, 221
 do direito natural, 238
 do mito-ritual em Cambridge, 38
 do mundo das ideias, 95, 262
 dos atos da fala, 90
 dos Cinco Elementos, 293
 metafísica da unidade substancial da alma, 256
 psicanalítica, 158, 263
Teosofia transcendente, 280
Terapia virtual, 107
*Teravada*, 276
Teses culturalistas, 313
*The Defense of Poetry*, ensaio de crítica literária, 251
Theodor W. Adorno, 94
Thomas Donaldson, 242
Thomas Hobbes, 78, 115, 221
Thomas More, 50, 75
Thomas Stearns Eliot, 255
Tirthankaras, 288
Tobias Barreto, 304, 312
Tomás de Aquino, 55, 58, 63, 67-68, 69, 70, 71, 72, 112, 113, 114, 202, 219, 251, 293, 299
Tosaka Jun, 286
Totalitarismo, 96
Transição da mitologia para a filosofia, 35, 39, 61
Transição *mitos/logos*, 115, 234
Trasímaco, 47
Três poderes em Montesquieu, 47
Tsou Yen, 292
Tsujimura Koichi, 283, 286

Ueda Shizuteru, 283, 284
Umaswati, 288
Umberto Eco, 56, 263, 270
Upanishad Mandukya, 287
Usos da filosofia para objetivos educacionais, 319
Utilitarismo, 50, 80, 238
Utilização de diagramas para resolução de silogismos, 129

Valor
 intelectual, 274
 objetivo, 116, 229
 subjetivo, 229
Valores dos *stakeholders*, 242
Vasos, 35
Vernant, 37, 38, 39, 40, 92
Victor Shklovsky, 255
Vida após a morte, 11, 15, 17-18, 19, 20, 21, 23, 70, 105
Virada linguística (*linguistic turn*), 87, 96, 171, Voltaire, 80, 81, 116

W.J.T. Mitchell, 262
Walter Benjamin, 94, 265, 270
Wang Fu-chih, 294
Wang Yang-ming, 293, 294
Watsuji Tetsuro, 284
Wilhelm Dilthey, 83, 90
Willard Van Orman Quine, 89
William de Ockham, 58
William Empsom, 255
William James, 91, 205, 206-210, 282
William Kurtz Wimsatt, 257
Windelband, 82
Wonhyo, 280

Xamã, 39
Xamanismo, 280
Xenófanes de Cólofon, 44
Xintoísmo, 281, 282
Xun Zi, 277

Yaśovijaya Gani, 288
Yen Yüan, 294
Yin e Yang, 276
Yin Wen, 291
Youssef Chahine, 67

Zaratustra (ou Zoroastro), 279
Zenão de Eleia (fundador da dialética), 45, 59, 120
Zera Yacob, 274
Zhang Zai, 293
Zhong Hui, 293
Zoroastrismo, 38, 279, 280